정신병원을
폐쇄한
사람

이 도서의 국립중앙도서관 출판예정도서목록(CIP)은
서지정보유통지원시스템 홈페이지(http://seoji.nl.go.kr)와
국가자료공동목록시스템(http://www.nl.go.kr/kolisnet)에서 이용하실 수 있습니다.
(CIP제어번호: CIP2019052446)

정신병원을 폐쇄한 사람

프랑코
바잘리아와
정신보건
혁명

Franco Basaglia

The
Man
Who Closed
the Asylums

존 풋 지음
권루시안 옮김

문학동네

코린나와 로렌초에게 바칩니다

제2부
고리치아를 넘어: 대장정

일러두기

1. 이 책은 John Foot, *The Man Who Closed the Asylums: Franco Basaglia and the Revolution in Mental Health Care*(Verso, 2015)를 옮긴 것이다.
2. 원서의 각주는 책 뒤에 미주로 실었다. 본문 하단의 각주는 옮긴이의 것이고, 본문 인용문 중간의 [ ]는 저자가 덧붙인 것이다. 원서에서 이탤릭체로 표시한 곳은 고딕체로 처리했다.
3. 단행본과 잡지는 『 』, 영화나 방송 프로그램은 〈 〉, 논문과 기사 등은 「 」로 표시했다.
4. 이 책에서 이탈리아어의 한글 표기는 모두 원래 발음을 따랐다.
5. 책 뒤쪽에 실린 '주요 용어와 고유명사'는 옮긴이가 따로 정리한 것이다. 주요 용어와 사람 이름, 책 제목 등의 원어는 이곳에서 확인할 수 있다.

감사의 말

—

2008년에 나는 트리에스테를 찾았다. 내가 그곳에 간 것은 이탈리아의 분열된 기억을 연구하기 위해서였다. 프랑코 바잘리아에 대해 들은 적이 있었고 1978년 법에 얽힌 사연을 약간은 알고 있었지만, 이탈리아의 정신보건 체제와 그 변천사 전반에 대한 나의 지식은 상당히 기초적인 수준이었다. 우연히도 그해는 1978년 법이 제정된 지 30년이 되는 해였으므로 당시의 사건들을 기념하고 논하기 위해 여러 행사가 열리고 있었다. 나의 관심은 시내의 작은 영화관에서 상영되는 영화 한 편에 쏠렸다. 제목은 〈산클레멘테〉로, 프랑스의 사진작가 레몽 드파르동이 감독한 영화였다. 관객은 얼마 없었다. 늦은 시각 상영이었다. 영화를 소개한 사람은 페페 델라콰라는 사람이었는데, 한 번도 들어본 적 없는 이름이었다. (나중에 알고 보니 내가 이 책에서 들려줄 이야기에서 지극히 중요한 인물이었다.) 영화가 시작된 뒤 90분 동안 나는 철두철미하게 충격을 받았다. 1970년대 말에 촬영된 이 다큐멘터리는 바잘리아 법이 통과된 뒤 베네치아의 한 섬에 있던 정신질환자 보호소의 마지막 나날을 기록한 것이었다. 영화는 문제가 심각한 사람들을 보여주는 동시에 변화하고자 분투하는 공공시설을 보여주었다. 가감 없이 있는 그대로. 눈을 뗄 수 없었다. 그날 밤을 나는 잊지 못한다. 그 시기의 역사를, 그런 공공시설의 변화를 연구해야 한다는 사실을 그 순간부터 알 수 있었다.

그뒤로 나는 여정에 올랐고 그 여정의 끝이 이 책이다. 이 여행은 웰컴 트러스트 덕분에 가능했다. 거기서 얼마간의 보조금을 대준 덕분에 트리에스테와 아레초, 로마, 이몰라, 베네치아를 답사할 수 있었다. 이 초기 단계에서 닐스 피에체의 도움을 많이 받았다. 그는 연구를 계속 해나가도록 나를 격려하는 한편 초고를 읽고 몇 가지 조언을 들려주었는데 그것이 큰 도움이 되었다.

이 첫 답사에서 나는 프랑코 바잘리아가 맡았던 역할과 '정신질환을 앓는' 사람들을 수용하던 마니코미오에 대해 이해하기 시작했다. 2009년에는 웰컴 트러스트에 훨씬 큰 액수의 보조금을 신청하여 결국 승인을 받았다. 그뒤로 환자, 간호사, 정신의학자, 반(反)정신의학자, 전기충격 치료법, 항정신질환약, 개혁, 혁신, 역개혁, 정신질환 관련 용어 등에 관한 이야기에 몰두했다. 이 여정에 따라 나는 이탈리아 각지를 (그리고 더 너머, 예컨대 뉴욕까지) 다녔고 특출한 사람을 많이 만났다. 2011년에는 반려자 사라와 어린 딸 코린나와 함께 베네치아에 머무르는 동안 산조르조마조레섬에서 엔리코 바잘리아를 처음 만나 폰다치오네 치니의 아름다운 풍광 속에서 완벽한 점심을 함께했다. 그후 이 일뿐 아니라 그 밖의 여러 가지 일로 그와 정기적으로 연락을 주고받았다. 그는 이 책을 이탈리아어로 번역해주었다. 그는 이제까지 내 글을 옮긴 번역자 중 단연 최고다. 그뿐 아니라 자신의 아버지와 그 시대의 여러 다른 측면, 또 이 책에서 다룬 운동에 대해 논평과 의견과 예리한 식견을 내게 전했는데, 귀중할 뿐 아니라 대단히 재미있기도 했다. 엔리코와 함께한 작업은 이번 일 전체에 걸쳐 가장 보람 있는 부분이 됐다.

다음은 그 밖에도 이번 연구에서 다양한 시점에 다양한 방식으로 내게 도움을 주신 분들의 명단이다. 도와주신 분들을 다 담지 못했기 때문에 이 명단은 제대로 된 게 아니다. 또 흔히 말하듯 이 책에 수록된 내용에 대한 책임은 고스란히 나의 것이다. 자, 이제 무한한 고마움을 다음 분들에게 표한다. (순서는 따로 없다.) 알베르타 바잘리아, 엠마 마카, 카를로 슬라비치, 실비아 스파다, 카를라 자코모치, 도메니코 카자그란데, 브루노 베니니, 크리스티안 데 비토, 실비아 욥, 키아라 스트루티, 에리카 메촐리, 프랑코 바잘리아, 알베르티네 체루티, 네레오 바텔로, 에마누엘라 피가, 엘레나 트리벨리, 데이비드 포르가츠, 레오폴도 테지, 마시밀리아노 보스키, 피에로 브루넬로, 시몬 레비스 술람, 툴리오 세필리, 카를로 코리날데지, 카밀로 브레치, 필리포 탄틸로, 바네사 로기, 바버라 테일러, 레슬리 콜드웰, 던컨 더블, 파올로 마조니, 마시모 치리, 스테파노 그라치아니, 스테파노 보에리, 피오라 가스파리, 루이지 아르미아토, 실비아 발코니, 왈테르 바르베리스, 에이나우디 기록보관소, 바잘리아 재단, 하워드 케이길, 다비드 헤지오, 폼페오 마르텔리, 프랑코 페라차. 내가 18년간 행복하게 지낸 런던 유니버시티 칼리지(UCL) 이탈리아어 학과의 동료와 친구, 특히 존 디키, 로버트 럼리, 딜윈 녹스에게 고마움을 전하고 싶다. 학교에서 교원 연구년 기간을 준 덕분에 이번 연구에 더 많은 시간을 쓸 수 있었다. 엘리너 치아리, 소피아 세레넬리, 스튜어트 오글소프에게 감사한다. 몇몇은 이름을 빼먹은 것이 거의 확실하다. 누가 빠졌는지는 당사자가 알 것이다.

　이 책은 쓰기 어렵고 복잡한 책이어서 이따금 (말 그대로) 악몽까지 꾸었다. 연구를 진행하는 동안 고문과 자살, 고통, 끔찍한 질병 등에 관해 읽었다. 그러나 이 책은 온갖 어려움에도 불구하고 실현된 해방과 격변에 관한 이야기이기도 하다. 이 책에 담긴 내용의 많은 부분이 사람의 가슴을 뛰게 한다. 내게는 확실히 그렇다. 이 이야기는 작은 집단이 세상을 바꿀 수 있음을 보여준다. 1960년대 초, 프랑코 바잘리아와 안토니오 슬라비치가 고리치아의 정신질환자 보호소를 안에서부터 해체하기 시작했을 때는 아무도 눈여겨보지 않았다. 한 걸음 한 걸음이 싸움이었고, 구속이 풀린 환자 한 사람 한 사람이 투쟁의 결과였다. 그러나 1960년대 말에 이르러서는 '완전 통제시설'이 어떻게 뒤엎어졌는지 보기 위해 사람들이 고리치아에 몰려들고 있었다. 이 책은 이 '혁명'의 이야기를 남김없이 들려준다. 그 흠결까지 전부. 흙 속을 여기저기 파보지 않는 사람은 제대로 된 역사학자라 할 수 없기 때문이다.

제1부
**고리치아,
1961~1968년**

제1장

고리치아—유럽 땅 끝에서 일어난 혁명

이것은 혁명이었다. 계급혁명이었다. 이탈리아에서 일어난 가장 중요한 혁명이었다. 이 혁명은 사람들에게 영혼을, 얼굴을, 심지어 옷까지도 돌려주었다. 그때까지 그들은 모든 것을 박탈당해 있었다.

엔초 콰이[1]

사람들은 내게 물었다. "무엇을 바꾸고 싶은가? 그건 가능하지 않다." 그러나 하루하루 지나면서 변화가 일어났다. 그러자 사람들은 이렇게 물었다. "이렇게 해서 어디로 가려는가?" 나는 대답했다. "모른다." 그것은 사실이었다. 나는 알지 못했다.

프랑코 바잘리아[2]

1965년에 고리치아에서 찍은 사진 한 장이 이 정신병원 내부의 상황이 어떠했는지를 잘 보여준다. 보도기자와 사진기자들이 찾아와 소식을 퍼뜨리기 전이다. 사진 설명은 이렇다. "자화상—1965년. B병동." 사진 속에는 40명 남짓한 남자들이 서 있거나 앉아 있다. 축구 선수단 같기도 하고, 아니면 무슨 이유에선지 모두 어른으로만 구성된 한 학급 같기도 하다. 프랑코 바잘리아는 사진 한가운데에 있다. 셔츠에 재킷을 걸치고 넥타이를 맨 차림이다. 그의 동료 안토니오 슬라비치는 그 근처에 있다. 흰 가운을 입은 몇 사람은 간호사인 것 같다. 나머지는 환자다. 사람들은 햇볕을 받으며 병원 건물의 계단에 자리잡고 있다. 1965년에는 고리치아나 프랑코 바잘리아라는 이름을 들어본 사람이 거의 없었지만, 1968년에 이곳은 찬사와 칭송의 대상이 되어 있었다. 변화의 온상이, "뒤엎어진 공공시설*"의 특별한 사례가, 그리고 곧 "이상화되고 신화화될" 장소가 되어 있었다.[3]

그 시작―유배지에서

나는 이 말을 슬라비치에게 들려주고 싶다. 우리가 이 공공시설 안에서 이 모든 활동을 시작했을 때 이곳에는 우리 둘뿐이었다. 이제 이곳에는 우리가 100명이 된다. ……우리는 여러 가지 일을 했고, 그런 행동이 일정한 결과로 이어졌다.

프랑코 바잘리아(1968)[4]

고리치아는 이탈리아의 다른 모든 정신질환자 보호소**와 마찬가지로

---

* '공공시설'은 영어 낱말 institution을 옮긴 것이다. 이 낱말은 '제도', '공공시설' 등 의미가 다양하지만 기본적으로 뭔가 '세워진/확립된 것'을 가리키며, 그 자체로 사회의 유지에 필요한 특별한 역할을 맡은 존재로 인정받는다. 이런 의미에서 결혼이나 가족도 여기에 포함된다. 이 책에서는 주로 정신질환자를 다루는 공공시설과 그것을 뒷받침하는 제도를 말한다.(옮긴이)

** '정신질환자 보호소'는 영어 낱말 asylum을 옮긴 것이다. 이 낱말을 한국어에서는 '정신질환자 수용소'로 옮기는 경우가 많지만, 이 책에서는 어원의 뜻을 살려 '정신질환자 보호소'로 옮겼다.(옮긴이)

집단수용소였다.[5]

우리가 체제 내부에 머무는 한 우리의 상황은 모순적일 것이다. 공공
시설은 관리되는 동시에 부정되고, 병은 '괄호 안에 들어가' 치료되
며, 치료 행위는 거부되는 동시에 실행된다. ……우리는 체제의 모순
속에서 살면서 우리가 부정하고 있는 공공시설을 관리하는 운명인 것
이다.

프랑코 바잘리아[6]

막다른 길로 가는 직책 같았다. 이탈리아 땅의 끝, 몇 킬로미터를 가도
인적이 없는 외딴 도시에 있는 음침한 정신질환자 보호소. 그곳에서
소장을 구하고 있었다. 처음 그곳을 방문했을 때 프랑코 바잘리아는
실제로 속이 뒤틀리는 느낌이 들었다. 그는 "죽음의 냄새, 똥 냄새"를
맡았다. 스무 살이던 1944년에 베네치아의 파시스트 감옥에서 지낸 반
년의 기억이 물밀듯이 밀려왔다. 때는 1961년 겨울이었고, 고리치아는
지구의 끝 같아 보였다.[7] 여러 면에서, 적어도 유럽의 관점에서 그곳은
세상의 끝이었다. 이 현립[8] 정신병원은 오스트리아가 지배하던 1911
년에 설립됐으며 원래 이름은 프란츠 요제프 1세의 이름을 따서 지었
다. 이탈리아와 유고슬라비아 즉 공산권이라는 저쪽 세계를 가르는 철
의 장막이 병원을 정통으로 가로지르고 있었다. (다만 곳에 따라 바닥에
흰색으로 국경을 표시했다.) 유고슬라비아의 경비 초소가 병원을 굽어보
았다. 이곳은 화석화되어 잊힌 도시 안에서도 변두리였다. "이탈리아
의 정신질환자 보호소를 통틀어 가장 변두리이고 가장 작으며 가장 보
잘것없는"[9] 곳이었다. 에도아르도 발두치는 이곳의 직책을 "진정한 형

태의 유배"[10]라고 불렀다.

높은 담과 정문, 울타리, 철창, 굳게 닫힌 출입문이라는 고전적인 구조의 건물 안에 600명이 넘는 환자가 있었다.[11] 그 가운데 3분의 2는 슬로베니아 출신이고, 절반 정도는 이탈리아어가 모국어가 아닌 사람들이었다.[12] 이들 중 약 150명은 종전 이후 평화협정에 따라 수용된 사람들이었다. 바잘리아는 이들을 이렇게 표현했다. "내보낼 수 없는 환자들로서 내부에서 해결해야 하는 사람들…… 이들은 병원 담장 밖에서는 가망이 없었다."[13] 고리치아에 깊디깊은 영향을 미쳐온 냉전이 정신질환자 보호소 담장 안에서 적나라하게 재현된 것이다. 그러나 이 보호소의 역사는 언제나 고리치아라는 도시 자체의 비극적 역사에 휘말려 있었다. 1916년에 문을 연 이 병원은 제1차세계대전 동안 고리치아의 대부분과 마찬가지로 완전히 파괴됐고, 그뒤 이탈리아의 지배를 받으면서 다시 지어졌다.

고리치아의 마니코미오(manicomio, 정신병원)는 어둡고 불길한 시설로, 가난한 사람과 '정상에서 벗어난' 사람을 버리는 곳이자 배척하는 장소였다. 당시 이탈리아의 정신질환자 보호소가 대부분 그렇듯 세월이 지나면서 가두고 통제하기 위한 시설물이 늘어나, 가장 통제하기 어려운 환자를 감금하는 우리와 움직일 수 없도록 구속된 사람의 배변을 위해 구멍이 뚫린 병상을 갖추고 있었다. 어떤 환자는 대부분의 시간을 병상에 묶인 채 지냈다. 병원의 아름다운 정원은 거의 이용되지 않았다. 환자에게 바깥출입을 허용할 때조차도 그들을 나무나 벤치에 묶어두는 때가 많았다. 병동 문은 모두 닫힌 채 자물쇠로 잠겼으며, 그 안에 있는 사람의 절대 다수는 자신의 의지에 반해 그곳에 수용되어 있었다. 이들은 사법 담당자와 의료 담당자가 보기에 '자신과 타인에게 위험한 사람'이라서 그 안에 있었다. 여러 해 동안 보호소에 갇힌 채 버려져, 풀려날 가망이 없는 사람이 많았다. '치료법'은 주로 전기충격 요법과 인슐린충격 요법, 그리고 이따금 보호소의 텃밭에서 일하는 방법에 국한되었다. 1950년대 말에 도입된 항정신질환약은 1961년에 이르러 영향이 막 나타나기 시작하고 있었다.[14]

혁명을 시작하겠다는 생각이 들 만한 곳은 전혀 아니었다. 그러나 바잘리아는 이곳의 직책을 맡았고, 그로부터 8년 만에 고리치아는 유럽 전체는 아닐지 몰라도 이탈리아에서 가장 유명한 정신질환자 보호소가 되었다. 바로 이곳에서 불꽃이 일어났고, 이 불꽃이 그와 같은 '완전 통제시설' 전체의 기반 자체를 흔드는 운동으로 이어졌다. 1961년에는 이런 결과가 나올 줄 아무도 내다보지 못했다. 그를 채용한 현 당국은 물론 바잘리아 본인도 몰랐다. 당시 정신질환자 보호소 소장은 대부분 인계받을 때의 상태 그대로 현상유지만 했다. 소장 중에는 대학교에서 밀려난 사람이 많았다. 조금이라도 변화를 시도하는 사람은 극소수였다. 이런 점에서, 그리고 수많은 다른 점에서 프랑코 바잘리아는 다른 소장들과는 아주 달랐다. 고리치아의 '혁명'은 거의 우연히 일어났다. 바잘리아가 다른 길을 선택했더라면 그곳의 정신질환자 보호소는 필시 원래의 모습을 그대로 유지했을 것이다.[15]

그러나 당시는 변화의 때였다. '거대한 전환'이 일어나고 있었다.[16] 1961년의 이탈리아는 일찍이 없던 벼락경기를 누리고 있었다. 소위 경제적 기적이었다. 수천 년을 이어온 농촌 경제와 문화가 거의 하룻밤 새 사라지기 시작했다. 농민이 도시로 밀려들고 곳곳에 공장이 생겨났다. 이 급격한 현대화에 따라 이탈리아의 낡고 정체된 공공시설 역시 영향을 받을 수밖에 없었는데, 시대에 뒤떨어진 정신질환자 보호소 체제도 여기에 포함되었다. 바잘리아 본인이 말한 대로 "고리치아의 경험은…… 우연이 아니었다. 문화와 경제에 근본적인 전환이 일어나던 때의 일이고, 보건조직 역시 그 전환에서 영향을 받을 수밖에 없었다."[17]

프랑코 바잘리아(1924년 베네치아 출생)는 유복한 환경에서 태어났다. 아버지 엔리코 바잘리아는 수익성이 좋은 세금 수금 회사를 경영했다. 프랑코는 베네치아의 산폴로 지구에서 자랐다. 그의 가족은 파시스트 정부에 충성했지만, 바잘리아는 이내 반항자로 자라났다. 그는 십대 학생일 때 시내의 반파시스트 운동에 가담했다. 포스카리니 고등학교에서 그를 가르친 교사 중에는 저 전설적인 아고스티노 차논 달 보도 있었는데, 그는 "수많은 반파시스트 행동대원이 만들어지는 과정에서 중요한 역할을 한"[18] 사람이다. 달 보는 1942년에 파시스트에 반대하는 파르티토 다치오네(행동당)의 결성을 도왔다. 차논 달 보의 영향으로 포스카리니 고등학교에 큰 반파시스트 집단이 생겨났다. 그는 "많은 학생을 반파시스트 운동에 가담시켰고, 이들은 나이와 에너지 덕분에 반파시스트 운동에 크게 기여했다."[19] 그러나 바잘리아의 반항에는 뭔가, 저 교사 한 명의 역할로는 설명할 수 없는 무언가가 있었던 것 같다. 차논 달 보의 또다른 학생이었던 루초 루비니는 나중에 다음과 같이 주장했다. 바잘리아는 "언제나 파시스트 반대자였다. ……그는 파시스트의 집회에 나가지 않았다. 그러기를 거부했다. ……그는 그 모든 것에 반대했다."[20]

베네치아는 전쟁에서 일어나는 최악의 참상을 많이는 겪지 않았다. 무엇보다도 이탈리아의 다른 모든 도시와 달리 폭격을 겪은 일이 드물었다(포르토마르게라 산업지구와 메스트레에 폭탄이 떨어졌고 때로는 베네치아 석호 자체에, 가끔은 시내에 폭탄이 떨어지기는 했다).[21] 도시의 규모와 특이한 형태 때문에 천연의 탈출로가 없어 무장 저항운동이 어려웠다.[22] 베네치아는 이탈리아사회공화국의 핵심 지역이었고, 공화국 정부의 문화부 산하 부서 다수가 이곳에 주재했다. 1943년 9월 8일 이후에는 도시에 나치까지 나타났다.

그러나 구조적·지리적 제약에도 불구하고 비교적 강한 저항운동이 이 도시에서 일어났다. 어쩌면 이 도시의 독특한 형태와 역사 때문이겠지만 특이하고도 창의적인 저항의 순간도 많이 있었다. 1944년 2월 산마르코 광장의 대종탑에서 전단 수천 장을 뿌린 사건이 이에 해당한다. 파시스트들이 계단을 타고 꼭대기까지 올라갔으나 그곳에서 아무도 찾아내지 못했다. 파시스트 반대자들이 시한폭탄을 사용했기 때문이었다. 1945년 3월 12일에는 유명한 '베파 델 골도니(골도니의 우롱 또는 속임수)' 사건이 베네치아의 골도니 극장에서 일어났다. 공연 중이던 루이지 피란델로의 연극이 중단되고, 무장 파르티잔들이 지켜보는 가운데 놀란 청중 앞에서 반파시스트 연설문이 낭독됐다(낭독자는 공산당 파르티잔 체스코 키넬로였다).[23]

1944년 이전에는 이 도시에 무장 저항이 드물었다. 그러나 1944년에는 파르티잔들이 베네치아에서 많은 활동을 벌인 결과 유혈 복수극이 벌어졌다. 1944년 7월 6일 유력 파시스트인 바르톨로메오 아자라가 파르티잔들에게 사살됐다. 파시스트들은 이 암살에 대한 보복으로 칸나레조 지구에서 남자 여섯을 체포하여 뒤통수에 총을 쏘았으나 그

중 한 사람이 살아남아 그 이야기를 전했다. 7월 26일에는 레지스탕스가 여행가방에 숨긴 폭탄을 파시스트 본부 안에 들여가 터뜨렸고 이로 인해 20명이 넘는 사람이 죽었다. 이처럼 큰 사건이 벌어지자 파시스트들은 산타마리아마조레 감옥에서 13명의 죄수를 데려와, 특별 법정을 열어 일사천리로 유죄를 선고했다. 이들은 폭탄으로 무너진 폐허에서 처형됐다. 이들의 시신은 산미켈레 묘지 섬으로 옮겨져 묘비도 없이 묻혔다. 이 폭탄 공격은 눈길을 끄는 순간이기는 했지만, 작디작은 파르티잔 집단들이 그에 따른 보복과 체포의 위험에 크게 노출되는 결과를 낳았다.[24]

그해 여름 동안 긴장이 고조되었다. 1944년 8월 초, 나치는 독일군 병사 한 명이 실종되자 새벽에 남자 일곱 명을 총살했다. 카스텔로 지구에서 광범위한 일제 검거도 시행했다. 나중에 문제의 독일군 병사는 익사한 것으로 밝혀졌는데, 필시 술을 너무 마신 때문인 듯했다. 희생자들은 '7인의 순교자'로 알려지게 됐다. 해방 후 이들의 이름을 딴 거리가 생기고 이들의 희생을 기리는 기념비들이 세워졌다.[25]

전쟁이 이어지면서 베네치아의 삶은 점점 더 어려워졌다. 식량이 부족해지고 식당이 징발되었으며, 수많은 피난민으로 인해 인구가 20만 명까지 불었다. 밤이면 칠흑같이 어두웠고 실수로 운하에 빠져 죽은 시신이 자주 발견되었다. 전쟁이 끝나갈 무렵 바포레토(수상버스)마저 운행을 중단하자 이동이 점점 더 어려워졌다. 베네치아의 독특한 지형으로 인해 눈에 띄는 사건이 벌어지기도 했다. 어느 죄수는 수갑을 차고 있었는데도 창을 넘어 대운하에 뛰어들어 헤엄쳐 달아났다.

베네치아에는 오래전부터 유대인이 살았는데, 그중 많은 수가 게토에 거주했다(게토라는 낱말이 원래 베네치아에서 비롯되었다). 1943~1944년

22

에는 파시스트들이 유대인을 닥치는 대로 잡아들였다(일부 유대인은 이미 베네치아를 떠난 뒤였다). 가장 대규모에 속하는 일제 체포는 1943년 11월 30일 밤에 이루어졌고, 그뒤 파시스트들은 수많은 유대인의 집을 약탈했다. 이들은 체포한 유대인을 철조망을 두른 게토에 가두었다가 베네치아의 감옥으로 옮긴 다음, 독일과 폴란드의 임시수용소와 집단 수용소로 보냈다. 전쟁 동안 베네치아의 유대인 246명 정도가 강제로 이송됐다.[26] 돌아온 사람은 거의 없었다. 또 베네치아의 정신병원, 종합병원, 노인요양원에서도 유대인을 색출하여 강제로 이송했고, 어떤 경우에는 곧바로 아우슈비츠로 보내기도 했다.[27]

베네치아의 산타마리아마조레 감옥은 지금과 마찬가지로 그때도 시내로 들어가는 철로 및 도로에 가까운 전략적 요충지에 자리잡고 있었다. 1926년에 문을 연 이 감옥은 베네치아의 전쟁사, 특히 저항운동의 역사적 신경중추였다. 1943~1945년 내내 "산타마리아마조레의 수감동과 정치경찰 사무실 사이에 (실제 및 추정된) 반파시스트와 파르티잔의 행렬이 끊이지 않았는데, 사무실에서 경찰이 그들을 '심문'했고 심문은 종종 고문으로 이어졌다."[28] 죄수들은 계속해서 이 감옥으로부터 곧바로 독일이나 다른 곳으로 강제 이송됐다. 이탈리아 전역에서 그랬듯 이곳에서도 고문이 흔하다못해 거의 일상적인 수준이었으며, 고문은 파시스트 경찰만 한 것이 아니라 감옥 안에서도 벌어졌다(감옥의 한 구역을 나치친위대가 운영했기 때문이다).

1944년 봄(루초 루비니는 3월 아니면 4월로 기억한다) 프랑코 바잘리아와 동료 한 사람(네네 멘타스티)이 밤중에 마르코 폴로 고등학교에 들어가 한 교실의 벽에 온통 반파시스트 구호를 적고 전단을 붙였다. 또 "파시스트에게는 죽음을, 민중에게는 해방을(Morte ai Fascisti, Libertà ai Popoli)"이라는 글귀를 칠판마다 적었다.[29] 두 사람이 몰래 교실을 돌아다니는 동안 프랑코의 누이 안젤라와 베네치아의 작곡가 루이지 노노의 누이인 리나 노노가 경비들의 주의를 끌었다. 이튿날 학교가 발칵 뒤집혔고 그것을 지우는 동안 휴교에 들어갔다. 바잘리아는 그 시기 베네치아에서 활동한 반파시스트 운동 단체의 일원이었고, 거기에는 소매상, 재단사, 법률가, 화가, 고등학생, 대학생, 교사 등이 가담하고 있었다. 그의 친구(이며 훗날 처남이 되는) 알베르토 옹가로는 베네치아에서 최초로 체포된 반파시스트 중 한 명으로, 한 달 동안 투옥됐다가 풀려났다. 풀려난 옹가로는 베네치아를 떠나 산간지대의 파르티잔이 됐다. 학생들은 시내의 퀘리니 스탐팔라 도서관을 중심으로 일종의 북클럽을 결성하여, 학교에서 찾을 수 없는 급진적인 서적이 발견되면 서로 알려주었다.

바잘리아는 1944년 12월 11일에 체포됐는데, 필시 밀고 때문이었을 것이다.[30] 닷새 밤낮으로 경찰 심문을 받고 나서 베네치아의 감옥으로 보내졌다. 바잘리아 말고도 수십 명의 반파시스트가 동시에 체포됐다. 당국은 핵심 반파시스트의 근거지를 양복점(레오네 카발레토의 점포)에서 발견했는데, 이것이 실마리가 되어 반파시스트 활동가 조직망 전체가 드러났다. 경찰서에서 보낸 시간은 끔찍했고, 체포된 젊은이들은 폭력과 협박을 겪었다. 나중에 루초 루비니는 이렇게 말했다. "그들은 우리를 심문하고 때리고 발로 찼다. ……끔찍한 날이 네댓새 동안 이어졌다." 바잘리아의 부유한 아버지 엔리코 바잘리아가 아들이 강제 이송되지 않도록 영향력을 행사했다는 말이 있고, 아버지 바잘리아가 경찰서에서 벌어지는 일을 보고 충격을 받았다고 한다. 바잘리아는 그

뒤 반년을 베네치아의 무시무시한 감옥에 갇힌 채 큰 감방을 전전하며 다른 죄수들과 같이 지냈다.

전쟁 동안 감옥은 공포와 고통, 빈대, 오물, 질병, 그리고 저항의 장소였다. 바잘리아보다 먼저 투옥된 키넬로는 "수감생활은 힘들고 어려웠다"고 썼다.[31] 바잘리아는 한동안 루비니를 비롯하여 반파시스트 운동에 가담한 각계각층의 사람들과 한방에서 지냈다. 많은 수의 죄수를 수용하는 큰 감방 사이에서는 죄수들의 이동이 잦았다. 그들은 카드놀이와 노래, 독서, 잡담, 토론, 음모와 잠으로 시간을 보냈다. 식사는 하루 한 번 점심시간에 나왔고 잠은 맨바닥에서 잤다. 암흑의 시기였다. 그곳의 그 누구도 언제 어떻게 전쟁이 끝날지 알지 못했다.

1945년 4월 26일, 베네치아 감옥은 이 도시에서 나치를 쫓아내는 봉기의 현장이 됐다. 경비대(레오나르도 쿠투뇨라는 공산당원이 이끌었다)와 정치범들이 산타마리아마조레를 장악했다. 한때는 감옥 안에서 일반 죄수와 정치범 사이에 심각한 폭력 충돌이 일어날 위험도 있었다. 그러다가 싸움 끝에 (일반 죄수는 다시 감방에 갇히고) 무장한 정치범들과 경비대가 쳐들어오려는 나치와 파시스트로부터 감옥을 지켰다. 한참 동안 정면충돌이 이어졌다. 그러다 파시스트가 퇴각했고 (바잘리아를 포함한) 죄수들이 감옥에서 쏟아져나와 베네치아 시내로 들어갔다. 바잘리아는 이 봉기에서 어떤 역할을 맡았겠지만, 나중에 가서도 이 일에 대해 한마디도 글로 적지 않았다. 이어 도시 전체에 무장봉기가 일어났다.[32] 나치는 결국 4월 28일에 베네치아를 떠났고, 연합군이 바로 그 다음날 도착했다. 전쟁은 끝났다. 베네치아는 전후에 벌어지는 최악의 폭력 사태는 피했다. 해방 이후 오로지 파시스트 한 명만 즉결 총살된 것 같다.

감옥에서 보낸 시간은 바잘리아에게 깊은 영향을 남겼지만, 그는 감옥 경험에 대해 심지어 친구나 가족에게조차 거의 아무 말도 하지 않았다. 그러나 감방에서 배운 노래를 간혹 부르곤 했다. 그가 1961년에 고리치아의 정신질환자 보호소 체제에 대해 거의 본능적인 수준의 강한 반응을 보인 것의 근원을 젊은 시절 감옥 생활의 기억에서 찾는 사람이 많다. 나중에 그는 다음과 같이 말했는데, 자주 인용되는 문구다.

> 처음 감옥에 갔을 때 나는 의학도였다. 나는 반파시스트로 활동했고 그 때문에 투옥됐다. 내가 들어간 감옥의 그 끔찍한 상황을 기억한다. 오물을 내다버리는 시간이었다. 냄새가 끔찍했다. 죽음의 냄새였다. 시신을 해부하는 해부극장에 들어간 것 같았던 느낌이 기억난다. 졸업한 지 13년 뒤 나는 한 정신질환자 보호소의 소장이 됐는데, 그 건물에 처음 들어갈 때 나는 전쟁과 감옥으로 곧장 되돌아간 것만 같았다. 똥 냄새는 나지 않았지만 똥의 상징적인 냄새가 있었다. 나는 그 공공시설이 완전히 불합리하며, 그곳에서 일하는 정신과 의사들에게 돈을 지불하는 것 말고는 아무런 기능이 없다는 확신이 들었다. 이 불합리하고 불명예스러운 정신질환자 보호소의 논리 앞에서—우리는 '거부한다'고 말했다.[33]

공공시설에 반대하는 그의 입장은 그 자신의 투옥 경험 및 그때 주위에서 본 것들과 긴밀하게 연관되어 있었다. 그는 또 나중에 프리모 레비의 저서, 특히 『이것이 인간인가』를 처음 읽고 깊이 영향을 받았다.[34] 이런 모든 자전적 요소가 바잘리아가 1961년 고리치아의 소장이 된 후 도덕적, 정치적, 인도주의적으로 정신질환자 보호소를 하나의 공공시설 및 제도로서 거부하는 배경이 됐다.

저항운동은 바잘리아의 삶에 다른 방식으로도 영향을 끼쳤다. 학교 친구인 알베르토 옹가로는 베네치아 저항운동의 핵심 가담자였으며, 공개적으로 정권에 반대한 최초의 학생 중 한 사람으로서 반쯤 전설이 된 인물이다. 바잘리아보다 먼저 체포된 그는 석방 후 군대로 돌아갔다가 탈영하여 산간지대 파르티잔에 가담했다. 알베르토는 프랑코를 자신의 누이동생 프랑카 옹가로에게 소개했다. 둘은 1953년에 결혼했고 1980년에 바잘리아가 죽을 때까지 함께했다. 프랑카 옹가로와 프랑코 바잘리아의 관계는 연구된 적이 거의 없지만, 두 사람 개개인의 일생뿐 아니라 1961년 이후 바잘리아와 옹가로, 그 밖의 사람들이 출간한 방대한 양의 글과 그들의 실천적 활동을 조금이라도 이해하려면 두 사람의 관계를 이해하는 것이 근본적으로 중요하다.

1943년에 바잘리아는 내과학과 외과학을 공부하기 위해 역사와 명성을 자랑하는 인근 파도바대학교에 등록했다. 나중에 그는 학위 과목을 정말 아무렇게나 골랐다고 주장하곤 했다. 그럼에도 그는 뛰어난 학생이었다. (전쟁도 겪고 수감생활을 했음에도) 1949년에 졸업했고, 이후 만 10년을 철학과 정신의학을 공부하며 보냈다. 정신과 진료소에서 근무했지만 늘 관념 쪽에 더 관심이 많았고, 정신보건의 실천적 면에 관한 지식은 상대적으로 제한적이었다. 바잘리아는 대학교에서 눈부신 경력을 쌓을 운명처럼 보였으나, 지금이나 그때나 이탈리아에서 흔히 그렇듯 대학교라는 제도는 그를 이용한 뒤 뱉어내버렸다. 1949년부터 1961년까지 줄곧 유명 교수(잠바티스타 벨로니)의 조교로 일했지만 제대로 된 일자리는 나타나지 않았다. 1952년에는 신경정신의학 분야를 전공했고 1958년에는 그 분야의 박사 자격을 얻었다. 그러나 결국 그는 대학교 체제 내에서는 발전할 가망이 없다는 말을 들었다. 에둘러 표현한 말조차 아니었다. 필시 그는 너무 예리하고 너무 이단적이며 너무 창의적인데다 노예근성도 부족했을 것이고, 그런 까닭에 다른 곳에서 길을 찾으라는 충고를 들은 것이다. 그때 고리치아의 일자리가 나타났다. 벨로니는 그에게 그 직책을 맡으라고 말했다.

어떤 이들은 바잘리아의 삶을 되짚어보며 대학교 자체를 또 한 종류의 완전 통제시설로 보고 정신질환자 보호소에 견주었다. 바잘리아 본인도 1970년대에 출간된 어느 인터뷰집에서 이 점을 지적했다.

> 고리치아 현립 정신질환자 보호소의 소장으로 갔을 때 나는 조교로 10년 동안 일한 뒤였다. 대학교에서 일하면서 나는 공공시설이 어떻게 작용하는지, 권력이 어떻게 사람을 망가뜨릴 수 있는지, 사람이 어떻게 일종의 '대학교병'을 앓게 되는지를 (직접적인 방식으로) 알게 됐다. 마치 사람의 존재 전체가 오로지 한 가지로, 즉 대학교에서 성공하는 것으로 귀착되는 것 같았다. 나는 그것을 더이상 견딜 수 없었고, 그래서 정신질환자 보호소의 일자리에 지원했다.[35]

바잘리아는 파도바에서 좌절을 맛보았음이 확실하다. 1970년대 초에 파르마에서 대학교 체제로 돌아갔을 때 다시금 상부에 의해 승진이 가로막히는 일이 적어도 두 번 있었다.[36] 파도바에서 순수 연구원으로 있던 시기에는 많은 학술 논문을 발표했고, 이탈리아 정신의학계라는 보수적이고도 고리타분한 세계에 화가 난 정신의학자를 비롯한 사람들과 접촉하게 됐다. 그는 폭넓게 글을 읽었는데 특히 사르트르, 맹코스키, 후설, 하이데거, 메를로퐁티의 저술에서 큰 영향을 받았다. 바잘리아가 자신을 현상학자로 규정하기 시작한 것은 1950년대의 일이다.[37] 이윽고 그의 지도교수는 그를 약간은 불만스런 투로 '철학자'라 부르기 시작했다.

파도바에서 보낸 시간은 우정과 인맥 측면에서 중요했다. 이곳에서 함께 공부한 안토니오 슬라비치는 1962년에 고리치아 에퀴페(équipe, 팀)의 두번째 구성원이 되었고, 고리치아와 콜로르노의 경험을 처음부터 끝까지 바잘리아와 함께했다. 협의회와 워크숍이라는 학계의 경로를 통해 아고스티노 피렐라를 비롯한 정신의학자들과의 인맥도 형성됐다. 나아가 바잘리아는 학계에서 강한 영향력을 행사한 아르메니아계 신경학자 에라이르 테르치안과도 깊은 우정을 맺었다. 1925년 에티오피아의 아디스아바바에서 태어나 베네치아의 아르메니아대학에서 공부한 그는 나중에 바잘리아가 벌인 운동의 중요한 협력자가 되어 다양한 임명위원회에서 그를 도왔다.[38]

바잘리아는 완전한 외톨이가 아니었을 뿐더러 독불장군도 아니었다. 고위층 친구들이 있었고, 힘있는 사람들과 협력관계를 맺고 함께 일하는 법을 알고 있었다. 또한 공공시설 내부에서 움직이는 경향이 있었고, 파도바 시절 이후에는 권한이 있는 자리를 선택하곤 했다. 나아가 그가 파도바에서 발전시킨 철학적·정치적 관념은 1961년 이후 그가 정신질환자 보호소의 운영에 임하는 방식에 결정적 영향을 끼쳤다. 그의 삶과 이력에는 극단적 단절과 강한 연속성이 모두 나타난다.

키가 크고 카리스마 있으며 잘생긴 바잘리아는 일 중독자라 할 수 있었다. 미켈레 리소는 그를 "큰 고양이"에 비유했다. 일단 권한을 쥐면 자신의 방식을 관철하기 위해 힘들여 싸웠으며 반대자들을 용납하지 않기도 했다. 대화하며 토론으로 문제를 해결하기를 좋아했다. 이따금 권위주의자의 방식으로 행동했고 고집이 셌지만, 여럿이 함께 일하면서 팀을 이루는 것이 중요하다는 점 또한 의식하고 있었다. 바잘리아는 야심이 크고 명성과 권위를 즐겼지만 돈에는 전혀 관심이 없었다.

그는 주로 아침 일찍 일어나 아주 늦은 시각까지 일했으며, 일하는 동안 줄담배와 코카콜라의 힘을 빌렸고 가끔은 위스키도 한잔씩 했다. 그의 저술은 거의 전부 (특히 파도바 이후로) 아내 프랑카에 의해, 프랑카와 함께 쓰였다. 리소 역시 바잘리아가 죽은 뒤 친구에 대해 다음과 같은 기억을 남겼다.

> 그는 옷을 갈아입을 때 넷으로 접은 종이, 메모, 전화번호가 가득 적힌 목록 등을 입던 재킷에서 꺼내 새 재킷으로 챙겨 넣었다. (최근에는 어마어마하게 큰 일지를 장만해놓고도 곧잘 잊어버렸다.) 그는 언제나 누군가와 통화하고 있었다. 그는 누구의 집에 가도 그 집 전화벨이 울리면 받는 사람이었다. 담배를 많이 피웠고 기침을 했는데, 기침이 나온다고 불평하곤 했다. 가끔 대화 도중에 잠들 때도 있었지만, 누군가와 이야기를 나누며 밤을 꼬박 샐 수 있는 사람이었다.[39]

바잘리아는 차를 빠르고 험하게 몰았고, 한번은 운전중에 계속 졸다가 거의 죽을 뻔했다. 그뒤로는 주로 다른 사람에게 운전을 맡기는 쪽을 택했고 (주로 베네치아를 오가는 길에) 차가 출발하자마자 곯아떨어졌다가 도착할 때에야 깨어나곤 했다. 그는 베네치아에 깊이 뿌리를 내린 사람이었고, 1969년 고리치아를 떠난 뒤에는 거의 주말마다 베네치아에 돌아오려고 했다. 휴가는 거의 가지 않았으며, 어쩌다 가족과 함께 휴가를 (이따금은 트렌토 산간지방의 산마르티노디카스트로차에 사둔 별장으로) 가도 휴가 시간을 일과 앞으로의 전략을 논의하느라 보내는 때가 많았다. 그는 기득권에 반대했지만 생활은 부르주아적이었다. 집을 나설 때는 거의 언제나 넥타이를 맸다. 1960년대에는 특히 그랬다. 고리치아에서는 정해진 시간에 온 가족이 빠짐없이 모여 앉아 점심과 저녁을 먹었다. 식사는 가정부가 내왔다. 그는 엄격한 아버지였다.[40] 세대 간 충돌은 바잘리아의 가족 내에서도 일어났다.

(그를 한 번도 만나지 않은 사람을 포함하여) 많은 사람이 그의 지성과 사람됨에 반했다. 그는 카리스마 있고 매력적이며 사람들로부터 사랑과 감탄을 자아낸 동시에 두려움과 질투, 이따금은 미움도 불러일으켰다. 많은 사람에게 영웅이 됐지만, 1968년과 관련된 운동에 반대한 사람들에게는 (나아가 '1968년' 자체의 일부 핵심 인사에게도) 악인이었다. 그해에 그는 하룻밤새 한 시대 전체를 나타내는 표상이 됐고 삼척동자도 아는 유명한 이름이 됐다. 나중에는 중요한 법 하나가 그의 이름으로 명명됐는데 이탈리아에서 이런 일은 드물었고 정치인이 아닌 사람의 이름을 따는 경우는 더욱 드물었다. 그는 '좋은 사람'으로 여겨졌지만 일부로부터는 대책 없이 무책임한 사람으로 비판받았다. 자신이 맡은 환자들에게 깊이 공감했지만 일부에서는 그가 환자를 환자 자신의 운명에 맡긴 채 방치한다고 비난했다.[41] 대화를 좋아하여 모든 것을 즐겨 논의했지만, 그와 동시에 이견을 용납하지 못하기도 했고, 나아가 때로는 어느 정도 권위적이었다. 그의 삶은 때로 혼란 상태에 이르렀지만 만날 약속은 한 번도 어기지 않았다. 그에게 삶의 중심은 일이었다. 바잘리아는 거의 20년간 '투쟁'에 전적으로 헌신했고 그렇게 헌신한 대

가를 비싸게 치렀다. 세월이 지나면서 그에게 여러 가지 수식어가 붙었는데, 어떤 이들은 유복한 가정환경, 베네치아의 유년기와 연결지어 그를 '타고난 지도자', '귀족', '문벌'로 묘사했다. 이런 꼬리표는 주로 그를 모르는 사람들이 사용했다.

고리치아의 직책은 한눈에도 장래성이 없고 위험하기만 했다. 그 일을 맡는다는 것은 정신의학 체제 가운데서도 아무 희망도 없는 분야에 정치적·지리적으로 고립됨을 의미했다. 온 가족이 정든 곳을 떠나야 했고, 속이 뒤틀리는 느낌이 드는 장소를 책임져야 했다. 이 직책을 맡을 유일한 이유는 변방에서, 변두리 중 변두리에서 체제 전체를 탈바꿈시켜보자는 것뿐이었다. 그는 당시 이탈리아의 정신질환자 보호소 소장 대부분이 하던 대로 그저 옛날 방식에 따라 운영할 생각이 없었다. 그렇지만 처음에는 뭔가 바꿔보자는 욕망 말고는 명확한 계획이 없었다. 1961년 11월 3일, 그는 비로소 자신의 의향을 드러내 표현했다. "고리치아에 소장으로 부임한 첫날, 수간호사가 그날 밤 묶여 있는 사람 명단을 건네며 공식 승인을 요청했을 때 그는 말했다. '서명하지 않겠습니다.'"[42] 외진 곳에서 출세할 가망이 없는 직책을 맡았다는 사실의 이점 하나는 그에게 뭔가를 기대하는 사람이 아무도 없다는 점이었다. 그는 다른 곳에서라면 느끼지 못했을 희한한 종류의 자유를 누리고 있었다. 이탈리아 다른 지역 사람들은 물론 고리치아 사람들조차 코앞에서 무슨 일이 벌어지고 있는지 눈치채기까지 앞으로 몇 년이 더 걸릴 참이었다.

고리치아는 언제나 쟁탈의 대상이었다. 이 도시의 20세기 역사는 비극과 죽음과 파괴로 얼룩졌다. 제1차세계대전 동안 완전히 파괴된 일도

한 번만이 아니었고, 냉전시대에 그려진 국경선 때문에 도시가 마비되었다. 국경선이 그려지는 과정에서 그때까지 고리치아현에 포함되어 있던 넓은 지역이 국경 너머로 떨어져나갔다. 1947년에 그려진 국경선은 시가지를 정통으로 관통하여, 가족이 갈라지고 농부는 자신의 농토와 격리되고 심지어 묘지의 죽은 자들까지도 갈라졌다. 국경 건너에는 공산주의자들이 있었고, 동쪽 국경 바로 너머 옛 오스트리아-헝가리 제국 기차역에는 거대한 붉은 별이 그려졌다. 역 꼭대기에는 고리치아 사람들에게 보이고자 다음과 같은 기분 나쁜 글귀가 이탈리아어로 적혀 있었다. "여기서 우리는 사회주의를 세우고 있습니다."[43] 무장 경비병들이 국경을 순찰했다. (주로 밤에) 서쪽으로 탈출하려던 사람들이 때때로 사살됐고 그 시신은 아침이 되어서야 발견되었다. 국경을 건너는 모든 도로에 상설 검문소가 세워졌으며, 그중 몇몇 검문소는 정신병원 담장으로부터 몇 미터밖에 되지 않는 곳에 있었다.

고리치아의 중요한 현실 하나는 '슬라브인'과 이탈리아인 간의 분열이었다. 이미 뿌리깊었던 정치적·민족적 적대감이 양차대전 사이에 행해진 파시스트의 인종청소 정책으로 더욱 심해졌다. 1945년에는 유고슬라비아의 티토가 이끄는 파르티잔이 고리치아를 해방한 후 이탈리아인을 대규모로 강제 추방했다.[44] 이 모든 것이 1961년 고리치아 사람들의 마음속에 생생히 살아 있었다. 고리치아에 남아 있는 기념비와 바뀐 국경선이 모두 이런 분열과 증오와 분쟁의 역사를 반영하고 있었다. 이곳은 대단히 전략적이면서도 대체로 망각된, 어떤 면에서 시간 속에 응결된 도시였다. 유럽 사람은 누구나 베를린에 대해 알았지만 고리치아에 관심을 가진 사람은 거의 없었다. 이 도시는 음모와 술수의 장, 무기집결지이자 전장이었고, 간첩과 내통자, 옛 시절을 그리워하는 파시스트와 비밀 반공 군사단체의 장소였다. 고리치아의 정치 성향은 중도우파였다. 주민 대다수는 항상 기독민주당에 투표했고 적잖은 사람들이 더 과격한 신파시스트 단체를 지지했다. 이 도시에서 좌파는 극도로 허약했다. 1948년 선거에서 고리치아 사람 중 68퍼센트가 기민당을 택했고, 14퍼센트만이 (공산주의자와 사회주의자가 뭉친) 좌익 인민전선을 찍었다. 1953년에는 신파시스트당인 이탈리아사회운동이 14.3퍼센트를, 이탈리아공산당이 9.6퍼센트를 득표했고 기민당이 54.4퍼센트를 얻었다. 실로 이 도시는 어떤 분야에서도 과격한 실험을 시작하기엔 어울리지 않는 곳이었다.

바잘리아 가족(프랑코, 프랑카, 그리고 어린 두 아이─여덟 살인 엔리코와 여섯 살인 알베르타)은 1961년 말에 고리치아로 이사했다.[45] 이들은 장중한 느낌의 현 정부 청사 꼭대기 층에 있는 널찍한 아파트에 자리잡았다. 고리치아의 한복판이었고 정신질환자 보호소에서 걸어서 10분 거리였다. 아이들은 근처의 학교를 다녔다. 당시 이탈리아의 정신질환자 보호소는 대부분 현 의회에서 재원을 대고 운영했는데 고리치아에서도 그랬다. 병원은 고리치아시만이 아니라 현 전체를 담당했다. 그러나 도시 안에 있는 정신병원의 역할은 20세기 내내 이탈리아 전체의 정신병원이 맡았던 바로 그 역할, 즉 '미친' 사람들을 유폐하고 그럼으로써 '사회를 보호'하는 것이었다. 중요한 것은 쿠라(cura, 치료)가 아니라 쿠스토디아(custodia, 구금)였다. 이탈리아의 정신질환자 보호소는 아직도 1904년과 1909년으로 거슬러올라가는 법률 규정을 따르고 있었다. 1904년 법의 제1조는 다음과 같다.

어떤 종류든 정신질환에 걸린 사람은 자기 자신이나 타인에게 위험할 때나 대중적 추문을 일으킬 때, 그래서 정신질환자 보호소 밖에서는 편리하게 가두어두거나 치료할 수 없을 때 정신질환자 보호소에 수용하고 치료해야 한다.[46]

또한 친족의 요청에 따라 정신질환자 보호소에 갇히는 사람들이 많았는데, 여기에는 복잡한 법 절차에 따른 승인이 필요했다. 우선 (최장한 달 동안) 환자를 관찰 병동에 수용하게 되어 있었다. 정식으로 수용할지 (또는 말지)는 보호소 소장이 결정했고, 그것을 나중에 치안판사가 재가했다. 또다른 경우에는 환자를 경찰이나 총기병대가 정신병원으로 직접 보냈다. 출소 역시 소장의 판단에 달렸고 사법부의 재가나 승인이 필요했다. 1904년 법(그리고 그에 따른 시행령)에서는 다음 글에서 보듯이 소장에게 관할 보호소 내에서 높은 수준의 권한을 부여했다.

소장은 환자의 치료와 연계된 모든 부분과 관련하여…… 해당 공공 시설 자체의 보건 정책에 완전한 권한을 가지며, 해당 정신질환자 보호소의 운영과 보호소 내 현행 법률 집행에 관한 책임을 진다.

후일 밝힌 대로, 바잘리아는 "소장으로서 일을 처리하고 결정하고 승인할 권한이 있었다."[47] 이 법률에서는 수용된 사람들을 처음부터 끝까지 알리에나티(alienati), 즉 '정신이상자'라고 불렀다.[48]

일단 정신질환자 보호소에 들어가면 환자는 사실상 '비인격자'가 됐다. 인권이 박탈되고 '세속적 소유물'을 (이론상 한시적으로) 빼앗겼다. 머리를 빡빡 깎고 유니폼을 입히는 경우가 많았다. 환자의 소지품은 작은 봉투에 담아 목록으로 정리하여 보관했다. 그중에는 원래 주인에게 돌아가지 않은 것이 많았다. 마이클 도널리가 주장한 대로, 이런 체제는 "정신의학은 정신이상자의 '위험성'으로부터 사회를 지켜내야 한다는 공공의 요구를 법조문으로 만든"[49] 것이었다. 바잘리아는 나중에 1904년 법을 "환자를 돕는 것, 안전이라는 관념, 동정심, 두려움 사이에서 오락가락한 고대의 법"이라 불렀다.[50] 정신질환자 보호소 담장 안에서 남자와 여자는 엄격하게 분리 수용됐다. 고문과 자살은 너무나 흔한 일이어서 놀라는 사람도 없고 이야깃거리도 되지 않을 정도였다. 많은 환자에게 그곳을 벗어나는 유일한 길은 죽음뿐이었다. 바잘리아가 볼 때 그곳 환자들은 이미 인간 이하였다. 그저 목숨만 이어갈 뿐이었다. 전기충격 치료법을 발명한 우고 체를레티는 1949년에 이렇게 썼다. "창문에는 창살을, 안마당에는 금속 울타리를 둘렀으며, 이 우리 안에 정신질환자들의 슬픈 무리가 제각각의 기괴하고 이상한 동작과 행동 방식을 보이며 빽빽이 몰려 있다."[51] 이탈리아 남부의 어느 시설에 대해 체를레티가 묘사한 대로 정신질환자 보호소는 끔찍한 곳이었다.

> 땅바닥에 깐 돌이 지면 위로 튀어나와 있는 커다랗고 텅 빈 안마당. 그 한가운데에 커다란 플라타너스가 한 그루 있고, 그 얼마 되지 않는 그늘에 맨발과 헝클어진 머리에 엉성한 유니폼을 입은 인간들이…… 서로 바짝 들러붙은 채…… 무자비하게 내리쬐는 햇살을 피하고 있었다. 멀리서 보면 벌집 같아 보였다. 그 안에서 온갖 종류의 비명과 고함이 울려나왔다.[52]

1967년에 고리치아의 환자 가운데 '안드레아'라는 사람이 바잘리아가 소장으로 오기 전 시기를 이렇게 회고했다.

> 이전에 이곳에 있던 사람들은 죽게 해달라고 기도했다. 누가 죽으면 종이 울렸다. ……그러면 다들 이렇게 말했다. 아, 내가 저 사람이었으면. ……이렇게 사는 데는 지쳤어. 건강하게 살아갈 수 있는 사람이 얼마나 죽어 나갔을까. 그들은 낙담해 있었다. ……빠져나갈 길이 없기 때문이었다. 그래서 사람들은 아무것도 먹지 않기 시작했다. 콧구멍을 통해 강제로 음식물을 먹이곤 했지만, 희망을 잃어버렸기 때문에 소용이 없었다.[53]

병원 안에서는 환자들을 '보살피기' 위해 많은 수의 간호사가 고용됐다. 이 간호사들은 훈련을 받지 않았고, 힘이 좋다는 이유 하나만으로 임명되는 경우가 많았다. 이들의 일은 어렵고 대단히 힘들며 스트레스가 많았지만 급료는 형편없었다. 정신질환자 보호소에 의사의 수가 적었다는 점을 볼 때(게다가 의사가 병원 안에서 보내는 시간이 작디작았다는 점을 볼 때) 바로 이 간호사들이 대체로 이 체제의 주된 얼굴에 해당했다. 이들이 병원 운영을 주도했고, 환자들을 구속하고 먹이고 입히고 씻겼다. 그렇게 보살피는 바로 그 환자들을 통제하기 위해 심리적·육체적 폭력을 사용했다. 체제에 어떤 식으로든 변화를 꾀하려면 간호사를 고려해야 했다. 정신질환자 보호소 체제를 탈바꿈시키는 데 의사, 간호사, 환자 사이의 관계가 핵심적이고도 어려운 한 가지 요소였다. 게다가 고리치아의 간호사 중 많은 수가 정치적으로 우파 계열이었다. 나중에 어느 의사는 그 보호소에서 일하던 간호사의 70퍼센트가 신파시스트 노조 소속이었다고 회고했다.[54]

광기를 가리키는 언어도 중요했다. "마니코미오는 문자 그대로 미친 사람을 보살피거나 보호하는 장소를 의미했다."[55] 나중에 공식적인 맥락에서는 좀더 중립적인 '정신병원'이라는 용어가 쓰였지만, 마니코미오는 여전히 일반적으로 쓰이는 용어였다(오늘날까지도 그렇다). 바잘리아 사람들은 이 말을 가져와, 정신질환자 보호소는 병원이 전혀 아니며 하나의 완전 통제시설이라는 점을 강조하는 용도로 사용하고자 했다.[56] 이따금 바잘리아 운동에서 자기 자신을 가리키거나 비꼬는 용도로 사용된 '미친', '미친 사람', '정신 나간 사람'(이 마티i matti 또는 이 파치i pazzi) 같은 말이나 어구도 그런 유의 의미가 가미된 표현이다.

고리치아의 소장이 된 바잘리아는 곧 정신질환자 보호소 체제 전체가 도덕적 파탄에 이르렀음을 확신하게 됐다. 그는 이런 공공시설 안에서 환자를 치료하는 기존 방식에는 의학적으로 이점이 전혀 없다는 것을 알아차렸다. 오히려 환자들의 괴상하고 불안한 몇 가지 행동 방식은 시설 자체 때문에 생겨났거나 악화된다고 확신했다. 공식적으로는 병원이라 불리지만 이런 곳은 건축 구조로 보나 기능으로 보나 감옥과 비슷했다. 대부분의 경우 이런 시설은 푸코가 "규율을 세우고 처벌을 가한다"[57]라고 표현한 바를 목표로 삼았다.

이런 확신은 바잘리아가 1960년대에 여러 글, 특히 어빙 고프먼, 프란츠 파농, 미셸 푸코 같은 이들이 쓴 글을 읽으면서 굳어지고 예리해졌다. 고프먼은 『수용소─정신질환자와 그 외 재소자들의 사회적 상황에 대한 에세이』에서 이런 시설을 '완전 통제시설'이라 부르면서 그 비꼬인 작용을 풀어냈다. '완전 통제시설'은 이윽고 바잘리아 사람들의 어휘에서 핵심적 위치를 차지하게 될 어구였다.[58] 한편 푸코는 정신질환자 보호소의 작용에 역사적·철학적으로 초점을 맞추는 동시에 광기 연구(『광기의 역사』)와 이상행동 억제 연구에 대한 이론적·방법론적 접근방법을 제공했다.[59] 위의 두 책 모두 1961년, 즉 바잘리아가 고리치아를 맡은 해에 처음 세상에 나왔다.

이런 책은 영어(와 프랑스어)로 읽히다가 (프랑카 옹가로가 번역한 고프먼의 경우) 1960년대에 이탈리아어로 번역됐다. 특유의 '바잘리아 교범'은 고리치아에서 구체적으로 모습을 갖추기 시작했는데, 여기에는 정신병원이 실제로 작용하는 방식에 대한 철학적 탐구 및 연구도 포함됐다. 바잘리아는 프랑스, 독일, 영국에서 활동하는 급진적인 정신의학자들과 관련된 관념과 진료 방식도 연구했다. 그는 여러 곳을 두루 여행했다. 시간이 가면서 그 또한 정신질환자 보호소 체제를 사회학적으로 예리하게 비판하게 됐으며, 정신병원을 가난한 사람들과 정상에서 벗어난 사람들을 가두어두는 곳으로 분석하게 되었다. 바잘리아 사상에서 이 세 가지 가닥, 즉 반공공시설주의, 사회학적 분석, 의료체제에 대한 신랄한 비판은 이후 20년 동안 형태를 갖추게 된다. 그러나 이러한 생각은 미성숙한 상태이기는 해도 맨 처음부터 바잘리아가 가지고 있던 생각이었다.

고리치아 초기의 바잘리아는 그 도시 자체처럼 격리되어 있었다. 처음에는 천천히, 거의 고통스러울 정도로 느리게 움직이는 수밖에 없었다. 그의 생각은 극단적이었고, 그래서 학술협의회에서 동료들은 그를 기피인물이나 괴짜로 대하는 일이 많았다. 이탈리아에는 정신질환자 보호소 체제의 해체를 부르짖는 사람이 그 외에는 아무도 없었다. 개혁을 외치는 사람이 소수 있기는 했지만, 대부분은 현상유지나 약간의 개혁으로 만족하는 듯이 보였다. 전체적으로 체제(정신질환자 보호소를 지원하는 의료·정치·사회 구조) 내의 급격한 변화에 대한 저항이 상당히 컸다. 정신질환자 보호소는 일자리를 제공하고 자원을 끌어들였으며, 대중이 필요하다고 여기는 목적을 충족해주었다. 가족들은 미쳤다고 생각되는 사람을 보살필 의욕이 없었고, 국가는 정신건강에 문제가 있는 것으로 보이는 사람을 유폐하는 것으로 이 문제를 해결하려 했다. 유폐 상태에서 생을 마감하는 경우도 많았다.

당시 '미친 사람'이라는 범주는 ('정신질환자 보호소에 있는 사람'과 종종 혼동됐는데) 그 범위가 넓어, 예를 들어 다운증후군, 알코올중독, 간질병이 있는 사람까지도 포함했다. 더욱이 이처럼 포괄적이고 이질적인 미친 사람 집단을 위험한 존재로 보는 시각이 아주 많았고, 그래서 사람들은 이들로부터 사회를 보호해야 한다고 믿었다. 고리치아의 정신질환자 보호소에 설치된 높은 담장과 울타리, 문과 철창은 보호소가 이런 전제를 바탕으로 기능을 수행하고 있다는 증거물이었다. 대부분의 이탈리아인과 마찬가지로 고리치아 사람들도 대체로 자기네의 정신질환자 보호소를 못 본 체했고, 이제까지 해오던 그대로 계속해나가는 것으로 만족했다. 1961년에는 정신의학 개혁은커녕 현재의 방식을 조금이나마 완화하려는 시도조차 대중의 뒷받침을 거의 얻지 못했다. 논의도 없었고 토론도 없었다. 문제 자체가 존재하지 않았다.

바잘리아는 상황을 바꾸기 위해 변화의 모델로 삼을 만한 다른 곳의 청사진이 필요했다. 이탈리아 안에서는 손댈 만한 것이 거의 없었다. 그의 철학적 관념은 그 자체만으로는 충분하지 않았다. 그는 폭넓게 글을 읽으면서 자신이 이미 지니고 있던 생각에 다양한 사람들의 생각을 가미했다. 이 과정에서 연구와 여행이 필요했다. 바잘리아는 다른 정신질환자 보호소들을 방문했고, 친구를 사귀었으며, 언제나 실험할 태세를 갖추고 있었고, 언제나 새로운 생각이나 방식을 받아들일 마음가짐이 되어 있었다.

지금 돌이켜보면 이제까지 나온 바잘리아의 여러 전기, 바잘리아의 생각에 관한 연구, 바잘리아 운동에 관한 서술에서는 일관성을 부여하고 있지만 실제로 그런 일관성이 꼭 있었다고는 할 수 없다. 그의 생각(과 실천)은 유연하고 유동적이었으며 시대의 조류에 맞춰 움직였다. 어떤 것을 시도해본 후 그 방식을 버리는 식이었다. 이런 생각과 실천은 또 대단히 개인적인 성격을 띠어, 때로는 그 자신의 과거(1944년 감옥에 있었던 저 결정적인 반년)에 대한 감정적 반응, 자신의 철학 연구와 정치참여(추상적으로 보면 혁명적인 것과 거리가 멀었지만 급진적이고 비판적이었다), 새로운 글이나 기존 글의 토막을 받아들이는 개방적 태도가 반영되었다. 바잘리아는 어떤 때도 독단적이지 않았다. 그는 읽은 것을 흡수하고 그것을 예리하게 버린 뒤에 새로운 형태로 빚어냈다. 때로는 이해 불가능한 결과물이 나타나기도 했다. 또 때로는, 특히 1960년대 말에 이르러서는 시대의 조류에 완전히 보조를 맞춘 것처럼 보였다.

특히 1970년대에는 급진적 사상에 탐닉했고 또 다양한 형태의 마오쩌둥주의도 건드려보고 구호 활용에도 나서보았으나[60] 대체로 (특히 고리치아 단계에서는) 공허한 수사는 피하고자 했다. 그러나 권력구조나 권력자들과의 관계 유지, 그리고 그들의 개혁 실천 능력이 중요하다는 사실은 한시도 잊은 적이 없었다. 그는 권력을 이해했지만 정치에 뛰어들 욕구는 없었다. 바잘리아가 볼 때 정치는 목적을 위한 수단이었다. 그래서 지식인, 예술가, 배우, 출판업자, 사진기자, 보도기자, 영화감독, 노조 간부, 관료뿐만 아니라 사회당, 기민당, 공산당, 그리고 더

러는 극좌파 인사들과도 협력할 수 있었다.

그는 어떠한 당의 주의에도 얽매이지 않았으며, 종종 다양한 색깔의 사람들이 어떻게든 자신의 관점에 동조하게 만들었다. 현직에 있는 동안 바잘리아는 대체로 공공시설 내부에서 움직였다. 대개는 그것을 바꾸기 위해서였지만 그것을 아예 철폐하려는 목적으로 그런 때도 많았다. 이처럼 실용주의와 급진주의, 에너지가 결합된 예는 1968년, 특히 공허한 수사와 정치적 손익계산이 팽배했던 1968년 이후의 이탈리아에서는 지극히 드물었다. 바잘리아에게는 야심이 있었지만 그와 동시에 자신의 경력을 걸 준비가 되어 있었다. 그는 자기 직업의 기반을 끊임없이 허물었다. 그 결과 사람들은 그가 어떤 사람인지 꼭 집어 표현하기가 어렵게 되었다. 그는 어떤 사람이었을까? 누구 편이었을까?

그때까지 누구도 정신질환자 보호소를 안에서부터 '뒤엎으려고' 시도한 적이 없었다. 이탈리아에는 일을 진행시킬 만한 건더기가 없었고 기준으로 삼을 만한 모델이 없었다. 바잘리아는 프랑스, 스코틀랜드, 런던, 미국으로 눈길을 돌렸다. 어떤 곳에서는 이미 개혁을 시도했고 그래서 성공을 거둔 곳도 있었다. 바잘리아는 개혁자를 찾고 그들이 어떻게 했는지 알아보았다. 직접 갈 수 없으면 친구나 협력자 또는 프랑카를 보냈다. 보고서를 발주했고, 변화에 관심 있는 사람들, 예컨대 스코틀랜드의 맥스웰 존스 같은 사람들과 접촉했다.[61] 닥치는 대로 읽고 필요한 부분은 번역을 맡겼다. 정신의학계에서는 새로운 생각을 받아들일 시기가 무르익어 있었다. 1960년대 중반에 이르러 영국, 프랑스, 미국, 이탈리아에 있는 소수의 급진주의자들이 정신의학이라는 보수적인 세계를 뒤흔들기 시작했다. 이들의 생각은 이내 전세대의 상상력을 사로잡았다. 바잘리아는 이제 혼자가 아니었다.

영국에서는 데이비드 쿠퍼와 로널드 데이비드 랭이라는 정신의학자가 자신들의 생각을 대중에게 널리 알리고 있었다. 랭은 1954~1955년에 스코틀랜드의 어느 정신질환자 보호소에 여성 조현병(정신분열병) 환자를 위한 '놀이방'을 설치했다.[62] '최악'의 환자들을 병실로부터 좀더 정상적인 방으로 옮겨와 간호사와 의사와 어울릴 수 있게 한 것이다. 놀이방은 "고도로 불안정한 환자들을 위해 깨끗하고 차분하며 우호적인 환경을 제공하여 발작이 저절로 가라앉게 했다." 이 실험에서 결정적으로 중요한 요소는 간호사의 역할이 실험 과정에서 어떻게 탈바꿈하는가 하는 점이었다. 놀이방 안에서 실제로 어떤 일이 벌어졌는지에 대해서는 약간의 의문이 있지만, 이것은 완전 통제시설 안에서 뭔가 다른 것을 시도한 개척자적 사례였다. 또한 시설의 환경이 정신질환 악화에 중요한 요인으로 작용한다는 것을 일깨우는 동시에 완전 통제시설 안에서 할 수 있는 실험의 가능성(과 한계)을 보여주었다. 더 나아가, 글래스고의 정신질환자 보호소에 실제로 어떤 일이 있었는지를 넘어서서 '놀이방'은 변화를 나타내는 강력한 상징이었다.

이제는 고전이 된 랭의 연구서 『분열된 자기』는 1960년에 나왔지만 영향력 있는 교재가 되기까지는 몇 년이 걸렸다. 이 책은 부분적으로 랭이 놀이방 시기에 환자들과 접한 경험을 바탕으로 한다. 무엇보다도 랭은 조현병과 광기가 이해 가능한 대상이라고 강력하게 주장했다. 광기의 언어는 지성으로 이해 가능했다. 랭은 1960년대 초에 정신의학계라는 공공시설의 영역을 떠나 개인 환자 치료와 저술에 전념했다. 이윽고 그의 연구는 새롭게 대두된 급진적 대항문화의 핵심 부분이 됐다. 1960년대 중반부터 말까지 『분열된 자기』는 베스트셀러였고, 이 책이 성공하면서 『부정되는 공공시설』의 성공도 가늠해볼 수 있게 되었다.

한편 남아프리카 태생의 정신의학자 데이비드 쿠퍼는 1962년부터 1966년까지 런던 교외에 있는 정신질환자 보호소에서 실험적으로 개방형 병동을 운영하고 나중에 이 경험을 『정신의학과 반정신의학』에 서술했다. 이 책은 또하나의 고전이 되었다.[63]

이 모든 사례에서 완전 통제시설은 (일시적으로) 뒤엎어지고 개혁되거나 내부로부터 잠식당했다. 그 외에도 예컨대 정신병원의 대안으로서 완전히 새로운 것을 만들고자 했던 런던의 킹슬리 홀(1965~1970년)처럼 공공시설의 영역 바깥에서 이루어진 좀더 급진적인 실험이라든가 프랑스의 정신보건 체제 내에서 실행되었던 구역별 개혁 및 '제도적 정신요법' 같은 여러 급진적인 실험 역시 바잘리아를 비롯한 개혁자들에게 큰 영향을 주었다.[64]

고리치아에서 생긴 일에 관해 이야기하기 전에 우리는 1960년대에 등장하여 고리치아 시기에 흔히 적용되는 여러 가지 용어와 꼬리표의 의미를 이해해둘 필요가 있다. 그런 용어로는 '반정신의학'을 비롯해 비판적 정신의학, 급진적 정신의학 등이 있다.

제2장

반정신의학, 비판적 정신의학, 운동, 그리고 실용적 유토피아

반정신의학이 한 가지만 있는 게 아니다. 정신의학이 한 가지만 있는
게 아니듯.

파트리치아 과르니에리[1]

우리는 하나하나의 제도—가족, 학교, 대학, 정신보건, 공장—를, 하
나하나의 예술 형태를 탈바꿈시켜 의식 변화를 위한 혁명 거점으로
삼을 수 있다.

데이비드 쿠퍼[2]

1960년대와 1970년대의 급진적 정신의학을 연구할 때 핵심적 문제 하
나는 '반(反)정신의학'이라는 용어다. 말은 중요하다. 그런데 말은 뜻이
자주 바뀐다. '반정신의학' 역시 예외가 아니다. 이상한 단어이며 독성
마저 있다. 힘이 꽉 차 있으면서도 실질적인 의미는 비어 있을 때가 많
다. 오늘날 사람들은 이 용어를 주로 부정적인 의미로 입에 올린다. 어
떤 이에게는 거의 모욕이 되었다. 이 말은 국적과 학문의 맥락에 따라
용도가 크게 달라진다. 명확히 정의되는 때가 거의 없고, 깊이 분석되
지도 않으며, '정신질환은 존재하지 않는다'는 밋밋한 주장을 믿는 것
과 동일시되는 때가 많다.[3] 1970년대에 조반니 제르비스는 반정신의

학이 "반대한다는 표시이지만 이것이 무엇에 반대하는지 또는 무엇을 부정하는지 분명하지 않으며" 어떤 "경향, 문화적 태도, 일종의 비판적 부글거림"으로 이해할 수도 있다고 썼다.[4]

이 의미 문제는 일반적으로 반정신의학의 '지도자'로 불리는 사람 대부분이 자신이 반정신의학자임을 부인한 일이 있다는 사실 때문에 더욱 복잡해진다. 1970년대 중반에 이미 사람들이 이 용어를 꺼리는 느낌이 있었다. 제르비스는 이렇게 썼다. "내가 아는 사람 중 자신을 반정신의학자라 부르는 사람은 아무도 없다."[5] 이것은 (그 시대) 사람들 거의 모두가 배척하는 용어이지만 그래도 계속 사용되고 있다.[6]

예를 들어 로널드 데이비드 랭은 자서전에 다음과 같이 썼다.

> 나는 나 자신을 반정신의학자라 부른 적이 없으며, 내 친구이자 동료인 데이비드 쿠퍼가 이 용어를 도입했을 때 거부한 바 있다. 그렇지만 정신의학은 전반적으로 사회가 배척하고 억압하기를 원하는 요소들을 배척하고 억압하는 기능을 수행한다는 반정신의학의 논제에는 동의한다.[7]

그러나 이와 같은 주장에도 불구하고 랭은 그중 가장 유명한 반정신의학자로, 반정신의학의 아버지이자 교황이라 불릴 정도였다.[8] 또는 1970년대 말에 어떤 질문에 답하면서 했던 바잘리아 본인의 말을 인용할 수 있다.

> 이 아이, 즉 이제 열 살이 된 이 반정신의학은 존재하지 않는다고 말하고 싶습니다. 그보다는 사람들 머릿속에만 있다고 해야 할 것입니다. 이 낱말이 실천적 관점보다 이념적 관점에서 더 큰 성공을 거두었

기 때문입니다. 우리는 반정신의학자였던 적이 없습니다. 우리는 그저 고용된 사람이었을 뿐입니다. ……우리는 정신의학 시설이라는 현실 세계에서 일했습니다. 고통받는 사람들에게 정신질환자 보호소의 폭력과 억압이 아닌 다른 대안을 제공하기 위해서였습니다.[9]

바잘리아는 같은 인터뷰에서 이렇게 부연했다. "저는 반정신의학이나 비정신의학이 실제로 무엇을 뜻하는지 모릅니다."[10] 자신을 반정신의학자라고 규정했던 사람이나 정신질환의 존재를 정말로 부인했던 사람조차도 지금은 부정(否定)이라는 증후군에 시달리고 있다.[11]

그러면 '반정신의학'이라는 이 '아이', 그렇게나 많은 고민을 안겨주고 일부에서는 존재하지조차 않는다고 말하는 이 아이, 어른이 된 뒤 부모와 옛 친구들로부터 의절을 선언당한 이 아이를 두고 우리는 무엇을할 것인가? 이 질문에 답하려면 우리는 1960년대로 돌아가 그 시초에서 지금에 이르는 '반정신의학'의 역사와 계보를 더듬어볼 필요가 있다.

반정신의학—한 용어의 계보와 역사

제정신과 광기에 관련하여 정신의학 안팎 모두에서…… 혁명이 일어나고 있다. 현대적 정신의학은 300년 전 악마론적 관점이 임상학적관점에게 자리를 내주면서 존재하게 됐다. 이제 이 임상학적 관점이존재론적이면서 사회적인 관점에게 자리를 내주고 있다. 나는 이 변화의 의미가 그보다 덜 중요하지 않다고 본다.

로널드 데이비드 랭(1964)[12]

1960년대와 1970년대에 전통 정신의학이라는 '과학'에 결부된 정설
에 이의를 제기하는 일련의 경향이 있었는데, 이들이 '반정신의학'이
라는 용어로 뭉뚱그려졌다.

조반니 제르비스(1975)[13]

조반니 제르비스: 어떤 면에서 오늘날에는 반정신의학을 실천하기가 매
  우 쉽습니다.
프랑코 바잘리아: 아뇨, 우리는 비정신의학자입니다.

『부정되는 공공시설』(1968)[14]

1960년대의 들뜬 분위기 속에서 '반정신의학'이나 '비정신의학'이
라는 유식해 보이는 유행어는 입에 올리는 사람뿐만 아니라 그 운동
의 추종자가 볼 때도 여러 가지 의미를 띠게 됐다. '반정신의학'(anti-
psychiatry, 대문자로 쓸 때도 있고 따옴표로 묶을 때도 있었다)이라는 용어로
지칭된 생각과 활동의 흐름에는 넓은 범위의 의견과 생각이 포함되어
있었으며, 고리치아나 트리에스테뿐 아니라 그 이외의 여러 나라에서
나온 많은 글과 지도자와 경험을 이 용어로 표현하게 됐다.
  그러면 우리는 가장 먼저 '반정신의학'이 그때는 무엇이었으며, 지금
은 이것이 역사적으로 무엇을 의미하는지 찾아 명확히 해둘 필요가 있
다. 요컨대 우리의 출발점은 이렇다. 반정신의학은 정신의학계 자체 내부
에서 나타난 비판적이고 급진적인 운동이었다.[15] 이것은 역사에 나타난 하
나의 정치적·문화적·사회적 "순간"[16]이자 "하나의 징후…… 촉매,
그리고 하나의 수렴점"[17]이었다. 이것은 유연하고 적응성이 높았으며,

하나의 마음 상태, 언어, 사고방식, 다시 말해 하나의 생활방식이면 서…… 배타적 이상이나 복제하기 쉬운 모델이 아니라, 사회의 순응주의에 따라 우리를 둘러싼 편견과 겉모양을 넘어 사물 자체를 들여다보라며 우리를 끊임없이 자극하는 동기다.[18]

이것은 또 시간축 위에도 고정할 수 있다. 우리는 반정신의학에 넓은 범위의 시간대를 지정할 수 있는데, 예를 들면 1960년대와 1970년대가 그 기간이다. 그럼에도 '반정신의학'이라는 용어는 계속하여 역사 속에 자리를 이어왔고 이어가고 있다. 그 운동이 이제는 (아예 없어졌거나) 전과 같은 방식으로는 존재하지 않는데도 말이다.

데이비드 쿠퍼는 1967년에 펴낸 『정신의학과 반정신의학』에서 이 용어를 처음 만들어 썼고, 이후 런던에서 열린 '해방의 변증법 학회'를 바탕으로 엮은 유명한 책[19]의 머리말에서 이 용어를 다시 썼다. 그렇지만 이 두 책에는 이 용어가 실제로 무슨 뜻인지 밝힌 내용이 거의 없다. 나아가 『해방의 변증법』 말미에 쓴 견해에서 쿠퍼는 반정신의학의 일부 측면을 지나치게 단순화하거나 착각하여 읽을 경우 "잘못된" 결론에 이를 수도 있다고 독자에게 경고한다. 그는 이 용어를 도입하는 그 순간부터 자신의 용어가 어떻게 오용될지, 어떤 식으로 위험하거나 잘못된 희망을 만들어낼지 이미 내다볼 수 있었다. 이것은 새롭고 멋지고 급진적인 꼬리표였을까, 아니면 예컨대 쿠퍼가 "반정신의학의 한 가지 실험"으로 운영한 빌라 21이라는 새로운 분과처럼 구체적이고 대안적인 실천 방식과 관련된 어떤 것이었을까?

(시초부터 이념적, 실천적, 정치적, 개인적 분열과 논쟁으로 갈라져 있었던) 이 태동기의 운동을 하나로 묶어준 것은 무엇이었을까? 첫째는 정신의

학계의 (그리고 의료계 전반의) 전통적 이론과 실제에 대한 비판적 접근이었다. 이 비판은 정신질환자 보호소 체제의 작용에서 정신질환의 생물유기화학 이론에 이르기까지, 정신질환자에게 꼬리표를 붙이고 감금하고 병원이나 진료소에서 치료하는 방식에 이르기까지 그 범위가 넓었다. 이 시기의 급진적 정신의학은 정신질환에 대한 전통적 정의와 진단에 대해 이의를 제기하는 경우가 많았다. 이렇게 '이의를 제기'하는 행위는 "진단을 괄호 안에 넣고" 싶어한 바잘리아의 욕구에서 정신질환이라는 범주 자체가 존재하지 않는다는 부정에 이르기까지 다양한 형태를 띠었다. 급진적 정신의학자 중에는 현상학에서 영감을 받아 적어도 이론적으로라도 '환자'와 동등한 입장에서 관계를 형성할 수 있는 진료 형태를 부르짖은 사람이 많았다. '환자'와 '의사'라는 구분 자체가 약화되거나 폐지되는 경우도 많았다. 랭과 그의 동료 저자들은 훨씬 전인 1956년에 글래스고에서 했던 놀이방 실험을 설명하면서 다음과 같이 말했다. "환자와 의료진 사이의 장벽은 순전히 환자에 의해서가 아니라 상호 관계로서 세워진다. 이 장벽을 제거하는 것은 상호적 활동이다."[20] 하이델베르크에서 짧게 벌어진 환자 운동에서 보듯 이따금은 질병을 "하나의 무기"로서 찬양했다.[21] 따라서 반정신의학은 다양한 입장을 망라한 운동과 관계된 용어이며, 개중에는 '정신질환의 존재'를 부정하는 활동가와 사상가도 실제로 있었다.

급진적 정신의학자는 대개 정신질환을 사회적으로 만들어진 것으로 이해하고자 했다. 정신질환이라고 알려진 것은 가족 내부 또는/그리고 외부에서 사회적 힘에 의해 만들어진다는 것이 이들의 주장이었다. 일부 저자는 바로 이 특징을 반정신의학의 본질로 보았다. 줄리언 보그가 볼 때 "반정신의학은 세계적으로 나타난 급진적 경향으로서 전반적으로 광기를 사회적으로 구성된 결과물로 보는 경향이 있었다. 정신질환을 앓는 사람과 그들을 돌보는 사람에게 권위주의에 대한 반항심을 가져다주었다."[22]

이런 사회적 분석은 정신보건 서비스를 관장하는 체제 전체로 확장되기도 했는데, 이것은 자본주의 권력구조와 '일탈 억제'에 대한 분석을 바탕으로 하고 있었다. 이 방향의 급진적 정신의학에서는 마르크스주의, 예컨대 서양판 문화혁명인 권력구조 쟁론에서 나타난 여러 형태의 마오쩌둥주의, 그리고 1968년 운동에서 생겨난 새로운 반권위주의 관념을 하나로 아울렀다. 이처럼 반정신의학은 비판적인(또한 자기비판적인) 동시에 사회적, 정치적, 문화적이었다. 반정신의학을 이해하려면 우리는 넓은 범위에서 이 주제에 접근할 필요가 있다. 피터 바럼이 주장한 대로 이것은 "정신의학사보다 문화사에서 훨씬 더 의미가 깊었다."[23]

이 용어 내지 꼬리표를 좀더 깊이 살펴보면 유용하다. D. B. 더블은 정신의학의 다양한 '지도자'가 취했던 입장을 다음과 같이 여러 갈래로 세분한다.[24]

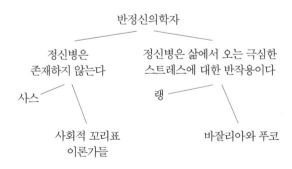

이 하위 범주는 여러 가지 방식으로 더 구분할 수 있다. 더블은 다음과 같이 주장한다.

> 정신질환이라는 용어는 비유적으로 쓰이며 따라서 이 용어를 쓴다는 것은 정신건강에 문제가 있는 사람의 고통을 최대한 줄여주고 싶은 생각이 없다는 뜻이라고 인식하는 범주의 사람들 역시 두 가지 하위 집단으로 나눌 수 있다. 그 첫번째에는 랭이 포함되는데, 그는 정신질환으로 판정되는 반작용은 대인 행동, 특히 가족 내 행동과 관련이 있음을 강조한다. 두번째 하위집단에는 프랑코 바잘리아와 미셸 푸코가 포함되는데…… 가족보다 더 넓은 사회적 요인이 정신질환 발현에 관여한다는 점을 강조한다.[25]

우리는 또 반정신의학이 무엇에 반대했는지에 따라 그것을 이해할 수 있다. 더블을 다시 인용하면 "반정신의학의 본질은 정신의학 자체를 문제의 일부로 간주한다는 의미에서 출발한다."[26]

이처럼 반정신의학은 1960년대 말부터 1970년대 중반까지 정신의학의 이론 및 실제에 (급진적 방식으로) 제자리를 잡아주는 것을 목표로 일어난 국제적 정치운동이었지만 그 안에서는 공통점이 없었다. 또한 반정신의학은 다양한 신조를 포괄하는 이름이어서 그 가변적인 경계 안에 광범위한 입장을 담고 있었는데, 이는 반정신의학의 강점이자 동시에 확연한 약점이기도 했다. 합의는 거의 불가능했다. 분파와 파벌이 생겨났고 개인 간 충돌도 일어났다.[27] 토론을 시작하면 끝이 나지 않았다. 이런 활동가 무리를 하나의 조직체로 뭉치고자 한 바잘리아의 노력(프시키아트리아 데모크라티카)은 가상하고 중요하지만, 충돌이 계속되었던 까닭에 이따금 불능 상태에 빠졌다. 국제 규모의 상부기구를 만들어 반정신의학자를 하나로 뭉치려는 시도도 있었으나, 이 경우는 그보다도 어려워 오래가지 못했다.[28]

반정신의학은 좀더 일반적인 형태의 방법론으로도 이해할 수 있다. 당시에는 기존 지식의 권력구조 (그리고 이 경우 의료의 권력구조)를 뒤엎고 부정하려는 전반적인 시도가 있었다. 이 '반(反)'이라는 요소가 이 운동에서 결정적으로 작용했다.[29] 모든 형태의 제도적 권력, 즉 교사, 의사, 정신의학자, 강사, 사제, 정치가가 주역으로 요약되는 권력에 대해 이의가 제기됐다. 권력이 있는 사람은 종종 자신의 권위를 부정함으로써, 권력의 상징을 스스로 벗어버림으로써(예컨대 그 첫걸음으로 흰 가운을 벗고 직함까지 버림으로써), 또는 자신이 치료하거나 가르치거나 설교하는 대상과 같은 눈높이에 섬으로써 스스로에 대해 이의를 제기했다. 급진적 정신의학은 더 큰 운동의 일부였으며, 이것을 이해하려면 우리는 또 1968년과 1970년대를 더 깊이 들여다볼 필요가 있다. 풀비오 마로네가 말한 바와 같이 "대안 정신의학 운동은…… 광대한 운동의 하부운동이었다."[30]

1960년대와 1970년대에는 '반정신의학'이라는 용어가 널리 쓰였다. 바잘리아, 제르비스와 관련해서도 그랬고 1968년 운동의 나머지 부분과 관련해서도 그랬다. 1978년에 에르네스토 벤투리니 또한 이탈리아의 운동 전체를 개관한 책에서 이 꼬리표를 사용했다.[31] 바잘리아 사람들이나 이 운동에 관여한 사람들은 반정신의학이라는 꼬리표를 거부하기는커녕 한동안 적극적으로 받아들였다.[32] 예를 들면 1968년 1월에 바잘리아는 줄리오 볼라티에게 다음과 같이 썼다.

지금 이 순간, 지금 제가 처해 있는 위기로부터 또다른 행동의 시기가 시작되고 있는 듯합니다. 저 자신이 권장해온 이념으로부터 벗어나기 위해서입니다. 저는 구체적인 반공공시설 문제의 일부로서 질병 문제가 걱정됩니다만, 우리는 반공공시설 투쟁의 한 가지 구체적 형태를 마주하고 있습니다. 그것은 반정신의학입니다.[33]

이 운동 내부의 몇몇 사람은 '정신의학'이라는 범주 전체를 철폐하자고 부르짖은 반면, 그와 동시에 그 외의 많은 사람은 정신의학 내부에서 소리 높여 정신의학에 반대했다. 정신의학 내부의 과학혁명이라는 관념을 추구한 사람들이 있었던 한편, 다른 사람들은 과학 그 자체에 반대하는 혁명을 부르짖었다. 반정신의학자 중에는 이런저런 형태의 정신의학자로서 일하는 사람이 많았다. 즉 반정신의학은 정신의학의 한 부분이었다.

나아가 이 운동의 지도자와 이론가, 그리고 더 넓은 범위의 지지자와 추종자 사이에 벌어진 복잡한 (이따금은 이해 불가능한) 이론적 논쟁을 구별하는 것 역시 중요하다. 바잘리아는 정신질환을 '괄호 안에' 넣고 판단을 유보하고 환자에게 꼬리표를 붙이지 않으려고 했던 반면, 운동 전체에서는 정신의학과 정신질환, 그리고 정신의학 시설을 단호히 거부하면서 이 문제들을 훨씬 더 투박하게 분석하는 쪽으로 기울어지는 경향이 많았다. 에도아르도 발두치가 볼 때 "바잘리아는 '정신질환'이라는 것의 존재를 명확히 부정한 적이 없었음에도, 특히 '쟁론' 시기에는 그가 전하려는 내용이 전달되는 과정에서 그렇게 해석되는 경향이 있었다."[34]

투박한 견해는 바잘리아 사람들의 생각이나 이들이 맡은 보호소를 보도한 기자를 비롯한 사람들을 거쳐 재생산되는 때가 많았다. 여기서 우리는 바잘리아 스스로 구체적 의미에서 자주 부정했음에도 그가 "어쨌든 역사적으로 이탈리아 반정신의학의 아버지"가 된 경위를 알 수 있다.[35] 제르비스 역시 1968년 이후 운동 내부의 많은 사람이 어떤 식으로 극단적 입장을 취하게 됐는지를 중요하게 다룬다. 이 시기에 "이른바 '반정신의학'의 주제가 대중화되고 저속화되는 예기치 않은 과정"[36]이 있었다.

반정신의학은 (하나의 명칭으로서, 또한 더 넓은 운동과 새로운 사상을 나타내는 징후 같은 것으로서) 한동안 지극히 유행했고, 그래서 피하기가 거의 불가능했다. 그것은 일종의 브랜드가 됐다. 그러더니 금방 유행에서 멀어졌고 평이 나빠졌고 그 시기 역사에서 삭제되어버렸다. 흔히 그렇듯 현재를 기준으로 과거 역사가 해석되었다. 이 용어를 관대히 보거나 받아들인 사람들조차 마침내 거부하기 시작했다(예컨대 바잘리아와 랭). 시간이 지나면서 그 의미 역시 바뀌었다.

오늘날 이탈리아에서는 대체로 바잘리아 자신은 반정신의학자가 아니었다고 본다.[37] 종종 되풀이되는 이 진술은 '반정신의학'을 정신질환의 존재 자체를 부정한 (평이 나쁘거나 극단적인) 운동이나 사조로 비꼬고 단순화하는 관점에서 비롯됐다. 그러나 (어쩌면 뜻밖에도) 극소수의 반정신의학자는 실제로 정신질환이 '존재하지 않는다'고 주장했다. 로널드 랭은 정신의학자로 활동한 기간의 큰 부분을 일반적으로 정신질환을 앓는 것으로 보이는 사람들을 연구하고 함께 일하며 보냈다. 그러나 그의 접근법은 전통적 의학을 실천하는 사람들이 채택한 것과 근본적으로 달랐다.

반정신의학을 실천한 사람들은 (기자나 이 운동의 추종자들과는 별개로) 대개 정신질환의 존재를 부정하기는커녕 정신질환을 대단히 심각하게 받아들였으며 그 근원과 그에 대한 새로운 해결책을 찾아내려 했다.[38] 실천 차원에서 급진적 정신의학과 전통적 정신의학 간의 차이점 하나는, 예컨대 고리치아의 경우 바잘리아 휘하의 정신의학자들은 항상 병원에 있으면서 환자들과 의논하고 대화를 나누었다는 것이다. 바잘리아가 부임하기 전의 의사들은 병원에서 자리를 지키지 않았다는 사실 자체가 특징이었다. 나중에 슬라비치는 바잘리아가 "계속 고리치아에 있었다"는 점을 강조했다.[39] 전통적 정신의학자를 대체하려 한 급진적 정신의학자는 환자에 대한 관심이 그들보다 많았다고 주장할 수도 있다. 예를 들면 반정신의학자들은 정신질환을 앓는 것으로 보이는 사람들, 특히 조현병자로 규정된 사람들과 끊임없이 밀접하게 접촉하느라 '소모됐다'는 의견까지 나왔다.[40]

애석하게도 '정신질환의 존재를 부정＝반정신의학'이라는 단순하고 역사적 맥락도 없는 방정식을 바잘리아 시대에 그를 지지한 수많은 사람들이 받아들였다. 이 때문에 "바잘리아는 정신질환의 존재를 부정한 적 없으며, 따라서 그는 반정신의학자가 아니다"는 식의 논리와 함께 수많은 단순화와 잘못된 설명이 생겨났다. 이런 식으로 접근하면 과거가 단순화되고 왜곡된다. 여기서 우리는 반정신의학에 대한 정의와 이해의 문제 전체에 훨씬 더 섬세하고 다각적인 방법으로 다가갈 것이다.[41] 노먼 데인을 인용하자면,

반정신의학자는 정신의학을 자신이 중시하는 특정 목표에 도달하기 위한 수단 아니면 장애물이라고 믿은 다양한 무리와 개인으로 가장

잘 이해할 수 있을 듯하다. 그 목표란 정신질환자의 어려운 상황이나 정신의학의 결함에 대한 관심을 넘어서는 때가 많았다.[42]

반정신의학의 근원이자 거기에 대중적 기반을 부여한 저 운동이 종언을 고하면서 전통적 정신의학자는 권력의 고삐를 다시 쥐고자 했고 (어느 정도 성공을 거두었다) 반정신의학을 생각에서 떨쳐내거나 아예 무시하고자 했다. 그 결과 반정신의학은 오늘날 대단히 단순하게 '정신질환의 부정'으로 묘사되는 때가 많고 아예 언급조차 안 되기도 한다. 급진적 정신의학자(또는 그 지지자)와 반(反)반정신의학자가 사용했던 담론이 하나로 수렴한 것이다. 이와는 달리, 정신보건 체제 전반에 나타난 일련의 실패를 모두 반정신의학 탓으로 돌리는 전술도 가능하다. 이런 방향에서 전개된 것이 '반(反)반정신의학 운동' 이론이다.[43] 그러나 이 두 가지 관점 모두 역사적 맥락 없이 부정확하게 가닥을 잡은 것이라 쉽게 허물어지는 허약한 논리에 지나지 않는다. 1970년대 말 이래 몇 가지 눈에 띄는 예외를 제외하면 반정신의학자와 급진적 정신의학자의 연구는 체계적으로 잘못 묘사되거나 조롱되거나 역사에서 삭제됐다.[44] '반정신의학'은 매도하는 용어가 됐다. 반정신의학이라는 용어를 (좌우 모두에서) 공격함으로써 이 운동의 정당성을 너무나 성공적으로 훼손한 나머지 1968년에 이 용어를 썼던 사람들이 그로부터 10년이 지나는 동안 이미 이 용어로부터 스스로 거리를 두고 있었다. 바잘리아 본인이 1970년대 말에 이르렀을 때 이 용어에 대한 인내심을 잃어버린 것이 분명했다. 1979년에 브라질에서 여러 차례 강의를 하는 동안 그는 이렇게 말했다.

저는 반정신의학자가 아닙니다. 그런 유형의 지식인을 믿지 않기 때문입니다. 저는 환자에게 그들이 이제까지 받았던 것과 다른 반응을 보여주고 싶어하는 정신의학자입니다. ……정신질환이 존재하지 않는다고 말하는 사람은…… 우리가 살고 있는 삶의 한계를 넓히려는 용기가 없는 바보입니다.[45]

정신의학을 연구하는 수많은 역사학자 역시 이와 같은 거부를 반영해 반정신의학 운동을 고스란히 역사에서 삭제해버렸다.[46]

반정신의학은 오늘날의 세계에선 이해하기도 연구하기도 어려운 대상이다. 전성기일 때 그것은 시대 분위기와 매우 잘 맞는 절충주의적 운동이자 시대정신이었다. 그것은 또 파악하기 어려운 대상이자 구호, 모든 것을 포괄하는 어구였으며, 한계를 넓혀가는 하나의 방식이었다. 한편으로는 끔찍한 체제에 대한 감정적 반응이기도 했다. 정신질환자 보호소, 정신질환을 앓는 환자의 취급 방식, 멀쩡한 사람에게 실제로 종종 정신질환자라는 꼬리표를 붙이는 방식은 자본주의 체제의 더없이 강압적인 여러 면모를 잘 보여주는 확연한 사례였다.

정신질환자 보호소는 공공시설을 상대로 정치적 행동을 벌이기 위한 초점이 되어주었다. 마음을 구속으로부터 풀어줄 수 있다는 생각, 체제나 가족이 사람을 미치게 만들 수 있다는 생각, 더 나아가 제정신인 사람이 사실은 미친 사람이라는 생각은 모두 1960년대의 급진적 운동 안에서 금세 신빙성을 얻었다. 제르비스는 1968년에 이렇게 썼다. "이제까지 정신의학자는 권력을 섬긴 것이 아니라 권력 자체의 필수적인 부분이었다."[47] 반정신의학자는 이런 운동과 사조의 한복판에 있었다. 1967년에 노스런던 초크팜의 라운드하우스에서 열린 저 유명한 해방의 변증법 학회는 소수의 급진 정신의학자 집단이 주최했다. 로널드 데이비드 랭, 조지프 버크, 그레고리 베이트슨, 데이비드 쿠퍼 역시 이 행사의 주요 발언자였다. 쿠퍼가 편찬하여 펭귄사에서 출간한 이 학회의 의사록은 이내 대부분의 좌파 활동가의 책장에서 볼 수 있었고 전 세계에 번역되었다. 그러나 나라마다 나름의 반정신의학 운동이 있었고, 카리스마를 겸비한 나름의 지도자와 특유의 특징, 나아가 나름의 중요 서적과 지리적 장소까지 갖추고 있었다. 이 운동은 진정으로 초국가적인 운동으로, 생각과 인물이 끊임없이 교류하고 문집이 출간되고 중요 서적이 번역되었다. 자원봉사자가 이 나라에서 저 나라로 옮겨다녔다. 반정신의학 운동은 유럽 이외의 곳과도 연줄이 있었다. 이 운동의 촉수는 멀리 또 널리 뻗었고 그 효과는 오래 지속됐다. 이 투쟁은 단순히 정신의학과 반정신의학 간의 싸움이 아니었다. 정신의학자는 무엇을 어떻게 해야 하는가 하는 핵심 문제를 두고 정신의학 자체 내에서 전쟁이 계속되고 있었다. 1967년에 제르비스가 쓴 것처럼 "정신의학은 위기에 처했고, 정신의학자로서 우리는 더이상 우리가 무엇을 하고 있는지 알지 못한다."[48] 이는 당시에 사용되고 있던 용어들의 의미 자체를 놓고 벌어진 충돌이기도 했다. 반정신의학 자체가 하나의 우산이 되어 그 아래에서 몇 년에 걸쳐 격렬한 논쟁이 벌어졌다.

이탈리아에서는 시간이 흐르면서 특히 바잘리아와 관련하여 '정신질환의 존재를 부정=반정신의학'이라는 단순하고 역사적 맥락도 없는 공식이 뿌리를 내렸다. 그러는 한편, 영어권 세계에서 바잘리아는 종종 랭, 쿠퍼와 함께 뭉뚱그려져 (주로 부정적 의미에서) 반정신의학자로 묘사됐다. 이 두 가지 틀린 설명은 동전의 양면과 같았다. 둘 모두 바잘리아 사람들의 경험이 지니고 있던 원래의 특징을 인식하지 못하며, 둘 모두 이 운동이 최고조에 이르렀던 1960년대 말에서 1970년대에 사용된 급진적 언어와 열기를 제대로 전달하지 못하는 경향이 있다. 이 두 가지 설명은 실제로 무슨 일이 일어났는지, 그리고 시간이 지나면서 어떤 변화가 일어났는지의 문제와는 무관하게 역사적 맥락이 없이 공식화된 명제다.

그러면 우리는 반정신의학이라는 용어를 이런 잘못된 설명과 부정적 의미로부터 구해낼 수 있을까? 이런 시도를 한 사람이 몇몇 있다. 닉 크로슬리는 영국의 급진적 정신의학의 역사와 그 이후의 역사를 다룬 중요한 연구에서 두 가지 이유를 들어 이 용어를 사용한다. 하나는 "반정신의학은 1960년대와 1970년대에 랭 등의 활동에 그들이 좋아하든 않든 붙은 꼬리표이기 때문"이며, 또하나는 "중요한 어떤 것을 구별해주기" 때문이다.[49] 캐서린 푸싱어 또한 이 용어를 고수하지만, 그 용법에 관한 어떤 논의도 회피하며 어떠한 정의도 제공하려 하지 않는다.[50] 츠빅뉴 코토비치는 "'반정신의학'이라는 용어는 이 말이 가리킨다고 하는 사람들까지 포함하여 거의 모든 사람에게 비판당하고 거부당했다"고 지적하면서도 "그러나 거부당했는데도 이 용어는 사라지지 않았다"고 덧붙인다.[51] 그는 이 용어는 "정확"한데다 문헌에서 자주 언급되기 때문에(어떻게 보면 순환논법이다), 또 "딱 맞아 보이는 다른 용어가 없는 한편…… 이런 사상가들의 '반(反)' 성향을 조명해주기 때문에" 그리고 "이들이 모두 체제 내의 정신의학에 반대하거나 체제를 통틀어 반대하기" 때문에 오늘날에도 여전히 사용 가능하다고 주장한다. 그러므로 많은 저술가, 특히 영어로 연구하는 저술가들은 이 용어를 거의 기정 용어로 (역사, 사회학, 또는 철학 연구라는 맥락에서 긍정적인 의미로) 사용하거나, 아니면 부정적인 의미에서 그 시기의 인물을 간단히 치부하고 넘어갈 때 사용한다.

한편 더블은 반정신의학 때문에 생겨난 "양극화"를 "피하기" 위해 비판적 정신의학이라는 용어를 사용하자고 주장한다. 더블이 볼 때,

> '반정신의학'이라는 낱말은 의미가 없지 않지만 정확하게 정의하기가 어려워 보이는 것이 사실이다. 반정신의학은 정신의학 역사에서 지나가는 단계로 보는 경향이 있다. ……이런 의미에서 반정신의학은 정신의학의 본궤도로부터 벗어난 탈선, 궤도와의 단절이었다. 그렇지만 이 접근법에 가치가 없었다고 받아들이긴 어려우며, 정통 정신의학과의 단절보다는 연속성을 찾아보는 쪽이 더 유익할 수 있다.[52]

그러므로 오늘날 '반정신의학'이라는 용어가 특히 바잘리아 사람들의 경험과 관련하여 이탈리아라는 맥락에서 지니고 있는 상대적 독성을 생각할 때, 나는 이 책에서 비판적 또는 급진적 정신의학이라는 용어를 사용하고자 한다. 이는 '반정신의학=정신질환의 존재를 부정'이라는 방정식을 인정하기 때문이 아니다. 예외적으로 '반정신의학'이라는 용어를 사용할 때는 이 장에서 강조한 그 의미에서 그 역사적 무게에 비추어 사용할 것이다. 그렇지만 이 두 가지 새로운 용어(비판적 내지 급진적 정신의학)는 한 가지 결정적으로 중요한 부분에서 실패한다. 이 운동이 자기비판적이고 정신의학 자체에 대한 공격이었으며, (그 분야 안에서 일어난 운동인 것도 맞지만) 단순히 그 분야 안에서 변화를 꾀한 운동이 아니라는 중요한 의미를 살려내지 못하는 것이다. 따라서 나는 이

책에서 맥락상 적절하다고 생각될 때에는 '반정신의학'이라는 용어를 사용할 것이다. 여기서 가장 중요한 것은 맥락이다.

공공시설과 제도—정신질환자 보호소와 가족

비판적 정신의학의 옹호자들은 대개 전통적 정신의학 시설과 관련하여 대단히 명확하게 급진적인 태도를 취했다. 많은 사람이 정신질환자 보호소를 모두 폐지하거나 폐쇄하는 것이 시급하다고 부르짖었고(바잘리아가 1960년대 초반 이후 공개적으로 취한 입장이다) 그와 동시에 정신질환자 보호소 내부에서 그것을 개혁하거나 인도적으로 바꾸고자, 또는 그곳을 생지옥 아니면 '실용적 유토피아'의 사례로 보여주고자 노력했다. 다른 사람들은 예컨대 영국에서 랭을 중심으로 모인 집단에서 보듯 공공시설 및 제도를 완전히 떠나갔다. 그러나 급진적 정신의학자들은 무엇으로 정신질환자 보호소를 대체할지, 폐지를 끌어내기 위해 필요한 수단이 무엇인지를 두고 의견이 일치하지 않았다. 일부는 환자들을 그냥 내보내야 한다고 주장했다. 다른 사람들은 보호소를 대체할 새로운 시설과 실천 방식을 만들어 정신의학자들이 그곳에 근무하거나 아예 의료진 없이 운영하는 것이 필수적이라고 보았다. 또 정신질환을 그 '원점에서' 즉 사회 안에서, 가족 내부에서 다루려는 시도도 있었다. 이는 정신질환자 보호소의 필요성을 (이론적으로는) 완전히 없애버릴 전략이었다.[53] 그러나 정신질환의 원인에 대해 더 깊은 논쟁이 있었다. 프랑스의 반정신의학자들은 제도적 정신요법이라는 다른 전략을 내놓았는데, 이 전략에서는 정신질환자 보호소와 비슷한 시설이나 진료소를 현실로 받아들이고 그것을 완전히 다른 방식으로 운영함으로써 내부로부터 뒤엎으려 했다.[54] 다른 사람들은 시설을 분산화하는 구역별 개혁을 주장했는데, 이 역시 정신질환자 보호소 체제를 어떤 식으로든 유지한다는 전제를 내포하고 있었다.[55]

비판적 정신의학은 1960년대 말 전세계에서 집중포화를 받은 또하나의 제도인 가족에 대한 급진적 비판과도 관계가 깊었다. 가족은 정신질환이 생성되는 장소, 정신질환이 설명될 수 있는 유일한 배경이라는 관점을 지닌 사람이 많았다. 랭의 연구에서는 조현병자 본인만큼이나 그 가족을 깊이 조사했다. 미친 사람을 이해하려면 제정신인 사람을 들여다볼 필요가 있다는 주장이었다. 큰 영향을 끼친 그레고리 베이트슨의 '이중결박' 분석에서는 가족이나 가족 역학을 조현병의 기원을 이해하기 위한 장소로 보았다.[56] 쿠퍼는 이렇게 썼다.

> 미쳤다는 말을 듣고 또 그 때문에 (감금당하고 전기충격, 진정제, 뇌 절제수술 등을 받음으로써) 사회적 희생자가 되는 사람은 대부분 모종의 희생양이 절박하게 필요한 가족 상황에서 생겨난다. ……내가 이 책에서 다루고자 하는 사람은 대부분…… 다른 사람, 주로 자기 가족에 의해 그런 정신의학적 상황에 빠졌다.[57]

사람들은 가족 단위로부터 벗어남으로써, 또는 (가정을 떠나거나, '길 위'에 나서거나, 동성애 관계 또는/그리고 공동체 생활을 통해) 전통적 핵가족의 대안을 만듦으로써 해로울 수 있는 자기 가족의 영향으로부터 벗어날 수 있다고 생각했다.[58] 1960년대, 1970년대의 젊은이에게는 이것이 꼭 필요한 때가 많았다. 이들은 어떻게든 벗어나야만 했다. 그러나 많은 급진적 정신의학자의 주장대로 정신질환자 보호소를 비워버리자 환자를 다시 가족 단위 안으로 떠밀어넣는 역효과가 나타나기도 했다. 이렇게 되면 사정은 더 나빠질 수 있었고 비극으로까지 이어질 수도 있었다.

비판적 정신의학에서는 자아의 해방이 가능하다고 보았는데, 이 또한 1968년 철학의 핵심적인 부분이었다. 정신질환이 있다고 묘사되는 사람들을 정면으로 마주할 때 사람들은 저 자신의 삶을 들여다보고 자기가 사회에서 차지하는 역할에 의문을 제기할 수밖에 없었다. 사회의 모든 부문에서 구별이 무너졌다. 비판적 정신의학 운동에서는 관계가 가장 중요했다. 관계는 의사, 간호사, 자원봉사자를 비롯하여 모든 사람의 삶을 바꾸었다.

비판적 정신의학은 결코 정신의학만 따로 생각하지 않았다. 정신건강을 사회, 가족, 국가, 국가 공공시설과, 그리고 정신의학자라는 직업 자체와 관련지었다. 바잘리아가 『부정되는 공공시설』에서 명확히 밝혔듯이 "우리가 실행하고 있는 반공공시설, 반정신의학(즉 반전문가) 투쟁은 우리 고유의 활동 분야 안에만 머무를 수 없다."[59] 사회적이고 정치적인 변화가 필요했다. 정신의학자 혼자 할 수 있는 일은 미미했다. 체제의 작용을 폭로할 수야 있었지만, 진정한 변화는 다른 곳에서 와야만 했다.

사회와 정치

정신질환과 자본주의가 서로 강하게 연관되어 있다는 사실, 인과관계에서도 그렇고 정신질환자 보호소 체제의 존재 이유로서도 그렇다는 사실이 이 운동의 여러 갈래를 통해 그 윤곽을 드러냈다. 바잘리아 자신이 정신질환자 보호소에 대한 한 가지 사회적 분석을 내놓으면서 "정신질환이 있는 사람은 무엇보다 배척되기 때문에 '앓고' 있는 것"이라고 주장했다.[60] 그는 푸코가 내놓은 정신질환자 보호소 체제의 역사 연구와 고프먼의 사회학적 설명에 크게 의존했다. 정신의학 이외 분야의 서적이 반정신의학의 교재에서 핵심 부분을 차지했다.

그러나 정신질환자 보호소 내 사람들에 대한 바잘리아의 사회적 분석은 어떤 직접적 조사 연구를 바탕으로 한 것이 아니라, 고리치아에서 (그리고 그 밖의 정신질환자 보호소에서) 그가 실제로 겪은 경험을 바탕으로 하고 있었다.[61] 이탈리아의 소비자 사회에 의해 도입된 소위 평준화 과정에 관해 피에르 파올로 파졸리니가 쓴 유명한 글이 그랬듯, 정신건강의 사회적 성격을 알아차린 바잘리아의 직관은 큰 영향을 끼친 동시에 운동 안팎의 모두로부터 신랄하게 비판당했다.[62] 정신질환자 보호소에 수용된 자들은 주로 가난한 사람, 사회의 찌꺼기, 배척된 사람, 정상에서 벗어난 사람이라는 사실은 자명해 보였다. 뒤이어 운동 내에서 나온 서적, 특히 사진은 이러한 인상을 한층 강화했다. 마르크스주의와 비판적 정신의학이 융합된 이런 유의 분석은 정신질환자 보호소 체제를 자본주의의 필수 요소로 파악하는 한 방법이었으며 투쟁의 강력한 무기였다. 사회적 분열은 부자와 가난한 환자를 위해 마련된 치료과정에서도 재현되었다. 보건 체제에서 미친 사람을 진단, 치료하는 방식은 사회계층에 따라 결정된다는 것이 분명해 보였다.

일례로 1970년에 나온 맥스웰 존스의 『사회적 정신의학의 이념과 실천』에 실린 프랑코 바잘리아와 프랑카 옹가로의 머리말을 보자.

구(舊)자본주의 단계의 정신질환자 보호소, 신자본주의 단계의 치료 공동체, 고등자본주의 단계의 정신보건 센터 등, 특정 구역에서 혁신 기술로서 태어난 이런 여러 공공시설의 기능은 스스로 외견상의 변화로만 머무르고 구조는 그대로 두었다. 구조란 이런 것들을 만들어 형태를 부여하고 그 본성 자체를 결정한 경제적·사회적 조직을 말한다.[63]

　　같은 글에서 이들은 정신질환자 보호소 내의 환자들은 노동 예비군의 일부분이었다고 주장했다. 특기할 점은 바잘리아의 생각은 지금까지 본격적인 비판적 연구의 대상이 된 적이 없다는 사실이다(파졸리니의 경우와 마찬가지). 그저 사실로 받아들여지는 때가 많다. "계급 때문에 죽는다(Morire di classe)"는 구호이자 제목은 문자적 의미 그대로 받아들여진다. 그런데 정신질환자 보호소가 가난한 사람으로 가득했다는 것이 정말로 사실일까? 간단히 대답하면, 우리는 모른다. 실제로 그런 현상이 나타났겠지만(또한 무엇을 찾아내려고 하는지에 따라 다르게 보였지만) 미친 사람이 모두 가난한 사람은 절대로 아니었다.[64]

반대하는 운동인가, 지지하는 운동인가?

이것은 어떤 종류의 운동이었고, 우리는 이것을 어떻게 묘사할 수 있을까? 한편으로 이것은 전문가의 운동, 정신의학자와 간호사의 (그리고 시간이 가면서는 환자의) 운동이었다. 나중에 이탈리아에서는 동조하는 (이따금은 분노한) 지역 행정가들, 즉 대부분 1965년 이후 선출된 새로운 세대의 정치가들이 중요한 역할을 수행하게 됐다. 이 운동 전체가 '바잘리아' 운동으로 묘사된 때가 많지만, 1960년대 이후 이탈리아 정신질환자 보호소 안팎의 경험에서 나타난 그 밖의 중요한 측면도 담을 수 있는 용어를 사용하는 편이 더 정확하다. 여기서 에도아르도 발두치의 분석을 참조하면 유용하다. 그는 '반공공시설 운동'이라는 용어를 쓴다.[65] 이렇게 바꾸면 우리는 프랑코 바잘리아의 개인적 여정을 따라 이어진 고리치아-파르마-트리에스테라는 역사축에 한정되지 않고 이 운동의 넓은 범위를 이해할 수 있게 된다. 페루자, 콜로르노, 마테르도미니 등지에서 일어난 운동을 생각하지 않고서는 정신질환자 보호소에 반대하거나 보호소 개혁을 지지한 운동을 이해할 수 없다. 게다가 이런 지역은 이 운동에서 가장 중요한 곳일 뿐 그밖에도 많은 지역이 관련되어 있다. 이는 국제적인 운동이기도 했다. 여러 나라, 여러 부문의 주역과 활동가와 사상가들 사이에 글이 자유로이 오갔다. 바잘리아 본인으로부터 초점을 조금 옮김으로써만 우리는 그가 이 운동에서 차지한 중심적 역할을 이해할 수 있다.

이것은 사회적 운동이고 정치적 운동이었을까? 어느 정도는, 특히 1968년 이후에는 그랬다. 1968년 이전에는 지식인, 정신의학자, 일부 행정가와 정치가, 일부 학자, 그리고 몇몇 외진 곳에서는 소수의 간호사와 환자에 국한된 운동이었다. 1968년 이후 이 운동은 크게 확장하여 학생, 노동자, 기자, 그리고 비판적 정신의학의 이념과 실제에 매력을 느낀 각양각색의 사람을 끌어들였다.

젊은 대학졸업생과 자원봉사자가 정신의학 분야로 찾아와 운동에 참여했다. 여전히 정신의학자가 대체로 운동을 이끌었지만, 이들에게는 이제 함께 일하며 챙겨야 할 수많은 추종자가 있었다. 우리는 (이탈리아라는 맥락에서) 이 운동을 다음과 같이 단순하게 (또 단순화하여) 정의해볼 수 있다. "1960년대 초에 시작하여 마침내는 모든 정신질환자 보호소를 폐쇄하는 1978년의 입법으로 이어진, 정신병원 내부에서 정신병원에 반대하여 일어난 운동." 또한 이 운동은 구역별 개혁과 분산화, 새로운 형태의 치료법에 관심이 있던 사람들 덕분에 공간이 만들어지면서 힘을 얻었다.

한편으로 보면 이 운동은 반대하는 운동이었다. 추종자들은 정신병원에 반대했다(때로는 원칙적으로 정신병원 전반에 반대했고 때로는 정신병원을 운영하는 구체적인 방식에 반대했다). 이 운동은 정신의학 체제에 반대했고, 한 걸음 더 나아가 정신의학 전체에 대한 비판으로 흐르는 때도 많았다. 당시 환자에게 사용된 치료법에 대한 반대도 있었는데, 특히 뇌전두엽 절제술이나 인슐린 요법 같이 유독 비인간적이고 고통스러운 방법에 반대했다. 나중에 전기충격 치료법은 정신병원의 운영 방식에 어떤 잘못이 있었는지 보여주는 상징이 됐다. 또한 급진적 정신의학은 광기에 대한 일반적 정의(그리고 때로는 광기라는 관념 일체)뿐 아니라 환자를 특정 특징과 결부시켜 꼬리표를 붙이는 행위를 비판했다. 정신질환자 보호소에 대한 비판은 점점 확장되어 국가가 운영하는 모든 완전통제시설에 대한, 자본주의 자체에 대한, 부르주아적 가족에 대한 비판으로 이어지는 일이 많았다.

그러나 또 한편으로 이 운동은 창의적이면서 긍정적일 수 있는 변화를 지지하는 운동이었다. 급진적 정신의학은 기존의 억압적인 체제를 없애는 것뿐만 아니라 정신질환으로 고통받는 사람을 위한 새로운 형태의 치료법에 대해서도 논의했다. 이들은 정신질환자 보호소의 철폐뿐만 아니라 그 자리에 새로운 제도와 대안적 치료 경로를 도입할 것을 주장했다. 그러는 동안 운동은 의료시설 내의, 나아가 사회 전체 내의 신분 차이와 위계를 무너뜨리고자 했다. 이런 견해는 정신건강과 정신질환을 앓고 있는 사람에 대한 완전히 새로운 이해로 이어지는 때가 많았다. 급진적 정신의학은 규정집과 교과서를 새로이 썼다. 이것은 완전히 새로운 세대의 정신의학자를 양성하는 개혁이었다.

우리는 이 운동을 연도별로 짚어볼 수도 있다. 핵심 연도는 1961년으로, 이해는 고리치아에서 바잘리아의 혁명이 천천히 시작되었을 뿐 아니라 여러 가지 중요한 서적이 출간되기 시작한 원년이다. 1964년에는 정신질환자 보호소의 미래에 관한 논의가 활발히 일어났다. 1965~1966년에는 여러 가지 결정적인 사건이 일어나면서 이 운동을 한 단계 더 끌어올렸다. 이 기간에 콜로르노의 마리오 톰마지니와 고리치아의 프랑코 바잘리아 사이에 접촉이 이루어졌고, 고리치아에서 전체 집회가 시작되었다. 또 세르조 피로가 이탈리아 남부의 어느 사립 정신질환자 보호소에서 개혁을 실행했으며, 지방선거를 통해 많은 도시에서 새로운 세대의 정치가들이 선출되었는데 그중 일부가 정신질환자 보호소의 개혁을 높은 우선순위에 올려놓았다. 파르마에서는 톰마지니 본인이, 페루자에서는 일바노 라지멜리가 그랬다. 그 결과 더 광범위한 개혁운동이 일어났다. 페루자에서는 공공시설에 반대하는 입장이 분산화를 추구하는 강한 의욕과 결합되면서 제도적·정치적 뒷받침까지 있었다. 1966~1968년 에이나우디 출판사와 고리치아사이에 관계가 형성된 뒤 1967년과 1968년에는 『부정되는 공공시설』이 출간되면서 이 운동이 새로운 차원으로 올라섰다. 이해에 이루어진 개혁으로 정신질환자 보호소가 변화할 여지가 더 커졌다. 1968년 이후 바잘리아 사람들을 비롯한 개혁자들이 이탈리아 전역에 걸쳐 권한을 행사할 수 있는 직책을 맡았다. 학생운동과 반공공시설 및 정신질환자 보호소 반대 운동이 하나로 뭉치고 연합하고 서로 힘을 보탰다. 그뒤 10년 동안 정신보건 부문에는 공공시설 폐쇄, 분산화, 그리고 정치적 개혁을 향한 강한 압박이 일어났다. 1978년에는 180호 법이 탄생했으며, 그로부터 20년간 이탈리아의 모든 정신병원을 실제로 폐쇄하기 위한 노력이 이어졌다.

실용적 또는 실제적 유토피아

1960년대와 1970년대에 이 운동에서는 일련의 '실용적인', '살아 있는', 또는 '실제적인' 유토피아를 만들어 환자를 보살피는 대안적 형태를 실험하고 세상에 급진적 변화를 알리고자 했다. 이런 유토피아는 이론과 실제가 한데 어우러질 장소이자 다른 이들에게 영감을 줄 수 있는 장소로 여겨졌다. 닉 크로슬리는 이런 장소를 "과학 이론을 물리적으로 체현한" 곳이라 불렀다.[66] 이런 장소는 "운동의 체질을 재구성하여 재생산하는 장소"로서 "다르게 실천하는 방법, 다른 방식으로 인식하고 생각하고 행동하는 방법을 배우기 위해…… 사람들이 찾는" 곳이었고[67] (역사적 의미에서, 또는 살아남은 기억을 통해) 지금도 어느 정도 그렇다. 이런 곳은 또 "수많은 순례자들이 찾는 곳"으로서 "새로운 생각과 방식"을 권장하는 장소가 됐으며, 상징적 측면과 구체적 측면이 함께 작용하는 곳이자 "운동의 큰 뜻이 어느 정도 실현된 것처럼 보이는 공간"이 되었다.[68] 고리치아와 킹슬리 홀은 방식은 서로 매우 달랐어도 수많은 차원에서 잘 운영된 장소였다. 한편으로 "이런 장소는 활동가들을 자극하고 기운을 북돋아주며, 미래의 실현 가능성을 상징하는 동시에 꿈을 체현함으로써 투쟁에 의미를 부여하는" 곳이었다.[69] 또 "효과적인 사회운동의 필요조건인" 네트워크를 생성하는 "사회적 자본의 생성원"이었다. 그리고 "활동가들이 볼 때 이런 곳은 비판과 아울러 내놓은 대안이 옳다는 증거였다. 물론 못마땅하게 여기는 사람들은 이들을 논파할 증거를 찾아내겠다는 생각으로 주시하고 있었다." 이런 곳은 "실험적"이고 또 "교육적"이었다.[70]

실용적 유토피아는 반정신의학 시대 이전에도 존재했다. 실제로 스코틀랜드의 딩글턴을 비롯한 영국의 치료 공동체나 프랑스의 실험도 나중에 이 운동을 이끈 지도자들에게 비슷한 방식으로 작용했다. 그런 맥락에서 이런 곳은 "과학 이론을 물리적으로 체현한" 곳이었다.[71]

비판적 정신의학에서는 1960년대와 1970년대에 여러 가지 생각과 구호를 중심으로 해서 어렵사리 운동을 일으켰다. 이 운동은 국제적이었지만 운동이 뿌리내린 각국에서는 자국 특유의 성격뿐 아니라 지방색과 지역색을 띠고 있었다. 이는 정신의학계(정신의학자, 환자, 간호사, 의과대학생 및 장차 정신의학자가 될 가능성이 있는 사람) 내부에서 실행된 (그리고 시작된) 운동이었지만 그와 동시에 더 넓은 세계로 퍼져나갔다. 이미 공공시설에서 일하던 사람과 환자 본인뿐 아니라 학생, 기자, 영화제작자, 예술가, 정치 활동가, 권력을 쥔 정치가까지 끌어들였다. 이 운동 덕분에 "새로운 생각과 관계가 드러날 공간"이 만들어지는 때가 많았다.[72]

그러나 이 운동의 급진적 단계는 오래 지속되지 못했고 그에 따른 반발은 극도로 거셌다(지금도 그렇다). 온갖 종류의 문제를 두고 비판적 정신의학을 탓했다. 너무 멀리 갔다는 인식이 널리 퍼졌고 지금도 변함없이 그렇게 주장된다. 운동의 지도자들조차도 패배를 인정했다. 이탈리아는 이 운동이 가장 멀리까지 간 나라였고, 또 국가 정책이 급진적 정신의학자들과 긴밀하게 연계된 곳이었다. 이탈리아에서 이 운동의 역사는 깊고도 복잡하며, 논란과 상반된 서사가 가득하고, 분쟁이 장기간 이어진 나머지 마치 벌집 같은 양상을 보인다. 그렇기 때문에 더 흥미롭다.

제3장

고리치아의 해석 — 자료의 출처와 서사

바잘리아가 이끈 반공공시설 운동의 실제 역사는 그 자신이 쓴 글에서
는 찾을 수 없다. ……수많은 책과 글을 바탕으로 재구성해야만 한다.

셰퍼휴즈와 러벨[1]

판권이 에이나우디로부터 발디니에카스톨디로 넘어간 뒤 1998년에
새로 출간된 『부정되는 공공시설』의 머리말에서 프랑카 옹가로는 실패
담을 들려주었다. 자신의 개인적인 실패담이었다. 1990년대 초에 옹가
로는 바잘리아 법에 쏟아진 비난 중 많은 부분이 틀렸다는 점을 설명
하기 위해 고리치아 시기를 회고하기로 했다. 그리고 그 과정에서 다
음과 같은 점을 깨달았다.

저 '공공시설을 뒤엎는다'는 것의 한층 깊은 의미는 세월이 지나면서
사라지고, 개혁에 찬성하는 측과 반대하는 측 사이의 필요할지언정
헛된 논쟁으로 격하되고 말았다. 개혁은 그것이 만들어내기로 되어
있던 서비스로부터 유리된 듯이 보였으며, 이는 실질적 의미에서는
아무것도 해결되지 않았다는 뜻이었다.[2]

옹가로는 고리치아를 되짚어보기 시작한 터였다. 그는 이렇게 썼다. "나는 이 이야기를 일인칭으로 말하고 싶지 않았다." 그래서 "일어난 일을 연대별로 바라볼 수 있는" 글을 모았다. 그러나

> 작업이 끝났을 때 내 앞에 놓인 것은 죽은 것들이라는 사실을 알게 됐다. 그 시절 현실과는 접속이 끊어져버린, 조금씩 그 의미를 바꾸어간 저 작디작은 것들과의 접속이 끊어져버린 연구와 토론, 평가, 연설이었던 것이다.[3]

뭔가가 부족했다.

> 비판적이고도 자기비판적인 경험에 대한 이야기에 그 생명력과 실체, 노력, 현실의 모순, 불안, 문제, 감정, 관계와 연계감 등이 빠져 있었다. ……그 시절 고리치아에서 살았던 그대로의 삶이라는 실체, 바로 그것이 빠져 있었다.[4]

옹가로가 볼 때 중요한 것은 지금 바로 여기라는 직접성이었다. 그는 현재에 전하기 위해, 프랑코 바잘리아가 시작한 것을 끝내기(그가 죽은 뒤 이것은 옹가로의 사명 같은 것이 되었다) 위해 과거를 (되)짚어보고 싶었다. 옹가로는 이제까지 실수로든 고의로든 그 과거가 줄곧 잘못 해석되어왔다고 주장했다. 저 과거를, 다시 말해 저 장소를 '개방'하는 데 따른 일상적 문제와 저 망각된 장소에 생명을 되찾아주는 일, 말살되어 '세상 바깥'으로 '사라져버린' 그렇게나 많은 사람들을 돌려보내는 일이 어떻게 가능했는지를 현세대에게 알릴 때가 됐다는 것이다. 그래

서 옹가로는 과거를 재창조하려는 시도를 포기했다. 그리고 그저 그 시대에 나왔던 책들이 다시 나오기만을 기다렸다. 그는 "투쟁의 시기에 태어난…… 그리고 변화의 징조였던 저 작디작은 실제의 것들에 관한 논의와 평가와 반성을 있었던 그대로 기록한 그 책들"은 "살아 있었다"[5]고 썼다. 고리치아의 역사를 들려주기 어려운 이유 하나는 당시에 이미 (부분적으로나마) 들려주었다는 데 있었다.

따라서 고리치아에 관한 글을 쓴다는 것은 그곳에 있었던 사람에게조차 (어쩌면 그곳에 있었기 때문에) 쉽지 않았다. 당시의 또다른 주역이었던 아고스티노 피렐라를 생각해보자. 그는 1982년에 『사페레』지의 프랑코 바잘리아 특집호에 이렇게 썼다. "프랑코 바잘리아에 관해 글을 쓴다는 것은 너무나 어렵다."[6] 같은 글의 뒷부분에서는 자신이 한 말을 반박하는 것 같아 보인다. 처음에 피렐라는 "고리치아의 경험은 너무 잘 알려져 있기 때문에 묘사하기가 어렵다"고 했으나 나중에는 자신의 말을 이렇게 바로잡는다. "어쩌면 이제까지 (고리치아는) 충분히 논의되지 않았던 것 같다." 그리고 다음과 같이 결론을 맺는다. "이 역사는 기록되지 않았으며, 우리는 모두 지금과 같은 상태가 된 데 대해 부분적으로 책임이 있다."[7]

1961년부터 1972년까지의 고리치아에 대해 우리가 듣는 이야기는 대부분 그곳의 에퀴페 구성원이 직접 들려준 것으로, 당시에나 후일에 쓰인 회고록과 기사다. 역사학자, 사회학자, 그 외의 사람들이 쓴 이차 자료는 대개 이 내부자들의 서사를 바탕으로 삼고 있다.[8] 이 모든 것에서 가장 중심적인 것은 1960년대 말 고리치아 에퀴페가 출간한 두 권의 문집 『정신의학은 무엇인가?』(1967년)와 『부정되는 공공시설』(1968

년)이다. 특히 1968년 이후로 수많은 기자가 고리치아를 방문하여 기사를 썼는데, 이들의 글은 거의 언제나 호의적이었다. 나중에 피렐라는 이렇게 썼다. "나는 미켈레 티토, 세르조 차볼리, 루차노 도돌리, 파브리치오 덴티체, 조르조 페코리니, 세자 타토, 카를로 로뇨니를 기억한다."[9]

위에 나열된 기자들은 보통 기자가 아니라 지극히 유력한 전문가이자 지식인으로, 그 가운데는 후일 지대한 영향력을 행사하는 위치에 오른 (또는 1960년대 말에 이미 그런 위치에 오른) 사람도 있다. 1968년에 이르러 바잘리아 사람들의 생각은 좌파 지식층 신문부터 급진 유행을 탄 신문에 이르기까지, 나아가 이탈리아방송협회(RAI) 텔레비전 라디오 방송국 시청자까지 폭넓은 독자와 청중에게 다가갔다. 고리치아를 찾은 방문객을 비롯한 사람들은 금세 바잘리아의 대의에 동조하여 더 넓은 세상으로 소식을 전했다. 바잘리아에 관하여 일반적으로 인정된 형태의 이야기가 자리를 잡았다. 그것은 바잘리아 사람들이 그리고 싶어했던 그대로의 이야기였고, 크게 보아 그것이 오늘날까지 관련 문헌을 지배해왔다.

끝으로, 우리에게는 피르코 펠토넨(1968년), 미켈레 간딘(1967년), 세르조 차볼리(1968년), 마르코 투르코(2010년)가 만든 영화(모두 텔레비전 방송용)와 잔니 베렝고 가르딘, 페르디난도 샨나, 마리오 돈데로, 카를라 체라티를 비롯한 사람들이 찍은 사진이 있다. 또 바잘리아의 삶과 업적에 대해 출간된 책에 고리치아 경험을 다룬 부분이 있다.[10]

이처럼 그곳에 있었던 사람들이 남긴 글과 영상 외에 이제까지 바잘리아와 고리치아에 대한 연구는 많은 부분 그의 이론과 철학, 생각에 초점을 맞추었다. 이는 고리치아에 관한 이야기 중 많은 부분이 순환적이고 반복적이라는 뜻이다.[11] 이처럼 내부자의 자료가 순환적으로 사용되었다는 것은 고리치아에 관한 표준화된 이야기가 있다는 뜻이고, 이 표준이 다양한 형식으로 나오고 또 나왔다는 뜻이다.

이 책은 그 주역들의 사생활에 대한 것이 아니다. 그렇지만 개인적인 것이 곧 정치적인 것이던 시대의 정신의학을 연구할 때 이 이야기에 나타나는 사람들의 개성과 관계와 심리적 특성을 무시한다면 어리석기도 하거니와 잘못되기도 할 것이다. 의사와 환자가 개인적으로 가까운 관계를 맺어야 한다고 강조한 바잘리아의 철학을 생각할 때 이것은 더욱 중요해진다.

1977년에 조반니 제르비스는 고리치아에 관해 표준과는 다른 이야기를 내놓았고, 이로써 이 운동을 논하는 하나의 (어쩌면 유일한) 대안적 실증주의 역사학자/화자로 자리매김했다. 그러나 이제껏 이 관점은 공식적으로 바잘리아 사람들의 이야기로부터 대개 배제되었으며, 인용되는 경우조차 거의 없다. 바잘리아에 대한 이야기를 하기 위해 바잘리아의 생각과 글에 집중한다는 것은 고리치아에 관한 구체적인 역사적 사실이 비교적 모호하다는 뜻이기도 했다. 그곳에서 일어난 일에 관한 역사를 쓴 사람은 이제까지 아무도 없었다. 고리치아 서사는 잘 알려져 있지만 그것을 비판적으로나 새로운 시각으로 접근한 경우는 거의 없었다. 또 이 이야기에는 채워지지 않은 부분이 많다. 사실 우리는 고리치아 사람들이 우리에게 들려준 것을 제외하면 그곳에 관한 이야기를 거의 알지 못한다.

더욱이 우리가 가지고 있는 설명은 대부분 바잘리아 중심이다. 일반적으로 이 이야기의 줄거리는 이렇다. 프랑코 바잘리아에게 뭔가 독창적인 생각이 있었고, 그는 그것을 적용한 다음 계속해서 그것을 다른 곳에 적용했다. (1969년 이후의 고리치아에 관한 자료 역시 거의 없다. 이 이야기는 바잘리아가 가는 곳을 따라가기 때문이다.) 현재의 설명에서는 고리치아 이야기의 집단적 측면을 가볍게 다루며(프랑카 옹가로를 배제하는 때가 많다) 에퀴페의 나머지 구성원, 환자, 간호사를 무시하는 경향이 있다. 이에 대한 예외로는 두 개의 연구서가 있는데 이탈리아어로 번역되지 않았다. 하나는 브라질의 어느 박사 학위논문이고, 다른 하나는 벨기에에서 나온 대단히 흥미로운 연구다.[12]

따라서 고리치아에서 나온 설명은 대부분 순환적이고 제한적이며 고립되어 있고 일방적이다. 이런 이야기는 당시에도 그 이후에도 고리치아의 주민, 환자, 간호사, 바잘리아 편이 아닌 의사, 현지 정치인이나 행정가의 관점을 취한 예가 거의 없다. 바잘리아 사람들은 자기네 운동사를 적었고, 이 역사는 주관적이고도 한쪽으로 치우친 방식으로 전달됐다. 이 표준화된 이야기는 1960년대 말에 나왔던 내용으로부터 벗어난 적도, 본격적인 역사 연구를 거친 적도 거의 없다. 이에 따라 이런 설명이 그때 일어난 일과 그것을 분석하는 방법에 관한 주요 자료가 됐고, 또 종종 영화, 보도, 다큐멘터리 등 그 밖의 매체로 단순히 인용되거나 형태만 바꾸었다. 그렇다고 바잘리아 사람들의 설명이 자기 자신에 대해 무비판적이었다는 뜻은 아니다. 바잘리아 사람들의 생각에서 중요한 특징 한 가지는 모든 것이 공격 대상이라는 의식이었지만, 이 비판적 접근방법조차 매우 엄격하게 통제됐다. 우리가 알지 못하는 것은 세부적인 부분, 즉 표준화된 문헌을 넘어 그 이면을 다룬 이야기, 핵심 그룹 바깥에서 바라본 시각이다. 고리치아는 본격적인 연구 대상이 된 적이 없으며, 그런 만큼 핵심적인 사실(사람들이 고리치아에 도착한 시기, 떠난 시기, 환자 수, 간호사들이 오간 기록)을 확인하기가 어렵고 서로 모순되는 때도 종종 있었다. 이야기가 전해지는 방식 또한 전해진 이야기에 영향을 끼쳤다.

　이야기를 전하는 표준화된 방식에서 오는 좀더 깊은 영향은 페루자에서 바레제, 노체라인페리오레, 나폴리, 콜로르노 자체에 이르기까지 (바잘리아가 없었던) 다른 중요한 곳의 경험이 무시되거나 각주로 격하되어 처리되는 때가 많았다는 사실이다. 또 전국에 흩어진 바잘리아 사도들의 운명도 어느 정도 이와 비슷하다. 예를 들면 안토니오 슬라비치가 페라라에서 한 활동에 대해서는 거의 연구조차 이루어지지 않았고, 루초 스키타르가 포르데노네에서 한 일 역시 그렇다. 피렐라가 아레초에 있었던 시기와 제르비스가 레조넬에밀리아에 있었던 시기의 경우는 그보다 자료가 많지만, 지배적인 것은 고리치아 - 트리에스테 - 바잘리아의 이야기이다. 사용되는 용어에도 문제가 있다. 원래 이 책에는 '바잘리아 운동의 역사'라는 제목을 붙일 작정이었다. 그러나 실제로 있었던 일을 정확히 묘사하지 못하는 제목이라는 사실이 연구를 진행하면서 점점 더 분명해졌다. 정신질환자 보호소 반대 운동, 비판적 또는 급진적 정신의학, 반공공시설주의 등 그보다 더 재미없는 용어를 사용해야만 했다. 역설적이지만, 바잘리아에 대한 이 연구의 한 가지 결과는 이 운동에서 바잘리아 본인이 맡았던 역할을 재조정한 것이다.

제4장

바잘리아와 영국인들—번역의 누락인가?

프랑코 바잘리아 및 *그가* 한 축을 맡고 영감을 준 운동의 역사와 전기와 실천에 관해 영어권 세계, 특히 영국에서 내놓은 해석은 이제까지 몇몇 예외를 제외하고는 일관되게 잘못되었다.[1] 예컨대 정신질환과 정신질환자 보호소에 관한 뛰어난 역사학자 두 사람의 평가를 보자. 2002년에 로이 포터는 이렇게 썼다. "이탈리아에서 이 운동은 정신의학자 프랑코 바잘리아가 맡아 이끌었는데, 그는 정신질환자 보호소의 빠른 폐쇄에 한몫했다(결과는 혼란이었다)."[2] 1994년에 포터는 바잘리아를 "엔리코 바잘리아"라고 표기하면서 "난폭한 반정신의학자"라는 꼬리표를 붙였다.[3] 2010년에 앤드류 스컬이 바잘리아에게 내린 평가도 비슷하게 짧다. "이탈리아에서 카리스마를 갖춘 프랑코 바살리아〔원문대로〕의 지휘 아래 정치적 좌파들이 돌격에 앞장섰다."[4]

이처럼 섣부르고 부정확한 평가의 근원은 여러 부분에 걸쳐 있다. 첫째, 가장 중요한『부정되는 공공시설』을 비롯한 바잘리아의 책이 영어로 번역되지 않았다. 이 책은 출간 직후 독일어, 프랑스어 등 수많은 언어로 번역되어 성공을 거두었다. 영어로 번역되지 않은 까닭에는 여러 가지 설명이 있었지만 그중 수긍할 만한 것은 없다.[5] 『부정되는 공공시설』이 번역되지 않은 것이 에퀴페 사람들, 어쩌면 특히 바잘리아에게 어느 정도 문젯거리가 됐을 것이다. 이들은 자신과 자신의 방식에 영감을 준 영어권 세계에 영향력을 갖고 싶어했다.

바잘리아와 에퀴페의 글은 토막토막 영어로 번역됐을 뿐이며, 그것도 대개 찾기 어려운 책, 학술적 내용을 주로 다루는 책에 실렸다. 글에 묘사한 사건이 일어난 지 한참 뒤에 실린 때도 많았다. 셰퍼휴즈와 러벨의 문집 겸 연구서는 1987년에 나왔고, 많이 인용된 짧은 글 하나는 1980년대 초에 데이비드 잉글비의 『비판적 정신의학』에 수록됐다.[6] 『부정되는 공공시설』의 영어판이 없다는 사실이 특히 중요했다. 이 책은 이 운동의 핵심 문헌이었고 독일과 프랑스에는 큰 영향을 끼쳤다. 영어권 독자는 이 책을 읽을 기회조차 없었다. 둘째, 바잘리아는 바잘리아 법이 제정된 후인 1980년대에 영국에서 정신질환자 보호소의 폐쇄에 관한 토론이 벌어졌을 때, 나아가 반정신의학에 대한 역풍이 불었을 때 영어로 출간된 여러 유력한 연구서에서 극도로 적대적으로 다뤄졌다.[7] 이런 글은 바잘리아와 바잘리아 법, 그리고 정신의학 개혁과 정신질환의 의미를 다룬 여러 중요 서적에서 비판적 논평으로 고스란히 이어졌는데, 특히 로널드 랭과 반정신의학 운동에 빼앗긴 입지를 되찾으려는 시도라는 관점에서 다루어졌다.

이런 종류의 분석 가운데 인상적인 예는 마틴 로스와 제롬 크롤이 쓴 『정신질환의 현실』(1986)[8]에서 찾아볼 수 있다. 이 책은 반정신의학자들에 대한 답변으로 쓰인 것으로 당시 널리 읽혔고, 포터나 스컬이 내놓은 섣부르고도 경멸적인 평가의 원천 자료가 된 것으로 보인다. 로스와 크롤은 "바잘리아는 마르크스주의자다"[9]라며 현재형으로 서술했는데, 바잘리아가 1980년에 죽었다는 사실을 몰랐던 것 같다. 계속해서 이들은 바잘리아의 정신질환 분석은 "이념적인 의도에서 이루어졌으며 매우 편협하고 어떤 면에서는 매우 무정하다"고 주장했다. 바잘리아는 정신질환자 보호소의 재소자들을 정치적 이유에서 길거리에 내팽개쳤다고 노골적으로 비난을 받았고, 180호 법은 사회적·인간적 의미의 "참사"로 묘사됐다. 정신질환자들이 "이념 투쟁에서 체스 말처럼 사용되어…… 착취를 당했다"는 것이 결론이었다.[10] 로스와 크롤은 180호 법을 철회하려는 운동을 지지하며 논평을 마무리지었다.

로스와 크롤의 신랄한 비판은 다시 존스와 폴레티가 1985년에 『영국 정신의학 저널』에 기고한 악명 높은 글에서 실마리를 가져온다. 여섯 쪽 길이의 이 글로 인해 이 저널에서 떠들썩한 토론이 벌어졌고 독자의 비판이 쏟아져들어왔다.[11] 이 글에서 존스와 폴레티는 "이탈리아의 경험"에 대해 분석을 시도했다. 이들은 이탈리아의 경험을 1978년 법의 실행으로 정의하며 그 이전에 일어난 일들에 대해서는 피상적으로만 다루고 지나갔다. 바잘리아의 글 중 조금이나마 자세히 다룬 것은 1979년에 그가 영국에서 한 어느 대담이었다. 존스와 폴레티는 180호 법의 통과가 영국에서 "정신의학사상 위대한 성공 사례"의 하나로 비치고 있다며, 그에 대해 좀더 균형 잡힌 그림을 보여주고자 한다고 썼다. 두 사람의 연구는 출간된 자료에 대한 연구와 1984년의 이탈리아 답사를 바탕으로 삼았다. 이 여행에서 두 사람은 "임의로 선정한" 몇몇 정신보건 시설을 방문했다. 두 사람은 180호 법은 지지를 잃었으며 곧 철회될 것이라고 주장했다(이 책을 쓰고 있는 2015년 현재 그런 일은 이루어지지 않았다).

다른 것은 차치하더라도 이 분석은 일단 투박하다. 바잘리아는 다시한번 "반정신의학자"로 묘사됐다. 존스와 폴레티는 이어 독자들에게바잘리아의 나라를 다음과 같이 이야기한다.

> (이탈리아는) 서유럽의 여느 나라와는 다르다. 산간지방으로 이루어진 길이 약 1300킬로미터의 좁은 반도로, 유럽에서 아프리카를 향해뻗어 있다. 북부 국경에는 알프스산맥이 버티고 있다. 이런 나라에는유럽의 사상이 느리게 흘러들어가며, 베네치아만의 트리에스테는 순전히 지리적인 이유에서 유럽의 사상이 번성할 만한 몇 안 되는 도시가운데 하나다.

이렇게 쓴 다음에, 어느 정도 무작위인 듯이 보이는 세 가지 "이탈리아적" 특징을 들여다본다. 기사의 마지막에 가서는 두 저자가 이 법의"부정적인 효과"로 규정한 것들을 살펴본다.[12]

1978년 법의 효과에 대한 자세한 고찰은 이 책에서 다루려는 범위를 벗어난다. 그러나 여기서 우리에게 흥미로운 부분은 증거가 취약한데도 그것을 근거로 일련의 문제점을 전부 바잘리아 법 탓으로 돌리고, 또 부분적으로 그 원인을 바잘리아 본인의 생각과 실천으로 되짚어올라간다는 점이다. 그러나 이것은 적어도 어느 정도는 편향된 시각이었다. 존스와 폴레티는 이렇게 썼다.

> (180호 법이 실패한) 세번째 이유는 프랑코 바잘리아의 생각, 프시키아트리아 데모크라티카의 현재 목적, 180호 법의 의도, 그리고 그 성

과 사이에 있었을 법한 혼동이다. 정치사회적 이론, 압력단체 운동, 입법 조항, 그리고 7년 뒤 서비스의 상태는 모두 인과적으로 또 시간적으로 연결되어 있지만 그 모두가 똑같은 것은 아니다. 환자의 상태에 신경을 썼던 바잘리아가 1985년에 살아 있었다면 매우 다른 관점을 취했을지도 모른다.[13]

존스와 폴레티의 1985년 기사는 일종의 야유에 부딪쳤고, 그래서 1986년에 해명 기사를 쓰지 않을 수 없었다. 그런 목적으로 이탈리아를 재답사했는데, 이번에는 트리에스테를 방문했다. 이 두번째 기사에서 이들이 (트리에스테에 대해) 그린 그림은 자세하고 긍정적이었다. 그러나 병원이 실제로는 전혀 폐쇄되지 않았다고 주장하며, 트리에스테에서 시행되는 서비스의 진짜 내용에 이의를 제기했다.[14]

영국에서는 바잘리아의 경험에 대해, 특히 180호 법의 영향에 대해 의사와 활동가, 연구자 사이에서 폭넓게 토론이 있었다. 이탈리아의 사례에 대해 긍정적인 평가와 부정적인 평가가 모두 있었지만, 많은 해설자가 택한 것은 이 토론의 한쪽 편뿐이었던 것으로 보인다. 이법과 그 여파에 대한 영국의 반응이 전체적으로 부정적이었다는 말은 사실이 아니지만, 토론에서 부정적인 측면과 주장만이 살아남고 그 나머지 사항과 논의는 잊히거나 무시되었다는 것은 사실로 보인다. 이로써 바잘리아는 그저 반정신의학자로 치부되고, 그의 개혁 또한 그저 "혼란"을 낳은 것으로 치부할 수 있게 된다. 바잘리아의 경험에서, 특히 트리에스테의 경험에서 수많은 활동가와 현직 의사가 영감을 얻은 것이 분명한 반면, 그후에 일어난 역사적 논의에서는 극소수의 예외를 제외하면 그 사실을 고려하지 않았다.[15] 영어로 된 핵심 문서가 없다는 사실, 특히 『부정되는 공공시설』과 『정신의학이란 무엇인가?』가 영어로 번역되지 않았다는 사실로 인해 그 이후의 토론이 빈약해진 것은 확실하다.

　이런 논평과 편향된 논의의 초점이 필시 포터와 스컬의 비난적이고도 경멸적인 결론으로 이어졌을 것이다. 부분적으로 이 책의 목적은 이런 해석을 바로잡고, 바잘리아 운동에 1978년 법이 통과되기 이전 시기의 역사적 배경과 내용을 부여하는 데 있다.[16]

1960년대로 거슬러올라가 고리치아의 바잘리아는 스스로 택한 고립을 깨기 위해서는 도움이 필요했고, 그 첫걸음은 생각이 같은 협력자 집단을 꾸리는 일이었다. 시간이 흐르면서 그는 천천히 하나의 팀(에퀴페)을 만들었다. 하나의 집단으로, 단체로 일한다는 생각은 이탈리아의 정신의학이라는 전통적이고도 극도의 위계가 확립된 세계에서는 이질적이었지만, 프랑스(그래서 '에퀴페'라는 용어가 나왔다)나 영국처럼 다른 곳에서 진행된 수많은 실험에서는 결정적으로 중요한 부분이었다. 에퀴페가 만들어지는 과정은 단계적이어서 여러 해가 걸렸고, 현지의 의사, 정치가, 행정가와의 쓰라린 투쟁을 불러일으켰다.

제5장
팀을 꾸리다—고리치아의 첫 에퀴페,
1961~1969년

모든 것이 '거부한다'는 말에서 시작됐다.

프랑카 옹가로[1]

우리는 날마다 만났고 하루 두 번씩 만난 때도 많았으며, 논의 동안 아이디어와 제안이 끝없이 흘러나왔다.

조반니 제르비스[2]

지지자들은 '고리치아 집단'을 정치적으로 균일한 집단으로 이상화했고(실제로 그런 적은 결코 없었다) 또 비교적 과하게 단순화된 '반정신의학적' 공식과 결부했다.

조반니 제르비스[3]

사진은 1967년에 찍었을 것이다. 고리치아 정신병원 안에 있는 작은 방에 작은 탁자를 중심으로 일곱 명이 둥그렇게 앉아 있다. 그중 여섯은 남자이고 다들 양복을 입었다. 한 명은 파이프 담배를 피우고 있다. 왼쪽에 손을 주머니에 찔러넣은 사람이 지도자인 프랑코 바잘리아다. 그는 웃고 있다. 1968년에 갈채를 받으며 유명해진 바로 그 집단, 고리치아 에퀴페를 찍은 희귀한 사진이다.

'고리치아 사람들'[4]

프랑코 바잘리아: 1961~1969*

프랑카 옹가로: 1961~1969

안토니오 슬라비치: 1962~1969

루초 스키타르: 1965*~1969

아고스티노 피렐라: 1965~1971

도메니코 카자그란데: 1965~1972

레오폴도 테지: 1962~1968, 1969*[5]

조르조 안토누치: 1969~1970*

마리아 피아 봄보나토: 1962~1966

조반니 제르비스: 1966~1969

레티치아 콤바 제르비스: 1966~1969

팀을 이루어 집단으로 활동한다는 생각은 고리치아에서 바잘리아의 계획이 시작된 순간부터 중요했다. 고리치아에서 에퀴페는 1961~1968년 기간 내내 형성됐다. 그 사이에 사람들이 오갔지만 이 역사적 에퀴페의 핵심 구성원은 1967년에 이르러 모두 확보됐고, 이들이 고리치아에서 문집 두 권을 내는 등 병원을 '뒤엎는' 일대기에서 가장 풍성하고 활기찬 단계의 경험을 주도했다. 에퀴페는 일종의 확장된 가족이었다. 어떤 면에서는 가족 이상이었다. 1960년대 말의 열띤 시기에 에퀴페의 구성원은 자기 아이들보다 동료와 시간을 더 많이 보내는 일이 드물지 않았다. 고리치아는 그때나 지금이나 작은 도시여서 에퀴페 구성원 모두가 서로 가까운 거리에서 살았다.

에퀴페는 모임 안팎에서 논의가 지속되는 장소였다. 때로는 불화와 내분과 논쟁, 위계와 반위계 등으로 갈라지기도 했지만 대체로 의견이 일치했고, 화합과 신의, 그리고 급진적 임무를 띠고 있다는 집단의식이 도드라졌다. 고리치아 자체, 고리치아의 형식, 그 정치적 구성, 그리고 그 형태로 인해 포위된 심리상태가 생겨났고, 이에 따라 특히 외부 세계를 대할 때 에퀴페의 단결이 강화됐다. 병원부터 도시 중심부에 있는 바잘리아의 아파트까지 에퀴페는 한 집단으로 움직였다. 고리치아에서 이들은 외지인과 같았고 많은 지역 주민이 그들을 그렇게 보았다.

에퀴페의 공인된 지도자는 물론 프랑코 바잘리아였다. 그는 아무것도 없는 상태에서 에퀴페를 만들고 그 자신의 형상에 따라 빚었다. 그의 동의 없이는 아무도 가입할 수 없었고, 구성원(전부는 아니더라도) 대부분을 그가 직접 모집했다. 또 소장으로서 동료의 신분을 결정하는 권한을 행사했다. 그렇지만 절대적 지배력을 지녔던 적은 없었다. 1966년 말 이후 에퀴페 전체에 대한 그의 지적·정치적 지도력에 본격적으로 도전하는 구성원이 있었으니, 바로 조반니 제르비스였다.

사람들은 다양한 방식으로 에퀴페에 합류했고 저마다 경력도 달랐다. 어떤 구성원은 바잘리아가 학계에 있었을 때의 동료 내지 관련자였고(슬라비치), 어떤 사람은 가족이나 지역 연고가 있었으며(카자그란데, 스키타르), 어떤 경우는 뜻이 같은 정신의학자로서 다른 공공시설에서 일하던 사람이었다(피렐라). 또 어떤 사람은 자원봉사자나 젊은 졸업생으로 그곳에 왔다(테지, 봄보나토, 안토누치 등으로, 그곳에 오게 된 방식은 각각 달랐다.[6] 그러나 이 세 사람은 사실 에퀴페의 핵심 구성원이 아니었으며 문집에도 글을 싣지 않았다). 끝으로, 조반니 제르비스와 레티치아 콤바 제르비스 부부는 자원하여 고리치아에 왔고 에이나우디 출판사와 다리를 놓아주었다. 이 두 사람은 다른 많은 구성원과는 달랐으며, 이 차이가 바잘리아 및 에퀴페의 나머지 구성원과의 관계에 내내 두드러지게 작용했다.[7]

고리치아의 시간은 에퀴페 전원에게 창의적이고도 풍성한 수확을 안겨준 기간이었다. 날마다 병원에서 지치도록 일한 것은 물론이고, 연관된 다른 활동에도 관여한 구성원이 많았다. 글을 쓰고 번역하고, 출판사와 협력하고, 집회를 갖고, 고리치아나 여러 가지 정치적 행동주의에 관한 두 권의 문집을 냈다. 지금 돌이켜보면 가끔은 고리치아 에퀴페 구성원에게 먹고 잘 시간이 있었을까 싶을 정도로 믿기지 않을 때도 있다.

에퀴페는 점진적으로 꾸려졌고, 면허가 있는 정신의학자, 자원봉사자, 그들의 가족, 그리고 그 밖의 사람들이 섞여 있었다. 또 시간이 가면서 구성원에 변화가 있었다. 서로 구별되는 에퀴페가 적어도 둘 있었다. 하나는 치료 공동체의 핵심을 이루고 『부정되는 공공시설』을 편찬한 에퀴페이고, 다른 하나는 1968~1969년 이후에 구성된 제2의 에퀴페이다. 치료 공동체를 살펴보기 전에 일단 에퀴페의 구성원 개개인을 소개할 필요가 있다. 가장 먼저 소개할 사람은 프랑코 바잘리아의 가족인 그의 아내 프랑카 옹가로이다.

1. 프랑카 옹가로(1961~1969년)

그는 상상력이 뛰어난 불합리한 사람이었고, 그래서 내가 매우 논리적인 사람이 됐다. 나는 어떤 면에서 나 자신을 그와 서로 보완적인 사람이 되도록 만든 것 같다. 내가 그의 행동과 생각을 믿었다는 점을 고려할 때 그렇다. 그가 행한 것이 나와 맞았으니까.

프랑카 옹가로[8]

결국 나는 언제나 거기에 있었다.

프랑카 옹가로[9]

[프랑코 바잘리아]는 멋진 집에서 두 아이와 아름답고 지적인 아내 프랑카 옹가로와 살았다. 그의 아내는 그의 비서 역할을 했고 그를 대신해서 글을 썼다.

조반니 제르비스[10]

내가 사랑한 사람과 나란히 또 반대편에서 싸운 긴 투쟁이 끝난 지금, 지난 세월에 글로 적은 낱말 하나하나가 내가 그를 이해하기 위해서나 그에게 나를 이해시키기 위해, 때로는 의견을 교환하며 그와 주고받았던 끝없는 논의 끝에 나온 것임을 나는 안다.

프랑카 옹가로[11]

바잘리아 에퀴페의 제1구성원이자 가장 충실한 구성원은 프랑카 옹가로였다(시기에 따라 프랑카 옹가로 바잘리아나 프랑카 바잘리아라는 이름으로도 불렸다). 프랑카 옹가로는 기품 있고 아름다운 여성으로 단발이었으며 1970년대에는 많은 사람들에게 일종의 페미니즘의 상징이 되었다. 강인하고 독립적인 성격에다 개성이 강했으며, 카리스마 있는 유명한 남편과 비교적 동등한 관계의 동반자였다. 그러면서도 남편의 그림자 안에서 살면서, 남편의 성공이나 운동 전체에서 맡은 역할을 완전하게 인정받은 적이 결코 없었다. 1967년에 찍은 (것이 거의 확실한) 에퀴페 사진에도 나오지 않는다. 두 사람은 함께한 평생 서로 떨어질 수 없는 사이였지만 이들의 결합에 긴장이 없지는 않았다. 사실 이들의 차이와 바로 그러한 긴장이 부분적으로 두 사람이 부부로서 함께 가장 힘있고 영향력이 큰 글을 쓸 수 있는 불꽃이 되었다.

프랑카는 처음부터 끝까지 내내 고리치아에 있었다. 그는 작가라는 본래의 직업을 버리고 투쟁에 완전히 투신했으며[12] 초기에 어린 두 아이를 보살펴야 했음에도 이 투쟁을 평생의 사명으로 삼았다. 그렇지만 프랑카 옹가로는 에퀴페의 공식 구성원이 아니었고 병원 자체에 고용된 적도 없다(그 밖에 어떤 정신질환자 보호소에도 고용된 적이 없다).[13] 그럼에도 비공식적이기는 하나 명확한 의미에서 에퀴페의 구성원이 되었으며, 고리치아의 경험과 관련된 출판 활동에서 중심적 역할을 맡았고, 자주 병원에 있으면서 전략에 관해 오고간 모든 논의에 참여했다.

프랑카는 겨우 열일곱 살이던 1945년에 베네치아에서 프랑코를 만났다. 프랑카는 뛰어난 학생이었지만 가정 형편 때문에 대학교에 가지 못했다. 그리고 큰 전기회사에서 타자원으로 일할 수밖에 없었다. 프랑카는 문학에 뜻이 있어 1950년대와 1960년대에 어린이신문 『일 코리에레 데이 피콜리』지에 이런저런 동화 작품을 실었다. 책을 내려고 했지만 여러 출판사에서 거절당했다.[14] 고리치아 시대에는 항상 남편 곁에 있었다. 그러나 이것은 내조라는 진부한 관념을 보여주는 사례가 아니었다. 프랑카는 프랑코 바잘리아가 글을 쓰는 과정에서 언제나 핵심 요소였다. 단연 필수 요소이자 도구였다. 실제로 프랑카는 프랑코보다 더는 아닐지 몰라도 적어도 같은 정도로 저작에 기여했다. 고리치아 시기부터 내내 두 사람이 쓴 글과 책(그리고 두 사람이 보낸 편지 중 다수)은 모두—나중의 글은 이따금 다른 방식으로 쓰이기는 했지만—물리적으로 프랑카가 '쓴' 것이다.[15] 프랑카는 두 사람이 함께 쓴 글 말고도 독자적으로도 글을 썼다. 『정신의학이란 무엇인가?』와 『부정되는 공공시설』에 본인의 글을 기고했고 고프먼의 『수용소』 같은 중요한 책을 번역했다. 나아가 1972년 고리치아에서 바잘리아 사람들의 경험을 공식적으로 마감하는 순간에 저 유명한 에퀴페 사임 편지에도 함께 서명했다.

1969년 이후에는 사정이 달라졌다. 프랑카 옹가로는 두 아이와 함께 베네치아에 다시 정착했고, 프랑코는 다른 정신질환자 보호소로 자리를 옮겼다. 옹가로는 1970년대 내내 여전히 핵심 인물로서 콜로르노와 트리에스테에서 변함없이 자리를 지켰지만, 고리치아에서만큼 운동에서 중요한 역할을 하지는 않았다.

프랑카는 페미니즘 운동에서 적극적인 역할을 수행하지는 않았으나, 그럼에도 상징적이고 중요한 역할을 맡았다. 예를 들어 1977년에는 이탈리아의 페미니즘 시대정신에서 핵심적 역할을 한 『강간 재판』이라는 책의 머리말을 썼다.[16] 프랑카는 줄리오 볼라티 및 에이나우디와의 관계에서도 핵심적인 역할을 맡았다. 글을 실제로 쓰는 작업을 맡은 사람으로서 『부정되는 공공시설』부터 그 이후에 나온 일련의 책을 제작하는 과정에서 지속적으로 볼라티와 연락을 주고받았다. 프랑카와 볼라티의 우정은 바잘리아 본인과 볼라티의 우정만큼이나 두터웠다.

약간의 시간을 들여 바잘리아 부부의 공동 집필 이면의 과정을 풀어

볼 필요가 있다. 프랑코 바잘리아의 생각과 사고 과정은 다양하고 풍부했지만 어지러운 때가 많고 이해할 수 없는 때도 있었다. 프랑카가 여기에 형태와 서사를 부여하곤 했다. 한편 두 사람의 글은 문체가 불분명하고 형태가 단편적인 때가 많았다. 두 사람이 대체로 함께 집필했다는 점은 확실하다. 두 사람이 각기 쓴 글은 함께 출간한 글과는 다르다. 프랑카 옹가로가 나중에 펴낸 글은 1960년대 말과 1970년대에 두 사람이 함께 내놓은 글에서 보이는 번득임이나 복잡한 특징을 보이지 않는다. 또 고리치아 이전에 바잘리아가 쓴 글은 문체가 훨씬 더 학구적이다. 천성적으로 무질서하게 마구잡이로 쏟아지는 프랑코 바잘리아의 생각은 프랑카의 손을 거쳐 종이 위에 가지런히 정리되었다. 이 과정이 일사천리로 쉽게 끝나는 일은 절대로 없었다. 낱말 하나하나를 두고 두 사람 사이에서 끊임없이 논의가 오갔다.

『정신의학이란 무엇인가?』를 시작으로 바잘리아 부부가 공동 집필한 모든 글이 이런 과정을 거친 것 같다. 먼저 두 사람은 자기들이 하고 있는 일에 대해 상당히 자세하게 논의한다. 프랑카가 메모를 한 다음 타자로 초고를 만든다. 이 초고를 두고 다시 논의하는데, 역시 긴 시간을 들여 꼼꼼하게 논의한다. 마침내 새로운 원고가 만들어지고, 이것을 다시 프랑카가 타자로 친다. 이 과정을 단순히 '받아 적었다'는 말로는 표현할 수 없다. 그러기는커녕 글의 대부분이 프랑코의 것이 아니라 프랑카의 것이었다. 그러나 그 과정에서 두 사람은 각기 나름의 것을 더하였다. 프랑코는 이 과정에 대해 적은 바가 없고, 프랑카는 자신이 사랑한 사람과 "나란히 또 반대편에서 싸운 나의 긴 투쟁"에 관한 매혹적인 인용구 하나만 우리에게 남겨놓았다(이 절의 첫머리에서 인용했다). 두 사람의 편지 역시 공동 집필로, 자연스럽게 오가는 대화문으로 구성되었다. 옹가로는 또 프랑코의 필적(진짜로 뭔가를 혼자 쓸 때 사용한 글씨)을 실제로 읽을 수 있는 몇 안 되는 인물에 속했다.

이제까지 바잘리아에 관한 비평서에서는 대개 프랑카 옹가로를 가볍게 다루고 때로는 완전히 무시하기도 했다. 또 어떤 때는 단순한 타자원으로 치부하거나, 심지어는 그럴듯하게 포장되어 있지만 비서에 지나지 않는다고 묘사하기도 한다. 미켈레 차네티는 옹가로를 "그의 귀중한 협력자"[17]라 부른다. 두 사람이 쓴 글 대부분에 두 사람이 함께 서명한다는 사실에도 불구하고 그렇게 부르는 것이다. 비평가들은 이처럼 인정된 공동 집필 사실을 완전히 무시하거나, 생색을 부리듯 각주에서만 언급하고 지나가는 경향이 있다. 전체적으로 그들[바잘리아 부부]이 내놓은 글의 몸통은 대부분 프랑코 한 사람의 이름으로만 표시된다. 적어도 내용의 알맹이 면에서는 그렇다. 어떤 면에서 이런 경향은 그들이 스스로 만들어냈다. 프랑코가 죽은 뒤 출간된 『스크리티』는 이 점에서 흥미로우며[18] 또 『부정되는 공공시설』을 '프랑코 바잘리아 엮음'으로 표시한 것이 결정적인 순간이었다. 나아가 앞에서도 살펴보았듯 프랑카는 고리치아에서도 트리에스테에서도 에퀴페의 (고용된) 공식 구성원이었던 적이 없고, 1969년에 베네치아로 돌아간 뒤에는 트리에스테의 에퀴페에 직접 참여하는 일이 훨씬 드물었다. 1970년대에는 베네치아에서 '첸트로 크리티카 델라 이스티투치오니(공공시설비평센터)'[19]라는 이름의 단체를 만들었으나, 처음의 열정은 금세 옅어지고 출판, 활동, 연구 등 야심찬 계획 중 성과를 보인 것은 거의 없었다.

많은 면에서 프랑카 옹가로는 1980년에 프랑코의 죽음이라는 충격이 있은 뒤에야 정말로 자신의 진가를 인정받았다. 이탈리아의 상원에 무소속 좌파 후보로 출마하여 두 번 당선됐고(1984~1991년), 개혁을 무효화하려는 무수한 시도에 맞서 싸우는 동시에 1978년 법이 완전히 이행되게 하기 위해 지칠 줄 모르고 활동했다. 옹가로는 또 바잘리아의 『스크리티』 두 권을 편집하여 에이나우디에서 내놓았을 뿐 아니라 1980년 이후로 자신의 이름으로 계속 책과 글을 출판했다. 수많은 글과 머리말을 썼고, 죽을 때까지 정신의학 개혁을 위해 이탈리아 전국과 전세계를 다니며 운동을 벌였다.

프랑카 옹가로에 관해 쓴 사람들이 개인적 정보나 심지어 그 삶을 엿볼 수 있는 일화조차 제공하는 일이 매우 드물다는 사실은 놀랍다. 2005년 옹가로가 사망한 뒤의 부고 기사들은 대체로 건조하게 사실만 전달할 뿐이었고 어쩌다가 그의 삶에 대한 내용을 다룬다 해도 거의 전부 이미 알려진 것뿐이었다. 한 가지 예외는 2005년에 옹가로의 장례식에서 발언한 마시모 카차리였다. 그러나 이런 때조차도 프랑카의 몇 안 되는 자전적 회고에서 가져온 (이 절의 첫머리에서 인용했다) 저 한 줄이 (깊은 뜻을 담고 있기는 하지만) 자세한 설명이나 분석 없이 인용되면서, 궁금증이 해결되기보다는 더 큰 궁금증을 낳는 때가 많았다. 그리고 프랑코 바잘리아의 때 이른 죽음의 충격은 누구보다도 아내 프랑카와 아이들인 알베르타와 엔리코에게 사무치고도 고통스러웠을 것이 분명하다. 프랑카는 자기 자신에 대한 글을 쓰는 일도, 자신의 일을 자서전과 연결짓지도 않았다. 그에게 개인사는 정치적이지 않았다. 적어도 공개적으로는 그랬다. 옹가로 개인의 삶을 재구성하려면 우리는 행간을 읽어내야 한다.

2. 안토니오 슬라비치(1962~1969년)

뜻이 맞아 고리치아에 와서 일한 정신의학자를 비롯한 사람들은 대부분 적어도 초기 단계에서는 바잘리아와 직접 연결되어 고리치아로 왔다. 1967년 사진에서 슬라비치는 몸을 앞으로 기울인 채 파이프 담배를 피우고 있다. 1962년 2월 또는 3월에 맨 처음 나타난 사람이 바로 파도바대학교 시절 동료 안토니오 슬라비치였다. 그는 아직 의사 자격증이 없었고 바잘리아보다 나이가 적었다. 슬라비치와 바잘리아는 친구이자 오랫동안 함께한 동료였지만, 두 사람은 격식을 차리는 관계이기도 했다. 바잘리아를 가장 오랫동안 가장 충실하게 보좌한 사람이 슬라비치였겠지만, 그 역시 자기만의 생각이 있었고 자신의 주장을 관철하기 위해 얼마든지 논쟁할 태세가 되어 있었다. 페라라 시대(1971~1978년)에 관해 직접 쓴 글에서 슬라비치는 바잘리아와 충돌이 잦았고 둘이 "베네치아 방언으로 논쟁"한 때가 많았다고 설명한다. 두 사람은 오랫동안 함께한 역사가 있었다. 두 사람은 초기 개척 단계에 함께 병원에 있으면서 병원 밖 세상 전체에 맞서 고독해 보이는 싸움을 이어나갔다.[20]

슬라비치는 1935년에 이스트리아의 피우메에서 태어났다. 이 항구도시는 당시 이탈리아에 속했지만 1947년 이후에는 유고슬라비아에 속했다가 지금은 크로아티아에 속해 있다(현재 지명은 리예카이다). 이탈리아 북부의 볼차노에서 자랐고 한동안 독일에서도 교육을 받았다. 슬라비치는 사르트르를 비판적으로 바라보기는 했지만, 정신의학을 현상학적으로 접근한다는 점에서 바잘리아와 가까웠다. 바잘리아처럼 슬라비치도 파도바에서 10년 동안 조교 생활을 한 끝에 대학에서는 미래가 없다고 판단했다. 이에 대해 그는 나중에 "파도바대학교 내에서 정신의학이 지니고 있는 종속적이고 초라한 상태"[21]라는 말로 묘사했다. 그는 고리치아의 경험을 1969년까지 완전히 바잘리아와 함께했다. 1965년의 사진에서 슬라비치는 바잘리아 이외의 유일한 의사다.

슬라비치는 강인한 성격으로 바잘리아에 맞서기를 두려워하지 않았다. 둘은 자주 논쟁을 벌였다. 고리치아의 2기 에퀴페 출신인 빈첸초 파스토레는 나중에 이렇게 말했다. "안토니오는 어떤 것도 그냥 넘기지 않았다. 까다로운 사람이었다."[22] 슬라비치는 바잘리아에게 말할 때 언제나 정중한 호칭인 레이(lei)를 썼다고 한다. 1971년 이후 슬라비치는 페라라에서 일했고 그뒤에는 제노바에서 일했다. 콜로르노의 경험 이후 그는 독립을 생각하고 트리에스테를 떠났다. 그 밖에 원래의 에퀴페 구성원 중 많은 사람이 계속 바잘리아 밑에서 일했다.

고리치아에 왔을 때 슬라비치는 정치적으로 급진적이지 않았다. 그는 일간지 "『일 코리에레 델라 세라』지를 읽는 자유주의적·사회주의적 민주주의자"[23]로 묘사된 바 있다. 1968년 무렵 빠르게 극좌파로 변했고 (그는 자신이 한동안은 마오쩌둥주의자였다고 주장했다) 나중에는 이탈리아공산당과 그 후신에 가담했다.[24] 슬라비치는 고리치아에서 처음부터 중대한 책임을 맡았다. 그는 두 개의 병동을 (100명 이상의 환자와 함께) 혼자 책임졌고, 장시간의 근무로 지친 나날을 보냈다.[25] 이따금 한 주에 70시간이 넘도록 일해야 했고, 정신질환자 보호소 전체에서 의사라고는 그 혼자뿐인 때도 많았다.

1961년부터 1965년까지 바잘리아, 프랑카 옹가로와 슬라비치는 레오폴도 테지, 젊은 졸업생 마리아 피아 봄보나토 등 고리치아에서 일하던 (지금까지 역사학자나 바잘리아 연구자들이 거의 또는 전혀 관심을 보이지 않은) 다른 정신의학자들과 함께 일종의 미니 에퀴페로 활동했다. 그 중에는 바레제 출신으로 바잘리아의 모든 개혁에 극렬히 반대한 비토리오 알리라는 의사도 있었다. (신파시즘에 동조하고 있었다고 하는) 이 반바잘리아주의자는 고리치아에서 바잘리아가 하려는 일을 자신의 힘을 총동원하여 막거나 무시하고자 했다. 알리는 1968년에 벌어진 일련의 극적 사건에서 핵심적 역할을 하게 된다.[26]

시간이 가면서 젊은 간호사들을 채용했고, 자원봉사자에게는 새롭고 혁신적인 방식으로 환자를 대하도록 권장했다. 병원의 체질이 서서히 바뀌었다. 1965년은 철저한 변화가 일어나 균형점이 옮겨가기 시작한 중요한 해였다. 이해에 중요한 인물 여럿이 고리치아에 도착했고, 9월에는 사회당 소속 보건부 장관 루이지 마리오티가 밀라노에서 중요한 연설을 했다.[27] 이 연설에서 마리오티는 다음과 같이 충격적인 비유를 말했다. "지금 우리의 병원은 독일의 집단수용소나 단테가 말한 지옥의 방과 같습니다." 이 비유 때문에 공식 단체인 정신의학협회가 항의를 내놓았다.

또 이해에 파르마의 공산당 소속 정치가인 마리오 톰마지니가 고리치아를 발견했고, 페루자에서는 정치가와 의사가 시의 정신병원을 탈바꿈시키기 시작했다. 고리치아는 더이상 궁지에 몰린 입장이 아니었다. 정부의 중심부까지 미치는 정치적 지지가 갑자기 생겨났다. 고리치아의 사상은 비교적 온건한 정신의학 관계자들에게도 영향을 미치고 있었다. 이탈리아 정신병원의 미래를 놓고 전국적인 논의가 시작됐다. 고리치아는 변화의 사례로 추앙받고 있었다. 다른 정신질환자 보호소들은 '집단수용소'로 묘사되었다. 1966년에 이르러 제대로 활동하

는 에퀴페가 자리를 잡았다. 일이 진행되기 시작했고, 어느 정도 속도
도 붙었다.

3. 아고스티노 피렐라(1965~1971년)

아고스티노 피렐라(1930년생)는 핵심 에퀴페의 네번째 구성원으로서,
1965년에 고리치아에 도착했다. 피렐라는 파르마대학교에서 의학을
공부하고 1954년에 졸업한 다음, 1955년 8월에 만토바에 있는 엄격한
정신병원에서 근무했다. 그해에 바잘리아와 처음 만났던 것 같다.[28] 피
렐라는 만토바의 정신질환자 보호소 내에 약간의 변화(묶인 환자를 풀어
주고 병동을 자유로이 출입하게 하는 등)를 도모했지만 좌절과 고립감을 느
꼈다. 휴가에서 돌아와서 보니 그가 취했던 모든 조처가 원 상태로 돌
아가 있었던 것이다. 피렐라는 1950년대 만토바의 정신질환자 보호소
에 대해 다음과 같은 묘사를 남겼다.

> 그것은 잘 조직된 병원으로, 마치 집단수용소 같았다. 소장은 장화를
> 신고 자신이 기르는 개를 데리고 병원 안을 다니며 무례하고도 빈정
> 거리는 투로 환자들에게 말했다. ……당시 나처럼 젊으면서 이런 종
> 류의 문제를 잘 의식하고 있는 사람은 그곳이 집단수용소라는 생각을
> 하지 않을 수 없었다.[29]

1957년에 피렐라와 바잘리아를 비롯한 사람들이 기존 정신의학협
회를 대체할 협회를 설립하려 했지만 성공하지 못했다. 이들은 공식

단체들과 관계자들 중에 새로운 생각에 관심을 두는 사람이 없다는 사실에 좌절했다. 이탈리아의 정신의학이라는 뿌리깊이 보수적인 세계를 탈바꿈시키고 싶어하는 사람 중에는 밀라노의 피에르 프란체스코 갈리 쪽으로 기울어지는 사람이 많았다. 갈리는 1960년대 초 이후로 주로 밀라노에서 (심리요법 개발을 위한 밀라노 그룹이라는) 일련의 회합과 세미나를 주최한 정신분석학자였다.[30]

바잘리아와 피렐라 사이에 깊은 우정이 싹텄는데, 슬라비치와는 달리 피렐라와 바잘리아는 격식 없는 호칭인 투(tu)를 사용했다. 피렐라는 이탈리아통일사회당(1964년에 설립된 중도 좌파 정당)에서 활발히 활동했고, 1964~1965년에는 이 정당의 만토바 서기관을 맡았다. 이는 바잘리아와 이어지는 또하나의 연결고리였는데, 바잘리아는 당시 한동안 (대학교에서) 사회당과 가까웠고 공산당에 가입한 적은 결코 없었기 때문이다. 피렐라는 이미 10년 남짓 정신병원에서 일했으므로 에퀴페 구성원 중에서도 관련 경력이 많은 유일한 사람이었다. 1967년 사진에서 그는 조반니 제르비스와 레티치아 콤바 사이에서 만면에 미소를 띠고 앉아 있다.

이제까지 피렐라는 바잘리아에 관한 이야기에서 누락되거나 조연 정도로 한정되어 등장하는 경우가 많았다. 이것은 부분적으로 바잘리아보다 훨씬 더 내성적인 그의 성격에서 기인했다. 더욱이 피렐라는 글을 많이 썼고 『정신의학이란 무엇인가?』와 『부정되는 공공시설』 모두에 글을 싣기는 했지만 주로 학술지에 기고하는 경향이 있었다. 어쨌든 그의 글은 바잘리아의 글처럼 명확하게 정치적이지 않았고 또 그보다 덜 이론적이었다. 피렐라는 깐깐한 관리자였으며 조용한 카리스마를 지니고 있었다. 그는 민중 선동을 위한 공개 집회나 텔레비전 출연에는 나서지 않는 사람이었다. 바잘리아와 충돌하기는 했지만 이런 논쟁의 승자는 대개 한 사람으로 정해져 있었다.[31]

그렇지만 피렐라는 지도자이기도 했다. 바잘리아와는 종류가 다를 뿐이었다. 그는 1969년 이후 고리치아에서 2기 에퀴페를 창설하는 데 중요한 역할을 했고, 아레초에서는 1970년대 공공시설의 변화에서 가장 중요하면서 가장 큰 영향을 끼쳤던 사례 중 하나로 꼽는 곳의 소장으로 일했다. 고리치아와 아레초에서 피렐라와 함께 일했던 파올로 트랑키나는 그에 대해 "분석적이면서 신중한 판단 감각", "팀을 관리하는 능력", "광기를 그 퇴행적 측면과 무관하게 이해하는 예리한 감각", "치료법에 대한 탄탄한 이해" 등의 표현을 썼다.[32]

피렐라는 1960년대 초에 고리치아에 초청되었지만 제대로 된 직책은 1965년 8월에 가서야 맡을 수 있었다(공채 과정을 통해서만 차지할 수 있는 프리마리오라는 직책이었다). 프리마리오는 병원에서 한 병동 전체를 운영하는 의사로서 어느 정도 특권이 부여되는 직책이었다. 이 모든 과정이 지극히 길긴 했지만, 바잘리아는 병원 안에서 강력한 제도적 역할을 맡으려면 피렐라가 필요하다고 생각했다. 피렐라가 기꺼이 기다렸다는 사실 또한 당시에 위계가 작용했음을 보여주는 증거였다. 1965년 이후 피렐라는 금세 에퀴페의 핵심 구성원이 되었고, 바잘리아의 이인자 내지 오른팔(때때로 슬라비치도 특히 1962~1965년에 맡은 역할)로 자리매김했다. 고리치아에 도착했을 때 피렐라는 일부 병동이 이미 개방되어 있는 것을 보았다. 그는 아직 폐쇄된, 가장 어려운 환자를 수용하는 병동도 개방하는 까다로운 임무를 맡았다. 그는 바잘리아 본인뿐 아니라 그와 마찬가지로 1965년에 고리치아에서 일하기 시작한 도메니코 카자그란데라는 젊은 정신의학자와 이내 강한 협력관계를 맺었다.

1968년(바잘리아가 고리치아로부터 멀어지기 시작한 시기)에는 거의 한 해 내내 고리치아 정신질환자 보호소의 소장 역할을 맡았지만, 공식 소장이 된 것은 1969년이다. 그렇지만 이미 시설 개혁에 관심이 있는 다른 도시와 현의 정부로부터 구애를 받고 있었고, 1971년에 고리치아를 떠나 아레초에 있는 정신병원의 소장을 맡았다. 1968년 이후 바잘리아 사람들 모두에게 구인 제의가 쏟아져들어왔다. 피렐라가 이끈 아레초의 경험은 1970년대 이탈리아에서 가장 흥미로우면서 급진적인 경험으로 꼽히게 되며, 아레초는 바잘리아 이후의 모든 시설 중 '또하나의 고리치아'에 가장 가까운 곳이 되었다. 1970년대의 아레초는 책, 사진, 기사, 영화 등을 매체로 한 다양한 연구의 대상이 되었다. 피렐라는 바잘리아와 같이 반짝이는 매력은 없었고 그의 저작도 대중에게 널리 읽히지는 않았다. 그는 이 운동에서 조연을 맡는 것에 만족한 것 같다. 그럼에도 그가 만토바, 고리치아, 아레초, 그리고 나중에 토리노에서 (공공시설 내부에서 벌인) 반공공시설 활동은 일관성이 있고 혁명적이었으며 대단히 잘 기록되어 있다. 고리치아 사람들 중 1960년대의 경험과 나중의 경험이 서로 가장 비슷한 양상을 보인 사람이 피렐라였다. 이러한 고리치아주의는 운동 내에서, 그리고 급진적 정신의학의 여타 지류와 운동 사이에서 토론 대상이 되었다.[33]

4. 도메니코 카자그란데(1965~1972년)

도메니코 카자그란데(1939년생)는 1965년 고리치아에서 자원봉사자로 일을 시작했다. 당시 나이가 겨우 25세였으며, 볼로냐, 밀라노, 스위스에서 공부를 마친 상태였다. 그는 에밀리아로마냐주 출신으로, 바잘리아와는 집안이 바잘리아 집안과 함께 일했다는 인연이 있었다. 그는 1966년에 정규직이 되었고, 피렐라가 떠난 뒤인 1971~1972년에 고리치아의 바잘리아 정신질환자 보호소의 마지막 소장이 된다. 카자그란데는 진정한 의리파로서, 고리치아에서 있었던 내내 (그리고 그뒤에도) 바잘리아의 의중에 매우 가깝게 있었다. 『부정되는 공공시설』에 실린 그의 글은 주로 실질적인 측면을 다루었다. 그는 이론가가 아니라 열심히 일하는 숙련된 사람이었다. 다른 고리치아 사람들과 마찬가지로 그 역시 고리치아를 떠난 뒤 트리에스테에서, 나중에는 베네치아에서 정신질환자 보호소를 폐쇄하고 개혁한다. 1967년 사진에서 그는 무리 중 가장 젊어 보이는 사람으로, 에퀴페에서 가장 오래 활동한 두 사람인 바잘리아와 슬라비치 사이에 팔짱을 낀 채 앉아 있다.

5. 조반니 '존니' 제르비스(1966~1969년)

> 나는 그를 우상화한 적이 없으며, 우리가 의견이 일치하지 않는다는 사실이 이내 명확해졌다.
>
> 제르비스(바잘리아에 대해)[34]

두 사람 다 살아 있던 당시에 10년이 넘도록, 그리고 바로 오늘날까지도 ─존니마저 우리 곁을 떠난 지금까지도─사람들은 두 사람(바잘리아와 제르비스) 사이에 뿌리깊은 불화가 있지 않았을까 하고 추측

했다.

스테파노 미스투라[35]

그가 쓴 내용이 우리로서는 이해되지 않는다. 사실이 아니기 때문이다.
프랑코 바잘리아[36]

피렐라가 도착하고 1년 뒤 조반니 제르비스(1933년생)가 아내 레티치아 콤비[37]와 함께 에퀴페에 합류했다. 아마도 피렐라를 제외하면 다른 구성원들과는 달리 제르비스는 본인이 매우 뛰어난 지식인으로서, 저 유명한 민족지학자 에르네스토 데 마르티노와 함께 일했고 이탈리아 국내외의 중요한 좌파 사상가뿐 아니라 신정신의학 사상의 핵심 주역들과 개인적 관계가 있었다. 그는 출간 경력이 있는 저술가에다 노련한 연구자였으며, 새로운 형태의 정신의학과 정신분석학 사상에 해박했다. 또 정치적으로 빈틈이 없고 인맥이 좋았으며, 다양한 문화적 배경을 이용할 수 있었다. 에이나우디 출판사를 위해 마르쿠제, 홀링스헤드, 레들리크 등 영향력이 큰 사람들의 책에 머리말을 쓴 경력이 있고, 나중에는 이탈리아의 어린이 고전서인 『피노키오』에 수록할 새로운 머리말을 쓰게 된다.[38]

조반니 제르비스는 더 젊었을 때 에르네스토 데 마르티노가 구상, 지휘한 공동 연구에 참여한 바 있었다. 이 연구는 나중에 민족정신의학이라는 이름으로 알려진 분야로 들어가는 첫걸음이었다. 데 마르티노는 무도병이라는 이름의 현상에 관심이 있었다. 이것은 이탈리아 남부의 오지에서 고대부터 내려온 의식으로, (주로) 여성이 타란툴라 독거미에게 물렸다고 주장하면서 의식이 시작되었다. 그러면 대개 민중의 열광적인 춤과 음악이 동반되는 일종의 굿이 며칠씩 이어졌다. 데마르티노는 이 의식을 사회적·문화적 맥락에서 연구했고 제르비스도 이 연구에 참여했으며, 이 공동 연구의 결과로 1961년에 『가책의 땅』이라는 책이 출간되었다. 매우 흥미롭고 독창적인 이 책은 대단히 큰 영향을 끼쳤다.

제르비스의 고리치아 합류는 바잘리아의 실험이 새로운 차원으로 올라가는 데 도움을 주게 된다. 고리치아에 관한 핵심 도서 두 권이 1966년과 1968년 사이에 출간되고 그 과정에서 에이나우디 출판사와 프랑코 바잘리아 사이에 협력관계가 시작되었는데, 이 모든 일에 제르비스가 깊숙이 관여했다. 그는 지적으로, 정치적으로, 실질적으로 기여했다. 두 권 모두에서 그의 목소리가 존재감을 드러내고 있는데다 이력마저 뛰어났기에 에퀴페의 지도자 위치를 두고 바잘리아와 경쟁하게 됐다. 세르조 피로는 나중에 "두 사람 사이에 깊은 충돌"이 있었으며 두 사람이 "똑같은 집필 방식, 똑같은 유형의 자기중심주의―이것이 성공의 비결이겠지만―를 보였다"고 주장했다.[39]

제르비스에게는 영국인 피가 섞여 있었다. 증조부가 토머스 저비스라는 이름의 영국인 장교로서 전쟁에서 가리발디와 나란히 싸웠다. 제르비스의 별명은 '존니'이며 'Johnny', 'Gionni', 'Gioni' 등 여러 가지로 표기된다. 그는 피렌체에서 태어났지만 피에몬테주 내륙에 있는 조그만 발도파(派) 종교 공동체 출신이다. 이 고립된 신교도 지역은 수백 년간의 박해에도 살아남은 일종의 섬 같은 곳이었다(공동체가 외딴 산간 계곡 여기저기에 흩어져 있었다).

조반니의 아버지 윌리 제르비스는 이브레아의 진보적인 올리베티사의 공학자이자 간부였다. 윌리는 전쟁 동안 반파시스트 레지스탕스로 활동했다. 다른 반파시스트(에마누엘레 아르톰)를 고문하여 그의 이름을 알아낸 나치는 1944년 3월에 그를 체포하여 마구 매질한 뒤 같은 해 8월 5일에 처형했다. 그런 다음 시신을 (다른 파르티잔 네 명의 시신과 함께—그중 셋은 신원이 밝혀지지 않았다) 밧줄에 묶어 발도파 지역의 중심부인 빌라르펠리체의 중앙 광장까지 트럭으로 끌고 가, 사람들에게 경고하는 뜻으로 나무와 가로등과 발코니에 매달아두었다.[40] 윌리 제르비스는 (발도파 사람들뿐 아니라 반파시스트 운동에 가담한 사람들 전반에게) 전설적인 순교자 비슷한 존재가 되었고, 1950년에 무공훈장 금장을 추서받았다.[41] 여러 광장과 거리, 산간에 있는 두 곳의 대피소가 그의 이름을 따 명명됐다. 그가 아내에게 마지막으로 남긴 말 몇 마디가 나중에 와전되어 이탈리아의 반파시즘을 신화적으로 다룬 책에 수록되었다. 『이탈리아 레지스탕스의 사형수들이 보낸 편지』라는 제목의 이 책에 수록된 말 중 가장 유명한 것은 다음과 같다. "나를 위해 울지 마라. 나를 불쌍한 사람이라 부르지 마라. 나는 하나의 사상을 따름으로써 죽는다."[42] 이 모든 일이 존니가 막 십대가 되었을 때 일어났다.[43]

그와 같은 배경 때문에 조반니 제르비스는 충분히 자신이 '선택된 민족'의 한 사람이자 일종의 좌익 귀족이라는 생각이 들었을 것이다. 프랑코 바잘리아와 조반니 제르비스 모두 반파시스트로 정평이 나 있는 것은 사실이지만, 그럼에도 조반니의 출신 배경은 프랑코의 출신과 판이했다. 발도파 사람들은 피에몬테주, 특히 토리노에서 문화적 영향을 강하게 끼치고 있었다. 그렇지만 전쟁이 끝난 뒤 조반니의 어머니는 세 아이를 데리고 본인의 고향인 피렌체로 돌아갔다. 조반니는 그곳에서 교육을 받았고 어머니는 그곳에서 영문학을 가르쳤다. 그래도 여름은 여전히 발도파 중심부의 토레펠리체에 있는 큰 본가에서 지내는 때가 많았다.[44] 깡마른 제르비스는 1967년 에퀴페 사진의 정중앙에 슬라비치와 피렐라 사이에 있다.

존니 제르비스가 고리치아에서 보낸 시간에 관한 본격적인 이야기는 1977년에 처음 출간됐는데, 펠트리넬리 출판사에서 펴낸 그 자신의 에세이집 머리말에서였다. 그것은 바잘리아와 바잘리아 사람들 사이에서 수년에 걸쳐 이면에서 부글부글 끓고 있던 불화를 일반에게 공개한 글이었다. 이 머리말은 긴 자전적 에세이로「선한 재교육자」라는 반어적인 의미의 제목이 붙었다. 이것은 개인적인 내용과 정치적인 내용, 역사와 풍문이 섞인 글인데, '개인적인 것이 곧 정치적'이라는 1968년과 1970년대의 처세훈을 생각하더라도 특이했다. 이것은 또 일종의 고백이었다. 모든 낱말이 신중히 고려한 끝에 선택됐다. 고리치아에 관한 다른 모든 설명과 마찬가지로 우리는 제르비스의 서사를 액면 그대로 받아들이지 않도록 주의할 필요가 있다. 이 에세이집(책 제목역시『선한 재교육자』)이 나왔을 무렵 제르비스는 바잘리아 사람들과 결별한 상태였고, 이탈리아의 '새로운 정신의학' 내 여러 분파 사이에는 긴장이 깊이 뿌리내려 있었다. 사상도 사상이지만 개성, 권력, 야심, 인정 욕구 등도 개입되어 있던 이 싸움은 극으로 치달아, 예컨대 프시키아트리아 데모크라티카(민주정신의학회) 운동 내부에서도 심각한 문제를 일으켰다.

「선한 재교육자」는 이런 분열을 공개적 영역으로 가져가, 운동 내부에 반바잘리아 내지 비바잘리아적 흐름이 있다는 점을 공식화했다. 이 에세이는 폭발적이었다. 제르비스는 대열에서 이탈해 있었다(1969년에 그가 레조넬에밀리아로 떠난 때부터 그랬지만, 1970년대 초중반에는 그런 상태가 고착되기 시작했다). 그는 강력한 신화, 즉 고리치아의 바잘리아 혁명이라는 신화의 뚜껑을 들어낸 것이었다. 이제 과거를 바라보는 또하나의 해석이 생겨났다. 그뒤로 바잘리아 사람들에게 그는 기피인물이 되었다.[45] 제르비스는 운동의 역사를 쓴 글에서 배제되기 시작했다. 과거는 논쟁의 영역이 되었다. 아주 가까운 과거까지도 그랬다. 마테오 피오라니가 주장한 대로 이 "대립"은 "시간적으로 고착"되어 있었다.[46] 급진적 정신의학에서조차 기억이 분열된 것이다.[47]

「선한 재교육자」에서 제르비스는 피렌체에서 의학을 공부하던 시기, 이탈리아 남부에서 데 마르티노와 함께한 연구, 그리고 젊은이로서 새로운 형태의 정신의학에 관한 관심이 점점 커져간 과정에 대해 하나하나 이야기했다. 바잘리아와 마찬가지로 제르비스 역시 1960년대에 이르러 이탈리아의 전통 정신의학에 좌절감을 느끼고 있었다. 또한 토리노의 에이나우디 출판사에서 고문이라는 중요한 유급 직책을 맡고 있었고, 그래서 편집위원회가 모이는 저 전설적인 수요 회의에 참석하기 위해 그 도시를 매주 방문했다. 1960년대에 존니는 스스로 "정신의학 답사"라고 부른 여행에 나서서 새로운 형태의 정신보건 방식을 실험하는 장소를 찾아다녔고, 밀라노에서 피에르 프란체스코 갈리가 주최하는 세미나와 토론회에 참석했다. 아고스티노 피렐라를 만난 뒤 제르비스는 이내 고리치아에서 벌어지고 있는 일을 알게 됐는데, 이것은 그에게 "대단히 흥미로운 동시에 유망해" 보였다.[48] 제르비스도 바잘리아를 만난 다음 로마의 개인 진료소를 접고 가족 전체와 함께 고리치아로 갔다. 그것이 1966년 9월이었다. 제르비스는 서른셋이었고 아이가 셋 있었다. 고리치아의 실험에 모든 것을 걸기로 결심한 것이다.

고리치아에서 제르비스가 얻은 일자리는 급료가 형편없고, 이렇다

할 전망도 없었으며, 하는 일은 허리가 부러질 정도로 힘들었다. 피렐라와 달리 그는 공개 경쟁을 거쳐 고위직에 임명되지 않았다. 그러나 그에게는 계획이 있었다. 그는 그저 또 한 명의 에퀴페 구성원이 되고자 고리치아로 간 것이 아니었다. 그는 고리치아의 실험에 관한 책(원래의 제안은 시리즈였다)을 에이나우디에게 약속한 것 같으며, 그가 거기 간 목적은 토리노의 에이나우디 출판사와 프랑코 바잘리아를 엮어 양쪽 모두에게 이득이 되게 하자는 것이었다. 제르비스의 아내 레티치아 콤바 역시 같은 때에 고리치아의 병원에 정신의학자로 취직했다. 역사적인 바잘리아의 첫 에퀴페가 이제 완성됐다.

돌이켜보면 1961~1962년이 바잘리아에게 그랬듯이 에퀴페의 시작도 쉽지 않았다. 제르비스는 (그로부터 거의 10년이 지난 뒤) 이렇게 기억한다. "나는 고열에 시달리는 상태였으며, 쏟아지는 빗속으로 이삿짐을 실은 차를 아주 조심스레 몰았다. 아이들은 뒷자리에서 소리 없이 자고 있었고, 차에는 갖가지 물건이 가득 실려 있었는데, 어항도 하나 있었다." 제르비스는 그것을 "세상의 끝에 있는" 것 같았다고 기억했다.[49] 고립감이 이루 말할 수 없었다. 그러나 제르비스와 레티치아는 고리치아 치료 공동체의 일과와 토론과 일 속으로 곧장 빠져들었다.

제르비스에게 고리치아는 "정신질환자 보호소의 개혁을 비전문화하고 비정신의학화하기 위한 시도이며…… 정치적·문화적으로 중요한 사상이 피어난 장소로서, 1967년 이후 이탈리아 공공시설 내의 정신의학이 새로운 모습을 갖출 때 중심적 역할을 맡은" 곳이었다. 1968년까지 몇 년간의 고리치아 시절에 대해 제르비스는 "내 생에 가장 풍부했던 최고의 시기"라고 적었다.[50] 비교적 젊은 간호사들이 바잘리아 혁명에 영감을 받은 사상을 받아들이면서 환자와 간호사 사이에 지속적인 관계가 형성됐다. 들뜬 나날이었다. 세상이 바뀌고 있었고, 그 변화의 최전선에 고리치아가 있었다.

그러나 이 시기는 관련자 모두에게 극도로 어려운 시기이기도 했다. 일은 힘들고 근무시간은 끝이 없었으며(24시간 내지 48시간을 기준으로 교대했다) 보수는 보잘것없었다. 사실상 개인적인 부분과 정치적인 부분이 하나로 뭉뚱그려졌다. 거기에다 제르비스와 레티치아를 비롯한 모든 사람이 곳곳을 여행하는 동시에 에이나우디 출판사를 위한 갖가지 작업에 완전히 몰두하고 있었다. 시간과 피로에 맞선 끝없는 싸움이었다. 고리치아 사람들은 포위망 속에 갇힌 것처럼 느꼈다.

제르비스는 바잘리아에 대해 에퀴페의 다른 여러 구성원, 특히 측근들이 그린 것과는 매우 다른 그림을 그리면서, 그를 이견을 용납하지 않는 사람이자 야심이 큰 사람으로 묘사했다.[51] 그렇지만 또 칭찬의 말도 아끼지 않았다. 그는 이렇게 썼다.

> 바잘리아는 정치적·문화적으로 변화에 호의적이지 않은 지역 환경에서, 내가 보기에 당시 이탈리아의 그 누구도 지닐 수 없었을 정도의 어마어마한 헌신과 열정, 노여움과 용기로 〔고리치아를〕 이끌었다. 고리치아를 모범 사례로, 하나의 실험으로 만들고자 결심한 것이다.[52]

제르비스는 고리치아 에퀴페가 바깥세계에 비친 화합이라는 그림과는 달리 충돌과 반복되는 논쟁으로 점철되었다고 썼지만, 또 "고리치아 그룹은 1968년까지 잘 움직이면서 일심동체 상태를 유지했다"고도 주장했다.[53]

한동안(1966~1968년) 두 사람은 서로 협력하면서 에퀴페를 이끄는 두 축이 되었다. 이들은 잠시 동안은 분명 친구였다. 그 시기는 에퀴페 전체가 창의력과 생산성이 매우 높아, 토론(정신질환자 보호소 안팎에서 있었으며, 그중 많은 부분이 인쇄물 형태로 남았다)과 회의, 채용 제의, 무엇보다 환자와 간호사와의 실험이 끝없이 이어졌다. 이 시기는 1968년에 『부정되는 공공시설』이 출간되고 에이나우디와 관련하여 바잘리아에게 특별한 역할이 생기면서 끝났다. 1969년에 두 사람의 행로는 (실제로 둘이 한 일은 매우 비슷했지만) 서로 다른 방향으로 옮겨갔다. 바잘리아는 고리치아를 떠나 콜로르노로, 다시 트리에스테로 갔고, 제르비스는 레조넬에밀리아로, 다시 로마의 대학교로 갔다. 1977년에 제르비스는 「선한 재교육자」를 발표했다. 그뒤 제르비스는 바잘리아와 고리치아 이야기를 다르게 풀어낸 자신의 관점을 계속 유지했고(트리에스테는 거의 언급하지 않았다) '공식' 역사에서 점점 삭제되어갔다. 어떤 이야기에서는 각주로 추방되고 어떤 글에서는 완전히 무시된다.[54] 이런 분열은 오랫동안 이어지게 되고 또 오늘날에도 어느 정도로 이런 행태가 유지되고 있다. 그럼에도 불구하고 운동에 대해, 고리치아에 대해, 고리치아 이후에 벌어진 일에 대해 본격적으로 다루려는 역사학자라면 그 당시와 그 이후 두 사람 모두의 역할에 대한 이야기를 들여다볼 필요가 있다. 정치적으로 싸울 일은 이제 없다. 역사적인 휴전의 때가 왔다.

1968년 이후 제르비스는 자기의 것을 얼마간 부당하게 빼앗긴 것처럼 느꼈다. 하지만 공개적으로는 결코 그렇다고 인정하지 않았다. 그는 『부정되는 공공시설』을 적어도 부분적으로라도 자신의 업적으로 보았지만, 줄리오 볼라티와 바잘리아는 처음부터 강한 인간관계를 형성했고, 제르비스는 주변으로 밀려나 (적어도 일반 대중의 눈에는) 에퀴페의 보통 구성원이 되고 말았다. 그와 동시에 『부정되는 공공시설』은 베스트셀러가 되어, 에이나우디에서 바잘리아와 프랑카 옹가로의 책을 시리즈로 내기에 이르렀다. 이에 관한 이야기는 이 장의 뒷부분에서 다시 다루기로 한다.

제르비스에게 『부정되는 공공시설』의 출간은 끝의 시작이었다. 바잘리아는 물론 고리치아의 실험 자체가 유명해졌다. 정치적 쟁점(과 분열)이 갈수록 더 중요해졌다. 그 '사건'이 벌어졌다. 1969년 4월, 제르비스는 레조넬에밀리아현으로부터 정신질환자 보호소를 기반으로 하지 않는 새로운 정신보건 서비스망을 설치, 운영해달라는 제의를 받았고, 그해 6월에 (아내와 아이들과 함께) 그곳으로 떠났다. 그가 고리치아에 머문 시간은 짧고 힘들고 생산적이었지만 좌절과 어려움도 많았다. 에이나우디와의 관계가 변하기 시작했다는 점에서 볼 때 대가도 컸다. 1969년 이후 그는 카리스마 있는 지도자로서 바잘리아를 대신할 인물로 자리잡았다. 그렇지만 나름의 추종자와 정치적 기반을 지니고 있었는데도 적어도 대중의 눈에는 조연을 맡을 운명인 인물이었다. 또한 1969년 이후 제르비스는 어떤 면에서 배신자요 바잘리아 사람들의 적이라는 관념이 뿌리를 내리기 시작했다. 그 자신의 말을 빌리자면 그는 일부 사람들의 눈에 "치료 공동체와 연관된 고리치아 '노선'의 배신자"였다.[55] 그는 또 1970년대 이후 젊은 정신의학자 세대에게 미친 영향으로 볼 때『부정되는 공공시설』과 쌍벽을 이룰 만한 책을 펴냈다.[56]

6. 레티치아 콤바 제르비스(1966~1969년)

레티치아 콤바 제르비스는 고리치아 정신질환자 보호소에 에퀴페의 일원으로 정식으로 고용된 유일한 여성이었다. 1967년의 사진에서 피렐라와 수간호사 사이에 앉아 있고 그 주위를 일곱 명의 남자들이 둘러싸고 있다. 콤바는 1932년 토레펠리체에서 태어났으며 따라서 발도파 공동체 출신이었다. 실존주의 철학을 공부했고, 1950년대에 미국에서 실험심리학 석사 과정을 공부했으며, 조반니와 마찬가지로 1950년대 말에 에르네스토 데 마르티노와 함께 일했다.[57] 콤바는 고리치아에 심리학자로 채용됐는데, 당시 이 정신질환자 보호소에서 심리학자 직함을 지닌 유일한 사람이었다. 1968년 이전에는 고리치아에 정신분석학자가 없었다.[58] 레티치아 콤바는 특히 로널드 데이비드 랭의 연구에 관심이 많았고, 그래서 랭의 가장 중요한 저서 몇 권을 이탈리아에 소개하는 중재자 역할을 맡아 『분열된 자기』와 『가족의 정치학』의 이탈리아어 번역본에 머리말을 썼다. 콤바는 『정신의학이란 무엇인가?』와 『부정되는 공공시설』 두 권 모두에 중요한 글을 실었다.[59]

이로써 에퀴페 내에는 1966년부터 1968년까지 바잘리아 부부와 제르비스 부부, 이렇게 두 쌍의 부부가 있었다. 두 가족 모두 어린아이가 있었다. 일에 매달리느라 두 부부 모두 가족생활은 언제나 나중이었고 (이는 에퀴페의 나머지 구성원도 마찬가지였다) 이 때문에 특히 제르비스 가족이 피해를 입었다. 레티치아는 그뒤 계속해서 존니와 함께 레조넬에밀리아의 실험에 참여했다가, 1970년대 초에 우르비노대학교에서 교직을 맡았고 1986년에 베로나대학교로 자리를 옮겼다.

7. 루초 스키타르(1966~1969년)

> 고리치아에 도착했을 때 나는 정신의학에 실질적인 경험이 없었고 정
> 신의학 이론에 대해서도 아는 게 거의 없다는 점을 스스로 알고 있었
> 다. 언제나 정신의학에 관심이 있었지만 당시 나는 일반의였다. 종합
> 병원 호흡기내과에서 조교로 일했고 이미 일반 진료의로 일을 시작한
> 상태였으나, 내가 하는 일에 그다지 열정은 없었다.
>
> 루초 스키타르, 『부정되는 공공시설』(1968)[60]

루초 스키타르는 1964년에 (바잘리아와 슬라비치가 몸담았던) 파도바대학
교에서 의학 전공 학위를 받고 졸업했다.[61] 1967년 사진에서 바잘리아
의 반대편인 오른쪽 끝에 있다. 그는 바잘리아와 카자그란데와 마찬가
지로 베네토주 출신이다.[62] 메스트레에 있는 종합병원에서 잠깐 일한
뒤 1966년에 고리치아 에퀴페의 구성원이 되었다. 스키타르는 카자그
란데처럼 자원봉사자로 출발했다. 이런 식으로 관계가 시작되는 것은
상당히 자연스러웠다. 그 시기에는, 또 고리치아의 방식에서는 이것이
일반적이었기 때문이다. 스키타르는 피아트 500 자동차를 몰고 고리
치아에 와서 바잘리아를 만났고, 바잘리아는 그에게 자원봉사자 자격
으로 일을 시작할 수 있으며 나중에 병동 담당 의사로 채용하도록 노
력하겠다고 말했다. 두 사람은 처음부터 뜻이 잘 맞았던 것 같다. 스키
타르는 이렇게 적었다.

> 그를 만나러 갔을 때 나는 병원에서 선임 의사의 노기가 폭발할 때 잠
> 자코 듣고만 있는 일에 익숙해져 있었는데, 바잘리아의 자연스러운

태도, 그가 모든 사람으로부터 최선을 끌어내는 방식…… 격식 없는 태도에, 그리고 당시 선임 의사 대부분에게서 볼 수 있었던 오만한 태도가 전혀 없는 것에 놀랐다.[63]

스키타르, 프랑카 옹가로, 레티치아 콤바 같은 사람들이 에퀴페 안과 주위에 있었다는 사실에서 바잘리아가 정신의학 훈련 과정의 기술적인 부분에 얼마나 무관심했는지를 알 수 있다. 또한 그 시대에는 순간에 최대한 집중하는 것이 얼마나 중요했는지도 알 수 있다. 모든 것이 가능했다.

『부정되는 공공시설』에 실린 인터뷰에서 스키타르는 고리치아로 가겠다고 결정한 이유 하나로 "내가 의사로서 하게 될 종류의 일에 대한 감정적 반응"을 꼽았다.[64] 고리치아에서 중요한 것은 정신의학이나 반정신의학만이 아니었다. 의학 전반이 중요했고 사회 전체에서 권위가 수행하는 역할이 중요했다. 스키타르가 주장한 대로, 고리치아의 상황은 일반적인 의료 시설의 상황과는 매우 달랐다.

> 고리치아에서…… 우리는 환자나 간호사와의 관계를 포함해서 권위주의를 넘어서는 새로운 종류의 관계를 만들고자 노력하고 있다. ……의사의 역할을 기술자의 역할로 축소하려는 경향이 있는데, 기술자라는 게 좋은 낱말은 아니지만 그 뜻은 명확하다. 꼭 정신보건에 한정되지 않는, 보건 기술자 말이다. 여기서 우리는 모두 의사, 간호사, 환자라는 '기술자'로 볼 수 있다.[65]

고리치아는 논의가 계속되는 곳, "생각을 둘러싸고 날마다 전투가 벌어지는"[66] 곳이었다.

영어를 어느 정도 할 수 있었던 스키타르는 스코틀랜드의 딩글턴에서 며칠 지내며 맥스웰 존스로부터 영감을 받아 만들어진 치료 공동체를 연구했다. 정신의학에 관한 자격이 없다는 사실에도 불구하고 그는 고리치아에 도착한 뒤 이내 그곳에서 벌어지는 실험의 열기에 사로잡혔다. 1969년 초에는 콜로르노에 가서 바잘리아의 부임을 위한 기초 작업을 했다(선발대에는 또 한 사람이 있었는데 바로 슬라비치였다). 1972년까지는 파르마에 머무르며 마리오 톰마지니와 함께 긴밀하게 협력하며 일했다. 스키타르는 고리치아 실험에서 가장 성과가 많았던 시기 동안 논의와 출판에 기여했다. 그뒤로 콜로르노에서 시작된 일을 계속했고 나중에 새로 생긴 포르데노네현에서 정신의학 서비스 네트워크를 구성했지만(1972~1981년), 고리치아에 관한 회고는 거의 남기지 않았다.

에퀴페를 넘어―동맹과 친구

핵심 에퀴페, 즉 1967년 사진에서 탁자 주위에 있는 모든 사람 및 프랑카 옹가로를 포함하는 에퀴페는 이렇게 1966년 말에 자리를 잡았다. 바잘리아는 마침내 병원 안팎에서 함께 일할 수 있는 강력한 팀을 꾸렸다. 고리치아의 치료 공동체를 확장하고 구성하고 감독한 것도, 1967년과 1968년에 고리치아의 실험을 바탕으로 쓰인 두 권의 책을 내놓은 것도 바로 이 집단이다. 이 에퀴페는 긴밀하게 맺어진 팀으로 활동하면서, 날마다 모여 환자 한 사람 한 사람에 대해 논의하고 전체 및 각 병동 집회의 결과를 처리했다. 바잘리아는 모두에게 시간적으로나 좀더 일반적인 의미의 일에 대한 열정으로나 완전히 헌신할 것을 요구했다. 그것은 직무에 비해 훨씬, 훨씬 더 큰 요구였으며, 그럼에도 모두 기꺼이 거기 응했다. 억지로 거기에 있었던 사람은 아무도 없었다. 그들은 바잘리아가 하는 일을, 또 정신의학계 내에서 철저한 변화가 일어날 가능성을 믿기에 고리치아에 있는 사람들이었다. 이들은 열정으로 움직이는 전향자들이었다. 이런 활동은 근무시간에 한정되지 않았고, 특히 『정신의학이란 무엇인가?』와 『부정되는 공공시설』을 엮은 1967년에는 거의 1년 내내 시내에 있는 바잘리아의 아파트나 식당 등의 장소에서 밤늦게까지 이어졌다.

그렇지만 에퀴페 내에는 분열과 불화도 있었다. 불화는 개인적이기도 하고 정치적이기도 했다. 전략에 대해, 전술에 대해, 원칙에 대해 또 본질에 대해 논쟁이 자주 일어났다. 어디까지 밀어붙여야 하는가? 정확히 어느 시점에 병동을 개방해야 하는가? 환자에게 어느 정도의 책임을 부여해야 하는가? 지역 정치가와의 관계를 위해 무엇을 해야 하는가? 운동은 어떤 정치적 노선을 취해야 하는가? 이런 논의는 바잘리아 사람들의 전략에서 핵심적인 측면을 차지했고 『부정되는 공공시설』에도 매우 자세하게 기술되었다. 이런 부분을 일반 대중으로부터 감추지 않았다. 그곳의 경험을 이해하려면 오히려 이런 부분이 결정적으로 중요했다. 그러나 또한 사소한 시샘, 지도력 문제, 그리고 저작자의 이름 표시라든가 권위를 둘러싼 갈등도 있었다. 바잘리아는 언제나 지휘를 맡고 있었지만 언제나 그의 방식대로 일이 돌아가지는 않았다.

1969년 2월에 바잘리아는 친구 에라이르 테르치안에게 편지를 썼다. 편지에서 그는 "우울하다"며 "그룹이 (애초부터 그룹이란 게 있었는지 모르지만) 분열되고 망가졌다. ······다들 자신의 야심 충족을 꾀하고 있다"고 덧붙였다. 그의 위기는 정치적이기도 했다. 바잘리아는 이렇게 썼다. "나는 개혁주의 정신의학자로 비치는 데 관심이 없다. ······이전에 내가 부정함으로써 만들었던 것을 부정하고 싶지만, 이제 보니 나는 홀로 고립되어 있더라." 그러고는 이렇게 결론을 맺는다. "고리치아의 반공공시설 투쟁은 그저 정치적 핑계일 뿐이다."[67]

　에퀴페의 내부 구성원 말고도 다수의 인물이 고리치아에서 벌어지고 있는 일을 외부에서 흥미롭게 지켜보았다. 에퀴페의 '외부' 구성원 중 핵심 인물로는 미켈레 리소가 있었다. 스위스에서 공부한 정신의학자이자 정신분석학자인 리소는 피에몬테주에 있는 보베스라는 작은 코무네에서 태어났다. 젊은 시절 그는 1943년 말에 그곳에서 벌어진 저 악명 높은 나치 대학살을 아슬아슬하게 피했다(지금 보베스에는 그의 이름을 딴 '비아 도토르미켈레리소'라는 이름의 거리가 있다). 제르비스처럼 리소 역시 데 마르티노의 연구에서 영감을 받았으며,[68] 나중에 스위스에 있는 이탈리아 이민자의 정신건강에 관한 선구적인 연구를 수행했다.[69] 이 연구는 오늘날 민족정신의학이라는 이름으로 알려진 분야의 초석을 놓은 연구로 여겨지게 된다. 바잘리아와 리소는 1965년 무렵 로마에서 만난 것 같고, 그 직후 두 사람은 여러 가지 방식으로 함께 일하기 시작한다. 리소는 고리치아에 근거를 두고 활동한 적이 없지만(그랬다면 바잘리아는 물론 그를 에퀴페의 정식 구성원으로 기꺼이 받아들였을 것이다) 그곳의 논의에 기여했고 『정신의학이란 무엇인가?』를 위해 글을 기고했다. 나중에는 1970년대 초에 바잘리아가 설립한 단체인 프시키아트리아 데모크라티카의 핵심 구성원이 되었다.

　그 밖에 고리치아 시기의 동조자 중 중요한 인물로는 (나중에 살펴볼)

공산당 정치가인 마리오 톰마지니, 학자인 잔프랑코 밍구치와 파비오 비진티니, 보건부 장관 루이지 마리오티 등이 있다. 출판업자 줄리오 볼라티 또한 동조자로 생각할 수 있을 것이다.[70] 수많은 기자, 사진작가, 영화 제작자도 고리치아에서 벌어지고 있는 일에 흥미를 갖게 됐다. 그 밖에도 (특히 1967~1968년에) 여러 정신의학자, 의사, 급진적 학생이 고리치아 주위에 모여들었지만 이들은 공식적인 고리치아 역사에는 거의 나오지 않는다. 여기에는 1962년에 고리치아에 와서 1965년까지 머물렀다가 1969년에 다시 돌아온 것으로 보이는 레오폴도 테지, 마찬가지로 1962년에 고리치아에 온 젊은 졸업생 마리아 피아 봄보나토, 1960년대 후반에 초대를 받고 고리치아를 찾아와 잠시 일했던 조르조 안토누치 등이 포함된다.[71]

핵심 에퀴페를 벗어나면 '집단 작업' 개념은 간호사, 환자, 그리고 이론상 병원 전체로 확장되었다. 이런 범주 각각에는 소수의 지도자(환자 중에는 '푸리오'와 '카를라', 간호사 중에는 안드리안을 비롯한 몇몇 사람), 몇몇 열정적 추종자, 몇몇 맹렬한 비방자, 그리고 그 중간에서 마음을 정하지 못하거나 무관심한 대중이 있었다. 이런 다양한 집단 사이의 세력 균형은 시간이 가면서 바뀌었다. 수많은 간호사(일부는 이미 그곳에 있었고 일부는 1960년대에 영입했다)가 바잘리아 혁명에 (대개 처음에는 한동안 반대하다가) 열정을 품게 되었다. 1967년의 단체 사진에 간호사 한 명이 있는 것도 전혀 뜻밖의 일이 아니다. 환자 중에도 몇몇 핵심 인물이 있었는데, 그중 '푸리오'(본명은 마리오 푸를란)가 가장 중요했지만 그 밖에도 많은 사람이 있었다.[72] 의사와 간호사에게도 그랬듯 환자들에게도 그들의 마음을 사서 행동에 나서게 하는 '전위대 체계론' 전략이 활용되었다. 이것은 오래 걸리는 일이어서, 1960년대 말에 이르러서도 간호사나 환자 중 아직 마음을 열지 않은 사람이 있었다. 일부 사람들의 마음은 절대로 움직일 수 없었다.

1960년대 말에 이르러서는 고리치아의 정신질환자 보호소를 중심으로 주요 사상가와 실무자가 '이탈리아의 신정신의학'이라고 할 만한 집단을 이루어, 프랑코 바잘리아 및 그의 에퀴페의 이론과 실제에 영향을 받고 있었다. 또 이 책에서 살펴보게 될 페루자의 경험과 연관된 사람들이 있었다. 바레제, 베네치아, 나폴리, 남부의 노체라수페리오레(마테르도미니), 파르마, 볼로냐, 파도바를 비롯한 각지에서 개혁 실험이 꽃을 피우거나 시도됐다. 풍성한 시기였고 사고의 변화가 빠르게 일어나고 있었다. 회의와 강독회, 토론, 술과 담배, 섹스와 질투, 불화와 언쟁, 신의와 배신이 가득한, 필사적이면서 심신이 지치는 시기였다.

그렇지만 1968~1969년은 또한 바잘리아의 저 핵심 내지 역사적 에퀴페가 해체되기 시작한 시기이다.[73] 에퀴페의 황금기는 열정을 쏟은 그 2년 남짓한 동안 이어졌다. 고리치아의 유명세와 행운이 최고조에 달했을 때 에퀴페가 분해되었다. 그러나 부분적으로 이는 철저히 현실적인 전략에 따른 계획적인 분해로, "아흔네 개의 고리치아"를 만든다는 소문을 퍼뜨리기 위한 시도였다.[74] 한편 고리치아는 이제까지보다 더 관심을 끌고 있었다. 그뒤 몇 년 동안 다른 많은 정신의학자, 간호사, 자원봉사자, 학생이 나타나 혁명에 가담했다. 1968년부터 1972년까지, 원래의 고리치아 사람 대부분이 이탈리아 전역에 퍼져 고리치아의 경험을 수많은 다른 도시와 현에 전달하고 있는 동안 고리치아에는 새로운 에퀴페가 금세 자리를 잡았다. 변화의 씨앗은 그곳에 심어졌고, 다음 10년 동안에는 이탈리아 전역과 유럽, 그리고 그 너머까지 다다르게 된다. 1961년 이후 몇 년 동안 많은 일이 벌어졌다. 저 미미한 시작으로부터 하나의 운동이 탄생한 것이다.

제6장

마니코미오=라제르, 유비의 역사와 정치학

면담자: 당신은 매우 힘들고 복잡한 삶을 살아왔습니다. ……집단수
　　　용소에도 계셨고요.

카를라: 내가 있던 수용소에는 저 불쌍한 공주 마팔다[1]도 있었죠.

면담자: 그게 어느 수용소였죠?

카를라: 아우슈비츠였습니다.[2]

『부정되는 공공시설』(1968)

지금 우리의 병원은 독일의 집단수용소나 단테가 말한 지옥의 방과
같습니다.

루이지 마리오티, 밀라노(1965년 9월 20일)[3]

사회가 한 방향으로 변하고 있을 때 공공시설이 그와는 다른 방향으로
계속 살아나갈 수는 없다. 사람이 달에 가고 과학이 새로운 방향으로
발전하고 사회가 관계를 그렇게나 다르게 바라볼 때, 정신병원이라는
이 집단수용소 체제가 살아남는다는 것은 생각할 수 없는 일이다.

프랑코 바잘리아(1979)[4]

『이것이 인간인가』는 이탈리아의 반정신의학 운동에서 일종의 성서

가 되었다.

마시모 부찬티니[5]

토리노에서 시작된 '아르테 포베라(가난한 미술)' 운동의 창시자 중 한 사람인 화가 피에로 질라르디가 1969년에 아소차치오네 페르 라 로타 콘트로 레 말라티에 멘탈리(정신질환에 맞서 싸우기 위한 협회)를 위해 포스터를 그렸다. 이 인상적인 이미지에는 인상적인 구호가 적혀 있었다. "정신병원=집단수용소. 당신에게도 일어날 수 있는 일입니다! 억압이 구속복을 입는 때에."[6] 집단수용소, 나치주의, 그리고 선진 자본주의 사회에서 정신질환자를 위해 만든 보호소 체제를 이런 식으로 처음 유비한 것은 전쟁 직후 프랑스와 독일이었고, 이탈리아에서는 1940년대 말에 안 그럴 것 같은 사람이 이 유비를 가져다 썼는데, 전기충격 치료법의 발명자로 악명 높은 우고 체를레티였다.[7] 프랑스와 독일에서는 전쟁 동안 정신질환자를 대상으로 몰살 정책이 시행되면서 이미 이런 유비를 직접 경험한 바 있었다.[8] 이 분석은 큰 영향을 끼친 어빙 고프먼의 연구에서 면밀히 다루어졌고, 이것을 다시 바잘리아가 1960년대에 여러 글에 채용하며 발전시켰다. 한편 바잘리아는 프리모 레비의 영향도 많이 받았다. 특히 레비가 처음으로 쓴 책 『이것이 인간인가』는 그와 프랑카 옹가로에게 핵심적인 교재였다.

이탈리아에서 정신병원-집단수용소라는 유비에는 역사가 있었다. 1949년에 〈뱀구덩이〉라는 영화가 개봉되면서 『일 코리에레 델라 세라』지의 인드로 몬타넬리라든가 체를레티 같은 보수주의자들이 정신질환자 보호소 체제를 비난하기에 이르렀다.[9] 1964년 볼로냐에서 '프로체소 알 마니코미오(재판받는 정신병원)'라는 눈에 띄는 주제로 열린

제6장 마니코미오=라제르, 유비의 역사와 정치학　123

집회[10]에 이어 1965년에는 이탈리아 정신병원 내부의 지독한 상황에 대해 대중의 비난이 시작되었다. 이탈리아의 많은 도시와 중앙 정부에 중도 좌파 동맹이 들어선 개혁의 시기였다. 그해에 재능이 뛰어난 기자이자 역사학자인 안젤로 델 보카가 이탈리아의 정신질환자 보호소를 대상으로 광범위한 조사를 벌였다. 이 탐사연구 결과 출간된 『집단수용소나 다름없는 정신질환자 보호소』라는 책 제목은 직설적이고 충격적이었다.[11] 이 책은 막대한 영향을 끼쳤다. 여론이 바뀌기 시작했다. 나아가 이런 유비가 위험한 급진주의자 한둘로부터만 나오는 게 아니라 정부 자체에서 흘러나오기 시작했다. 델 보카는 바레제나 고리치아 같이 변화하고 있던 곳도 방문했다. 그의 책에는 보건부 장관 루이지 마리오티와 나눈 인터뷰와 1968년에 가서야 법률화되는 개혁안에 관한 집중적 논의가 포함됐다. 보건 체제 전체의 현재 상태와 미래를 두고 광범위한 논의가 시작되었다. 변화의 시간이요 개혁의 시간이었다.

나아가 1965년에 마리오티는 전쟁 이후 처음으로 정신질환자 보호소 체제의 급진적 개혁을 제안하는 연설에서 집단수용소와 정신병원의 비교를 더욱 당연한 것으로 만들었다. 이 연설로 인해 의료계에 분개하는 분위기가 일고 공식 항의도 있었지만, 마리오티는 체제 자체가 "위기에 빠져 있다"고 대답했다. 이 모든 것이 델 보카의 책이 출간되기 전에 있었던 일이다. 마리오티는 정신질환자 보호소를 "수치"라 부르면서 체제 전체의 철저한 개혁이 필요하다고도 주장했다. 델 보카는 이런 시설이 "완전히 시대에 뒤떨어져 있다"고 썼다.[12] 그는 또 마리오티와 비슷한 결론에 도달한 정신의학자들의 발언을 인용했다. 바레제의 주제페 아스키에리 교수는 이 기자에게 정신질환자 보호소는 "병원으로도, 심지어 보호소나 피난처로도 불려서는 안 되며, 그보다는 그 악취와 그 공포감을 볼 때 집단수용소나 죽음의 수용소를 연상케 한다"[13]고 말했다.

집단수용소와 정신질환자 보호소를 연결하는 수많은 연관성과 유비에는 다양한 요소가 포함되어 있었다. 일단 입원자가 비인격자로, 동물로, 인간 이하의 존재로, 단순한 몸뚱어리로 격하된다는 생각이 있었는데, 이것은 레비의 책에서 처음부터 끝까지 이어지는 서사였다.[14] 또하나의 차원은 좀더 정치적이었다. 파시스트 같은 성격의 공공시설 네트워크가 자본주의 세계의 핵심에 자리잡은 채 가난한 사람과 정상에서 벗어난 사람을 내다버리는 장소로 이용된다는 것이 그 논점이었다. 이로써 정신질환자 보호소 체제에 대한 비판은 자본주의 자체와 그것이 위력을 행사하는 방식을 이해하는 강력한 수단도 될 수 있었다. 역사 또한 중요했다. 과거에 이탈리아의 정신질환자 보호소 대부분에서 환자가 (대개 유대인 환자를 선별하여) 나치의 집단수용소로 강제 이송되었기 때문이다. 파시즘은 정치적 반대 세력을 억압하고 요주의 인물(예컨대 무솔리니의 첫 아내와 아들, 정치적 반항 세력과 급진주의자, 파시즘 반대자 등)의 입을 틀어막는 용도로 정신질환자 보호소 체제를 이용했다.

정신질환자 보호소가 입원자의 인간성과 권리를 박탈한다는 생각은 전통적 정신의학 방법을 비판하는 많은 사람의 연구에서 찾아볼 수 있다. 예컨대 로널드 데이비드 랭은 다음과 같이 썼다.

> 정신질환 검사라고 하는 굴욕적인 의례를 거치고 나면 그는 '정신병원'이라고 하는 완전 통제시설에 수감되면서 시민적 자유가 박탈된

다. 우리 사회 그 어느 곳보다 더 완벽하게, 더 철저하게 그는 인간으로서 무효화된다.[15]

1960년대와 1970년대에는 정신질환자 보호소를 집단수용소 내지 죽음의 수용소와 견주는 비유가 대세가 되었다. 이런 시설의 운영 실태를 본 많은 사람이 이런 시설을 다음과 같이 확실하게, 설명도 거의 붙이지 않고 표현한다. "그것은 분명히 집단수용소, 즉 라제르였다."[16] 이 비유는 시각적, 역사적, 정치적이라는 세 가지 차원에서 (종종 동시에) 명확하게 작용한다. 시각적으로 익숙한 집단수용소 이미지와의 대비는 명확하다. 유니폼 차림의 쇠약해진 수감자/환자, 기다란 수용소 건물과 침상, 이름 대신 번호를 사용하는 방식, 나아가 고문 기구를 갖추고 자주 (일상적으로) 사용한다는 사실 등이 그렇다.

  정신질환자 보호소는 보기에도 집단수용소 같았다. 높은 담장과 창살, 삼엄한 입구, 긴 복도, 그리고 사방에 자물통이 있었다. 환자의 머리를 깎고, 의복과 소지품과 결혼반지를 빼앗고, (때로 줄무늬가 있는) 유니폼을 입게 했다. 뇌전두엽 절제술은 일상적이었다. 보호소에서 환자는 종종 고문을 받고, 때로는 매질을 당하고, 묶이고, 전기충격을 당하고, 성적으로 학대받고, 실험 대상이 되고, 기본 인권과 참정권이 부정되며, 심지어 죽음까지 당했다. 역사적으로도 집단수용소(특히 나치의 수용소)를 정신질환자 보호소와 연결짓게 하는 뚜렷한 특징이 있었다. 나치는 정신질환자 보호소를 접수하여 그곳의 환자를 체계적으로 몰살했고, 이때 바로 그 목적으로 정신병원 안에 만들어진 (그리고 그 역할을 계속하고 있는) 가스실을 이용한 경우가 많았다. 물론 그런 행위가 정신질환자 보호소의 존재를 뒷받침하는 논리에 꼭 부합되지는 않았다.

정신질환자 보호소는 사회를 미치광이로부터 보호한다는 생각과 훨씬 더 깊이 연관되어 있었지 미친 사람을 몰살하기 위해 있는 시설은 아니었다. 그러나 특히 (정신질환자 보호소와 집단수용소의 공통점인) 환자를 대상으로 한 실험, (뇌의 일부를 제거하는 정도에 이르는) 재소자의 인간성 박탈, 이런 시설이 적용하는 엄격한 위계 구조와 행동 방식 등의 측면에서 둘 사이의 연속성을 찾을 수 있었다.

정치적으로는 집단수용소라는 비유가 너무나 강력하여, 정신질환자 보호소의 유익한 점이라든가 구조 개혁 등의 가능성에 관한 모든 논의가 차단되었다. 정신질환자 보호소가 죽음의 수용소라면 그것은 대중적 분노의 대상이며 오로지 폐쇄를 통해서만 해결될 수 있는 문제였다. 그것은 개혁하거나 더 인도주의적으로 만들기가 불가능했다(만일 그럴 수 있다면 이는 부도덕한 체제를 그저 보존하는 격이 될 뿐이다). 그 시대 이후로 '파시스트'라는 말이 사용될 때 언제나 그런 것처럼 집단수용소 비유는 거침없고 최종적이었다. 그것은 토론을 끝내기 위해 만들어진 비유였다. 그것은 도덕, 윤리, 정치라는 세 가지 방향에서 논의에 쐐기를 박았다.

한편 전국적·정치적 차원에서 마침내 일이 돌아가기 시작했다. 이탈리아는 1963년 말 이후로 온건하면서도 개혁적인 중도 좌파 연맹이 통치했다. 기독민주당과 사회당이 연맹을 이룬 결과 1965년에 사회당 소속인 루이지 마리오티가 보건부 장관에 임명되었다.[17] 전쟁이 끝난 뒤로 진정한 개혁이 처음으로 안건으로 올라왔다. 마리오티는 정신병원에 대해 확고한 생각이 있었다. 그는 앞서 언급한 대로 1965년 9월 밀라노에서 한 연설에서 이탈리아의 정신질환자 보호소를 나치의 집단수용소에 비유하여 의료계에 충격을 주었다.[18] 마리오티는 근본적 개혁을 위한 계획의 일환으로 이들 시설 내부에 대한, 또 보건 체제 전반에 대한 현황 보고서를 의뢰했다.[19] 그때 고리치아는 변화의 모델이 되어가고 있었는데, 로마의 정가에 있던 마리오티도 그곳에서 무슨 일이 벌어지고 있는지 금방 알아차렸다. 마리오티와 델 보카 모두 고리치아를 예외적인 곳으로 판단하면서 다른 곳에서 본받을 수 있는 사례로 지목했다. 정신질환자 보호소에서 일하던 많은 정신의학자가 마리오티의 말에 충격을 받았지만 바잘리아 사람들은 그렇지 않았다. 마리오티의 연설은 그들이 직접 쓴 것이라 해도 될 정도였다. 마리오티는 고리치아의 실험을 여러 경로를 통해 무조건적으로 찬성했는데 『정신의학이란 무엇인가?』의 머리말을 써준 것도 그 한 방법이었다(고리치아 에퀴페에게는 대성공에 해당하는 일이었다). 1967년에 이르러 고리치아는 정가의 한복판에 다다라 있었다. 마리오티의 개혁(마침내 1968년에 법으로 제정됐다)[20]은 이탈리아의 정신질환자 보호소라는 폐쇄적이고 억압적인 세계에 균열을 냈고, 바잘리아의 방식이 대중에게 더 널리 알려지면서 실험과 변화가 체제 전체를 휩쓸 여지를 만들어냈다.

집단수용소라는 유비는 거의 그 바로 직후 『부정되는 공공시설』에서도 나타난다.[21] 책의 첫머리 부분에 환자와의 면담을 소개했는데, 그 환자 중 한 명이 '카를라'라는 이름의 아우슈비츠 생존자로 다큐멘터리 〈아벨의 정원〉(1969년)에도 등장한다. 로버트 고든이 쓴 대로 "정신질환자 보호소에 반대하는 운동 내에서는 라제르 유비가 일반적이어서, 낙서나 팸플릿에서부터 본격적인 지적 저작물에 이르기까지 모든 곳에서 볼 수 있었다."[22]
　카를라, 카테리나, 또는 카롤리나 나르디니라는 이 사람은 실제로 아우슈비츠에 있었다. 1916년 3월 23일 오스트리아의 빈 근처 마리아 엔저스도르프에서 태어나, 고리치아에서 체포되어 정치범으로 아우슈비츠로 강제 이송됐다가, 1944년 10월 플로센부르크의 집단수용소로 이송됐다. 나르디니의 팔에 문신으로 새겨진 번호는 56579이다. 나르디니는 나치에게 동료들의 이름을 대기를 거부한 파시스트였다고 한다. 또 아우슈비츠의 위안소에 배치되었다고 한다. 마침내 고리치아로 돌아왔을 때는 과거에 파시스트였다는 이유로 공격을 받았다.[23] 나르디니는 한동안 환자들의 전체 집회에서 서기를 맡았고, 1968년에는 세르조 차볼리의 텔레비전 다큐멘터리에 출연했다. 나르디니는 바잘리아와 깊은 우정을 맺어, 병원 안에서 그에게 엽서와 편지를 썼고 그를 "우리의 사랑하는 소장"이라고 불렀다.[24] 1968년에는 정신의학자 레오폴도 테지를 대리인으로 내세워 피추방자로서 공식적으로 정부 보조금을 청구했다.

프리모 레비는 1960년대 이후로 바잘리아 사람들의 글에 지속적으로 등장한다. 그의 책은 그들에게 중요했다. 바잘리아 부부는 두 사람의 아이들이 아직 어릴 때 『이것이 인간인가』를 반드시 읽게 했다. 이 책은 그들이 세상을 이해하는 데, 또 그들이 일하는 세계를 이해하는 데 가장 중요한 글 중 하나였다. 프랑카 옹가로를 비롯한 운동 내의 사람들은 사람이 정신병원에 강제로 수용되면 어떻게 되는지를 묘사할 때 종종 '레비의' 언어를 동원했다.[25] 고프먼의 책 역시 이곳에서 중요했고 『정신의학이란 무엇인가?』와 『부정되는 공공시설』에 큰 영향을 주었다. 앤드류 스컬의 말을 빌리자면, 고프먼은 정신질환자 보호소를 "가망이 없을 정도로 하자가 있는 '완전 통제시설'이자 비인간화와 불행과 압제의 도구이며, 주요 구조적 특징에서 이만큼이나 집단수용소나 감옥을 닮은 곳도 없다"고 묘사했다.[26] 바잘리아 부부는 고프먼과 레비를 취합하여 정신질환자 보호소 체제에 대해 윤리, 사회, 역사를 바탕으로 한 비판을 구성했다.

마시모 부찬티니는 최근 프리모 레비의 책이 프랑코와 프랑카 바잘리아에게 미친 영향에 관해 자세히 연구했다.[27] 그는 바잘리아 부부가 레비를 어떤 식으로 활용하여 정신질환자 보호소를 이해하고 해석했는지를 보여준다. 이런 식으로 의미가 달라진 『이것이 인간인가』는

> 기억과 관련한 역할을 하는 동시에 그동안 무시되었던 비인간적 상황을 비판하는 역할을 수행했고, '물의' 같은 것도 일으키는 과학적이고 사회적인 작업을 위한 근본적으로 중요한 핵심 교재가 되었다.[28]

바잘리아 부부는 레비를 "극도의 박탈과 절망에 빠진 상태의 자연주의자-인류학자, 인간을 대상으로 하는 임상 관찰자"로 보았다. 두 사람은 그들의 책 내용과 표지에, 또 고프먼의 『수용소』를 위해 옹가로가 쓴 머리말에 레비의 책을 인용했다. 마니코미오 체제에 맞선 싸움은 이처럼 도덕적이고 윤리적이며 또한 정치적이었다. 프랑카 옹가로가 1967년에 쓴 대로

> 정신병원에 있는 환자에 대한 고프먼의 분석, 또는 흑인의 상황에 대한 프란츠 파농의 분석, 또는 나치의 죽음의 수용소에 있던 수감자에 대한 프리모 레비의 분석—이런 모든 글은 동일한 현상을 다루고 있기에 동일한 언어를 사용한다.[29]

흥미롭게도 프리모 레비 본인은 이 유비를 거부했다. 죽기 전 해에 한 어느 인터뷰에서 레비는 다음과 같이 말했다.

> 바잘리아가 『이것이 인간인가』를 인용하고 또 정신병원은 집단수용소라고 쓴 자신의 책을 내게 보냈을 때 나는 약간 불편한 기분이 들었다. 나는 은유나 암시가 아니라면 그 수준까지 갈 수 있다고 생각하지 않는다. 정신병원의 목적은 정신질환을 앓는 사람을 보호하기 위한 것이지 죽이기 위한 것이 아니었다. 그들이 병원 안에서 죽었다면 그것은 슬픈 부작용이지 목적이 아니었다. 정신병원은 필시 추한 곳이겠지만, 다른 목적으로 만들어진 곳이다.[30]

그러나 부찬티니가 내린 결론과 같이 "『이것이 인간인가』는 저자의 판단을 넘어서서 새 세대의 의사와 정신의학자를 위한 상징적 가치를 띠게 되었다. 우리는 이탈리아의 반정신의학이 그 책에서 자기 나름의 원형을 발견했다고 말할 수 있을 것이다."[31]

물론 프랑코와 프랑카 바잘리아는 정신질환자 보호소가 집단수용소나 죽음의 수용소와 정확히 똑같다고는 믿지 않았다. 그랬다면 그들이 이런 곳 안에서 직권을 행사한다는 것은 있을 수 없는 일이었을 것이다. 그들은 집단수용소의 경비병과 똑같은 존재가 되었을 것이다. 그들은 상징적이고 우화적이며 강력한 정치적·문학적 도구이자 도발로서, 그와 동시에 노골적인 선전 무기로서 레비의 책을 인용했다. 그 메시지를 가지고 마니코미오=라제르라는 등식으로 단순화시킨 것은 운동이었다. 특히 1968년 이후의 운동이 그랬다. 이런 대중적인 구호를 볼 때, 1970년대가 지나가면서 바잘리아 본인이 '집단수용소의 관리자' 역할을 맡은 사람으로 비판받은 빈도가 점점 더 높아진 것도 뜻밖의 일이 아니었다.

『부정되는 공공시설』에서 죽음이라는 느낌은 정신질환자 보호소 체제에 대한 묘사에, 특히 니노 바스콘이 쓴 도입글(이 책을 읽은 사람들 대부분의 마음속에 남았을 가능성이 높은 부분)에 감돌고 있었다. 정신질환자 보호소는 사람들이 들어가서 죽는 곳이라는, 그리고 확실하게 나올 수 있는 유일한 방법은 관에 실려 나오는 것이라는 느낌이 있었다. 1969년에 집단수용소 비유는 한 걸음 더 나아가 『계급 때문에 죽는다』라는 사진집이 나오면서 시각 영역으로 확대되었다. 글과 사진으로 구성된 이 사진집에서 『정신의학이란 무엇인가?』에 인용되었던 프리모 레비의 말이 다시 한번 인용되었지만, 이번에는 그 말(매우 큰 글자로 뚜렷하게 찍혔다)과 함께 머리가 깎인 여성이 돌 벤치에 앉아 있는 장면을 담은 흑백사진도 있었다. 너덜너덜한 신을 신었고 옷은 일종의 유니폼 같아 보였다. 이 여성은 어느 정신질환자 보호소의 환자였지만 집단수용소에 갇힌 수감자라 해도 이상할 것이 없었다. 책은 독자가 나름대로 결론을 내리도록 했지만, 전하려는 내용은 명확했고 그다지 난해하지 않았다.

1968년이 지나면서 급진적 반정신의학자들은 좌파 사람들로부터 점수를 따기 위해, 또 때로는 바잘리아와 그의 동료들에게 반대하면서 집단수용소 – 정신질환자 보호소 비유를 사용했다. 1968년에 에델웨이스 코티는 정신질환자 보호소는 집단수용소보다 못하다고까지 주장했다. 그러면서 나치 수용소에서는 사람들이 해방될 기회라도 있었다고 말했다. 그는 "집단수용소를 어떻게 '관리'할 수 있는가?" 하고 물었다. 이런 관점에도 불구하고 코티는 나중에 이탈리아에서 가장 규모가 크고 가장 집단수용소에 가까운 정신질환자 보호소 한 곳이었던 이몰라의 '로세르반차'라는 정신질환자 보호소의 소장이 된다.[32]

코티가 로베르토 비제바니와 함께 쓴 책『정신의학에 맞서서』에는 집단수용소와 정신질환자 보호소 체제를 자세하게 비교한 내용이 있다. 비제바니는 "정신질환자 보호소는 나치의 집단수용소나 흑인 게토에 비교할 수" 있으며, 정신의학자는 '집단수용소'의 관리에 해당하는 의무의 수행을 거절해야 한다고 주장했다. 나아가 치료 공동체는 "집단수용소를 약간 더 낫게 만드는" 단순한 방편에 지나지 않는다고 주장했다.[33]

조르조 안토누치 역시 여러 해가 지나면서 비슷한 주장을 한 적이 있다.

> 우리는 정신의학 시설의 부정과 정신의학이라는 과학의 부정을 따로 떼어 생각할 수 있다고 믿지 않는다. 정신의학은 정신질환자 보호소를 세웠고 앞으로도 세울 것이며, 또한 이탈리아에서뿐 아니라 애석하게도 전세계 대부분의 나라에서 제 존재를 계속 정당화하고 있다. 정신의학의 본질은 차별적 이념 안에 놓여 있다. 그리고 그 모든 사상은 과학적으로 확정되지 않았고 근거가 없으며 실질적으로도 해롭다. ……정치적인 면에서 우리는 이 중요한 비교를 이끌어낼 수 있다. 집단수용소와 게토로 이어질 수밖에 없는 인종차별적인 이념을 거부하고 파괴하지 않고는 집단수용소나 게토의 파괴를 시작할 수 없다.[34]

집단수용소라는 강력한 유비는 바잘리아적 세계관의 핵심이었고 또 운동 전체에서 받아들여졌다. 그럼에도 거기에는 일정한 함정이 있었는데, 그중에서도 바깥이 아니라 안에서 상황을 바꾸고자 노력하는 사람들을 공격하는 용도로 쓰일 위험이 작지 않았다. 궁극적으로 이 유비는 선전 효과 면에서 가장 효과적이었다. 현실적 또는 역사적 유비로서 정신질환자 보호소 내부에서 실제로 벌어지는 일을 단순화하여 전달했고, 또 어쩌면 바잘리아와 그의 동료들이 하는 일을 더 어렵게 만들었는지도 모른다. 그렇지만 이 유비는 또한 정신병원 안에서 작용하는 비인간화 과정에 관하여 뭔가 중요한 것, 바잘리아가 1961년에 처음 고리치아에 들렀을 때 너무나도 명확하게 보였던 그것을 제대로 포착했다.

바잘리아는 처음부터 환자들을 묶어놓은 사슬을 풀어 그들이 다시 인간이 되게 해주기 시작했다. 조금씩 조금씩 담장을 무너뜨리고 울타리를 제거하였으며, 환자를 묶는 행위를 점점 억제하다가 나중에는 완전히 배제했고, 일부 환자는 1904년 법령이 허용하는 범위 내에서 퇴원시키기까지 했다. 나중에 안토니오 슬라비치는 바잘리아가 부임 직후부터 환자를 묶어놓게 하는 지시를 금했다고 주장했는데, 그럼에도 불구하고 정신질환자 보호소에서 일하던 좀더 전통적인 의사들 때문에 그런 관행은 필시 계속되었을 것이다. 바잘리아 휘하에서도 전기충격 치료법은 한동안 계속되었다.[35] 그 밖의 변화는 점진적으로 실행되었다. 환자들에게 일을 하도록 권장했는데, 담배를 구하기 위해서만이 아니라 진짜 돈을 벌라는 뜻에서였다. 도구는 에퀴페였지만 목적은 (우선은) 새로운 종류의 뒤엎인 공공시설을 만드는 것이었다. 이 새로운 것에 이름이 부여됐으니, 바로 '치료 공동체'였다. 고리치아는 이탈리아에 치료 공동체를 세우려는 최초의 시도가 되었다. 이후 고리치아는

세계에서 가장 전면적이고 급진적이며 '완벽한' 치료 공동체의 모범이
된다고 말할 수 있겠다.

제7장

고리치아―치료 공동체

우리는 치료 공동체라는 공공시설의 모델이 갈등 해결을 위한 기술적
인 방법이 되리라고는 믿지 않는다.

프랑코 바잘리아[1]

고리치아의 치료 공동체는 이탈리아 정신의학계에서 폭탄처럼 터졌
다. ……갑작스레 일어난 이 격렬한 폭발로 인해, 새로운 관리 모델
과 과학적 지원으로는 메우기 어려운 깊고 큰 구덩이가 생겨났다.

마리오 콜루치와 피에란젤로 디 비토리오[2]

나는 1960년대에 고리치아에 치료 공동체가 나타났다는 사실이 당시
문명국가로서 부끄러웠던 이탈리아 정신질환자 보호소에 대한 여론
의 변화에, 그리고 이탈리아 정신의학의 현대적 개혁에 (다른 어떤 요
인보다 더) 결정적으로 기여했다고 생각한다.

조반니 제르비스[3]

1960년대 중반 이후로 고리치아의 정신질환자 보호소는 대체로 치료
공동체로 묘사되었고 또 이탈리아 최초의 치료 공동체라는 관점이 널
리 퍼졌다. 그 무렵 고리치아에 무슨 일이 벌어지고 있는지를 처음 목

격한 조반니 제르비스는 그로부터 10년 정도 지난 뒤 그 병원에 대해 "가까이에서 보면 내가 영국에서 본 치료 공동체처럼 보였으며, 적어도 몇몇 병동은 그랬다"고 썼다.[4]

그렇지만 고리치아의 치료 공동체는 무엇이었을까? 대문자로 써야 할까, 아니면 따옴표 안에 넣어야 할까? '치료'이기는 했을까? 정말로 '공동체'였을까? 바잘리아가 고리치아에서 한 활동은 본인의 경험과 철학적 관점뿐 아니라 그가 읽었거나 직접 보았던 스코틀랜드 딩글턴의 자칭 치료 공동체, 영국의 빌라 21과 킹슬리 홀 실험, 프랑스와 미국에서 일어난 급진적 변화 등 이탈리아 바깥에서 있었던 다양한 공공시설의 변화로부터 영향을 받았다. 이런 모델 중 가장 중요한 것은 단연 스코틀랜드였다.

이런 질문에 대해 답을 시작하려면 우리는 먼저 1960년대의 바잘리아와 프랑카 옹가로처럼 스코틀랜드의 시골을 찾아가 볼 필요가 있다.

청사진. 딩글턴. 스코틀랜드

개방형 체제는 소장을 비롯하여 모두가 자신의 말과 행동에 대해 의문을 제기받을 수 있음을 의미한다. 확실히 서열상 상급자보다는 동급자나 하급자와 맞서는 쪽이 훨씬 더 쉽고 위험이 적다. 나는 개방형 체제가 살아남고 발전하려면 누구든 의문을 제기할 수 있는 이 자유가 필수적이라고 본다.

맥스웰 존스[5]

1949년 이후 맥스웰 존스가 만든 고전적 치료 공동체는 몇 가지 핵심 요소를 바탕으로 하고 있다. 표현의 자유, 권위적 관계의 파괴, 현실 세계에 대한 이해, 관대한 태도, 민주화—이런 것들은 모두 권위주의적 구조, 폭력, 환자의 대상물화, 소통 부재 등을 기반으로 세워진 정신질환자 보호소의 구조를 드러내 보여줄 때 결정적으로 중요한 측면이다.

프랑코 바잘리아

변화 과정에서 가장 어려웠던 부분은 자리가 잡힌 전통적 정신병원에 대해 처음으로 충격을 가하는 일이었다.

맥스웰 존스[6]

고리치아에는 혁명을 위한 모델이 있었다. 영국에서 온 모델이었다. 거기에는 '치료 공동체'라는 이름도 붙어 있었고, 남아프리카/미국/스코틀랜드의 정신의학자 맥스웰 존스라는 발명자/지도자/예언자가 영감의 원천이 되어주었다. 그것은 영국의 에든버러 남쪽 딩글턴에 세워져 완전하게 작동하고 있는 치료 공동체여서 방문도 가능하고 연구도 할 수 있었다. 고리치아 사람 다수가 1960년대에 딩글턴을 다녀왔고, 프랑코와 프랑카 바잘리아, 루초 스키타르, 조반니 제르비스 등 몇 명은 거기 머무르면서 병원이 돌아가는 방식을 관찰했다. 맥스웰 존스와 바잘리아는 친구가 되었고, 바잘리아는 이탈리아에서 존스의 책을 홍보했다. 바잘리아는 존스의 책 중 한 권의 이탈리아어 번역본에 머리말을 썼고[7] 존스의 나머지 저작물 중 일부를 제르비스를 통해서나 직접 에이나우디에 추천했다.

1960년대에 딩글턴 병원에서는 무슨 일이 벌어지고 있었을까? 이 무시무시한 정신질환자 보호소는 1872년에 스코틀랜드의 어느 작은 (잉글랜드와의) 접경 도시 바깥의 황무지에 세워졌다. 딩글턴은 자유주의적으로 운영한 역사가 있었다. 소장을 맡았던 조지 맥도널드 벨이 1945년 이후 개방 정책을 시행했다. 1949년에 이르러 모든 병동이 개방되었다. 맥스웰 존스는 딩글턴을 "영어권 세계에서 처음으로 완전히 개방된 정신병원"이라고 말했다. 이곳은 이미 다른 곳의 모델이 되는 시설이었고, 새로운 종류의 치료법이나 보호소 조직을 실험하기에 완벽한 장소였다. 그러나 맥스웰 존스는 단순한 개방 정책보다 훨씬, 훨씬 더 멀리 나아갈 참이었다.

존스는 에든버러에서 교육받았지만 출신은 남아프리카였다. 그는 제2차세계대전 동안과 전쟁 이후 영국의 여러 치료 공동체와 혁신적 형태의 정신보건 서비스에 광범위하게 관여했고 그 주제에 관해 몇 가지 중요한 글을 출간한 경력이 있었다. 1947년에는 몇 가지 새로운 생각을 영국 서리의 벨몬트 병원에서 실행했고, 이 경험이 미래의 치료 공동체에 관한 이론과 실제의 윤곽을 좀더 완전하게 그려내기 위한 기반이 되었다.

존스는 (바잘리아가 고리치아에 부임한 때와 비슷한 시기인) 1962년에 딩글턴을 맡아 치료 공동체를 만들기 시작했다. '치료 공동체'라는 이름은 그가 붙인 것이다. 이곳은 환자에게 병원 밖의 현실 세계에서 일하도록 권장했고, 날마다 정기 집회와 토론회를 열었으며, 수요일에는 병원 전체 집회를 열었다. 방문을 적극 권장하고 모든 종류의 장벽을 제거했으며, 존스가 미국으로 돌아간 (그리고 바잘리아가 고리치아를 떠난) 1969년에는 병원의 정문까지 없었다. 그해에 존스는 "정신질환이 줄어든 좀더 균형 잡힌 사회를 향해 나아가도록 정신의학적 치료 행위를 수정할 수 있는 모든 사회학적, 심리학적, 인류학적, 철학적, 탐구적 요인을 포함하는" 일종의 사회적 정신의학을 주장했다.[8]

집회 동안에는 의자를 둥글게 배치했고, 의사는 환자와 섞여 앉았으며, 맥스웰 존스는 '맥스'라는 이름으로 불렸다. 또한 그 밖에 권위와 위계를 나타내는 시각적 표시, 예컨대 흰 가운, 호칭, 자잘한 의료 용구 등을 눈에 덜 띄게 바꾸거나 아예 없앴다. 그러나 치료 공동체는 여러 가지 특징의 나열 이상이었다. 자기만의 (성문 및 불문의) 규칙과 규제와 풍습을 갖춘, 공공시설 내부의 새로운 공공시설이라 할 수 있었다. 이 모든 특징은 나중에 고리치아에 그대로 적용되는데, 다만 그대로 베껴 오기만 한 적은 없었다. 존스의 정책은 정신병원의 목적을 바라보는 전통적 관점과는 판이하게 달랐지만, 한편으로 딩글턴에서 예전에 실행했던 개방 정책 및 태도와는 노선을 같이하고 있었다. 존스의 전임자 조지 맥도널드 벨이 주장한 대로 "정신병원과 그 주위 공동체에서 안전을 확보할 수 있는 유일한 길은 문을 개방하고 또 개방한 채 두는 것이다."[9] 파올로 트랑키나는 나중에 이렇게 썼다. "딩글턴 병원의 분위기는…… 흥미롭고도 개방적이었다. 공공시설의 구조를 비판할 때뿐 아니라 교육에 관한 토론에서도 감정 문제를 매우 강조했는데, 그것은 새로운 치료 관계라는 측면에 결정적으로 중요하다."[10]

딩글턴의 목표는 "진정한 '공동체 의식'을 만드는 것"이었다.[11] 그래서 "환자와 의료진 간의 거리를 줄이기 위해 권위를 나타내는 전통적 부속물을 억제하는 조처는 말할 것도 없고 소통, 관계 참여, 공동의 목표를 중요하게 다루었다."[12] 데니 린 브릭스는 딩글턴에 관해 다음과 같이 썼다.

이런 치료 환경에서는 새로 들어온 사람이 누가 의료진이고 누가 환자인지 알아차리기가 어려운 때도 이따금 있다. 이는 어쩌면 대부분의 병원에서 볼 수 있는 권위주의적 분위기를 수평적으로 바꾸기 위해 의식적으로 동원한 방법이 얼마나 성공을 거두고 있는지를 측정하는 한 가지 기준이라 할 수 있을 것이다. 지위를 나타내는 표상이 제거되면 한 사람의 의료진이 한 사람의 환자 '위에' 서는 권위주의적 역할로 돌아가 그 지위를 유지하기가 실로 어렵다.[13]

이런 권력 이동을 받아들이기 어려워한 의사와 간호사가 많았고, 그래서 개방 정책으로 잘 알려진 딩글턴 같은 곳까지도 변화에 대한 저항이 상당했다. 맥스웰 존스의 계획은 의사, 간호사, 환자 각각의 역할에 이의를 제기하는 것이었다. 계획의 목적은 병원 안에 있는 모든 사람 사이에 진정한 인간관계를 형성하는 것이었다. 딩글턴은 여러 면에서 공공시설 자체가 (그리고 그 이면의 논리가) '부정'되는 곳이었다. 그곳은 뒤엎어진 공공시설의 살아 있는 사례였다.

치료 공동체들은 의료진이 대의를 위해 완전히 헌신할 것을 요구했고 예민하면서도 견실한 정치적·제도적 뒷받침을 필요로 했다. 케임브리지에서 또하나의 유명한 치료 공동체를 만들어 운영한 데이비드 클라크는 다음과 같이 썼다.

치료 공동체는 문제가 생긴 사람들이 찾아와, 불안한 동시에 불안을 일으키는 본인의 행동을 이해하고 고쳐나갈 수 있는 훌륭한 체제이다. 그것은 커다란 사회적 요구를 충족하는 동시에 그것을 뒷받침하는 유연한 운영진이 있을 때 잘 작동한다. 그러나 의료진에게 많은 것

을 요구하며 또 운영자에게 어렵고 당황스러운 상황이 만들어지는 때가 많은 것이 사실이다.[14]

치료 공동체의 그 나머지 특징, 예컨대 공동체의 '지도자'가 카리스마와 지배력을 행사하는 역할을 맡는다든가, 변화의 형식적·시각적 측면을 과대평가하는 경향 등은 원래의 계획에 있었던 것이 아니다. 치료 공동체를 제안하는 쪽의 핵심 질문 하나는 이것이었다. 누가 정말 책임자인가? 그 밖의 몇 가지 결정적 질문은 이보다 더 나아갔다. 정신질환자 보호소는 완전히 폐지되어야 하는가? 치료 공동체는 그 자체가 목적인가, 아니면 목적을 달성하기 위한 수단인가? 사회적 정신의학자는 개혁자인가, 혁명가인가?

딩글턴과 여타 변화 모델의 이식

맥스웰 존스가 시작한 첫 경험은 대단히 중요했는데, 논의의 조건을 뒤집는 것이 가능하다는 생각에서 출발했기에 특히 더 그렇다. 그는 영국의 실용주의 전통에 따라 실질적 문제에서 출발하여 그의 눈앞에 나타난 현실에 대응했고, 이것이 즉각적인 형태의 치료 활동으로 이어졌다. 그것이 온갖 기술적, 과학적 편견이 존재하는 세계 내부에서 이루어졌다면 규칙을 정리하거나 엄격한 정의를 내리거나 하는 문제에 발목이 붙들렸을 것이다.

프랑코 바잘리아(1970)

고리치아 사람들은 치료 공동체라는 이 관념을 어떻게 이탈리아로 들여왔을까? 앞서 살펴본 대로, 치료 공동체에는 정기 집회가 정착돼 있었다. 누구나 참가할 수 있지만 반드시 참여할 의무는 없었다. 존스는 그 이전에 치료 공동체를 만들고자 시도했을 때도 이런 종류의 집회를 활용한 바 있었다. 딩글턴의 정기 집회는 금요일 오후 세 시에 열렸고 맥스웰 존스 본인이 언제나 참석했다. 이 모델이 적어도 부분적으로나마 고리치아로 이식되게 된다.

딩글턴의 소식은 빠르게 퍼졌고 (나중에 고리치아가 그랬듯) 변화가 필요하다고 생각한 사람들이 일거리를 찾아서 또는 그저 자기네와는 다른 체제를 관찰하고 배우려는 목적으로 그곳을 찾았다. 딩글턴은 광범위하게 영화화되고 연구되었다. 그렇게 딩글턴은 유명해졌다. 정신의학자 사이에서만이 아니다.[15] 1960년대 영국에는 좀더 급진적인 실험이 나타났다. 데이비드 쿠퍼와 로널드 랭이 전통적 정신병원 안에서 한 작업(글래스고 가트네이블 병원의 놀이방[16]과 빌라 21), 그리고 더 나중인 1965년에 이스트런던의 킹슬리 홀에 만들어진 완전히 새로운 대안적 치료 공간 등이 이런 실험에 포함된다. 로널드 데이비드 랭도 딩글턴을 방문한 적이 있다. 바잘리아는 1960년대 말에 킹슬리에 들렀고 랭과 쿠퍼와 접촉하고 있었으며, 에퀴페의 다른 구성원들도 그랬다. 이런 실험은 서로 영향을 주었고, 경험을 서로 공유하는 때가 많았다. 놀이방은 앞에서 이미 살펴보았다. 이제 빌라 21 실험을 살펴볼 차례다.

빌라 21—"반정신의학 실험"인가?[17]

고전이자 큰 영향을 끼친 책『정신의학과 반정신의학』(1967)에서 저자 데이비드 쿠퍼가 한 설명에 따르면 그는 1962년 1월 런던 바로 바깥에 있는 큰 정신병원(하트퍼드셔주 라들렛 근처의 셴리 병원, 1934~1988년) 내의 '빌라 21'이라는 특별 분과에서 실험을 시작했다. 쿠퍼는 이 병원의 상급 레지던트였다. 그는 1931년에 남아프리카에서 태어나 1950년대 중반에 런던에 왔고 1958년에 랭을 만났다. 자신을 "실존주의적 마르크스주의자"로 묘사했으며, 사르트르의 작품에 관한 책을 랭과 함께 집필하여 1964년에 출간했다.[18]

빌라 21 분과는 젊은 남성 환자만 받았고, 그 대부분이 조현병 진단을 받고 신경쇠약이 예상되는 초기 단계에 있는 사람들이었다. 병동의 규모는 작았다(처음에는 병상 19개에 20~25명의 환자가 있었다).[19] 이 분과에서 일하는 의사는 세 명뿐이었다. 처음에는 환자를 위해 집회를 비롯하여 갖가지 활동이 계획되었다. 쿠퍼가 쓴 대로 "이 분과의 원래 프로그램은 의도적으로 매우 체계적인 형태를 갖추었는데, '고전적' 치료 공동체의 프로그램과 별반 다르지 않았다."[20] 딩글턴이나 고리치아와 마찬가지로 이곳에서도 정기 집회가 연이어 열렸다. 나중에 쿠퍼가 빌라 21을 분석하는 데 동원한 언어는 『부정되는 공공시설』의 언어와 아주 비슷했다. 토론회가 지속적으로 열렸고, 무엇이든 마음대로 할 수 있었다. 쿠퍼가 볼 때 "간호사, 의사, 전문 치료사, 환자 사이의 역할 구분이 점점 모호해졌다."[21] 이것은 정신질환자 보호소 전체가 아니라 거대한 정신병원 내의 한 분과만을 가리키는 말이기는 하지만, 맥스웰 존스와 바잘리아를 조합하여 그대로 가져온 말이라 해도 이상하지 않을 것이다.

한편 빌라 21은 그곳에서 벌어지는 실험에 대한 당국의 적대감이 점점 커지면서 끊임없이 압력을 받고 있었다. 그렇지만 실제 그곳의 사정과 관련하여 우리에게 남아 있는 것은 쿠퍼의 관점뿐이다. 그는 그 실험의 한계를 명확히 밝혀두기는 했지만, 그에게는 당연히 빌라 21을 될 수 있는 한 좋게 보이려는 의도가 있었다. 부분적으로 빌라 21에서의 개인적 경험을 바탕으로 한 클랜시 시걸의 흥미진진한 소설 『내부 구역』은 전체적으로 긍정적인 인상을 주기는 하지만 해당 분과의 일상을 쿠퍼와는 약간은 다르게 그리고 있다.[22] 나중에 빌라 21에서 일한 간호사들로부터 수집한 증언에서는 기억에 훨씬 더 미묘한 차이가 있었다. 쿠퍼는 『정신의학과 반정신의학』에서 이 분과에서 일한 다양한 간호사와 의사의 태도를 어느 정도 자세하게 다루었다. 또 국가 시설 내에서 그런 작업을 할 때의 한계에 대해서도 다음과 같이 매우 명확하게 짚었다.

> 우리는 이상적인 정신의학의, 아니 반정신의학의 공동체에 대해 수많은 몽상을 품었지만, 이제는 신비의 껍질을 벗겨내는 과정을 통해 정신의학적 광기의 진정한 본질을 충분히 파악했고 우리가 한발 앞으로 나아갈 실질적인 필요가 있다는 점을 충분히 이해하고 있다. 그리고 한발 앞으로 나아간다는 것은 궁극적으로 정신병원 밖으로 나와 공동체 안으로 들어간다는 뜻이다.[23]

고리치아와 빌라 21 사이에는 상당한 차이가 있었다. 예컨대 쿠퍼는 항정신질환약 사용에 대해서나 환자에게 일을 시키는 치료법의 '가치'에 대해 고리치아 사람들보다 훨씬 더 비판적이었다. 빌라 21은 환자에게 활동거리를 제공했지만 또 그들이 마음대로 하도록 두기도 했다. 무엇보다도 쿠퍼와 그의 동료들(랭, 아론 에스터슨을 비롯한 사람들)은 조현병을 "극도로 불안한 동시에 불안을 일으키는 소통 양식으로 이루어진 네트워크에 속하는" 것으로 이해하면서 "환자 개개인이 아니라 가족 안이든 정신병원 안이든 환자가 속한 집단 또는 소통 체제에 초점을 맞추는" "치료의 한 형태"를 개발하는 데 관심이 있었다.[24] 이 실험은 병원에서 많은 환자를 퇴원시켰다는 측면에서, 특히 재입원율을 낮추었다는 점에서 성공을 거두었던 것 같다. 쿠퍼, 랭, 에스터슨은 또 환자를 그냥 가족에게 돌려보내는 것은 이들이 다루고자 하는 그 어떤 문제의 해결책도 되지 않는다는 점을 분명히 했다. 그것은 오히려 이들이 정신질환을 대하는 접근방법 전체를 통틀어 철저히 기피하는 방법이었다. 이들은 이렇게 썼다. "우리는 환자의 가족 전체와 집중적으로 작업함으로써 환자와 가족이 서로를 덜 불안하게 만들도록 도와주고자 한다. 환자가 병원에 머물러 있는 동안도 포함된다."[25] 고리치아 사람들에게는 가족에 대한 관심이 훨씬 덜 중요했던 것으로 보인다.

그러나 쿠퍼와 랭, 에스터슨은 그들의 결과를 통계와 각주, 정식 제목 등을 갖춘 일련의 학술 논문 형태로 제시한 동시에 다른 곳에서 진행되는 반문화적이고 정치적인 실험들과 관련짓는 데에도 관심이 있었다. 쿠퍼는 『새로운 사회』지에 기고한 「반병원」이라는 제목의 글(1965년에 발표했으며, 쿠퍼가 '반'이라는 꼬리표를 붙인 최초의 글이다)에서 빌라 21을 "권위에 대한 전통적 관념이 뒤집어지고" 사람들이 "이 폐인이 정말 폐인인지 폐인으로 규정된 것인지를 진지하게 반추하도록" 만든 "혁명적 실험"으로 묘사했다.[26] 쿠퍼는 "조현병은 질병이 아니라

146

가족 전체의 정신 나간 기능 방식"이라고 주장했다. 가족 중 한 사람에게 꼬리표를 붙이는 일이 종종 벌어지며 이 때문에 그 사람이 정신질환 진단을 받고 입원하게 되는 것이다. 그러면 그후에는 "꼬리표가 붙은 환자에 대해 치료라는 명목으로 점점 더 심한 폭력이 행해진다." 빌라 21은 관계자 모두의 눈이 뜨이는 경험이었지만 이 실험은 빌라 21이 속한 시설의 환경에 구속되어 있었다. 쿠퍼는 "순응을 요구하는 제도적, 전통적 압력과 그 교묘한 폭력으로부터 자유로운…… 완전히 자율적인 분과가 필요하다"는 결론을 내렸다.[27] 이 분석은 나중에 킹슬리 홀로 이어지게 된다. 실제로 쿠퍼는 빌라 21을 킹슬리 홀과 같은 장소의 청사진으로 묘사하면서 그 목적이 "정신병원 시설이라는 맥락을 벗어나, 공동체 내에 있는 큰 주택 안에서 제 기능을 할 수 있는 소규모의 자율 공동체를 위한 실현 가능한 원형을 확립하기 위한 것"이라고 설명했다.[28]

빌라 21의 실험은 (킹슬리 홀이 이미 구성되어 운영되고 있던 때인) 1966년에 쿠퍼가 떠날 때까지 계속되었고, 그가 떠나면서 분과는 문을 닫았다.[29] 그곳에서 일한 사람 중에는 실험이 끝나가는 무렵 사방에 오물이 쌓였던 것을 기억하는 사람이 많다. 당국은 빌라 21의 기억을 지워버리고 싶어 안달한 나머지 결국 그 이름을 빌라 20A로 바꾸었던 듯하다. 그 시기와 관련된 문서와 기록 역시 사라진 것으로 보인다.

1966년에 이르러 빌라 21은 여러 부분에서 고리치아에 견줄 만한 진전을 이루었던 것으로 나타나지만 규모는 그보다 훨씬 작았으며, 쿠퍼 또한 그곳에서 진행된 일의 한계를 잘 인식하고 있었다. 1967년에 나온 쿠퍼의 보고서는 급진적 정신의학계 전체에 큰 의미를 지녔다. 결론적으로 쿠퍼는 자신의 실험이 공공시설 내에서 갈 수 있는 가장 먼 곳까지 나아갔다고 생각했다.

> 정신의학은 병든 사람을 '보살피기' 위해 또는 (좀더 성급하게) '치료
> 하기' 위해 만들어졌다. 그런데 만일 '병'이 문제로 제기된다면, 그리
> 고 만일 환자-인간 한 명을 더 심각하게 병든 가족 체제로부터 고립
> 시키는 것이 잘못임이 입증된다면, 우리는 실로 더없이 근본적인 의
> 문을 제기하는 영역에 있는 것이다.[30]

이 결론에 따라 쿠퍼와 랭을 비롯한 사람들은 1965년에 정신건강에
문제가 있는 사람들을 위해 국가 시설로부터 완전히 벗어난 곳에 완전
히 새로운 공간을 마련하게 됐다. 그곳이 킹슬리 홀이었다.

킹슬리 홀—서론

로널드 데이비드 랭은 1965년에 (데이비드 쿠퍼, 아론 에스터슨, 시드 브리
스킨, 클랜시 시걸을 비롯한 사람들과 함께) '필라델피아 협회'를 만들었고,
킹슬리 홀도 같은 해에 문을 열었다. 킹슬리 홀은 이스트런던에 있는
대형 지역 문화회관으로, 과거에 간디도 이곳에서 지낸 적이 있었다.
필라델피아 협회는 그 목적을 다음과 같이 대담하게 발표했다.

> 우리는 '정신건강'과 '정신질환'의 '진실'이 사람들 눈에 비치는 방식
> 을 바꾸고자 한다. 이것은 기존 연구 및 치료 분야에 새로운 가설을
> 하나 추가하는 것 이상의 일이며, 모델을 바꾸기 위한 제안이다.

실제는 다르기는 했지만 이론상 킹슬리 홀에는 완전히 개방하여 누구나 마음대로 이용할 수 있게 한다는 정책이 있었고, 규칙 및 입주자의 행동에 관련하여 격렬한 토론이 벌어졌다. 주최 측에 따르면 실험이 계속된 5년 동안, 랭, 쿠퍼, 에스터슨, 조지프 버크, 리언 레들러 등 정신의학자를 포함하여 모두 약 130명이 이 건물을 거쳐갔다.[31] 방문객은 그보다 훨씬 더 많았다. (실험이 끝날 바로 그 무렵인) 1969년에 이곳을 방문한 바잘리아와 프랑카 옹가로도 여기 포함된다. (정신의학자를 제외하고) 킹슬리 홀에서 가장 유명했던 거주자는 메리 반스로, 그가 쓴 "광기를 벗어나기까지의" 여정은 책으로 출간되었고 나중에는 웨스트엔드 무대에서 연극으로 공연되었다.[32] 킹슬리 홀은 과거에나 지금이나 '치료 공동체'로 불리는 때가 많지만, 이제까지 우리가 살펴본 다른 어떤 곳의 경험과도 연관성이 거의 없었다.

많은 사람이 이곳을 일종의 반문화적 생활 공동체로, 대안적 형태의 정신질환자 보호소—그 의미의 본뜻대로 "위험을 피하게 해주거나 막아주는" "피난처"—를 실험하는 곳으로 보았다. 이곳은 또 "엉망진창"으로 묘사되기도 했다.[33] 나중에 조지프 버크는 이곳의 "총체적 혼란"에 대해 언급했다.[34] 일부는 킹슬리 홀의 환경이 그곳 환자에게 무책임하고도 해로웠으며 바깥세상에 내보내는 메시지 면에서도 그랬다고 주장했다. 이 장소에 관한 논평은 약물 투여, 음주, 섹스, 기괴한 행동, 자살 시도, 그리고 지역 공동체 일각에서 드러낸 적개심 등 좀더 선정적인 측면에 집중되는 때가 많았다. 확실히 킹슬리 홀의 형식과 내용은 그보다 나중인 1970년대에 트리에스테에서 벌어지게 될 일과는 비슷한 점이 비교적 많은 듯하지만, 같은 시기에 고리치아에서 벌어지고 있던 일과는 천양지차였다.

이탈리아의 운동과 킹슬리 홀

킹슬리 홀은 성공했는가? 이 질문은 부적절하다. 그곳은 어떠한 해도 입히지 않았다. 치료하지도 않았다. 그저 어떤 사람들이 잃어버리거나 비틀리거나 잊어버린 자아와 마주친 장소였을 뿐이다. 시간이 있고 운이 좋은 사람들은 자기 심장이 뛰는 소리를 듣고 그 리듬을 설명할 수 있게 되었다.

조지프 버크[35]

프랑코와 프랑카 바잘리아는 실험이 거의 막바지에 이르렀던 1969년에 킹슬리 홀을 방문했다. 당시 랭 자신은 다른 활동에 관여하고 있었다.[36] 바잘리아는 그때 영화를 만들고 있었는데, 파올로 트랑키나에 따르면 킹슬리 홀의 내부를 텔레비전 카메라로 담은 것은 그때가 처음이었다.[37] 트랑키나는 그곳을 "나중에 만들어지게 될 저 모든 중간 시설과 가족 요양원을 위한 모델"로 묘사했다.[38] 트랑키나와 바잘리아는 (1969년에도 그곳에서 살고 있던) 메리 반스도 만났다. 이 설명에서 킹슬리 홀은 "평화롭고" "소박한" 장소로 표현됐다. 트랑키나에 따르면 "프랑코는 그곳의 경험에서 감명을 받아, 그런 식의 구조를 다른 곳에서도 활용할 가능성과 그것이 현실적으로 어떤 의미를 함축하고 있는지를 두고 활발한 논의에 들어갔다."

바잘리아는 특히 1968년 이후, 그리고 1969년 9월 영국을 방문한 이후에 킹슬리 홀의 경험 및 랭과 쿠퍼의 생각에 꽤 오랫동안 몰두했다. 『부정되는 공공시설』이후 바잘리아 부부가 가장 먼저 쓴 책인 『정상에서 벗어난 다수』에는 랭과 그 동료들의 영국 내 (특히 런던 내) 네트워크에 대해 자세히 논한 부분이 있다.[39] 여기에는 랭의 경험이라고 부를 만한 것에 대한 인터뷰, 토론, 묘사 및 분석이 들어 있다.

이 글에서 바잘리아 부부는 다음과 같은 점을 지적하며 비판했다.

> 일종의 실존적 의식 속으로 달아나버릴 위험이 있는데, 그렇게 되면 환자가 새롭게 대상물화되는 상황으로 이어질 것이다. 여기에는 '게임 밖으로 나가' '권력'의 세계와 그 시설을 벗어난 곳에서 조직되지 않은 조직을 만들 수 있을 것 같다는 착각이 존재한다.[40]

이 책은 이 네트워크(쿠퍼와 랭을 비롯한 사람들)에 관여한 많은 사람이 이전에 정부 시설에서 일한 경력이 있다는 점도 지적한다. 또 바잘리아는 영국의 경험에 사회적 분석이 결여되어 있음을 강조한다. 그러나 이 책은 바잘리아 부부가 영국에서 진행되고 있는 일에 얼마나 관심을 가지고 있었는지를, 또 그들 자신의 작업과 랭과 레들러를 비롯한 사람들의 작업 사이에 어떤 식으로 의견 교환이 지속적으로 이루어졌는가를 보여준다. 바잘리아는 자신의 작업이 비판적 정신의학이 처음 뿌리를 내린 영국에서 인정받았으면 하는 마음이 간절했다. 그는 랭과 그의 이론 및 실제를 매우 존중하며 다루었다. 『정상에서 벗어난 다수』에 수록된 랭과의 긴 인터뷰에 대해 책의 편집자/저자는 분석은커녕 의견까지도 거의 달지 않는다. 예를 들면 랭에게는 1950년대에 있었던 놀이방의 경험을 다시 한번 설명할 시간과 공간이 허락된다. 그러면서도 (주로 일련의 질문 형태로 표현된) 바잘리아 부부의 최종 결론은 아래에서 보듯 확실히 회의적이었다.

이 네트워크는 자본주의 체제의 작용에 미치는 총체화 효과로부터 이런 경험 중 하나라도 지켜낼 방법이 있을까? 지배라는 관점에서 볼 때, 한 개인이 자신은 치료사가 아니라고 선언한다고 해서 또는 환자가 스스로 환자가 아니라고 말한다고 해서 무엇이 달라지는가?[41]

바잘리아 부부는 개인의 위기를 일종의 여정으로 이해하는 반정신의학적 생각에 대해서도 냉소를 퍼부었다.

1975년 이탈리아에서 출간된 『평화의 범죄』에는 랭과 나눈 토론이 더 길고 자세하게 소개되어 있다.[42] 여기서 바잘리아 부부는 또다시 랭의 작업이 사회적·정치적으로 미치는 영향에 대해, 또 체제 바깥에서 일하고 있다는 그의 주장에 대해 약간의 회의론을 내놓는다. 두 사람은 "소위 '체제 바깥'이란 것은 없다"고 주장한다.[43] 그러나 전체적 어조로 볼 때 랭의 활동과 이탈리아 내 운동의 활동이 "공통분모를 찾고 있다"는 생각 등 이 토론은 건설적 분위기를 띠고 있었다.[44] 『평화의 범죄』에는 또 랭의 새 글을 엔리코 바잘리아가 번역하여 수록했다.[45] 프랑카 옹가로는 나중에 킹슬리 홀 이후 만들어진 공동체 주택을 연구한 〈정신질환자 보호소〉라는 다큐멘터리 영화의 대본이 책으로 출간되었을 때 머리말을 썼다.[46] 바잘리아를 비롯한 사람들이 볼 때 킹슬리 홀 모델은 고리치아에서 일어난 일의 대안으로서도 중요했지만, (어쩌면 무엇보다도) 정신질환자 보호소가 폐쇄되어 비워진 이후에 환자를 보살피기 위한 하나의 해법으로도 중요했다. 프랑카 옹가로의 주장에 따르면 영국에서는 애초에 사람들이 정신질환자 보호소에 강제로 수용되는 일을 막기 위한 시도가 있었다(레조넬에밀리아와 페루자 같은 곳에서도 비슷한 시도가 있었다). 이탈리아에서는 바잘리아 운동(또는 그 일부)이 정신질환자 보호소 체제 전체를 안에서부터 무너뜨리는 일에 최우선적으로 집중하고 있었다.

맥스웰 존스와 데이비드 클라크는 자신의 치료 공동체를 모델로 보았다(랭과 그의 추종자들도 어느 정도 그랬다). 이들이 내놓은 책은 다른 곳을 위한 청사진이자 지침서였고, 방문객에게 이 모델을 각기 자신의 시설에서 모방하도록 권장했다. 바잘리아와 그의 에퀴페는 (적어도 이론적으로는) 다르게 이해했다. 어쩌면 역설적이겠지만, 고리치아 사람들은 자신의 치료 공동체가 하나의 모델로 비치거나 다른 곳에서 그대로 모방되지 않도록 하기 위해 신경을 썼다. 그럼에도 불구하고 그곳을 찾은 많은 사람들, 사회당 소속 보건부 장관 루이지 마리오티, 마리오 톰마지니, 그리고 『부정되는 공공시설』을 읽은 많은 독자는 바로 그런 식으로 그곳을 바라보았다. 나중에 이탈리아의 일부 정신의학자를 비롯한 사람들은 킹슬리 홀과 비슷한 공간을 만들고자 했지만, 환자들이 일제히 공동체 속으로 돌아온 것은 정신질환자 보호소가 폐지되고 나서야 이루어진 일이다.

고리치아와 치료 공동체, 1961~1972년

바깥 담장이 처음으로 철거되었다. 그러나 지금도 기억하는데, 이 담장이 철거됐는데도 그 담장이 있던 곳을 지나 밖으로는 절대 나가지 않고 정원 안에서만 걸어다니던 환자가 한 명 있었다. 그러다가 그는 조금씩, 조금씩 (이전의) 경계선 밖에 발을 디디고 주위를 둘러보곤

했고, 그렇게 며칠이 지나고…… 마침내 그 선 밖으로 나가도 아무 일이 벌어지지 않는다는 것을 알고서야 더 멀리 다니기 시작했다. 자유를 되돌려주는 것만으로는 충분하지 않다.

도메니코 카자그란데[47]

1960년 중반에 이르러 고리치아는 물리적으로, 또 민주적으로 개방된 정신질환자 보호소가 되어 있었다. 권력도 부분적으로 환자들에게 이양되었다. 그곳은 끊임없는 집회와 토론의 장소로, 외견상 위계가 해체되었고 환자들 스스로 자기 관리를 위한 공간(주점, 클럽을 비롯한 다양한 공간)을 만들었다. 입원자는 병원의 옛 담장을 넘어 바깥으로 자주 드나들었고 경내에서 축제를 열었다. 시간이 가면서 많은 사람이 (법이 정한 한도 내에서) 아예 퇴원하거나 (1968년의 개혁 이후) '손님'이 되었다. 이 모든 것에, 이 조직 구조 전체에 어떻게 보면 거창할 수도 있는 '치료 공동체'라는 이름이 붙었다. 그렇지만 지금까지 이곳의 존재는 겉으로 보이는 그대로 받아들여진 때가 많으며, 대체로 『부정되는 공공시설』을 비롯하여 바잘리아 본인이 쓴 글에서 전하는 그대로였다. 이 치료 공동체가 실제로 무엇을 하고 무엇을 하지 않았는지에 관한 연구는 거의 또는 전혀 없었다. 더욱이 종종 서술되고 있는 것과는 달리 고리치아는 이탈리아에서 변화가 일어나고 있던 유일한 장소가 아니었다.[48]

예를 들면 실제로 달라진 부분에는 한계—바잘리아와 동료들이 (갈수록 더) 잘 인식하고 있던 한계—가 있었다. 환자는 자신의 삶에 대해 진정한 권한을 지니고 있었을까? 그랬다. 그들은 일을 할 수 있었고 마음대로 다닐 수 있었다. 그들에게는 일련의 소극적 자유와 적극적 자유가 있었다. 더이상 묶이거나 맞거나 고문당하거나 침묵을 지키도록 강요당하지 않았다. 더이상 정해진 시간에 잠자리에 들지 않아도 되었다. 대부분은 강제 치료를 받지 않아도 되었다. 심지어 일부는 잠시나마 병원을 떠날 수도 있었다. 그러나 대부분은 (허가 없이는) 그러지 못했고, 1967년 7월까지는 많은 환자가 여전히 병동에 갇혀 있었다. 고리치아는 이탈리아의 다른 어떤 정신질환자 보호소보다 앞서 나갔지만 그것은 불완전한 실험이었다. 『부정되는 공공시설』이 쓰인 무렵 에퀴페 자체가 자신이 만들어낸 것에 대해 매우 비판적이 되어 있었다. 권력, 법, 계층, 사회 자체와 연관된 구조적 구별이 남아 있었던 것이다.

'치료 공동체'라는 용어는 맥스웰 존스로부터 직접 가져온 것이다. 이름은 가져왔지만, 고리치아에 적용된 모습과 또 만들어진 맥락을 보면 바잘리아의 치료 공동체는 (적어도 이론적으로는) 더 급진적인 동시에 더 일시적인 형태를 띠었다.[49] 영국의 치료 공동체 모델은 일반적으로 정신질환자 보호소라는 맥락 내에서의 변화를 목표로 하고 있었던 반면, 1960년대 중반에 이르러 바잘리아는 자신이 하고 있는 작업의 목표이자 나아갈 유일한 길은 이런 보호소 체제 자체를 파괴하는 것이라고 확신하고 있었다.[50] 그러나 이는 또 페루자의 경험에 관여하고 있던 사람들도 마찬가지였고 나중에 파르마에서 톰마지니의 활동 역시 마찬가지였다. 이탈리아 전역에 걸쳐 정신의학자를 비롯한 사람들이 정신질환자 보호소에는 미래가 없다고 확신해가고 있었다. 정신질환자 보호소는 폐쇄되어야 했다. 논의는 목표보다는 수단에 관한 것이 되었다. 마이클 도널리는 이렇게 썼다. "정신병원이 종종 비판을 받기는 했지만 1950년대와 1960년대에 와서는 여러 면으로 완전히 신용을 잃어버렸다."[51] 그러나 영국에서는 치료 공동체의 옹호자들이 정신질환자 보호소 체제를 전체적으로 금지하자고 주장하지는 않았다. 랭과 쿠퍼와 연관된 비교적 급진적 진영이 이미 아예 체제 밖으로 나가버렸던 것이다.

바잘리아 에퀴페의 경우 토론의 중심은 이 파괴를 이끌어낼 수단에 관한 것이었다. 한 가지 첫걸음은 보호소 자체의 내적 논리를 내부에서부터 뒤엎자는 것이었다. 치료 공동체에서는 모두가 함께 일했고, 환자, 의사, 간호사가 공동의 목적을 향해 움직였다. 사람들이 서로 이해하고 관계를 맺을 수 있는 진정한 관계를 수립하기 위해 위계가 해체되었다(또는 "괄호 안에 들어갔다").[52] 처음으로 환자 개인의 말에 귀를 기울이게 되었다. 그들의 인생 이야기가 중요했다. 그렇지만 치료 공동체는 그 자체의 모순, 나아가 사회 전체의 모순을 집중 조명했다(또 모순을 드러내도록 부추겼다). 어떤 면에서 이런 목표는 그 자체로 모순적인 것으로 보인다. 한편에서는 병원이 전체적으로 하나의 공동체처럼 행동하고 있었고, 또 한편에서는 바잘리아가 환자와 의료진, 사회 사이에서 갈등과 긴장을 유발하여 바로 그 공동체의 기반을 흔들려 하고 있었다.

바잘리아의 치료 공동체는 그 자체의 방식만 놓고 보면 환자와 의사 (이 부분은 어쩌면 논쟁의 여지가 있을 것이다)와 간호사의 삶을 개선했다. 비인간을 다시 역사와 정체성과 목소리가 있는 진짜 인간으로 만들었고, 의사와 간호사를 순전히 억압적이기만 한 활동으로부터 해방했다. 또한 치료 공동체는 그 자체가 개혁을 촉진하는 강력한 수단으로서, 외부인에게 보여주고 홍보할 수 있는 '실용적' 내지 '실제적' 유토피아가 되었다. 사람들이 방문할 수 있고, 기록하고 촬영할 수 있는 장소였다. 심지어 '구경거리의 사회'의 한 부분이 되기까지 했다. 그러나 거기까지가 한계였다. 완벽하지만 그 자신의 완벽 때문에 그 완벽 안에, 정신질환자 보호소의 담장과 담장 아닌 담장 안에 갇혀 있었다. 심지어 일부에서는 병원이 신나고 자극적인 장소가 된 나머지 환자들이 바깥 세상보다 병원을 더 좋아한다고 주장하기도 했다. 그곳은 그 상태 그대로 영구히 지속될 수도 있었겠지만, 또한 막다른 곳에 다다라 있기도 했다. 바잘리아는 일을 더 진행시키든가 아니면 그만두어야 한다고 판단했다.[53] 다른 사람들은 여기에 동의하지 않았다.

추종자와 지도자, 이론과 실제

바잘리아의 추종자 중 많은 수는 고리치아를 방문하거나 『부정되는 공공시설』(글 속에서 고리치아를 '방문'하는 방법이었다)이나 『계급 때문에 죽는다』를 읽고 (또는 〈아벨의 정원〉을 보고) 추종자가 됐다. 많은 사람에게 고리치아는 마치 종교적 개종이나 일종의 기적으로 작용했다. 그들은 마치 광명을 본 듯했다. 사람들은 고리치아를 한번 방문하고 삶이 바뀌었다. 그들은 혁명이 일어난 듯한 곳을 발견했다. 그리고 이 혁명은 다른 곳에서, 다른 정신질환자 보호소에서, 다른 시설에서, 심지어 가족 자체 안에서도 재현될 수 있었다. 아무리 작은 공공시설이나 제도라도 뒤엎어질 수 있었다.[54] 그러나 운동이 고리치아를 발견했을 무렵 바잘리아는 이론적으로뿐 아니라 많은 경우 물리적으로도 이미 그곳을 뒤로하고 자리에 없었다. 치료 공동체는 이미 그 창조적인 정점을 지나 있었고 그것을 만든 바로 그 사람들로부터 격렬한 비판을 받고 있었다. 그러나 고리치아를 통해 '개종'한 사람들은 이 비판을 보지 못하거나 무시하는 때가 많았다. 바잘리아 사람들은 전위대였고 그 나머지 사람들은 저 멀리 뒤처져 있었다. 바잘리아 사람들에게 고리치아는 '황금 우리', 즉 아름다운 덫이 되어 있었다. 그러나 1968년에 고리치아를 발견한 대중은 그곳을 약속의 땅으로 보았다.

1968~1969년에 이르러 바잘리아 사람들은 이미 일을 더 진전시키기 위해 이탈리아 전역으로 퍼져나가고 있었다. 몇몇은 다른 곳에서 전통적 치료 공동체를 만들기도 했지만 나머지는 그 단계를 아예 생략했다. 1968년의 개혁과 고리치아의 경험 덕분에 제도적 및 혁명적 변화의 가능성이 좀더 커졌다. 이제 속도를 낼 때였다. 느리고 힘들 뿐 아니라 어쩌면 (결국) 헛수고일 치료 공동체라는 새로운 것을 낡은 마니코미오 체제 안에서 만들어낼 필요가 이제는 없었다.

바잘리아 본인이 이 점을 매우 분명히 밝혔다.

> 고리치아에서는 정신질환자 보호소를 개방하고, 시설 안에서 사람들 사이에 관계를 형성하고, 치료 공동체를 만드는 것이 목적이었다. 트리에스테에서 우리는 정신질환자 보호소를 넘어서는 것을 목표로 삼고 있었는데, 인간적 차원에서 흥미로운 그런 경험을 우리는 이미 거쳤기 때문이었다. ……〔고리치아의〕 치료 공동체는 일종의 개혁된 게토, 더 좋은 게토이기는 했지만, 그럼에도 그곳은…… 주요 목표가 사회적 통제인…… 정신의학적 게토였다.[55]

고리치아에서 정신질환자 보호소의 '관할지역'이 보인 (정치적, 문화적) 적의를 계기로 치료 공동체가 만들어졌지만, 그 영향력은 이탈리아 전역과 세계에는 미쳤어도 고리치아 자체(병원 바깥의 도시)에는 거의 조금도 미치지 못했다. 지역의 맥락 속으로 뚫고 들어가지 못했기에 고리치아에 '완벽한' 치료 공동체가 만들어졌지만, 이 공동체는 자신이 자리잡고 있는 도시와는 거의 아무런 관련이 없었다. 1971년 이후 트리에스테, 아레초, 페라라 등 다른 곳에서는 사정이 매우 달라진다. 한편 페루자는 급진적 정신의학 개혁을 향해 나아가는 다른 길이 있을 수 있음을 이미 보여주었다.

고리치아 치료 공동체의 한계와 영광

> 고리치아 치료 공동체의 '한계'는 닫혀 있는 현실에 해당하는 도시에서 병원을 개방했다는 점이었다. 병원을 둘러싸고 있는 곳은 보수적이고 조용한 곳이었으며, 그런 만큼 정신병원에서 도입하는 새로운 정책과 그곳의 소장에 대해 적대적으로 반응했다.
>
> 루초 스키타르[56]

> 그곳은 세계의 다른 어떤 정신병원과도 다르며, 심지어는 영국의 '치료 공동체'들과도 다르다.
>
> 파브리치오 덴티체[57]

페루자가 고리치아의 경험을 바짝 뒤쫓기는 (그리고 본뜨기는) 했지만, 고리치아는 이탈리아의 정신질환자 보호소에서 볼 수 있는 최초의 치료 공동체였다. 그러나 고리치아의 치료 공동체는 하룻밤새 만들어진 게 아니었다. 그러기까지 몇 년이 걸렸다. 고리치아에서 치료 공동체라 불린 첫 병동에는 환자가 50명밖에 없었다. 1967~1968년에 이르렀을 때 바잘리아 치료 공동체의 모든 요소(집회, 자기 관리, 토론, 위계 철폐, 개방된 병동)는 병원 전체로 확장되어 있었다.

프랑코 바잘리아는 모델과 이념이 가지는 보수적인 영향을 깊이 의식하고 있었다. 그는 바로 이 부분에 대해 사르트르를 즐겨 인용했다.[58] 그렇지만 고리치아의 치료 공동체는 의심할 여지 없이 이탈리아 전역과 세계의 수많은 사람들에게 하나의 모델이자 영감의 원천이었다. 그것은 그렇게 의도된 것이기도 했다. 그곳은 밖에서 잘 보이도록 전시되었다. 그러나 바잘리아는 고리치아를 이렇게 이용하는 것을 불편하게 생각했다. 나중에 그는 다음과 같이 썼다.

> 고리치아의 경험은 물리적으로 배제될 필요가 있었는데, 그것이 영국에 있는 맥스웰 존스의 치료 공동체나 프랑스의 제13구처럼 새로운 기술적 모델로 비치는 것을 용납할 수 없었기 때문이다. 소비 가능한 새 제품을 볼 수 있는 정신의학적 전시장이나 다름없는 곳 말이다.[59]

그렇지만 고리치아에서 벌어진 일은 정확하게 이것이었다. 그들은 기자와 사진작가를 종종 초청하여 그곳에 대해 기사를 내게 했고, 차볼리는 자신의 텔레비전 프로그램을 그곳에서 촬영했으며, 『부정되는 공공시설』은 베스트셀러가 됐다. 이따금은 고리치아에서 벌어지고 있는 일을 홍보하기 위해 에퀴페가 온갖 수단을 다 동원하는 것처럼도 보였다. 바잘리아는 "우리는 치료 공동체를 공공시설의 모델로 제시하는 것을 거부한다"고 주장했지만[60] 특히 1968년 이후 실제로 벌어진 일은 바로 그것이었다.

고리치아—치료 공동체의 모델과 독자적 특징

고리치아는 맥스웰 존스의 고전적인 모델의 여러 요소와 좀더 급진적인 실험 공동체의 요소, 거기에다 바잘리아 특유의 특징과 프랑스에서 가져온 요소가 가미된 혼성의 치료 공동체로 발전했다. 딩글턴 모델은 그냥 도입된 게 아니라 이탈리아의 체제로 걸러서 또 에퀴페 특유의 세계관을 거쳐 들여왔다. 바잘리아는 여행 동안 본 것을 그대로 베끼거나 재현하지 않았다. 예를 들면 전체 집회는 딩글턴과 고리치아가 서로 판이하게 달랐다. 이에 대해 셰퍼휴즈와 러벨은 다음과 같이 썼다.

> 〔고리치아의〕 아셈블레아를 맥스웰 존스나 그의 추종자들이 만든 치료 공동체 모델의 한 요소인 전체 집회와 혼동해서는 안 된다. 바잘리아의 아셈블레아는 무질서하고 통제되지 않았으며 분노와 격정과 불합리가 허용되었다. 대인 또는 심리 내면의 문제를 '통제된' 상태로 배출하는 '안전한' 장소와는 거리가 멀었다.[61]

이런 종류의 평가는 고리치아에 관한 바잘리아 자신의 주장에 바탕을 두고 있으며, 또 딩글턴의 경험에 대한 체계적 연구를 바탕으로 한 것이 아니라는 점은 지적하지 않을 수 없다. 딩글턴이나 그 밖의 치료 공동체에 대한 바잘리아 사람들의 분석을 액면 그대로 받아들이지 않도록 주의해야 한다.

고리치아의 '치료'적 측면은 맥스웰 존스의 모델과는 달랐다. 고리치아의 치료 공동체에서는 환자 개개인의 경과를 종종 집단적으로 논의하기는 했지만 구체적 형태의 치료법에 대해 논의한 적은 거의 없었고, 그보다는 실용적이고 사회적인 문제에 관심이 있었다. 논의하면서 정신질환 자체를 다룬 것은 분명하지만, 바잘리아의 말을 빌리자면 이것은 대체로 괄호 안에 넣어두었다. 고리치아 치료 공동체의 핵심적 특징 한 가지는 이 공동체가 병원 내에 고취했다는, 소장부터 간호사와 환자에 이르기까지 퍼져 있었다고 하는 집단적 책임감이었지만, 고리치아 치료 공동체는 명확하게 "목적을 위한 수단"이었고 "과도적 단계"였다.[62]

앞서 살펴본 대로 1968년에 일반 대중과 '운동'이 고리치아를 발견했다. 그러나 이 무렵 정작 이 치료 공동체를 만든 사람들은 자기 자신의 작업물로부터 거리를 두기 시작하고 있었다. 고리치아에서 만들어진 모델의 승리를 세계에 알린 책(『부정되는 공공시설』)에서 루초 스키타르는 바로 저 모델이 사실은 "실패작"이라고 썼다. 그는 치료 공동체는 그저 사회를 관리하고 통제를 가하는 좀더 세련된 방식일 뿐이라고 주장했다. 치료 공동체는 변화를 정말로 바라는 사람들에게 오로지 한 가지 기능밖에 없었는데, 그것은 제도 내의 모순을 드러내어 억압된 사람들 사이에 반항과 반란을 일으키는 데 도움을 줄 수 있다는 부분이었다.[63] 바잘리아가 정신질환자 보호소의 역할 기저에 있다고 본 사회적 성격 때문에, 치료 공동체를 통해 보호소를 뒤엎는 것만으로는 절대로 충분하지 않았다. 운동은 정신질환자 보호소의 담장을 넘어 바깥세상에 다가갈 필요가 있었다. 고리치아는 개혁주의의 한 가지 사례로 비쳤다. 개혁을 넘어 혁명이 일어날 곳은 트리에스테였다.

고리치아는 이탈리아에 있었던 치료 공동체의 유일한 예가 아니다. 세르조 피로가 있었던 노체라수페리오레와 페루자의 정신질환자 보호소

162

에 비슷한 기구를 만들려는 시도가 있었다.[64] 그러나 이런 치료 공동체는 주목성과 영향력 면에서 고리치아에 비할 수 없었다. 이들은 고리치아보다 더 나아갔을 때조차 지역적이고 제한적인 실험에 머물렀다. 바잘리아 에퀴페의 '부정되는 공공시설'은 전국적, 세계적 유명세를 탔다. 방문객과 학생, 자원봉사자, 투사, 기자, 사진작가, 영화감독, 텔레비전 다큐멘터리 제작자, 정치가를 끌어들였다. 책도 팔았다. 고리치아의 주역들은 인기인, 유명인, 미래의 지도자, 권위자가 되었다. 페루자나 노체라수페리오레는 그와 전혀 달랐다. 1968년과 그 이후 변화의 대명사가 된 곳은 고리치아였다.

제8장
『일 피키오』―환자들의 목소리,
'혁명의 기록보관소'

병원은 작은 마을과 같아서, 하나의 공동체가 갖는 필요와 요구를 그
대로 갖고 있다. 그 안의 인구는 일부가 들어오고 일부가 나가면서 지
속적인 변화를 겪는다. 새로 들어오는 사람은 대처하고 고투하고 성
공하도록 도와주는 환경을 대하게 된다.

『일 피키오』(1963년 3월 8일자)

고리치아의 초기 활동에서 핵심적인 부분 한 가지는 환자들이 바잘
리아와 함께 직접 소식지를 만들었다는 것이다. 고리치아의 지역신
문 『일 피콜로』지를 연상시키는 말장난으로 짐작되는 『일 피키오』(딱
따구리)라는 제호로, 바잘리아가 부임한 얼마 뒤인 1962년 8월에 창
간호가 나왔다.[1] 창간호는 겨우 세 쪽에 지나지 않았다. 시간이 가면
서 『일 피키오』지는 점점 더 분량이 늘고, 특히 병원 안의 집회를 있는
그대로 보도했다는 점에서 점점 더 흥미로워졌다. 고리치아 에퀴페가
1967~1968년에 내놓은 문집의 많은 부분이 이 소식지에 먼저 실렸다.
『일 피키오』지의 전체적 느낌은 직선적이고 실제적이었다. 이론은 거
의 다루지 않았다. 이 잡지/소식지는 (일부) 환자에게 목소리를 낼 기회
를 주었고, 여러 가지 일상적 문제를 제기하여 그것을 한창 싹트고 있
는 치료 공동체 내에서 토론에 부쳤다. 때로는 바잘리아 본인이 『일 피

키오』지에 직접 기고했고, 토론이나 논설 등 이 소식지의 내용에서도 그의 목소리가 자주 등장했다.

이 소식지는 "고리치아의 현립 정신병원 환자들이 편집"한 것으로 묘사되었다. 표기된 주소는 바잘리아의 아파트 주소이고 바잘리아 자신이 편집자 또는 편집장이었지만, 병원 자체의 환자들이 임시변통으로 마련한 인쇄기로 소식지를 제작했다(결국 그것이 핵심이었다). 이름이 암시하듯 『일 피키오』지는

> 논쟁을 위한 잡지로 태어났으며…… 모두의 삶이 모여 하나의 공동체를 이루는 데 구심점이 될 진정한 의미의 지도자 집단을 만들기 위해서 환자들의 개인적 항의를 자극하고 하나로 모으는 것을 목표로 삼았다.[2]

『일 피키오』지의 제작에서 핵심 역할을 한 인물은 '푸리오'(마리오 푸를란)로 병원 내의 환자 지도자 중 한 사람이었다. 어쩌면 유일한 지도자였을 것이다. 푸리오는 『일 피키오』지의 제작과 내용에 깊이 관여하게 되었다.[3] 『일 피키오』지를 만든 이면에 있었던 생각 하나는 바로 공동체 내에 환자 지도자 집단을 형성하는 것이었다. 일종의 환자 전위대였다. 『일 피키오』지는 무엇보다도 고리치아의 병원 환자를 위해 만들어졌지만, 시내에 널리 배포할 계획도 있었고 나아가 신문 판매업자에게 판매할 생각까지도 있었다. 안토니오 슬라비치는 나중에 푸리오에 대해 "이 사회-치료 활동의 모든 단계에서, 또 고리치아 경험의 처음부터 끝까지, 자발적인 방식으로 우리를 창의적이고 실제적이고 지속적으로 지지한 잊을 수 없는 인물"[4]이라고 묘사했다.

『일 피키오』지는 울타리, 담, 문, 그리고 그 나머지 장벽들을 점진적, 공개적, 집단적으로 철거하는 현황을 묘사하면서 병원이 변화하는 과정을 기록했다. 1963년 3월 『일 피키오』지는 "안뜰을 둘러싼 울타리가 조금씩 철거되고 있다"고 알렸다(대신 그 자리에 딸기나무와 꽃을 심을 예정이었다). 한 달 뒤 이 소식지는 이렇게 보도했다. "울타리의 파괴가 시작되었다. ……앞으로 몇 년이면 이 병원은 알아볼 수 없을 정도로 변해 있을 것으로 우리는 확신하며, 사람들이 치유되는 진정한 장소가 될 것이다." 그로부터 많은 세월이 지난 뒤 엔초 콰이라는 간호사가 그 신나던 순간을 회고했다. "바잘리아는 병동들을 분리하고 있던 울타리를 환자들의 손으로 무너뜨리게 했다. ……그는 기쁨에 겨워 어쩔 줄 몰랐다. 지금도 그 모습이 눈에 선하다. 그는 웃으며 손뼉 치며 지켜보았다."[5] 이런 순간은 "억압된 자들의 축제"[6]로 간주되었다. 이곳에서 처음으로 벌어진 일이기도 했다. 일찍이 세계 어느 곳에서도 이렇게 한 사람이 없었다. 그렇지만 『일 피키오』지는 일부 환자는 더 많은 것을 원하고 더 빠른 변화를 요구한다고 보도했다. 그들은 "저런 장벽이 왜 전부 철거되지 않았는가?" 하고 물었다.[7] 1963년 3월, 페데리코 Z라는 환자가 "금속 창살의 많은 부분이 철거되었다"는 점을 인정하면서도 "아직 남은 부분이 있는데 왜 철거되지 않았는가?" 하고 불평했다. 이 과정은 점진적이고 집단적이었다. 그저 자유를 위에서 내려주기만 하는 방식이 아니었다. 동시에 아래에서도 챙겨가는 방식이었다. 그렇지만 일부 환자는 더 많은 자유를 더 빨리 누리기를 원했다.

병원은 개방되고 있었고 최악의 병동까지도 변화하고 있었다. 비록 외부 세계에 대해서는 계속 닫혀 있었지만, 저 악명 높은 C 병동이 안으로부터 변화하고 있었다. 1963년 11월에 어느 환자가 보고한 대로 우리 병동에는 문이 열려 있는데, 예전에는 대체로 닫혀 있었다. 우리는 자유로이 오갈 수 있다. ……그러나 오랫동안 움직이지 못한 상태다 보니 그 영향이 남아 있다. 이제 우리는 움직일 수 있으니 움직여야 한다. 구석에서 몇 시간이고 웅크리고 있어서는 안 된다.

이 논평은 빌라 21에서 데이비드 쿠퍼가, 또 고리치아에서 도메니코 카자그란데가 주목했던 부분을 강조하는 것이기도 했다. 자유의 가능성이 있다고 해서 자유를 향한 욕망이 반드시 생기지는 않는다는 점 말이다. 많은 환자가 수용 생활에 적응해 있었다. 많은 환자가 병동을 떠나고 싶어하지 않았다. 병원 안에서 자유로이 이동할 수 있게 되었어도 그것이 효과를 나타내려면 몇 년이라는 시간이 걸릴 것이었다.[8]

이런 과정들은 집단적이었다. 『일 피키오』지는 일종의 동원령처럼 이렇게 덧붙였다. "우리 병원은 변화하고 있고 우리는 모두 이 변화가 제대로 일어나도록 참여하여 도와야 한다." 1964년 3월과 4월에 『일 피키오』지는 다음과 같이 보도했다.

작년에 철거된 문을 지탱하던 담장이 B 병동에서 철거되었다. ……
우리의 친구 프란체스코 C의 지휘 아래 철거반이 열심히, 무엇보다도
기쁘게 일하며 봉쇄의 표식을 제거하는 광경을 보았다.

이처럼 고리치아에서 장벽을 공개적으로 파괴하는 광경은 과거의 표식이 모두 없어질 때까지 되풀이되었으며, 이 전술은 나중에 트리에스테, 이몰라, 콜로르노, 로마를 비롯한 다른 많은 정신질환자 보호소에서도 이용되었다. 이것은 혁명의 순간이었다. 이전의 사회에서는 상

상할 수 없는 일이었다. '광인'들이 자신을 얽매고 있는 사슬을 스스로 부수고 있었다.

새로운 시설과 서비스와 공간이 병원에 추가되었다. 주점(목재 창고를 개조), '아이우티아모치 아 과리레'(나아지게 도와달라는 뜻)라는 이름의 환자 클럽, 축구장, 탁구대, 텔레비전, 라디오, 새 휴게실, 새 낮병원, 병원 구내의 정신보건 센터(1963년 5월에 개소), 미용실, 도서관 등이다. 병원은 작은 도시처럼 사람들이 마음대로 오갈 수 있는 곳으로 변했다. 새 미용사는 『일 피키오』지에서 많은 환자가 오랫동안 전문가에게 머리 손질을 받지 못했으며 일부는 미용 도구를 두려워했다고 말했다. 미용 서비스는 너무나 인기가 좋은 나머지 이내 예약이 필수가 되었다. 거울과 빗도 처음으로 병동 안에 비치되기 시작했다. 몇 년 동안 자신의 얼굴을 보지 못한 환자도 다수 있었다. 환자들은 자신의 존엄과 자신의 신체, 자신의 정체성을 되찾고 있었다. 또 (병원 안팎의) 여행과 파티와 축제, 축구 시합, 영화 관람 등 일련의 행사가 마련되었다. 그뒤로 환자 사이의 논의와 토론의 많은 부분이 이런 시설(특히 주점)의 운영에 초점을 맞추었지만, 음식이라든가 작업, 임금 등 일상을 영위하는 데 가장 중요한 것도 다루었다. 『일 피키오』지가 존재한다는 사실 자체가 고리치아의 치료 공동체에 풍성한 삶이 도입되고 있다는 증거였다. 환자들은 자신이 수용된 시설의 변화를 기록하고 논의했다. 이들의 목소리를 듣는 귀가 있었다. 오랫동안의 침묵이 깨어졌다.

『일 피키오』지는 또 환자가 쓴 '보통' 기사도 실었는데, 병원이나 병원의 개혁과는 무관한 것이 많았다. 어떤 기사는 병원 뒤의 공원에서 산책할 수 있다는 소박한 즐거움을 표현했다. 또 어떤 기사는 자신을 비롯한 모든 사람에게 어떤 변화가 나타나고 있는지를 보여주었다. 한 환자는 과거에는 "우리가 언제나 감금되어 있어서 아무도 무슨 의견도 주고받을 수 없었다"고 썼다. 다른 정신질환자 보호소에서 옮겨온 어느 환자는 자신을 "지옥에서 천국으로 온 사람"으로 묘사했다(가에타노T.).

이따금 가슴 아픈 이야기가 실리기도 했다. 도랄리체 C라는 환자는 거의 30년 동안 병원 밖으로 전혀 나가지 않았다. "나는 1935년 이후로 고리치아를 본 적이 없다." 일부는 자신에게 전혀 병이 없다고 주장하면서 왜 그냥 집으로 돌아갈 수 없는지 물었다. "우리 친구 S……는 자신이 치료되었다고 생각하지만 퇴원 서류에 서명하지 않으려는 사람〔가족일 것으로 추정〕때문에 떠날 수 없다며 감정적 격동을 경험했다."

또한 시간이 지나면서 『일 피키오』지는 치료 공동체 계획의 모순을, 계속 한 걸음 앞으로 나아갔다가 두 걸음 뒤로 물러나는 것 같은 느낌을 강조하기 시작했다. 예를 들면 집회를 시간 낭비로 보는 환자가 많았다. 참가자 수가 적은 때가 많았고, 개인적 주장과 사소한 다툼으로 인해 토론이 지연되었다. 『일 피키오』지 자체 또한 자신의 지면에서 비판을 받았다. 바잘리아는 환자들에게 고리치아 안의 자유에 대해 이렇게 경고했다. "우리의 자유는 상대적입니다."

중요한 구조적 문제 한 가지가 1960년대 중반에 나타났다. 폐쇄된 병동(남자 C 병동과 여자 C 병동) 문제였다. 이는 『부정되는 공공시설』에서도 주된 논의거리였다. 『일 피키오』지에 따르면 이들 병동은 "여전히 정신질환자 보호소를 강하게 떠올리게" 했다. 일부 병동이 여전히 폐쇄되어 있다는 사실은 병원 위를 맴돌고 있는 구름 같았고 격렬한 논의를 낳았다. C 병동의 '친구'들을 통합하기 위한 최선의 방법을 찾으려는 토론이 전체 집회와 병동 집회에서 시작되었다. 1965년에 다음처럼 아직 해야 할 일이 있다는 점이 분명해졌다.

우리 친구 S……가 의견을 내놓았다(참석자 대다수가 같은 의견이었
다). 그쪽 병동의 울타리를 한꺼번에 철거할 게 아니라 점차적으로 철
거하는 것이 좋은데, 그것은 우리가 그쪽 사람들을 알아갈 필요가 있
기 때문이라는 것이다. 우리는 예의 바르게 그들과 대화를 나누고, 조
언을 해주고, 카드놀이를 하는 등 함께 여러 가지 활동을 할 필요가
있다. 간단히 말해 우리는 서로 알아가고 우정을 쌓을 필요가 있다는
말이다. 그러면 그쪽 환자들이 앞으로 더 나아지리라는 희망을 가지
는 데 도움이 될 것이다.

C 병동의 환자들은 자유를 받아들일 준비가 되어 있지 않았다. '앞
서 나가는' 환자들이 자청하고 나서서 이 통합 작업을 도왔다. 때때로
『일 피키오』지는 좀더 철학적인 질문도 다루었다. 정신질환은 무엇인
가? 바깥세상에서 미친 사람에게 그런 낙인을 찍는 이유는 무엇인가?
『일 피키오』지가 다룬 더 깊은 쟁점 한 가지는 공개적으로 다뤄지는
일이 거의 없는 것으로, 바잘리아 자신과 이 소식지의 관계였다. 바잘
리아는 이따금 『일 피키오』지에 직접 기고했고, 소식지에 보고되는 환
자와의 토론과 논의에서도 그의 목소리를 들을 수 있었다. 이런 글에
서 사용하는 언어는 바잘리아의 학술적 글이나 『부정되는 공공시설』에
기고한 글과는 매우 달랐다. 더 명확하고 더 직선적이며 더 실제적이
었다. 소식지를 보면 바잘리아에 대한 존중심도 느낄 수 있다(『정신의학
이란 무엇인가?』에서도 느껴진다). 1966년 7월 『일 피키오』지는 이렇게 보
도했다. "전체 집회에서 휴가에서 돌아온 소장을 따뜻하게 반기는 박
수가 터져나왔다." 그들은 바잘리아가 보낸 엽서를 낭독했다. 그가 자
리를 비우는 동안에는 사정이 명확하게 달랐다. 그의 빈자리가 느껴졌

다. 더욱이 소식지를 운영하는 것은 힘든 일이었다. 1968년에 출간된 『부정되는 공공시설』에 수록된 인터뷰에서 푸리오가 인정했듯, 환자들을 『일 피키오』지에 협조하도록 끌어들이는 일은 쉽지 않았다.

또한 『일 피키오』지를 보면 고리치아가 기자를 비롯한 사람들이 방문하는 장소가 됐을 뿐 아니라 다른 곳의 모델이 되어가고 있다는 느낌도 감지된다. 이 정신질환자 보호소는 1962~1965년에 이몰라, 포르데노네, 피렌체 등지에서 방문객이 찾아왔고 그 밖에도 수많은 기자, RAI 방송국 다큐멘터리 제작자, 사진작가가 이곳을 찾았다. 현지의 정치가도 이따금 찾아와 환자들과 대화를 나누었다. 『일 피키오』지는 그 쓸모를 다하고 1965~1966년에 폐간됐다.[9]

고리치아의 경험은 이윽고 두 권의 단행본으로 나왔다(1967~1968년). 실험이 새로운 국면으로 옮겨가면서 『일 피키오』지는 과거지사가 되었다. 거의 문자 그대로 사라졌다. 1966년 이후로는 이 소식지를 다 갖추고 있는 사람이 아무도 없었던 것 같다. 정신질환자 보호소 안에서조차도 마찬가지였다. 그래서 고리치아 현지 도서관에서는 21세기에 들어서 소식지를 가지고 있으면 기증해달라고 호소해야만 했다(이제 도서관에서 일부를 소장하고 있다). 1996년에 『루니타』지의 어느 기자가 과거 고리치아의 정신병원이던 그 자리에 그때까지도 살고 있던 정신의학과 간호사 엔초 콰이를 인터뷰했다.

나는 이 혁명의 기록을 아래층에 보관해왔다. 환자들이 스스로 글을 쓰고 인쇄하여 만든 소식지인 『일 피키오』지의 지난호들 말이다. 나는 거기 실린 이야기, 경험, 시, 유머, 최초의 요구사항을 기억한다. "병동마다 채널 두 개가 나오는 텔레비전을 한 대씩 놓아달라." "여

성 노동자에게 신발을 주는 게 어떤가?" "울타리 철거 작업이 왜 중
지되었는가?"

『일 피키오』지는 과거의 (반쯤 사라진) 조각이 되었고, 더이상 존재하
지 않는 운동(과 공공시설)을 아련하게 떠올리게 하는 물건이 된 것이다.

제9장

이탈리아 방식의 반정신의학

정신질환은 존재하지 않으며, 그렇지 않음을 보여주는 사례를 나는
한 번도 보지 못했다.

에델웨이스 코티[1]

1960년대와 1970년대 이탈리아에서는 일단의 비정신의학자 내지 스
스로 반정신의학자라고 고백하는 사람들이 생겨나 바잘리아와 제르비
스, 고리치아 사람들보다 더 좌측에 자리를 잡았다. 이들은 정신의학
은 해법이 아니라 문제의 한 부분이라고 주장했다. 또 많은 경우 정신
질환 자체가 하나의 전설이라거나 아예 존재하지 않는다는 자신의 믿
음을 숨김없이 표현했다. 이런 태도는 특히 1968년 이후에 운동 전반
의 추종자 사이에서 일반적으로 볼 수 있었다. 고리치아와 트리에스
테의 실험을 보고 이끌린 사람들, 그리고 로널드 랭과 데이비드 쿠퍼
가 쓴 글을 읽고 이끌린 사람들 다수는 그런 실험의 관련자들보다 (적
어도 이론적으로는) 훨씬 더 급진적이었다. 학생을 비롯한 사람들 중에는
1968년 이전과 1968년, 특히 1968년 이후 널리 읽혔던 토머스 사스나
쿠퍼의 책이 전파한 것과 같은 고전적인 비정신의학 내지 반정신의학
사상을 받아들인 사람이 많았다.

에델웨이스 코티(1923~1998년)는 자신의 급진적 생각을 1960년대 중반 볼로냐 정신병원의 한 구역에 적용하기 시작했다. 나중에 조르조 안토누치는 코티가 당시 "사스의 추종자"였다고 주장했지만, 코티는 프랑스에서 일어나고 있던 일에서도 영향을 받아 1965년에는 생탈방 진료소를 방문한 바 있었다.[2] 코티는 쿠퍼의 빌라 21 모델과 같은 노선에서 또 고리치아의 실험과 비슷하게, 빌라 올림피아라는 이름으로 알려진 단독 건물에 있는 병동 하나를 개방하기 시작했다. 이 실험은 1964년부터 1967년까지 이어졌다. 빌라 올림피아에 관해서는 글로 보고된 것이 거의 없으며, 이 책에서 종종 그렇듯 다시금 우리는 주로 이 개혁의 주역들이 들려주는 이야기에 의존할 수밖에 없다.[3] 빌라 올림피아에 적용된 개혁의 많은 부분이 고리치아와 페루자에서 본 것과 비슷하다. 흰 가운과 지위를 폐지하고, 꾸준히 집회를 갖고, 병동을 개방하고, 에퀴페 형식의 접근법을 활용하고, 환자를 억압적으로 대우하는 행위에 종지부를 찍었다. 바잘리아 사람들의 작업과 코티의 실험이 구별되는 부분은 코티의 이론이 지니는 두 가지 특징에서다. 그는 첫째로 정신질환은 전설이라는 믿음이 갈수록 강해졌고, 둘째로 진정제나 항정신질환약의 사용을 거부했다. 빌라 올림피아는 코티에 따르면 '정치적' 이유로 1967년에 폐쇄됐다.

치비달레 실험, 1968년

이곳은 정신질환자 보호소가 아니라 인간관계의 중심점이다.

에델웨이스 코티[4]

이탈리아의 이 이질적인 반정신의학자 집단에게 1968년에 고리치아에서 아주 가까운 치비달레델프리울리라는 곳에서 중요한 순간이 다가왔다. 작고 보수적인 이 코무네에서 코티가 어느 종합병원 단지 안에 정신과 환자를 위한 새로운 병동 내지 분과를 개설, 운영할 공간을 얻은 것이었다. 이 병동은 1968년 1월에 문을 열었다. 코티와 조르조 안토누치라는 젊은 정신의학자, 그리고 고리치아에서 바잘리아와 함께 일했던 또 한 사람의 정신의학자(레오폴도 테지)로 이루어진 팀은 주어진 이 공간을 활용하여 로널드 랭과 데이비드 쿠퍼, 그리고 고리치아의 여러 가지 방법을 시험했다. 바잘리아 또한 이 실험과 연관되었다. 코티는 치비달레의 일자리를 바잘리아가 찾아주었다고 주장했고, 나중에 안토누치와 테지도 똑같이 주장했다.[5] 바잘리아는 여러 차례에 걸쳐 치비달레의 센터를 방문했다고 한다.

이 실험 분과는 '첸트로 디 렐라치오니 우마네'(인간관계 센터)로 개명되었다. 크리스티안 데 비토가 볼 때 이 병동은

> 전통적 의료 – 정신의학적 방식과는 정반대로 움직이며, 정신질환이라는 개념 전체에 대한 급진적 비판과 노선을 같이했다. 고리치아 경험의 특징인 점진적 변화와 결별하고, 공공 보건시설 내에서는 처음으로 전통적이고 공식적인 과학 범위 밖에 있는 센터가 태어났다.[6]

치비달레는 고리치아의 실험을 모델로 삼았지만, 현지 당국이 보기에 너무 빠른 속도로 움직였다. 바잘리아의 에퀴페나 다른 지역과는 달리 느리고 지루한 기초 작업은 실행되지 않았다. 코티는 곧장 혁명으로 나아가고자 했다. 어떤 면에서 환자들은 마음대로 떠날 수 있었고(일부

설명에 따르면 여기에 "하루 중 일정한 시간에"라는 조건이 붙었던 것 같다), 분과 안에서는 높은 수준의 개인적 자유가 부여됐다(빌라 21이나 킹슬리 홀에서도 그랬다). 환자에 대한 보고서에서 코티는 자신의 원칙을 고수하면서 '조현병' 같은 낱말을 전혀 사용하지 않았다. 목표는 이랬다. "우리는 정신질환에 관한 현재의 어떠한 정의도 받아들이지 않는다."[7]

데 비토는 병동을 다음과 같이 자세히 묘사했다.

> 치비달레 경험의 중심에는 전통적 정신의학 원칙의 강력한 대안이 되는 원칙이 있었다. 봉쇄나 항정신질환약의 사용을 거부하고, 이동권 측면에서 환자에게 밤낮으로 완전한 자유를 부여하며, 계속적인 대화와 집단 논의를 유일한 행동 방식으로 삼고, "사람들과 시민생활 사이의 관계를 약화시켜서는 절대 안 된다"는 확신이 그것이었다. 센터에서 일하는 사람들에게 병동에 남아 있을 게 아니라 바깥세계와 관계를 맺을 것을 권장하며, 안토누치가 말한 "사람들이 삶의 의미를 더 이상 이해할 수 없기에 자신과 타인에게 잔인하게 구는 실패한 문화의 슬픈 기념물" 속으로 달아날 게 아니라 사회의 한 부분이 될 것을 권장했다.[8]

어느 설명에서는 한 환자의 자살을 언급하지만, 치비달레의 짧막했던 병동 개방, 출입 개방 정책의 결과로 폭력 사태가 일어난 적은 한 번도 없었다. 그러나 이 소도시에서 이런 환자들이 눈에 띄자 현지의 일부 주민으로부터 항의가 일었고 당국의 징계 절차가 있었다. 코티가 점점 유명해진 것, 또 필시 1968년에 고리치아가 유명세를 탄 것이 현지 정치가의 결정에 충분히 영향을 미쳤을 것이다. 그들은 자신의 문간에 또하나의 고리치아가 생기는 것을 원하지 않았다.

당국과 코티 의사들 사이의 긴장이 이윽고 한계점에 다다라, 급진적 정신의학 운동의 역사에서 가장 특별한 사건 하나가 벌어졌다. 1968년 6월에 이 실험을 중단한다는 발표가 났다(공식적 명분은 분과의 운영비와 관련되어 있었다). 환자의 가족들에게 이 결정을 알리는 공문이 발송됐다. 그곳에서 일하던 의사들은 이에 당황했고, 병동을 구하자는 운동이 시작됐다. 교착상태가 벌어졌지만 환자들은 더이상 그곳으로 보내지지 않았다. 1968년 8월 말 코티와 팀 일부는 (남아 있는 열두 명의 환자도 함께) 폐쇄가 임박한 그들 자신의 건물을 점거하기로 했다.[9] 점거 농성은 사흘 밤낮 동안 계속되었고, 1969년 파르마의 정신질환자 보호소에서 일어나게 될 사건(이쪽은 훨씬 더 널리 알려졌다)과 비슷한 양상을 띠었다.[10] 점거가 시작되자 당국에서는 공권력을 사용하기로 결정했다. 1968년 9월 초에 경찰과 총기병대가 치비달레의 병원을 포위했고, 실험은 폐쇄되었다.[11] 전화선이 절단되고 분과 문에는 쇠사슬이 걸렸다(점거자들이 이것을 잘랐다). 당국은 점거자들을 '침입자'라 불렀다. 결국 코티는 포기하고 분과를 떠났다.[12] 『라 스탐파』지의 어느 기자가 나중에 지적한 대로 치비달레의 '바리케이드'는 실제적이라기보다 상징적이었지만[13] 이 모든 일은 유명한 사건이 되었다.

치비달레 사건으로 코티와 동료들은 좌파 쪽에서 상당한 명성을 얻었고 언론에도 많이 오르내렸다. 이들은 생각을 전할 기회와 자리를 얻었다. 1968년 10월 코티는 공산당의 월간지 『리나시타』지에서 인터뷰를 했는데 이것이 약간의 물의를 일으켰다. 기사 제목은 선명했다. "정신질환은 존재하지 않는다."[14] 코티는 이렇게 주장했다. "광기는 허구다. 광기는 비정상적 상황에서 전적으로 정상적이다." 그리고 정신질환자 보호소를 집단수용소와 비교했다. 실제로 코티는 정신질환자 보호소가 집단수용소보다 더 나쁘다고 말했다. 또 정신질환자 보호소의 입원자와 "해방되어야 하는 노예"를 설득력 있게 연결지었다.

1969년에 코티는 이탈리아공산당 주최로 로마에서 열린 중요한 정신의학자 및 활동가 집회에서 비슷한 주장을 내놓았다. 이곳에서 코티는 다시금 주장했다. "우리가 정신질환 그 자체에 의문을 제기하지 않는다면 우리 분야에 가치 있는 것은 남지 않는다. ……확실히 밝혀두자. 내가 보기에 정신질환은 존재하지 않는다." 그는 사람들이 '정신질환'이라 보는 것을 "의학적 의미에서 병적이지 않은 행동 상황"이라고 묘사했다.[15] 코티는 또 고리치아의 실험이 어디까지 진전되었는지에 대해 공개적으로 의문을 제기했다.

치비달레 사건에서 주동자 역할을 맡았던 많은 사람이 조사를 받았고 결국에는 이탈리아 정부에 의해 재판에 회부되었다. 코티와 테지, 그리고 치비달레에서 일한 다른 두 명의 조수가 점거 동안(1968년 8월 31일~9월 2일) "강제 침입, 가중 손해, 공무 침해"를 행한 혐의를 받았다. 1971년에 한 판사가 1969년의 파업 파동 이후 통과된 사면법 때문에 (코티와 변호사의 바람과는 달리) 재판을 진행하지 않기로 결정했다.[16] 코티는 "자신의 직장을 수호"했던 것이라고 주장했다.[17] 『라 스탐파』지의 어느 기자는 코티를 "카를 마르크스와 같은 턱수염을 기른 활기찬 47세"로 묘사했다. 코티가 볼 때 "바잘리아는 정신질환의 존재 여부에 대한 입장을 명확히 한 적이 없다. 내 경우 무엇보다도 치비달레의 경험 이후로 정신질환이 존재하지 않는다고 확신한다. ……우리는 정신질환이 존재한다는 생각에 맞서 싸워야 한다." 그는 또 좌익 쪽으로 급선회했음을 강조했다. "나는 자유주의자였지만 지금은 마오쩌둥보다 좌측에 있다."

그렇지만 치비달레는 고리치아와 페루자에서 이미 있었던, 또는 나중에 트리에스테와 아레초, 페라라에서 있게 될 일에 비하면 대양의 물 한 방울이었다. 그것은 금세 폐쇄된 짤막한 실험이었으며, 실험이 진행된 동안의 성공보다는 주로 억압적으로 끝났다는 사실 때문에 유명(악명)해졌다. 코티 자신은 1970년에 『정신의학에 맞서서』라는 의미심장한 제목으로 출간한 이탈리아의 반정신의학을 위한 선언서에서 치비달레의 성과에 대해 어느 정도 화려하게 과장된 주장을 했다. 예를 들면 그는 치비달레의 작업이 "정신질환과 소위 정신증이라는 것을 질병으로 불러서는 안 된다는 것을 보여주었다"고 주장했다.[18] 그러나 결국 그는 "완전히 다른 사회, 진정한 민주주의와 사회주의가 두려움을 없애주어 정신의학자가 필요치 않은 사회"를 만들기 위해서는 혁명이 필요하다고 생각했다.[19] 이 책은 고리치아 사람들보다 더 급진적인 주장을 내놓으면서 그들을 개혁주의자이자 체제의 일부분으로 묘사했다. 『정신의학에 맞서서』의 제2부는 사회학자 로베르토 비제바니가 쓴 것으로, 나치의 집단수용소와 정신질환자 보호소의 유사점을 더욱 세밀하게 살피면서 그런 시설을 '관리'하려는 모든 시도를 비판했다. 그렇지만 이런 생각과 선언에도 불구하고 안토누치와 코티를 비롯한 비정신의학자들은 1970년대 내내 정신질환자 보호소 체제 안에서 활동을 계속했다. 이들의 활동은 실제로는 바잘리아 사람들의 활동과 비슷했다.

코티는 1973년에 이몰라에 있는 거대한 현립 정신질환자 보호소(로세르반차)의 소장이 되어 1986년까지 이 보호소를 맡았다. 이 큰 병원은 500명이 넘는 간호사를 고용했다. 안토누치도 그 시기에 얼마 동안 이몰라에 고용되었다. 한편 바잘리아 사람들은 치비달레를 무시했다. 개인적이고 직업적인 수준에서는 친근한 관계를 유지했지만, 바잘리아 사람들의 문헌에는 치비달레의 실험이 전혀 언급되지 않는다. 실제적이고 정치적인 면에서 치비달레 사건은 작은 규모에다 짤막하게 끝난 실험으로, 정부의 신속하고 압도적인 진압에 버티지 못했다. 이 실험의 장기적인 효과는 미미했고, 운동 역사에서 이 실험이 차지할 자리는 한쪽 구석이 될 수밖에 없다. 치비달레는 어쩌면 용감한 실험이었겠지만, 한편으로 1960년대 초에 바잘리아나 페루자에 있던 사람들이 했던 힘들고 지루한 준비 작업 없이 지나치게 빠른 속도로 나아갈 때의 위험을 보여주었다.

제10장

세계적 불가사의 ─ 전체 집회

아레초에서나 고리치아에서나, 정신의학적 경로로 찾아낼 수 있는 것
보다 훨씬 더 많은 진실이 환자의 말 속에 담겨 있다.

아고스티노 피렐라[1]

긴 침묵

어느 집회의 녹취록에서 가져온 설명, 『부정되는 공공시설』[2]

프랑코 바잘리아의 '미친' 환자들의 집회는 〔1960년대에〕 민주주의와
그 재생력을 보여주는 더없이 감동적이고 더없이 강력한 표현이었다.

안나 브라보[3]

바잘리아가 돌보는 동안 그때까지 표현의 자유가 도대체 무엇인지 경
험해본 적이 없던 곳인 고리치아의 정신질환자 보호소에 민주주의가
다가왔다. 고리치아는 비민주주의와 배척의 본질에 해당하는 시설이
다가, 미친 사람이 감금되고 침묵을 강요당하는 곳이다가, 그렇게 정
체성도 과거도 미래도 없이 비인간이 되는 곳이다가 민주주의를 가르
치는 학교로, 새로운 형태의 민주주의가 작동하는 것을 보기 위해 사람
들이 찾아오는 곳으로 바뀌었다. 이것이 바로 바잘리아의 에퀴페가 그

토록 자주 논하던 '뒤엎기'요 '부정'이었다. 1968년의 세계에서 고리치아는 하나의 불가사의였다. 찾아가서 보고 깜짝 놀라는 곳으로서, 사람들의 삶을 바꿔놓는 변화의 한 장면이자 일종의 기적이었다.

환자들이 참석하는 집회는 아주 처음부터 바잘리아의 작업의 일부분이었지만, 병원의 모든 사람이 누구나 참석할 수 있는 전체 집회는 1965년에 본격적으로 시작되었다.[4] 마리오 돈데로는 1964년에 규모가 작은 (바잘리아도 참석한) 병동 집회의 사진을 여러 장 찍었다. 그렇지만 1965년 11월 이후로는 병원 전체가 참석하는 정기 아셈블레아(전체 집회)가 정신질환자 보호소 안에서 매일 오전 열 시쯤에 열렸다.[5] 간호사, 의사, 환자, 심지어는 그들의 가족까지 누구나 환영이었다. 학생, 영화 제작자, 기자, 활동가, 정신의학도 등 전혀 관계가 없는 사람들도 모습을 드러내기 시작했다. 환자들이 이 집회를 운영하고 회의록을 작성했다. 이것은 부분적으로 고리치아의 에퀴페 구성원들이 스코틀랜드를 비롯한 여러 곳에서 집회를 참관했던 고전적 치료 공동체에서 가져온 절차였다. 처음에는 일이 굴러가기까지 시간이 걸렸다. 소박한 나무 의자와 탁자가 놓여 있고 연기가 자욱한 방에서 열린 초기 집회에서는 대혼란이 벌어지거나 오랫동안 불편한 침묵에 빠져든 때가 많았다. 집회는 이따금 필름에 담겼고, 1968년에는 고리치아로 몰려든 사진가들이 더욱 자주 사진에 담았다.[6]

그러나 이 혼란한 행사는 자욱한 담배 연기 속에서 논쟁과 지껄이는 목소리, 그리고 아무도 말하지 않을 때 끝없이 이어지는 어색한 공백을 거치면서 형태를 갖추었다. 고리치아의 전체 집회는 1968년 자체의 모습을 예시했다. 여러 면에서 1968년의 모습이었다. 환자들은 소리치고 불평하고, 마음 내키는 대로 오고가고, 저들끼리 이야기했다.

일부 사람은 특히 처음 참석한 경우 그저 가만히 앉아 지켜보기만 했다. 많은 사람이 아예 참석하지 않았다. 참석한 의사는 대개 흰 가운 없이 일반적인 옷차림을 하고 있었다(흰 가운은 1964년에 아예 폐지되었으며, 다만 일부 의사가 바잘리아의 개혁에 항의한다는 뜻에서 '바잘리아 사람이 아님'을 보여주는 하나의 표식으로 계속 입었다고 한다). 에퀴페 사람들은 이런 전체 집회 동안 말을 거의 하지 않았으며, 다만 집회가 끝난 뒤에 정기적인 평가회와 또 직전 집회에서 일어난 사건을 분석하는 또다른 집회를 가졌다. 집회가 열리고 나면 집회에 관한 집회가 뒤따랐다. 고리치아에서는 말이 많이 오갔고 시끄러웠고 또 이야기가 길어지는 때도 많았다. 그러나 천천히, 돌이킬 수 없는 흐름으로 이곳 환자들은 자신의 삶에 영향을 미치는 부분에 대해 일상적으로 논의하기 시작했다. 이들은 어느 정도 주도권을 쥐기 시작했다.

『레우로페오』지의 기자 프랑코 피에리니가 1967년에 사진기자를 대동하고 고리치아를 방문했다. 그는 전체 집회의 모습을 다음과 같이 묘사했다.

> 그들의 논의는 공동체 집단별로 열렸다. 우리는 고리치아에서 이틀을 보내며 여자들과 남자들 모두의 발언을 들었다. 그들은 예컨대 D병동이 오랫동안 소풍을 가지 않은 이유, 의복 작업장의 여성들이 식당을 작업실로 전용하는 데 반대하는 이유, 공원에 풀뱀이 있을 때마다 걱정한들 아무 의미도 없는 이유 등 자기들과 관련된 관심사를 논의했다. "시뇨라 조반나는 들판에서 일하는 한 여성과 이야기를 나누었다. 그는 풀뱀을 본 적이 있지만 풀뱀은 독이 없다고 말했다." 이 남자와 여자들이 우리처럼 말하고 우리처럼 논쟁할 수 있다고 전한다면

그것은 매우, 매우 잘못된 일일 것이다. 이들은 더 잘한다. 이들의 논의 방식, 반대되는 관점에 대한 변증법, 남에게 전가하거나 좌절을 느끼는 사람 없이 결론에 도달하는 기술은 우리보다 뛰어나다[강조는 내가 넣었다].[7]

  예전의 엄격한 위계가 조롱당하고 뒤엎어지고 무시되고 훼손되었다. 아셈블레아는 환자를 대할 때 정신질환을 '괄호 안'에 넣어두었다는 바잘리아의 주장을 가시적으로 보여주었다. 이런 행사 동안 일부 환자는 문제를 일으키기도 했는데, 그러면 당장 다루고 있는 사안에 집중하기가 어려울 뿐 아니라 좌절감을 느끼게 되는 때도 많았다. 그러나 바잘리아는 환자의 소동을 변화 과정의 일부로, (반가운) 반항의 표식으로 보았다. 그는 자신의 작업에 체제 내의 모순을 드러내려는 의도가 들어 있다고 주장했다. 시간이 가면서 집단적으로 행동할 수 있게 될 공동체가 형성되고 있었다.
  집회는 점진적으로 형태를 갖추기 시작했다. 점점 더 많은 환자들이 참석했다. 침묵은 점점 더 짧아졌다. "말이 자유로이 오가고 반향을 만들고 간호사와 의사의 관심을 끌었지만, 그들이 앞으로 나아가도록 도와줄 청중이 필요했다."[8] 표결로 결정을 내렸다. 문서가 만들어졌다. 제도적·재정적 권한을 포함하여 진정한 책임이 환자들에게 이양되었다. 논의 주제는 대개 음식, 담배, (처음으로) 작업에 대한 보수, 당일치기 나들이 등 그 무엇보다도 지루하고 시시한 것들이었다. 그러나 또한 더 큰 문제도 다루었다. 더 넓은 세상에 나가도 되는 사람은 누구인가? 잠겨 있는 병동을 개방하는 것이 안전하거나 소용이 있는가? 특정 환자에게 문제가 있다면 정확하게 어떤 점이 문제인가? 그리고 이런 모든 질문은 이런 집회가 열리고 있는 완전 통제시설의 본질을 꿰뚫는 더욱 큰 문제와 맞닿아 있었다. 광기는 무엇인가? 그들 모두는 왜 정신질환자 보호소 안에 있는가? 누가 그들을 거기에 가두었는가? 그들은 어떤 사람들인가?

환자들은 자신의 삶과 동료 입원자의 삶에 대한 지배력을 얼마간 되찾아가고 있었다. 이들은 다시 사람이 되고, 나아가 책임과 권리가 부여된 시민으로 돌아가고 있었다. 이런 모든 일은 고되지만 신나고 즐거웠다. 무력한 사람이 다시 권력을 갖게 되었고, 그 과정에서는 내용만큼이나 형식도 중요했다. 이런 집회가 열린다는 사실 자체가 혁명적이었다. 병동의 청결도라든가 집회 자체의 운영에 관해 논의하느라 몇 시간씩 보내곤 했지만, 이것이 실제 민주주의가 작용하는 방식이었다. 다른 중재자가 거의 없는 진정한 직접 민주주의였다. 사라진 사람들, 실제 삶으로부터 끌려나가 권리도 개성도 없이 갇힌 사람들이 정신질환자 보호소의 어둠 속으로부터 모습을 드러냈다. 이들은 스스로 생각할 수 있고 자신의 삶을 스스로 챙길 수 있음을 보여주었다. 오가는 말이 무엇인가 하는 점은 사실 그리 중요하지 않았다. 신나는 것은 뭔가를 공개적으로 말하고 있다는 부분이었다. 이런 집회 일부는 자세하게 기록되어 고리치아 실험의 윤곽을 보여주는 출판물에 활용되었다. 이런 의사록은 이 운동에 관한 구전 역사의 녹취록 같은 것이 되어, 그 당시에는 분석을 위한 자료로 활용되었고 지금은 그 시기를 다시 들여다보게 해준다. 집회는 바잘리아 실험의 핵심이자 살아 있는 심장 박동이었다.

특히 1968년에는 이런 전체 집회로 인해 바잘리아의 실험이 극도의 급진적 색채를 띠었다. 바잘리아를 비롯한 사람들은 정신질환자 보호소의 환자가 그저 '광인'이라는 집단에 속하는 것만이 아니라 극빈자 출신인 경우도 아주 많다는 사실을 처음부터 명백히 깨달았다. 환자의 얼굴에는 보호소에서 보낸 시간과 박탈의 흔적이 남았고 옷차림은 가난한 사람의 옷차림이었다. 정신질환자 보호소에 관한 이런 사회적 분석은 전체 집회에 참가한 사람들의 신체적 외관에서 확증되었던 것 같다.

미친 사람에게 자신의 의견을 말할 기회를 준 것은 그때가 처음이었다(나중에 세르조 차볼리는 일부 환자에게 전국 방송에서 카메라 앞에 서서 발언할 기회를 주었다). 따라서 이런 집회는 치료인 동시에 혁명으로 여겨졌다. 그러나 또한 이 과정은 정신질환자 보호소 안이라는 배경 때문에 제약을 받았다. 1960년대 중반에 이르러 바잘리아는 이미 이 치료 공동체는 나아갈 여지가 극도로 제한되어 있다고 주장하기 시작했다. 문제는 보호소라는 시설 자체였다. 개혁은 위험할 수 있었다. 그것은 덫일 수도 있었다. 내부에 변화가 일어나고 인도주의적 측면에서 개선이 이루어지면 실제로는 완전 통제시설의 생명만 늘여줄 가능성도 있었다. 인도적인 성격을 띠면 정신질환자 보호소가 좀더 용납될 수 있는 곳으로 바뀌어, 보호소 체제가 급변하는 사회에 적응하여 살아남도록 도움을 주는 꼴이 될 수도 있었다. 바잘리아 사람들은 신중하게 판단해야 했다. 그들은 정신질환자 보호소를 더 용납될 수 있는 곳으로 만듦으로써 그 파멸을 막는 '쓸모 있는 바보들'이 될 수도 있었다. 또한 바잘리아는 또하나의 위험으로 판단되는 부분을 부각했다. 그것은 다른 사람들이 고리치아를 단순히 모방함으로써 고리치아가 일종의 새로운 보수적인 이념이 될지도 모른다는 위험이었다. 다른 사람들은 더욱 노골적이었다. 집회가 거짓 민주주의 관념을 전달하고 있다는 것이었다. 『부정되는 공공시설』에서 안토니오 슬라비치는 개혁이 일어난 고리치

아의 병원을 분석하면서 민주주의라는 말을 따옴표 안에 넣었다.[9]

고리치아 — '아셈블레아 제네랄레'의 목소리

바잘리아는 그 자신이 처한 의존적인 상황을 뒤엎었다. 그럼으로써
스스로 제도적 역할에서 벗어나고, 맨 처음부터 '대항문화'로 나타날
운명이었던 새로운 문화를 만들어낼 수 있었다.

에도아르도 발두치[10]

집회가 끝없이 열렸다.

츠빅뉴 코토비치[11]

외부 사람이 우리 집회에 참여해보면 이곳에도 스스로 생각할 수 있
는 사람들이 있다는 사실을 알게 될 것이다.

'베르체냐시'[12]

그들은 일을 진행하는 데 시간이 너무 오래 걸린다며 집회에 나오지
않는다. 또 아무것도 결정되는 일이 없다고 말한다.

다니엘리, 집회에 나오지 않는 사람들에 대해 논의하면서[13]

고리치아 사람들은 전체 집회를 다양한 각도에서 바라보았다. 부분적
으로는 집회가 그 자체로 치료적이라고 생각했다(이 점은 인정되는 경우
가 거의 없었고 때로는 명확히 부정되기도 했다). 그와 동시에 일종의 지속적

인 연구 과제처럼 연구와 분석의 대상으로도 이해되었다. 환자들은 변화가 일어나고 있는 시설을 인류학적·정치학적으로 다루는 연구에 자발적으로 참여했다. 끝으로, 전체 집회는 저절로 일어나는 '사건'으로서, 미친 사람도 기회가 주어지면 스스로를 다스리고 권력의 고삐를 맡아 쥘 수 있다는 메시지를 전하는 데 도움이 되는 사건이었다.

고리치아에 관해 (고리치아 사람들의 손으로) 처음 출간된 책『정신의학이란 무엇인가?』(1967년)는 독자에게 전체 집회의 세계에 관해 귀중한 안목을 제공했다. 집회 동안

> 역할이 불분명하며 혼란에 빠져 서로 항의하는 수준까지 다다르는 경향이 있다. 바로 이때가 이 병원의 문화가 자기 자신의 존재를 이해하고 자기 자신을 하나의 수렴점으로 설정하기 시작하는 순간으로, 병동마다 제각각인 다양한 문화와 병원의 하부조직이 이 수렴점으로 모인다.[14]

『정신의학이란 무엇인가?』에는 1967년 1월의 전체 집회 두 차례를 녹취한 내용이 수록되어 있고, 나중인 1968년에 나온『부정되는 공공시설』도 같은 방식으로 녹취록을 수록했다. 이 둘은 모두 부분적으로 '말로 이루어진 책'이었다. 『정신의학이란 무엇인가?』에 수록된 고리치아의 두 차례 집회에서는 임금와 노동 문제에 관한 토론이 주를 이루었다. 적자가 났으니 뭔가 조치가 필요했고, 그래서 환자들은 임금을 깎아야 한다고 결정했다. 그러나 누구의 임금을 어떻게 깎을 것인가? 그리고 일을 전혀 하지 않거나 일할 수 없는 사람의 경우는? 물론 여러 면에서 이런 집회는 반복적이었고 사소하고 무의미한 문제(어느 정신병

원 안에 있는 소수의 임금 문제)를 다루었다. 그러나 이 집회는 중요한 문제의 핵심을 찌르기도 했다. 환자는 스스로를 다스릴 수 있는가? 그들은 정상적인 삶을 살 수 있는가? 자기가 속한 공동체의 이익을 위해 집단적으로 행동할 능력이 있는가? 공동체는 병원 내의 모든 환자에게까지, 나아가 병상을 벗어난 적이 없는 환자에게까지 확장되는가?[15]

전체 집회는 어느 정도 진짜 실력도 있었다. 전체 집회는 완전 통제 시설의 논리를 안에서부터 부정하는 한 방법이었다. 고리치아 이외 지역에 있는 대부분의 정신질환자 보호소에서는 소장이 절대적 권한을 행사했고 환자는 모든 종류의 결정 과정에서 배제되었다. 환자는 힘도 없고 목소리도 없었으며, 치료나 폭력의 대상일 뿐이었다. 자유와 의복, 소지품, 결혼반지, 신발끈, 머리칼과 함께 정체성을 빼앗겼다. 고리치아는 이중 어떤 것에도 해당되지 않았다(물론 개인의 자유라는 중요한 문제는 빼고. 전체적으로 환자는 병원을 아예 떠날 자유는 없었다). 고리치아에서 환자는 자기 옷을 입었고, 언제 잠자리에 들고 언제 일어날지를 스스로 결정했다(정신질환자 보호소 중에는 계절에 관계없이 환자에게 강제로 오전 6시에 일어나고 오후 5시 30분에 잠자리에 들게 하는 곳이 많았는데, 대부분의 환자가 이를 싫어했다). 고리치아의 입원자는 누구를 내보내고 누구를 내보내지 말지에 관해 의견을 낼 권한이 있었다(다만 적어도 기술적 측면에서 최종 결정은 의료진과 소장에게 달려 있었다). 이론적으로 또 점점 더 실제적으로 개인의 문제는 모든 사람의 문제가 되었다.

이 공동체는 모두의 이익을 위해 집단적으로 행동하는 것으로 보였고 공동체의 언어를 사용했다. 나아가 앞서 살펴보았듯 공간이 개방되었고 그런 다음 그 공간을 환자들에게 주어 운영하게 했다. 보호소 경내의 작은 건물이 주크박스를 갖추고 환자들이 운영하는 주점으로 탈바꿈했다. 누구나 길을 걷다가 들어가 커피나 맥주를 마실 수 있었다. 이것이 나중에 다른 많은 정신병원의 기준이 되었는데, 그중 가장 유명한 곳이 1970년대의 트리에스테 병원이다.

『정신의학이란 무엇인가?』에 수록된 첫 전체 집회(1967년 2월 7일)에는 환자 68명, 간호사 8명, 입회인 5명, 사회복지사 4명, 의사 5명, 심리학자 1명이 참석했다. 이 한 시간짜리 집회에서는 언제나 환자 한 명이 의장을 맡았다(그리고 의장은 정기적으로 바뀌었다). 또 더 적은 인원이 참석하는 정기 병동 집회가 있었고(관찰 병동에서는 매일, 장기 환자 구역에서는 2주에 한 번), 집회에 관한 집회에 해당되는 평가회가 있었다.[16]

그러나 이런 식으로 집회를 여는 것과 권력 불균형을 완전히 없애버리는 것은 전혀 별개의 문제였다. 이런 대화와 토론에서는 병원 안에 여전히 작용하는 미묘한 위계가 드러날 뿐 아니라 바잘리아 자신의 강력한 역할도 감지되었는데, 이에 대해서는 에퀴페도 매우 잘 의식하고 있었다. 슬라비치와 레티치아 콤바가 이런 집회 중 하나에 대한 논평에서 쓴 대로 "카리스마 있는 소장이 여기서 '좋은 사람'으로 다시 자리매김하고, 그럼으로써 가부장적으로 든든한 존재로 비치게 된다."[17]

『정신의학이란 무엇인가?』의 다른 부분에서도 이 위험이 일종의 '개인숭배'로 묘사되었다.[18] 어떤 개혁이 있든 이곳은 여전히 분열된 시설이었으며 의사, 간호사, 환자 사이에 큰 사회적·지적 차이가 있었다. 시설 내의 진정한 권력은 의사와 간호사에게 있었다. 흥미롭게도 전체 집회에 관한 이 비판적 논평은 상업 출판사를 통해 『정신의학이란 무엇인가?』보다 훨씬 더 넓은 독자층을 대상으로 나온 『부정되는 공공시설』에는 대체로 빠져 있다.

즉, 표면적으로는 이 치료 공동체 내부에 위계가 없었지만(또는 위계가 환자 사이에 있었지만) 실제로는 진정한 권력이 여전히 주로 의사와 간호사에게, 바깥세상의 정치가와 판사에게 있었다는 뜻이다. 이런 위계는 사용된 언어에서도 볼 수 있었다. 예를 들면 바잘리아는 집회를 비롯한 자리에서 종종 '일 디레토레'(소장)라 불렸다. 이것은 에퀴페 자체에서도 마찬가지였다. 바잘리아는 명백하게 고리치아 사람들의 지도자였고 나머지는 그의 추종자였다(다만 제르비스의 경우에서 보듯 모두가 자발적이거나 특별히 공경하는 마음을 가지지는 않았다). 그렇다고 토론이 없었다는 뜻은 확실히 아니다. 그 반대였다. 고리치아는 끝없는 논의의 장소였다. 그러나 그 노선, 그 최종 결정은 (전반적으로) 바잘리아의 몫이었다.

물론 고리치아의 정신질환자 보호소에 있던 이런 불가피한 위계와 권력구조는 이탈리아에 있던 다른 거의 모든 완전 통제시설과 비교할 바가 아니었다. 바잘리아는 집회에서 보통 옷차림으로 앉았고 대개는 아무 말도 하지 않았다. 이따금 끼어들어 질문하거나 의견을 말했는데, 이럴 때는 대체로 그다지 티가 나지 않게 했다. 이미 알고 있는 사람이 아니라면 그가 병원 전체를 책임지고 있으면서 병원 안에 있는 거의 모든 사람에 대해 거의 절대적인 권한을 쥐고 있는 소장이라고는 생각하기 어려웠다.[19] 피렐라는 나중에 이런 집회 동안 바잘리아가 맡았던 역할에 대해 다음과 같이 회고했다.

나는 저 초기의 전체 집회 동안의 프랑코를 기억한다. 그는 색다른 요소를 하나하나 모두 이해하는 데 관심이 있었고, 추후 집회에서는 지금까지 일어난 일과 일어날 수도 있는 일, 그리고 우리가 스스로를 어떻게 조직해야 하는지를 이해하고자 전력을 다했다. 그는 완고한 동시에 풍자적이었고, 너그러운 마음가짐을 지니고 있었다. 나는 그 모든 일에도 불구하고 고리치아의 모든 사람이 그를 이런 식으로 기억했으면 한다.[20]

완전한 헌신

고리치아에서 일하는 분위기는 끊임없는 동원령과 같았으며 어떤 면에서 자원봉사에 가까웠다.

조반니 제르비스[21]

우리는 아침 여덟 시에 일을 시작해서 아침 네 시에 퇴근하고 다시 여덟 시에 근무를 시작하곤 했다.

도메니코 카자그란데

에퀴페의 구성원과 자원봉사자에게 고리치아의 생활과 일(둘이 거의 구분되지 않았지만)은 그들 자신과 가족에게 어마어마한 부담을 주었다. 에퀴페가 참석해야 하는 저 수많은 집회 말고도 근무 시간이 길고 일이 매우 힘들었다. 변화의 시기에 막중한 위험과 책임이 따랐다. 따라서 밤잠을 거르는 때가 많았다. 자신이 하는 일을 단지 직업으로만 생각하는 사람은 아무도 없었고, 급료가 형편없고(또는 전혀 없고) 미래에 대한 보장도 없는 사람이 많았다. 나중에 도메니코 카자그란데가 쓴 대로 "멋진 시절이었지만 또 힘들기도 했다. ……우리는 정말 소수였다." 그때를 돌이켜보면 바잘리아의 혁명에 참여한 사람들이 언제 먹

192

고 잤을지 상상이 잘 가지 않는다.

바잘리아 혁명의 중요한 측면 한 가지는 실제로는 대단히 현실적이었다. 즉 의사는 항상 자신의 일터에 있어야 했다. 에도아르도 발두치는 나중에 고리치아에서는 "의료진이 계속적으로 자리를 지켜야" 했다면서 다음과 같이 주장했다.

> 당시의 진료와 관련해서 진짜 새로운 부분은 의사가 아침부터 저녁까지 그곳에 있었다는 점, 그러면서 언제나 기준 역할을 했다는 점이다. 이것은 옛 의사들의 관행을 받아들이지 않은 다섯 명의 의사와 두 명의 심리학자가 실행한 일종의…… '충격 요법'이었다. ……새 의사들은 보호소 내의 모든 사람, 모든 부분이 모든 순간에 본받을 수 있는 본보기로서 행동했다.[22]

다른 정신질환자 보호소에서는 의사가 거의 보이지 않았던 반면 고리치아에는 의사가 언제나 있었다. 나아가 논의와 문젯거리가 끊임없이 있었고, 바잘리아의 아파트나 주점이나 식당에서 밤늦게까지 토론이 이어졌다. 에퀴페의 모든 구성원은 서로 잠깐만 걸으면 갈 수 있는 거리에 모여 살았다. 거의 일종의 집단생활이었다. 소모될 위험이 컸다. 이 운동은 대의에 완전히 헌신하기를 요구했고 바잘리아 또한 그렇게 요구했다. 집회가 집회로 이어졌고 그뒤에 더욱 많은 집회가 이어졌다. 환자들 또한 이제 항상 관심을 기대했다. 게다가 병원 안팎에서 폭력과 자살에 대한 두려움이 상존했다. 개방 정책 이전에 그런 사건은 조용히 묻히거나 거의 눈에 띄지 않았다. 아무도 그다지 신경쓰지 않았다. 이제는 모든 눈이 고리치아를 바라보고 있었다. 이곳은 현

미경 아래에 놓인 장소였다.

집회, 집회, 또 집회. 고리치아의 정신질환자 보호소에는 여러 종류의 집회가 매주 50회 이상 열렸다. 고리치아 실험의 주역 중에는 그곳에서 한 일의 강도, 압박, 긴 교대 근무, 밤새 병원을 홀로 지키는 일의 스트레스에 대해 쓴 사람이 많다. 에퀴페에게 (그리고 그들의 가족에게) 고리치아는 총력전의 경험이었다. 관계된 모든 사람이, 또 그 가족이 정신적·신체적으로 극히 많은 것을 견뎌야 했다. 이 중압감 때문에 부부가 결별했고 아이들이 방치되었다. 사회 활동은 최소한도로 줄어들었고, 휴가를 바라보는 눈길은 못마땅했다. 일과는 대개 여덟 시 반에 간호사, 사회복지사, 의사가 참석하는 회의로 시작되었다. 아홉 시부터 열 시까지는 (전통적인 병원과 마찬가지로) 의사들이 병동을 다니며 회진했다. 열 시에는 전체 집회가 열렸다. 의자는 대충 반원형으로 배치됐고, 정해진 자리는 없었으며, 집회를 (적어도 형식적으로) 주도하는 환자들이 아셈블레아를 진행하고, 회의록을 기록하는 등으로 진행됐다. 그 다음에는 또 집회가 열렸다. 모든 순간, 모든 회의 동안 주안점은 전체 공동체가 필요로 하는 부분을 고려해야 한다는 것이었다. 전체 집회가 끝나면 의사, 간호사, 환자 공동체의 지도자가 참석한 가운데 (환자 지도자가 참석한다는 자체가 흥미로운 생각이었다) 방금 있었던 집회에 관한 평가회가 열렸다. 11시 15분 정도부터 1시 15분까지는 휴식시간이었는데, 하루 중 집회가 없는 드문 시간이었다. 1시 15분에 다음 교대 근무가 시작되었다. 오후 동안에는 주로 더 많은 집회가 열렸는데 이번에는 병동과 관련된 집회였다. 그런 다음에는 갖가지 위원회가 있었다.

고리치아와 당시의 다른 정신질환자 보호소 사이 큰 차이점 한 가지는 앞서 살펴본 대로 의사가 병원 안에서 항상 자리를 지키고 있어서 환자와 언제든 대화를 할 수 있었다는 점이다. 슬라비치는 이것을 "병동 내에서 계속 자리를 지키는 그들의 '편재'"[23]라고 불렀다. 대부분의 정신질환자 보호소에서는 이렇게 하지 않고 의사가 대개 아주 최소한으로만 일했다.[24] 토론이 끝없이 이어진다는 느낌은 책 두 권과 영화 한 편이 만들어진 것 외에도 무수히 많은 활동이 있었던 1966년부터 1968년까지의 '황금기'에 특히 강했다. 더욱이 고리치아에서는 집회가 정신질환자 보호소 안으로 한정되지 않았다. 에퀴페의 논의는 바잘리아의 집에서 밤늦도록 이어지거나 저녁식사 동안에도 계속되었다.

모순은 명확했다. 적어도 에퀴페가 보기에는 그랬다. 바잘리아는 집회를 활용하여 지지자를 끌어들이고 고리치아에서 벌어지는 일에 대한 소문을 전파했다. 그러나 그와 동시에 에퀴페는 환자들이 결국 얼마나 무력한지를 설명했다. 전체 집회에 대해 또다른 관측도 나올 만하다. 그들은 엿보기를 즐겼나? 환자가 구경거리였나? 입원자들은 어떤 면에서 (그들을 찍은 사진이나 영화에서처럼) '전시'되고 있었다. 정신질환자 보호소로 인해 찌든 모습에 대한 관심이 큰데다 광기 어린 행동이 더해지자 이끌림과 거부감이 뒤섞인 묘한 매력 같은 것이 생겨났다 (기자 니노 바스콘이 『부정되는 공공시설』에서 이를 인정한 바 있다).[25]

그리고 온정주의의 위험도 있었다. 바잘리아와 그의 팀은 환자에게 자유를 '주었고' 자물쇠가 채워졌던 병동을 개방했으며 일부 입원자가 (대개 동반자 없이, 그리고 돌아올 의무와 함께) 병원 밖으로 나갈 수 있도록 하는 외출증에 서명했다. "우리가 문에 열쇠를 꽂았고 그들이 그 열쇠를 돌렸다"라는 수사에도 불구하고 고리치아의 실험은 에퀴페의 손에 있었다. 그들은 자유로웠지만 환자는 그렇지 않았다. 그들은 열쇠를 쥐었지만 환자는 그렇지 않았다. 1972년에 바잘리아 사람들이 물러나자 고리치아의 정신질환자 보호소에서는 일반적인 서비스가 (어느 정도) 다시 시작되었다. 이런 면에서는 바잘리아가 옳았다. 정신질환자 보호소는 개혁될 수 없었다. 타파해야만 했다.

1967년 무렵 고리치아의 실험은 정신의학계에서 널리 알려져 있었다. 에퀴페는 첫 단행본을 펴냈고, 그곳에서 무슨 일이 벌어지고 있는지를 보려는 방문객이 꾸준히 찾아왔다. 그러나 고리치아, 그리고 바잘리아는 1968년에 유명해졌다. 그 중요한 계기는 1968년 3월 에이나우디에서 출간한, 그 이후 한 세대 내내 '성서'로 취급되게 될 책이었다. 제목부터가 의미심장한 이 책은 『부정되는 공공시설』이었다.

제11장

『부정되는 공공시설』의 기원

당신의 책……은 그 자체로 전개되는 책의 보기 드문 예입니다. 당신의 책은 내부에서 스스로 만들어내는 긴장 상태를 통해 생명을 이어가고, 자신의 자기파괴적 성향을 통해 자신을 지탱합니다.

줄리오 볼라티가 프랑코 바잘리아에게(1968년 1월 26일자)

조반니 제르비스와 에이나우디

『부정되는 공공시설』이라는 이름으로 나온 책의 기원과 제작과 탄생에 관해서는 다양한 이야기가 있다. 그렇지만 고리치아 사람들과 이 책의 출판사인 에이나우디를 연결한 사람이 조반니 제르비스였다는 사실에는 모두가 동의한다.[1] '조니' 제르비스는 1960년대 이후로 에이나우디에서 임시직으로 일했다. 초반에 그가 맡았던 역할(외부 자문가 겸 에르네스토 데 마르티노의 중재자)은 레나토 솔미와 라니에로 판치에리와의 친분 때문에 잠시 흔들릴 뻔했다. 토리노로 들어간 남부의 이주자들에 대해 고프레도 포피가 쓴 책의 출간을 두고 일어난 저 악명 높은 불화가 계기가 되어, 1963년 11월에 에이나우디의 편집위원회에서 저 두 '노동자주의' 지식인이 해고되었기 때문이다.

제르비스는 1965년 봄부터 에이나우디의 편집위원회가 모이는 저 유명한 수요 편집회의에 꼬박꼬박 나타나기 시작했다(초청이 있어야만 참석할 수 있는 자리였다). 토리노에서 열린 이 편집회의는 줄리오 에이나우디와 줄리오 볼라티가 관장했고, 출간 제안과 출간된 책에 대해 논의하고 출간 계획을 세우는 자리였다. 존니는 이미 에이나우디로부터 마르쿠제의 『에로스와 문명』에 자세한 머리말을 써달라는 의뢰를 받았고(이 일을 처음 맡았던 것은 1962년), 1960년대 말에 이르렀을 때 에이나우디의 심리학, 정신의학, 정신분석학 분야(출판사와 독자들이 갈수록 더 관심을 많이 보이고 있던 분야였다)의 전문가가 되어 있었다.[2] 또 영어로 된 책 몇 권을 이탈리아어로 번역했고, 아동 고전서 『피노키오』 신판의 머리말을 써달라는 부탁을 받았다. 그는 승승장구하고 있었고 편집회의에서도 가장 먼저 발언하는 때가 많았다.

제르비스는 방대한 양의 자료를 받아 검토한 다음 거기에 대해 보고했다. 또 에이나우디의 측근 중의 측근으로 들어오라는 권유를 받았으며, 특히 발레다오스타주에서 매년 여름 열리는 편집자 친목회에 초대되었다(제르비스는 1965, 1966, 1967, 1970, 1971년에 참석했다). 그 시기에 찍은 단체사진에서 이탈로 칼비노를 비롯한 사람들과 아울러 깡마른 그의 모습을 볼 수 있다. 1967년에 에이나우디는 그를 정규직으로 채용했다(월 급여 15만 리라). 기나긴 역정이었지만 결국 그는 해냈다.

제르비스가 1966년에 고리치아로 가서 바잘리아 팀에 합류하기로 결정한 것은 이런 맥락 안에서였다. 그는 그해 10월에 에이나우디에게 편지를 써서 자신의 새 주소가 "고리치아 현립 정신병원"임을 알렸고 같은 달에 보낸 또다른 편지에서 "내 동료이자 친구인 프랑코 바잘리아"를 언급했다.[3] 제르비스가 에퀴페에 참여한 이유 한 가지는 에이나우디를 당시 이탈리아의 정신보건 개혁 및 급진적 정신의학 쪽에서 가장 흥미진진한 실험과 연결시키자는 것이었다. 그가 고리치아로 떠나기 얼마 전에 그곳에서 벌어지고 있는 일을 바탕으로 일련의 책을 출간하기 위한 계획이 세워졌고, 고리치아에 도착한 뒤 제르비스는 이 모든 것에 대해 에이나우디에 보고했다.[4] 제르비스가 금세 에퀴페의 핵심 구성원이 되고 또 파르마에서 1967년에 출간된 고리치아에 관한 첫 문집에 기고한 일에 대해서는 앞에서 살펴보았다. 이 책(『정신의학이란 무엇인가?』)은 『부정되는 공공시설』을 위한 일종의 시험판이 되었고, 두 단행본은 구조, 내용, 문체, 어조 등의 면에서 서로 비슷했다. 에이나우디는 나중에 『정신의학이란 무엇인가?』의 판권을 사들였다(그리고 1973년에 재판본을 냈다).

에이나우디와 고리치아는 여러 경로를 통해 관계를 맺었는데, 처음에는 제르비스를 통해서였다. 반정신의학이 금세 유행을 타고 시장성이 높아지자 에이나우디는 (제르비스의 제안을 따라―그중 일부는 고리치아에서 영감을 얻었다) 랭이라든가 어빙 고프먼을 비롯한 사람들의 책을 우선적으로 출판할 권리를 확보했고, 그와 관련한 번역 및 편집 작업 일부를 레티치아 콤바와 프랑카 옹가로를 비롯한 고리치아 에퀴페의 구성원에게 맡겼다. 바잘리아와 에퀴페는 제르비스를 통해 맥스웰 존스와 푸코의 책 등 자신들에게 중요한 책의 번역본을 내자고 에이나우디에게 제안했다. 에이나우디는 『부정되는 공공시설』 출간 후 이런 식으로 고리치아 팀에게 중요한 책을 거의 모두 출간했다. 1968년 이후로 바잘리아 사람들의 교재가 하나씩 쌓여갔다.

1967년 2월에 제르비스는 『부정되는 공공시설』로 출간될 책을 "우리가 고리치아에서 만들고 있는 것"이라고 언급했다.[5] 또 이때 이 책이 누오보 폴리테크니코 시리즈의 한 권으로 정해진 것이 분명하다. 여기서 또 알 수 있는 것은 『부정되는 공공시설』을 출간하기 위한 작업이 1966년 제르비스가 고리치아에 도착한 직후 또는 그보다 일찍 시작되었다는 사실이다. 에이나우디의 원래 계획은 고리치아와 관련된 책을 적어도 두 권을 낸다는 것이었다. 하나는 '정신의학과 권력'이라는 이름으로, 또하나는 구체적으로 고리치아의 정신질환자 보호소에 관한 책으로 낼 계획이었다.[6]

제르비스는 바잘리아와 에이나우디를 직접 연결하는 책임을 맡았다. 다른 출판사가 고리치아의 정신질환자 보호소 소장에게 구애를 시작할 조짐도 보이고 있었다. 1967년 4월에 제르비스가 경고한 대로

> 파르마와 고리치아의 경험을 바탕으로 한 문집이 곧 나옵니다. ……
> 우리는 이미 그에 관해 이야기하고 있습니다. ……그런데 필리피니
> 가 앞으로 나올 책과 관련하여 후한 액수를 제시하며 바잘리아와 접
> 촉하고 있습니다. 그 나머지 책의 경우에 바잘리아는 가장 높은 액수
> 를 제시하는 쪽으로 갈 것입니다.

이것은 밀라노의 펠트리넬리 출판사에서 일하던 엔리코 필리피니를 말한 것으로 추측된다. 제르비스가 저 운명의 말을 덧붙인 것은 바로 이 대목이었다. "제가 바잘리아를 데려갈 수 있습니다."[7] 이 시점까지 바잘리아는 에이나우디 출판사의 어느 누구와도 직접 연결되지 않았으나, 사정은 곧 바뀔 참이었다. 이것은 제르비스, 바잘리아, 볼라티, 에이나우디, 그리고 고리치아에 어마어마하게 중요한 결과를 낳게 될 만남이었다.[8]

1967년 4월, 제르비스는 프랑코 바잘리아를 데리고 토리노로 가서

줄리오 볼라티를 비롯한 사람들을 만나게 하겠다고 제안했다. 정식 만남은 5월 17일에 있었고, 두 사람(볼라티와 바잘리아)은 처음부터 마음이 잘 맞았다. 볼라티의 아내 피에라 피아티가 관심을 보이고 역할을 맡으면서 또하나의 관계가 맺어졌다. 피아티는 1967년 말에 토리노에서 바잘리아와 비슷한 주제로 활동하는 아소차치오네 페르 라 로타 콘트로 레 말라티에 멘탈리(정신질환에 맞서 싸우기 위한 단체)를 설립하게된다. 볼라티는 바잘리아를 만나자마자 그의 지성과 급진적 열정에 매료되었다. 첫눈에 반한 우정이었다.[9] 더욱이 바잘리아는 제르비스와달리 에이나우디에 고용되는 것에 관심이 없었다. 볼라티와 바잘리아는 모두 지식인이었지만, 두 사람 모두 추상적 이론에서만이 아니라현실 세계에서 일을 해내는 데 관심이 있었다. 또한 볼라티는 진정한권력을 가진 사람이었고, 바잘리아는 권력이 어떻게 작동하는지를 아는 사람이었다.

이 만남이 있은 뒤 볼라티와 피아티는 고리치아와 베네치아를 여러차례 방문했고, 바잘리아는 정기적으로 토리노를 오가기 시작했다. 볼라티와 우정이 싹튼 프랑카 옹가로도 포함하여 편지가 오가기 시작했다. 세 사람은 1980년에 바잘리아가 죽을 때까지 가까이 지내게 된다. 그뒤로 볼라티는 1996년 자신이 죽을 때까지 프랑카 옹가로와 지속적으로 연락을 주고받았다.

바잘리아와 볼라티 사이의 우정은 편지에서 알 수 있듯 금세 뿌리를내렸다. 1967년 6월 15일 바잘리아는 볼라티에게 첫 만남에 대해 편지를 썼다. "만나서 정말 즐거웠습니다."[10] 이리하여 에이나우디와 고리치아를 연결하는 (유일한) 연락 창구이던 제르비스를 거치지 않고 직접 연락하는 경로가 만들어졌다. 바잘리아는 계속해서 이렇게 썼다.

"저와 저의 에퀴페가 에이나우디 출판사에서 책을 낼 가능성이 생겨나고 있어서 기쁩니다."[11] 토리노에서의 첫 만남에서는 『부정되는 공공 시설』이 될 작업에 대한 직접적인 논의도 있었다. 에이나우디는 고리치아에서 열리는 전체 집회를 녹음, 녹취하는 데 드는 비용을 지불하기로 볼라티를 통해 합의했다. 이는 "말로 이루어진 책"[12]이라고도 불리는 저 책 이면의 핵심 개념이자 자료였다. 1967년 5월 이후로 볼라티는 에이나우디 안에서 바잘리아를 챙기는 사람이 되었다. 제르비스는 천천히 주변으로 밀려났으며, 다만 편집회의에는 보고를 계속했다. 또 바잘리아나 볼라티가 직접 안을 내고 그것을 줄리오 에이나우디와 논의했다. 이제 더이상 제르비스는 출판사 안에서 고리치아의 실험을 대변하는 유일한 사람이 아니었다. 그 사실을 깨닫기까지 시간이 얼마간 걸렸을 뿐이다. 책의 기획과 관련하여 볼라티 – 바잘리아 – 옹가로의 연결고리를 통해 바잘리아 부부가 쓴 책이나 두 사람이 추천하는 책이 많이 출간되게 된다.[13]

볼라티가 바잘리아에게 보낸 편지에도 (그가 제르비스에게 보낸 편지의 어조와는 딴판으로) 친구 사이의 편지로서 격식을 따지지 않는 어조가 쓰였다. 예를 들면 아래는 1967년 11월 10일자 편지의 내용이다.

고리치아에서 저를 그렇게 맞아주신 데 대해 가슴 깊은 곳에서부터 감사를 드립니다. 부인께도 감사합니다. 곧 다시 만나기를 바랍니다. 토리노도 좋겠지요. 어떻든 우리가 계속 연락을 주고받도록 피에라가 챙길 거라고 확신합니다. 이것은 출판업자로서만이 아니라 친구로서도 저에게는 매우 중요한 일입니다.[14]

두 사람은 고리치아에서 준비 중인 책의 출판을 위해 긴밀하게 협력했다. 1967년 7월에 바잘리아는 볼라티에게 그곳에서 진행 중인 여러 가지 작업에 관해 편지를 썼다. 그 첫째에는 『뒤엎기의 실제—어느 치료 공동체의 보고서』라는 가제가 붙어 있었다. 바잘리아는 "제가 볼 때 이 제목은 이 책의 개념적 의미와 완벽하게 맞아 떨어집니다"라고 썼다.[15] 바잘리아에게는 이 책이 어떤 식으로도 정신의학적으로 비치거나 제시되지 않는 것이 중요했다. "책 전체의 '반정신의학적' 또는 '반과학적' 구조를 볼 때…… 표지에 정신의학에 관한 어떤 것도 들어가서는 안 됩니다."[16] 제안된 두번째 책은 바잘리아의 글을 모은 문집이었다. 가제는 『부정되는 공공시설』이었고, 세번째는 『정신의학과 권력』이었다. 1968년에 나온 단행본은 이 세 가지 제안이 모두 결합된 것이었다. 이런 논의는 편집위원회에서 제르비스가 진행하던 것과는 별개로 계속되었다. 이런 식의 직접적인 연락이 지니는 중요성을 제르비스가 어느 정도까지 인식하고 있었는지는 분명하지 않다. 1967년 5월 이후로 그가 맡은 역할의 중요성이 떨어졌다는 사실에는 의심할 여지가 없다.

1967년 5월에 볼라티는 편집위원회에서 제르비스와 바잘리아를 만난 사실을 두루뭉술하게 보고했다. "제르비스와 바잘리아가 토리노에 와서, 두 사람이 고리치아에서 하고 있는 경험을 바탕으로 책을 두 권 내는 일에 대해 논의했습니다." 제르비스는 이렇게 덧붙였다.

> 그 첫째는 『정신의학과 권력』으로 정해졌고 현재 진행되고 있습니다. 그보다 더 급하고 더 많이 진행된 것은 누오보 폴리테크니코 시리즈의 책으로 치료 공동체의 삶과 문제점을 분석하고 편집자 해설을 첨

부했습니다. 이 책은 파르마 지방 정부와 함께 내놓은 단행본의 후속
작으로 유익하면서도 흥미롭습니다. 석 달 정도면 마무리될 겁니다.[17]

『정신의학이란 무엇인가?』는 임시로 만든 작은 출판사를 통해 한정
판으로 출간되었다.『부정되는 공공시설』은 사정이 그와는 완전히 달
라질 참이었다. 고리치아는 대성공을 앞두고 있었다. 결국 앞에서 살
펴본 바와 같이 이 두 가지 작업은 (그리고 바잘리아가 쓴 글의 문집도 함
께) 하나로 합쳐져『부정되는 공공시설』로 나왔고,『정신의학과 권력』
은 출간되지 않았다.[18] 바잘리아와 프랑카 옹가로의 글을 모두 모은 두
권짜리 전집은 1980년에 바잘리아가 죽고 나서야 나온다.[19]

그런데『부정되는 공공시설』의 저자는 누구일까? 이 책은 다른 책과
는 달리 진정한 집단 작업으로, 많은 목소리와 저자와 편집자가 참여
했다. 책 속에는 에퀴페의 모든 핵심 구성원과 프랑카 옹가로가 쓴 글
뿐 아니라 환자, 의사, 간호사, 기자 니노 바스콘 등이 관여한 다양한
진술과 대화, 토론이 포함되었다. 특히 환자들이 많은 분량을 차지했
다. 1967~1968년에『부정되는 공공시설』의 표지에 누구의 이름을 올
릴 것인가를 두고 중요한 토론이 벌어졌다. 이 책의 저자 또는 편집자
를 누구로 삼을 것인가? 이것은 그저 실질적인 문제가 아니라 철학적
이고 정치적인 문제이기도 했다. 이 책에는 실제로 한 명의 저자나 편
집자가 있는가? 그들에게 저자 문제는 중요했다. 바잘리아는 원래 표
지에 누구의 이름도 올리고 싶어하지 않았다. 단체 이름도 마찬가지였
다. 그는 이 책을 진정한 공동 작업의 산물로 보았고, '문화산업'에 의
해 이 책의 저자가 누군가의 것으로 유용돼버릴 가능성을 우려하고 있
었다. 그러나 볼라티가 바잘리아를 설득하여 마음을 돌리게 한 것처럼

보인다. 이 노련한 출판업자는 어쨌든 '체제'는 이 책을 한 사람의 것으로 귀속시킬 것이고 또 익명의 저자가 쓴 책은 그저 '에이나우디'가 쓴 것으로 비칠 것이라고 주장했다. "당신이나 제르비스나 피렐라가 이 책의 공식 저자가 아니라 해도, 일부 대중은 여전히 이 책이 당신이나 제르비스나 피렐라가 쓴 것으로 알 것입니다."[20]

흥미롭게도 이 편지는 『부정되는 공공시설』의 저자/편집자로 다른 사람이 있을 가능성도 보여준다. 이 책은 에퀴페의 전체 구성원과 기자, 환자, 그리고 그 밖의 사람들이 참여하여 만든 집단 작업의 결과물임이 확실하다. 또 제르비스가 편집자로서 중요한 역할을 맡은 것이 분명하고, 볼라티, 바잘리아, 프랑카 옹가로를 비롯한 사람들 역시 마찬가지이다. 훨씬 나중에 (당시 에이나우디의 편집자였던) 루카 바라넬리는 『부정되는 공공시설』의 '진짜 편집자'는 제르비스였다고 주장한다.[21] 그러나 고리치아 자체가 바잘리아 없이는 일어나지 않았을 것이다. 그것은 그의 작품이며 그는 명백히 그 지도자였다. 그의 생각이 책 전체를 관통하여 흐른다. 또한 (잘못) 유용될지도 모른다는 두려움, 고리치아가 유행을 타서 문화 소비라는 권력에 의해 이가 빠진 꼴이 될지도 모른다는 두려움도 있었다. '구경거리의 사회'에 먹혀버릴지도 모른다. 바잘리아는 특히 이 점을 의식하고 있었고, 그래서 이 책의 저자를 표시하기를, 또는 이 책을 단일 저자에게 귀속시키기를 주저했다.[22]

결국 이 책은 '프랑코 바잘리아 엮음'이라는 이름을 달고 출간되었고, 그러자마자 고리치아의 경험 전체가 그랬던 (지금도 그런) 것과 마찬가지로 바잘리아 본인의 것으로 귀속되었다. 이따금 『부정되는 공공시설』은 말 그대로 '프랑코 바잘리아 지음'인 것처럼 한 사람의 저작물로 표시되기도 한다. 따라서 어떤 면에서 바잘리아의 두려움은 옳았다. 그렇지만 출판이라는 관점에서, 또 운동 전체의 관점에서 보면 볼라티의 직관이 정확했다. 이것은 특히 제르비스에게 결정적인 순간이었다. 따져보면 제르비스가 없었다면 에이나우디는 『부정되는 공공시설』뿐 아니라 바잘리아와 프랑카 옹가로의 후속작도 놓쳤을 가능성이 높았다. 그리고 바잘리아, 볼라티, 제르비스 간의 상호작용이 없었다면 『부정되는 공공시설』이 과연 베스트셀러가 되었을까? 이들은 이 책을 그 시대와 완벽하게 주파수가 맞는 것으로 만들어놓았다.

『부정되는 공공시설』의 계약서에는 1968년 2월 제르비스와 바잘리아가 공동으로 서명했고, 저작권료는 모두 고리치아에 있는 환자들의 클럽 앞으로 돌아갔다. 책은 1968년 3월에 나왔다. 안토니오 슬라비치는 나중에 조반니 제르비스가 새로 나온 책을 한 무더기 가지고 고리치아로 돌아온 날에 대해 적었다. 책에서 잉크 냄새가 났다. 제르비스가 에퀴페 사람들에게 책을 나눠주었다. 원고는 바잘리아가 직접 토리노로 가져갔던 것 같다. 고리치아의 정신질환자 보호소에 관한 전문적이고 이해하기 어려운 내용에다 저자도 많은 이 책이 베스트셀러가 되리라고는 그 누구도 기대하지 않았다. 다만 출판사는 이 책의 중요성과 잠재력, 그리고 1967~1968년에 세계적으로 터져나온 저항과 명확하게 연결되어 있다는 사실을 잘 의식하고 있었다. 에퀴페의 여러 구성원이 참여하는 광범위한 홍보 여행이 준비되었다. 이탈리아 전역에서 다양한 간행물에 이 책에 대한 평론이 실렸다. 그중에는 천주교계와 관련된 곳이 많았다. 에이나우디의 편집자 파올로 포사티가 1968년 2월에 편지로 제르비스에게 쓴 대로 "이 책을 다들 몹시 기다리고 있습니다."[23]

『부정되는 공공시설』이 뜻밖에 성공하자 프랑코 바잘리아를 비롯한

206

고리치아 사람들에게 새로운 세계가 열렸다. 책이 출간된 시기도 완벽했다. "1960년대 말 대규모 군중집회가 일어나던 중대한 시점에" 이 책이 나오자 "고리치아의 경험이 어느 날 갑자기 유명해졌다."[24] 또한 바잘리아는 유명인이자 인기인이 되었고 1968년의 지도자 중 한 사람으로 인정되었다. 고리치아는 이탈리아의 1968년 운동을 반영하는 동시에 운동을 이끌어내는 데 한몫했다. 『부정되는 공공시설』은 그 당시부터 중요한 책이 되었고, 자존심 있는 모든 세산토티노(68년 세대)의 책꽂이에 꽂혀 있는 "신정신의학 최초의 주류 출판물"[25]이 되었다. 안토니오 슬라비치는 1971년 페라라에서 일하기 시작했을 때 자기 팀의 대부분이 그 책을 잘 알고 있다는 사실을 알았다. "모두가 그 책을 읽어보았고, 그때도 그 책을 돌려가며 읽고 있었다."[26] 『부정되는 공공시설』은 이내 고리치아에서 일어난 일을 이해하기 위한 중요한 역사 자료가 되었다.[27]

바잘리아는 에퀴페와 환자들을 대신하여 그 과정에서 도움을 준 볼라티에게 직접 고마움을 표했다("저와 고리치아의 모든 사람을 위해 해주신 모든 일에 대해 감사드립니다"). 이 책과 관련된 홍보 활동은 이탈리아 곳곳에서 청중이 가득 모이는 등 큰 성공을 거두었지만 한편으로는 어렵고 힘든 일이기도 했다. 어떤 면에서 이런 행사는 바잘리아가 가장 두려워한 부분을 확인시켜주었다. 고리치아는 하나의 상품, 팔려나가 소비되는 대상이 된 것이다. 바잘리아는 이렇게 썼다. "『부정되는 공공시설』이 나오면서 저는 방문 판매원처럼 이탈리아 여기저기를 다니고 있습니다."[28] 사정이 단순화되거나 다른 곳에서 본받을 수 있는 진부한 의미의 모델로 비칠 위험이 있었다. 이 책이 1968년 여름에 유명한 비아레조 문학상을 받자 이 위험이 다시 한번 부각되었고, 에퀴페는 이

상을 받아야 할지 말지를 두고 의견이 갈렸다.[29]

바잘리아-볼라티의 관계는 결국 제르비스에게, 또 그가 에이나우디에서 맡은 역할 면에서 볼 때 치명적이었다. 바잘리아가 제르비스처럼 유급 고문이 된 적은 없는 것 같지만, 그가 볼라티와 직접 접촉한다는 것은 볼라티가 바잘리아의 생각을 편집위원회나 줄리오 에이나우디에게 직접 가져간다는 뜻이었다. 제르비스는 주변으로 밀려났다. 그자신의 책은 에이나우디에서 출간될 기회가 없었다. 제르비스는 고리치아 이후 레조넬에밀리아에서 했던 작업을 일부 바탕으로 하여 정신의학 비평서를 내자고 제안했는데, 이 안은 결국 1975년에 펠트리넬리 출판사로 갔다.[30] 바잘리아에게는 에이나우디 내부의 중간역이 더이상 필요하지 않았다. 1968년 이후로 제르비스와 바잘리아는 친구에서 가까운 동료로, 동료에서 다시 경쟁 상대로 관계가 급변했다. 제르비스는 아내 레티치아 콤바와 함께 계속 에이나우디에서 일했지만, 그 관계가 오래가지 못할 거라는 사실은 분명했다. 1971년 말에 이르러 제르비스의 에이나우디 시대는 끝이 났다. 그는 1977년에 출간되는 책에서 (그 시점까지의) 자신의 인생 여정을 솔직하게 들려주면서 이 경험에서 느낀 쓰라린 감정을 있는 그대로 드러낸다.[31]

『부정되는 공공시설』의 최종 제목은 마지막 순간에 결정되었으며, 필시 1968년 초가 되기 전에는 정해지지 않았을 것이다. '부정되는 공공시설'이라는 어구를 누가 생각해냈는지에 대해서는 약간의 논란이 있다. 일부는 피렐라를,[32] 일부는 제르비스를, 또다른 사람들은 바잘리아 본인을[33] 지목한다. 비교적 일찍 나온 한 가지 제안은 '뒤엎기의 실제'였다. 바잘리아는 1967년 6월에 볼라티에게 자신이 쓴 글을 모은 문집을 제안하면서 '부정되는 공공시설'이라는 용어를 사용했는데, 이

를 보면 그가 이 용어를 제목으로 고르는 과정에 적어도 관여했다는 사실은 알 수 있다.[34]

책 자체는 여러 부분으로 나뉘어 집필되었고, 고리치아에 있는 바잘리아의 아파트와 병원에서 논의되고 취합되었다. 에퀴페의 구성원 전원 및 프랑카 옹가로, 미켈레 리소, 줄리오 볼라티를 비롯한 여러 사람의 의견이 들어갔다. 이 과정에 대해 자세하게 글로 쓴 사람은 아무도 없다. 이 작업은 목소리와 글, 토론으로 이루어진 그림 맞추기 퍼즐 같았다. 바잘리아가 직접 쓴 글이 책 내용의 여러 부분에 토막토막 들어갔다. 에퀴페의 구성원은 각기 자신의 글을 수록했고, RAI의 기자 니노 바스콘이나 사회학자 잔 안토니오 질리 같은 외부인도 중요한 역할을 맡아 참여했다. 이런 작업 방식은 이미 1966~1967년에 『정신의학이란 무엇인가?』를 내면서 활용된 바 있었다.

『부정되는 공공시설』은 꼭 맞는 때에 나온 꼭 맞는 책, 시기가 딱 맞아떨어진 책이었다. 날개 돋친 듯 팔리면서 "여덟 가지 판이 나왔는데 그중 두 가지가 1968년에 나왔고, 6만 권이 팔렸는데 그중 5만 권이 1968년부터 1972년까지 팔렸다."[35] 『부정되는 공공시설』은 1968년에만 1만 2500권이 팔리면서 출판사의 비용을 제하고 저자에게 69만 리라가 돌아갔으며, 그 전액이 고리치아 환자들의 클럽에 기부되었다(따라서 환자들에게 직접 전달되었다). 『부정되는 공공시설』은 사람들이 듣고 싶어하는 내용을 들려주었지만, 또한 새로운 의견이 쏟아지게 만들기도 했다. 제목이 완벽했다. 그것은 하나의 구호이자 동원령으로, 정신의학자에게만 해당되는 게 아니었다(그리고 어쩌면 그들은 전혀 해당되지 않았는지도 모른다). 갑자기 고리치아는 주요 뉴스로 오르내리고, 1968

년 세대의 성지가 되며, 그 자체의 성서를 갖춘 장소가 되었다.

『부정되는 공공시설』은 1968년을 만들어내기도 했고 반영하기도 했다.[36] 기자들이 고리치아로 몰려들어 온갖 종류의 잡지와 신문에 기사를 실었고, 그 밖의 방문객들은 불쑥 찾아와 자기 눈으로 그곳을 보고자 했다. 미친 사람들이 자기 병원의 운영 방법을 놓고 논의하는 기적같은 광경을, 가운을 입지 않은 의사들이 둘러앉아 가끔 한마디씩 의견을 내놓는 가운데 정신질환자 보호소를 진짜로 점령한 미치광이들이 모여 있는 광경을 직접 보려는 것이었다. 1969년 초에 전국에 방영되어 수백만 명이 시청한 세르조 차볼리의 인상적인 다큐멘터리 〈아벨의 정원〉은 화룡점정이었다. 외진 곳에 있는 음침한 정신질환자 보호소는 예기치 않게 이탈리아 1968년 운동의 핵심 장소 중 하나가 되었고 또 유럽에서도 어느 정도 중요한 곳이 되었다.

『부정되는 공공시설』 이후 에이나우디에게 바잘리아는 흥행 보증수표였다. 그는 남아메리카의 여러 나라를 방문하여 그곳의 반공공시설 운동에 관한 연구를 수행할 목적으로 250만 리라라는 거액의 선금을 받았다. 이 여행과 관련하여 약속된 책은 결국 출간되지 않았다.[37] 1969년에 이르러 바잘리아는 반정신의학이나 급진적 정신의학 자체가 아니라 자신이 반공공시설 투쟁이라고 생각한 활동 전반에 더 관심을 갖게 되었다. 예컨대 그는 1970년대에 트리에스테에 관한『부정되는 공공시설 2』를 내지 않기로 결정한다. 원래는 트리에스테에 초점을 맞춰 이런 종류의 책을 만들자는 계획이 있었던 것 같지만, 결국에는 훨씬 더 이론적인 성격에 범위가 넓은『평화의 범죄』라는 책이 1975년에 에이나우디에서 출간되었다.[38]

제12장

『부정되는 공공시설』—1968년의 '성서'

병원은 사회가 그 안으로 들어와 병원의 고립을 깨뜨릴 때 역사를 가지기 시작한다. 역사가 병원 안으로 들어오는 것이라고도 할 수 있을 것이다.

레티치아 콤바[1]

혁명에 폭력이 필요하다면, 우리의 폭력은 병동을 개방하는 것이다.

프랑코 바잘리아[2]

우리는 모든 과학적 범위를 벗어난 작업을 함께 해나가기 시작했다. 우리는 한 가지 실천적 가설, 즉 그런 종류의 공공시설은 존재할 권리가 없다는 가설을 세웠다. 그리고 우리는 그 방향으로 일하기 시작했다.

아고스티노 피렐라[3]

정신질환자 보호소의 현실이 정복되었다. ……그다음에 무슨 일이 벌어질지 우리는 모른다.

프랑코 바잘리아[4]

『부정되는 공공시설』은 수많은 목소리가 담긴 책이자 일종의 지껄임, 하나의 합창, 조각보, 아직 진행 중인 작업이었다. 많은 면에서 이 책은 실제로 '말로 이루어진 책'이었다. 그 안의 지면에는 온갖 종류의 환자, 의사, 간호사, 심리학자, 기자 등을 비롯한 사람들이 다양한 상황에서, 즉 집회에서, 일대일 인터뷰에서 등장한다. 이름이 있는 실제 인물이, 진정한 삶의 경험이, 논의에서 오고간 한마디 한마디를 그대로 담은 녹취가 들어 있다. 이 책은 끝없이 생생하게 이어지는 토론을 통해, 대화를 통해, 고백을 통해, 대단히 장황한 말을 통해 치료 공동체 내 삶의 감각과 역동성을 재현했다. 이 책에는 또 거의 불가해한 고차원의 이론에서부터 고문에 관한 생생한 묘사에 이르기까지 다양한 글이 모여 있다. 책의 많은 부분은 모호하고도 고도로 이론적이며 복잡한 내용이 차지하고 있고, 그 나머지 부분은 강렬하고 직선적이다. 일부는 일부러 충격적이고 생생한 내용을 담았다. 책의 여러 부분이 고리치아 자체를 거의 언급하지 않는다. 환자에 관한 역사 연구도 없고, 그들이 어디서 왔는지 또 1960년대까지 어떤 맥락에서 병원이 세워지고 기능을 담당했는지에 관한 연구도 없다. 『부정되는 공공시설』은 더 많은 연구로 이어지게끔 하는 책으로도 의도되었다. 책에는 더 알아보고 싶은 사람들을 위한 참고문헌 목록이 수록되어 있다. 다른 어떤 것과도 다른 책이었다. 전체를 아우르는 서사도 없고, 책의 형식은 1968년의 운동, 즉 아셈블레아의 형식이었다. 어떤 면에서 고리치아는 아셈블레아를 발명했다. 이 책은 급진적 변화, 지금 이곳에서 실제로 일어나고 있는 (또는 이미 일어난) 변화의 느낌을 전해주었다. 책이 너무 빨리 팔리는 나머지 에이나우디 측이 수요에 대응하기 어려울 정도였다.

이곳은 더이상 정신질환자 보호소가 아니다.

파비오 이스만[5]

이곳에서 우리의 유일한 규칙은 우리의 실천과, 현실에서 이루어지는
실제 경험과 이어져 있다.

프랑코 바잘리아[6]

니노 바스콘 기자[7]가 장면을 설정한다. 고리치아의 정신병원은 아홉
채의 건물로 이루어진 단지로, 드넓은 아름다운 공원을 배경으로 하고
있었다. 그 안에는 작은 교회, 주점, 농장도 하나씩 있었다. 병원 내에
는 약 500명의 환자, 150명의 간호사, 아홉 명의 의사가 (그리고 병원 사
제 한 명, 다수의 수녀, 심리학자 한 명, 사회복지사 몇 명, 자원봉사자 몇 명이)
있었다. 어떤 면에서 이곳은 기묘하게 아름다운 장소였다. "이 공원은
형언할 수 없는 곳이다. 아름답고 찬란하다."[8] 정신질환자 보호소가 있
는 위치는 이 소도시의 변두리로, 맞은편에는 거대한 규모의 시립 병
원이 있었다. 정문을 들어서면 정면에 있는 큰 건물에 직원 사무실이
있고, 공원은 그뒤로 펼쳐져 있었다. 바잘리아가 부임했을 때 이 구역
은 남성은 왼쪽, 여성은 오른쪽으로 성별에 따라 엄격히 구분되어 있
었다. 그러나 이 정신질환자 보호소는 1968년에 이르러 '모두에게 개
방'되어 "간혹 방문객이 찾아오면 언제나 열려 있는 정문을 지나 공원
의 가로수길을 통과한다." 바스콘에 따르면 이 상상의 방문객은 누가
환자인지 누가 '정상인'인지 구별할 수 없을 것이다. 바스콘은 "이곳에
는 위험한 사람들이 없다"고 썼다(그해에 벌어질 여러 사건에 비추어볼 때
어쩌면 약간은 낙관적인 표현이라 할 수 있겠다).

이곳은 과연 정신병원인가, 아니면 그와는 아주 다른, 뭔가 새로운, 나아가 혁명적인 곳일까? "단지의 출입문도, 구속복도, 폭력을 낳는 강압적 방법도" 없었다.[9] 바스콘은 이어 독자를 안내하여 정신병원이라기엔 매우 이상해 보이는 곳으로 뛰어든다. 많은 환자가 모인 집회 장소다. 게다가 이것은 일회적이거나 상징적이기만 한 행사가 아니었다. "병원 생활을 통틀어 집회가 주를 이루었다."[10] 바스콘은 어디에도 없을 것 같은 장소를 묘사하고 있었다.[11] 이 정신병원은 개방되어 있고, 방문 시간이 따로 없으며, 대부분의 환자가 단지 내를 자유로이 다니고 심지어 병원 밖 도시 안으로까지 들어갈 수 있었다. 환자가 자기들을 위해 직접 운영하는 주점이 있었다. 의사 중 흰 가운을 입은 사람은 거의 없었고, 심지어는 자신을 의사라고 말하는 사람조차 드물었다. 환자에게는 노동의 대가로 진짜 돈을 지급했다. 이 시점에는 어느 병동도 잠겨 있지 않았다(잠겨 있던 마지막 병동이 1967년 말까지 개방되었다). 전체 집회와 병동 집회를 비롯한 여러 가지 집회에서 바깥나들이뿐 아니라 병원 운영과 관련된 중요한 문제를 결정했다. 모든 것이 긴 시간을 두고 공개적으로 논의되었다.

바스콘이 보기에 고리치아의 정신질환자 보호소는 정신질환이 '괄호 안에 들어간' 곳으로 보였고, 의사, 환자, 간호사의 역할 역시 어느 정도 보류 상태에 들어가 있었다. 이 시설 안에 있는 모든 사람이 자신의 객관적 지위를 잘 알았지만, 대부분은 자신이 짊어진 편견과 과거로부터 벗어나려 노력하고 있었다. 어느 심리학자가 자기 자신에 대해 다음처럼 쓴 대로이다. "나는 병든 사람을 대상물화하는 경향으로부터 벗어나고자 노력하고 있다."[12] 이것은 이 책의, 그리고 운동 자체의 핵심 개념 중 하나였다. 미친 사람은 당신과 나처럼 진짜 사람이고, 의료진의 목표는 "정신병원 입원자와 직접 소통하는 것"[13]이었다. 고리치아가 전하는 한 가지 메시지는 사람은 보통 조현병자나 알코올 중독자로서가 아니라 사람으로서 귀 기울여주는 상대를 필요로 한다는 것이었다. 피렐라가 말한 대로 언제나 "현실에 맞선다"[14]는 감각이 있었다. 흥미롭게도 이 교훈은 1968년 세대가 항상 따르고자 하거나 따를 수 있는 것이 아니었다. 고리치아의 실제적인 교훈들은 고리치아를 이론화하기 위해 종종 무시되거나 간과되었다. 사르트르는 "실제적 지식이 형성되고 있는 곳을 보고 싶으면 고리치아에 가보라"[15]고 말한 바 있지만, 사람들이 고리치아를 읽거나 이해하려 할 때 꼭 그렇게 하지는 않았다. 『부정되는 공공시설』이 조각들을 모은 책이라는 사실 덕분에 책을 여러 가지 다른 방식으로 읽을 수 있었다. 이것은 처음부터 끝까지 읽어나가는 책이 아니었다.

1968년 이전에는 소수의 사람(대부분은 전문가)만이 고리치아에서 벌어지는 일에 대한 소문을 들었다. 그렇지만 『부정되는 공공시설』이 나왔을 때는 저 실험의 주역 중 많은 사람이 고리치아를 떠나려던 때였다. 이들은 자신들이 하던 일이 뭔가 막다른 곳에 다다랐다는 결론을 내린 상태이기도 했다. 『부정되는 공공시설』이 읽는 사람에게는 하나의 계시였던 반면, 고리치아 사람 자신에게는 끝의 시작에 해당했다. 이 책의 이런 측면은 무시되는 때가 많았다. 이에 대해 콜루치와 디 비토리오는 이렇게 썼다. "그것은 또―어쩌면 무엇보다도―치료 공동체 관념에 반대하면서 '공공시설의 개혁'을 시도하는 책이지만, 이 측면은 이제까지 어느 정도 어둠 속에 머물러 있었다."[16]

따라서 『부정되는 공공시설』의 성공으로 고리치아가 (책에서 "우리는 이 치료 공동체를 공공시설의 모델로 내세우기를 거부한다"[17]고 주장하고 있음에도 불구하고) 하나의 모델로 자리를 잡아가고 있던 바로 그때 고리치아 사람 대부분은 마음이 떠난 상태였다. 실제로 이들은 그곳에서 자신이 한 일을 부분적으로는 하나의 덫이나 '황금 우리', 새로운 형태의 억압을 감추는 세련되고도 인도적인 가림막을 제공하는 방식으로 보았다. 이 책과 그것을 에워싼 열광의 한가운데에는 깊은 불확실성이 자리잡고 있었다. 정신보건 혁명은 다른 곳에서, 고리치아와 가까운 트리에스테에서, 또 이탈리아 전역에 있는 다른 도시에서 진행될 것이었다. 이 책은 "위기에 대해 논하는 책이자 고리치아의 경험을 위기의 순간으로 몰아간 책으로서, 바로 이 점이 이 책을 독창적으로, 일종의 천재적 작품으로 만들었다."[18] 그러나 사람들은 대체로 이 책을 그런 방식으로 읽거나 이해하지 않는다.

교재

> 이 책에 수집된 자료는 뒤엎어지고 있는 한 시설의 현실을 구체적 모습으로 제시하는 것을 목표로 하는 문서와 메모로서, 이 경험 속에 함축되어 있는 모든 모순도 함께 보여주고자 한다.
>
> 프랑코 바잘리아[19]

『부정되는 공공시설』 제1판의 첫머리에 수록된 바잘리아의 글은 책의 모든 내용 중 가장 급진적이고 가장 68년 세대적이며 가장 멀리 내다보고 있었다. 그것은 1968년이 앞으로 무엇이 될지에 대한 선언에 가까웠으며, 권력의 행사와 관련된 모든 공공시설 및 제도에 대한 쟁론이 포함된 이 반공공시설, 반제도 및 반권위주의 운동을 위한 취지 선언이었다. 「폭력의 공공시설」이라는 제목으로 쓴 바잘리아의 글은 여러 가지 사회적·정치적 조직체를 하나로 꿰었다. "가족, 학교, 공장, 대학교, 병원—이들은 모두 명확한 역할 구분을 바탕으로 한 공공시설이다."[20] 이 글은 1964년부터 1967년까지 바잘리아가 쓴 글을 취합한 것으로, 그의 생각이 어떻게 진화했는지 그 윤곽을 보여주는 일종의 개론이기도 했다. 바잘리아가 볼 때 "우리 사회 내 모든 관계의 기초에는 폭력과 배척이 놓여 있다."[21] 여기서 환자는 명백히 공공시설이 가하는 폭력의 희생자로 간주되었다. 모든 곳의 운동은 고리치아의 운동과 마찬가지로 다음 국면으로 옮겨가야 하며, 그러지 않으면 이런 공공시설 및 제도의 새로운 형태만 만들어내거나 그것들이 존속하도록 도와줄 뿐이다. 계속해서 바잘리아는 이렇게 썼다. "우리는 멈췄다가 도약하는 방식으로 계속 나아갈 수밖에 없다."[22] 이 글은 토스카나주 시골의 한 성직자가 학교 체제에 대해 내놓은 급진적 비판으로서 1968년 이탈리아에서 또 한 권의 중요한 책이었던 『어느 교사에게 보내는 편지』, 그리고 데이비드 쿠퍼가 쓴 『가족의 죽음』[23]의 취지와 명확하게 일맥상통했다. "『부정되는 공공시설』의 출간은 여론에 굉장한 영향을 주었다. ……이 책은 운동 전체의 한 가지 기준이 되었다."[24]

바잘리아는 행동을 위한 청사진을 제공하고 있었고 그가 사용하는 언어는 혁명적이었다. 나아가 그는 그저 공허한 수사에만 탐닉하고 있지 않았다. 변화는 이미 실제로 고리치아에서 일어났다. 변화의 증거는 그곳과 또 (그와는 달리) 전혀 변화하지 않은 이탈리아의 다른 모든 (또는 몇몇 예외를 제외한 대부분의) 정신질환자 보호소에서 볼 수 있었다. 이론과 실제가 손에 손을 맞잡고 움직이고 있었다. 겨우 몇 명으로 이루어진 지식인 전위대와 투사의 작업을 통해 뭔가를 할 수 있었다. 헌신적인 소수의 사람이 세상을 바꿀 수 있었다. 심지어 고리치아 같은 곳에서도. 그렇지만 이 메시지에는 위험도 포함되어 있었다. 이 혁명 전위대의 생각은 여러 해가 바뀌면서 거듭 악용되었고, 국가의 모든 공공시설(과 가족)에 이의를 제기해야 한다는 생각도 마찬가지였다. 『부정되는 공공시설』은 어떤 공공시설이라도 그것을 뒤엎는 데는 대중이 필요치 않다는 것을 독자에게 말하고 있었다. 순전한 의지와 생각만으로도 충분할 수 있다. 그러나 이 전략에는 한계가 있었다. 1968년 이후로 '참여하는 지식인'과 '유기적 지식인'에 관한 논의가 많이 일었지만, 고리치아 사람들처럼 실제로 직접 궂은일에 나선 사람은 극소수였다.

『부정되는 공공시설』은 이처럼 갖가지를 모은 집단 작품으로 『정신의학이란 무엇인가?』와 형식이 비슷했다(그러나 더 전통적이고 덜 학술적이며 더 대중적이었다). 이 책은 에이나우디의 줄리오 볼라티가 1965년에 만든 (그리고 운영 책임을 맡은) 누오보 폴리테크니코 시리즈의 제19권으로 나왔다. 제1판은 1968년 3월에 나왔고, 제2판은 같은 해 4월에 (새로운 부록을 첨부하여) 나왔다.[25] 이 시리즈에는 롤랑 바르트, 에른스트 곰브리치, 발터 벤야민의 책이 나와 있었고, 나중에 로널드 데이비드 랭의 고전서를 비롯하여 바잘리아가 프랑카 옹가로와 함께 쓴 많은 책이 바로 이 시리즈에서 나온다. 이 시리즈의 책 중에는 학생 봉기 사상 및 운동과 관련된 것이 많았는데, 핼 드레이퍼의 『버클리—새로운 학생 봉기』[26]라든가 마르쿠제의 '1968년' 필독서인 『일차원적 인간』[27]이 그 좋은 예다. 『부정되는 공공시설』은 얇은 책이 아니었다. 제1판이 350쪽이 넘었다. 나중에 누오보 폴리테크니코 시리즈는 바잘리아와 급진적 정신의학, 간단히 말해 1968년 자체와 강하게 연관되어,

그것을 미리 보여줌과 동시에 실현했다. 이것은 강한 정체성과 목적을 띤 시리즈였으며, 단순한 선집이 아니었다.

누오보 폴리테크니코 시리즈(이탈리아공산당이 폐간시킨 유력 문화잡지인 엘리오 비토리니의『일 폴리테크니코』지(1945~1947년)를 상기시키는 이름이다)에는 다음처럼 정확하게 명시된 목적이 있었다.

> 이 시리즈는 급격한 진화를 거치고 있는 사회가 내놓는 질문에 대해 빠른 —또한 직관적 내지 가설적 방식에 그칠지도 모르지만 언제나 지적이고 해박한 감각의— 답변을 원하는 요구에 대응하여 태어났다. 투사들의 에세이나 '투박'하게 쓰인 책이 포함되어 있지만, 정곡을 찌르는 질문을 묻고 또 어떤 분야에서든 그 첫 대답을 향해 손을 뻗으려 애쓰는 강한 생각들을 담고 있었다. 이 시리즈의 책은 언제나 일종의 이상적 독자를 목표로 삼았다. 이 독자는 백과사전적 지식이 있으면서 거의 유토피아적 성격을 지닌 사람이지만, 우리는 언제나 그 독자를 향해 나아가고 있었다. 우리는 이 나라의 현대화를 향해 나아가고 있다고 확신했다.[28]

교재의 탄생

표지는 단순 명료했고 시리즈 전체에 걸쳐 똑같았다(흰색 바탕에 빨간색 작은 사각형). '어느 정신병원에서 보내는 보고서'[29]라는 부제는 직선적이고 효과적이었다. 표지에는 바잘리아가 엮은이로 표시되었지만, 이 책은 에퀴페 전체와 환자들 자신, 그리고 니노 바스콘 같은 외부인이 참여하여 만든 집단저작물 형태로 나왔다. 제목 역시 누오보 폴리테크니코 시리즈의 제1권인 저 유명한 연구서 『어느 중국 마을에서 보내는 보고서』[30]를 직접 가리키고 있었다. 『부정되는 공공시설』은 이탈리아의 1968년이 지닌 모든 핵심 특징을 망라했다. 혁명적, 마르크스주의적 수사가 듬뿍 들어간데다 얼마간 모호한 철학적 용어와 '역정보'라는 의미('보고서')도 섞인, 급진적 반공공시설 실천에 관한 이야기였다. 또한 이 책은 억압받는 사람들(환자들)에게 목소리를 부여하려는 목적에서 쓰였다. 한편 시리즈 전체에 마오쩌둥주의 색채가 감돌았는데, 저 유명한 '조사 없이는 발언권도 없다'(문제에 대해 조사하지 않았으면 그에 대한 발언권을 얻지 못할 것이다)는 구호라든가 '적각의생(赤脚醫生: 맨발의 의사)' 개념 등에서 그런 면을 볼 수 있었다.[31]

『부정되는 공공시설』은 일종의 성서나 선언서로 삼기에는 읽기가 쉽지 않다(그때도 그랬다). 356쪽짜리 제1판은 역사, 사회 연구, 철학적 이야기, 고리치아의 아셈블레아 분석, 그리고 다른 사람들이 쓴 책에 관한 고찰 등 다양한 내용으로 구성되어 있었다. 체재 자체도 단편적이어서, 배우와 해설자를 비롯하여 다양한 사람이 무대에 올랐다가 퇴장하는 자유형식의 연극과 같았다.

바잘리아가 쓴 대단히 짧은 머리말(「붙이는 글」)은 이 유명한 책이 어떻게 만들어졌는지를 미루어 짐작하게 했다. 머리말은 급진적이고 대담한 의도 선언문으로 시작했다. 이것은 진행 중인 작업, 계속 수행되고 있는 과제, 하나의 선언서, 마무리되지 않은 작업이었다. 우리가 대하고 있는 공공시설은 어떤 것인가? 그것은 "폭력적으로만 물리칠 수 있는 하나의 현실, 즉 정신질환자 보호소"였다.[32] 토론은 (적어도 이 문제에 관한 한) 필요하지 않았고 타협의 여지도 없었다. 이 정신질환자 보호소는 (그리고 모든 정신질환자 보호소는) 바잘리아가 일찍이 1964년에 썼듯 그냥 파괴되어야만 했다.[33] 그것 말고는 나아갈 길이 없었다.

많은 면에서 이 책의 형식은 1968년 자체와 같았다. 다양한 내용을 모은데다 실험적이고 결말이 없었다. 그리고 운동의 손에 쥐인 무기였다. 집단적인 용어—'우리'—를 사용했고, 어느 정신병원 환자들이 포함된 집단적 운동을 바탕으로 만들어졌다. '쟁론', '제도적 폭력', '반정신의학' 등 말 자체도 1968년의 언어였다.

그리고『부정되는 공공시설』에 그려진 방법은 정신질환자 보호소에만 적용할 수 있는 것이 아니었다. 모든 종류의 공공시설 및 제도에 적용할 수 있었다. 실제로 바잘리아는 투쟁을 이처럼 확장하여 공공시설 전체에 대한 투쟁이 절대적으로 필요하다고 주장했다. 정신질환자 보호소 같은 공공시설은 뒤엎고 물리치고 개혁할 필요가 있었는데, 고리치아에서는 이것이 이미 일어났다.『부정되는 공공시설』은 급진주의자를 위한 이론과 실제를 담은 청사진이요, 세상을 바꿀 방법을 적은 지침서였다.

이 책은 고리치아 너머로 (그리고 이탈리아 너머로) 점점 확장되고 있던 운동의 귀에 음악처럼 들렸다. 공공시설 및 제도는 폭력적이고 억압적이었다. 그것을 극복하고 이의를 제기하고 부정하는 일이 가능했다. 그리고 지식인, 의사, 교사, 학생, 정신의학자, 환자, 죄수, 간호사, 노동자계급, '아픈' 사람과 '건강한' 사람(이 두 가지 용어가 무슨 뜻이든) 등 '우리'는 모두 이 투쟁에 함께 참여하고 있었다. 나아가 이런 공공시설을 그냥 파괴하는 것만으로는 부족했다. (마니코미오 제도를 만들고 유지한) 사회 자체를 탈바꿈시킬 필요가 있었다. 바잘리아가 주장한 것처럼, "우리가 배척당하는 사람들로부터 배척하는 사람들 쪽으로 어찌 옮겨가지 않을 수 있겠는가?"[34]

언어 또한 1967년 런던에서 열린 해방의 변증법 학회에서 그레고리 베이트슨, 로널드 데이비드 랭, 앨런 긴즈버그 등의 발언자들이 사용한 그 언어였다. 머리말의 마지막 문장은 정신의학 종사자들의 얼굴을 정통으로 걷어차는 것이나 마찬가지였다.

> 주류 정신의학에서 우리의 작업이 시시하며 과학적으로 존중할 만하지 않다고 판정하기는 쉽다. 그러나 그런 평가를 받으면 우리는 자랑스러울 뿐이다. 그들이 정신질환자를 비롯하여 배척당하는 모든 사람에게 항상 안겨주고 있는 그 시시하다는 평가와 무시 덕분에 우리는—마침내—하나로 뭉치기 때문이다.[35]

바잘리아와 그의 에퀴페는 비주류로 비치는 것을 환영했다. 이들은 자신과 자신이 맡고 있는 환자(또 배척당하는 모든 사람)를 동일시했다. 정신의학자가 이제까지 늘 하던 그대로 행동한다면 그 정신의학자는 문제의 해법이 아니라 문제의 일부분이었다. 대학교 강사, 교사, 그리고 그 밖의 사람들도 마찬가지였다. 권력은 그 권력을 부정하기 위해서만 행사해야 마땅했다.

뜻깊은 부분은 첫 몇 마디를 바잘리아가 부임하기 전에 그곳의 병원을 경험한 안드레아라는 맹인 환자에게 맡겼다는 점이다. "전에 이곳에 있던 사람들은 그저 죽기만을 바랐다." 그때 그곳은 희망이 없는 장소, 나가는 유일한 길이 죽음 자체(또는 탈출이라는 성공 불가능한 방법)뿐인 장소였다. 니노 바스콘은 보호소 안에서 안드레아의 말을 기록하고 인터뷰를 진행하며 구전 역사를 연구했다. 또 RAI 방송국을 위해 이 병원에 관한 다큐멘터리를 제작했다.[36] 바스콘에게는 난해하고 마음 불편한 곳이었지만, 그럼에도 자신이 제작한 다큐멘터리가 방송된 뒤에도 계속 그곳을 방문했다고 털어놓았다. 그는 "이 주제를 다루면서 일종의 이끌림과 거부감이 뒤섞인 감정의 압박을 받았다."[37] 이처럼 기성 매체 또한 이곳에서 혁명에 일조하고 있었다.

일종의 환자 지도자였던 안드레아는 그간 병원이 얼마나 변했는지를 강조했다. 아셈블레아(그 자신이 초기의 의장 중 한 명이었다)가 열리기 시작한 초기에는 아무도 나서서 발언할 용기가 없었다. 또 안드레아는 안토니오 슬라비치가 C 병동의 환자 몇 사람을 데리고 병원 밖 나들이를 하는 광경을 묘사했다. 수용된 이후로 마니코미오 밖으로 (심지어 자기 병동 밖으로) 나간 것이 그때가 처음인 환자가 많았다. 환자들이 병원을 나서는 광경을 보여주는 영상이 나중에 세르조 차볼리가 1968년에 이 병원에 관해 만든 다큐멘터리에 포함되었다. 바스콘의 연구는 강렬하고 강력했으며 환자 자신의 말을 사용했다. 차볼리의 영화와 마찬가지로 이 연구는 그 자체가 하나의 혁명 활동이었다. 배척된 사람들, 보이지 않는 사람들에게 처음으로 귀를 기울이는 사람이 나타났다. 그들이야말로 (이론적으로는)『부정되는 공공시설』의 진정한 주역이었다.

그 밖의 환자들은 장벽 철거에 대해, 물리적 제약의 종말에 대해 말했다. 과거의 고문, 각종 도모지(레 마스케레le maschere, 질식시키기 위해 물에 적셔 입을 막는 헝겊), 구속복, 병상을 두른 우리와 거기에 채운 자물쇠 등에 관한 이야기도 있었다. 발언에 나선 모든 환자는 정신질환자 보호소에 일어난 전면적인 변화를 강조하며, 그 같은 탈바꿈을 가져온 바잘리아와 그의 에퀴페에게 고마워했다. 그중 한 환자는 책에서 '마르게리타'로 불렸는데, 바잘리아와 프랑카 옹가로와 거의 가족 같은 관계가 되었고 종종 그들의 아파트에서 일을 도왔다. 마르게리타는 1960년대에 처음으로 병원 안에서 일을 할 수 있었다. 2010년에는 바잘리아에 관해 만들어진 2부작 텔레비전 프로그램에서 핵심 인물로 등장했다.[38] 『부정되는 공공시설』에는 아우슈비츠 생존자이기도 한 카를라의 인터뷰도 수록되었다. 이 인터뷰 역시 바잘리아가 극구 칭찬하는 책을 쓴 프리모 레비와 바잘리아 간의 연결고리, 그리고 완전 통제시설 개념과 집단수용소 개념 간의 연관성을 부각했다.

이런 증언에는 대부분 철저한 변화의 느낌이 퍼져 있었는데, 이것은 의사와 간호사는 물론 환자에게도 그랬다. 한 환자가 이 탈바꿈의 느낌을 이렇게 요약했다.

> 환자가 여기 처음 들어오면 어쩔 줄 몰라 하며 늘 보살펴줄 필요가 있어 보이는데, 그러면 우리는 그들을 보살핀다. 그러다가 이윽고 그들 스스로 살아갈 수 있다고 말할 수 있는 순간이 온다. 이것은 우리에게 큰 만족감을 준다.[39]

고리치아는 다른 대부분의 정신병원과는 완전히 달랐다.

> 이곳에서 젊은 의사는 두 가지 수준에서 일할 수 있다. 하나는 그의 본래 업무이고, 또하나는 각종 수준의 수많은 집회에 참여하는 것이다. 하나는 전문가로서 하는 활동이고, 또하나는 아이디어라는 측면에서 벌이는 일상의 전쟁이다. 그리고 후자가 전자보다 단연 더 큰 만족감을 준다![40]

『부정되는 공공시설』은 환자뿐 아니라 간호사가 말하게 한다. 이 책의 목소리는 병원/공동체 자체의 목소리였다. 다만 이론적 통찰과 연구는 에퀴페가 제공하고 있으며, 이들은 모두 이 책 안에 각자의 글을 수록했다.

『부정되는 공공시설』은 (1960년대 말부터 1970년대 말까지 나온 수많은 다른 책과 달리) 추상적이고 이론적인 책이 아니지만, 거의 불가해한 경지에 이른 글도 수록되어 있는 것이 사실이다. 이 책의 많은 부분이 고리치아에 있는 정신질환자 보호소의 현실, 환자들의 말, 제도화 및 탈제도화한 보호소의 관습에 집중했다. 본질은 중요했다. 공공시설의 부정이라는 관념에서 한 가지 핵심적인 부분은 관련자들이 "현실에 맞서는 일에 절대 지쳐서는 안 된다"(피렐라)[41]는 것이었다. 고리치아는 또 활동가와 전문가가 휘두를 수 있는 권력을 보여주었다. 공공시설 및 제도는 새로운 법률이나 외부의 뒷받침 없이도 실제로 뒤엎을 수 있었다. 그러나 고도의 이론도 있고 글의 수준도 들쭉날쭉했다. 책의 많은 부분은 읽어나가기가 쉽지 않았고, 또 비교적 더 이론적인 부분은 당연하게도 오늘날에 보면 낡아 보인다.

병원 안에 개방되지 않은 마지막 병동의 개방을 두고 벌어진 토론은 책에서 큰 부분을 차지하는 글의 주요 내용이었는데, 에퀴페 안에서 저마다 입장이 얼마나 달랐는지를 보여주었다.[42] 슬라비치는 상대적으로 실용주의적이었다. 그런 병동을 개방하는 것의 의미는 무엇인가? 무엇을 이루려는 것인가? 반면에 바잘리아는 병동의 개방을 밀어붙이려 했고 그런 다음에 그 여파와 결과를 판단하고자 했다. 더 기다려봐야 아무런 의미가 없었다. 그 밖의 에퀴페 구성원들은 여러 가지 중간적인 입장을 취했다. 책이 나왔을 때는 병동이 모두 개방되어 있었다.

베스트셀러

전후 시기에 나온 가장 중요한 의학 서적의 하나.

줄리오 알프레도 마카카로, 『부정되는 공공시설』에 관하여[43]

바잘리아는 갑자기 선풍적인 인기 상품이 되었다. 이런 종류의 책이 수천 권씩이나 팔린다는 것은 일종의 기적이었다. 온갖 간행물의 서평에서 이 책이 널리 다루어졌다. 바잘리아와 고리치아는 하나의 브랜드가 되었다. 이처럼 갑자기 유명해지면서 겪는 어려움은 이후 1968년의 비아레조 문학상의 수상작으로 선정된 데 대한 반응에서도 볼 수 있었다. 1968년 7월에 『부정되는 공공시설』에게 비아레조 문학상 특별상이 수여되었다.[44] 심사위원단은 시 부문 수상작을 내지 않고 남은 돈(100만 리라)으로 별도로 마련한 프레미오 스페찰레(특별상)를 『부정되는 공공시설』과 에퀴페 전체에게 주기로 결정했다(저자 개인에게 상을 주게 되어 있는 수상 규정을 지키지 않고 융통성을 발휘한 결정이었다). 심사위원단은 이 책이 "문서, 증언, 토론이 모두 실제적 성찰 및 변증법적 고려와 함께 어우러진 일종의 비평적 일기"라고 썼다.[45]

에퀴페 안에서는 이 상을 받을지, 그리고 상금 100만 리라로 무엇을 할지를 두고 격렬한 토론이 벌어졌다(상금은 결국 환자들에게 직접 넘겼다).[46] 이 논의는 에이나우디의 저자(이자 에이나우디의 핵심 고문)이자 좌파 인사인 이탈로 칼비노가 자신이 선정된 비아레조 문학상을 논쟁적인 내용의 전보를 보내 거절하고 문학상이라는 관념 자체를 위기로 몰아넣으면서 복잡해졌다. 어찌 됐든 때는 문화산업 전체가 좌파의 공격을 받던 1968년이었다. 1968년 6월 베네치아 비엔날레가 개막했을 때

항의 시위와 점거와 경찰의 폭력 진압이 있었다.[47] 칼비노의 전보는 비아레조에서 상금의 분배를 위한 최종 결정이 막 내려질 때 도착했다. 내용은 다음과 같았다.

> 상의 시대가 영원히 끝났다고 믿는 만큼, 전혀 아무런 의미도 없는 이런 제도적 형식을 뒷받침하고 싶지 않기에 저는 이 상을 받지 않겠습니다. 언론에 오르내리고 싶지 않은 만큼 저의 이름은 수상자 명단 발표에서 빼주시기 바랍니다. 호의를 담아, 칼비노.[48]

비아레조 상의 주최자들은 격노했고 극도로 곤혹스러워했다(처음에는 이 모든 것이 농담인 줄 알았다). 어떻든 수상자 명단은 이미 언론에 발표된 뒤였고[49] 애초에 그의 책을 수상작 심사에 출품한 쪽도 에이나우디였다. 그래서 주최 측은 보도자료를 내보내 칼비노의 행동에 대해 "선동적이며 자기 자신을 비롯한 후보들의 존엄에 대한 모욕"이라고 했다.[50] 칼비노의 거절(상금이 300만 리라였다)이 1면 기사로 실리면서 고리치아의 에퀴페를 압박했다. 그가 고른 말은 급진적이었다. 이 상을 받는 사람은 누구나 배반자로 보였다. 렌초 리키는 다음과 같이 썼다.

> 상이 주어진다는 사실 자체가 보수파에 속한다는 느낌을 주는데다 출판사 권력의 공범자로 비쳤다. 그래서 이런 상은 기쁨보다는 문젯거리가 되고 말았다.[51]

결국에는 그런 큰돈이 그대로 환자에게 들어간다는 생각이 결정적으로 작용했고, 그래서 약간은 불만스러운 내용의 전보가 비아레조로 보내졌는데 "그 전보에는 『부정되는 공공시설』을 엮은 에퀴페는 자신들이 선정되었다는 소식을 전해 듣고 '매우 뜻밖'이라 생각했으며, 상금은 불쌍한 환자들에게 넘기기로 결정했다는 내용이 적혀 있었다."[52] 전보에는 또 저자들이 이 상을 "달라고 한 적은 없었다"는 내용이 있었다. 이것은 나중에 '불거부'라고 불렸다.[53] 피트렐리는 다음과 같이 썼다.

> 처음에 바잘리아와 그의 팀은 이 상을 거부하기로 결정했으나, 나중에 마음을 바꿔 상을 받았다. 이때의 논쟁은 에퀴페에 중요한 영향을 미쳤으며 필시 바잘리아가 고리치아를 떠난 이유 중 하나가 되었을 것이다. 이것은 역사적으로 볼 때 해결하기 가장 어려운 질문에 해당된다.[54]

다시 한번 문학상 주최 측은 분노로 부글부글 끓었다. 그들은 다시 한번 보도자료를 내 이목을 끌기 위한 행위라며 바잘리아를 비난했다.

> 프랑코 바잘리아가 이끌고 있는 고리치아의 의사들은…… 환자들의 경제적 어려움을 도우려는 욕망을 내세워 상의 불거부를 정당화함으로써, 한 손으로 거부한 것을 다른 손으로는 쥐고 싶어한다는 사실을 보여주고 있다. 계속되고 있는 저항운동에 그런 저열한 타산주의와 저열한 수단을 동원하여 참여함으로써 프랑코 바잘리아는 우리의 마음에 의심을 불러일으켰다. 어쩌면 그의 과학적 공로는 이름을 알리고 싶어하는 욕망으로부터 자유롭지 못한 게 아닐까 하는 의심을.[55]

심사위원장인 레오니다 레파치는 수상식이 거행되는 동안 이 비난을 되풀이하면서, 고리치아에서 보낸 전보가 "독 잉크"[56]로 쓰였다고 말했다. 100만 리라짜리 수표가 고리치아로 전달되었다. 그에 대한 답신에는 최소한의 내용이 담겨 있었다. "100만 리라를 받았습니다. 편지가 갈 것입니다. 병원 소장."

어떤 면에서 이 상은 책에 대해 바잘리아가 품었던 최악의 두려움을 얼마간 사실로 확인해주었다. 책이 너무 인기가 많았다. 고리치아의 유명세는 그 나름의 부정적 부분이 있었는데, 바잘리아가 1968년 9월에 어느 기자에게 말한 바와 같았다. "많은 사람들이 우리를 찾아옵니다. 우리는 유행의 첨단에 있고 관심과 호기심의 한복판에 있습니다. 이것은 우리의 관심사가 아닙니다."[57]

제13장
1968년과 고리치아, 1968년인 고리치아

1968년의 정신의학적 저항에서는 정신병원을 적대적이고 억압적이
며 고착된 모든 것의 상징으로 규정했다.

풀비오 마로네[1]

정신질환자 배척에 저항하고 정신질환자 보호소를 폐쇄하기 위한 투
쟁에는 학생운동에서 벌이고 있던 반권위주의 투쟁과의 접점이 무수
히 많았고, 후자는 그러한 요구를 자신의 강령과 이념의 한 부분으로
삼았다.

마르첼로 플로레스와 알베르토 데 베르나르디[2]

거기에는 고도의 이념, 심각한 모순, 단순화, 혼란한 사상 등이 개입
되어 운동의 더없는 선의를 한계까지 밀어붙였다. 그러나 더 많이 알
고자 하는 엄청난 욕구도 있었다.

파트리치아 과르니에리[3]

바잘리아와 고리치아 사람들을 비롯한 급진적 정신의학자들은 1968
년을 만드는 데 도움을 주었으며 운동의 매우 중요한 일부분이기도 했
다. 이들은 민중을 급진적으로 만들었다. 이들의 글과 활동은 지극히

큰 영향력을 미쳤고 운동 또한 이들에게 힘과 권력을 주었다. 그러나 이들은 위압적인 수사, 단순화하고 구호화하려는 경향, 지나친 다변 등 운동이 지닌 과도한 부분의 피해자이기도 했다. 고리치아의 전체 집회는 대학교에서부터 공장, 공동 주택 단지에서부터 학교에 이르기까지 1968년의 특징이 될 개방적 형식의 집회에 모델이 되었다. 메시지는 단순했다. 누구나 얼마든지 발언할 권리가 있다는 것이었다. 아고스티노 피렐라가 나중에 쓴 대로 "(환자 자신을 비롯한) '공공시설 부문' 대표자들이 모두 모이는 집회와 아셈블레아가 처음으로 열렸다. 이런 집회는 정신질환자 보호소와 그 위계적이며 억압적인 '완전 통제'를 대신할 하나의 대안으로 간주되었다."[4]

또한 이런 집회는 사진과 영화로 촬영하고 녹음, 녹취하고 연구하고 결국에는 상품으로도 팔 수 있는 사건, 즉 하나의 구경거리라는 측면에서 1968년의 원형이었다. 모든 것이 공개적으로 일어났고 모든 것에 목격자가 있었다. 전체 집회는 또 1968년이 보여준 혼란하고 자연스러운 모습을 미리 보여주었다. 특히 초기 단계에서 그랬다. 길고 지루하고 답답했으며, 그와 동시에 신나고 흥분되며 심지어는 관능적이기까지 할 수도 있었다. 집회에서는 (언제나) 담배 연기가 자욱했다. 담배는 1968년의 중요한 시각적이고 물리적인 특징이었다. 담배는 종종 정신질환자 보호소 안에서 돈으로 통했으며, 전혀 아무 일도 일어나지 않는 긴긴 나날 동안 환자들에게 몇 안 되는 위안거리였다.

고리치아는 공공시설을 관통하는 동시에 공공시설에 저항하는 대장정에서 하나의 디딤돌이었으며, 이 여정에는 곧 대학교 및 각급 학교부터 사법계와 의료계 전반에 이르기까지 각계의 단체가 참여하게 되었다. 이런 변화에는 중국 문화혁명에서 권력구조를 뒤엎음으로써 권위를 쥔 사람들을 굴종시킨 사례에서 발견된 주제들도 활용되었다.[5] 바잘리아의 사상과 행동 덕분에 국가 기구의 잔인한 작용과 비정상에 대한 (특히 정상에서 벗어난 가난한 사람들에 대한) 억압이 드러났고, 나아가 이 분석이 정신병원에서부터 나머지 사회 전체로, 공공시설 전체로 확대됐다. 이는 모든 것을 아우르는 강력하고 맹렬한 세계관이었고 그 구호들은 운동의 유행어가 되었다. 역할에 이의를 제기하고, 권력의 토대를 잠식해 들어갔으며, 흰 가운을 상징적으로 또 실제로 내던졌다. 이렇게 1968년과 고리치아의 실험이 금세 연결되었다. 이 두 갈래의 운동은 타고난 짝이었다. 여러 면에서 두 운동은 둘이 아닌 하나였다.

고리치아는 극소수의 전위대가, 결의 굳은 소수의 인원이 세상을 바꿀 수 있음을 보여주는 것 같았다. 그렇지만 이 소수의 사람들이 한 무리의 집단으로서, 즉 하나의 에퀴페로서 함께 일하는 것이 중요했다. 고리치아와 운동 간의 양방향 소통 과정에서는 실제로 논의되고 행해진 것의 많은 부분이 유실되었다. 『부정되는 공공시설』은 1968년의 성서 중 하나였지만, 사람들이 이 책을 정말로 읽었는지, 읽었다면 얼마나 주의깊게 읽었는지는 분명하지 않다. 대체로 볼 때 고리치아 사람들이 고리치아에서 이룩한 것에 대한 고리치아 사람들 자신의 신랄한 비판은 운동에서 받아들여지지 않았다. 그런데 이는 고리치아 사람들이 "신개혁주의적…… 황금 우리"를 만들어낼 위험성에 대한 경고에서부터 "네 개, 쉰 개, 아흔네 개의 고리치아를"[6] 만들자는 (반어적) 요청에 이르기까지 여러 가지 서로 모순되는 메시지를 내보냈기 때문이기도 했다. 고리치아의 메시지는 무엇이었을까? 이것은 한 번도 명확히 밝힌 적이 없었다. 실제로 고리치아는 동시에 여러 가지 신호를 내보냈고 그중 많은 것이 모순적이었다. 정신병원은 정말로 집단수용소와 똑같았을까? 고리치아에는 진정한 변화가 일어났을까? 그곳의 치료 공동체는 덫일까, 아니면 열심히 향해가야 하는 목표 지점일까? 그곳의 보호소가 문제였을까, 아니면 사회 자체가 문제였을까?

정신질환자 보호소는 매우 빨리 또 예기치 않게 1968년 자체의 조직과 표현을 위한 핵심 장소가 되었다. 흔히 도시 변두리에 자리잡은 폐쇄적이고 비밀스러운 구역이던 수많은 정신질환자 보호소가 바깥세상을 향해 문을 열고, 논의와 집회와 행동주의 네트워크와 문화 활동의 장소로 변모하기 시작했다. 사람들이 불쑥 나타나 참여하고 듣고 발언했고, 자격자를 필요로 하는 일에 무자격자가 자원봉사자로 또는 고용되어 일했다. 바잘리아는 학생운동에 대해 개방적이었고, 그래서 볼로냐를 비롯한 각지의 학생 대표와 접촉이 이루어졌다. 정신질환자 보호소가 연고 도시를 향해 개방되면서 이런 연계는 이중의 목적을 형성하여, 정신질환을 앓고 있는 사람에 대한 낙인을 부수는 한편 사회적 변화와 도시적 변화, 정신의학적 개혁 사이에 연관성을 만들어냈다.

갑자기 "반정신의학에 관한 관심이 폭발적으로 늘어났다."[7] 정신의학에 관한 (그리고 정신의학에 반대하는) 책이 날개 돋친 듯 팔려나갔다. "의학은 현대 자본주의 사회에서 권력을 행사하기 위해 결정적으로 중요한 은유가 되었고" "신체의 통제를 두고, 또 정상과 비정상의 정의를 두고 벌어지는 투쟁이 갑자기 중요해졌다."[8] 사람들은 이런 쟁점에 대해 알고 연구하고 이해하고 싶어했다. 광기는 매력적인 관심거리가 되어 거의 유행이 되었고, 정상에 관한 여러 가지 관념에도 의문이 제기되었다. 베트남의 어린이들에게 네이팜탄을 떨어뜨릴 수 있는 체제는 확실히 어떤 면에서 병들거나 미쳐 있었다.

알고 행동하고자 하는 욕망은 운동 자체에 가담한 학생뿐 아니라 이런 공공시설 내에서 일하는 전문가에게도 매력적이었다. 따라서 "진보적 전문가, 지식인, 그리고 박식한 사람들이 '혁명'이나 '정의' 같은 일반화된 범주에서가 아니라 자신의 전문 지식을 바탕으로 비판 대열에 합류"[9]하게 되었다. 그렇지만 이는 또 상당한 수준의 구호 만능주의와 피상적 태도로도 이어질 수 있었다. 1970년대에 나온 책 중 다수가 제르비스가 쓴 것처럼 "지성주의에 취해 내용을 포괄적으로 다룰 뿐 구체적인 측면이 결여되어 있었다."[10] 운동을 아무렇게나 끌어다 쓸 위험도 컸다. "그 결과 정신의학은 그 실제와 이론 측면이 본격적으로 연구되거나 비판되지 않고 말로만 부정되기 때문에 굳건하게 버티고 있다."[11] 제르비스는 정신의학을 비판하려면 먼저 그것을 이해할 필요가 있다고 주장했다. 입에 잘 붙는 구호만으로는 충분하지 않았다.

1970년대가 진행되면서 급진적 정신의학과 운동 간의 연계가 더욱 강해졌다. 아레초, 페라라, 트리에스테, 페루자, 파르마 – 콜로르노, 로마, 토리노, 레조넬에밀리아 등 이탈리아의 많은 도시에서 학생을 비롯한 사람들이 프시키아트리아 데모크라티카(민주정신의학회) 단체의 지부를 만들었다. 그 밖의 사람들은 아소차치오네 페르 라 로타 콘트로 레 말라티에 멘탈리 같은 포괄적 운동에 참여했는데, 이 협회는 환자와 정신의학자, 지역 활동가를 하나로 아울렀다. 토리노에서는 이 협회(한동안은 당시 줄리오 볼라티의 아내였던 피에라 피아티가 운영했다)가 새 정신질환자 보호소 건립에 반대하고 토리노에 있는 정신병원의 상태를 세세하게 알리는 데 중요한 역할을 했다.

고리치아의 좀더 부정적 측면들도 1968년의 모습을 미리 보여주었다. 간혹 오만한 태도가 나타났고, 파벌이 생겨났으며(고리치아는 귀중한 상품이었고 그래서 그 역사는 이내 논의와 분열과 신화화의 대상이 되었다), 지나치게 다변적이었고, 카리스마를 지닌 지도자가 중심적 역할을 수행했으며, 여성이 주변으로 밀려났다.[12] 데 베르나르디와 플로레스가 주장한 대로 이 운동은 "이미 존재하고 있던 신화와 위선을 무너뜨리는 동시에 그 자체의 신화와 그 자체의 위선을 만들어냈다."[13]

역사학자, 급진적 정신의학과 1968년

지난 45년 동안 1968년에 관해 다양한 시점에 나온 수많은 역사서나 연구에서 급진적 정신의학의 역할은 경시되거나 아예 무시된 때가 많았다. 아서 마윅의 기념비적인 연구서인 『60년대』는 로널드 데이비드 랭에게 두 쪽만 할애하고 있고, 다른 수많은 책에서는 이 주제를 아예 언급조차 하지 않는다.[14] 1968년에 관한 책에서 바잘리아는 대개 형식적으로 인용되는데, 그것도 1968년과 급진적 정신의학, 『부정되는 공공시설』, 그리고 고리치아의 경험 간의 관계를 제대로 분석하지 않고 피상적으로 인용되는 때가 많다. 왜 그럴까?

비판적 정신의학을 이처럼 소극적으로 다루는 한 가지 이유는 1970년대에 이미 시작되어 1980년대와 1990년대에 반정신의학에 대해 급속히 퍼진 역풍 때문일 가능성이 크다.[15] 저 경험의 주역들조차도 자신이 내놓았거나 영감을 주었던 일부 사상에 대해 등을 돌리기 시작했다. 두번째 설명은 고리치아에 관한 역사적·사회학적 연구가 없다는 사실과 관계가 있다. 운동은 새로운 국면으로 넘어갔다. 운동은 과거를 돌아보지 않았다. 이것은 내가 다른 글에서 주장한 대로 1968년의 전반적인 문제점이기도 하다.[16] 세번째 이유는 운동 내부의 분열과 연결되어 있는 것이 확실하다. 분열은 종종 감정 섞인 격한 말다툼이나 분파 파벌주의로 이어졌다. 운동은 바깥으로 눈을 돌려 세상 전체를 향하지 않고 자기 자신의 내부를, 자신의 이야기를 전하는 방식을 들여다보기 시작했다. 그 많은 부분이 오늘날에는 이해가 가지 않지만, 운동은 1970년대와 1980년대에 모든 편의 시간과 노력을 많이 잡아먹었다(지금도 부분적으로 그러고 있다). 마지막 이유는 1960년대 말과 1970년대에 급진적 정신의학이 급부상한 이후로 그 지도자들이 매우 다른 길을 걸었다는 사실과 관계가 있다. 일부는 (랭처럼) 신비주의 쪽으로 가거나 유명세와 문화산업의 유혹에 넘어갔고, 일부는 대학교 체제 속으로 들어(또는 돌아)갔으며, 또 일부는 운동 자체의 일부분으로 남았다. 끝으로, 앞에서 이미 살펴본 것처럼 1968년과 고리치아는 완전한 헌신을 요구했다. 많은 사람들이 이 경험 때문에 금방 소모되고 말았다. 그렇게 헌신하는 상태를 오랫동안 유지할 수 있는 사람은 아무도 없었다. 여러 사람이 젊은 나이에 죽었고, 그 밖의 사람들은 그보다 덜 총력을 요구하는 형태의 활동으로 옮겨갔다. 장기적으로 보아 그것은 지속 가능한 일이 아니었다. 고리치아 사람들은 매일 24시간, 매주 7일 급진적 정신의학자로 살았다. 스트레스 수준이 높았고, 그래서 그 대가를 치렀다. 이들은 자신의 경력과 자신의 삶, 자신의 신체를 걸었다. 그러나 그것은 오래갈 수 없었다.

 '1968년'이라는 커다란 범주에 속하는 여러 가지 운동에서 급진적 정신의학이 지니는 중요성에 비춰볼 때 거기 할애된 지면이나 분석은 너무나 적다.[17] 급진적 정신의학은 1968년이 표방한 모든 것의 한복판에 있었다. 『분열된 자기』, 『경험의 정치학』, 『해방의 변증법』, 『반오이디푸스』, 『정신질환자 보호소』, 『대지의 저주받은 사람들』, 『계급 때문

에 죽는다』, 『광기의 역사』, 『가족의 죽음』, 『정신의학과 반정신의학』,
『나무로 만들어지지 않았다』, 『정신의학이란 무엇인가?』, 『부정되는
공공시설』 등 급진적 정신의학의 교재는 곧 운동의 교재였다. 반권위
주의, 급진적 이론 전개와 실제적 변화의 결합(고리치아는 그곳의 혁명을
방문하러 오는 사람들을 두 팔 벌려 반겼다. 고리치아는 지극히 포용적이고 개방
적이었다), 직접 민주주의(전체 집회는 사람들이 자신의 눈으로 직접 볼 수 있
었다), 그리고 자본주의와 그것이 부리는 공공시설에 대한 갖가지 사회
적 비판 등 급진적 정신의학이 전하는 메시지는 운동이 전하는 메시지
였다. 급진적 정신의학의 관념과 실제는 학교, 가족, 대학교, 병원, 교
도소 등 다른 공공시설과 공공제도에도 적용할 수 있었다. 그래서 누
구나 자신의 부모에게, 자신의 교사에게, 자신의 교수에게, 자신의 교
도관에게, 자신의 지휘관에게, 자신의 정신과 의사에게 이의를 제기함
으로써 자기 자신이 속한 공공시설과 제도를 뒤엎으려고 시도할 수 있
었다. 급진적 정신의학은 68년 세대의 일원이 되는 법을 알려주는 지
침서였다. 그렇지만 그것은 또 고리치아가 보여주었듯 그저 허풍이 아
니라 실천적이기도 했다.

**역사적 질문과 1968년의 조현병―공공시설을 관리할 것인가, 뒤엎을
것인가?**

정신의학자와 의사는 자기 자신이 부분적으로 공범인 동시에 부분적
으로 희생자인 현실 속에 빠져 있음을 알게 된다. 현재 우리 사회 체
제의 강요에 의해 질서를 보장하는 사람을 자처해야 하는 동시에 그

질서의 파괴를 꾀하기 때문이다.

프랑코 바잘리아와 프랑카 바잘리아[18]

혁명이 일어나고 있지만 혁명가들은 비관적이다.

미켈레 티토[19]

운동과 공공시설의 관계에는—1968년 이야기지만, 1970년대 내내에도—늘 모순이 있었다. 많은 '투사'가 이런 시설을 변화시키기 위해 그곳에서 일하는 한편, 이상적인 세계라면 이런 시설 중 몇몇은 아예 존재조차 하지 않을 거라는 점을 인정하고 있었다. 이것이 프랑코 바잘리아의 관점으로, 1960년대와 1970년대에 고리치아와 트리에스테에서 자신이 한 일에 대해 쓴 글에 너무나도 생생하게 표현되어 있다. 그러나 이 모순은 대학교, 병원, 교도소에서도 나타났다. 사람들은 자본주의가 이 모든 것을 만들어냈으므로 자본주의를 폐지해야 한다고 주장했지만, 그렇게 되려면 전문가들이 그 안에서 일하면서 그것들을 전복하거나 변화시키거나 탈바꿈시키거나 파괴해야 했다.

이 태도는 바잘리아 사람들이 『부정되는 공공시설』에서 가장 세련되게 표현했다. 프랑코 바잘리아에게 공공시설의 존재는 "이론적인 동시에 실제적"인 "난국"이었다. 그의 작업은 "반공공시설 행동이 구조에 구체적으로 어떤 영향을 미치는지를 이해"하기 위한 노력이었다. 바잘리아는 정신과 의사를 그만두고 대의를 위해 뛰어든 프란츠 파농을 인용하면서 다음과 같은 결론을 내렸다.

파농은 혁명을 선택할 수 있었다. 그러나 우리는 명백히 객관적인 이유로 그렇게 할 수가 없다. 우리는 우리를 만들어내는 체제의 모순 속에서 살아갈 수밖에 없는 상황에 처했다. 그러면서 우리가 거부/부정하는 시설을 운영하고, 우리가 그 유용성을 인정할 수 없는 치료법을 실행하며, 우리 덕분에 폭력이 감춰지고 가려진 시설이 더는 체제를 위한 본연의 기능을 하지 않는다는 사실을 부인하고, 우리의 작업이 명확하게 드러내는 모순을 짓뭉개버리는 경향이 있는 새로운 과학적 해법의 유혹에 저항하려 애쓴다. 또한 비권리, 평등, 인간의 일상적 죽음이 법률체제 자체의 일부분으로 자리잡고 있는 한 가치를 옹호하려는 우리의 노력은 실현 불가능하다는 사실을 잘 의식하고 있다.[20]

그렇다면 국가 시설 내에서 일하는 동시에 그것을 뒤엎는 것이 가능한 일이었는가?

바잘리아와 고리치아 사람들은 또 자신이 속한 사회에 대해 비판적이고 윤리적인 접근방법을 취했다. 그들은 전후의 새로운 세대로서 과거에 세상이 돌아가던 방식을, 교사나 '스승'이라는 사람들의 말을 받아들이지 않는 세대였다. 그들은 민주사회의 본래적인 요소인 잔혹 행위, 즉 그들이 직접 목격했고 또 정상적인 것으로 받아들이기를 거부한 '평화 범죄'를 덮고 있던 가림막을 걷어버렸다. 그들은 옛 방식을 받아들일 수 없었다. 과거에 세상이 돌아가던 방식대로 일을 처리하기를 거부하는 것만으로는 만족할 수 없을 뿐 아니라 그들이 품은 분노와 변화를 바라는 욕망을 사회 전체가 공유하기를 원했다.

상징이 된 고리치아, 모델이 된 고리치아

1968년에 이르러 고리치아의 정신질환자 보호소는 하나의 상징이 되었고 사람들이 찾는 장소가 되었으며 모방을 위한 모델이 되어 있었다. 1960년대 초에 바잘리아는 다른 곳에서 벌어지고 있는 일을 연구하고 그런 모델을 고리치아로 들여오는 데 더 관심이 있었다. 1965년 이후로는 다른 곳의 여러 가지 실험이 자리를 잡으면서 사정이 달라졌다. 최초이자 가장 중요한 연계가 1966년 이후 파르마와 맺어졌다. 마리오 톰마지니가 정치적·재정적 지지를 제공하여 전시회를 열고 좌담회와 학술대회를 개최하고 고리치아에 관한 첫 책을 출간했다. 파르마와 고리치아의 실험은 1966년 이후 나란히 움직이면서 생각과 경험과 인원을 교환하고 연대관계를 유지했다. 한편 페루자는 자체적으로 정신보건의 급진적 개혁을 실행하기 시작한 상태였다. 1967~1968년에는 마리오티 법이 제정되었고 『부정되는 공공시설』이 출간되었으며 반공공시설, 반권위주의 시위가 이탈리아 전역과 전세계에서 일어났다. 반정신의학 책이 이탈리아에서 배포되기 시작했고, 랭과 쿠퍼의 책이 번역되었다. 이때는 바잘리아가 떠난 뒤였는데도 고리치아는 계속 변화의 핵심 사례로 남아 있었다. 수많은 기자, 사진작가, 영화 제작자가 찾아와 고리치아를 기록으로 남겼고, 이것이 일간지와 주간지에 특집 기사로 실렸다.

예를 들어 『레스프레소』지의 파브리치오 덴티체는 1968년에 사진을 첨부한 긴 기사에서 바잘리아를 "광인의 몬테소리"로, 그의 방법을 "혁명적"이라고 묘사했다. 덴티체가 볼 때 유고슬라비아와의 국경을 따라 아름다운 공원 안에 펼쳐져 있는 이 정신병원은 마치 다른 행성에서 온 것처럼 보인다. 세상의 어떤 정신병원과도 다르고, 또 상상력을 사로잡는 몇 가지 방법이 공통되기는 하지만 영국에서 실현된 '치료 공동체'와도 다르다.[21]

　이 글에서 흥미로운 점 한 가지는 덴티체가 독자들이 프랑코 바잘리아가 누구인지 전혀 모를 것으로 간주했다는 점이다. 그해 말에 이르러 그런 소개는 더이상 필요치 않게 되었다. 바잘리아는 고리치아가 하나의 모델이 될까 불안해했지만 이미 때는 늦었다. 바잘리아 자신이 치료 공동체를 넘어 새로운 국면으로 옮겨갈 준비가 되었던 그때 고리치아는 바로 그런 모델이 될 참이었다. 얄궂게도 기자를 비롯한 전체 언론과 투사들이 고리치아를 발견하고 찬양하고 있을 때 고리치아 사람들 자신은 이미 이전의 위치를 떠나 자신이 만든 것을 거부하고 있었다. 덴티체가 볼 때 "고리치아는 자신을 오로지 자극으로, 하나의 싹으로, 부당한 체제 내에서 만들어낼 수 있는 파괴적 상황의 한 가지 예로 제시하여 증식시키고자 했다."
　갑자기 고리치아가 유명해졌다. 이 시골 벽지는 1968년의 핵심 장소 중 하나가 되었고 『부정되는 공공시설』은 68년 세대의 책장마다 꽂혔다. 정신질환자 보호소에 반대하는 이 투쟁은—어쩌면 그 어떤 나라에서보다 더—들불처럼 번지면서 사람들의 상상력을 사로잡았다. 젊은 정신의학자, 간호사, 환자, 지식인, 기자, 투사들이 모두 자신을 바잘리아 사람이라고 정의하기 시작했다. 반권위주의, 해방 이론, 자기 분석, 가족을 대신할 대안 사상이 뒤섞여 대중에게 매력적으로 다가갔다. 갑자기 곳곳의 정신질환자 보호소가 개방되고 보도되었다. 사람들은 환자들을 담은 사진을 보고 충격을 받았다. 이것은 계속 둘 수 없는 수치거리였다. 해방을 기다리는 '노예'가 10만 명이나 있었던 것이다. 게다가 사람들은 기꺼이 변화를 가져오고자 했다. 바잘리아 사람들과 그 밖의 개혁자들이 이탈리아 전역의 정신질환자 보호소를 인계받아 폐쇄하고 또 고리치아처럼 바꾸고자 했다. 이것은 어마어마한 속도로 움직인 운동이었고, 환자 자신은 물론이고 예술가, 배우, 영화감독, 학생 투사, 정신의학자와 사회학자 등 다양한 인간 집단이 하나로 어우러진 운동이었다. 수많은 지역 정치가가 이 변화를 확고하게 뒷받침했고, 이윽고 전국 차원에서 동맹군이 나타났다.

스마스케라멘토(폭로)─비판적 정신의학과 공공시설

급진적 정신의학은 운동 측면에서도 또 한 가지 결정적으로 중요한 기능을 수행했다. 플로레스와 데 베르나르디가 주장한 대로

> 이것은 필시 1968년의, 또 그것이 사회 전체에 남긴 유산의 가장 색다른 측면일 것이다. 공공 공간의 탈바꿈이 일어났고, 공적 공간과 사적 공간 간의 명확한 구별이 종지부를 찍었다. 이것은 돌이킬 수 없는 변화였다.

이탈리아의 비판적 정신의학 운동은 바로 이 일을 수행했다. "예전에는 오직 지도적 위치에 있는 사람들만 이용할 수 있던 것들이 폭로되어 대중에게 드러났다."[22] 1968년 현상은 "혁명/폭로인 동시에 혁

명/변화"였다. 『부정되는 공공시설』의 여러 부분은 1960년대 말과 1970년대 초 운동이 만들어낸 또하나의 양상인 역정보의 한 사례였다.

고리치아 사람들은 오랫동안 보이지 않던 것을 보이게 만들었고, 그와 동시에 개인과 집단의 권리를 주장했다. 또 고리치아 사람들 자신을 비롯하여 너무나도 많은 사람이 수행하던 제도적 역할에 이의를 제기했다. 플로레스와 데 베르나르디가 볼 때 "1960년대가 남긴 가장 영속적이고 효과적인 유산은 바로 이렇게 권력의 민낯을 '임금님은 벌거숭이'라는, 유아적이지만 효과적인 형태로 드러냈다는 사실이다."[23] 그와 동시에 정신의학자는 급진적 변화를 시도하는 과정에서 자신이 바꾸고 있는 것이 무엇인지를 알아내 그에 따라 자신의 이론과 실행 방법을 조정할 수 있었다. 이것은 "어떤 사물을 변화시키기 위해 그 사물에 대해 알아내는…… 동시에 사물에 대해 알기 위해 그 사물을 변화시키는"[24] 사례에 해당되었다. 연구 방법 자체가 급진적으로 바뀌었다. 진짜 사람들이 연구 대상이 되었다. 운동은 더 광범위한 학생운동에서 활용한 고전적 수단을 받아들였는데, 그것은 점거(가장 유명한 것은 1969년에 콜로르노에서 있었던 정신질환자 보호소 점거이지만, 토리노, 트리에스테를 비롯하여 다른 곳에서도 있었다), 시위, 파업, 역정보, 전단 등이었고 또 1970년대에는 여러 가지 예술 및 음악 행사가 점점 더 많이 활용되었다.[25]

급진적 정신의학과 유기적 지식인

1968년 운동과 특별한 관계에 있던 급진적 정신의학자는 자신이 맡은 역할의 '부정'을 시도하고 자신이 권력을 행사하는 시설의 기반을 훼손하고자 했다.[26] 이런 정신의학자는 더 이전에 그람시가 내놓았던 '유기적 지식인' 관념에 가까워졌다. 오르톨레바가 쓴 것처럼

> 비판적 정신의학자는 학생운동과의 대화를 택한 최초의 지식인 부류일 것이다. 그들은 자신의 이론적이고 실제적인 생각과 방법을 전파하기 위해 학생운동을 제자로 또는 일부 경우 도제로 받아들이는 한편, 고립될 위험을 안고 있던 활동에 정치적 무게를 더해줄 수 있는 동기 부여자이자 대화 상대자로 받아들였다.[27]

비판적 정신의학자가 시작한 완전 통제시설에 대한 급진적 비판은 대학교 귀족의 권력에 맞서고 있던 학생들의 심금을 울렸다. 완전 통제시설의 정체가 드러나면서 자본주의 체제의 잔인한 내부 사정이 폭로되었다. "위선이 제거된 사회적 '복잡성'의 순수한 민낯을, 권위와 억압이 제도적, 사회적, 심리적으로 작용하는 방식을 완전 통제시설에서 읽어낼 수 있었다."[28] 이런 상황에서는 어떠한 타협도 가능하지 않았다.

> 완전 통제시설은 체제 전체를 가리키는 하나의 현실인 동시에 은유였다. 그곳은 억압과 자유…… 피억압자와 억압자, 희생자와 도살자 사이의 가차없는 대립을 보여주었다. [정신질환자 보호소에서는] 이 모든 것이 더없이 명확하게 표현되고 있었고, 양측을 중재할 길도 양자택일을 피할 길도 없었다.[29]

배척된 사람, 정상에서 벗어난 사람, 자본주의의 폐기물, "대지의 저주받은 사람들"이 그곳에서, 즉 정신질환자 보호소에서, 교도소에서, 고아원에서 살아 숨쉬는 것을 볼 수 있었다. 비판적 정신의학자는 이런 공공시설이 실제로 어떻게 작동하는지를 폭로하면서 운동 내의 학생 및 노동자와 동맹을 맺었다.[30] 이런 동맹은 당시의 또다른 핵심 구호였던 루디 두치케의 "공공시설을 관통하는 대장정"과도 (형식과 내용 면에서) 연결되어 있었다. 이론과 실제가 이렇게 공생하고 있었기 때문에 급진적 정신의학자는 운동 전체의 이념적 지도자일 뿐 아니라 때로는 정치적 지도자도 되었다.[31] 급진적 정신의학은 (적어도 처음에는) 무엇을 어떻게 해야 하는지에 대한 명확한 관념을 가지고 자본주의와 체제를 윤리적, 도덕적으로 비판할 수 있었다. 시간이 가면서는 이 모든 것이 점점 더 어려워졌다. 그러나 적어도 1968년에는 운동이 똑같은 방향으로 나아가고 있었다. 문자 그대로 또 비유적으로 문이 개방되고 장벽이 무너지고 있었다.

제14장
사건

어쨌든 미클루스 사건은 사라지지 않으리라는 것만큼은 분명하다.

조르조 베르비[1]

뒤엎어지고 있는 현실 안에서…… 한 걸음만 잘못되어도, 한 가지 실수만 있어도─여론의 눈에는─행동이 불가능하다는 확증으로 비칠수 있다.

프랑코 바잘리아와 프랑카 바잘리아[2]

우리는 너무 멀리 나가는 누군가 때문에 수천 명의 사람들에게 법률상 사망 선고를 내릴 수 있는가, 사람을 낫게 하려는 치료를 포기할수 있는가, 문제를 달가워하지 않는 어떤 방식이 요구한다고 해서 연약한 사람을 무자비하게 대하는 간수로 돌아갈 수 있는가?

프랑코 바잘리아[3]

살인자를 풀어주는 소수의 저항가와 파괴분자 집단

신파시스트의 포스터, 고리치아(1968)[4]

그것은 최악의 악몽이었다. 바잘리아와 그의 에퀴페는 혹시라도 '사건'이 일어날까봐 항상 마음을 졸이며 살았다. 그들은 자살이나 폭력 사태 같은 사건이 일어난다면 그들이 그토록 세심하게 쌓아올린 체제 전체를 반대하는 데 사용되리라고 생각했다. 1968년 4월에 나온 『부정되는 공공시설』 제2판(1968년 4월 13일 인쇄)에는 바잘리아와 프랑카 옹가로가 쓴 '사건 문제'라는 제목의 저 유명한 에세이가 부록으로 첨부되었다.[5] 마치 바잘리아 부부가 미래를 내다본 것 같았다.[6]

바잘리아 부부는 환자와 관련하여 정신질환자 보호소에서 일어나는 갖가지 사건과 그것이 어떻게 해석되는지에 대해 명료하면서도 독창적인 분석을 내놓았다. "정신의학 시설에서 일어나는 온갖 사건은 대개 병 때문으로 치부되며, 환자의 예측할 수 없는 행동에 대한 유일한 설명으로 병이 지목된다."[7] 이런 논리에 비추어 (사건이 일어난 뒤 고리치아의 치안판사와 판사의 논리 또한 이러했다) 국가와 사회가 도출할 수 있는 유일한 결론은 '정상적'인 사람들을 환자로부터 보호하기 위해, 또 환자를 자신으로부터 보호하기 위해 환자를 감금해야 한다는 것이었다. 이런 체제에서는 아무도 그 어떤 것에 대해서도 책임이 없었다. 이런 사람들에게는 병이 있고 치료가 불가능했다. 그러므로 폐쇄된 병원에서 "있을 수 있는 유일한 미래는 죽음"[8]이었다. 죽음이 유일한 탈출로이고 정신질환자 보호소에서 나갈 수 있는 유일한 길이었다. 그러나 개방된 시설에서는 사정이 달랐다. 여기서는 사건이 일어나면 환자에 대한 '시설의 뒷받침이 결여된' 결과일 수도 있었다.

개방된 시설에서 정신의학자는 하나의 모순에 갇혀 있었다. "현재 우리 사회 체제의 강요에 의해 질서를 보장하는 사람을 자처해야 하는 동시에 그 질서의 파괴를 꾀하고 있다"는 모순이었다. 개방된 병원에서는 바깥세상을 향해 움직일 필요가 있었지만, 바깥세상은 "정신질환자를 수많은 불안 요소의 하나로 규정하고 자기만의 폭력적 규칙과 차별과 폭압을 동원하여 그들을 계속 거부하고 부정하고 배척하는" 어려운 장소였다. 그런데 이런 상황에서 사건이 일어나면 책임은 누구에게 있을까? 환자는 어떤 선택이 가능할까? "자살하든가 아니면 그게 누구든 그들에게 가하는 폭력의 얼굴로 나타나는 사람을 죽이는 것 말고 무엇을 할 수 있을까? 이 과정에서 우리는 정말로 정직하게 오로지 병에 관해서만 말할 수 있을까?" 이처럼 이글거리는 급진적 에세이는 사회뿐 아니라 병과 폭력 간의 관계를 바라보는 비판적 시각이었다. 쉬운 해답은 없었다. 병원을 개방하는 것은 이야기의 일부분일 뿐이었고, 나아가 그로 인해 사정이 더 나빠질 수도 있었다.[9]

『부정되는 공공시설』은 환자가 폭력을 일으킬 위험이 상존한다는 것을 잘 인식하고 있었다. 어떤 면에서 이 문제는 병동을 개방하고 장벽을 철거하는 등의 결정에서 에퀴페에 처음부터 영향을 주고 있었다. 모든 일은 극도로 신중하게 실행되었다. 문을 개방하거나 담을 무너뜨릴 때마다 의사들은 무슨 일이 벌어질지 지켜보며 기다렸다. 그러나 1968년 이전에는 이렇다 할 어떤 일도 일어나지 않았다. 아무런 사건도 일어나지 않을 것 같아 보였다. 책의 다른 부분에서 '푸리오'는 "우리 병원에서 퇴원하는 환자가 정당한 이유 없이 폭력 행위를 저지를 거라고는 생각하지 않는다"[10]고 말했다. 최악은 지나갔다. 그래 보였다.

결국 그 일이 벌어졌을 때 사람들은 큰 충격을 받았다. 고리치아와 바잘리아 사람들의 관계, 특히 바잘리아와의 관계를 영원히 바꿔놓는 사건이었다. 애초부터 고리치아의 실험을 지지하지 않는 사람이 많았던 지방 정부와 당국이 반격을 가할 기회를 얻는 순간이었다. 어떤 면에서 그것은 고리치아의 수많은 보통 사람이 처음으로 정신을 차리고 이제까지 자기 지역의 정신질환자 보호소에서 무슨 일이 벌어졌는지를 알아차린 순간이기도 했다. 그 결정적 순간은 1968년 9월에 찾아왔다. 고리치아의 유명세가 절정에 달한 때였다. 일반 대중이, 또 바잘리아의 실험(및 에퀴페 자체)에 적대적이던 저 정치가와 지도층 사람들이 가장 두려워하던 바가 끔찍한 방식으로 확인되었다. 그것은 신문의 1면 기사(지역신문만이 아니었다)가 되었다. 한 '사건'이 발생했다.[11]

조반니 (알베르토) 미클루스(1906년생)는 과거에 농촌에서 노동자로 일했다. 결혼하여 아이를 셋 둔 그는 전쟁 때 만 3년간 반파시스트 파르티잔으로 활동했다. 전쟁이 끝난 뒤 협박 편지를 받았고(전쟁 중의 일과 관련된 것으로 보인다), 무장한 사람들이 집으로 찾아와 그를 위협했다. 이 폭력의 주범 중 한 명은 감옥에 갔다가 석방된 후 다시 미클루스를 찾아왔다. 미클루스가 병든 것으로 보이기 시작한 것은 이런 사건이 있은 뒤였다. 그는 자살을 시도한 뒤 1951년 12월에 고리치아의 정신질환자 보호소에 수용되었고, 그뒤 몇 차례 퇴원했다가 다시 수용되기를 반복했다.[12] 그는 전기충격 치료를 수없이 받았다. 미클루스는 성에서 짐작할 수 있듯 냉전으로 분열된 유고슬라비아 지역 출신이었다. 고리치아에서 냉전은 전간기와 2차대전 이후 시대의 냉혹한 분열의 연속이기도 했다.

증인들은 미클루스가 아내 밀레나 크리스티안치치를 여러 차례 위협했는데 한번은 총검으로 위협했으며, 또 자신이 정신질환자 보호소에 감금된 것이 아내 때문이라고 비난했다고 말했다. 이런 설명과 이야기는 사건 이후 있었던 재판에서 모두 검증 대상이 되었다. 그는 자신에게 병이 전혀 없다며 부인했고, 그동안 수없이 (적어도 일곱 차례) 탈출을 시도했다. 유고슬라비아 땅에서 붙들려 국경을 넘어 이탈리아로 돌려보내진 때도 많았다. 미클루스를 대했던 모든 사람이 그가 바잘리아 시기 동안 개선의 징후를 보였다고 입을 모았다. 그는 병원 안에서 열리는 집회에 나와 논의에도 참여했다. 1960년대 말에 이르러 의사와 정신질환자 보호소 내의 더 큰 공동체는 그가 다시 가족과 접촉할 때가 되었다고 판단했다. 안토니오 슬라비치는 미클루스를 "머리칼이 흰 거구에 친절하고 내성적인 사람이며…… 그는 자신에게 적이 많다고 생각했는데, 그중 몇몇은 자기 가족 내에 있으며 그들 때문에 수용되었다고 말했다"[13]고 묘사했다.

미클루스는 가장 마지막에 개방된 C 병동에 수용되어 있었다. C 병동에는 남자동과 여자동이 있었는데, 두 병동은 앞서 언급한 대로 치료 공동체 내에서 또 『부정되는 공공시설』에서 끊임없이 토론되는 주제였다. 두 병동은 마침내 1967년에 개방되었다. 그러다 이 사건 때문에 잠시 동안이나마 다시 폐쇄된다. 이것은 바잘리아 공동체의 심장부까지 닿았던 위기이자 『부정되는 공공시설』의 설득력이 일부분 잠식된 사건이었다. 그 무엇도 최종적이지 않았다. 부정되었던 저 공공시설은 전통적인 가면을 쓰고 쉽게 다시 나타날 수 있었다. 개혁은 뒤집어질 수 있었다. 부정은 부정될 수 있었다. 바잘리아 시기에 이룩한 것들은 허약하고 외부 압력에 취약했다.

1968년에 그 사건이 일어나기 전에 적어도 한 번은 미클루스가 하루 동안 집에 다녀올 수 있도록 허가가 난 적이 있었고, 아무런 문제없이 방문을 마치고 돌아온 것 같다. 그러나 이번에는 사정이 매우 달라진다. 의사와 간호사는 회의를 통해 (전체 집회는 아니었던 듯하다[14]) 미클루스가 집을 방문하도록 허가해야 할지를 논의했지만, 그의 외출 허가 결정과 관련된 정확한 상황은 기나긴 소송 절차의 주제가 되었다. 미클루스에게 주어진 외출 허가증에는 비토리오 알리라는 의사가 서명했는데, 그는 고리치아에서 일한 의료진 중 반바잘리아 성향이 가장 강한 사람이었다고 할 수 있다. 슬라비치는 그 논의 자리에 있었을 가능성이 있고, 반면에 바잘리아는 당시 (독일에서 열린) 어느 협의회에 참석하느라 자리에 없었다. (두 C 병동을 맡았던) 아고스티노 피렐라 역시 이 중요한 회의에 참석하지 않았다.[15]

이반 클라스니체크라는 남자 간호사가 1968년 9월 26일 아침에 정식으로 미클루스를 자동차로 집까지 태워주었고, 같은 날 저녁 아홉시에 같은 간호사가 그 집으로 가서 그를 데리고 정신질환자 보호소로 돌아오기로 되어 있었다. 그의 '집'은 유고슬라비아와의 국경과 아주 가까운 산플로리아노델콜리오라는 작은 시골 마을 근처의 농가였다. 집에 없는 남편과 관련된 문제가 몇 년씩이나 계속되고 있었지만, 크리스티안치치는 세 아이를 혼자 그럭저럭 키우고 있었다.

그날 이른 오후인 두 시쯤 미클루스는 아내와 언쟁을 벌였는데, 그때 두 아들은 근처 포도밭에 일을 나가고 없었다.[16] 『일 피콜로』지에 따르면 크리스티안치치는 남편과 단둘이 있지 않게 해달라고 부탁했다고 한다. 그때 미클루스는 '노동자용 망치'를 거머쥐고 그것을 휘둘러 아내의 머리를 쳤다.[17] 크리스티안치치는 한 방에 즉사했고 15센티미터 길이의 상처가 남았지만, 적어도 다섯 번은 가격당한 것으로 보인다. 미클루스는 그대로 집 주위의 숲으로 달아났다. 이웃 사람들이 비명을 들었고 미클루스가 달아나는 것을 보았다. 마르얀 미클루스는 어머니의 시신을 15분쯤 뒤에 발견하고 사태를 알렸다.

일하러 나간 아들이 빨리 돌아오지 못하게 하려고 미클루스가 근처에 불을 냈다고 주장하는 기사를 비롯하여 터무니없는 이야기가 신문에 나기 시작했다. 주변 지역 사람들은 집을 버리고 피신했고 수색이 강화되었다. 고리치아는 그 사건으로 인해 얼어붙었다. '미친 사람'이 '도끼'로 무장한 채 도주 중이었다. 불난 집에 부채질하기를 주저하지 않은 『일 피콜로』지에 따르면 "이 살인에 대한 혐오감은 여전히 강하며" 사람들은 "진정한 공포의 순간"과 "악몽" 속에서 살고 있었다.[18] "이번 살인은 전국적으로 큰 영향을 미쳤고, 고리치아의 경험은 태풍의 눈 한가운데에 떨어졌다."[19]

미클루스를 붙잡기 위한 추적에는 철의 장막 양측이 합세했다. 미클루스는 이 지역을 어린 시절부터 잘 알고 있어서 울창한 숲속에서 숨을 곳을 찾아낼 수 있었던 것으로 알려졌다. 이전에 탈출했을 때는 대개 금방 붙잡혔다. 그중 한 번은 1963년의 일로, 유고슬라비아 당국은 그를 '카자 로사'라 불리는 냉전 국경 초소에서 인도했다. 이곳은 또 제1차세계대전 동안 전투가 치열했던 지역이었고, 따라서 참호와 동굴이 사방으로 이어져 있었다.[20] 미클루스는 정상 생활로부터 격리되어 정신질환자 보호소의 담장 안쪽에서 20년 남짓한 시간을 보냈다. 당국이 찾아낼 수 있었던 그의 유일한 사진은 살인 사건이 벌어지기 22년쯤 전에 찍은 것이었다. 이미 그는 눈에 보이지 않는 사람이 되어 있었다. 수색이 계속되었고 경찰과 총기병대가 그의 집과 주변 지역을 경비했다.

경찰이 특별히 다른 도시에서 수색견을 데려오고 도로를 봉쇄하고 유고슬라비아 당국과도 접촉하며 이틀간 집중 수색한 끝에 9월 28일 오전 11시 30분쯤 숲속에서 미클루스를 발견했다. 어느 신문사 사진기자가 체포되는 그의 모습을 찍었다.[21] 그는 자신이 아내를 죽였는지 아닌지 잘 모르겠으며, 또 집으로 돌아오려고 했다고 주장했다. 미클루스는 고리치아의 교도소에 한동안 수감되었다가 레조넬에밀리아에 있는 범죄자 정신질환자 보호소로 보내졌다. 다시는 고리치아로 돌아오지 못했고 그로부터 몇 년 뒤 죽은 것으로 보인다.[22] 재판에서 그는 "정신적으로 완전히 무능력하기 때문에 재판을 받기에 부적합하다"고 판단되어 최소 5년간 범죄자 정신질환자 보호소에 수감한다는 판결이 내려졌다. 그렇지만 검사가 지명한 정신의학자는 "살인을 예견하기는 불가능했다"는 결론으로 에퀴페를 지지하는 한편 미클루스는 "사회적으로 위험한 인물"이라고 판단했다.[23]

이 살인 사건 이후 『일 피콜로』지는 비극의 '책임자'를 맹렬히 공격하기 시작했다. 어떻게 이런 일이 일어나게 내버려두었는가? 9월 29일에 이 신문은 "공중에게 정말로 위험한 사람이 아무리 일시적이라 해도 어떻게 풀려날 수 있었는지 아무도 해명하지 못한다"[24]고 썼다. 그러나 이 기사는 앞으로 나올 기사에 비하면 아무것도 아니었다. 9월 30일에 『일 피콜로』지의 조르조 베르비 기자는 사법적 조치를 직접 요구했다.

> 여론은 정신의학자의 정신감정 이후 사법 당국의 조처를 기다리고 있다. ……그러나—모든 사람의 입에 오르내리는 질문을 던지자면—미클루스의 정신 상태가 오래전부터 잘 알려져 있었다는 점을 감안한다면 이번 사건의 책임은 누구에게 있는가?

여기서 베르비는 자신이 "말없는 대다수", "여론", 심지어 "모두"의 이름으로 말하고 있다고 주장했다. 이 세계관에서 바잘리아 사람들은 작디작은 소수였다. 고리치아라는 맥락에서는 거의 확실히 그가 옳았다.

정신질환자 보호소에 수용된 환자는 폭력적일 때가 많았고, 물리적 통제 수준이 낮아지거나 완전히 없어지면 이 폭력은 늘어날 수 있었다. 어떤 면에서 (언어적인 또는 물리적인) 폭력의 발산은 바잘리아가 구사한 큰 전략의 일부이기도 했다. 그것은 체제 내부에서 '모순이 드러나는' 한 가지 징후로서 그가 여러 상황에서 유도한 바 있었다. 이런 면에서 바잘리아 사람들은 정말로 불장난을 하고 있었던 셈이다. 이들은 이에 대해 잘 의식하고 있으면서 항상 큰 위험을 감수하고 있었다.『부정되는 공공시설』에서는 바로 이런 위험이 공개적으로 논의되었다.

　살인 사건이 있은 뒤 (이 사건의 전말에 대한 여러 가지 이야기 중 한 가지에 따르면) 바잘리아는 에퀴페를 한자리에 모아놓고 고리치아의 실험 전체를 완전히 끝내거나 개혁주의 정신의학자들에게 넘겨주어야 한다고 주장했다. 제르비스는 이 계획에 대해 에퀴페 사람들이 불꽃 튀는 논쟁을 벌였다고 했다.[25] 바잘리아 자신은 모든 것을 포기하고 싶은 생각이 들었고, 프랑카 옹가로는 그가 포기하지 않도록 갖은 방법을 동원하여 설득했다. 사건의 전개에 대해 어느 기자가 1971년에 쓴 기사에 따르면 바잘리아는 "고민에 빠졌다. 그는 자신이 드라마의 한복판에 있으며, 그 드라마는 사회적 드라마이기도 하다는 사실을 알고 있다."[26] 바잘리아는 나중에 이렇게 말했다. "그것은 위기의 순간이었다. 실로 그랬다. 성장하기 시작한 운동 전체가 위협받고 있었기 때문이다."[27]

　미클루스의 병동, 즉『부정되는 공공시설』에서 개방을 두고 길게 논의했던 저 유명한 C 병동은 살인 사건이 벌어진 뒤 한동안 다시 폐쇄되었지만 나중에 다시 개방되었다.[28] 이 사건은 치료 공동체 전체에도 영향을 미쳤다. 사건에 관한 여러 이야기 중 표준으로 인정되는 것에 따르면 전체 집회는 미클루스 사건의 여파를 감당할 수 없었다고 한다. 침묵이 이어졌다. 이 문제는 공개적으로 입에 올리기가 너무나 고통스러웠다. "15일 동안 집회에서 그 누구도 그 사건을 언급할 수 없었다."[29] 시곗바늘은 거꾸로 돌아갔다. 모두가 책임을 느꼈다. 프랑카 옹가로는 나중에 다음과 같이 썼다.

> 근심이 이만저만이 아니었다. ⋯⋯M이 한 일에 대해 모든 환자가 책임과 죄책감을 느꼈다. 간호사, 의사와 함께 환자들도 우리가 이룩하고자 했던 모든 것의 실패를 나타내는 것 같은 몸짓을 보였다.[30]

이 공동체는 일어난 일을 무슨 말로도 표현할 수 없었다. 그러다 마침내 논의가 시작되었고, 모두의 앞에 그 질문이 공개적으로 던져졌다고 한다. 일종의 집단적 트라우마가 생긴 것 같았다. 이 과정은 훗날 2010년에 텔레비전에서 방영된 픽션 영화에서 재현되었다.[31]

『부정되는 공공시설』이 서점에 나와 있는데다 1968년 세대 중 바잘리아라는 이름을 모르는 사람이 없었으므로 이 사건이 고리치아 바깥에 미친 영향은 어마어마했다. 이 책은 또 방금 큰 문학상을 받은 참이었다. 고리치아 안은 거의 공황 상태였다. 더욱이 미클루스가 파르티잔 전력이 있는 슬라브인으로서 유고슬라비아와의 접경지에서 살고 있었다는 사실이 깊이 분열된 이 도시에 또하나의 갈등 요소가 되었다. 그의 아내는 전쟁이 끝난 뒤 유고슬라비아에 할당된 지역 출신이었다. 미클루스의 복잡한 인생사는 바로 그런 분열과 얽혀 있었다. 전쟁과 전쟁 이후의 깊은 상처를 남긴 사건들과, 그리고 도시 내의 긴장과 국경을 사이에 둔 이탈리아인과 유고슬라비아인 사이의 긴장과 깊이 연관되어 있었다.

바잘리아는 사건이 일어나자 매우 좋지 않게 반응했다. 그는 자신의 계획 전체가 파멸로 향하고 있다고 느꼈다. 암울한 시기였다. 오랫동안의 노력이 날아가버린 것 같았다. 사건이 발생한 뒤 바잘리아 사람들과 고리치아시의 관계는 절대로 예전으로 돌아가지 못할 것이었다. 시일이 많이 지난 뒤 당시 고리치아에서 일했던 빈첸초 파스토레가 "미클루스 사건 이후의 크나큰 위기"[32]에 대해 언급했다. 그것은 "순결을 잃은" 순간이었다. 고리치아 사람들은 (그때 비로소) 자신의 코밑에서 혁명이 일어나고 있었다는 사실을 알아차렸다. 그 대다수가 눈앞에 드러난 광경을 좋아하지 않았다. 눈앞의 광경이 무서웠다. 위험하고 파괴적으로 보였으며, 그것이 끝나기를 원했다. 사건 후 국가의 위력이 고리치아 사람들을 향해 행사되기 시작했다. 그 첫 대상은 바잘리아 본인이었다.

법적 절차와 미클루스 재판, 1968~1972년

『일 피콜로』지가 요구한 '사법적 조치'가 그 형태를 드러내기까지는 며칠밖에 걸리지 않았다. 1968년 10월 13일에 프랑코 바잘리아는 과실치사 혐의로 공식 조사 대상이 되었고, 고리치아의 검사/치안판사인 브루노 파스콜리에게 심문을 받았다.[33] 당시 이탈리아의 사법제도에서는 검사가 조사를 진행한 다음 그것을 다른 종류의 판사에게 (건의와 함께) 넘겨 재판에 회부할지 말지를 결정하게 했다. 이 사건에서 검사(파스콜리)는 긴 조사 끝에 '살인 방조' 혐의로 바잘리아와 슬라비치 모두를 재판에 회부할 것을 건의했다(1971년 1월). 1971년 5월, 수사판사 라울 체니지는 바잘리아는 (결정을 내릴 때 자리에 없었다는 점을 고려하여 "검사의 요청과 일부 의견을 달리하여")[34] 무혐의로 처분하고 슬라비치는 재판에 넘겼다. 이제 살펴보겠지만, 뒤이은 재판에서 판사들은 앞서 있었던 조사를 비판하며 슬라비치에게 아무런 혐의도 없다고 판결한다.

사법 당국의 조사가 시작되자 바잘리아는 두 명의 변호사를 선임했다. 한 사람은 유명한 사회당 국회의원인 로리스 포르투나(고리치아 출신의 반파시스트이자 파르티잔 출신으로, 나중에 이탈리아에서 처음으로 이혼법을 통과시키는 데 핵심 역할을 맡은 인물)이고, 다른 한 사람은 체자레 데베타그(역시 정치가로서 당시 고리치아현이 속한 프리울리베네치아줄리아주의 보건 정책 책임자)였다. 나중에 공산당 소속의 고리치아현 의원인 네레오 바텔로도 바잘리아 변호인단의 핵심 구성원이 된다.

(미클루스를 내보내는 결정이 내려졌을 때 바잘리아가 아예 이탈리아에 없었다는 사실을 포함하여) 반대되는 증거에도 불구하고 혐의가 인정되었다. 바잘리아는 그가 고리치아의 정신질환자 보호소에 도입한 치료 방법 때문에 조사를 받는 게 확실했다. 판사에 따르면 바잘리아는

> 환자가 정신질환자 보호소에 관한 법률 제66조에 규정된 수준으로 호전되기도 전에 실험적으로 내보내는 방식을 자신이 소장을 맡고 있던 고리치아의 정신병원에 도입했다.

범죄와 관련된 구체적 사실이 아니라 바잘리아의 방식이 재판을 받고 있었다. 한편 안토니오 슬라비치는 미클루스의 외출에 관해 논의했다고 하는 전체 집회에서 그것을 승인하는 데 중요한 역할을 맡았다는 혐의를 받았다. 고리치아 혁명의 지도자와 1962년부터 그와 합류한 사람이 함께 사법 조사를 받고 있었다. 이것은 대단히 상징적인 순간으로, 지난 6년간 고리치아의 정신병원에서 일어난 일에 대한 정면공격이었다.

　1968년 10월 바잘리아와 슬라비치는 과실치사 혐의로 공식 고발되었고[35] 이 결정으로 많은 사람이 충격에 빠졌다. 병원 안에서도 분열이 일어나 적어도 한 명의 간호사가 바잘리아 사람들에게 불리하게 증언했다. 보호소 분위기는 형편없이 나빠졌다. (이 사건에서 사법 절차의 주된 피해자인) 슬라비치는 나중에 특히 간호사 펠리체 미나르디를 "교활한 사람이며 첩자"[36]라 불렀다. 고발 사실이 알려지자 바잘리아에게 전세계로부터 지지 편지가 수없이 날아들었다.

재판은 지지부진하게 이어졌다. 1971년 5월에 바잘리아의 재판은 법정에 가기 전에 기각되었고 안토니오 슬라비치는 재판에 회부되었다. 둘 모두 그때는 고리치아에서 근무하지 않았다. 슬라비치에 대한 증거, 즉 그가 어느 전체 집회에서 미클루스를 내보내는 데 대해 찬성 의견을 내놓았다는 증거는 대단히 미약했다. 사건 전체에서 정치적 선전과 박해의 냄새가 났고, 몇 년에 걸쳐 이루어진 조사는 그다지 철저하지 않았다. 조사 동안 면담한 사람은 열네 명뿐이었으며, 게다가 이들의 증언은 여러 가지 중요한 부분에서 서로 모순되는 것처럼 보였다. 대부분의 중요 집회에 참석했던 에퀴페의 핵심 구성원(제르비스, 루초 스키타르, 카자그란데)도 수사 대상이었지만 검사는 이들에게 질문조차 하지 않았다.[37] 카자그란데의 결론과 같이 "조사 전체가…… 간단히 말해 환자를 치료하는 것보다는 가두어두는 것을 지지하는 쪽에 맞춰져 있었다."[38]

이 사건을 보도하는 기자들은 새로운 형태의 정신의학 자체가 재판을 받고 있다고 주장했다. 이들의 주장은 옳은 것 같았다. 법적 절차는 고리치아 자체를 훨씬 넘어서는 일종의 시범 사례였다. 치안판사는 미클루스가 "위험"하고 "치료 불가능"하다고 주장했고, 따라서 그를 바깥세계로 내보낸 것은 과실치사에 해당했다. 이 논리는 사실상 미클루스 같은 사람은 정신질환자 보호소에 평생 가두어두어야 한다는 뜻이었다. 또 미클루스가 그의 아내나 다른 환자들과 관련된 과거의 폭력 행위와 위협에 관해서도 어느 정도 혼란이 있었다.

재판—1972년 2월

슬라비치는 1972년 2월 고리치아에서 과실치사 혐의로 정식 재판을 받았다.[39] 재판 자체는 지극히 짧았다. 이틀 동안 청문회를 거친 다음 판사들은 단 13분 만에 무혐의를 선고했다. 사건 자체가 일어난 지 3년 반이 지난 때였다.[40] 검사와 피고, 그리고 다수의 증인(카자그란데, 피렐라, 그리고 미클루스의 자식 둘)으로부터 일련의 증언과 진술이 있은 뒤, 판사들은 자정 직전에 고리치아의 법정으로 돌아와 슬라비치는 "문제의 행위를 저지르지 않았기 때문에" 무죄라고 선고했다. 아내를 살인한 법적 대가는 미클루스만 치르면 되었다.

슬라비치가 기소된 죄목은 "정신병원에서 환자의 '실험적' 퇴원을 승인했으므로 법을 지키지 않았고 태만했으며 전문가로서 미숙했다"는 것이었다. 그러나 그것을 입증할 근거는 미약했고, 그가 바잘리아의 이인자라서 기소되었음이 확실했다. 만일 살인 사건이 벌어졌을 때 바잘리아가 이탈리아에 있었다면 필시 그 역시 재판에 회부되었을 것이다. 슬라비치는 사건이 일어난 26일 아침 회의에서 미클루스에 관해 논했을 뿐이며 그 논의도 대체로 전문적인 내용이었다고 주장했다. 애초에 두 사람이 기소된 과정은 정치적이고 이념적이었던 것으로 보였고, 두 사람은 (증거가 없다는) 증거를 바탕으로 혐의를 벗었다. 위법 행위가 없었던 것이다.

이 사건으로 치료 공동체 내 그리고 고리치아시 자체 내의 분열이 드러나고 또 새로운 분열이 생겨났다. 병원에서 일하던 또 한 사람의 간호사는 슬라비치가 미클루스의 외출을 혼자 결정했다고 증언했다. 한편 미클루스의 아들들은 아버지의 외출 허가증에 9월 15일과 26일자 서명이 있었다고 확인했다. 바잘리아는 그 재판에 참석했지만 미클루스의 외출증에 실제로 서명했던 반바잘리아 성향의 의사 비토리오 알리는 그사이에 세상을 떠나고 없었다. 슬라비치에게 무혐의 선고가 내려지자 방청객으로 빽빽한 법정에서 환호와 박수가 터져나왔다.

조사의 일환으로 미클루스에 대한 정신감정이 두 차례 있었다. 그중 한 차례에서는 그가 "편집조현병자"이며 "사회적으로 위험"하긴 하지만 그의 살인은 계획적일 수 없었고, 1968년 이전에 병세가 호전되는 징후를 보였다고 결론지었다. 또 한 차례는 바잘리아의 친구인 파비오 비진티니가 피고 측에서 감정했는데, 이 감정의 결론은 훨씬 더 세련된 문서로 정리되었다.[41]

여파—고리치아, 『일 피콜로』, 그 사건, 그리고 바잘리아의 실험

미클루스의 살인 사건 이후, 그 이전 6년 동안은 정신질환자 보호소와 바잘리아를 대체로 무시했던 『일 피콜로』지가 그곳에서 쓰이고 있는 새로운 방법을 신랄하게 비판하기 시작했다. 마치 고리치아라는 도시가 7년이 지나 마침내 바잘리아의 혁명을 자신의 문간에서 발견한 것 같았다. 이것은 평범한 살인이 아니었다. 사건은 금세, 거의 즉시 '미클루스 사건'이 되어 있었다.

그러나 『일 피콜로』지는 재빠르게 이 살인과 바잘리아의 방법 사이에서 인과관계를 끌어냈다. 신문은 이렇게 썼다. "정신질환자 보호소에 있는 환자들은 엄청난 수준의 자유를 누리고 있는데, 이 역시 명백하게 극도로 위험한 것이다." 친족을 보살피도록 '강요'받았다는 가족들의 사례가 등장했다. 어떤 여성은 자신의 남편이 "마치 호텔에 있는 것처럼 정신병원에서 왔다 갔다 한다"고 주장했다. 나중에 바잘리아를 지지하는 어느 간호사는 "포위당한 것 같은 분위기가 병원을 둘러싸고" 있었다고 술회했다. 마치 바잘리아의 작업에 반대하는 적들이 바잘리아 측이 한 발짝만 걸음을 잘못 디디기를 기다리고 있던 차에 그 살인이 일어난 것 같았다.[42]

『일 피콜로』지는 미클루스를 괴물로, "광인"으로, "미치광이 아내 살인자"로, "제정신이 아닌 사람"으로 그렸다. 또 미클루스가 아내의 살인을 사전에 계획했다고 선언했다. 어느 기자는 그것을 "사악한 범죄 계획"이라고 부르고는 (자신의 말을 어겨가며) "우리는 사전 계획에 대해서는 논하지 않아야 한다"고 덧붙였다.[43] 고리치아시 자체가 비슷한 사건이 또 일어날까 벌벌 떨고 있는 것으로 묘사되었다. 기자들은 고리치아 전체가 미클루스의 살인 때문에 "무서워 떨었으며" "여론"이 "흔들렸다"고 썼다. 개방 정책 때문에 정신병원에서 위험이 퍼져나오고 있다면서 그 때문에 "고리치아는 점점 더 걱정하고 있고 그것이 평소의 평온을 깨뜨리고 있다"고 했다. 그리고 이런 문제점이 "모든 사람들의 입에 오르내리고" 있었다. 그러나 미클루스의 살인은 '정상적인' 고리치아 사람들이 가장 두려워하던 부분을 그저 확인시켜준 것일까, 아니면 사람들이 인식하지 못하고 있던 어떤 것이 드러나게 만든 것일까? 이런 공격이 너무나 맹렬해서 바잘리아는 『일 피콜로』지에 항의 편지를 쓰지 않을 수 없었다.[44] 나중인 1971년에 바잘리아는 "이탈리아의 정신질환자 보호소에서는 징벌적 체제의 괴롭힘을 견디다못해 일어나는 살인과 자살과 부상 사례가 무수히 많지만 방치될 뿐이다"고 지적했다. 바잘리아는 우리가 그저 끔찍한 사건 하나 때문에 과거에 사용되던 체제로 돌아가야 하는가 하고 주장했다.[45] 간호사 엔초 콰이도 나중에 비슷하게 지적했다. "일어난 일의 부정적 측면을 들여다볼 거라면 긍정적 변화도 함께 들여다보아야 한다고 생각한다. 나쁜 일이 일어나긴 했지만 수백 명의 사람들이 바잘리아 덕분에 다시 태어났다."[46]

고리치아의 바잘리아 모델은 사법부와 (현지) 언론의 공격과 함께 정치적 비난에도 시달렸다. 특히 고리치아에서 강한 세력을 형성하고 있던 신파시스트 정당의 비난이 거셌다. 이탈리아사회운동 소속의 현 의원 에노 파스콜리가 여기에 적극적으로 나섰다.[47] 그는 바잘리아의 방법을 "완전히 미친 짓"이라 부르면서 정신질환자 보호소의 새로운 방식과 관련하여 비판적인 발언을 자주 했다. 현 의회에서 벌어진 한 토론회에서 그는 "사람들이 여러 해 동안 수군거려오던 병원 내의 무정부상태"를 공격했다. 파스콜리가 볼 때 탈출 사례가 너무나도 많아 "도시 전체가 위험에 처했다." 파스콜리는 위협에 가까울 정도로 분명하게 말했다. "이 무정부상태는 끝나야 한다. ……저 환자들은 마음대로 주점에 갔다가 취한 상태로 병원으로 돌아간다."[48] 고리치아의 (작디작은) 공산당이 바잘리아를 옹호하고 나서서 이것을 "명예훼손 운동"이라 불렀다. 사회당과 기독민주당도 같은 편에 섰지만 그들의 지지는 훨씬 더 미적지근했다.

10월 20일, 미클루스의 세 자식(마르얀, 다비데, 주제피나 미클루스)이 『일 피콜로』지에 편지를 보냈다. 그것은 설득력이 강한 문서로서, 편지에서 이들은 아버지 때문에 "무서워 벌벌 떨었다"고 주장했다. 이들은 또 아버지의 방문을 받아들이라는 정신질환자 보호소 관계자들의 압력을 받았다고 썼다.

> 무엇보다도 최근에는 우리가 아버지를 안전하게 맞이할 능력을 넘어서는 수준으로 아버지를 집에 다시 받아들이라는 압력이 있었습니다. ……우리에게는 우리를 지지하는 정신의학 학술단체도 없고, 의사 단체도 노동조합도 정치운동도 없으며, 유명한 변호인단도 없습니다.

이것은 사법 조사가 공식 발표된 뒤 바잘리아가 각종 단체로부터 받은 지지를 언급하는 것이었다.

미클루스의 자녀는 계속해서 아버지의 정신건강에 대해 논했다.

> 아버지는 전에도 지금도 병을 앓고 있으며, 우리는 아버지의 공포증 때문에 악몽 속에서 살았고, 아버지가 병원을 탈출한 뒤에는 극심한

공포의 순간을 겪기도 했습니다. ……우리는 아버지와 마찬가지로 그가 앓고 있는 병의 희생자이며, 아버지에게 화가 난 게 아닙니다. 다만 그에 대한 동정심과 사랑만 있을 뿐입니다. ……우리는 아버지가 환자로 있던 병원에서 이름도 없이 겸허하게 일하고 있는, 아버지가 어떤 활동을 하고 어떤 식으로 반응하는지를 알 수 있었고 또 저 비극적 나날에 대한 사실을 정직하게 증언할 수 있었던 저 평범한 사람들에게 평범한 사람으로서 이 메시지를 보내고 싶습니다.[49]

이 편지 때문에 바잘리아가 정신질환자 보호소에서 쓰는 방법에 대한 공격이 더욱 거세졌고, 적어도 한 명의 의원이 그곳에서 무슨 일이 일어나고 있는지에 대해 행정 조사를 실시해야 한다고 요구했다. 정치적 압력이 높아지고 있었다.

미클루스 사건은 고리치아의 치료 공동체에게 위기의 순간이었다. 여러 해 동안 이런 종류의 사건이 있을지도 모른다는 두려움이 병원 위로 먹구름처럼 드리워져 있었다. 7년 동안 이런 종류의 일은 한 번도 없었다. 그러나 미클루스는 순결의 상실에 해당됐다. 일부 정부 기관과 지역 언론이 바잘리아 사람들을 적대하기 시작했다. 그것은 포위 공격이자 전쟁으로, 도시 안에서 병원이 더욱 고립되었다. 바잘리아는 이 사건을 개인적이고 정치적인 전환점으로 보았다. 고리치아는 막다른 곳에 다다랐고, 그는 운동의 발걸음을 가로막는 게 아니라 뒷받침해주는 정치 조직이 있는 곳에서 새로운 단계로 옮겨가고 싶었다.

고리치아와 페테아노 폭탄, 1972년

미클루스 사건이 뜨거운 쟁점이던 무렵(1968~1972년)의 고리치아 사법 당국에 대해 잠시 살펴볼 만하다. 그 기간 대부분 고리치아시의 검사는 브루노 파스콜리였고, 라울 체니지는 미클루스 살인이 일어났을 당시 수사판사였다.

한 가지 악명 높은 사건을 들여다보자. 1972년 5월 31일 오후 10시 35분경 고리치아의 총기병대에 한 통의 전화 신고가 들어왔다. 레디풀리아의 거대한 제1차세계대전 기념비와 고리치아 사이에 있는 페테아노라는 작은 곳에서 총성을 동반한 사건이 일어났다는 신고였다. 그곳에 출동한 총기병대는 버려진 자동차 한 대를 발견했다. 흰색 피아트 500이었다. 차의 옆면에 총알구멍 두 개가 나 있는 것으로 보였다. 총기병대가 저녁 11시 30분에 그 자동차의 보닛을 열려고 했을 때 폭탄이 터지면서 대원 중 세 명이 죽고 두 명이 다쳤다. 죽은 사람은 모두 남부 이민자였다. 각각 시칠리아, 루카니아, 레체 출신으로 이름은 안토니오 페라로(경사, 31세), 도나토 포베로모(대원, 33세), 프랑코 돈조반니(대원, 23세)였다.[50]

이 사건은 1972년 10월 6일 고리치아 공항에서 발생한 납치 미수 사건을 포함하여 고리치아 지역에서 일어난 일련의 폭력 사건 중 가장 충격적인 사건이었다. 몇 년 후 페테아노 폭탄은 신파시스트들이 '긴장 전략'의 하나로 설치한 것으로 밝혀지게 된다. 이탈리아를 불안하게 하여 당국이 좌파를 권위주의적으로 탄압하게 하려는 시도였다. 이 음모에는 첩보부 관계자도 관여했다. 그러나 고리치아의 사법 당국은 우익의 음모일 가능성을 완전히 무시했다. 오히려 이들은 가장 먼저 좌익을 조사했고, 그다음에는 일련의 신뢰할 수 없는 거짓말과 거짓 자백을 가지고 일반 범죄자 몇 사람에게 누명을 씌우려고 했다. 이 수사를 책임진 사람은 두 명으로, 바로 라울 체니지와 브루노 파스콜리였다. 일부 정치가는 페테아노 폭탄을 바잘리아의 실험과 연결시키려고까지 했다.[51] 페테아노 폭탄과 관련된 여러 차례의 재판이 1973~1979년에 있었고 결국 범죄자들은 모두 혐의를 벗었다. 이 수사와 재판에 여러 방식으로 개입한 사람 중 다수가 고리치아의 이탈리아 사회운동과 관련되어 있었다.[52] 진실이 드러나기까지 몇 년이 걸렸는데, 주로 사건에 관여했던 신파시스트 중 빈첸초 빈치궤라라는 사람이 1984년에 사실을 고백한 덕분이었다. 그사이에 체니지는 트리에스테로 이사를 가서 살고 있었다. 그는 곧 바잘리아와 다시 마주치게 된다.

고리치아는 계략과 우익의 음모와 정치 폭력의 장소였다. 1962년에는 시내의 공산당 사무실에 폭탄이 날아들었다. 이탈리아를 공산주의로부터 '지켜내기' 위해 만들어진 비밀 준군사 조직인 글라디오가 고리치아와 그 주변 지역에서 활동했다. 페테아노 사건에는 거짓 행적과 은폐, 거짓말, 고의적인 왜곡, 함정, 누명 씌우기 등이 개입되었는데 1970년대 이탈리아에서도 충격적일 정도였다. 이중 많은 일이 정치적 동기에서 이루어졌으며, 고리치아 지역의 사법부가 바로 그런 식의 활동에 오염되어 있었다. 바로 그 사법부가 미클루스 사건을 조사했다.[53]

제15장

〈아벨의 정원〉과 『계급 때문에 죽는다』
— 텔레비전과 사진 속 고리치아와 그 역할

고리치아. 저는 정신병원을 찾아 이곳에 왔습니다. 간단히 말해 미친
사람들을 모아놓은 곳 말입니다.

세르조 차볼리, 〈아벨의 정원〉(1969)

세르조 차볼리: 바잘리아 교수님, 사람들은 이 병원을 두고 정신의학적
    제안이라기보다는 시민 고발의 한 예라고들 합니다.
바잘리아: 그렇고말고요. 전적으로 동의합니다.

〈아벨의 정원〉

차볼리: 그리고 어느 날 이 병원이 개방되었습니다. 뭐가 바뀌었죠?
환자('카를라'): 전부 다요!

고리치아에서의 인터뷰(1968)

자동차 지붕에 설치된 텔레비전 카메라가 길고 평탄한 도로를 따라 움
직이고 있다. 어디인지는 알 수 없다. 어느 지방, 어느 도시든 될 수 있
다. 배경에서 해설하는 목소리가 들리기 시작한다. 이탈리아인에게 잘
알려진 목소리, '하느님의 사회주의자'인 세르조 차볼리의 목소리다.
그는 여러 유명 다큐멘터리와 보도 프로그램, 또 전국에 방영되어 인

기를 누린 혁신적인 스포츠 방송을 제작한 영화감독 겸 저널리스트이다.[1] 1968년인 지금 그는 여기 고리치아에 와 있다. 해설이 계속된다.[2]

> 정신질환자들은 언제나 도시 변두리의 거리 끝자락에서 볼 수 있는데, 아마도 이렇게 하면 이들이 우리에게 지나치게 방해되지는 않기 때문일 것입니다. 고리치아에서 저는 도시의 경계에 서 있습니다. 병원 둘레로 이탈리아와 유고슬라비아를 구분하는 국경을 따라 담이 둘러져 있습니다. 저는 이 정신질환자 보호소에 대해 알고자 했습니다. 이곳의 최근 역사가 전세계 과학자와 문명인의 관심을 끌었기 때문입니다. 그러나 이탈리아에서 이곳은 오로지 한 가지 나쁜 뉴스와 결부되어 판단될 위험을 안고 있습니다.[3]

카메라는 옆길로 돌아 열린 정문을 지나 정신질환자 보호소 자체를 향해 나아간다. 이어 우리는 같은 정문을 통해 환자들이 병원 밖으로 나가는 광경을 보게 된다. 차볼리의 해설은 1인칭 시점이다. 다만 그는 이 영화에서 목소리 이외에는 직접 모습을 드러내지 않는다. 그는 고리치아가 유명해졌기에 그곳을 방문하기로 했다고 말한다. 이곳에서 벌어지고 있는 일이 사람들의 입에 오르내리고 있었다.

다음 장면은 두 손으로 머리를 감싼 한 남자를 카를라 체라티가 찍은 사진이다. 이 남자는 콜로르노 정신질환자 보호소의 환자다. 이 사진은 앞으로 몇 년 동안 바잘리아 운동에서 두고두고 복사하여 사용하게 된다.[4] 곧 저 유명한 사진집 『계급 때문에 죽는다』에 실릴 것이고, 포스터와 전시회에는 이미 쓰였다. 코지모 스카나이아는 나중에 이 사진을 "정신질환자 보호소가 강요한 소외의 상징"[5]이라 불렀다. 영화는 또 "나쁜 뉴스"라는 말로 미클루스 사건을 둘러싼 최근의 논란을 간접적으로 언급한다. 이 영화는 1968년에 촬영, 편집되었지만 필시 미클루스 사건 때문에 방영이 늦춰졌을 것이다.[6]

세르조 차볼리의 텔레비전 영화 〈아벨의 정원〉은 1969년 1월 3일에 방영되었다.[7] 금요일 밤 뉴스가 끝난 뒤 9시 25분에 RAI 우노 채널을 통해 송출되었다. 시간을 잘 골랐다. 황금 시간대였고, 크리스마스 직후라 많은 사람이 집에서 가족과 함께 지내는 시기였다. 〈아벨의 정원〉은 고리치아의 실험이 이탈리아 전국에 알려지는 데 핵심적인 역할을 했다. 당시 이탈리아에는 텔레비전 채널이 둘뿐이었다. 이 다큐멘터리는 〈TV7〉이라는 인기 있는 다큐멘터리 뉴스 탐사 프로그램의 일부로 방송됐는데, 대개는 짧은 영화 두세 편으로 구성되는 프로그램이었다. 〈TV7〉은 1963년부터 1971년까지 매주 방송됐다. 1967년부터는 금요일 저녁에 방송됐다.

차볼리의 영화는 이때 이후로 고리치아가 언급되고 기억되는 여러 경로 중에서도 핵심적인 위치를 차지하게 된다. 이 영화는 연례행사에서 자주 상영되었고 텔레비전에서도 꽤 자주 방영됐다. 또 인터넷에서도 여러 편집본으로 볼 수 있다. 이 영화는 고리치아에 관한 표준적인 이야기의 공통 요소 대부분을 담아내어, 바잘리아 본인의 카리스마 있는 역할, 폐쇄된 시설과 개방된 시설의 대비, 정신질환과 사회계층의 상관관계 및 정신보건 치료와 재산의 상관관계, 환자에게 부여되는 발언권, 극복해야 할 변화에의 저항, 옛 정신질환자 보호소의 특징인 소름 끼치는 고문 등을 보여준다. 그러나 그 밖에도 고리치아와 그 환자의 시각적 묘사, 바잘리아 본인의 목소리와 얼굴, 그리고 고리치아에서 벌어지고 있는 일과 그곳의 실험이 제기하는 문제에 대한 차볼리 특유의 사회적 및 준종교적 해석 등 이 영화만의 독창적인 요소도 갖추고 있다.

차볼리가 볼 때, 영화의 처음부터 끝까지 문제는 정신질환이 아니라 사회와 관계가 있었다. 벌어지고 있는 일에 대해 모두가 책임이 있었다. 이것은 정신의학자나 환자가 대상이 아니라 이탈리아 사람 전반을 대상으로 삼은 영화였다. 발레리아 바비니가 주장한 대로, 이 영화는 고리치아에서 벌어지고 있는 일을 단순히 보도하는 데 그치지 않고 정신질환자와 정신질환에 대해 사람들이 취하는 태도에도 관심을 갖는다. 이것은 정신 나간 사람들만큼이나 제정신인 사람들에 대해 다룬 영화였다. (언제나 화면 밖에서 말하는) 차볼리의 목소리는 차분하지만 또 도덕적 양심을 갖춘 권위적인 어조를 띤다. 좋든 싫든 〈아벨의 정원〉은 우리에게 카인에 대해 말한다.[8]

이 다큐멘터리의 셋째 막은 우리를 이 정신질환자 보호소의 정원으로 안내한다. 서두에서 언급했던 그 정원이다. 카메라는 위에서 아래로 내려와 나무 사이에 감춰진 정원을 돌아다닌다. 마침내 이 프로그램의 제목이 그 안에 담긴 성서적 의미와 함께 설명된다.

태고의 아름다움을 간직하고 있는 듯한 이 넓고 쾌적한 공원에서 우리는 양심의 문제에서 우리 자신을 면제시킬 때 대개 동원하는 위선의 많은 부분을 볼 수 있습니다. 정문을 통과한 뒤 정신질환자들이 나와서 노는 자유롭고 평화로운 삶의 모습을 볼 수 있는 잘 손질된 공원은 실제로 우리의 불편한 형제들의 정원, 즉 아벨의 정원인 것입니다.[9]

270

환자가 혼자서 또는 간호사와 함께 병원 정원을 걸어다닐 때의 느린 동작과 음악[10]은 시청자의 감정을 자극하는 목적으로 쓰였다.

차볼리는 정신질환과 그 치료라는 문제 때문에 우리가 자신을 깊이 들여다보지 않을 수 없게 됐다고 보았다. 그의 프로그램은 이 모순을 드러내 보이고자, "우리 도시의 변두리"에 "문제 있는 우리의 형제자매들"이 있다는 사실을 강조하고자 했다.

영화는 마지막 두 막에서 환자들에게 예리하게 초점을 맞춘다. 이들은 말할 기회를 얻는다. 차볼리는 영화에 담은 네 편의 일대일 인터뷰를 "고리치아의 정신질환자 보호소에서" "아픈 사람들"과 함께 나눈 "일련의 대화"를 촬영한 것이라고 소개한다. 그런 다음 환자들이 정원에서 수수한 의자에 앉아 있는 장면과 함께 이 인터뷰의 발췌본을 보여준다. 이때도 차볼리는 화면 밖에서 말한다.

두번째 대화에서 한 여성은 '폐쇄된' 정신질환자 보호소에서 자신이 어떤 취급을 받았는지를 묘사한다. 그것은 제도화한 폭력에 대한 이야기였다. "저를 묶었고 또 때렸습니다. 저에게 전기충격 치료를 하려고 했고 저는 벌벌 떨었습니다." 이 사람은 바잘리아 병원의 중요 인물인 '카를라'로, 전체 집회의 서기이자 아우슈비츠 생존자였다. 일찍이 『부정되는 공공시설』에서 한 인터뷰에서 그는 "병원에서 의료진이 가장 많이 귀 기울인 사람 중 하나"[11]로 묘사되었다. 카를라의 인터뷰는 훨씬 더 단음절로 끊어지고 훨씬 더 짧았다.

폐쇄된 병원은 어떤 곳인가요?

폐쇄요? 감옥이죠.

폐쇄된 병원을 경험한 적이 있습니까?

예.

카를라는 인터뷰에서 바깥세상과의 관계, 자신의 병, 바잘리아가 부임하기 전 그곳에 있었던 완전 통제시설에서 이루어진 치료 등 여러 가지 문제를 건드렸다.

바깥 사람들은 당신을 어떻게 보나요?

글쎄요, 사람들은 저를 압니다. 저는 고리치아 출신이거든요. 제가 괴물은 아니잖아요.

카를라는 강하면서도 연약해 보였다. 그는 사람들이 무슨 생각을 하든 "상관하지 않는다"면서도 자신이 늘 "외톨이"로 살았다고 했다. 어느 시점에는 울음을 터뜨렸고, 그 우는 모습을 카메라가 집중적으로 잡았다. 담배를 피울 때도 그랬다. 차볼리는 이 문제를 제기한 적이 있었지만, 어쨌든 그것은 엿보기에 해당했다. 또 카를라는 '개방된' 병원을 옹호하면서 그곳에 있는 "모든 사람"이 일한 대가를 받는다는 사실을 강조했다.

차볼리의 영화는 바잘리아적이면서 차볼리적이었다. 편견에 대해 논하고, 집단수용소와 정신질환자 보호소를 비교하며, 환자를 진짜 사람으로 대하고 사회계층을 분석했다. 나아가 낙인에 대해, 또 변화에의 저항에 대해 살펴보았다. 이 영화는 시청자를 정신병원 내부와, 환자 및 퇴원자와 직접적인 관계에 놓았다. 차볼리가 볼 때 이 모든 것은 우리의 문제요 모두의 문제이며, 의료 문제만이 아니라 사회 문제이기도 했다. 바잘리아 본인은 정신질환이 무엇인지에 대해 "전혀 모르겠다"고 말한 바 있고, 어쨌든 그중 '질환' 부분에 훨씬 더 관심이 많았다. 차볼리는 바잘리아 사람들의 이런 특징 위에다 해설자와 면담자가 들려주는 말과 영상의 시를 입혔다. 그는 환자들이 병원에서 걸어나와 강둑으로 올라가는 장면으로 영화를 맺었고 (이때 한 사람의 신발을 화면에 당겨 잡으면서 다시 한번 그들의 빈곤을 강조했다) 그 밖에도 환자들이 담장을 무너뜨리는 장면을 (다른 영화들에서 가져와) 보여주고 환자들이 묶이는 장면의 기록 영상도 삽입했다.

끝으로 차볼리는 제목을 비롯하여 프로그램 전체에 종교적 색채를 부여하고 종교적 언어를 사용했다. 마치 바잘리아가 일종의 사명을 수행하고 있는 것 같았다. 그의 영화는 교훈적이고 (그의 메시지는 확실하게 전달되었다) 도덕적이며 하나의 역사 수업이었지만, 그와 동시에 『부정되는 공공시설』보다 더는 아니더라도 적어도 그만큼 강력하고 혁명적이었다. 수백만 이탈리아인이 이제껏 보아온 정신병원에 관한 시각적 분석과는 철저히 다른 영상을 보았다. 이들은 바잘리아를 보고 그의 목소리를 들었다. 고리치아가 이탈리아의 거실에 들어간 것이다.

그러나 〈아벨의 정원〉이 방송되었을 무렵 고리치아의 사정은 이미 바뀌어 있었다. 바잘리아는 고리치아를 영영 떠난 뒤였고, 첫 에퀴페의 구성원 중에도 떠난 사람이 많았다. 영화는 이미 과거가 된 고리치아 정신질환자 보호소의 역사 속 한 순간을 잡았다. 그것은 방송되는 그 순간에 이미 역사 기록이었다.

『계급 때문에 죽는다』―완전 통제시설 내부의 이미지

『계급 때문에 죽는다』는 인상적인 연보라색 표지에 대담한 제목을 붙였다. 이 책은 크기와 모양 면에서, 또 그 안에 든 내용 면에서 일반적인 책과는 다른 형태를 취하고 있었다. 지면에서는 이미지가 독자를 향해 비명을 지른다. 현대적인 광고 기법이 사용되었다. 이 책은 구경거리의 사회의 한 부분, 바로 그 사회의 산물이었다. 그러나 그것이 전하는 메시지는 급진적이었다.

오른편의 제목 밑에는 바잘리아 부부의 글에서 가져온 다음과 같은 긴 인용문이 수록됐다(출처 표시는 없다).

> 이런 인간성 말살 과정이 끝나면 환자는 정신병원에 인도되어 치료를 받는다. 그는 더이상 존재하지 않는다. 그는 그의 존재를 결정하는 규칙 속으로 흡수, 합병된다. 그는 마무리된 사안이다. 돌이킬 수 없는 방식으로 꼬리표가 달린다. 그는 자신을 인간 이하의 존재로 규정해두는 저 표식을 절대로 없앨 수 없다. 항의의 가능성도 없다.

『계급 때문에 죽는다—카를라 체라티와 잔니 베렝고 가르딘이 촬영한 정신질환자 보호소의 현실』(프랑코와 프랑카 바잘리아 엮음)[12]이라는 책 제목부터 이것이 종류가 다른 출판물임을 나타냈다. 이 책은 글이나 토론, 문서의 모음이 아니라 디자인 오브제이자 정치적이고 사회학적인 사진집으로, 읽는 만큼이나 들여다보는 (또는 외면하게 되는) 책이었다. 바잘리아 부부는 정신보건 체제에 혁명을 일으킬 뿐 아니라 (에이나우디 및 줄리오 볼라티와 함께) 출판계와 정치운동을 탈바꿈시키고자 분투하고 있었다. 이 책은 운동사에서 기억할 만한 순간이었다.

이 책의 사진은 세 곳의 정신질환자 보호소(고리치아, 파르마, 피렌체)에서 찍은 것으로 1968년 4월부터 10월까지 촬영되었다.[13] 책 자체에는 누가 어떤 사진을 어느 보호소에서 찍었는지를 알려주는 표시가 없었다. 이 보호소들은 모두 어떤 변화를 거치는 중이었다(따라서 이탈리아 최악의 완전 통제시설은 절대로 아니었다). 두 사진작가는 페라라의 정신질환자 보호소도 방문했다.[14] 바잘리아는 이들이 고리치아와 파르마의 보호소를 출입할 수 있도록 도와주었다. 고리치아에서는 병원을 마음 대로 출입할 수 있게 했다. 그러나 체라티에 따르면 피렌체에서는 책임자들이 어떠한 사진 촬영에도 반대했고, 그래서 그곳에서 일하던 정신의학자 두 사람 덕분에 한 번만 들어갈 수 있었다고 한다.

> 피렌체 정신병원 내부의 경험은 내게 더없는 상처가 되었다. ……그들은 원래는 복도에 1미터씩 쌓여 있는 배설물을 치운 직후라서 우리가 운이 좋다고 말했다. ……그러나 어떻든 그곳 사람들이 고통받는 광경을 목격하는 것은 끔찍했다.[15]

체라티는 나중에 다음과 같이 주장했다.

> 이 작업을 하는 동안 나는 처음으로 카메라의 한계를 느꼈다. 나는 저 강박적인 반복 동작, 저 목소리, 저 울음, 저 비탄을 담을 수 없었다. ……그러나 동시에 정지된 이미지의 영향력은 우리가 다들 작은 화면에서 무관심하게 보는 동영상의 영향력보다 훨씬 더 강하다.[16]

콜로르노에서는 마리오 톰마지니와 바잘리아 덕분에 일이 확실히 더 쉬웠지만, 사진작가가 내부에 들어갔다고 해서 완전히 일사천리는 아니었다. 콜로르노의 간호사들이 모두 개혁에 관심이 있는 것은 아니었고(콜로르노에서 일어난 변화의 역사에서도 쉽게 알 수 있다) 일부 간호사는 체라티와 베렝고 가르딘이 찍은 필름을 압수하려 했다. 체라티에 따르면 베렝고 가르딘은 빈 필름을 넘겨주며 그들을 속였다.

이렇게 찍은 사진은 환자들이 발견된 맥락과 환경(주점, 정문, 콘크리트 마당)을 보여주기 때문에도 중요하지만, 무엇보다도 궁핍과 수용 생활의 흔적, 고통, 괴로움, 그리고 정신질환자 보호소 내에서 지켜야 하는 규칙 등이 환자의 몸과 얼굴에 드러난다는 점에서 중요했다. 그 밖에도 고리치아에서 있었던 변화를 기록한 사진과 특히 고리치아의 정신질환자 보호소 안에서 찍은 갖가지 사진이 수없이 많았다. 예를 들면 베렝고 가르딘은 바잘리아 본인의 사진과 전체 집회의 사진을 찍었지만 이런 사진은 『계급 때문에 죽는다』에 수록되지 않았다.[17] 이 책은 정신질환자 보호소에 일어나고 있는 변화를 강조하는 것이 목적이 아니었다. 이 책의 한 가지 목적은 충격을 주는 것이었다. 이것은 정치적인 책이요, 저자들이 보기에 너무나 오랫동안 계속 용납되어온 사태에 대한 격렬한 진술이었다.

바잘리아는 글과 시각 매체를 함께 활용하는 데 관심이 있었고, 이미 초기의 선전 활동과 출판에서 어린 시절의 친구 우고 프라트가 그린 풍자화와 그림을 이용한 바 있었다.[18] 시간이 가면서 『계급 때문에 죽는다』는 이탈리아 사진집의 고전이 되어 사진의 역사에서 거의 언제나 인용된다. 이 책은 금세 절판된 까닭에 읽는 경우보다는 인용되는 경우가 더 많았다.

마리아 그라치아 잔니케다는 『계급 때문에 죽는다』를 "높은 수준의 독창성과 영향력을 지닌 문화 행동이며, 세련된 그래픽 디자인으로…… 다른 책의 모델이 된 작은 책"이라고 묘사했다. 계속해서 그는 다음과 같이 말했다.

이 책은 고리치아, 파르마, 피렌체의 정신병원에서 모은 재소자들의 이미지를 이성적으로 정리한 카탈로그로서, 두 명의 훌륭한 사진작가가 언제나 정중하되 결코 선정적이지 않고 치밀하면서도 깔끔한 유형의 시각 언어를 사용하여 정신질환자 보호소 내의 몸뚱어리와 공간을 그려냈다.[19]

『계급 때문에 죽는다』에는 무엇보다도 정략과 선전으로서 설계된 약간의 조작도 들어갔다. 예를 들면 1968년에 고리치아에서 찍은 사진이 많았다는 사실이 이런 종류의 책으로서는 약간 이상했다. 따져보면 고리치아는 담장도 정문도 없이 개방된 병원인데다 더이상 묶여 있는 사람이 아무도 없었다. 그렇지만 사진은 마치 구식 마니코미오에서 찍은 것처럼 찍혔다(또는 그런 사진을 골랐다). 환자가 치료 공동체와 연관된 활동에 참여하는 광경이나 수많은 사진작가가 고리치아로 찾아와 필름에 담으려고 한 전체 집회는 어떤 사진에서도 보이지 않았다. 이 책은 환자들로부터 권력을 제거했다. 환자를 수동적인 상태로, (고리치아에서) 수많은 환자들이 벗어난 바로 그 원래 상태로 돌려놓았다. 이 책은 운동에 필요한 부분을 충족하기 위해 그들을 다시 희생자로 만들었다. 물론 작가들은 오랫동안 정신질환자 보호소에 수용되어 있었다는 사실이 환자들의 신체에 남긴 효과도 기록하거나 표현했지만, 고리치아 사진 중에서는 특정 종류가 선택되었다는 사실이 분명했다. 이들 사진은 고리치아의 현재(사진을 찍은 시점)가 아니라 과거를 보여주었다.

『계급 때문에 죽는다』는 환자를 주체가 아닌 대상물로, 즉 철저하게 반바잘리아적인 방식으로 그림으로써 고리치아에서 벌어지고 있는 일을 문제가 있는 모습으로 보여주었다. 아마도 이런 이유에서 운동 자체나 집회를 찍은 사진을 고르지 않았을 것이고 또 초판에서 사진을 찍은 장소를 밝히지 않았을 것이다. 『계급 때문에 죽는다』는 희망의 이미지, 변화의 이미지를 보여주는 책이 아니었다. 그 메시지는 직설적이었다. 이런 곳을 폐쇄해야 한다는 것이었다.

제16장

한 시대의 끝—바잘리아, 고리치아를 떠나다

저는 내년 초 1월에 고리치아를 영영 떠나기로 결정했는데, 이 문제로 이미 현 행정부와 논의했습니다.

프랑코 바잘리아가 줄리오 볼라티에게(날짜 표시는 없으나 1968년)[1]

그동안 우리는 여러 실천을 통해 다른 사람들에게 어떤 종류의 가치들을 입증할 수 있었고, 사람과 사람 사이에 어떤 다른 관계가 성립할 수 있음을 알리는 데 한몫했습니다.

바잘리아의 사임 편지(1972년 11월 20일자)[2]

『부정되는 공공시설』, 1968년, 그리고 그 '사건'에서 고리치아 실험의 끝이 시작되었지만 바잘리아 사람들은 1972년까지도 계속 그곳에서 일했다. 1968~1969년에 고리치아의 유명세가 막 정점에 다다랐을 때 바잘리아, 프랑카 옹가로, 안토니오 슬라비치, 루초 스키타르, 레티치아 콤바, 조반니 제르비스는 모두 고리치아를 떠났다. 에퀴페 내부의 관계는 분명 한동안 위기에 처해 있었다. 바잘리아는 1968년에 미클루스 살인 사건이 발생하기 전에 고리치아를 떠날 계획을 하고 있었는데, 그 이유는 정치적인 동시에 개인적이었다. 한편으로는 에퀴페가 더이상 하나의 단결된 조직으로 움직이지 않았고, 또 한편으로는 현 행정부와의 어려운 관계 때문에 고리치아의 실험이 더이상 진행될 수 없었기 때문이었다.[3] 바잘리아는 운동의 정치적 방향에 대해서도 우려를 표했다. 예를 들면 1968년 1월에 맥스웰 존스에게 편지를 보냈는데 "개인적으로 고리치아를 떠날 생각을 하고 있습니다"라고 쓰면서 다음과 같이 덧붙였다.

> 저 역시 이 일의 내적 의미와 관련하여 위기에 처해 있습니다. ……
> 제가 하는 일이 갈수록 제가 동의하지 않는 현재의 정치와 경제 체제
> 를 뒷받침하고 있는 것으로 비치고 있다는 느낌이 듭니다. 그렇다면
> 다른 길을 찾아야 합니다. 그러지 않으면 이 일에서 어떤 의미도 찾을
> 수 없을 겁니다.[4]

에퀴페 내부의 분열은 1967년에 나타나기 시작했는데, 이때 바잘리아는 이렇게 썼다. "고리치아의 경험이 날이 갈수록 나빠지고 있습니다 (사방에 반대 세력이 있습니다). ……그뿐 아니라 내부의 관계 면에서도 악화되어 이제는 돌이킬 수 없어 보입니다." 바잘리아는 한동안 볼로냐로 갈 것처럼 보였다. 그는 1968년에 어느 편지에서 다음과 같이 썼다.

> 저는 이번 여름에 고리치아에서 볼로냐로 자리를 옮길 게 확실합니
> 다. ……고리치아와는 완전히 다른 것을 시작하고자 합니다. 혁명적
> 상황은 '권력' 자체의 모순에 대한 새로운 해결책이 되어 그 권력에
> 곧 먹혀버린다는 것을 깨달았기 때문입니다. 제가 좋아하지 않는 사
> 회 체제의 일원이 되고 싶지 않다는 이유도 있습니다.[5]

그러나 볼로냐는 해결책이 되지 못했다. 바잘리아는 그곳의 채용 순위에서 많이 처지는 4위에 머물렀다. 그곳 공산당이 그를 원하지 않는다는 명확한 표시였다.

이 위기를 나타내는 또다른 증거는 미켈레 리소의 편지들이다. 그는 고리치아의 경험을 면밀하게 지켜보아왔고 에퀴페 구성원 중에 친구가 많았다. 1968년 말에 리소는 로마에서 바잘리아에게 편지를 썼다. 그는 그 얼마 전에 조반니 제르비스와 레티치아 콤바와 만났는데, 두 부부는 당시 그의 친구였다. 에퀴페 내 상황에 대한 그의 분석은 명료하고도 부정적이었다. 좋지 않은 조짐이 나타나 있었다.

> 결국 당신들이 서로 적이 되어 결별하게 될까 걱정입니다. 아무것도 이해하지 못한 채…… 유령에게 쫓기면서…… 비난을 계속하고 또 자신의 비난을 정당화하기 위해 계속 글을 쓰고 있으니 말입니다. ……모든 게 잘못되어가고 있습니다. ……당신들은 적이 되어가고 있습니다. ……이 상태로 간다면 당신들은 서로 적으로서 글을 쓰고 말하게 될 것입니다. ……저는 고리치아가 거기서 일하는 사람들을 결국에는 망가뜨린다는 말을 들은 적이 있는데, 이것이 그 경우임을 의심하지 않습니다.

그는 "에퀴페가 분열되고 있다"고 결론지었다. 그러나 이 분열에는 에퀴페 구성원 개개인의 운명을 훨씬 넘어서는 파장이 내포되어 있음을 바잘리아가 이해해야 한다고 덧붙였다. "당신은 이제 고리치아가 얼마나 중요한지 압니다." 그는 "고리치아의 경험이 고리치아의 부정으로 끝날 것"을 두려워했다. 리소는 이 문제를 이미 1968년 초에 바잘리아에게 경고한 바 있었다. 그때 그는 에퀴페 내에서 "실익도 없고 쓸모도 없으며 손해만 끼치는 바보 같은 경쟁"이 일어나고 있다고 지적했다.[6]

제2부
고리치아를 넘어:
대장정

제17장

페루자—'완벽한' 사례, 1965~1978년

구역별 개혁에 반공공시설 운동의 전략을 결합할 수 있었던 유일한
경험. 현지의 정치 세력이 배척하지 않은 경험이자, 의견이 아니라 어
떻게든 가시적이고 구체적인 결과와 사실을 내놓을 수 있었던 경험.

에도아르도 발두치[1]

페루자의 경험은 가장 중요하고 복잡하고 풍부하면서 어려운 경험에
속하지만 또한 가장 잊힌 경험이기도 했다.

페루초 자카넬리[2]

1965년 이후 페루자는 정신보건 서비스 개혁을 위한 운동 중 이탈리
아에서, 어쩌면 전세계에서 가장 성공한 사례에 속하는 운동의 배경이
되었다. 정치가, 간호사, 환자, 정신의학자가 연합하여 페루자의 거대
한 정신질환자 보호소 체제를 탈바꿈시켰을 뿐 아니라 움브리아주 전
역에 걸쳐 그 체제의 대안을 세웠다. 나아가 이 급격하고 급진적인 변
화 과정에 페루자시와 그 일대의 시민이 적극적으로 참여했다.

페루자의 경험은 시대를 너무나 앞지른 나머지 1978년에 제정된
'바잘리아 법'이 움브리아 지역에서는 뒷걸음질로 보일 정도였다.[3] 그
런데 그처럼 비상한 성공을 거두고 또 지역적 유산으로 확립되었음에

도 페루자의 개혁 운동은 고리치아나 파르마, 트리에스테의 실험과 같은 악명은 얻지 않았다.

이처럼 페루자의 경험이 거의 눈에 띄지 않는 상황은 바로잡아야 할 역사적 오류다. 1960년대와 1970년대에 이탈리아에서 일어난 급진적 정신의학 운동의 역사는 페루자를 중점적으로 강조하지 않고는 쓸 수 없다. 이 운동에 바잘리아 사람들의 운동이라는 꼬리표를 다는 것은 이런 이유에서 오류다.[4] 이 책에서 증명하고자 하는 것처럼 운동은 여러 곳을 중심으로 일어났고 복잡다단했으며 언제나 해당 지역의 역사적, 정치적, 문화적, 제도적 요인에서 영향을 받았다.

페루자에서 이 운동에 관여한 사람들은 무엇보다도 자기 지역을 바꾸고 정신보건에 대한 그 지역의 접근방법을 바꾸는 데, 그리고 실제적 문제에 대한 실제적 해결책을 찾아내는 데 관심이 있었다. 이들에게도 물론 이론이 (많이) 있었지만 그런 생각은 언제나 실제적 변화와 관련되어 있었다. 이들은 또 파르마에서 마리오 톰마지니가 한 것처럼 완전 통제시설에 대해 총체적 접근방법을 취했다. 그래서 이들은 정신질환자 보호소를 대체해야 할 공공시설 내지 유사 공공시설 네트워크의 일부로 보고 있었다. 고아원, 양로원, 장애아나 문제아를 위한 특별교실, 결핵요양원 등이 이런 시설에 해당됐다. 공산당이 극도로 강세를 보이는 지역인 만큼 공개 토론과 논의가 중요했지만, 변화에 대한 고도로 정치적인 이해와 그 운용도 중요했다.

페루자시는 움브리아주의 산간지역에 펼쳐진 산등성이에 자리잡고 있다. 이곳은 각기 나름의 정체성과 유구한 역사를 가진 작은 성읍들이 모인 지역의 중심지이다. 이 지역은 16세기 중반부터 교황의 지배를 받았으며, 1860년에 이탈리아가 통일되고서야 마침내 교황의 직접 지배로부터 해방되었다.

1945년 이후 이 도시의 정치는 좌파가, 특히 공산당과 사회당이 지배했다. 1965년의 선거에서 이 지역 전체에 걸쳐 좌파가 어느 정도 밀려났으나 페루자 자체에서는 여전히 좌파가 주도권을 쥐고 있었다. 전후 시기 내내 주 인구가 도시로 쏠렸지만, 주 전체를 놓고 보면 1980년대까지도 계속 인구가 외지로 빠지고 있었다.

1971년에는 그 10년 전 인구조사 때에 비해 주 전체 인구가 2만 명가까이 줄었다. 이때 움브리아의 농업 인구가 상당히 빠르게 줄어들어, 1951년에 19만 3000명이던 농민이 20년 뒤에는 겨우 5만 5000명이었다. 그것은 시대적 변화였다. 하나의 삶의 방식이 통째로 사라지고 있었다. 10년 동안 인구의 절반 이상이 직업이나 역할을 바꾸었다.[5] 마을이 텅 비고 교회가 문을 닫았으며, 농지가 방치된 채 놓았다. 움브리아는 돌이킬 수 없이 바뀌고 있었다.

움브리아 대부분 지역에서는 수백 년 동안 소작제도가 시행되었다. 이 고대의 제도는 전후 시기에 무너지기 시작했고, 많은 소작농이 다른 종류의 일거리를 찾아 도시로 이주했다. 페루자의 인구는 1951년에 9만 5000명이었으나 1971년에는 13만 명으로 늘었다. 정신질환자 보호소를 비롯한 시설에 수용된 사람 중에는 농촌 출신이 많았다. 그러나 이들이 알던 세계는 곧 과거지사가 될 참이었다.

산타마르게리타 정신질환자 보호소 단지는 아름다운 코르소 반누치 거리와 멀리 아시시까지 보이는 장쾌한 조망을 자랑하는 유서 깊은 도심 바로 밑의 언덕진 수림에 널찍하게 자리를 잡았다. 페루자의 산타마르게리타 지구에는 1824년부터 정신질환자 보호소와 비슷한 시설이 운영되고 있었다(그전에는 베네딕트회 수도원이 있었다). 현 정부는 1901년에 이 정신병원의 운영을 맡았다. 현의 다른 도시에도 각기 더 작은 규모의 정신질환자 보호소가 있었다. 페루자의 마니코미오는 이 넓은 공원 안에 늘어서 있는 거대한 건물들로 이루어졌다. 그 안에는 농가, 농지, 작업장, 그리고 1000명 이상의 환자를 수용할 공간이 있었다. 이탈리아를 비롯하여 전세계에 있던 수많은 정신질환자 보호소와 마찬가지로 이곳은 도시 안의 도시로서 거의 자급자족이 가능했으며, 문과 담이 이곳을 페루자 자체로부터 단절시켰다.

정신질환자 보호소는 페루자시에서 중요한 공공시설이었으며, 운영은 한 집안이 도맡다시피 했다. 체자레 아고스티니가 1904년에 소장이 되었고, 그뒤로 줄리오 아고스티니(체자레의 아들)가 퇴임한 1965년까지 아고스티니 집안이 이 시설의 책임을 맡았다. 줄리오는 1928년에 아버지를 대신할 소장으로 천거되었고, 1931년에 공개 경쟁을 통해 소장에 임명되었다. 그는 그후 34년 동안 이 정신질환자 보호소의 책임자로 일했다.

일바노 라지멜리와 첫 거부

> 페루자는 정치적으로 매우 기울어진 상태에서 출발했다. 페루자의 경험은 극도로 빨랐다.
>
> 잔니 룽가로티

제가 볼 때 우리 의원의 책임은 이 도시를 도로와 광장과 건물의 집합
체로서가 아니라 사람의 총합체로서 이해하는 것입니다.

일바노 라지멜리, 페루자(1970)

고리치아와 콜로르노에서 그랬듯 이 모든 것은 거부에서 출발했다. 페
루자의 정신질환자 보호소 반대 운동 이면의 원동력은 정치적인 동시
에 도덕적이었다. 파르마와 마찬가지로 1965년에 새로운 부류의 정
치가들이 현 정부를 장악했다. 이들은 급진적 정신의학자, 일반 시민,
활동가, 행정가들과 동맹을 맺었다. 또 그들은 정치계 전반에 걸쳐 변
화를 지지하는 세력을 모았다. 오직 신파시스트만 개혁에 반대했다.
1961년의 바잘리아처럼, 또 1965년의 톰마지니처럼 페루자에서도 무
시당하기를 완강히 거부한 한 사람이 있었다. 그는 한 가지 확신이 있
었다. 현재 상태는 받아들일 수 없다는 확신이었다. 그것은 다른 방향
으로 나아가게 될 거부였다. 라지멜리는 평범한 정치가가 아니었다.
본인이 나중에 말한 대로였다. "나는 공공시설을 위해서가 아니라 반
대하기 위해 현의 행정을 운영하고자 한다. 정신의학적 현상이라고 일
컫는 것에 대한 이해 덕분에 오늘 우리가 더 분노하고 더 잘 싸울 준비
를 갖추었다고 말할 수밖에 없다."[6]

정신질환자 보호소를 한번 들여다보라고 라지멜리에게 조언한 사
람은 그의 친한 친구로서 정신질환자 보호소에서 일하던 카를로 마누
알리(1931~1993년)라는 정신의학자였다. 마누알리는 키가 작고 커다
란 머리에 헝클어진 머리칼을 한 사람이었다. 그는 카리스마가 강했던
것이 분명하며, 그의 작업 방식은 공개회의 또는 사적 토론이었다.[7] 그
는 글을 비교적 적게 썼고 (출간된 것은 더욱 적었다) 어쩌다가 글을 써도

논지를 파악하기 어려운 때가 많았다. 페루자는 『부정되는 공공시설』, 『정신의학이란 무엇인가?』나 제르비스의 『비판적 정신의학 교본』에 필적할 만한 책을 내놓은 적이 없다. 페루자는 운동에 참여하는 다른 사람들에게 중요한 사례였지만, 페루자의 경험은 자신의 정신보건 서비스 혁명을 지역 바깥까지 퍼뜨릴 생각이 없었다. 이것이 그들의 장점이자 약점이었다.

일바노 라지멜리는 1964년 선거에서 페루자현 정부의 지사로 선출되어 1965년 1월에 취임했다. 지사로서 그가 가장 먼저 한 행동 하나는 막 자신의 권한 안으로 들어온 정신질환자 보호소를 방문하는 것이었다. 파르마의 톰마지니에게 그랬듯 그것은 충격의 순간이었다. 라지멜리가 정신질환자 보호소를 공식 방문한 날은 취임하고 겨우 이틀째였다. 이 첫 방문에서는 당시 소장인 줄리오 아고스티니가 그를 수행하며 안내했다. 병원이 보여준 치장된 모습에 만족할 수 없었던 라지멜리는 그다음날 아침 일찍(여섯 시) 혼자 자동차를 타고 나타나 출입문의 벨을 울렸다. 수간호사는 그를 병원 안으로 들이고 싶어하지 않았지만, 그는 계속 문을 열 것을 요구하면서 자기가 왔다는 사실을 아고스티니에게 알리라고 했다.

비슷한 시기 파르마의 톰마지니처럼 라지멜리는 이내 지옥의 광경을 마주했다. 어느 작은 방에서 60명 정도 되는 여성들이 "소리를 지르며 바닥에서 이리저리 구르고 있었는데 자신의 배설물 위에서 뒹굴기도 했다."[8] 라지멜리는 그 광경에 "깊은 영향"을 받았다. 그리고 톰마지니가 그랬던 것처럼 "이런 상황을 무시한다면 현 지사로서 위엄을 가지고 역할을 수행할 수 없겠다"는 결론을 금세 내렸다. 그는 행동하기로 결심했다. 이것이 페루자의 첫 '거부'였다. 이후로 수많은 '거부'가 뒤따르게 된다.

라지멜리는 1924년 페루자에서 어느 비종교인 공산주의자 가정에서 태어났다. 그는 유명한 평화주의 사상가이자 활동가인 알도 카피티니와 친구 사이였다(둘이 같은 학교를 다녔다).[9] 그는 학과 시험에 떨어진 뒤 살레지오회 대학에서 사제 훈련을 받았다. 그러나 사제가 되지 않고 학교로 돌아가 공부를 마쳤다. 로마에서 대학교를 다니던 1943년에는 반파시스트 활동 때문에 두 차례 체포되었다. 나중에는 파르티잔 지휘관이 되었다. 전쟁이 끝난 뒤 피사에서 공학사 학위를 받았고, 그뒤 1950년대에 정계에 입문했다. 10년 넘게 시 의원으로 일한 뒤 1964년 현 지사에 선출되었고, 1965년에 취임하여 1970년까지 일했다. 1980년대에는 공산당 소속 상원의원이 되었다.

　라지멜리는 포기할 줄 모르는 정치가였다. 그의 자서전 제목 『깐깐한 사람』에서 그의 성격을 어느 정도 짐작할 수 있다.[10] 라지멜리는 자신이 목격한 상황을 그냥 무시할 수는 없다고 느꼈다. 그런 종류의 시설을 그저 관리만 하기란 그로서는 불가능했다. 1965년 6월에 정신질환자 보호소에 새 소장(프란체스코 세디아리)이 임명되었다(영원히 계속될 것 같던 아고스티니 왕조의 지배가 마침내 끝났다). 세디아리는 개혁파가 내놓는 제안을 편견 없이 받아들였다. 그해 여름, 묶여 있던 한 환자가 죽었다. 정신질환자 보호소에 흔한, 대개는 아무도 주목조차 하지 않는 사건이었다. 그러나 세디아리는 치안판사를 찾아가 그 일을 공공연하게 알렸다. 전례 없는 행동이었다. 또하나의 중요한 '거부'였다. 지역신문이 이 사건을 다루기 시작했다.

그해(1965년) 9월 라지멜리는 슬라이드쇼와 충격적인 증언 등 만반의 준비를 갖추고 공청회를 열어 이 정신병원의 상황을 공개적으로 비난했다.[11] 이제 모든 것이 예전과는 절대로 같지 않을 것이었다. 페루자의 정신보건 혁명이 시작되었다. 현 의회의 한 의원도 정신질환자보호소에서 직접 겪은 바를 공개했다.

> 내가 태어나서 처음으로 정신병원을 본 것은…… 지난겨울 '네리'의 여성 병동을 방문했을 때였다. '비질란차'라는 이름으로도 알려진 곳이다. 그것은 매우 극적인 경험이었으며, 내게 일종의 죄책감과 사회적 책임감을 남겼다. 그런 현실을 직면하면 누구라도 그렇게 될 것이다. ……더럽고 어두운 복도를 몇 개 지난 뒤…… 소위 휴게실이라는 곳에 다다랐는데 대리석 상판을 얹은 식탁, 긴 나무 걸상, 무너져내리는 회색 벽 등이 도살장 같아 보였다. 그다음엔 커다란 방에 들어갔다. 매일 연인원 60명 정도의 환자가 간호사 몇 명이 상주하는 가운데 하루의 대부분을 보내는 곳이었다. 문이 열리자 옷을 제대로 입지 않거나 아예 알몸인 여자 수십 명이 앉거나 누워 소리를 지르기도 하고 앞뒤 없는 말을 하고 있는 광경이 드러났다. 벽에 회칠도 하지 않은 악취 나는 방에는 가구도 없었다. 벽면에 고정된 긴 나무 걸상이 있긴 했지만 앉고 싶어도 앉을 수 없는 물건이었다.[12]

페루자현 의회는 즉각적인 문제에 부딪쳤다. 완전히 새로운 정신병원을 건립할 계획이 1953년에 승인된 바 있었다. 새 건물은 1966년에 기공하기로 되어 있었다. 지금 문제가 되는 것은 시설 자체이지 그 시설을 수용하는 건물이 아니라는 점에서 그 계획은 그대로 날아가버렸다. 결국 기존 안은 (토리노. 파르마를 비롯한 다른 곳의 비슷한 계획이 그랬던 것과 마찬가지로) 폐기되었다. 무질서하게 서 있는 낡은 산타마르게리타 병원 단지가 페루자의 마지막 정신질환자 보호소가 될 것이었다.

파르마와 고리치아에서 그랬던 것처럼 개혁주의자들에겐 간호사를 자기편으로 삼는 것이 중요했고, 그래서 가장 먼저 취한 조처 중 하나가 간호사의 근무 시간을 줄이는 것이었다. 아주 금세 그 밖의 변화도 도입되었다. 문을 개방하고, 방문 시간의 제약을 풀고, 담을 헐었다. 도시와 정신질환자 보호소의 거리가 가까워졌다. 이 변화 중 어떤 것은 사소하다 할 정도로 작았고 그 자체로는 거의 아무 의미가 없었다. 그러나 그 상징적 가치는 이루 헤아릴 수 없었다. (환자들이 손으로 음식을 먹지 않아도 되게끔) 진짜 포크와 나이프, 스푼을 처음으로 도입한 것이 그 한 예다.

환자들이 시내에 점점 더 자주 모습을 보였고, 그중 일부는 괴상한 행동 때문에 유명해졌다(하지만 이는 나중에 전설화된 이야기일 수도 있다). 이따금 환자들은 도시 조직 자체의 일부가 되어, 보이지 않으면 사람들이 궁금해할 정도였다. 이 과정이 어느 정도 진행된 뒤에는 환자의 귀향이 기억에 남을 만한 공공 행사가 되기도 했다. 시간이 지나면서 일부 기자가 페루자에 관심을 갖기 시작했고, 일련의 기사가 전국 신문에 실렸다.

나중에 라지멜리는 언변을 동원하여 정신질환자를 "착취당하는 사람들의 공동체"에 속하는 것으로 묘사했다. 1970년에 페루자 한복판에 있는 아름다운 살라 데이 노타리에서 열린 대규모 공청회에서 그는 이렇게 말했다.

옛 격리주의적 병원의 저 깊은 안쪽에서 사회의 악행에 저항하는 함성이 일었습니다. 우리는 정신병원에 격리된 이 사람들을 세상의 착취당하는 사람들, 무시당하는 사람들, 억압받는 사람들과 하나로 아우르는 일종의 직통회선을 발견했습니다.[13]

나중에 라지멜리는 이단적 방식으로 일을 처리한 데 대한 대가를 치르게 되는데, 1968년 소련이 체코슬로바키아를 침공한 데 항의하여 소련 대사관에 전보를 보낸 것도 그의 이런 일처리 방식을 잘 보여주는 한 예이다. 또 그는 공산당 내부 인사들이 보기에 지나치게 인기가 많았다. 그 결과 그는 현 지사 자리에서 밀려나 1970년에 시 의원이 되었다(시장조차 아니었다. 그 선거에서 얻은 표를 볼 때 시장직에 출마했으면 유력 후보가 되었을 것이다). 그뒤로 그는 정치에서 한 발 물러서서 다시 공학자로 일하기 시작했다. 정신질환자 보호소의 급진적 개혁이라는 화려한 시대가 끝났다. 새로운 국면이 시작될 참이었다.

운동

정신질환자 보호소를 극복하는 것은 행정적 행위도 아니요 정신의학과 관계가 있는 것도 아니다. 그것은 문명의 열매이다.
프란체스코 스코티[14]

정신질환은 의사가 다룰 문제가 아니다.
카를로 마누알리[15]

앞서 살펴본 대로 1960년대에는 움브리아 자체가 소작농 사회에서 도시적 산업사회로 변화하고 있었다. 이 중대한 변화에 따라 새로운 정치 계급도 생겨났다. 현대가 밀려들고 있었다. 그러나 페루자의 공산주의자는 다른 곳의 동지들에 비해 훨씬 덜 보수적이었다. 어쨌든 이탈리아공산당이 똑같은 성향의 사람들로만 이루어진 정당이던 때는 없었다. 페루자의 공산당 지도자 중 일부는 라지멜리처럼 이단아였다. 이런 요인이 페루자의 개혁 과정이 성공을 거두게 된 맥락의 한 부분을 차지했다.

페루자의 운동은 (마누알리가 철학에 관심이 많고 그의 글이 고도로 이론적이었는데도 불구하고) 극도로 실제적이었다. 운동의 전체적 목표는 (정신질환자 보호소를 깡그리 없애버리고 나면) "구체적인 문제들을 애초에 그것이 태어난 관할지역으로 되가져와서 집단 작업을 통해 그 의미와 기원을 살피고 그리하여 새로운 형태의 치료에 맞게 의료의 형태를 바꾸는 것"[16]이었다.

페루자의 운동은 1968년의 마리오티 법보다 먼저 행동을 개시했으며, 지극히 (고리치아보다 훨씬 더) 성공적으로 마니코미오의 환자들을 밖으로 데리고 나왔을 뿐 아니라 다수의 완전 통제시설을 아예 폐쇄했다. 그런 다음 페루자 전역에 (첸트로 디 이지에네 멘탈레라는 이름의) 정신보건 센터 네트워크를 구성했다. 그들은 긴 공개 토론을 통해 이런 시설을 관리할 규정에 대해 논의했다.[17] 정신보건 센터는 의욕이 강한 젊은 정신의학자들이 운영했으며, 지역의 정치 및 사법 체제의 지지를 받았다. 그뿐 아니라 적어도 한동안은 인구 전체의 지지를 받았는데, 다만 이와 같은 높은 지지도는 금방 사그라지게 된다. 그 결과 정신질환자 보호소 내의 인구는 (트리에스테보다 먼저인) 1970년대 중반에 이르러 대폭 줄었다. 1980년에 페루자의 정신질환자 보호소에는 252명의 사람들만 남았는데, 그 대부분은 이런저런 이유에서 이동이 불가능한 사람들이었다.[18]

　페루자와 움브리아 전역에 걸쳐 운동 내부에서 사소한 충돌이 아주 꾸준히 지속되었는데, 이에 대해 (운동 안팎에서) 운동을 지켜본 수많은 사람들이 언급한 바 있다. 그럼에도 불구하고 이런 충돌은 대체로 '관할 지역' 안에서 일을 해결한다는 전략 안에서 머물렀다. 토론은 끝없이 이어졌지만 결코 그 자체가 목적으로 여겨지지는 않았다. (고리치아에서 그랬던 것처럼) 관계자들은 모두 완전히 헌신하는 삶을 살았다. 페루자 사람들은 모두 정신질환자 보호소를 넘어서서 어서 새로운 대안적 시설을 향해 나아가는 데 집중했다. 정신질환자 보호소 자체를 탈바꿈시키는 데는 (장기적으로) 그다지 관심이 없었다. 정신질환자 보호소는 과거에 속했다. 빨리 뒤로할수록 나았다. 그것은 논의할 의미조차 없었다.

　페루자에서 정신질환자 보호소의 일부 간호사가 변화에 완강히 저항했다. 그러나 일을 빨리 처리하려는 욕구와 능력을 앞세운 다른 간호사, 정신의학자, 정치가의 동맹을 막기에는 거의 아무런 소용이 없었다. 반대는 옆으로 쓸어내버렸다. 권력은 정치적, 문화적, 의학적으로 개혁자들의 손에 있었다. 고리치아와 파르마에서처럼 간호사들이 분열되었고, 일부는 급격하게 급진화하여 직접 전위대에 가담했다.[19] 페루자에서는 (그리고 아마도 페루자에서만) 180호 법이 한 걸음 퇴보를 의미했고, 그중에서도 응급 보호 센터를 일반 종합병원 안에 둔다는 것이 그랬다. 180호 법이 제정된 1978년 페루자는 이미 그런 의료적 모델을 넘어서 있었다.

정신질환자 보호소를 인간답게 만들기

간호사에게 더 우아한 제복을 지급하자는 부분에 이르자 보수파와 '구식인 사람들'까지 의견이 일치했다. 그것은 마치 우리 자신의 집을 복구하여 더 살기 좋은 곳으로 만드는 일과 같았기 때문이다. 그다음 처음으로 진정한 변화가 있었던 부분은 간호사의 근무 시간이었다. 이런 갖가지 초기 조처에 대해서는 논란이 거의 일지 않았다. 이런 부분은 더 현대적이고 더 세련되며 더 마음에 들고 더 합리적인 병원이 갖추어야 하는 모습이었다. ……진정한 변화는 그다음에 왔다.

페루초 자카넬리

페루자의 운동에는 여러 단계가 있었다. 초기에는(1968년까지) 앞에서 살펴본 것처럼 정신질환자 보호소 내부의 일에 집중했다. 그런 다음 짤막하게 치료 공동체라는 관념이 인기를 얻은 시기가 있었다. 1970년 이후 주 전역에 분산화한 정신보건 서비스가 시작되었는데, 이 서비스는 1978년 바잘리아 법이 제정되기 전까지 좀더 많은 자율권을 얻었다.

첫 단계는 그저 정신질환자 보호소를 '인간적인' 장소로 만드는 것만을 목표로 삼았다.[20] 고리치아에서 그런 것처럼 위계를 무너뜨리기 위해 집회가 활용되었다. 1965년 5월에 새 소장을 임명한 것은 중요한 순간이었다. 세디아리는 개혁자였으며, 정신질환자 보호소 안팎에서 다가오는 변화에 개방적인 태도를 취했다. 파시즘과의 연관성은 마침내 끊어졌다. 1968년 운동이 페루자의 정신질환자 보호소를 관통하면서 집회는 더 급진적인 성격을 띠었고 외부인에게도 개방되었다. 나중에 자카넬리는 병원을 인간적인 장소로 만드는 단계가 널리 대중의 지지를 얻었다고 주장했다.

1970년 2월에 첫 정신보건 센터를 구성하기 위한 실무단이 만들어졌다. 여기에는 의사 한 명(프란체스코 스코티이며, 나중에 자신이 참여한 운동에 관해 카를로 브루티와 함께 통찰력 있는 연구서를 쓴다), 사회복지사 한 명, 그리고 간호사 열두 명이 참여했다. 또하나의 비슷한 실무단이 같은 해 8월에 작업을 시작했다. 마침내는 센터 열 군데가 문을 열었다. 공개 토론회(아셈블레아)를 통해 이런 센터를 운영하기 위한 규정을 논의했다.

이 운동에 참여한 사람들의 핵심 원칙 한 가지는 사람들을—될 수 있는 한—병원/의료 환경 밖에서 치료해야 한다는 것이었다. 이들은 여러 종류의 문제를 안고 센터를 찾아오는 사람을 대할 때 전인적이고 사회적인 동시에 치료에 도움이 되는 방법을 적용했다. 센터는 그들을 환자가 아니라 사람으로 보았다. 이런 사고방식을 '탈병원정책'이라 불렀다. 또 한 가지 핵심 관념은 정신질환의 뿌리를 찾는다는 것이었다. 그 장소는 특히 학교였지만 가족과 사회적 환경도 포함되었다. '이상한' 행동은 최대한 용납되었다. 한 사람 한 사람에게 존엄권이 있었고 자신에게 맞는 치료(이 낱말이 지닌 모든 의미에서)를 받을 권리가 있었다.

정신보건 센터의 한 가지 특징은 자율권이었으며, 따라서 각 센터를 운영하는 의사 각자의 관점 및 사고방식을 중시했다. 무엇보다도 브루티와 스코티(두 사람은 나중에 자신이 참여한 운동을 기록하고 또 역사학자로서 연구하게 된다)가 관리하는 센터와 카를로 마누알리의 영향을 받는 센터는 사고방식에 서로 상당한 차이가 있었다. 르그랑은 논문에서 이 분열을 분석한다.[21] 주제페 미켈리(마누알리가 채택한 전략을 집중적으로 연구)는 스코티·브루티의 센터가 더 보수적이었으며, 두 시설이 전체적으로 하나인 체제 안에서 별개의 실체로 활동했다고 주장한다.[22] 스코티와 브루티는 또 정신분석에 더 관심이 많았다. 마누알리는 센터가 업무를 수행할 때 조기에 시작할 필요가 있다고 주장했다. 구호는 "거기에 먼저 도착하라"였으며, "제도적으로 정의를 내리기에 앞서 정신의학적 문제점을 파악"[23]하는 것이 주안점이었다.

변화의 제1단계는 1961년 이후 고리치아의 정신질환자 보호소에서 일어난 일과 비슷했다. 병원이 인간적으로 변했다. 페루초 자카넬리는 다음과 같이 썼다.

> 이 초기 단계에서 목표는 '그저' 모두가 존엄하게 생활하고 일할 수 있는 환경을 만들어, 환자에게는 존엄한 인간이라는 느낌을 돌려주고, 간호사에게는 자신의 역할이 정말로 중요하다는 느낌을 주며, 환자 가족과의 유대를 되살리고, 자유로운 분위기를 만들며, 도시를 향해 병원을 개방하는 것이었다.[24]

이것이 병동 집회와 전체 집회를 갖춘 페루자 자체의 치료 공동체가 된다. 이처럼 인간화하는 과정은 최악의 병동에서 시작하여 아래로 내려가며 (또는 위로 올라가며) 진행됐다. 고리치아에서처럼 민주주의라는 것을 구경해본 적이 없는 곳에 민주주의가 도입되고, 또 고리치아에서처럼 사람들이 변화하여 자신의 삶을 되찾고 다시 사람이 되었다. 유니폼이 폐지되고 머리를 기를 수 있게 되었다. 과거에는 정신질환자 보호소에 들어갈 때 환자의 소지품과 심지어 결혼반지까지 빼앗음으로써 그들의 정체성을 없애버렸다. 이 모든 것이 중지됐다. 변화는 빨랐다. "몇 주 만에 병원은 알아볼 수 없게 변했고, 그러자 정신의학 개혁을 위해 투쟁하는 모든 사람들에게 바잘리아와 나란히 기준이 되었다."[25]

1960년대 말에 이르러 산타마르게리타는 갖가지 종류의 집회를 통해 결정을 내리고 토론이 빗발치듯 벌어지는 곳이 되었다. 1968년 기자 펠리체 킬란티는 『파에제 세라』지에 실은 페루자발 기사에서 "전체 집회는 치료 공동체의 자치 기구로, 병동이 사실상 전체 집회에 의해 '다스려진다'"고 썼다. 페루자가 달랐던 점은 이 단계가 짤막했고 결코 그 자체가 목적이 되지 않았다는 점이다. 페루자 사람들은 언제나 병원 밖의 진짜 세상으로 옮겨가기를 바라고 있었다. 집회와 전시는 시내에서도 열렸다. 사람들로 붐비는 때도 많았다.

동시에 병원 단지가 도시를 향해 개방되었다. 프란체스코 스코티는 나중에 다음과 같이 회고했다.

> 당시 이 정신병원은 개방되고 있었지만, 거의 무질서한 방식으로, 공원으로, '자유로운 공간'으로 개방되고 있었다. 많은 사람들이―무엇보다도 학생들이―그 주위에서, 환자가 거의 남아 있지 않은 병동에서 시간을 보냈는데, 그곳에서 무슨 이유로 무엇을 하고 있는지 분명하지 않은 때도 많았다.[26]

바깥―움브리아의 정신보건 센터

> 정신위생 센터를 위한 최초의 규정은 우리가 만들었다. 우리는 권력

을 포기하고 분산화한 서비스를 제공한 유일한 현이었다. 우리의 개혁이 이 같은 특별한 성격을 띠었다는 점을 강조하고자 한다.

피노 판나치[27]

결국 1960년대 말에 좋은 병원이라는 관념은 종지부를 찍었다. 새로운 시대가 열렸다. 바로 '좋은 관할지역'이라는 시대였다.

주제페 미켈리[28]

페루자의 (그뿐 아니라 레조넬에밀리아와 또 나중에 다른 많은 지역의) 진정한 교훈은 분산화한 정신보건 센터를 선구적으로 만들면서 수행한 작업에 있었다. 이들 센터는 '정신위생 센터'라고 불렸는데, 이는 1968년의 마리오티 법에서 사용된 구식 용어이다.

　일반 대중의 기준에서 페루자 운동의 정점은 1973~1974년 현 전역에서 열린 일련의 집회로, 이것이 결국 정신보건 센터 운영을 위한 급진적인 법률의 승인으로 이어졌다. 이런 집회에는 사람들이 빽빽하게 몰렸고 정치가, 정신의학자, 학생(페루자는 대학도시이다), 시민, 기자 등이 발언했다. 집회가 열리는 방에는 언제나 수백 명의 사람들이 내뿜는 담배 연기가 자욱했다. 토론은 격렬했지만 교양 있고 차분한 방식으로 진행되었다. 고함치는 사람은 아무도 없었다. 이 모든 것의 핵심에는 마누알리가 있었는데, 그는 입을 열 때 짤막하게 곧장 정곡을 찔렀다. 집회에 관한 내용은 모두 공개되었으며, 테이프에 녹음되어 나중에 인류학자들의 연구 자료가 되었다.

　이런 토론 중 몇 차례는 연출을 통해 촬영되어, 〈성채가 비워지다─움브리아, 정신질환에 대한 정치적 대응〉[29]이라는 제목으로 페루자의 개혁을 다루는 강력한 다큐멘터리가 제작되었다. 이 다큐멘터리는 1975년 베네치아 영화제에 출품되었다. 다만 오늘날에는 영화에 잠깐 등장하는 어느 환자 가족의 반대 때문에 상영되지 않는다. 이런 집회는 테이프에 녹음, 녹취된 것이 많으며, 그 내용은 인류학자를 비롯한 사람들의 연구와 논의 대상이 되었다. 특히 운동에 참여하고 또 그 역사와 전개 과정에 대해 연구한 툴리오 세필리는 정신의학 개혁과 연결된 갖가지 문제에 관해 수많은 논의를 주최하고 진행했다. 훨씬 나중에 어느 젊은 영화감독이 아름다운 다큐멘터리를 제작했는데, 이 영화는 페루자에서 일어난 운동의 역사를 처음부터 끝까지 다루었다.[30]

정신보건 센터의 운영 규정 자체는 운동 이면의 원칙에 관한 여러 진술과 센터에 관한 구체적 규칙, 그리고 미래를 위한 비교적 일반적인 원칙을 섞은 것이었다. 부분적으로 이 규정은 다음처럼 페루자에서 이미 일어난 일의 역사적 설명이기도 했다.

> 페루자현의 정신의학 서비스 경험은 정신질환자의 수용과 격리주의적 시설에 대항하는 투쟁의 한 부분이었다. 이런 투쟁이 있었으므로 정신의학적 작업이 정신질환자 보호소 같은 공공시설로부터 사회 내에 있는 제도(가족, 학교, 공장)로 옮겨가게 되었다.

또한 다음과 같은 비교적 더 정치적인 선언이 있었다(필시 마누알리의 발상일 것이다). "정신건강은 자기 자신의 실존적 조건과 그 결정 과정을 인식하고 그것을 주도하기 위한 행동을 할 수 있느냐와 연관되어 있다."

스코티와 브루티는 자신이 참여한 운동을 1980년대에 돌아보면서 이 규정을 비판적으로 바라보았다. 두 사람은 이 규정을 운동을 위한 일종의 기념비로 묘사하면서, 미래가 아니라 과거를 바라보고 있었다고 설명했다. 당시에 이 규정은 극도로 급진적인 선언이었다.

새 정신질환자 보호소?

> 우리는 이렇게 자문해야 한다. 정신병원이 문을 닫을 때 그로 인해 열리는 것은 무엇인가? 폐쇄하고 담을 무너뜨리고 출입문을 열어젖히는 일에는 환호하는 반면, 무엇이 열리는가에 대해서는 침묵뿐이므로.
>
> 브루티와 스코티[31]

카를로 마누알리는 절대 만족할 수 없었다. 그는 이 운동의 지도자 중한 명이면서 운동을 비판하는 목소리였다. 이런 면에서 그는 바잘리아와 매우 비슷했다. 마누알리는 정신보건 센터 자체가 결국에는 (정신질환자 보호소처럼) 사라져야 하며, 운동은 학교와 공장 안에서 움직이며 사회 자체 안으로 점점 더 깊이 들어가야 한다고 믿었다. 그는 사회와 정신질환을 연결하는 단순화된 공식을 모조리 거부했다. 그는 또 수많은 정신질환 사례 이면에는 배척이나 배제가 아니라 여러 형태의 포함이 작동하고 있다고 주장하여 (당시의) 전통적 설명을 뒤엎었다. 학교부터 가족에 이르기까지 제도 자체가 문제였다. 마누알리의 관점에서는 "광기와 연관된 모든 상황 이면에는 실패한 정상상태를 나타내는 설계도가 숨어 있다."[32] 계속해서 그는 이렇게 말했다. "정신질환은 소외를 합법화하는 제도 안에서 발견된다."[33]

스코티와 브루티는 (1980년의 연구에서) 당시 자신은 단순한 정신의학자가 아니었다는 점을 부각했다. 두 사람은 자신의 일을 포괄적, 사회적, 문화적, 정신의학적 작업으로 보았다. 이들은

> 진정으로 정확하게 정신의학자가 되기 위해 필요한 일을 하고 있었다. 그것은 환자들의 삶, 그들의 경제적 상황, 그들이 사는 장소, 그들이 접촉하게 되는 보건 서비스 등을 보살피고 관심을 갖는 일이었다.

정신질환자 보호소를 넘어

페루자에서 정신질환자 보호소가 중심에 있다는 사실은 1960년대 중반부터 말까지만 문제가 됐다. 그곳에는 1990년대까지 200명 정도의 장기 입원자가 남아 있었지만 이들은 이제 더이상 높은 우선순위를 차지하지 않았다. 결국에는 이렇게 남아 있는 환자들이 보호소에서 죽거나 다른 곳으로 옮겨지리라는 사실을 누구나 알고 있었다. 정신질환자 보호소는 사실상 폐쇄되었다. 페루초 자카넬리가 1970년에 관해 말한 대로 "우리는 준비가 되었다. 정신병원을 버릴 준비가, 그 특수한 성격을 무효화하는 법률을, 그리고 정신의학이 보건 체제 안에서 고립되어 있는 상황을 끝내는 법률을 받아들일 준비가 되어 있었다."[34]

페루자 모델은 확실히 고리치아나 파르마 모델과는 매우 달랐다. 고리치아의 경우 정신질환자 보호소 자체가 주된 초점이고 보호소 주위의 관할지역은 바잘리아와 에퀴페의 영향과 무관했다. 이런 포위 상황은 정치적 적대감 때문에 더 악화되었다. 파르마에서는 변화에 저항하

는 보호소를 공격하기 위해 관할지역을 활용했다. 반면에 페루자에서는 정신질환자 보호소가 재빠르게 탈바꿈하면서 상황이 움브리아의 여러 도시 속으로 흘러들어갔다. 고리치아에서는 정신질환자 보호소에 민주주의를 도입했지만 그곳에만이었다. 페루자에서는 정신건강에 관련된 문제를 길거리로, 도시로, 지역의 중심지와 마을 안으로 가지고 들어갔다.

환자를 돌려보내다

퇴원자의 귀향 문제는 지역 공동체의 참여가 필요한 정치적 문제가 되었다. 예컨대 라지멜리는 고향으로 돌아간 어느 유명한 환자(넬로 젠틸리)의 이야기를 들려주었다. 그곳은 페루자 동쪽 30킬로미터 정도 거리에 있는 스펠로라는 곳으로, 산등성이의 작고 아름다운 마을이었다.

> 나는 정신병원에서 퇴원한 사람이 마을로 돌아가는 문제를 논의하기 위해 스펠로에서 열린 집회를 기억한다. 그는 약간 까다로운 사람이었고 과거에 이상하게 행동한 적이 있었다. 토론은 격렬했다. 많은 사람이 이 환자의 귀환에 반대 의견을 내놓았다. 그러나 대단히 지혜롭고 인간적인 페트루치 시장, 그리고 다수의 젊은이들이 찬성 의견을 내놓았고, 집회가 끝날 때는 대다수가 시민 젠틸리를 다시 받아들이기로 결정했다.

이 시기에 움브리아는 몇 가지 대단히 특별한 사건의 배경이 되었다. 넬로 젠틸리의 사연은 그 대표적인 사례였다. 어느 시점에 젠틸리를 범죄자 정신질환자 보호소로 이송하라는 권고가 있었다. 그는 그러기를 원하지 않았고, 카를로 마누알리 같은 핵심 인물이 그의 입장을 지지했다. 그뒤 젠틸리는 자기 나름의 매우 독창적인 항의 행동에 나섰다. 송전탑 위로 올라가 농성을 벌인 것이다. 결국 젠틸리는 항의를 통해 뜻을 이루었다.

정신병원에 수용되었던 사람의 귀향을 받아줄지 말지를 두고 지역 주민들이 집회에서 투표를 실시했다. 투표에서 귀향을 받아주지 않겠다는 결과가 나왔다면 어떻게 됐을지는 분명하지 않다. 이 과정은 매우 이례적이고 비정통적이었다. 세필리는 또 이렇게 지적했다. "정신병원에 있던 환자가 집으로 돌아갈 때 그곳 시장이 축하의 종을 울리기도 했다."

페루자의 전략에서 핵심적인 이런 부분은 그들이 시행한 분산화와 구역별 개혁의 필연적 결과물이었다. 그들은 환자를 집으로 돌려보냈는데, 어떤 사람은 몇 년이나 수용되어 있다가 돌아갔다. 움브리아 지역 여기저기의 산등성이 도시에 잘 알려진 환자가 많았고, 지역의 일부 주민에게 평판이 매우 나쁜 환자도 있었다. 이것은 절대로 쉽지 않은 과정이었다.

고리치아와 트리에스테를 비롯한 다른 곳의 경험과 마찬가지로 페루자의 경험에는 관련자의 완전한 헌신이 있었다. 날마다 장시간에 걸쳐 토론이 벌어졌고, 자리를 옮겨 주점이나 시내의 식당에서 식사와 커피를 놓고 계속되었다.[35] 이런 헌신은 정신질환자 보호소 단계에서부터 계속되어, 1970년대에 온갖 종류의 자격을 갖춘 사람들이 정신의학자, 사회복지사, 자원봉사자와 함께 정신보건 센터 작업을 하면서 최고조에 이르렀다.

망각? 페루자의 운동—잊었을까, 무시되었을까, 너무 성공적이었을까?

역사적으로 페루자의 경험은 서적에서 각주로 다루거나 짤막하게 언급되는 경우가 많았다. 일부에서는 페루자의 경험이 완전히 잊혔거나 그냥 무시되었다고 주장한다.[36] 예컨대 발두치는 정신질환자 보호소 반대 운동이 남긴 유산 측면에서 페루자의 경험이 얼마나 잊히거나 무시되었는지를 강조했다. 그러나 여기에 '잊는다'는 말이 정확하게 어울리는지에 대해서는 논란의 소지가 있다. 페루자는 고리치아나 트리에스테, 콜로르노만큼의 유명세나 악명을 결코 얻지 못했다. 1960년대에 전국적으로 벌어진 운동과 1970년대의 프시키아트리아 데모크라티카에서 이곳은 이미 부차적이었다.

그뒤로 바잘리아가 중심이 된 서사가 우세해지면서 페루자의 이런 부차적 성격은 더 굳어졌다. 페루자는 바잘리아 중심의 서사에 그다지 어울리지 않았다. 예를 들어 움브리아 운동의 존재와 성과에 주목하면 바잘리아와 고리치아가 보기 드문 선구자요 선구적 사례였다는 관념이 약화된다. 게다가 공산당이 변화의 장애물이었다는 주장이 페루자의 경험에는 전혀 들어맞지 않는다. 더욱이 페루자에서는 병원을 인간적인 곳으로 만드는 동시에 그 대안을 창출하려는 시도가 성공을 거두었던 것 같다.

그러나 어떤 면에서 페루자는 스스로 고립되기도 했다. 이곳의 운동은 집단적으로 소비할 만한 메시지를 만들거나 전세계 사람이 읽을 베스트셀러를 만들어내는 데 그다지 관심이 없었다. 페루자에 관한 책은 거의 아무런 영향을 주지 못했고 지금은 절판된 상태다. 페루자 운동에는 『신경학 및 정신의학 연감』이라는 전문적인 이름이 붙은 주요 출간물이 있었지만, 이 책은 상당히 제한된 수의 전문가 말고는 그다지 널리 읽히는 간행물이 아니었다.[37]

페루자 운동의 역사적 고립 또는 자기고립은 오늘날까지 계속되고 있다. 어떤 면에서 페루자는 정말로 제한적이고 폐쇄적이며 고립되었다. 다른 곳과 소통하지 못했다(또는 그저 그럴 흥미를 느끼지 못했다). 자카넬리는 '소통의 약점'에 대해 말한 적이 있다. 페루자는 거의 완벽한 모델이었지만 그 자신의 지리적 경계 안에서만 그랬다. 페루자에서 중요한 것은 일을 해내는 것이었다. 이들의 실제 목표는 자신의 세계를 바꾸는 것이었고, 그리고 그 세계인 움브리아가 실제로 바뀌었다. 그러므로 페루자가 '눈에 띄지 않는' 상황을 이해하는 한 가지 방법은 긍정적인 틀로 바라보는 것이다. 그것은 또 페루자와 움브리아의 운동이 여러 곳을 거점으로 일어나면서 집단적 성격을 띠었기 때문이기도 하다. 정신보건 센터가 이 지역 여기저기에 흩어져 있었던 덕분에 정신보건 서비스에 대해 여러 가지 독특한 접근법을 적용할 수 있었지만, 대중 매체나 인기 출판물로 쉽게 연결될 성격의 것은 아니었다.

또 여기는 다른 요소도 개입되어 있다. 자카넬리는 "우리 지역은 나라 전체의 인구학적, 주요 산업적, 정치적, 문화적 맥락에서 점점 더 주변화하고 있다"고 지적한다. 그러나 이 분석은 1960년대 말과 1970년대에 너무도 '눈에 띄었던' 고리치아나 트리에스테에도 똑같이 적용되지 않을까? 이 문제에는 종종 지적 게으름이 작용한다. 1960년대와 1970년대의 페루자 운동과 관련한 상당한 양의 자료를 읽는 성가신 일을 한 사람은 지금까지 거의 없다. 미켈리와 르그랑이 쓴 중요한 책조차도 대체로 읽지 않는다. 바잘리아를 중심으로 한 이야기는 직선적이다. 당시 벌어지고 있던 그 나머지 부분의 이야기는 모두 무시하는 쪽이 더 쉽다.

내부의 갈등도 페루자의 소외를 설명하는 또하나의 요소가 될 수 있다(미켈리의 책도 이 점을 강조한다). 이에 대해 툴리오 세필리도 다음처럼 주장했다.

> 페루자의 운동이 다른 곳의 운동보다 덜 알려진 한 가지 이유는 우리가 내부 논쟁에 시간을 너무 많이 썼고 우리의 메시지를 우리 지역 외부로, 당시 전국적으로 진행되고 있던 저 방대한 토론으로 내보내는데는 시간을 너무 적게 들였기 때문이다.

페루자의 운동은 바잘리아 사람들에 비해 매체에 훨씬 무지했고 지식인이나 국제적 인맥은 더 부족했다. 다만 기자들이 그곳에 찾아와 그곳에서 벌어지는 일에 대해 기사를 쓰고 미술가를 활용하여 멋진 로고와 포스터를 제작하기는 했다. 페루자에는 (트리에스테에서 있었던) 마르코 카발로 같은 볼거리가 없었고 전국 텔레비전에서도 거의 다루지 않았다. 페루자에서 벌어지고 있는 일을 이탈리아인 1000만 명이 어느 날 갑자기 알게 되는 순간도 없었다. 근년에 한 편의 중요한 다큐멘터리 덕분에 이 운동의 역사에 대한 관심이 다시 살아났지만, 페루자에는 바잘리아 같은 인물이 없었고 결정적으로 에이나우디도, 세르조 차볼리도 없었다.

어쩌면 페루자는 자기 자신의 성공에 묻혀버린 피해자인지도 모른다. 페루자의 정신질환자 보호소 폐쇄를 좌익 현 정부가 전폭적으로 지지한 것은 바잘리아와 그의 추종자들이 고리치아에서 갖가지 문제에 직면했던 것과는 너무나도 대조적이었다. 바잘리아는 어쩔 수 없이 고리치아 밖에서 동맹 세력을 찾아야만 했던 반면에 페루자 사람들은 도시 밖으로 눈을 돌릴 필요가 없었다. 또 현지에서는 빗발치듯 토론이 일어났지만 그것이 전국적으로는 거의 또는 전혀 드러나지 않았다. 페루자는 실제적 유토피아가 되지 못했고 또 그것을 추구하지도 않았다. 페루자 사람들은 자기 자신의 역사를 쓰려고 시도했지만(지금도 시도하고 있지만) 어떤 면에서 주로 자기 지역 내의 사람들을 목표로 삼았다. 페루자는 자신의 경계를 깨뜨리고 밖으로 나오기가 어려웠으며, 이 사실은 좋은 방향과 나쁜 방향 모두에서 영향을 미쳤다.

프란체스코 스코티는 페루자가 그 전략으로 인해 볼거리가 되는 상황으로부터 자연스레 멀어졌다고 주장한다.

> 우리는 〔개방된 정신병원이라는〕 그 강력한 상징을 거부했다. 우리는 전체 집회를 거부했고, 병원에서 열리는 전체 집회에 나오곤 하던 카피티니〔페루자의 유명한 평화 활동가〕를 외면했다. 간단히 말해 우리는 이 모든 권력의 상징(과 문화적·지적 권력)을 포기했다. 우리는—눈에 보이지 않게 된 형태의 정신의학을 실행하면서—사람들을 위한 서비스를 제공하기 위해서, 그것이 지역적 맥락과 지역의 필요 속에 녹아들었다는 바로 그 이유 때문에 스스로 약화되었다.[38]

결론

정신의학적 저항이 일어난 짧은 계절이 이제 끝난 것 같다.

브루티와 스코티[39]

정신병원은 외부의 온갖 사회 구조를 파괴하기 위한 폭발물에 해당
했다. 문화 차원에서, 정치 활동과 공권력을 이해하는 방식 차원에서,
나아가 전반적으로 인간과 인간관계를 이해하는 방식에서, 그리고 현
재의 계급 구조에 맞서는 투쟁에 구체적 형태를 부여한다는 점에서
그랬다.

라지멜리(1970)[40]

페루자의 정신병원 안에 있던 환자 수:

1961년: 1141명

1977년: 394명

오늘날 일바노 라지멜리는 위대한 개혁의 '순간'과 정신의학 체제의
변화는 "반복 불가능"하다고 주장한다. 그것은 특수한 시대와 특정 형
태의 정치적 헌신 및 제도의 변화와 강하게 연관되어 있었다. 페루자
의 운동에는 단일한 지도자나 단일한 중심지가 없었다. 그 운동은 여
러 원천에서 힘과 영감을 얻었다. 라지멜리는 (적어도 1970년까지는) 핵
심 정치 세력이었고, 또 수많은 행정가가 운동을 도왔다. 마누알리는
카리스마와 아이디어와 어마어마한 에너지를 제공했고, 스코티와 브
루티는 그와는 다른 좀더 주류에 해당하는 생각을 가지고 일하면서 어

린이 정신의학을 전문적으로 다루는 한편으로 정신분석에도 관심을 보였다. 그 밖에도 간호사, 다른 정신의학자, 일부 환자도 지도력과 영감의 원천이 되어주었다. 이 모든 것이 페루자를 단일한 인물이나 단일한 사상과는 연결지을 수 없음을 뜻했다. 이 운동은 그 나름의 충돌과 토론을, (우호적일지언정) 영원한 토론 상태를 이어갔다. 정신질환자 보호소의 끝은 혁명의 시작일 뿐이었다. 마누알리에게 있어 정신질환자 보호소의 죽음은 "광기가 사라지는 것이 아니라 그것에 정면으로 맞서는 것"을 뜻했다.[41]

제18장
파르마―가스검침원과 완전 통제시설

정신질환자 보호소, 기아 보호소, 어린이 교도소, 양로원에 갇히는 사람은 누구인가? 살면서 겪는 문제를 해결하기 위한 경제적 또는 문화적 자원이 없는 사람들이다. 그래서 우리는 차별을 만들고 더 심화시키는 사회적 불의에 대응하면서, 도움이 필요한 사람들의 상황을 오히려 고착시키는 또하나의 불의를 행하고 있다.

마리오 톰마지니(1965)

이 안은 공포가 지배합니다.

레모 보넬리가 톰마지니에게[1]

더러움이 수십 년 쌓인 이 끔찍한 건물에는 햇빛, 깨끗한 공기, 물이 모두 애초부터 없는 것으로 나타났다. 잠깐 숨 돌릴 틈도, 미소도, 인간다움이나 문명사회의 측은지심도, 이런 고통과 격리 상태를 피할 수 있다는 어떠한 감각도 없었다.

루이지 토마지[2]

전후 시기에 이 병원은 일종의 방치 문화를 증언하는 듯한 방향으로 쇠퇴했다. 병원이 보여준 것은 어쩌면 그보다는 하나의 정신적 관점이었는지도 모른다. 이 관점에서 콜로르노는 닿을 수 없는 아득한 장소, 사람들이 망각될 운명을 안고 추방되는 장소였다.

페루초 자카넬리

환자들은 형언할 수 없는 환경 속에서 살았다. ……쉰, 예순, 백 명이 사방이 똥과 오줌인 불결한 큰 방에서 심한 취급을 받으며 전라나 반라 상태로 묶인 채 지냈다.

마리오 톰마지니[3]

파르마의 정신질환자 보호소는 긴 역사가 있었는데, 이탈리아 자체의 역사보다 더 과거로 거슬러올라간다. 파르마시에 있던 이 정신질환자 보호소는 1873년에 콜로르노의 옛 공작궁과 수녀원으로 이전했다. 콜로르노는 롬바르디아주와 에밀리아로마냐주의 경계에 있는 작은 도시로(시장과 시 의회를 갖추고 있다) 파르마 북쪽으로 15킬로미터 정도 떨어져 있으며 포강과 가깝다. 콜로르노는 원래 정신질환자를 수용하기 위한 임시 시설이었으며, 그뒤로 여러 해에 걸쳐 여러 가지 대안이 제시되었다. 병원 건물 자체는 드넓은 정원 안 여기저기에 흩어져 있었지만, 이 정원은 주로 정신질환자 보호소의 소장 혼자 말을 타고 산책하는 데만 이용했다. 환자들은 긴 걸상과 의자를 바닥에 고정해둔, 담으로 둘러싼 안마당 안에만 머물러야 했다.

콜로르노의 큰 문제 한 가지는 정신질환자 보호소가 들어서 있는 건물의 형편없는 상태였다(애초에 정신질환자 보호소 목적으로 지어지지 않았다). 소장 루이지 토마지가 1950년대 중반에 쓴 대로 "이곳은 이름만 병원일 뿐이다. 그리고 모종의 소심한 열망조차 실패한 덕분에…… 환

314

경, 시설, 가구 등 나머지 모든 부분도 형편없이 관리된 황폐한 감옥의 슬픈 모습을 하고 있다."[4] (이 정신질환자 보호소를 운영한) 현 행정부는 1950년대에 보호소의 기반시설을 얼마간 개선했다. 그렇지만 병원 인구는 계속 늘어났고 1964년에는 정점에 다다라 991명에 이르렀다.[5] 보호소 자체는 빙산의 일각일 뿐이었다. 파르마 당국은 고아원을 비롯하여 장애, 농아, 맹인 어린이 등을 보내는 장소뿐 아니라 여러 곳에 분산되어 있는 정신질환자 보호소와 청소년 교도소에 이르기까지 갖가지 공공시설을 관장하고 있었다. 역사적으로 파르마는 문젯거리가 생기면 안전하게 감춰둘 수 있는 현의 북부로 몰아내왔다.

마리오 톰마지니는 1928년에 파르마의 반파시스트 투사 가정에서 태어나 노동자계급이 사는 보르고델나빌리오라는 동네에서 자랐다. 꼬마를 갓 벗어난 정도에 지나지 않았지만 레지스탕스에 가담하여, 파시스트 정권하에서 여러 차례 투옥되었다. 1943년에는 이탈리아공산당의 활동 당원이 되었다. 1950년대 동안 톰마지니는 파르마에서 기독민주당 정부와 경찰력에 맞서 벌인 투쟁에서 두 차례 이상 체포되었다. 한동안은 직업이 없었고, 아내와 함께 베네수엘라로 이민을 갈까 생각하기도 했다.

톰마지니는 모든 종류의 공공시설에 대해 비판적이라 할 만한 관계를 맺고 있었던 것 같다. 파시스트 시대에 학교와 여름학교에서 퇴학당했고, 심지어는 죄수 사이에서 시위를 조직한 일로 감옥에서 쫓겨나기도 했다.[6] 이 이단적인 기질은 공산당 자체로 확대되었다. 톰마지니는 당의 노선을 받아들인 적이 없었다. 프랑카 옹가로는 그를 "창의적이고 정열적이며 진실하다"[7]고 묘사했다. 톰마지니는 결국 시영 가스

공사에서 가스검침원 자리를 얻었다.

마리오 톰마지니에 관한 글을 쓸 때는 '톰마지니 신화'라 할 만한 것을 다루지 않기가 쉽지 않다. 그는 보통 사람들 사이에서 살아가는 성자였던 것처럼 언급되는 때가 많고, 그의 전기작가는 책에 『사랑 때문에 행동한 어느 이단자』라는 부제를 붙였다. 톰마지니에 관해 뭔가 새로운 것을 말하는 것 역시 쉽지 않다. 활용할 자료가 방대한데도 불구하고 1960년대와 1970년대 그의 활동과 그 영향에 관해서는 제대로 된 연구가 거의 없다. 그에 관한 연구는 대부분 톰마지니와 바잘리아의 관계 또는 콜로르노에서 바잘리아가 맡았던 역할에 초점을 맞추고 있다. 그 많은 부분 또한 톰마지니 자신이 한 이야기를 바탕으로 한다. 이와 관련하여 생겨나는 문제점은 이렇다. 콜로르노에 관한 책은 모두
―어쩌면 기자 브루노 로시의 책을 제외하고― 내부자나 참여자가 쓴 것이다. 그 나머지 자료는 모두 어떤 식으로든 관여한 당사자들을 출처로 삼고 있다.

마리오 톰마지니는 1965년 초의 지방선거 이후 콜로르노 정신질환자 보호소의 운영을 책임지는 파르마현 사정관으로 임명되었다.[8] 그는 정신의학이나 정신보건 서비스, 정신질환자 보호소 체제와 관련된 자격도 지식도 전혀 없었다. 1965년 2월 말에 그는 정신병원의 공식 감독권을 받았고 그 직후에 처음으로 그곳을 방문했다.

콜로르노, 1965―지옥의 발견

이 방문은 톰마지니 신화의 핵심 요소가 되었으며, 인쇄물이나 인터뷰

에서 내용을 조금씩 바꿔가며 여러 차례 언급되었다. 톰마지니는 가장 좋은 옷(양복 저고리와 넥타이)을 입고, 피아트 500를 타고,[9] 겨울 안개 속으로 15킬로미터 남짓한 거리를 달려 콜로르노에 갔다고 한다. 보호소에 들어갔을 때 그는 잊을 수 없는 광경과 마주쳤다. 지옥의 광경이었다. 이 방문은 여러 수준에서 그에게 마음의 상처를 남기고 삶을 바꿔놓았다. 첫째, 건물의 상태와 그 안에서 환자를 취급하는 방식에 그는 인간이라는 기본적인 차원에서 뼛속까지 충격을 받았다. 그렇지만 톰마지니가 실망한 데는 정치적이고 감정적인 측면도 있었다. 보호소 안에 그가 아는 사람이 많았던 것이다. "마리오는 사람들을 알아보았고 사람들은 마리오를 알아보았다."[10] 그들은 전쟁 중과 전쟁 후 함께 싸운 동지였다. 그는 그들과 나란히 싸웠다. 그들은 그의 친구였다. 그렇지만 결국 그곳에 갇혀 있었다. 그는 그들이 미치지 않았다는 것을 알고 있었다. 무슨 일이 벌어지고 있는 걸까? 도대체 어쩌다가 "수십 명의 동지가, 우리 동네에 살던 사람들이, 내가 잘 알던 사람들이" 이렇게 끔찍한 곳에 감금된 걸까?[11] 가슴이 터질 것 같았다. 그들이 함께했던 해방 투쟁이 승리로 끝나고 겨우 20년이 지났을 뿐이었다.

이 지옥의 광경에 대한 톰마지니의 반응은 1961년 고리치아에서 바잘리아가 보인 반응과 매우 비슷했다. 그것은 반감과 노여움과 생리적인 메스꺼움이었다.

> 사정관으로 취임하고 이틀 뒤 콜로르노의 정신질환자 보호소에 첫발을 디뎠을 때, 나는 밖으로 나가 토해야 했다. ……그것은 참상이었다. 알몸의 환자들, 허리띠도 없이 가운만 걸친 여자들, 바닥에 앉아 두 손으로 머리를 감싸 쥔 남자들, 바닥에 발을 비비는 사람들……

깨진 유리, 더러운 곳이었다.[12]

　그는 나중에 이렇게 썼다. "우리가 간 곳은 죽음과 폭력이 일상적으로 일어나는 장소였다."[13] 이처럼 정신질환자 보호소를 즉각적으로, 거의 생리적으로 거부하는 반응은 바잘리아와 톰마지니를 묶는 공통점이라 할 수 있었다. 도저히 용납할 수 없는 상태였다.

　콜로르노는 어둡고 무서운 장소였다. 하나의 미로였다. 고리치아가 그랬듯 콜로르노에서도 정신질환자 보호소를 처음 볼 때 공포감이 드는 경우가 많았다. 예컨대 페페 델라콰는 나중에 "폐쇄 시설의 냄새, 아무도 원하지 않아 망연자실한 수많은 사람들의 몸뚱어리들"[14]을 언급했다. 톰마지니는 감옥을 경험한 적이 있었고, 또 바잘리아와 마찬가지로 정신질환자 보호소를 하나의 불명예로, 그 안의 사람들을 해방시켜야 할 사람들로 보았다. 그는 그들에게 일어난 일을 "납치"라고 묘사했다. 그 안의 사람들은 아무 죄도 저지르지 않은 죄수들이었다.[15]

　시내로 돌아오는 길에 그는 길가에 차를 세웠다. 감당하기가 너무 어려웠다. 사임해야 할 것 같았다. 그러다가 마음을 고쳐먹었다(고 한다). "포기하지 않겠다. 그곳의 사람들을 집으로 돌려보내겠다. ……내가 그 사람들을 그대로 운명에 맡기고 버려둘 수 있을까? 게다가, 그 사람들이 진짜로 미쳤을까?"[16] 뭔가 할 수 있는 일이 있었고, 그에게는 상황을 바꿀 권한이 있었다. 이 '뭔가'가 나중에 톰마지니의 사명이 되었다. 그는 정치학과 사회학을 동원하여 저 어마어마한 완전 통제시설 안에 있는 재소자들의 구성을 설명했다. 자기 당이 어떤 대가를 치르든 그는 저 장소를 폐쇄하고 그 안의 '죄수'들을 풀어주기 위해 애쓰게 된다. 그때부터 톰마지니는 자신의 정치 인생을 바로 저 투쟁에 바쳤다.

톰마지니는 그다음날 다시 콜로르노에 갔다고 한다. 이번에는 자신의 관점을 명확히 해두기로 마음먹었다. 그는 네 명의 의사와 병원 소장, 그리고 일부 수녀와 간호사, 노조 간부를 한자리에 모았다. 그리고 그들을 호되게 꾸짖었다. 그는 분노했다. 격노했다. 그는 정신질환자 보호소를 집단수용소와 비교했고, 보호소에서 환자를 대하는 방법을 나치주의와 비교했다. 톰마지니에 따르면 그 자리에 있던 한 수녀는 그의 말을 듣고 기절했다고 한다. 톰마지니는 보호소에 있는 저 사람들의 감금 상태를—정치적·사회적 차별에 기인한—불의로 보았다. 그의 사명 역시 직선적이었다. 그리고 그것은 정신의학이나 정신건강과는 아무 관련이 없었다. 그는 무슨 수단을 써서라도 사람들을 그곳에서 꺼낼 생각이었다. 구해낼 생각이었다.

톰마지니의 열변은 지역신문에서 약간의 논란을 일으켰다. 이 사람은 도대체 누구인가, 이 가스검침원은 누구란 말인가, 그들은 물었다. 그가 무슨 권리로 자격 있는 유명 정신의학자들을 비판하는가? 지역당에서도 톰마지니의 명확한 입장 때문에 약간의 소란이 일었다. 그러나 그는 냉정했다. 그는 병원의 현황을 조사하고 개혁안을 제안할 위원회를 꾸렸고, 현 의회에서 토론이 시작되었다. 톰마지니는 부분적으로 어느 신파시스트 의원의 발언 덕분에 토론에서 이겼다고 한다. 같은 해 페루자에서 일바노 라지멜리가 그랬던 것처럼, 톰마지니는 자기 당과 행정부의 동료들에게 호소했다. 정신질환자 보호소의 상황은 비인간적이다, 이대로 계속되도록 둘 수 없다 하고. "저는 사실만 말하겠습니다. 제가 콜로르노에서 제 눈으로 본 것 말입니다. 그런 다음 여러분은 그곳의 상황이 인간적으로 가능한지…… 여러분에게 인간으로서 뭔가 해야 할 의무가 있지 않은지 제게 말해보십시오." 톰마지니는 이 논쟁에서 이겼다(그러나 전쟁 전체에서는 이기지 못했다). 그는 보호소를 인간화하는 임무를 맡았고 그곳 사람들을 꺼낼 방법을 찾기 시작했다. 긴 싸움이 될 것이었다. 이 정신질환자 보호소가 마침내 폐쇄된 것은 1990년대의 일이다.

고리치아를 만나다

> 나는 바잘리아를 찾아가기 전에 이미 콜로르노의 정신질환자 보호소를 비워야 한다는 깊은 확신과 문화적, 감정적 이유를 가지고 있었다.
>
> 마리오 톰마지니[17]

> 통일해야 할 세상이 아직 그대로 남아 있었다.
>
> 프랑코 로텔리[18]

무엇을 해야 할까? 톰마지니는 조언을 구했다. 그는 정신의학이나 정신질환자 보호소나 정신보건에 대해 아무것도 알지 못했다. 그가 꾸린 위원회는 두 명의 학자로 구성되었다. 볼로냐에서 공부한 심리학자이자 정신의학자로서 트리에스테에서도 일하는 잔프랑코 밍구치, 그리고 파르마대학교에서 정신의학 진료소를 운영하는 파비오 비진티니였다. 두 사람은 그에게 고리치아에서 벌어지고 있는 일에 대해 알려주었다. 그래서 그는 수화기를 들고 바잘리아에게 전화를 걸었다. 두 사람은 파도바에서 만나 커피를 마셨다. 바잘리아는 지루해하는 듯 보이긴 했지만, 톰마지니에게 고리치아에 와서 직접 보라고 말했다. 그로부터 열흘 뒤 그는 비진티니와 사회복지사 한 명과 함께 (비진티니의 차를 타고) 고리치아를 방문했다. 다른 수많은 사람들이 그랬듯 그 역시 눈앞의 광경에 놀랐다. 콜로르노와는 너무나 대비되었다. 두 곳 모두 이름은 '정신병원'이었지만, 그 밖의 모든 부분이 완전히 달랐다. 적어도 겉보기에는 그랬다. 이것은 아름답고도 기묘한, 평생 이어질 우정의 시작이자, 복잡하기는 하나 유익한 동맹의 시작이었다.

그 순간부터 고리치아와 파르마의 운명은 서로 뒤얽히게 된다. 아래는 그 첫 방문에 대해 톰마지니가 오랜 세월이 지난 뒤 기억에 의존하여 들려준 설명이다.

> 그 공원에 들어가자마자 딴 세계에 와 있는 것 같았다. 환자와 간호사와 의사 사이에 구분이 없어 보였다. 흰 가운도 없었다. 모두가 마음 내키는 대로 돌아다녔다. 여기저기서 집회가 열려 사람들이 여러 가지 일을 논의하고 있었다. 모두가 모든 것에 대해 발언할 수 있었다. 외부에서 찾아와 사진을 찍는 사람들이 있었다. 그리고 바잘리아의 집무실은 사람들로 붐볐다. 기자, 간호사, 환자 등 사람들이 언제나 드나들고 있었다. ……비진티니 교수가 사람들을 가리키며 말했다. 누구죠? 내가 대답했다. 전혀 모르겠네요, 교수님. 나는 그 모든 것에 충격을 받았다. 그리고 그곳을 편안하게 느끼기 시작했다.

톰마지니는 바잘리아의 집무실이 "늘 문이 열려 있는" 데도 놀랐다. 그는 고리치아를 "꿈"이라고 묘사했다.[19]

비진티니는 나중에 다음과 같이 썼다(많이 인용되는 글이다).

나는 바잘리아가 대학교를 떠나 어느 현립 병원으로 갔다는 것을 알고 슬펐다. 그러나 마리오 톰마지니와 함께 고리치아를 방문했을 때 마음이 바뀌었다. 나는 특별한 치료법의 발견을 목격하고 있는 것 같았다.[20]

그뒤로 몇 해 동안, 특히 1965~1968년에 톰마지니는 고리치아에 없던 진심 어린 정치적 지지를 제공하게 된다. 바잘리아는 정치계의 뒷받침을 얻고 변화의 가능성을 보기 시작했다. 간단히 말해 그는 고리치아 너머를 보기 시작한 것이다.

톰마지니는 고리치아의 중요성을 잘 인식하고 있었으며 그곳을 "이탈리아의 다른 모든 병원과 완전히 다른" 곳으로 묘사했다. 머리에 한 가지 근본적인 질문이 떠올랐다. 그곳은 여전히 병원이기는 한가? 그는 콜로르노에 무엇이 필요한지를 명확히 알았다. "우리는 고리치아를 따라야 한다!" 1965~1966년 이후로 톰마지니는 고리치아의 목소리가 더 많은 사람들에게 들릴 수 있도록 도왔다. 1966년에 바잘리아는 파르마에서 공개 강연을 했고, 같은 해에 파르마의 간호사들이 여러 차례 단체로 고리치아를 방문했다(그리고 이들의 토론은 후대를 위해 녹음, 녹취되었다). 1967년에 고리치아의 혁명에 관한 첫 이야기를 파르마 현이 직접 출간했다. 그 주 내용은 파르마에서 열렸던 협의회를 바탕으로 했다. 『정신의학이란 무엇인가?』는 그뒤 1973년에 『부정되는 공공시설』의 압도적 성공을 등에 업고 에이나우디를 통해 다시 출간되었다. 파르마 또한 나름의 포괄적인 압력단체를 구성했고 정신보건 서비스를 둘러싼 토론의 일환으로 출판 활동을 했다.

고리치아와 파르마는 점점 커가는 변화 운동의 일부분으로서 함께 일하기 시작했다. 두 곳의 경험은 짝을 이루었다. 이 이중의 경험은 『정신의학이란 무엇인가?』에 기록되었고 일련의 행사와 사건을 통해 정점에 다다랐다. 이때의 사건은 얼마간 신화화되었고 자주 언급되었다. 예컨대 1968년의 사진전(나중에 『계급 때문에 죽는다』의 바탕이 된다), 일부 간호사가 구속복을 입고 파르마의 거리를 행진한 파업 및 시위, 그리고 1969년에 학생 주도로 정신질환자 보호소를 점거한 사건 등이 그것이다.

어떤 면에서 파르마는 아주 빠르게 정신질환자 보호소 반대 운동의 중심지가 되었다. 고리치아에는 정신질환자 보호소에 완전히 제 기능을 하는 치료 공동체가 있었다면, 파르마는 운동의 관념을 위한 선전 면에서, 또 정신질환자 보호소를 넘어 지역 안에서 서비스와 대안을 만들어내는 쪽에서 큰 진전을 이루었다. 페루자는 이 두 가지 접근방법을 한 곳에서 결합했으나 움브리아 바깥에는 훨씬 덜 알려졌다. 톰 마지니는 바잘리아를 파르마로 데려오기 위한 준비를 하기 시작했다. 이 꿈은 1970년 말에 이르러 실현되지만 아주 잠시 만에 끝난다.

정신질환자 보호소를 비우다

과거에 나는 여러 종류의 보건 시설이 필요하다고 생각했다. 미친 사람은 정신병원에, 버려진 아이는 고아원에, 노인은 양로원에 보내야 한다고 생각했다. 바잘리아는 내게 모든 것을 가르쳐주었다. 나는 이런 종류의 해결책을 거부하고 다른 해결책을 찾는 법을 배웠다. 나는 이런 시설의 진짜 목표를 이해하기 시작했다. 더 심각한 사회 문제를 외면하려는 것 말이다. 이런 식의 보건 서비스는 일종의 알리바이였다.

마리오 톰마지니

변화는 급진적이었고 상처를 남겼으며, 일부 사람들은 신이 났다. 마치 어떤 새로운 윤리적 책임이 그 나머지 모든 것을 압도하여 타협하지 않는 행동을 요구하는 것 같았다.

페루초 자카넬리[21]

마리오 톰마지니는 명확했다. 그가 관리하는 정신질환자 보호소의 상황은 명예롭지도 않고 용납할 수도 없었다. 350명밖에 수용할 수 없는 시설 안에 1000명의 환자가 있었고, 이렇게 많은 사람을 '치료'하는 의사가 고작 예닐곱 명이었다. 그가 가본 고리치아는 "정신병원 안에 있는 정신질환자의 삶을 규정하는 규칙과 방법 면에서 진정한 혁명"에 해당했다.[22] 바잘리아처럼 톰마지니도 완전 통제시설에 대해 강경한 생각을 갖고 있었다. 정신질환자 보호소는 파괴되어야 했다. 톰마지니는 이 계획의 범위를 넓혀 다른 배척 시설도 포함시켰다. 그는 정신질환자 보호소를 고아원과 양로원, 특수학교를 포함한 배척 시설 네트워크의 일부로 보기 시작했다. 그의 계획은 이런 시설을 모두 폐쇄하는 것이었다.

톰마지니는 바잘리아가 그곳의 소장이 되기 훨씬 전에 이미 정신질환자 보호소를 비우기 위한 명확한 전략을 실행하기 시작했는데, 이것은 바잘리아가 고리치아에 적용한 것과는 다른 접근방법이었다. 요점은 정신질환자 보호소에 있는 많은 환자를 위한 대안을 제공하자는 것이었다. 그 대안이란 가치 있는 진짜 일거리가 있는 바깥세상의 장소였다. 부분적으로 이 접근방법은 정신질환자 보호소 안에서 상황을 바꾸고자 했을 때 경험한 어려움과 좌절 때문에 택한 것이었다. 어떤 면에서 파르마는 고리치아의 반대 사례가 되었다. 파르마에서 일어난 변화는 대부분 정신질환자 보호소 밖에서 일어났다. 보호소 안 환자들은 여전히 묶여 있었고 폭력과 억압의 냉혹한 분위기도 그대로였다. 고리치아에서는 전문가(정신의학자)와 환자가 변화의 주체였던 반면 파르마에서는 정치가가 주역을 맡았다. 전문가는 (전체적으로 볼 때) 특히 초기에는 뒷전에 머물러 있었다. 1970년에 바잘리아가 부임했을 때 파르마의 정신질환자 보호소는 이미 어떤 방식으로든 300명의 환자를 내보낸 뒤였다.

그러나 이 두 곳의 경험은 동일한 운동의 두 가지 측면으로도 해석할 수 있다. 조반나 갈리오가 볼 때 "고리치아는 정신질환자 보호소 공간 '내부'의 변화 측면에서 중요한 실험실이었음이 명백한 반면, 파르마는 '외부'가 '내부'에 반대하는 실험실이 되었다."[23] 이런 면에서 페루자는 이 두 가지 과정이 거의 동시에 같이 진행된 장소였다.

톰마지니가 무엇을 할 것인가에 대해 명확한 생각을 지니고 있었기 때문에 바잘리아가 자신의 관점을 내세울 여지는 그리 많이 남아 있지 않았다. 갈리오는 이렇게 썼다. "바잘리아가 파르마에 도착했을 때 그는 모든 것이 '이미 행해졌으며' 더이상 할 것이 없다는 사실을 깨달았고, 그래서 그는 아무것도 하지 않았다."[24] 수백 명이 이미 풀려난 뒤였다. 1960년대에 고리치아에서 그랬던 것보다 훨씬 더 빠른 속도였다. 두번째 문제점은 행정부 안에서 지속적이고도 분명하게 톰마지니에게 가해지는 압력으로, 바잘리아가 고리치아에서 수없이 보았던 것이었다. 톰마지니는 공산당과 사회당, 간호사, 그리고 전반적인 제도적 환경을 상대로 계속적으로 중재와 협상에 나서고 있었다.

톰마지니는 그렇게 많은 사람을 정신질환자 보호소로부터 어떻게 풀어주었을까? 핵심 계획은 그들에게 일자리를 주는 것이었다. 환자 중 많은 사람이 톰마지니가 나타나기 전에 어떤 식으로든 일을 한 적이 있었다. 치료 활동이라는 명목을 내세운 때가 많았지만 대개는 반복되는 착취 활동이었다. 심지어 일부 환자는 소장 소유의 땅에서 일했다. 톰마지니는 정치적 반대와 시민의 불평을 무릅쓰고 현 전체에 걸쳐 대안적 공간을 개설했다. 하나는 농장이고 또하나는 도로표지판을 복원하는 공장이었다. 많은 환자를 날마다 병원 밖으로 데리고 나가 이런 대안 공간에서 하루종일 시간을 보내게 했다. 대안 공간이 파르마시 안에 있는 때도 많았다. 이 사람들은 대부분 밤에는 보호소로 돌아왔다. 이런 환자들은 '통근자'로 불리게 되었다. 안토니오 슬라비치는 이 환자들이 두 세계에서 가장 좋은 것을 다 가졌다고 약간은 냉소적으로 주장했다. 밤에는 음식과 잠자리를, 낮에는 보람 있는 활동을 누렸기 때문이다. 그런데 왜 떠나려 하겠는가? 톰마지니는 또 내부에서 변화를 가져오기 위해 직원들을 새로 채용했다.

톰마지니는 풀려난 환자들이 살 수 있는 아파트와 주택을 만들기 위해 분투하면서, 그들의 퇴원에 대해 개인적으로 책임을 떠안았다. 이 과정은 페루자에서 일어났던, 그리고 트리에스테와 아레초 등 다른 곳에서 일어날 과정과 똑같았다. 이런 식으로 톰마지니는 콜로르노를 비롯하여 현 내의 정신질환자 보호소에 수용된 환자 수를 줄일 수 있었다. 그것은 그 자신의 당, 지역신문, 간호사(적어도 그 일부), 그리고 관료들과의 끊임없는 싸움이었다. 이 전략의 한 가지 결과로 톰마지니의 외부 실험실에서 일하는 일부 젊은 이상주의자들과 정신질환자 보호소 자체 안에서 일하는 여러 간호사 사이에 큰 불화가 생겨났다. 간호사들은 톰마지니의 새로운 방향을 극도로 의심스러운 눈으로 바라보았는데, 자신이 누리고 있는 확고한 권력 및 특권 체제를 위협하고 있는 것으로 보았다(매우 정확한 판단이었다). 이들은 또 실험실에서 일하는 환자들이 통제하기 어렵게 변했다고 불평했다. 톰마지니는 연로해가는 소장 루이지 토마지를 쫓아내려고 거듭 시도했다. 그는 1948년 이후 내내 콜로르노 정신질환자 보호소를 맡아왔다. 두 사람은 "몇 년 동안" 서로 말도 섞지 않았다.[25] 두 사람의 방식은 완전히 달랐다. 톰마지니는 정신질환자 보호소에 관한 모든 것을 싫어했으며 그곳을 폐쇄하고 싶어했다. 반면에 토마지는 완전 통제시설의 폭력적이고 억압적인 기조 전체에 깊이, 철저히 뿌리를 내리고 있었다.

콜로르노에는 치료 공동체가 없었다. 톰마지니는 내적 변화가 닿지 않은 채로 남아 있는 정신질환자 보호소를 비우기 위해 '관할지역'이라는 이름으로 알려지게 될 방식과 그곳에서 자신이 지닌 정치적 영향력을 활용하고 있었다. 게다가 그는 (1968년 이후에) 학생운동과 동맹을 맺어 더 급진적인 변화를 더욱 밀어붙였다.

『정신의학이란 무엇인가?』(1967년)

『정신의학이란 무엇인가?』는 파르마와 고리치아 사이에서 있었던 생각의 만남과 불일치에 관한 책이었다. 이 책은 방금 변화를 거치기 시작한 정신질환자 보호소와 완전히 탈바꿈한 보호소의 만남에 관한 이야기를 들려주었다. 이를 위해 『정신의학이란 무엇인가?』는 콜로르노에서 단체로 찾아온 간호사들과 비교적 여러 부류로 이루어진 고리치아의 간호사들이 만난 자리에서 오간 대화의 녹취록을 수록했다. 콜로르노의 간호사들은 고리치아에서 목격한 것에 깜짝 놀랐다. 그중 한 간호사는 바잘리아에게 이렇게 말했다. "당신의 말은 남자와 여자 간호사 모두에게 흥미로웠습니다. 우리는 당신이 하는 말을 어느 정도까지는 이해합니다. 그러나 이 모든 게 우리에게는 완전히 새롭다는 사실을 이해해주었으면 합니다."[26]

1966년 12월 20일, 콜로르노의 의료진은 고리치아의 전체 집회라는 괴상하고도 민주적인 세계 속에 불쑥 발을 디뎠다. 이들은 의료진과 환자로부터 질문 세례를 받았다. 서로 다른 두 세계가 하나로 어우러지는 자리였다. 콜로르노 의료진의 발언과 질문에서는 환자를 위험한 존재로 보는 시각이 드러났다. 그들은 이렇게 물었다. "환자가 매우 흥분하면 여기서는 어떻게 합니까?" 콜로르노는 여전히 옛 방식으로 일을 처리하고 있던 반면에 고리치아는 이미 완전히 다른 곳이 되어 있었다.

거의 모든 면에서 개혁이 이루어지지 않은 시설인 콜로르노에서 온 간호사들은 책임을 추궁당했다. 필시 처음이었을 것이다. 첫 질문은 환자들로부터 왔다. 틀림없이 이상한 경험이었을 것이다. 마치 그들이 미래를 내다보고 있는 것만 같았다. 그곳에는 왜 주점이 없습니까? 남자와 여자를 왜 분리합니까? 어떤 치료법을 씁니까? 사람들을 왜 묶어둡니까? 예부터 완전 통제시설을 지배해온 당연한 규칙에 의문이 제기됐다. 그것도 급진적인 방식으로. 집회가 있다는 사실 자체가 변화의 증거였다. 변화는 가능했다. 그들은 변화해야 했다. 그렇지만 콜로르노의 간호사 중에는 나중에 전력을 다해 개혁에 저항한 사람이 많았다.

1966년의 고리치아에는 아직 개방되지 않은 병동이 있었고, 그 병동의 적지 않은 환자가 여전히 자물쇠와 열쇠로 갇혀 있었다.[27] 그러나 이탈리아의 다른 모든 정신질환자 보호소와 달리 묶여 있는 환자는 아무도 없었다. 한편 환자를 묶어두는 일이 콜로르노에서는 완전한 일상이었다. 고리치아의 어느 간호사가 말한 대로 "환자를 묶어둔다는 관념 자체가 우리의 머릿속과는 너무나 거리가 먼 나머지, 우리는 그 방법을 생각조차 하지 않는다. ……우리는 그 방법조차 모른다."[28] 콜로르노에서는 모든 병동이 닫혀 있었다. 톰마지니의 압박과 분노와 지속적인 간섭에도 불구하고 1966년까지 다른 어떤 것도 고려되거나 시도되지 않았다.

점거. 1969년

정신병원에서 보낸 저 24시간 덕분에 나는 대학교에서 수강한 모든 정신의학 과정에서보다 더 많은 것을 배웠다.

이탈라 로시[29]

콜로르노는 우리의 베트남이 될 것이다.

현수막(1969)

내 인생 최고의 40일.

마리오 톰마지니, 점거에 대해[30]

그것은 전체적으로 '1968년'으로 알려진 것에 포함되는 수많은 저항과 점거와 시위 중에서도 독특한 순간이었다. 한 무리의 학생과 그 밖의 사람들이 완전 통제시설을, 그것도 정신질환자 보호소를 점거하여 약 35일간 그곳에 머무른 것이다. 이 투쟁은 전국적인 뉴스가 되어, 학생 운동을 정신의학뿐 아니라 더 넓은 의료 문제와 직접 연결지었다. 그리하여 콜로르노는 이탈리아의 1968년에서 가장 특별한 한 사건의 배경이 되었다.

모든 것은 톰마지니로부터 시작되었다. 그는 학생 지도자를 비롯한 사람들을 모았다. 이에 관한 이야기 중 어떤 것에서는 바잘리아와 슬라비치도 그 자리에 있었다고 하지만 이는 사실이 아닌 것이 거의 확실하다. 계획은 단순했지만 위험은 대단히 컸다. 급진적 학생들이 정신질환자 보호소 자체를 점거하되, 콜로르노 문제가 신문 1면에, 그것도 파르마에서만이 아니라 전국 신문의 1면에 올라갈 방식으로 한다는 것이었다. 파르마의 천주교도 학생들이 (1968년 9월에) 이미 파르마의 대성당을 점거했다가 강제로 쫓겨난 적이 있었다.[31]

점거에 관한 이야기는 (모든 일을 조직한) 톰마지니, 학생 지도자, 특히 빈첸초 트라다르디 등 주로 그 사건에 깊이 관여한 사람들이 전했지만, 우리에게는 또 신문과 역사학자, 그리고 점거 당시 거기서 일하던 일부 간호사와 의사가 전하는 설명도 있다(점거는 당시 보호소에서 일하던 사람들을 분열시키는 효과를 가져왔다). 점거의 중요성이—역사적으로—과장되었다는 것 또한 필시 사실일 것이다. 톰마지니는 그것이 전환점이 되기를 바랐을 것이 확실하지만 그렇게는 되지 않았다. 어떤 면에서 그 점거 사건은 병원 안팎에서 변화에 반대한 사람들의 입장을 강화하는 결과를 낳았다. 소장 루이지 토마지는 완전히 모습을 감춘 채 학생들이 떠나기를 기다렸다. "소장은 집에 머무르면서 얼굴을 내비치려 하지 않았다."[32] 그들은 점거 기간의 병원을 혼란과 무질서가 지배하게 놔두면 무슨 일이 벌어지는지를 보여주는 단적인 사례로 삼았다. 병원의 변화와 환자의 치료라는 관점에서는 그 밖의 추세와 장기적 효과가 훨씬 더 중요하게 작용했다. 사전 준비를 위해 바잘리아보다 먼저 그곳으로 향한 안토니오 슬라비치와 루초 스키타르는 점거가 시작된 바로 그때 콜로르노에 나타났다.

학생 점거자들은 2월 2일에 무리지어 나타나 보호소로 들어가는 입구 현관을 장악했다. 처음에는 흥분되기도 하고 혼란스럽기도 했다. 끊임없이 집회와 논의와 토론과 논쟁이 벌어졌다. 톰마지니는 처음부터 끝까지 그곳에 있었다.[33] 철창 일부가 상징적인 의미에서 철거되었다. 직장을 폐쇄하겠다는 위협을 받은 근처 어느 공장 노동자들도 나타났다. 환자들에게 발언권이 주어졌다. 뜨거운 시간이었고, 더 많은 점거와 토론과 전시회가 이어졌다. 학생들을 비롯한 사람들이 계속적으로 콜로르노와 파르마 사이를 오고갔다. 일부 방문객과 조직 담당자는 고리치아 사람들이었다. 2월 9일 전국에서 모여든 학생들이 정신질환자 보호소 안에서 대규모 집회를 열었다.

톰마지니에 따르면

우리는 아침에 환자들과 집회를 열어 함께 정신질환자 보호소의 생활을 정비했다. 그것은 아무도 자살하지 않고 아무도 구타당하지 않은 유일한 35일이었다. 매일 저녁 수십 명의 젊은이가 교회로, 공장으로, 대학교로 나가 사람들과 토론했다.

그렇지만 점거자들이 정신질환자 보호소를 정말로 장악했는지는 분명하지 않다. 그들은 대체로 입구 구역에서 머물렀다. 그 나머지 구역에는 대부분의 의사와 소장이 없었을 뿐 예전과 그다지 달라진 게 없었다.

유력 정당은 대부분 점거를 지지하는 듯 보였다. 다만 공산당 자체를 포함하여 많은 정당 내에서 그 때문에 불안이 일었다. 콜로르노의 사회당은 학생들을 강도 높게 비난했다. 이것이 뜻밖의 일이 아닌 것이, 그들의 선거구가 정신질환자 보호소에서 일하는 사람들에게 의존하고 있었기 때문이다. 그러나 점거에 대한 반대 또한 거셌다.『라 가제타 디 파르마』지는 이 운동에 반대하는 강력한 여론전을 벌였다. 학생들의 활동 때문에 환자들이 자살했다는 주장이 나왔다. 혼란과 무질서, 규정과 규제가 완전히 무너진 광경이 그려졌다. 점거 때문에 간호사들이 더욱 분열되었다(이들은 이미 대략적으로 개혁파와 보수파로 나뉘어진 상태였다). 브루노 폰타네지는 이렇게 썼다. "점거는 사람들을 통합하지 않았다. 간호사 사이에 큰 분열을 가져왔다."[34]

이 분열은 2월 28일에 가장 극적으로 드러났다. 한 무리의 간호사가 학생들을 쫓아내고 병원 창밖으로 매트리스와 신문을 던졌다. 학생들은 옆문으로 다시 들어왔지만, 점거는 끝나가고 있었다. 여러 가지 문서가 만들어졌다. 그중 하나는 재소자들과 연관된 일종의 역사적 자료를 바탕으로 하고 있었다. 이런 선언과 문서에는 고도의 수사가 동원되었다.[35] 점거자들은 '가난한 자들만 미쳤다' 같은 구호를 통해 정신질환자 보호소를 계급 중심으로 단순화한 분석을 퍼뜨렸다. 점거가 끝나기(3월 4일) 사흘 전에 한 무리의 신파시스트들이 나타나 싸움을 걸었고, 이 때문에 폭력을 동반한 대치 상태가 발생했다.

이 점거의 전체적 효과를 두고는 의견이 나뉘어 있다. 일부는 이 점거가 '지나치게 성공적이었다'고 주장하면서, 눈에 잘 띄었기 때문에 지역 공산당의 일부 당원들로부터 적의를 샀고 또 변화에 대한 기대감을 높였다고 했다.[36] 당시 일부 사람들은 1970년에 콜로르노와 파르마에서 있었던 지방의회 선거에서 좌파가 패배한 것을 그 점거 탓으로 돌리기까지 했다. 점거를 통해 이루고자 한 것이 무엇이었는지도 확실하지 않다. 바잘리아를 위한 '사전 준비'였을까? 정신질환자 보호소에 저항하는 싸움을 홍보하는 한 방편일 뿐이었을까? 환자와 간호사를 정치 의식화하려는 시도였을까? 이중 어떤 것은 실제로 실현되었지만 (다만 이에 대한 증거가 부족한데다 증거 대부분이 점거에 관여한 사람들로부터 직접 가져온 것이라는 문제가 있다), 바잘리아는 토마지가 마침내 은퇴한 1970년까지는 오지 않았고, 점거의 정치적 효과는 오래가지 못한데다 부분적으로 부정적이었다.

고리치아 사람들이 도착하다, 1969∼1971년

이미 말했듯이 콜로르노의 점거가 시작된 시점은 당시 바잘리아가 가장 신뢰한 동료인 안토니오 슬라비치와 루초 스키타르로 구성된 고리치아의 선발대가 도착한 시기와 일치했다.[37] 스키타르와 슬라비치는 콜로르노에 2년간 머물렀는데, 두 사람이 거기서 어떤 경험을 했는지에 대해서는 우리에게 남은 정보가 거의 없다. 슬라비치는 (콜로르노 이후인) 페라라의 경험을 바탕으로 쓴 책에서 톰마지니에 대해 비판하면서, 그를 "격정적이고 약간은 변덕스러운 사정관"[38]으로 묘사했다. 슬라비치는 또 콜로르노의 "형언할 수 없는 폭력과 불결함"에 대해 언급하면서 그곳에서 지낸 시간을 "악몽 같았다"고 표현했다.[39] 슬라비치를 비롯한 사람들은 모두 파르마에서 살았다. 그는 피아트 500 자동차를 몰고 짙은 안개 속을 달려 콜로르노로 가던 길을 떠올렸다. 슬라비치는 바잘리아와 톰마지니 사이에 성격 차이로 인한 충돌이 있었다고 말한다. 그는 그 두 사람이 "너무나도 다르고 비슷하며…… 그것은 정치적이나 문화적 문제가 아니라 '개성'과 자존심과 관련된 문제였다"[40]고 묘사했다.

바잘리아의 콜로르노 시기를 훨씬 더 미묘하고 자세하게 설명한 기록은 슬라비치의 미출간 원고 『벚나무 그늘 아래에서』에서 발견된다. 슬라비치는 1968년 이후 급속하게 좌익으로 기울어 친마오쩌둥주의 노선을 취했다. 1970년에는 콜로르노에서 무소속 좌파 의원으로 선출되었다(그리고 곧 공산당에 입당했다).[41]

바잘리아는 이 병원에서 비교적 자주 자리를 비웠고 이에 대해 말이 꽤 많았다. 슬라비치는 페라라에 관한 책에서나 콜로르노 시기에 대한 설명에서 이 점을 지적하면서, 바잘리아가 콜로르노의 병동에 모습을 드러내지 않은 (다만 매일 아침 여덟시 반에 열리는 직원 회의는 직접 주재했다) 것을 "고리치아에서는 늘 자리를 지킨" 것과 비교한다.[42]

바잘리아는 콜로르노의 정신질환자 보호소에서 시간을 보내기를 꺼렸던 것이 분명하다. 그는 자신이 자리를 비운 것을 두 가지로 해명했다. 첫째, 규칙과 관료 절차에 갇혀 움직일 수 없게 될 위험이 있었다. 그렇지만 또 이렇게 덧붙였다. "여기에는 그보다 근본적인 다른 해명이 있는데, 병원의 강박적 현실을 바꿀 방법이 전혀 보이지 않을 때 병동을 방문하는 것이 스트레스였다."[43]

톰마지니는 고리치아를 처음 방문하기 전부터 파르마에서 일을 진행하고 있었다. 그는 처음부터 간호사들을 적어도 일부라도 자기편으로 만들 필요가 있음을 알았다. 그래서 1965년 6월에 간호사들의 근무 시간을 줄였다. 그럼에도 (일부 노동조합의 지지를 받는) 보수파 간호사들이 나중에 병원의 변화를 가로막는 가장 큰 장애 요소가 된다. 콜로르노의 정신병원은 도시 내의 도시였다. 도시의 작은 규모에 비해 거대한 정치적·경제적 자원으로, 수백 개의 일자리와 서비스를 제공할 수 있었다(그리고 표밭이었다). 실제로 콜로르노 자체에서 대규모의 고용자는 이 병원이 거의 유일했다. 이에 대해 톰마지니는 이렇게 말했다. "이 병원은 콜로르노에서 일자리를 만들어내는 유일한 곳이자 유일한 '산업'이었다. ……도시 전체가 이 정신질환자 보호소를 기반으로 살아갔다."[44]

톰마지니는 재빨리 위원회를 만들어 정신질환자 보호소의 운영과 그곳의 미래를 살펴보게 했다. '톰마지니 위원회'는 1965년 11월에 보고서를 내놓았다. 변화를 위해 처음 내놓은 제안은 온건했다. 일종의 트로이 목마였다. 비교적 크기가 작은 시설을 다수 만들어 분산화하고 구역별 개혁을 실행함으로써 한 덩어리인 정신질환자 보호소를 쪼개자는 것이었다. 1965~1966년에 이들의 제안을 둘러싸고 현 내에서 격렬한 토론이 벌어졌다. 그러나 톰마지니의 진짜 목표는 정신질환자 보호소를 아예 폐지하는 것이었다. 또는 더 간단히 말해 그 안에 갇힌 사람들을 일련의 다른 시설 안으로 풀어주는 것이었다.

톰마지니는 의심의 눈길을 많이 받았다(자기 당 내에서도 의심의 눈길이 만만치 않았다). 그는 독불장군에다 세련되지 못하고 절제가 없는 사람, 본인이 맡은 일에 진정한 지식도 없는 사람으로 비쳤다. 어느 공산당 동지는 그를 "도자기 가게 안에 있는 황소"[45]라고 불렀다. 그럼에도 그는 대부분의 논쟁에서 (종종 그 강력한 의지력만으로) 이겼다. 소장이 물러나지 않고 완강히 자리를 지켰음에도 거의 그 즉시 변화가 일어나기 시작했다. 그것은 타성과 관료적 보수주의에 맞서는 힘겨운 싸움이었고, 종종 좌절감을 맛보았지만 톰마지니는 끝까지 포기하지 않았다. 그는 끈질기게 밀고 나가면서 당과 간호사, 정신의학자, 환자, 학생, 실업가, 지식인 등을 비롯한 사람들 사이에서 동맹을 구축했다.

대안이 될 시설이 문을 열고 그 밖의 기존 시설들은 폐쇄되었으며, 퇴원하는 사람들을 위해 아파트가 마련되고 정신질환자 보호소의 문이 바깥세상을 향해 열리기 시작했다. 톰마지니는 자기 관리가 중요하다고 생각했고, 환자들이 삶을 스스로 책임질 수 있어야 한다고 생각했다. 그는 1968년 이후로 (비게피오라는 곳에 있던) 공공 소유인 어느 농장을 복원하기 시작했다. 1965년에 방문했을 때 만난 옛 파르티잔 한 명을 포함한 정신질환자 보호소의 일부 재소자들을 위해서였다. 이 농장은 나중에 사회적 실험으로 유명해지며 또 톰마지니 신화의 필수 요소가 된다.[46] 슬라비치는 비게피오를 "유토피아적 걸작"[47]이라 불렀다. 이 신화에는 대개 엔리코 베를링궤르가 (톰마지니의 업적을 공식적으로 축복하기 위해) 1980년에 농장을 방문한 일, 그리고 그가 그곳을 "우리가 바라는 종류의 사회주의의 특징을 선보이는" 곳으로 묘사했다는 이야기가 포함된다.

바잘리아, 톰마지니, 콜로르노

톰마지니와 바잘리아처럼 개성 강한 두 사람의 동거는 너무 비좁고 너무 가까웠고 두 사람 모두를 억누를 위험이 있었다.

빈첸초 트라다르디[48]

프랑코 바잘리아가 파르마를 떠난 이유는 그곳에서는 정신질환자 보호소를 (잘) 관리하는 것 이상으로 움직이기가 불가능했기 때문이다. 그로서는 받아들일 수 없는 일이었다. 나는 그 사실을 잊을 수가 없었다.

프랑카 옹가로[49]

고리치아 이후 바잘리아에겐 휴식이 필요했다. 끝없이 집회에 참석하고 동료와 정치가와 관료와 싸우고 환자와 간호사와 대화하면서 7년을 보낸 뒤였다. 육체적, 정신적으로 힘겨운 시간이었고, 미클루스 사건은 모든 관련자에게 상처를 남겼다. 그렇지만 미클루스 사건이 벌어지기 전에 이미 바잘리아는 고리치아에 지쳐 있었다. 큰 성공을 거둔 시기였지만, 장시간 근무와 끝없는 토론의 시기이기도 했다. 바잘리아는 유명해졌고 사방에서 요청이 쏟아졌다. 그러나 그는 또 위험하고 통제하기 어려운 인물인지라 그의 행보를 가로막으려 한 사람도 많았다.

많은 곳에서 지방 행정부를 접수한 젊은 신세대 정치가들은 바잘리아가 자기 지역의 정신보건 서비스를 개혁해주기를 기대했다. 『부정되는 공공시설』이 성공을 거둔 뒤 출판사들이 정신의학에 관한 책을 내려고 줄을 섰다. 정치 집회와 협의회에 참여해주십사 하는 초청이 날아들었다. 여기저기서 바잘리아를 원했다. 본인이 어느 정도는 냉소적으로 말한 것처럼, 바잘리아 자신이 "하나의 제도가 되어" 있었다. 심지어 대학교 체제로 돌아갈 길까지 열렸고, 그때 파비오 비진티니가 파르마에 (임시직) 자리를 찾아주었다.[50]

1950년대에 파도바에서 임상 및 학문을 했던 때는 무명이었지만, 이제 바잘리아의 강의는 빈자리가 없을 정도로 빼곡하게 들어찼다. 인생의 모든 것이 달라져 있었다. 그는 일을 시작한 뒤 처음이자 어쩌면 마지막으로 잠시 쉬기로 하고, 반년 동안 가족과 함께 뉴욕에서 지내면서 어느 큰 정신병원을 연구한 다음 남아메리카로 연구 여행을 떠났다. 명목상 여전히 고리치아에 고용되어 있었지만 그곳에서는 그를 거의 볼 수 없었다.

그러는 동안 바잘리아의 향후 계획이 서서히 형태를 잡아갔다. 모든 것의 중심에 파르마가 있는 것 같았다. 새로 맡은 대학교 일자리가 거기에 있었고, 그가 콜로르노의 정신질환자 보호소를 맡아주기를 간절히 바라는 톰마지니와의 강한 정치적·개인적 인맥도 있었다.[51] 이를 위한 준비 작업의 하나로 바잘리아는 자신의 충실한 선봉장들을 콜로르노로 보내 사전 작업을 시켰다. 조반니 제르비스와 레티치아 콤바 없이 새로운 에퀴페가 구성되고 있었다. 두 사람은 바로 이웃인 레조넬에밀리아에 있었다. 그러나 뭔가가 내키지 않았다. 바잘리아는 계속 그곳으로 가기를 미루면서, 그곳으로 완전히 이사를 가지는 않기로 결정했다. 파르마에서 있던 동안(1970~1971년) 그는 호텔에서 살았고, 정신질환자 보호소에서 자리를 지킨 정도 역시 소장이라는 점을 고려한다 해도 고리치아에 비해 훨씬 낮은 수준이었다. 프랑카, 엔리코, 알베르타는 베네치아에 자리를 잡았다. 그러는 동안 바잘리아는 자신의 향후 가능성을 계속 열어두었다. 볼로냐의 어느 공개 채용에 응했지만 4

순위에 오르는 데 그쳤고, 우리에게 알려지지 않은 그의 라벤나 계획은 수포로 돌아갔다. 파르마에서 그가 한 일은 책임감 면에서 차원이 달랐다. 무슨 이유에서였을까? 왜 바잘리아는 콜로르노에 대해 주눅이 든 듯 보였을까?

콜로르노에서 바잘리아가 '실패'한 이유에 지나치게 집중한다면(그런 문헌이 많다) 그것은 역사적 오류다. 이런 식으로 초점을 맞추면 한편으로는 마리오 톰마지니 본인의 업적을 훼손하고 경시하는 일이 되고, 또 한편으로는 과거를 바잘리아 중심으로—바잘리아 본인이 주인공이 되고 (예컨대 자카넬리나 제르비스 같은) 다른 사람들이 실행하거나 주관한 변화를 무시하게 되는 식으로—과장하게 된다. 그럼에도 불구하고 바잘리아가 파르마에서 소위 '실패'한 데 대해 약간은 관심을 기울일 필요가 있다.

바잘리아는 결국 (1970년 10월부터 1971년 8월까지, 그중 본격적으로는) 반년간만 콜로르노에서 소장직을 맡았는데, 이때 콜로르노에 벌어진 일에 대한 고전적 설명은 정치적 설명이다. 이런 해석에서는 보수주의와 이탈리아공산당의 지배욕 때문에 바잘리아의 혁명이 억눌렸다고 주장한다. 그가 정신질환자 보호소를 개혁하려고 시도할 때마다 노동조합과 당이 사사건건 훼방을 놓았고, 거기에 좌절한 그가 좀더 재량을 갖고 일할 수 있는 다른 곳을 찾게 되었다는 것이다. 이런 설명은 수많은 고전적 분석에 거듭 나타난다. 프랑카 옹가로가 쓴 것도 여기에 포함된다. 이것은 거의 표준적인 이야기가 됐다. 예를 들면 콜로르노에 관해 마리아 그라치아 잔니케다가 들려주는 설명을 보자.

1969년[원문대로] 말에 바잘리아는 파르마에 가서 콜로르노 정신질환자 보호소의 소장이 되었다. 그가 그곳에서 지낸 기간은 2년이 채 되지 않는데, 그동안 그 보호소에 대해 느끼는 분노를 억눌러야 하는 상황 때문에…… 또 그가 일하는 방식이 에밀리아 행정가들의 공산당 문화에서 볼 때 지나치게 과격하고 지나치게 예측 불가능하며 지나치게 위험하고 지나치게 투쟁적이라는 오해 때문에 고통을 겪었다.[52]

　그렇지만 이것은 톰마지니 본인의 방식을 설명하는 데도 아주 잘 들어맞는다. 옹가로의 책(『마리오 톰마지니의 삶과 업적―어울리지 않았던 정말 유별난 관료. 본인이 들려주는 이야기』, Editori Riuniti, 1991년)은 톰마지니와 나눈 일련의 인터뷰 및 대화에서 뽑은 내용과 통계 등의 자료, 그리고 옹가로 자신이 쓴 머리말 두 편을 모은 책이다. 이는 구술 역사와 사회학적 탐구를 조합한 것으로, 한 시대, 한 도시, 한 운동에 관한 일종의 주관적·집단적 역사서이다. 갈리오는 당시 옹가로의 손을 빌려 쓰인 이 1인칭 시점의 이야기가 지니는 신화적 성격을 강조한다(옹가로는 이에 대해 책의 제목에서 암시했다). 갈리오는 이 이야기를 "숭고한 무적의 기사 주인공이 약간은 독하게 변신한 이야기"[53]라 부른다. (프랑카 옹가로의 해석에 따르면) 톰마지니는 "좌파가 이끌고 있는 현에서 우리가 구상한 목표를 이루기가 불가능하다는 사실을 나로서는 받아들이기가 어렵지만, 그럼에도"[54] 바잘리아가 떠나는 것이 옳다고 인정했다. 그러나 프랑카 옹가로는 또 자신의 의견을 다음과 같이 말한다.

　　나는 그의 결정에 동의하지 않았다. 나는 우리가 공산당 지역에서 성공을 거두는 것이, 그래서 공산당 내부까지 메시지가 전달되는 것이 중요하다고 생각했다(결국 그렇게 되지는 않았다). ……그리고 나는 공산당이 이런 새로운 주장을 당시에 받아들였다면 어떻게 되었을지 지금도 궁금하다.[55]

그러나 바잘리아가 파르마에 느지막이 갔다가 때 이르게 떠난 데 대해 다른 설명도 가능하다. '콜로르노의 실패'에 대한 진정한 설명은 아마도 좀 다르고 더 복잡한, 또는 여러 요인이 복합적으로 작용한 것일 게다. 앞서 살펴보았던 것처럼 바잘리아가 마침내 콜로르노에 모습을 드러냈을 때 그곳에서는 정신보건 서비스의 혁명이 이미 완전한 기세로 일어나고 있었다. 이 혁명의 지도자는 바잘리아 자신이 아니라 톰마지니였다. 톰마지니는 1965년부터 정신질환자 보호소를 비우기 시작하여 어느 정도 속도를 내고 있었다. 그의 전술은 바잘리아의 생각, 그리고 정신보건을 비롯한 완전 통제시설에 적용한 그 자신의 매우 현실적인 사회적·문화적 정책을 한데 섞은 것이었다. 바잘리아가 이론가인 동시에 실천가였다면, 톰마지니는 무엇보다도 일을 실제로 해내는 데 관심이 있었다. 그는 이론에 관심이 없었다. 톰마지니는 자신의 권력과 자원을 이용하여 정신질환자 보호소의 인구를 줄이면서, 밖으로부터 보호소를 공격하며 그 토대를 허물고 있었다. 그것은 거의 군사 작전이었다.

그래서 바잘리아는 개혁에 관해 (자신의 생각과 비슷하면서도 다른) 명확한 생각을 가지고 있는 강력한 현지 인물이 마니코미오를 이미 비우기 시작한 상황에서 그곳에 나타난 것이다. 그에게 남은 할 일은 무엇이었을까? 또한 톰마지니는 본인의 정책에 대해 어느 정도 정치적 지지를 얻기는 했지만, 그가 벌이고 있는 일에 대한 시민과 당 내의 반대도 여전히 상당했다.

성격 충돌이 있었을 수도 있다. 프랑코 로텔리는 톰마지니와 바잘리아를 "기묘한 한쌍"이라 불렀다. 회의는 명목상 바잘리아가 주도하고 있었지만 톰마지니는 늘 회의에 나타났고 병원 자체의 회의에까지 참석했다(그는 일요일을 포함하여 매주 닷새씩 그곳에 갔다고 한다). 따라서 바잘리아는 거의 완전한 정치적 지지를 업고 있기는 했지만 완전한 지배권을 쥐고 있는 것은 절대 아니었다. 이탈리아공산당은 파르마의 바잘리아 혁명을 가로막은 게 아니었다. 그들은 자기 자신의 혁명을 (바잘리아 없이, 나중에는 바잘리아와 더불어) 실행했다. 어쩌면 파르마가 두 사람 모두를 담을 만큼 크지 않은 게 문제였는지도 모른다.

두 사람은 수많은 문제를 두고 논쟁을 벌였을 것이 분명하다. 나중에 톰마지니는 이렇게 말했다. "바잘리아는 대단히 비타협적인 태도를 보이면서 절대로 물러서려 하지 않았다. 공개 토론에서조차 그랬다." 그래서 "나는 그와 심각하게 충돌한 때가 몇 차례 있었다."[56] 의견이 가장 크게 갈렸던 주제 한 가지는 정신질환자 보호소 안에 마련된 새 구역의 운명에 대한 것이었다. 바잘리아는 대학교에 넘겨 일종의 신정신의학 센터를 만들어야 한다고 주장했고, 톰마지니는 병원 내에 새로운 종류의 공간을 요구하는 환자들에게 딱 맞는 공간으로 보았다.

돌이켜보면, 바잘리아의 파르마 시대에 관한 설명 중에는 전반적으로 정신보건과 관련된 이탈리아공산당의 전략을 탓하는 것이 많다. 바잘리아 사람들의 설명에서는 이탈리아공산당이나 에밀리아 모델을 경시하는 경우가 많은데, 정신질환자 보호소에 존재하는 고통을 무시하기 때문에, 또는 미니 정신질환자 보호소 네트워크 또는/그리고 패거리주의적 네트워크를 만든다는 이유에서다. 이 관점을 취하면 레조넬에밀리아에서 있었던 제르비스의 실험을 실패작으로, 또는 바잘리아 적 생각과 방법의 보수적 대안으로 소개할 수 있다는 매력도 있다. 그러나 이 모든 것은 실제로 벌어진 일을 지나치게 속물적으로 해석하는 동시에 이탈리아공산당의 입장을 지나치게 단순화하는 것이다(페루자 에서 보았듯 절대로 똑같은 성향의 사람으로만 이루어지지는 않은 정당이었다). 끝으로, 이런 해석은 파르마, 페루자, 레조넬에밀리아 등지에서 일어 난 변화와 그 성취를 경시하는 경향이 있다. 실세계의 역사는 그보다 더 미묘했다. 세계는 결코 흑과 백으로 나뉘지 않았다.

두 사람이 (그뒤로도 계속) 친한 친구였다는 사실에도 불구하고 이 양 두체제는 여러 가지 긴장을 낳았다. 톰마지니가 정치적으로 전폭적이 고도 무조건적으로 지지하고 있었지만, 콜로르노는 바잘리아가 일하 기 어려운 곳이었다. 병원 밖에서는 변화가 일어나고 있었지만, 병원 자 체는 소장이 새로 부임했음에도 변화가 스며들기 어려워 보였다. 사람 을 지치게 하는 상황이었다. 1960년대 말에 이르러 사정이 달라지고 있었지만 공산당이 바잘리아를 지지하는 입장으로 돌아서기까지는 시 간이 걸릴 것이었다. 다른 여러 곳의 제안이 대단히 매력적으로 보이 기 시작했다. 어쩌면 바잘리아는 그런 정치적 투쟁을 또다시 할 수는 없었는지도 모른다. 그는 전권을 맡고 싶었다. 바잘리아는 창문의 창 살을 철거하는 등의 기획된 순간에는 참여했지만 (후대를 위해 사진가들 이 촬영했다) 그런 행사도 고리치아나 나중의 트리에스테에 비해 드물 었다.

1971년에 바잘리아는 파르마에서 지낸 시간에 대해 다음과 같이 말 했다.

나는 고리치아의 정신병원에서 10년 동안 일했고, 그다음에는 다른 병원(파르마)으로 옮겼다. 그곳에 도착했을 때 나를 기다린 것은 나에게 우호적이면서 적대적인 또하나의 언론전이었다. 내가 일한 병원은 두 무리로 나뉘어 있었다. 고리치아의 기적을 행하도록 나를 기다린 사람들, 그리고 뭔가 일이 벌어져서 내가 틀렸다고 말할 수 있게 되기를 기다리는 사람이었다. 그런데 반년 동안 아무 일도 일어나지 않았다. 시설의 현실은 예전과 달라지지 않았다.

이처럼 그는 콜로르노와 파르마에서 계속되고 있는 토론에 열중하는 한편, 주말마다 베네치아로 돌아가는 생활을 하면서 다음 행보를 계획하고 있었다. 고리치아의 실험에 흥미를 갖게 된 젊은 정치가 중에 미켈레 차네티라는 사람이 있었는데 트리에스테현의 지사였다. 차네티는 바잘리아에게 정치적 간섭도 없고 (그렇지만 정치적 뒷받침은 있고) 어떤 종류의 개혁에도 물들지 않은 병원이라는 '백지수표'를 제안했다. 그는 또 톰마지니에 비해 훨씬 더 내성적인 사람으로, 바잘리아에게 주역을 맡기고 본인은 조연으로 물러날 것이 확실했다. 이번에는 바잘리아가 본격적으로 활동에 나설 수 있을 것이었다. 치료 공동체도 없고 병동을 폐쇄하기 위한 기나긴 전투도 없으며 전체 집회도 없을 것이었다. 그런 것은 이미 고리치아에서 거쳤다. 트리에스테의 목표는 병원 자체를 가능한 한 빨리 폐쇄하는 것이지 시설을 더 인간화하는 (따라서 그 생명을 연장하는) 것이 아니었다.

트리에스테에는 '황금 우리'가 없을 것이었다. 우리 자체가 해체되고 있었기 때문이다. 게다가 시대가 바뀌었다. 1971년은 1961년이 아니었다. 이제 바잘리아 뒤에는 전국적이고 세계적인 거대한 운동이 있었다. 또한 함께 일할 에퀴페가 이미 구성되어 있었고, 이탈리아의 다른 여러 도시에 동맹이 있었다. 젊고 유능하고 열정적인 사람들이 너덜너덜해지도록 읽은 『부정되는 공공시설』을 손에 쥔 채 무리지어 나타나기 시작했다. 이제 바잘리아 사람들이 일하는 정신질환자 보호소 네트워크가 자리를 잡았다. 바잘리아 운동은 막강했고, 바잘리아가 1964년 런던에서 윤곽을 잡았던 그 방향, 즉 정신병원을 무너뜨리는 방향으로 나아갈 것이었다. 1973년에 바잘리아는 이 운동을 통합하기 위한 총괄 단체를 설립한다. 바로 프시키아트리아 데모크라티카이다.

이처럼 콜로르노의 실제 사정은 극도로 복잡하며, 트리에스테의 차네티가 내놓은 제안과도 관계가 있었다. 트리에스테에는 여러 장점이 있었다. 완전한 주도권과 정치적 지지, 변화가 닿지 않은 정신질환자 보호소(따라서 다른 정신질환자 보호소에 보여줄 수 있는 훌륭한 시범 사례), 그리고 바잘리아 사람들이 전국적인 집중 조명으로부터 약간 벗어나 일할 수 있는 위치 등이었다. 바잘리아 자신이 완전한 지배권을 쥐게 될 것이었다.

완벽한 조건이었다. 바잘리아는 제안을 받아들였다. 톰마지니는 한동안 기분이 상했지만, 두 사람은 평생 절친한 친구로 남았다. 페루초 자카넬리가 1972년에 파르마의 자리를 이어받았고, 콜로르노는 나중인 1970년대에 그곳에서 제작된 유명한 다큐멘터리에도 힘입어 트리에스테, 고리치아와 나란히 변화의 상징이 되었다. 그 특별한 다큐멘터리는 〈풀어주어라〉이다.[57] 정신질환자 보호소 반대 운동의 역사에는 콜로르노와 마리오 톰마지니의 업적도 포함시켜야 한다.

파르마를 떠나는 문제로 논란이 일어났다. 프랑카는 트리에스테로 가는 데 반대한 것 같은데, 무엇보다도 바잘리아 사람들이 공산당이 주도권을 쥔 지역에서 성공을 거두는 것이 중요하다고 믿었기 때문이었다. 1960년대 중반부터 고리치아의 실험에 의지해온 톰마지니로서는 바잘리아가 파르마에서 남긴 결과가 너무나 실망스러웠다. 바잘리아가 콜로르노에서 머문 시간이 짧았기 때문에 (또 그가 장거리 통근자였기 때문에) 톰마지니는 지역신문과 (당 내외의) 정적들로부터 맹렬한 공격을 받았다. 그렇지만 바잘리아는 톰마지니를 옹호했고, 둘은 일생 동안 우정을 유지했다. 콜로르노의 혁명은 이탈리아공산당과 (페루자에서 온) 다른 소장이 완수했다.[58] 그러나 이 운동을 연구하는 사람 대부분의 관심은 트리에스테로 옮겨갔다.

두 가지 전술?

이제 탈공공시설화로 나아가는 길에는 두 갈래가 있는 것으로 보였다. 두 가지 방법은 서로 정확히 대비되거나 모순되는 것은 아니지만, 우선순위만큼은 서로 달라 보였다. 슬라비치는 이 두 가지 방법을 "서로 대립적 또는 적어도 경쟁적 관계"에 있었다고 묘사했다.[59] 한 가지 전술은 고리치아에서 그대로 가져온 것으로, 정신질환자 보호소 자체를 중심으로 삼았고 보호소라는 그 특정한 완전 통제시설에 대항하는 투쟁이 운동의 최우선 사항이었다. 또 한 가지 전술은 (각각의 이유로) 페루자와 레조넬에밀리아에서 채택한 것으로, 관할지역 개념과 대안적 정신보건 서비스 등 그들의 봉사 대상인 민중에게 더 가까운 시설의 설립을 선호했다.

두 가지 모델이라는 관념은 1969년 이후 등장했다. 관할지역으로 들어가서 정신보건 센터를 설립하는 모델은 1968년 마리오티 법에 의해 가능해진 것이었다. 관할지역 모델은 페루자, 레조넬에밀리아, 파르마 등 공산당 세력이 강한 지역에서 가장 큰 성공을 거두었다. 일부에서는 이것이 정치적 통제를 강조하고 패거리주의가 퍼지도록 조장한 모델이었다고 주장한다. 바잘리아 모델은 고리치아에서 트리에스테로 옮겨갔고, 진짜 세상으로 나가기 전의 정신질환자 보호소에 초점을 맞추었다. 소위 구역별 개혁자들은 두 모델의 중간노선을 걸었다.

실제에서 이 두 경로의 차이는 당시에 생각하던 것만큼 두드러지지 않았다. 관여자 중 누구도 옛 정신질환자 보호소 체제를 옹호하지 않았고, 모두가 대안적인 새로운 시설이 필요하다고 믿었다. 차이점은 개성이나 정치적 견해 차이와도 연관되어 있었는데, 이런 부분 때문에 실천이나 정책상 대비되는 부분이 과장되어 나타났다. '두 모델' 관념을 지지하던 사람들에게 바잘리아의 콜로르노 '실패'는 그야말로 확실한 증거였다.

톰마지니 또한 정신질환자 보호소를 중심으로 삼았지만(그에게는 거의 강박이었다), 해당 완전 통제시설 내부에서 변화에 대한 반대가 완강했기에 정신질환자 보호소를 폐쇄하기 위해서 관할지역(바깥세상)을 이용하기로 결정했다. 그는 정신질환자 보호소를 주로 바깥으로부터 공격했다(1969년의 점거가 이 전술의 한 예다). 1972년에 소장을 맡은 자카넬리는 페루자의 혁명에서 곧장 넘어온 사람으로, 페루자에서는 혁명이 정신질환자 보호소를 넘어 관할지역으로 금세 옮겨갔으며 따라서 이 과제에 적격이었다.

콜로르노와 트리에스테—교차로에서

정신질환자 보호소 반대 운동을 새로운 차원으로 올려놓게 될 새로운 세대의 급진적·비판적 정신의학자와 사회학자, 활동가들이 콜로르노에 모였다. 1970년대에 트리에스테의 경험에서 주역이 될 사람들 중에는 콜로르노를 거친 사람이 많았다. 프랑코 로텔리는 콜로르노 근처의 카살마조레 출신으로, 만토바 근처 카스틸료네델레스티비에레에 있는 범죄자 정신질환자 보호소에서 일한 경력이 있었다. 페페 델라콰는 1971년 봄에 이탈리아 남부 지역에서 왔다. 또다른 핵심 인물은 루차노 카리노로, 그는 치과 의사 교육을 받은 다음 프랑스의 어느 정신질환자 보호소에서 일했고, 바잘리아에게 델라콰를 소개해주었다. 카리노는 1960년대부터 바잘리아와 연락을 주고받고 있었다. 콜로르노 – 트리에스테 축에는 아순타 시뇨렐리와 조반나 갈리오(역시 콜로르노와 가까운 시모네타 출신)도 포함되어 있었다.[60]

로텔리는 보호소에서 매일 열린 집회에 대해 다음과 같이 회상했다.

> 콜로르노에서 그는 우리를 안개가 자욱한 아침 여덟시에 모아놓곤 했다. 너무나 졸렸던 게 기억난다. 그렇지만 민주주의를 아침 식사로 먹는 것은 참 아름다웠다. 우리는…… 그런 방식으로 하루를 시작하는데 뭔가 의미가 있는 것 같았고 저들, 정신이상자들 역시 그렇게 보기 시작했다.[61]

로텔리는 다음과 같이 주장했다.

그것은 정신의학 개혁을 위한 전환점이었다. 하나의 교차로였다. 나는 1971년에 처음 그곳에 도착했다. 바잘리아를 만났고, 저 이상한 이론 집회에서 무슨 일이 벌어지고 있는지 나로서는 이해하기 어려웠다. 결론도 전혀 나지 않는 것 같아 보였고, 정력적인 톰마지니에 의해 중단되는 일도 많았다. 톰마지니는 자신이 직접 만든 관할지역 네트워크를 이용하여 정신이상자들을 정신질환자 보호소 밖으로 내보냈는데, 현지 언론의 거센 공격에도 아랑곳하지 않았다.[62]

콜로르노는 이렇게 직접 트리에스테로 이어졌다. 바잘리아는 겨우 11개월 정도만 그곳의 정신질환자 보호소 소장으로 있었고, 실제로 콜로르노에 본격적으로 있었던 것은 반년뿐이었다. 앞서 살펴본 것처럼 1960년대 말에 고리치아로부터 바잘리아 사람 여러 명이 먼저 그곳에 파견되어 그를 위한 준비 작업을 진행했다. 여기에는 고리치아 에퀴페의 구성원 두 사람도 포함되어 있었는데 스키타르와 슬라비치였다. 두 사람은 콜로르노에서 부딪치는 문제점을 바잘리아에게 정기적으로 보고했다. 관료주의, 보호소의 일부 간호사 집단의 힘, 대안적 서비스 기구를 위한 계획이 (톰마지니의 제안에 따라) 이미 마련되었다는 사실, 정신질환자 보호소의 폭력적 분위기 등이 그들이 보고한 문제였다. 그렇지만 바잘리아가 콜로르노에서 보낸 반년은 여러 면에서 결정적으로 중요했다. 그 기간에 바잘리아 사람들의 핵심 지도부가 1968년 운동에 참여하는 학생들과 직접 접촉했다. 1968년 이전의 (대학교가 없었던) 고리치아에서는 한 번도 없었던 일이다. 바잘리아가 파르마에서 대학교 강의를 맡은 것도 이 점에서 도움이 되었다. 1970년 무렵 그는 이미 유명인이었고 운동의 인기인이었으며, 따라서 그의 강의에는 언제나 학생들이 가득했다. 젊은이들은『부정되는 공공시설』을 읽었고 고프먼, 랭, 쿠퍼는 거의 필수 교재였으며, 그들 중 일부는 이내 완전 통제시설에 대항하는 싸움에 평생을 바치기 시작했다.

콜로르노와 바잘리아

조반나 갈리오에 따르면 콜로르노는 여러 측면에서 바잘리아에게 중요했다. 그는 콜로르노 덕분에 마리오티 법을 활용할 가능성을 발견했고, 고리치아주의의 한계를 보았으며, 집회가 할 수 있는 여러 가지 역할을 확인할 수 있었다.[63] 콜로르노는 바잘리아가 정치권력의 중요성, 협동조합을 활용할 필요성, 환자를 몇 년의 준비 없이 그냥 병원 밖의 진짜 세계로 내보낼 때의 장점 등을 이해하는 데 도움을 줌으로써 그의 방법론을 더 정교하게 만들어주었다. 그런 모든 관념이 트리에스테에서 결실을 보게 된다. 또한 콜로르노는 이탈리아공산당을 이해하고 그 지지를 얻어 개혁주의적 목적을 달성하는 방법을 이해하는 데도 도움이 되었다. 톰마지니는 (지역의 반대에도 불구하고) 빠르게 움직였다. 그는 환자들이 삶을 스스로 책임지게 했다. 그는 정신질환자 보호소의 운명을 도시의 운명과 연결지었고 변화를 촉진할 자원을 제공했다.

톰마지니의 정책, 그리고 에퀴페와 병원 간호사들의 노력 덕분에 이 환자 수는 1964년에 가장 많은 991명이었다가 1970년에는 700명, 1975년에는 558명, 1978년에는 겨우 400명으로 줄어들었다.[64] 이것은 엄청난 감소로, 여기에는 현의 다른 시설에서 온 환자도 포함되어 있었다. 병원에 남은 환자는 주로 새로운 삶의 방식으로 옮겨갈 수 없는 사람이었으며, 정신질환자 보호소 체제가 남긴 사람들로서 죽을 때까지 담장 안쪽에 있을 사람들이었다. 이로써 콜로르노의 정신질환자 보호소는 폐쇄되기까지 몇 년 동안은 노인을 위한 일종의 요양원같이 되었다. 목표가 무엇보다도 정신질환자 보호소를 폐쇄하는 것이었다면, 톰마지니의 방법은 이탈리아의 다른 어느 곳보다도 큰 성공을 거둔 것처럼 보였다.

그렇지만 이따금 톰마지니는 정신질환자 보호소를 폐쇄하지 않았다는 비판을 받는다. 심지어 일부 설명에서는 콜로르노의 정신질환자 보호소가 톰마지니의 활동에도 "흔들리지 않았다"고까지 주장한다. 그러나 이것은 말이 되지 않는 주장이다. 1990년대 이전에는 지역의 정신질환자 보호소를 완전히 폐쇄한 곳이 거의 없었다. 더욱이 톰마지니는 실무 중심의 대안적 치료 연합체와 공간을 현 전체에 걸쳐 여러 곳 만들었고, 통제시설 체제 전체를 서로 연결된 하나의 큰 문제로 이해하기 위한 노력을 기울었다.

바잘리아 중심의 설명은 톰마지니에게도, 바잘리아 본인에게도 불공평하다. 이탈리아의 정신질환자 보호소 반대 운동은 여러 곳을 거점으로 일어났고, 다수의 주인공(정신의학자, 지식인, 일반 시민, 환자, 기자, 학자, 학생), 다수의 도시, 다수의 시설이 관련되었다. 정답은 그 누구에게도 없었다. 모두가 실수를 저질렀다. 개혁으로 이르는 나름의 길을 각각의 지역이 채택했고, 각기 나름의 방식으로 성공 여부를 판단했다. 이 길 중 어느 것에도 옳고 그름이 없었다. 저마다 다른 길이었으며, 그 모두가 올바른 방향으로 나아가고 있었다.

기억과 그 이후의 삶—콜로르노와 톰마지니

> 우리는 1500명 넘는 사람을, 남자와 여자와 어린이를 도시에 돌려주
> 었다.
>
> 마리오 톰마지니[65]

콜로르노는 정신질환자 보호소 반대 운동의 기억에서 결정적으로 중요하다. 〈풀어주어라〉가 사람들에게 영향을 주었다. 사람들은 영화에서 본 것을 기억했다. 영화는 마음을 움직이고 영감을 주었다. 사람들은 톰마지니를 비롯하여 아주 다양한 인물과 성격에 깊은 인상을 받았다. 이 영화는 프랑스에서도 상영되어 펠릭스 가타리를 비롯한 많은 사람들로부터 찬사를 받았다.

오늘날 콜로르노의 건물 자체에는 박물관이 없고, 방대한 양의 문서는 뒤쪽에 있는 차가운 방에 거의 감춰져 있다. 2009년에 내가 방문했을 때 이 과거의 정신질환자 보호소는 대체로 버려져 쥐가 들끓고 있었다. 이곳에는 완전 통제시설의 분위기와 구조가 아직도 어느 정도 남아 있었다. 가령 고정된 벤치는 옛 정신질환자 보호소 체제의 매우 익숙한 상징이며, 환자들이 낮 동안 대부분의 시간을 때우는 감옥 같은 안마당의 유일한 가구였다. 이런 벤치와 거기 앉은 사람들이 1960년대 말과 1970년대 초에 종종 사진작가들의 필름에 담겼으며, 우고 프라트가 1960년대 말에 그림으로도 그렸다. 이 그림은 나중에 각종 포스터에 사용되고 『정신의학이란 무엇인가?』의 표지에도 쓰였다.

오늘날 하나의 장소로서 콜로르노는 주로 망각을 보여주는 한 사례이다. 지금은 요리학원 등 여러 서비스 시설이 들어서 있고, 이곳의 옛

환자들이 가끔 찾아오는 주점 한 곳과 점점 줄어들고 있는 지역민의 기억을 제외하면 정신보건 서비스와의 연관성은 없어졌다. 2008년에 파르마현 정부는 "콜로르노의 정신병원에 수용되었던 모든 사람"에게 보내는 공식 사과문을 발표했다. 이 보도자료는 1978년 바잘리아 법이라는 형태로 나타난 "시민의 기적"도 언급했다.[66]

제19장
레조넬에밀리아─관할지역 안으로 나가다,
1969~1975년

밖에 나온 병자들은 마치 우리에 갇힌 짐승처럼 땅바닥에 눕거나 벤
치에 앉아 있다. ……병동에 들어가려면 열쇠가 있어야 하며, 가장
먼저 보이는 곳은 휴게실이다. 이곳에는 100명이 넘는 사람들이 살고
있는데, 이들은 연중 특정 시기에는 한 치도 움직이지 않는다.

레조넬에밀리아의 산라차로 정신질환자 보호소에 관한 묘사[1]

정신의학적 문제는 예방을 위한 정치 투쟁과 연관되어 있다.

조반니 제르비스[2]

조반니 제르비스와 레티치아 콤바는 1969년 6월에 고리치아를 떠났
다.[3] 목적지는 이탈리아에서 가장 붉은 도시 중 하나, 즉 공산당이 압
도적인 우세를 보이고 있던 레조넬에밀리아였다. 이 현은 포강 유역의
역사 깊은 레조넬에밀리아시와 빈곤한 산간지역으로 나뉘었고, 산간
지역은 외지로 빠져나가는 사람이 많아 인구 감소를 겪고 있었다. 레
조넬에밀리아는 전후 시기에 세운 여러 가지 개혁주의 시설을 매우 자
랑스러워했다. 예를 들면 사람들은 이 도시에 세계에서 가장 좋은 보
육원이 있다고들 했다. 이처럼 확고한 급진적 개혁주의 전통은 이제
신정신의학 사상이 퍼지면서 정신보건 서비스와 정신질환 자체에 적

용되기에 이르렀다.

레조넬에밀리아현에는 정신의학 시설이 부족하지 않았다. 오랜 역사가 있는 거대한, 그리고 (정신의학적으로, 또 이탈리아 기준으로) '현대적인' 정신질환자 보호소가 있었다. 그렇지만 산라차로 신경정신의학 병원이라는 이름의 이 대규모 정신질환자 보호소는 부분적으로 종교 자선단체가 (정부의 전반적 통제하에) 운영하고 있었으며, 지방 당국은 운영에 직접 관여하지 않고 그 비용만 지불하고 있었다. 산라차로의 운영 방식은 극도로 복잡했고, 1940년대와 1950년대에 걸쳐 여러 차례 변화를 겪었다. 이곳으로 환자를 보내는 모데나현 역시 깊이 관여하고 있었다. 두 현은 정신보건 서비스의 지배권 문제와 산라차로의 권한 제한 문제를 두고 오랫동안 갈등했다. 일련의 논쟁과 협상 끝에 1973년에 규칙이 바뀌어, 병원 이사회를 아홉 명으로 구성하고 레조넬에밀리아현과 모데나현이 각각 세 명을 추천하게 되었다.[4] 1980년에 레조넬에밀리아현은 현에서 제공하는 서비스와 정신질환자 보호소를 합쳐 하나의 종합 기구를 만들었다. 정신질환자 보호소의 바깥 담장을 허문 그해였다.

크리스티안 데 비토가 보여준 것처럼 산라차로의 역사는 유별나게 다채로웠다.[5] 이 병원은 또 이탈리아에서 가장 중요한 정신의학 정기 간행물 중 하나인 『실험적 정신의학 및 정신적 소외의 법의학 저널』을 출간했다(1875년 창간). 레조넬에밀리아는 이탈리아에서 보기 드문 곳이었다. 한 도시에 정신질환자 보호소가 두 곳이나 있었기 때문이다. 1892년에 세워진 범죄자 정신질환자 보호소는 1968년에 조반니 미클루스가 보내진 (그리고 그곳에서 죽은) 곳이었다.[6] 에밀리아로마냐주는 이탈리아의 다른 어느 지역보다 정신질환자 보호소가 가장 많이 모여 있는 지역이었을 것이다. 볼로냐와 페라라에 현립 정신질환자 보호소가 있었고, 이몰라에도 거대한 정신병원이 있었으며, 콜로르노의 보호소에 대해서는 이미 살펴보았다.

산라차로는 모든 의미에서 광대한 시설이었다. 이 보호소는 도시의 동쪽 바로 바깥, 모데나로 향하는 도로변의 광대한 땅에 긴 그림자를 드리우고 있었다. 드넓은 공원 안의 철로 가까이에 늘어선 일련의 격리병동이 단지의 중심을 이루었다. 당시 이탈리아의 많은 정신질환자 보호소가 그랬던 것처럼 각 병동은 특정한 종류의 환자를 전담했다.

가브리엘레 베차니는 정신보건 서비스 자원봉사자였다가 1972년부터 1975년까지 젊은 나이에 현의 보건 서비스 사정관으로 일했다(아직 학위 과정도 마치기 전이었다). 다음은 산라차로가 이 도시에서 지니는 중요성을 베차니가 분석한 것이다.

> 레조넬에밀리아에서 정신의학이란 레조넬에밀리아현과 모데나현을 위한 정신질환자 보호소인 산라차로를 의미했다. 18세기부터 운영된 이 보호소는 많은 인원을 수용했고 2000명이 넘는 직원을 고용하고 있었다. 이곳은 도시 안의 도시로, 레조넬에밀리아에서 가장 중요한 공장이었다.[7]

콜로르노와 마찬가지로 레조넬에밀리아의 정신질환자 보호소는 비용이 많이 드는 대규모 시설로서 온갖 종류의 서비스를 필요로 했다. 또한 이곳은 후견인—피후견인이라는 패거리주의적 관계에 이용할 수 있는 중요한 거래 대상으로서, 표나 영향력을 얻기 위해 정치적 자원을 분배하는 장소였다.

베차니는 1969년의 조반니 제르비스를 다음과 같이 묘사한다.

> 그는 키가 크고, 비틀비틀 어색한 걸음걸이로 걸었으며, 무거운 안경
> 을 쓰고 있었다. 그는 금세 우리와 매우 좋은 관계를 맺었다. 레조넬
> 에밀리아에 대해 호기심을 가지고 알고 싶어했으며 인맥을 만들고자
> 했다. 나는 이 도시의 기후에 지치고 의욕도 부족했으며, 내 미래에
> 대해 혼란을 느끼고 있었고, 또 실제로는 새로운 생각을 받아들이지
> 않고 '외지인'을 꺼리는 레조넬에밀리아의 형식적인 민주적 분위기
> 때문에 화가 나 있었다.[8]

제르비스 가족은 레조넬에밀리아에 자리를 잡았고, 최초의 현립 정
신보건 센터 또한 이 도시 안에 설립되었다.

제르비스의 임무는 복잡하면서도 명확했다. 그는 정신질환자 보
호소 자체를 개혁하거나 그 안에서 일할 필요가 없었다. 그의 목표는
1968년의 마리오티 법이 허용하는 권한을 일부 이용하여 현 전체에 걸
쳐 일련의 정신보건 센터를 설치, 개발, 통합하는 것이었다. 그의 활동
영역은 관할지역이었지 완전 통제시설이 아니었다. 제르비스는 고리
치아의 정신질환자 보호소에서 급진적 정신의학자로 첫 경험을 쌓았
다. 레조넬에밀리아에서는 병원이라는 배경을 벗어나 현 전체의 도시
와 읍과 마을에서 활동할 예정이었다. 치료 공동체도, 환자를 묶는 문
제를 두고 벌어지는 내부의 전쟁도, 병동 문을 개방하는 문제를 두고
벌어지는 긴 토론도 없을 것이었다. 그런 모든 것은 제르비스의 소관
이 아니었다. 그의 일은 여러 가지 대안적 서비스를 마음껏 탐색하여

사회와 가족 그 자체 안으로 깊숙이 파고들어갈 수 있는 새로운 시설을 설치하는 것이었다. 하지만 정신질환자 보호소의 역할이 중심적이지 않다 해도 여전히 중요한 것은 사실이었다. 산라차로와 그곳의 환자를 깡그리 무시할 수는 없었다. 1969년 이후 제르비스는 정신질환자 보호소 체제를 경시하거나 심지어는 지지한다는 이유로 비판받는 경우가 많았다. 그런 논의는 전략에 관한 것이었지만 도덕적인 색채를 띠기도 했다. 정신질환자 보호소가 그대로 남아 있는데 변화가 일어날 수 있는가 하는.

이 시기의 레조넬에밀리아가 남긴 유산과 역사는 일련의 극심한 개인적 갈등과 편파적 설명에 휘말려왔고, 그러한 설명들은 1960년대 말과 1970년대에 벌어진 일의 진정한 힘을 제대로 보여주지 못한다. 예를 들면 분석이 '제르비스 대 바잘리아'처럼 개인 간 싸움 수준으로 떨어져버리는 때가 많다. 1960년대와 1970년대에 레조넬에밀리아에서 있었던 정신보건 개혁에 관한 연구는 제르비스와 바잘리아 간의 이 같은 분열, 그리고 그에 따른 편협한 당파심에서 악영향을 받았다. 두 사람 사이의 소위 개인적 싸움은 레조넬에밀리아의 경험을 그냥 무시하고 지나가는 핑계로도 활용되었다.[9] 크리스티안 데 비토의 최근 연구는 그중 단연 가장 자세하고 광범위한 연구이다(다만 그 대부분이 아직 출간되지 않았다).[10] 또하나의 문제는 (그 밖의 수많은 도시와 읍에 대해서도 마찬가지로) 주역 자신이 출처인 기록이 너무 많다는 것이다. 다양한 목소리와 글이 나왔지만, 그중 외부에서 온 것은 거의 없다.

제르비스 대 바잘리아라는 이분법이 지금 와서는, 우리 시대와 장소에서 보아서는 거의 말이 되지 않는다. 하지만 두 사람 사이에 있었다는 개인적 경쟁과 그 배경에 관한 내용이 1970년대 중반 이후로 내내 사람들의 생각과 출판물의 내용을 차지하고 있다. 이처럼 실제 일어난 일을 축소하는 화법, 그리고 특정 문헌의 특정 문장을 의례적이고 상투적으로 인용하는 일은 이제 그만두고 더 깊이 들어갈 때가 되었다.[11]

당시 운동의 양 날개 사이에 분열이 있었다는 것은 확실한 사실이고, 이 갈등이 1970년대에 프시키아트리아 데모크라티카의 행보를 방해하게 된다. 그렇지만 이 쓰라린 논쟁의 진짜 근원을 역사적 관점에서 찾아내기는 어렵다. 레조넬에밀리아의 작업은 파르마나 나중의 트리에스테와 같은 방향으로 나아가고 있었다. 이런 경험들은 모두 같은 운동에 속해 있었다. 물론 전략과 우선순위에 관해서는 극렬한 논쟁이 벌어졌다(그중 일부는 그럴 수밖에 없는 맥락이 있었다).

이처럼 당시의 극렬한 논쟁이 지금의 우리에게는 정도가 지나쳐 보인다. 역사학자가 볼 때 모두가 같은 방향으로 나아가고 있었고, 또 '새로운 정신의학자들'은 변화가 일어난 레조넬에밀리아와 바잘리아의 지역 사이를 상당히 쉽게 오갔던 것으로 보인다. 그럼에도 공식 견해와 공공 토론에서는 이런 경험들이 전선의 반대쪽에 서서 서로 적대시한 것처럼 여겨지는 때가 많다. 분산화 서비스는 레조넬에밀리아와 파르마, 트리에스테, 페루자, 아레초에서 모두 비슷했다. 다만 이론과 실제에서 흥미롭고도 중요한 차이가 있었을 뿐이다. 게다가 이 모델들의 목표는 정신질환자 보호소를 폐쇄하고 정신보건에 대한 새로운 이해를 구축하자는 것으로서 똑같았다. 간단히 말해 비판적 연구자들이 레조넬에밀리아와 그 나머지 지역의 차이를 너무 과하게 다른 것으로 묘사했다는 말이다.

레조넬에밀리아의 관할지역과 정신질환자 보호소

> 우리는 이제 정신질환자 보호소에서가 아니라 동네에서, 마을에서,
> 병원에서, 민중 속에서, 사회 조직의 중심부에서 정신의학 일을 하는
> 것이 가능한지 보고 싶었다.
>
> 조반니 제르비스[12]

> 1970년대 대부분 동안 제르비스는 시설 구성을 위한 방대한 작업에
> 몰두했다. 정신질환자 보호소 체제의 폭력에 대항하는 투쟁이 계속
> 되는 동안 그는 레조넬에밀리아현에서 통일성 있게 잘 조직된 최초의
> 정신보건 센터 네트워크를 가지고 실험을 진행할 수 있었다.
>
> 스테파노 미스투라[13]

> 레조넬에밀리아시 비아 라케타 5번지의 현립 정신위생 센터. 이 도시
> 의 정신질환자 보호소인 산라차로의 반대편에 해당하는 곳이다. 센터
> 에서 일하는 (정신의학자, 의사, 간호사, 사회복지사, 심리학자, 사회
> 학자 등의) 사람들이 다 이곳에 있지는 않다. 이들의 일은 다른 데서,
> 각 도시에서, 아펜니노 산맥의 마을에서, 가족 자체의 한복판에서, 공
> 장에서, 학교에서, 사람들이 모이는 곳에서 이루어지기 때문이다. 이
> 곳에는 침상도 환자도 없다. 정신질환을 새로운 방식으로 다루고 있
> 는 것이다.[14]

1969년 이후 레조넬에밀리아에서 일어난 일을 이해하기 위해『선한
재교육자』(1977)에 제르비스 본인이 쓴 반쯤 자전적인 설명에서 출발

하도록 하자. 그는 이렇게 썼다. "나는 여러 해 동안 레조넬에밀리아에 있는 정신위생 센터의 경험에 모든 에너지를 쏟아부었다."[15] 제르비스는 레조넬에밀리아에서 정신질환의 현실을 관찰한 끝에 자신이 고리치아에서 따랐던 생각을 부분적으로 재평가하게 되었다고 주장하면서 이렇게 덧붙였다. "나는 고리치아 경험에서 있었던 이념적 게토화를 빨리 극복해야 한다는 사실을 깨달았다."[16] 레조넬에밀리아에서 제르비스는 공산당과 그 밖의 공공시설 및 제도가 지배하는 지역에서, "평범한, 일상적인" 현실세계에서 일하고 있었다. 그 밖의 공공시설 및 제도로 그는 "가족, 병원, 의사협회, 우리를 헐뜯은 우익 신문, 현 행정부, 우리 자신의 조직"을 꼽았다.[17] 정신의학은 바깥 길거리에 있었다. "우리는 주택, 밭, 주점, 동네에서 일터를 찾아내야 했다."[18] 그중 일부는 낭만적으로 묘사되었다. 이곳의 정신의학자와 자원봉사자는 종종 자신을 마오쩌둥주의식 '문화혁명'에 가담한 것으로, 적각의생과 같은 사람으로 생각했다. 제르비스는 이 일이 정신질환자 보호소의 일보다 더 어려웠다고 주장한다. 더 위험하고 더 피로하고, 더 결말을 알 수 없었다. 여기서 수많은 질문이 생겨났는데, 그중 가장 근본적인 질문은 이것이었다. "사회 자체 안에서 일할 때 '대안' 정신의학은 어디까지 갈 수 있는가?"[19]

1969~1970년에 제르비스는 다수의 활동가를 주축으로 자신만의 에퀴페를 구성했다. 그중 일부는 고리치아와 바잘리아와 접촉하던 사람들이었다.[20] 이 젊은 학생이나 의사 중에는 의회 밖에서 활동하는 좌파가 많았지만 공산당원은 거의 없었다. 레조넬에밀리아 출신은 거의 아무도 없었다. 이들은 외지인이었다. 이들이 일을 해내려면 급변하고 있는 소작농 사회와 지역 노동자계급을 뚫고 들어가야 했다. 데 비토

는 1960년대 말과 1970년대 초에 제르비스와 일한 활동가들은 운동에 가담한 정치 투사였다고 주장한다.[21] 그들에겐 의학적 실력과 자격이 중요하지도, 심지어 필요하지도 않았다. 이런 접근방식은 1970년대의 트리에스테, 아레초 등과도 비슷했다.

제르비스는 이 에퀴페(및 이후의 여러 에퀴페)의 활동으로 전문가(이 경우 정신의학자)의 역할을 부정한다는 관념 자체가 성립할 수 없게 되었다고 주장한다. 이 관념은 물론 고리치아와 『부정되는 공공시설』에서 시작된 이념에 속했다. 제르비스가 보기에는 그렇지 않은 척해봐야 소용없었다. 그가 정부에 고용되어 있다는 사실에는 의심의 여지가 없었다. 그러나 그는 "체제 내에 남아 있을 수 있는 반대와 기능장애"를 자신과 동료들의 작업을 통해 드러낼 수 있다는 입장이었다.[22]

레조넬에밀리아는 공산당 도시라는 인상과는 다르게 복잡하고 모순적인 곳이라는 사실이 제르비스에게 분명해졌다. (학교 등과 같은) 사회 구조가 초보수적임이 드러나는 때가 많았고, 가족은 사회에서 억압적인 역할을 수행하는 핵심 장소였다. 그는 장애인과 정신질환자에 대한 차별도 마주쳤다. 레조넬에밀리아는 좌익 성향이 대단히 강했음에도 (어떤 종류든) '타인'에 대한 태도는 그다지 관대하지 않았다. 그렇지만 제르비스는 제한된 기간이나마 강력한 정치적 지지를 받았고, 그들은 그의 실험을 관대하게 받아들이고 격려했다.

제르비스가 정신보건 센터('현립 정신의학 서비스'라 불렸다)를 맡고 있는 동안에는 레조넬에밀리아에서 『부정되는 공공시설』에 필적할 만한 책이 나오지 않았다. 1960년대 말과 1970년대 초에 제르비스는 에이나우디에서 주변적 위치로 밀려났다가 사실상 해고되었다. 그는 이에 대해 "나는 다른 곳에서 충분한 수입이 생기자마자 에이나우디의 자문

자리에서 사임했다"[23]고 보기 좋게 얼버무렸다. 제르비스는 저자로서 밀라노의 펠트리넬리로 옮겨갔다(바잘리아가 일찍이 엔리코 필리피니와 함께『부정되는 공공시설』의 출간을 논의했던 그 출판사이다). 그리고 이 출판사에서 두 권의 중요한 책을 펴냈다. 둘 모두 그가 레조넬에밀리아에서 한 경험을 바탕으로 썼였다.『비판적 정신의학 교본』(1975)과『선한 재교육자』(1977) 모두 제르비스가 (1975년에) 레조넬에밀리아를 떠나 로마의 어느 대학교 강사가 된 뒤에 나왔다.

레조넬에밀리아의 경험은 큰 영향을 미쳤지만, 바잘리아 사람들의 경험에 비해서는 언제나 (또한 갈수록 더) 조연이었다. 트리에스테의 경험이 본격적으로 시작된 뒤로는 특히 그랬다. (활동가, 지지자, 연구자 등) 사람들은 바잘리아와 제르비스 중에서 양자택일을 해야만 한다고 느끼기도 했다. 매우 분파적인 상황이 되었고, 언론의 관심은 제르비스보다는 바잘리아를 훨씬 더 많이 따라다녔다. 게다가 제르비스의 작업과 레조넬에밀리아 현립 정신의학 서비스는 트리에스테나 아레초, 고리치아에 비해 훨씬 덜 언론 친화적이었다. 가족을 배경으로 개별 환자를 대하는 일은 정신질환자 보호소 자체 안에 있는 미친 사람들의 해방과 같은 숭고한 느낌의 기삿거리가 되지 못했다. 레조넬에밀리아의 작업은 훨씬 더 미묘하고 눈에 덜 띄고 눈길을 덜 끌었다. 본격적으로 파고들기에는 너무 무미건조하고 너무 실제적이었고, 또 너무 구체적인 결과에 치중했던 듯하다. 가족이나 작은 외딴 마을에서 힘들여 해낸 작업은 찾아내기도, 흥미롭게 꾸미기도 어려웠다.

레조넬에밀리아는 구호를 거의 만들지 않았다. 그곳의 오페라토리(활동자들)는 그저 하고 싶은 일을 해나갔다. 장기적 결과를 얻으려 한 레조넬에밀리아의 실험은 성공 여부를 판단하기도 더 어려웠다. 트리에스테에서는 정신질환자 보호소 자체가 안으로부터 폐쇄됐기 때문에 무슨 일이 벌어지고 있는지를 명백하게 알 수 있었다. 레조넬에밀리아는 범위가 더 넓었고, 사진이나 영화로 촬영하기도 더 어려웠으며, 보도하기에도 더 복잡했다.

1969년 이후 레조넬에밀리아의 정신보건 서비스에서는 정신질환의 완전한 예방에 관심을 기울였다(대단히 야심찬 목표였다). 사람들이 정신질환자 보호소에 수용되지 않도록 (또는 퇴원자가 다시 들어오지 않도록) 하자는 것이었다. 데 비토는 이렇게 썼다. "레조넬에밀리아의 목표는 정신질환자 보호소를 '비워버리기' 위해 출입문 앞에 여과기를 다는 것이었다."[24] 제르비스가 통괄하는 서비스는 정신병원에서 퇴원한 사람, 그들의 가족, 그들의 지역 공동체와 긴밀하게 협력했다. 보건 센터는 환자를 개별적으로 맡아 그들의 변화를 자세히 기록하고 충분히 논의했다. 정신의학자를 비롯한 사람들은 치료 대상자의 일상에 연결되어 들어가고자 했다. 이에 대해 제르비스는 이렇게 썼다. "일상 생활, 개인 생활, 감정 생활—자본주의가 그 권력을 가장 효과적으로 행사하는 지점이 바로 이런 곳들이다."[25]

이처럼 전문가들은 사람들을 찾아가 그들이 실제로 살고 있는 환경 안에서 활동했다. 환자를 그들의 집에서 만나고, 그들에 대해 (또 그들이 사는 곳, 그들의 가족에 대해) 알아가고, 그들과 함께 먹고 마셨다. 관계가 형성되었다. 그것은 고리치아에서 적용한 전략과 (똑같지는 않아도) 비슷했으나, 결정적으로 그 모든 일이 완전 통제시설 밖에서, 진짜 세상 안에서 벌어지고 있었다.

우리는 이런 일이 쉬웠다거나 이렇게 맺는 관계가 한가로워 아무런 문제도 없었다고 섣불리 믿어서는 안 된다. 독단적인 관점을 내세우는 때가 많았다. 모든 것(발언, 글, 접근법 자체)이 고도로 정치적으로 다루어진데다 수사적인 성격도 자주 띠었다. 이에 대해 베차니는 다음과 같이 썼다.

> 이념적 차원이 여전히 매우 강했다. 우리가 하는 일을 밀어내고 가족이나 공동체와 긴장을 만들어낼 만한 장벽이 많았다. 또한 관심을 가지고 조심스레 행동할 필요가 있으며 일이 풀려나가기까지 시간이 걸린다는 사실을 모두가 늘 이해해주지도 않았다.[26]

지극히 실험적인 작업이었다. 본받을 모델은 거의 없었다. 새롭고 흥미진진했지만 지극히 어렵고 결말도 알 수 없었다. 이에 대해 에퀴페의 일원이었던 심리학자 이본네 본네르는 이렇게 표현했다. "현장에서 일한다는 것은 안전하고도 강압적인 시설의 환경을 벗어나 어느 방향으로나 튈 수 있는 유동적인 상황 속에 들어간다는 뜻이었다."[27] 그러나 이들 오페라토리 뒤에는 운동의 힘이 있었고, 그 밖의 시설과 (때때로) 현지의 공산당도 뒤를 받쳐주었다. 본네르는 이렇게 주장했다. "우리는 우리가 운동의 일부분이라 느꼈으며, 과거를 거부함으로써 또 체제에 균열을 가져오는 행동의 자유를 누림으로써 힘을 얻었다."[28]

현립 정신의학 서비스의 목표는 "사회와 연결된 분산화 구조를 통해 정신질환자를 보살피고 사회적으로 재활시키는 것으로, 이로써 환자가 자신의 정상적 생활환경으로부터 격리되는 것을 방지하고 따라서 환자의 시설 수용을 방지하는 것"이었다.[29] 정신질환자 보호소에서 퇴원하는 환자를 가족이 받아들이기를 주저하는 경우도 종종 있었다. 이것이 현립 정신의학 서비스의 오페라토리가 겪은 한 가지 핵심적인 문제였다. 이들은 환자를 다시 데려가도록 시간을 들여 가족을 설득했고 환자의 공동체 귀환을 지원했다. 이런 전략에는 정신질환과 그 맥락을 기록으로 남기는 노력이 병행되었다. 일련의 사회학적 연구 사업이 진행되었다. 제르비스와 그의 에퀴페는 배심원 제도에서 쓰는 심리審理 방식(마오쩌둥의 금언인 '조사 없이는 발언권도 없다'와 함께 당시 유행하던 전략)을 좋아했다. 이런 심리 중 일부는 민족정신의학의 한 형태로서, 예컨대 이주와 정신질환이라든가 공장의 반복 작업과 여러 종류의 신경증 사이의 연관성을 찾아내고자 했다.[30]

오페라토리는 공장 등 생산 현장에도 갔다. 이들의 지시사항 중 하나는 직장, 사회, 가족과 정신질환 간의 관계를 연구하는 것이었다. 이는 정신질환을—언제나—맥락 속에서 보자는 생각이었다. 그들은 자신이 본 것을 정신질환의 다양하고 복잡한 원인으로 이해하려고 했다.

제르비스가 정신질환자 보호소 밖에서 한 일은 고리치아의 정통을 저버린 것으로 그려지는 때가 많다. 그러나 레조넬에밀리아에서는 정신병원 내부에서 (적어도 직접적으로) 변화를 도모할 가능성이 거의 없었다. 제르비스는 관할지역에 집중하는 수밖에 달리 방법이 없었고, 이 점을 잘 알고 직책을 수락했다. 그의 임무는 명확했으며, 그 일을 수행할 수 있도록 상당한 자원을 제공받았다. 1972년에 이르러 레조넬에밀리아의 현립 정신의학 서비스 체제에서 일하는 사람은 거의 40명이 되었다. 제르비스가 이 일을 시작했을 때는 그 자신을 포함하여 다섯 명뿐이었다.[31]

레조넬에밀리아는 목적과 전략이 페루자와 비슷했지만, 중요한 차이는 이 도시에 있는 정신질환자 보호소는 1960년대와 1970년대에도,

또 그 후에도 계속 운영되었다는 사실이다. 하지만 그렇다고 해서 (종종 보게 되는 주장처럼) 그 정신질환자 보호소가 제르비스 팀이 하는 일에 전혀 영향이나 방해를 받지 않았다고 말할 수는 없다.[32] 1960년대 말과 1970년대 초 산라차로 보호소는 외부로부터 (또 내부로부터도 어느 정도) 지속적인 저항과 압력을 받았다. 레조넬에밀리아의 정신질환자 보호소에 대한 관심은 이탈리아의 급진적 정신의학 운동에 잘 알려지게 된 일련의 특이한 사건을 통해서도 높아졌으니, 소위 칼라테(산에서 내려오다)가 그것이다. 칼라테는 현 내의 마을이나 읍에서 사람들이 단체로 정신질환자 보호소에 나타나 시설의 시찰을 허락하라고 요구한 사건을 말한다. 이들은 병원 안에 있는 친척이나 친구를 방문하여 그들이 어떻게 보살핌을 받고 있는지 직접 확인하기를 원했다. 이것은 정신질환자 보호소에 대한 외부의 급진적이고 공개적이고 정치적인 정면공격이었으며, 그뒤로 사람들의 기억 속에서 반쯤 신화화된 사건으로 남았다. 칼라테 말고도 산라차로의 행위를 상세히 알리거나 이 완전 통제시설에서 사용하는 방식을 고발하려는 시도는 무수히 많았다. 예를 들어 한번은 한 무리의 투사가 (뒷담을 통해) 정신질환자 보호소로 몰래 들어가 사진을 찍어 정기간행물인『레조 15』지에 공개했다. 이 사건은 경찰의 기소로 이어졌다(칼라테도 그랬다). 산라차로는 잊히거나 방해받지 않기는커녕 (제르비스가 오기 전에도 후에도) 레조넬에밀리아의 운동 전략에서 가장 중심적인 위치를 점하고 있었다.『레조 15』지는 정신보건 및 현에서 마련 중인 서비스와 관련된 기사뿐 아니라 정신질환자 보호소 체제에 대한 (특히 산라차로에 대한) 공격 기사도 계속 실었다. '그루포 디 스투디오 술레 이스티투치오니 프시키아트리케(정신의학 시설에 관한 연구집단)' 역시 제르비스가 이곳에 부임하기 전부터 활발히 활동하고 있었다. 이 단체는 정신질환자 보호소를 집단수용소와 비교했다(1969년 1월). 데 비토는 다음과 같이 썼다.

> 이탈리아의 다른 곳과 마찬가지로, 집중적인 '역정보'와 조사 작업을 통해 저 시설[산라차로]의 실제 활동과 겉모습 간의 괴리가 드러난바, 레조넬에밀리아는 이를 『레조 15』지의 지면을 통해 알게 되었다.[33]

그렇지만 대규모 공공시설에 대한 공산당의 역할과 태도에는 눈에 띄는 여러 모순이 있었다. 한편으로 이탈리아공산당은 반공공시설 사상의 영향을 받았고 개혁과 분산화에 대해 (또 참여에 대해서도) 호의적이었다. 그러나 다른 한편으로는 거의 본성적으로 대규모의 국가 시설을 선호했는데, 이념 차원에서 그것이 사회주의 국가의 표시가 되기 때문이고 실제 차원에서 일자리와 자원을 분배하는 수단이 되기 때문이었다. 이런 두 가지 태도가 레조넬에밀리아에서 공존하면서 종종 서로 갈등까지 빚었다. 제르비스와 그의 에퀴페는 확고한 지지를 받고 있었지만 이들 역시 의심의 눈길을 받았다.

1970년대 초 레조넬에밀리아의 현립 정신의학 서비스 내부에 두 가지 경향이 나타났다. 아주 간단하게 말해, 제르비스 쪽 사람들은 비교적 보수적이고 현실적인 입장을 취하면서 환자 개개인을 대상으로 신중하게 작업하는 한편으로 공산당이나 노동조합, 기타 시설과 지속적으로 협상해나갔다. 다른 한쪽은 조르조 안토누치라는 젊은 정신의학자를 주축으로 반정신의학적 입장을 채택했다. 칼라테에 영감을 준 것은 후자의 입장이었다. 결국 이 두 입장의 충돌 때문에 레조넬에밀리아의 현립 정신의학 서비스가 위기를 맞게 된다. 반정신의학자들이 결국 패배했지만, 그들이 거둔 성과는 여러 설명에서 계속 살아남았다. 두 입장 모두 정신질환을 설명하기 위해 마르크스주의의 언어를 채택했고, 바잘리아 사람들이 사용한 것과 비슷한 방식으로 정신질환자 보호소 체제를 묘사했다.

칼라테

> 그들은 돌아와서 끔찍한 이야기를 들려주었다. 묶여 있는 어린이들, 오물, 온갖 종류의 폭력에 대한 이야기였다. 우리가 이것을 위해 레지스탕스에서 싸웠단 말인가? 그렇지 않다. 이것을 위해 싸운 게 아니다! 산라차로를 방문한 사람들은 자신의 말을 우리가 믿어주기를 원했는데, 몇 군데는 문을 열기 위해 완력을 써야 했다고 했다. 산라차로에서 그 시설을 운영하는 유일한 정신구조는 소외와 격리였다.
>
> 조르조 안토누치[34]

> 우리는 일부 주민이 양을 치는 아득한 산등성이 언덕으로 환자들을 보러 갔다. 이런 작은 도시의 시장 중에는 좌파도 있었지만 대부분은 천주교인이었고, 정신질환자 보호소에 있는 사람들이 집으로 돌아가도록 돕는 문제를 잘 알고 있었다.
>
> 가브리엘레 베차니[35]

레조넬에밀리아현에서는 정신질환자 보호소에 대한 외부의 직접적이고 급진적인 공격이 있었다. 여러 차례에 걸쳐 수백 명의 사람들이 (대개 현 내의 산간지역으로부터) 산라차로로 내려왔다. 이들은 성나 있었고 걱정하고 있었다. 친구, 가족, 이웃을 보고 싶어했고 그들의 생활환경을 점검하고 싶어했다. 이들 중 일부는 정신의학자였지만 대부분은 일반 시민이었다(현에서 가장 궁핍한 지역 사람들이었으며, 이런 산간지방이 빈곤하다는 사실과 정신질환자 보호소에 해당 지역 주민이 비교적 많았다는 사실 사이에는 깊은 관계가 있었다). 칼라테는 현립 정신의학 서비스에서 일하던 급진적 정신의학자들이 의견을 내어 조직했는데, 가장 주목할 만한 사람은 고리치아에서도 일했고 코티와 함께 치비달레에서도 일한 안토누치였다. 이탈리아공산당과 제르비스는 첫번째 칼라테의 조직을 도왔다고 (또는 감독했다고) 한다. 칼라테로 인해 실질적으로 바뀐 부분이 있었는지는 의심스럽지만 (또 그 때문에 사정이 더 나빠졌을 수도 있지만), 그것은 눈길을 끄는 저항의 순간이었다. 정신질환자 보호소를 책임지고 있던 당국이 깜짝 놀랐다.

최초이자 가장 유명한 칼라테는 1970년 11월 23일에 일어났다.[36] 라미제토 코무네에서 40명 정도의 사람들이[37] 마차를 빌려 타고 산라차로를 찾아 내려왔다. 라미제토는 산간의 작은 도시로, 레조넬에밀리아 시에서 56킬로미터 정도 떨어진 곳이었다. 1971년에는 이 지역 전체에 2200명 정도가 여기저기 흩어진 마을과 동네에서 살고 있었다. 이 대표단에는 라미제토 시장이 포함되었고, 그 이전에 현지의 정신보건센터 주최로 정신보건에 관한 문제를 두고 여러 차례 공청회가 열린 끝에 산라차로를 찾아온 것이었다. 이 "하산"의 목적은 "보건 및 위생 체제 면에서 주민의 직접 통제"를 실행하는 데 있었다.[38] 최초의 칼라테에서 대표단은 정신질환자 보호소 소장을 불시에 찾아갔고 그 덕분에 안으로 들여보내졌다. 이들은 직접 목격한 광경에 충격을 받았다.

최악은 어린이 병동이었을 것이다. 어린아이들이 병상과 높은 의자에 묶여 있었다. 참가자 중 피에로 콜라치키라는 사람이 몰래 사진을 찍었다. 사진 속에는 한 어린이가 병상에 묶여 누워 있다. 이것은 그 어떤 문명국가도 변명할 수 없는 충격적인 상황이었다. 이 사진은 오늘날에도 보는 사람에게 충격을 준다. 공산당이 지배하는 레조넬에밀리아의 한복판에서 정신질환자 보호소의 가면이 벗겨졌다. 콜라치키는 나중에 이 사진에 대해 "어둡고 화각을 잘 잡지 못했다"면서도 또 "중요한 사진이며…… 데 상티스 병동에서 찍었다"고 설명했다.[39]

그뒤로 계속 칼라테가 일어났다.[40] 대부분은 분산화 전략에 따라 새로 개설된 정신보건 센터의 정신의학자를 비롯한 사람들이 참여하여 조직되었다. 예컨대 이들의 요구 하나는 외부인이 아무 제약 없이 정신질환자 보호소를 방문할 수 있어야 한다는 것이었다. 산라차로의 비용에 대해서도 상당한 저항이 있었다. 일부에서는 환자 한 사람 한 사람을 모두 레조넬에밀리아의 최고급 호텔에 두는 게 더 싸게 먹힐 거라고 주장했다. 이 정신질환자 보호소에는 1300명의 환자와 1000명의 직원이 있었다. 그 몇 년 전인 1965년에 현의 정치가들은 자기들이 그저 정신질환자 보호소의 비용을 대는 창구일 뿐이라고 불평한 바 있었다. 1971년 3월 카스텔노보네몬티 사람들의 칼라테가 있었다. 그곳은 안토누치가 정신보건 센터를 운영하고 있던 또다른 산간 도시였다. 이 칼라테에는 150명 정도의 사람들이 참여했다. 3월에는 라미제토의 시민들이 산을 내려왔다. 라미제토에서 선출한 대표위원회는 다음과 같은 성명을 내놓았는데, 이것은 레조넬에밀리아에서 일어난 운동의 선언문처럼 자리매김하고 있다.

본 위원회는 정신의학적 문제가 정확히 경제적 낙후, 사회적 불평등, 착취와 연관된 계급에 기인한다는 것을 알아냈다. 이것은 개혁, 사회 정의의 증진, 그리고 새로운 보건 정책을 통해 해결되어야 하며 그 과 정에는 무엇보다도 예방, 그리고 시민 참여와 공공 단체의 기여가 수 반되어야 한다.[41]

산라차로는 "불의와 낙후와 착취의 무게를 감당할 힘이 없는 시민에 게 고통을 주는 바로 그 임무를 띠고 있는 계급적 도구"로 묘사되었다.[42]

1964년에 정신질환자 보호소를 맡은 소장 피에로 베나시는 이내 칼 라테에 대한 인내심이 바닥났다. 그는 당국에 도움을 청했다. 1971년 3월과 4월 카스텔노보 시장, 정신보건 센터 소장, 학생, 행정가, 의사, 간호사, 사회복지사를 포함한 열일곱 명에게 변호사를 선임하라는 권 고가 갔다. 죄목은 형법 제340조 '공무 방해'였다. 당국은 칼라테의 주 동자들이 선동적이며 폭력적이고 "명예훼손적"인 언어를 사용했다고 주장했다.

이들은 장광설을 동원하여 아무 준비도 없는 불쌍한 방문객들을 부추 겨 병원에 맞서게 하고, 병원 직원을 공개적으로 비난했으며, 환자를 보살피는 사람들의 전문적 행동에 대해 충고와 오만한 의견을 내놓았 다. ……이들은 병원에 대해 명백하게 모욕적이고 명예훼손적인 방 식으로 행동했다.[43]

결국 재판이 열렸다. 피고인들은 레조넬에밀리아 시장과 현 행정부 의 지지를 받았지만, 다른 단체들과 보수주의자들이 공격에 나서서 이들이 정신질환자 보호소에 침입했다고 비난했다. 참가자 중 많은 이들이 자신의 이름을 자발적으로 당국에게 알려주면서, 일어난 사건에 대해 그들 자신 역시 (뿐만 아니라 모두가) 집단적으로 책임이 있다는 입장을 분명히 밝혔다.[44]

베나시는 레조넬에밀리아의 정신병원에서 30년 동안 소장으로 일했고 이탈리아의 정신의학계에서 중요한 위치에 있었다. 그는 레조넬에밀리아에서 자신이 한 경험과 정신질환자 보호소 체제 전체의 종말에 관해 많은 글을 썼고 책도 한 권 냈다. 책에서 당시를 돌이켜본 베나시는 제르비스와 현립 정신의학 서비스에 대해서는 할 말이 거의 없었고 칼라테는 깡그리 무시했다. 베나시는 현과 마니코미오를 "완전히 격리"하는 것이 "환자들에게 악영향을 준다"고 보았다. 또 정신보건 서비스를 이념적으로 접근한다며 제르비스를 비난했다. 베나시의 책(과 책 전체의 관점)은 급진적 정신의학자들과는 완전히 대척점에 있었다. 그의 책은 전문적이고 참고문헌으로 가득했으며 매우 친공공시설적이었다.[45] 그는 1970~1978년의 레조넬에밀리아를 다음과 같이 묘사했다.

> 이분법적이며…… 병원 담장 안쪽에서 벌어지는 정신의학적 활동과
> 관할지역 서비스가…… 실천적·활동적 차원에서 이념적으로 완전히
> 대립된다. 전반적으로 볼 때도 또 특정 환자의 사례를 분석할 필요가
> 있을 때도 그렇다.[46]

이 "두 시설"은 (1980년까지) "서로 독립적이었고", "권한의 근거가 이념적으로 대립되어 서로 완전히 다른 두 가지 활동의 중심을 의미했으며, 그런 만큼 많은 환자의 치료 및 재활 계획에 악영향을 끼쳤다."[47]

칼라테의 장기적 영향은 무엇이었을까? 1969년 콜로르노의 점거처럼, 정신질환자 보호소가 변화에 저항할 힘을 강화하는 (또한 그 운동에 대한 두려움을 부각하는) 등 최종 결과물은 충분히 반생산적이었을 수 있다. 칼라테는 내용에 대한 형식의 승리였을까? 정신질환을 다루기 위해 새로운 시설을 세우는 등의 중대한 일을 제치고 그 자리를 구경거리가 차지한 한 사례일까? 산라차로는 1990년대까지 살아남았고, 칼라테는 이 병원의 종말을 가져오는 데 기여한 것이 거의 없었다. 칼라테는 정신질환자 보호소 체제에 대항하는 투쟁에서 하나의 영웅적 사건으로, 일종의 과격한 순간으로 남아 있다. 실제로 오래도록 살아남은 것은 그 나머지 사람들이 만든 센터와 절차, 실무인 것 같다.

칼라테는 레조넬에밀리아에서 제르비스가 구축한 분산화된 에퀴페 내에 두 가지 유파의 견해가 있다는 것을 보여주었다. 안토누치를 레조넬에밀리아로 초청하여 함께 일하자고 한 것은 제르비스였지만, 두 사람 사이의 제휴 관계는 금방 끝나버렸다. 열띤 논쟁의 시기였다. "정신질환이라는 관념에 대해 격렬한 논의가 종종 있었다."[48]

1970년 안토누치는 산간 도시 카스텔노보네몬티에 있는 정신보건센터의 핵심 인물이었다. 그 자신의 설명(오늘날 남아 있는 거의 유일한 설명)에 따르면 "우리의 활동은 사람들이 정신질환자 보호소에 수용되지 않게 하는 것을 목표로 삼고 있었다." 정신질환에 대한 접근은 사회적 문제, 가족, 문화적 맥락, 정치 등을 고려하며 다각도에서 이루어졌다. 안토누치는 자신과 제르비스의 정책 차이가 이내 드러났다고 주장한다. 그에 따르면 제르비스는 "입원시켜야 하는 '가장 중증인 사례'와 집에 있으면서 도움을 받아야 하는 '덜 중증이고 덜 위험한' 사람들을

구분하는" 정신의학적 사고방식을 지녔다고 한다.[49] 안토누치가 볼 때
그 자신의 접근법은 다음과 같이 매우 달랐다.

> 나는 개인과 사회의 갈등 차원에서, 또 더 많은 개방과 포용을 지향하
> 는 사회 속에서 개인이 자유를 누릴 권리를 존중한다는 차원에서 생
> 각했다.

안토누치는 엄격한 원칙에 따라 일한 반면에 제르비스는 환자 개개
인의 상태를 중심으로 현실적으로 일했다. 데 비토는 안토누치의 전략
을 고리치아에서 열린 정신질환자 보호소 집회의 연장선상에 있다고
본다. "산라차로를 향해 '하산하는' 저 유명한 사건에서 그들은 전문가
의 일을 민중이 통제해야 한다는—오늘날에도 여전히 핵심 쟁점인—
원칙을 명확하고 명백하게 확인해주었다."[50] 안토누치의 반정신의학
적 관점은 단순히 이념적인 것만은 아니었다. 그는 지지와 저항을 불
러일으키려 하고 있었다.

안토누치의 설명에 따르면 칼라테라는 아이디어는 사람들이 스스로
떠올린 것이었다. 그의 결론은 다음처럼 급진적이었다.

> 우리는 사람들이 시설에 수용되는 것을 막기 위해 예방적 정치 행동
> 을 할 필요가 있다. 사람들은 쉽게 찾아낼 수 있고 따라서 피할 수도
> 있는 요인 때문에 절박해지고 시설에 수용된다. 감옥이나 정신질환자
> 보호소를 파괴하는 것으로는 충분하지 않다. 우리는 개인의 자유를
> 침해하고 사람들을 시설에 수용하는 체제를 막아야 한다. 권리를 보
> 장하는 사회를 위해, 노동자계급을 돕는 급진적 개혁을 위해 투쟁해

야 한다. 이렇게 하면 산라차로 같은 정신질환자 보호소는 저절로 지쳐 떨어질 것이다.

제르비스라면 이 말이 본질적으로 유토피아적이라고 했을 것이다. 두 사람 모두 카리스마 있는 지도자였지만, 이 싸움에서는 제르비스가 이기게 된다.

이처럼 현립 정신의학 서비스 내에서 제르비스에 맞선 도전은 1972년에 안토누치가 공채에 참여하기를 거부한 뒤 (이는 사실이 아닐 수도 있다) 해고되면서 끝났다. 이후 그는 제르비스가 한 역할을 (또는 그의 관점에서 본 제르비스의 역할을) 수많은 출판물에서 자세하게 밝혔다. 안토누치는 제르비스와 이탈리아공산당을 정신의학적 정통성을 옹호하는 보수파 쪽에 함께 놓았다. 이것은 지나치게 단순화한 것이다. 이탈리아공산당은 단일 사상의 집합체가 아니었고, 제르비스는 절대로 당의 노선을 맹종하는 사람이 아니었다(공산당원인 적조차 없었다). 핵심 질문은 여전히 그대로였다. 정신질환은 무엇인가? 이 병을 진단하고 치료할 권리는 누구에게 있는가? 전문가와 시설이 맡아야 할 역할은 (그런 게 실제로 있다면) 정확하게 무엇인가? 안토누치의 관점이 당시에는 더 대중적이었으며, 그래서 제르비스의 지도력에 위협이 되었던 것으로 보인다. 베차니가 나중에 쓴 것처럼 안토누치는 "이 분야의 전문가들 및 일반인 전체에 믿을 수 없을 만큼 추종자가 많았다."[51]

376

레조넬에밀리아의 위기와 '황금시대'의 종말, 1972년

정신위생 센터는 업무 면에서 두 가지 성향으로 분열되었다. (제르비스를 포함한) 대다수의 의사와 일부 간호사는 정신의학자가 맡는 전문가 역할을—모순적이게도—부정하지 않았지만 그 역할의 억압적 측면은 거부했고, 따라서 이들은 좋은 부분(치료 활동, 중립적인 전문적 측면)과 나쁜 부분(권력 행사)을 분리했다. 또다른 성향에는 대부분의 간호사가 포함되어 있고 의사는 단 두 명뿐으로(나 포함) 직원과 비직원의 분리, 전문가와 무자격자의 분리를 극복하고 인구 전체의 개입을 통해 정신의학이라는 독립된 기술의 파괴를 목표로 삼았다.

조르조 안토누치

1972년에 조반니 제르비스는 자신의 세계가 무너져내리는 것 같았다. 그는 당시를 회상하며 이렇게 썼다. "그것은 정치적, 개인적, 직업적 위기였다."[52] 1971년에 중국으로 연구 여행을 다녀온 뒤 (레티치아 콤바도 동행했다) 그는 자신의 에퀴페 체제가 심각한 분열과 싸움에 빠져 있음을 알게 됐다. 그의 지도력이 아래로부터 도전받고 있었다. 제르비스는 결혼생활의 붕괴에도 직면했다.[53] 마침내 그는 사정이 정치화되고 있음을 알아차렸다. "끝나버린 것은 1968년만이 아니었다. 문화적 대안이라는 꿈도 끝나버렸다."[54]

이 위기는 세 가지 방식으로 해소되었다. 첫째는 레조넬에밀리아 운동의 좌파 및 반정신의학파의 패배였고, 둘째는 제르비스-콤바의 부부/동업자 관계의 종지부였으며, 마지막은 펠트리넬리를 위해 두 권의 원고를 써줌으로써였다. 그렇게 출간된 『비판적 정신의학 교본』(1975)

과 『선한 재교육자』(1977)는 1970년대 중반 이후 많은 급진적 정신의 학자 사이에 새로운 성서가 된다. 특히 『비판적 정신의학 교본』은 제르 비스가 레조넬에밀리아에서 한 일련의 강의와 세미나를 바탕으로 했다. 이 책은 그가 1960년대 말부터 계획하고 있었으며 에이나우디에 두 차례 이상 제안한 적이 있었다. 『선한 재교육자』의 내용 역시 책머리에 수록된 자전적 수필과 문집에 포함된 반정신의학에 관한 논의 등 부분적으로 제르비스가 레조넬에밀리아에서 보낸 시간을 바탕으로 하고 있었다.

결론─레조넬에밀리아의 분석

데 비토는 다음처럼 레조넬에밀리아 실험이 혁신적이고 흥미로웠다고 주장했다.

> 레조넬에밀리아 행정부의 접근법은…… 정신질환이라는 질문을 순수한 정신의학적 영역으로부터 사회적·역사적 차원으로 옮기는 것을 목표로 삼았고, 예방과 사회 통합을 목표로 하는 현장 작업과 아울러 현대적이고 전문화된 정신병원 체제를 구성하고자 했다.[55]

이 전략은 성공했을까? 산라차로에 수용된 환자 수는 실제로 줄어들기 시작했다. 산라차로에는 1968년에 거의 1900명의 환자가 수용되어 있었다(수치는 연구에 따라 다른 경향이 있다). 1971년에 이르렀을 때는 이 숫자가 1500명 정도로 줄었다.[56] 표면적으로 보면 제르비스가 세운 시설들이 효과를 내고 있는 듯했다.[57] 예방과 퇴원자 재통합이 결합되었다. 이것은 공동체를 기반으로 하는 정신보건 체제의 원형이었다. 정신질환자 보호소 체제에서 그렇게 많았던 환자들의 회전문 경험이 그 원천에서부터 차단되고 있었다. 그러나 숫자만으로는 전체적인 사정을 알 수 없는데다, 산라차로 자체의 개혁주의적 변화 또한 환자 수가 줄어든 한 가지 원인이었다. 1970년대에 이 병원을 운영하는 이 사회의 정치적 균형이 바뀌고 정신질환자 보호소의 운영 구조도 바뀌었다. 이제 공산당이 책임을 맡게 되었는데, 여기서 문제가 하나 생겨났다. 현립 정신의학 서비스가 정신질환자 보호소 체제에 정면으로 대항하여 활동해야 하는지가 더이상 명확하지 않았던 것이다. 분산화 및 공동체 참여라는 급진적 단계의 속도가 늦추어지기 시작했다. 현실주의와 정치가 우세를 차지했다. 나중에 제르비스는 1976년에 이르러 레조넬에밀리아의 상황이 "정상화"되었다고 주장했다.[58]

정치가들

파르마, 페루자와 마찬가지로 레조넬에밀리아의 정치가들은 정신보건 서비스의 급진적 개혁을 지지했다. 레조넬에밀리아의 핵심 인물은 벨리아 '밈마' 발리니(1922~1990년)로, 레조넬에밀리아현에서 여성 최초로 사정관이 된 사람이었다.[59] 과거에 발리니는 레지스탕스에 가담했고 이탈리아공산당 당원이었다.[60] 또 레조넬에밀리아의 저 유명한 보육원 체제를 건설하는 데 일조했다. 베차니가 볼 때 발리니는 "말이 아니라 행동으로 보여주는 사람이었다. 산라차로를 개혁할 수 없다고 생각했으며, 이 점에서 제르비스와 강한 사상적 동맹을 맺었다."[61] 발리니는 1950년대부터 정신보건 서비스와 관련된 문제에 관심이 있었다. 그리고 정신질환이 사회에서 기인한다고 주장했고 참여형 보건 서비스를 주장했다. 이에 관해 그는 1974년에 이렇게 말했다. "보건과 보조의 운영은 민중이 통제해야 하지만, 그러려면 그들에게 그럴 도구가 있어야 한다."[62]

1973년에 발리니는 어느 발언에서 정신질환자 보호소의 시대는 끝났다고 말했다.[63] 그로부터 1년 뒤에는 다른 발언에서 이 점을 다시금 강조했다. "정신질환자 보호소 자체를 넘어 나아가는 것이 큰 목표인 지금, 우리는 저 시설의 관리와 연관된 문제를 함께 들여다보아야 합니다." 발리니는 제르비스의 개혁을 뒷받침했고, 정신질환과 관련된 부분뿐 아니라 보건 체제 전반에 걸쳐 작용하는 민주적 대안 체제를 구축하기 위해 지칠 줄 모르고 일했다.

유산, 기억, 역사

레조넬에밀리아의 저 찬란한 현립 정신의학 서비스 시대에 참여한 사람들은 모두 어떻게 됐을까? 일부는 일상의 정신의학계를 떠나 대학교 체제로 들어갔다. 제르비스는 1975년에 로마의 대학교에서 직책을 맡았고, 레티치아 콤바 또한 대학에서 (비정통적인) 직책을 맡았다. 다른 많은 사람은 정신의학 체제 안에 남았다. 스테파노 미스투라는 2015년에도 여전히 체제 내에 있었다. 그는 이렇게 썼다. "점점 더 관료주의화되고 단편화되어가던 서비스 내에서 우리 거의 모두에게 더 높은 전문성과 능력이 요구되는 계절이 시작되었다."[64] 1960년대 말과 1970년대의 급진적 시대는 끝이 났다(다만 당시에는 그렇게 생각하지 않은 사람이 많았다). 제르비스가 볼 때 "몇 년 동안 과거와 결별한 운동이 개혁주의가 되어 운영과 타협에 관심을 갖게 되었다."[65]

미스투라가 볼 때 1970년대에 그가 참여하여 레조넬에밀리아에서 만들어진 서비스는 이탈리아 전역의 많은 사람에게 영감을 주었다. 그것은 다른 곳에서 모방한 청사진이 되었으니

> 그중에서도 이제 아동과 청소년뿐 아니라 성인 정신의학 서비스를 담당하게 된 정신보건 부서들, 그리고 그 밖에 교도소 내 정신의학 서비스와 약물 중독자를 위한 서비스를 비롯한 보건 및 사회 보조 기관을 예로 들 수 있다.

제르비스는 레조넬에밀리아의 경험을 통해 많은 교훈을 얻었으며, 이에 대해 1970년대 이후 출간된 그의 책에서 논했다. 이 교훈 중 일부는 그가 고리치아에 있던 때와 『부정되는 공공시설』에서 한 경험이나 주장과는 상반되었다. 제르비스의 언어는 더 현실적이고 더 전문적이고 정신질환의 현실을 더 적극적으로 받아들이는 방향으로, 또 더 실용주의적이고 심지어는 더 개혁주의적인 방향으로 변했다. 1975년에 그는 이렇게 썼다. "정신의학으로는 혁명을 할 수 없다."[66] 제르비스는 또 정신의학자가 (또는 의사가, 또는 판사가) 어떤 면에서 "자기 자신의 역할을 부정"할 수 있다는 발상을 비판하게 되었다. 그런 발상은 환상이었다. 현실 세계는 달랐다. 그는 "직업을 바꾸고 싶지 않은 사람은 타협해야 한다"고 썼다.[67] 제르비스는 반정신의학을 해법이 아니라 문

제의 일부분으로 보기 시작했다. 그의『비판적 정신의학 교본』이 바로 그런 책으로, 여러 가지 형태의 정신질환에 대한 실제적이고 구체적인 지침서이다. 이 책은『부정되는 공공시설』이 출간된 지 겨우 7년 뒤에 출간되었지만, 그 책이 전한 메시지와는 너무나도 거리가 멀었다. 질병과 진단은 더이상 '괄호 안에' 들어가 있지 않았다. 이제 바깥에 드러나 있었다.

제20장

고리치아—제2의 에퀴페, 1969~1972년

루초 스키타르, 안토니오 슬라비치, 조반니 제르비스, 레티치아 콤바, 프랑코 바잘리아가 떠난 뒤 바잘리아의 자연스런 후계자로서 정신질환자 보호소 소장 자리를 이어받은 아고스티노 피렐라, 그리고 바잘리아 사람으로서 나중에 고리치아의 마지막 소장이 될 도메니코 카자그란데의 지휘하에 두번째 에퀴페가 새로 구성되었다. 젊은 정신의학자와 활동가들이 고리치아로 몰려들어 작업에 참여하거나, 자원봉사자로 일하거나, 아니면 그저 방문객으로 들렀다. 바잘리아가 지휘하지 않는데도 고리치아는 여전히 이탈리아의 (또 어느 정도는 해외의) 신정신의학을 위한 중요한 기준이었다.

이 두번째 물결을 타고 온 사람 중에는 고리치아에서 목격한 것에 너무나도 감명을 받은 나머지 계속 머무르기로 결정한 사람이 많았다. 비에리 마르치는 나중에 바잘리아의 정신질환자 보호소가 운영되는 모양을 보았을 때의 "압도적인" 충격에 대해 말했다. 그것은 그의 일생을 바꿔놓은 광경이었다.¹ 그런 경험을 한 사람은 그 혼자만이 아니었다. 파올로 트랑키나의 경우, "고리치아와 사랑에 빠지고, 반공공시설이라는 새로운 메시지를 이해하고, 기성 관점을 뒤엎은 답변과 태도와 상황에 매일 참여하는 것은 어렵지 않았다."² 사람들은 금세 고리치아와 사랑에 빠졌다. 1961년부터 1968년까지 바잘리아를 중심으로 한 극소수 전위대 집단의 외로운 투쟁이 끝나고 이제는 하나의 운동이 행진 중이었다.

1969~1972년의 고리치아에 대해서는 글로 남은 것이 거의 없다. 이제까지의 연구는 바잘리아의 여정을 따라가는 경향이 있다. 『부정되는 공공시설』은 다양한 판본으로 나왔고 1970년대 내내 팔렸지만, 새 판본에 병원 자체의 변화를 추가로 반영하지 않았다. 정신질환자 보호소가 뭔가 다른 것으로 변하는 동안 책 속의 이야기는 시간적으로 계속 고정되어 있었다. 1968년 4월에 나온 제2판 이후 본문은 그대로 유지되었다. 그러나 바잘리아가 없고 보니 고리치아의 생기가 일부분 사라지고 관심이 다른 곳으로 옮겨갔다. 기자를 비롯한 사람들이 여전히 나타나 기사를 썼지만 전과 같은 열의는 없었다. 그리고 고리치아 사람들(그 범위를 어떻게 정의하든)은 협의회와 세미나에서 강연했다. 고리치아는 철 지난 뉴스가 되었다. 그와 동시에 바잘리아를 비롯한 사람들의 초점은 완전한 재량권과 완전한 정치적 지지를 보장하는 도시로 옮겨가고 있었다. 고리치아는 막다른 곳에 다다라 있었다. 정치는 전반적으로 점점 더 급진화하고 있었고, 정치에서 쓰는 언어 역시 마찬가지였다. 치료 공동체라는 관념 자체가 점점 낡아 보이고, 개혁주의적에다 거의 보수적으로 보였다. 의회 밖 단체 및 외국의 투쟁들과 인맥이 형성되고 있었다. 이제 목표는 하나의 정신병원만이 아니라 세계

를 바꾸는 것이었다. 개혁이 아니라 혁명이 주안점인 것이 분명했다.

고리치아의 2기 에퀴페는 현지의 정치가와 정치에 점점 더 좌절했다. 사람들이 병원 안에서 제아무리 노력해도 현 당국은 병원 외부에 정신보건 센터 조직을 만들지 않았다. 실험은 병원의 담을 넘어 현 내부로, 또는 흔히 지칭하는 대로 '관할지역' 안으로 옮겨갈 필요가 절실했다. 그러나 당국은 이런 변화를 승인하기를 극도로 망설였다. 고리치아의 실험은 더이상 나아갈 곳이 없었다. 이제 실험은 끝이 날지 말지가 문제가 아니라, 언제 끝나느냐가 문제였다.

  고리치아 당국 입장에서는 이제 지긋지긋했다. 이것을 명확히 보여주는 증거가 1972년 9월에 그곳의 잡지 『이니치아티바 이존티나』지에 실린 장문의 특별 기사다. 기독민주당 소속의 유명 정치가이자 현의 보건사정관으로 임명된 에르멜리노 페레신이 쓴 기사였다. 그 내용은 고리치아에 있는 바잘리아 사람들의 이론과 실제를 비판하는 것으로, 부분적으로 『부정되는 공공시설』을 비롯하여 바잘리아 사람들이 쓴 글을 바탕으로 하고 있었다.[3] 기사는 거꾸로 병원과 그곳의 바잘리아 사람들을 조사하는 형식을 띠었고, 「어느 정신병원에서 보내는 보고서」라는 제목은 『부정되는 공공시설』의 부제에 빗댄 것이었다. 그러나 이 기사에서 가장 중요한 점은 기사에서 1960년대 말과 1970년대 초에 일어났다고 주장하는 수많은 자살 및 탈출 사건과 미클루스 살인 사건을 바잘리아의 에퀴페 탓으로 돌린 부분이었다. 페레신은 고리치아의 정신질환자 보호소를 혼란 상태로, 마오쩌둥주의자들(그는 구체적으로 그들의 이름을 언급했다)이 사는 곳으로 그렸다. 페레신이 볼 때 미클루스는 하나의 전환점이었다. 이 살인은 "단발성 사건이 아니라 전체 상황이 폭발 지경에 놓여 있음을 알리는 여러 특징을 지녔다."⁴ 환자들은 혼란스러워하고 자포자기 상태에 빠졌다. 실험은 끝날 때가 되었다. 무엇보다 환자 자신을 위해서. 이것이 1972년경 고리치아 기독민주당의 공식 입장이었다.

고리치아를 떠났음에도 바잘리아는 1969년부터 1972년까지 그곳에 강한 영향을 미치고 있었다. 중요한 결정에는 반드시 그의 자문을 구했다. 나머지 사람들도 때때로 모임과 논의를 위해 고리치아로 돌아왔다. 피렐라는 1971년에 고리치아를 떠나 아레초의 정신질환자 보호소를 맡았고, 이로써 1960년대의 원래 에퀴페 구성원으로는 카자그란데만 남았다. 바잘리아의 사도들이 이제 이탈리아 전역에 퍼져 자리를 잡고 있었다. 하나의 운동이 체제 전체를 장악하고 있었다. 이제 고리치아를 뒤로할 때가 되었다. 고리치아는 그 소용이 다했다.

종말, 1972

> 우리는 한동안 고리치아의 종말을 계속 논의하게 될 것이다.
>
> 아고스티노 피렐라[5]

> 정신의학은 너무나 오랫동안 억압의 도구 역할을 했지만, 10년 동안 일하면서 우리는 그것이 억압이 아니라 해방의 도구가 될 수 있음을 보여줄 수 있었다.
>
> 보도자료(1972년 10월)[6]

1972년 10월 20일, 에퀴페(옛 에퀴페와 새 에퀴페 모두)는 강행을 결정했다. 한동안 묵혀온 결정이었다. 이날 도메니코 카자그란데는 고리치아의 자택에서 기자회견을 열었다. 기자들은 나중에 이 회견문을 "선정적"인 "폭탄선언"이라고 묘사했다. 에퀴페 전체가 그만두기로 결정한 것이다. 에퀴페에 따르면 이런 충격적인 결정을 내린 주된 이유는 현 내 정신보건 센터 설치에 진전이 없었기 때문이었다. 센터 한 곳이 1964년부터 계획 단계에 있었고 입주할 곳을 마련하여 2년간 임대료를 내고 있었지만, 당국은 그곳을 정신보건 서비스 용도로 사용하도록 인가하려 하지 않았다.[7] 그곳은 계속 비어 있는 상태였다. 이런 지엽적 문제가 핵심이었지만, 이들의 사임은 또 정치적이고 이념적이기도 했다. 카자그란데의 선언문은 완전 통제시설을 관리하는 데 따르는 모순을 강조했다. 이것은 (프란츠 파농의 정신을 따르는) 바잘리아 사람들의 선언이었고, 반정신의학적 동원령이었다. "정신병원에서 우리의 존재는 쓸모가 없을 뿐 아니라 그곳 환자들에게 해로운 영향을 주고 있다. …… 그들에게 우리는 정신의학자로서 여전히 그들의 억류를 정당화하는 존재에 해당된다."[8] 카자그란데는 사임 결정이 "그곳 환자들과 완전히 합의된 상태에서 이루어진" 것이라고도 주장했다.[9]

카자그란데의 관점에서는 병원 내부에서 바잘리아 에퀴페가 할 일은 끝났다. 1961년에 시작된 변화의 시대가 끝난 것이다. 그리고 카자그란데는 한 걸음 더 나아갔다. 정신질환자 보호소 자체가 더이상 필요하지 않았다. 병원 자체가 쓸모없었다. 보호소의 환자 중 130명은 호전되어 퇴원할 준비가 되어 있었고 그것을 증명하는 증명서도 발급되었으며, 또 68명은 손님으로 재분류될 예정이었다. 52명만이 손님이 아닌 신분으로 정신질환자 보호소에 남게 되어 있었다. 이 선언은 (실제 효과는 제한적이었는데, 환자를 완전히 사회로 돌려보내는 권한은 궁극적으로 의사가 아니라 사법부의 손에 달렸기 때문이었다) 현에서 거의 바잘리아 에퀴페의 사임만큼이나 논평 대상이 되었고 또 지역사회에서 매우 심각하게 받아들였다. 이론적으로 이것이 의미하는 바는 그곳의 정신병원이 하나의 공공시설로서 종말을 맞는다는 뜻이었다. 그러나 에퀴페는 환자들을 이런 식으로 무더기로 퇴원시킬 가능성은 거의 내지 전혀 없다는 것을 알고 있었다. 바잘리아 사람들은 한계까지 밀어붙이고 있었는데, 어쩌면 이들은 자신의 사직서를 현 행정부에서 그렇게 빨리 수리하리라고는 예상하지 않았는지도 모른다.[10] 뒤이어 꼬박 한 달 동안 교착상태가 이어졌다. 이쯤 되자 현 당국은 사임을 수리하거나 아니면 반려하는 수밖에 없었다.

환자들이 '치료되었음'을 증명하는 130장의 증명서는 브루노 파스콜리에게 넘겨졌다. 그는 1968년에 바잘리아와 슬라비치를 과실치사로 고발하고 1972년에 슬라비치를 재판정으로 끌고 간 바로 그 검사다. 이 130명이 실제로 풀려나리라고는 아무도 기대하지 않았다. 증명서와 기자회견 선언은 정치적 행동이었고, 정치가들이 행동하지 않을 수 없게 만드는 것이 그 목적이었다. 그러나 이 전술은 불발로 끝난 것 같았다. 또 한 가지 가능한 해석은 이 운동이 (특히 바잘리아 자신이) 고리치아에서는 할 만큼 했다고 결론짓고 그곳을 떠나는 것 자체를 최대한 활용하기로 했다는 것이다.

어쨌든 1972년 말에 이르러 이탈리아 전역에서 변화를 원하며 이들을 부르고 있었다. 고리치아는 시간과 에너지를 많이 필요로 했지만 더이상의 진전은 거의 없었다. 이 도시는 특히 미클루스 사건 후로 바잘리아의 실험을 반기지 않았다. 전국의 행정가들이 바잘리아 사람들을 고용하기 위해 줄을 서고 있었다. 이제 새로운 국면으로 옮겨갈 때가 되었다. 운동에서는 더이상 고리치아가 필요하지 않았다. 더욱이 미클루스 사건 이후 고리치아에서 진행되었던 사법 절차 전체가 고발, 심문, 기소되었던 사람들 모두(슬라비치와 바잘리아뿐 아니라 에퀴페 전체)의 입에 쓴맛을 남겼다. 고리치아와 바잘리아 사람들 사이의 불화는 치유되지 않았다. 결정을 내려야 했다. 선택은 바잘리아식 시설과 함께 나아가느냐, 아니면 과거에 사용한 옛 방식으로 돌아가느냐였다. 이 결정은 이제 고리치아현 정부의 손에 달려 있었다.

신문 지면과 현 의회 본회의장에서 장시간에 걸쳐 광범위한 토론이 이어졌다. 고리치아는 이탈리아 전역의 수많은 활동가에게 여전히 하나의 상징이었으므로 전례 없는 대규모의 사임은 전국적인 뉴스였다. 현의 정치가들은 공개적으로는 바잘리아의 병원과 계속 함께 일하고 싶다고 선언했지만, (어느 정도 예상 밖으로) 그 이면에서는 현 행정부 내핵심 세력이 고리치아의 실험을 끝내고 병원을 '정상화'하기로 결정했음이 확실했다. 이들은 고리치아 에퀴페의 내분과 정치적으로 의식화한 모습에 싫증이 나 있었다. 그래서 다른 정신의학자들을 (주로 파도바에서) 물색하여 새로운 팀을 재빨리 꾸렸다.

신파시스트인 이탈리아사회운동은 여느 때와 다름없이 공격에 나서서 "우리 정신병원에 영향을 주는 혼란이 가중된 상태"를 비난했다. 이탈리아사회운동 소속 정치가들은 오래전부터 정신질환자 보호소 실험에 반대해왔다는 사실을 자랑스레 부각했다. "우리는 1961년 이후 내내 정신병원에 새로운 방식을 도입하는 데 반대해왔다." 11월이 끝날 무렵 바잘리아 사람들은 모두 떠나고 없을 것이었다. 이들은 고리치아의 정신질환자 보호소에 방문객으로서만 돌아올 것이었다.

바잘리아 이후

1972년 11월 20일, 새 소장인 주제페 카루치가 카자그란데로부터 정신질환자 보호소를 인수했다. 공식 이취임식은 그날 아침 여덟시 반에 열렸다. 카루치는 32세로 파도바 출신의 정신의학자였다. 그는 "과거로 돌아가지 않는다는 조건으로 고리치아의 직책을 받아들였다"고 주장하면서 "저는 정치가가 아니며, 우리는 여기서 정치를 논하지 않습니다"라고 힘주어 말했다. 바잘리아의 고리치아 에퀴페에 대한 가장 흔한 비난 한 가지는 그들이 자신의 역할을 지나치게 정치적으로 생각했다는 것(및 병원이 파괴분자의 소굴이 되었다는 것)이었다. 같은 날 바잘리아는 새 소장을 임명하기 위해 구성된 위원회에서 물러나면서 현 지사에게 대단히 비판적인 공개서한을 보냈다.[11] 이로써 그는 고리치아의 미래에 영향을 주겠다는 모든 생각을 포기했다. 돌아갈 수 있는 다리는 모두 끊어졌다. 바잘리아 사람들이 고리치아의 정신질환자 보호소를 관리하던 시대는 11년 만에 끝났다.

이때 바잘리아 사람들이 내놓은 또하나의 선언문이 매우 유명하고 자주 인용되는 선언문이 되었다.[12] 이것은 카자그란데가 처음에 내놓은 보도자료와는 다른 문서로, 이번에는 원래의 에퀴페 구성원과 프랑카 옹가로, 그리고 새 에퀴페에서 사임하는 사람들이 모두 서명했다(1972년에 그곳에 있었던 의사 중 한 명만이 사임하지 않았다).[13] 이 선언문은 후대까지 내다본 것으로, 대담하고 영웅적이며 혁명적인 선언이었다. 이 선언은 1972년의 정치적 상황만이 아니라 고리치아의 경험 전체에 관한 것이었다. 거물들이 나와 궁극의 선언을 한 것이다. 이것은 아름답고도 논쟁적이며 거의 시적인 최종 저항으로, 바잘리아가 가장 좋아하는 글로서 『부정되는 공공시설』에 인용된 파농의 사임 편지를 생각나게 했다. 이 편지는 병원에 남는 환자와 간호사에게 보내는 것으로 되어 있지만, 그 메시지는 운동 전체를 향하고 있었다.

편지는 이렇게 시작했다. "친구 여러분, 11년 동안 일한 끝에 우리는 병원을 떠납니다. 우리가 어떤 느낌인지 여러분은 상상이 갈 것이고, 여러분 역시 같은 기분일 것입니다." 이 사임 편지에는 공동체의 언어와 투쟁의 언어가 함께 사용되었다. 바잘리아 사람들은 환자들은 이제 힘이 있지만 여전히 시설 내에 갇혀 있다고 했다. 떠나겠다는 결정은 고통스러운 것이었다. "여러분을 떠나는 우리는 지금 마음이 차분하면서도 산란합니다." 그러나 이 편지는 고리치아가 만들어낸 것이 살아남으리라는 자신감도 내보였다. "우리는 여러분과 함께 이룩한 것이 무엇인지 알고 있으며 그것은 누구도 무너뜨릴 수 없습니다."¹⁴ 이 부분에 대해 에퀴페가 잘못 판단하고 있었음은 향후 세월이 지나면서 드러나게 된다.

카자그란데의 집단 사의가 수리되면서 고리치아에 정치적 혼란이 일어났고 이로써 바잘리아의 유산을 유지하기가 얼마나 어려운지 드러났다. 사회당은 11월 24일 항의의 뜻으로 현의 연립내각에서 물러나면서, 떠나는 에퀴페를 지지하는 강한 어조의 선언문을 내놓았다. 이들은 다음과 같이 주장했다.

> 우리의 목표는 당과 우리 시의 진보 세력—정치적 진보 세력과 진보적 노동조합—을 함께 동원하여, 이곳에서 연출되고 있는 이와 같은 과거 회귀를 되돌려놓고, 야만적으로 짓밟히고 있는 혁신 작업을 다

시 시작하며, 치료된 130명의 환자가 가족과 사회에 제대로 복귀하는 모습을 지켜보는 것이다.[15]

그렇지만 이 저항은 오래가지 못했고, 130명의 환자는 풀려나지 못했다. 얼마 뒤인 1973년 1월에 사회당은 연립내각에 복귀했다. (공산당을 제외한) 고리치아의 정치 세력들은 이제 그만하자는 데 합의했던 것으로 보인다. 고리치아 실험을 이제 끝낼 때가 됐다는 것이다.

1972년 11월에 바잘리아의 (두번째 에퀴페) 의사들은 바잘리아식의 개방된 병원 생활에 익숙해진 모든 환자, 그리고 바잘리아의 생각에 강하게 동조한 다수의 간호사와 치료 공동체라는 조직체를 남겨두고 모두 떠났다. 의료진 일부는 적어도 처음에는 아레초로 가거나 바잘리아를 따라 트리에스테로 갔고, 나머지는 이탈리아 전역으로 흩어져, 갈수록 그 수가 늘고 있던 바잘리아의 사도가 되었다.[16]

돌이켜보면 그들이 그렇게 많은 권한을 포기한 것이 이상한 결정 같아 보인다. (한동안 긴장이 고조되기는 했어도) 필시 현이 먼저 나서서 바잘리아의 에퀴페를 한꺼번에 해고하려 하지는 않았을 것이다. 운동 전체의 많은 사람이 고리치아를 떠난다는 결정에 당혹했다. 환자를, 그리고 11년간 투쟁해서 열심히 만들어낸 시설을 버린다는 것은 과감한 선택이었다. 많은 사람이 그곳에서 벌어진 일에 죄책감을 느끼고 있었다. 운동 전체가 이 결정이 내려진 이유를 이해하고자 고심했다. 그러나 돌이킬 수는 없었다. 바잘리아의 혁명은 트리에스테, 아레초, 페라라, 콜로르노 등 다른 도시로 옮겨가게 되었다. 반면에 고리치아는 매우 유명한 과거가 있을 뿐인, 그저 또하나의 정신질환자 보호소로 서서히 돌아갔다.

새로운 에퀴페—원상복귀와 망각

> 현의 행정부는 역사적으로 가장 믿기지 않을 행동에 성공했다. 그들
> 은 보건을 기반으로 하는 과학 기구 하나를 통째로 뒤엎었다. 그곳의
> 의미를 없애기 위해, 오랜 기간에 걸쳐 고안된 치료 및 재활 수단을
> 무효로 하기 위해. 특정 원칙은 유지하겠다는 보장이 있었지만, 그들
> 은 바로 그 원칙을 질식시키기 위해 움직이고 있었다. ……억압적이
> 지 않은 정신의학 체제가 성공을 거둘 수 있도록 혼신의 힘을 다 바친
> 의사들의 자리를 용병 의사들이 차지했다.
>
> 아고스티노 피렐라[17]

바잘리아의 에퀴페를 대신할 의사를 비롯한 사람들(피렐라가 '의료 용병'
이라 부른 이들)이 11월 20일 아침에 병원에 도착했다. 이 역사적 이취
임식은 긴박감을 주었지만 정중하고도 격식 있게 진행되었다. 그로부
터 9년 뒤, 그때 그 자리에 있었던 의사 한 명이 그 중대한 날에 일어난
일에 대해 글을 썼다. 그는 당시 정신질환자 보호소의 모습을 바잘리
아 사람들이 묘사한 것과는 딴판으로 그렸다.[18]

비토리아 크리스토페리 레알돈은 고리치아를 연구하는 사람들이
(읽기는 고사하고) 거의 인용조차 하지 않는 책에서 자전적 관점으로 이
야기를 들려준다. 레알돈은 반바잘리아 사람이 아니었다. 적어도 지면
에서는 그렇다. 그는 『부정되는 공공시설』을 읽었고, 그의 남편은 고리
치아의 정신질환자 보호소에서 자원봉사자로 일했다. 1968년 파도바
에서 열린 의학에 관한 어느 역(逆)강좌에도 참가했고, 그곳에서 바잘
리아가 "젊은이들로 가득한 강의실에서"[19] 강연하는 것을 보았다. 이

것은 '반동' 의사가 쓴 전기가 아니다.

1972년에 레알돈은 젊고 경험도 없었으며 걱정이 많았다. 첫눈에 고리치아시는 춥고 외진, 가까이 하기 어려운 곳으로 보였다. 고리치아의 정치가들은 새 에퀴페와 만난 자리에서 병원을 정치 의식화한 혼돈 상태의 장소로 그렸다. 레알돈은 바잘리아 실험의 시계를 거꾸로 돌리게 될까 조마조마했다. 이런 우려에 대해서는 카루치 역시 공개적으로 밝힌 바 있었다. 근무 첫날에 레알돈은 병원을 한 바퀴 돌며 안내를 받았는데, 그를 안내한 여성 의사에게는 그것이 길고 감정적 작별 인사였다. 한 환자는 새로 온 의사에게 이렇게 간청했다. "아, 우릴 다시 가두지 마세요. 전처럼 담장을 세우거나 철창을 달지 마세요!"[20]

다음날 새 에퀴페는 처음으로 전체 집회에 참가했다. 레알돈은 "커다란 방에 사람들과 연기, 기침 소리, 혼란한 목소리, 고함 소리가 가득했다"[21]고 기억했다. 그의 전체적 결론은 개혁된 이 병원은 덫이 되어 있었다는 것이다(바잘리아의 에퀴페에도 이와 비슷한 결론을 내린 사람이 많았다. 다만 레알돈의 글에 『부정되는 공공시설』은 인용되지 않고 그저 언급만 되었다). 그는 그 병원에서 환자의 수를 줄이기 어려웠던 한 가지 이유가 환자들 자체가 중심적 역할을 하고 있었기 때문이라고 주장한다. 그들은 밖에서는 아무도 아니었다. 안에서는 바잘리아의 치료 공동체에 속해 있었다. 마치 바잘리아 체제가 완벽한 나머지, 환자들이 삶에 스스로 책임지지 않게 가로막고 있는 것 같았다. 바잘리아 사람들과 마찬가지로 레알돈은 고리치아가 '황금 우리'가 되어 있다고 느꼈다.

레알돈은 바잘리아 사람들과 반바잘리아 사람들 사이에 내전이 벌어지고 있는(전쟁이 시작된 지 좀 된), 깊이 분열된 시설의 모습도 그렸다. 1970년대에 조반니 제르비스는 1968년 이후 에퀴페의 분열에 대해 다음과 같이 쓴 적 있었다(그리고 바잘리아도 간접적으로 바로 이 문제를 확인해주었다).[22] "1968년 5월 이후, 다른 곳과 마찬가지로 고리치아에 서도 분열이 극적으로 변해 돌이킬 수 없게 되었으며, 지지자들은 '고리치아 그룹'을 (절대 그렇지 않았는데도) 정치적으로 통일된 집단으로 이상화했다."[23] 제르비스는 나중에 바잘리아가 1968년에 고리치아를 폐쇄하고자 했고 이에 대해 피렐라 등이 반대했다고 주장했다. 그러나 바잘리아의 입장을 제르비스는 정치적인 차원이 아니라 개인적인 차원에서 설명했다.[24] 1972년 이후 이처럼 고리치아의 종말을 다르게 바라보는 여러 시각이 여러 글에서 전쟁을 벌였다. 그렇지만 앞서 살펴본 대로, 1972년에 일어난 일에 대해서는 운동의 관점에서 정치적이고 전략적인 명분이 충분했다. 이 모든 것에 바잘리아의 개인적 야심이 어떤 식으로든 작용했다는 증거는 전혀 없다.

주제페 카루치가 고리치아 정신질환자 보호소의 소장으로 지낸 기간은 매우 짧았다. 그는 3개월로 계약했는데 갱신되지 않았고, 그래서 1973년 2월에 정식으로 사임했다.[25] 그다음 소장은 도메니코 참파로 교수였는데 역시 파도바 출신이었다. 고리치아에서 바잘리아의 시대는 영영 끝났다는 사실이 명백했다.

> 카루치가 3개월 만에 그만두고 참파로를 임명한 것은 현의 행정부가 그곳의 서비스에 남아 있는 모든 종류의 혁신을 확실하게 폐지하려는 욕구로 비쳤다. 고리치아에서는 이를 두고 과거의 '복원'이라고 말하고 있다.[26]

병원 내부뿐 아니라 도시 안에서도 정신질환자 보호소를 탈바꿈시킨 개혁과 변화를 지켜내려는 (소수 사람들에 의한) 긴 투쟁이 있었다. 1972년 초, 옛 방식과 규칙의 '복원'이라는 것에 맞서 싸우기 위해 현지 단체가 만들어졌다. 나중에 프시키아트리아 데모크라티카의 고리치아 지부가 된 이 단체(사회정신의학 활동단)는 여러 해 동안 활동하면서 간호사, 환자, 지역 시민을 규합했다.

운동 자체도 (적어도 집단 사임 직후 몇 년간은) 고리치아를 잊지 않았다. 1974년 프시키아트리아 데모크라티카는 첫 대규모 집회를 고리치아에서 열기로 결정했다. 이 행사는 수천 명이 참여하면서 큰 성공을 거두었다.[27] 학회의 발언자들은 "고리치아는 이 운동의 것이다"고 주장하며, 정신질환자 보호소 내부에서 "조금씩 과거로 돌아가고" 있는 부분을 보고했다.

> 고리치아현 행정부는 이전의 의사들이 거기서 자리를 지키고 일함으로써 선포한 것을 기꺼이 거부할 의사를 고용했다. 이 의사들은 자신의 존재를 정당화하기 위해 마니코미오를 다시 만들어내야 했다. ⋯⋯고리치아의 병원은 마니코미오가 되었다.

고리치아 공산당 소속인 어느 의원은 이렇게 말했다. "20개월 만에 전체 집회가 중지되었다. 20개월간 다섯 명의 소장이 부임했다. 차고처럼 왔다 갔다 들락거린 꼴이다."[28]

병원 내 진짜 권력, 즉 의사가 쥐는 실권은 이제 더이상 바잘리아 사람들의 손에 쥐여 있지 않았다. 시간이 가면서 고리치아는 중심지 지위를 빠르게 잃었다. 아무도 더는 고리치아에 대해 기사를 쓰지 않았다. 간혹 몇몇 기자가 잠깐 들렀다가 대체로 '과거로 복귀'했다고 보도했을 뿐이다. 관심은 다른 곳으로 옮겨갔다. 수많은 정신질환자 보호소가 이탈리아 전역에서 급진적 변화를 거치고 있었고, 나라 곳곳에 정신보건 센터가 들어서고 있었다. 고리치아는 그 역사 하나로만 흥미로운 곳이 되었다. 『부정되는 공공시설』은 여전히 운동의 성서였지만, 고리치아의 실제 상황과의 연관성은 점점 더 빈약해졌다. 그러나 이탈리아의 다른 지역에서는 고리치아주의가 매우 활발히 살아 움직이고 있었다.

제21장

아레초—고리치아의 사도들

이 병원의 주인은 여러분입니다.

아고스티노 피렐라가 아레초 정신질환자 보호소의 환자들에게[1]

그것은 폐지되어야 한다. 그런데 어떻게?

파올로 보니초니[2]

1968년 이후 고리치아의 사도들은 정신질환자 보호소의 개혁을 위해 위험을 감수할 용의가 있는 혁신 정치가들이 있는 지역을 찾아 이탈리아 전역으로 손길을 뻗었다. 그중 한 곳이 토스카나주의 부유한 중소 도시 아레초였다. 아레초는 중세기에 영화를 누렸던 곳이며, 그때까지도 보석 생산 및 금 교역과 관련된 곳으로 잘 알려져 있었다. 이곳에는 커다란 현립 정신질환자 보호소도 있었는데, 도심으로부터 그다지 멀지는 않지만 중앙역 뒤편에 철로 건너 '엉뚱한 쪽'에 자리잡고 있었다. 1970년대에 아레초는 당시의 젊은 정신의학자와 자원봉사자가 다녔던 '정신의학 답사'의 핵심적 부분이 되었다.

현의 공산당 소속 사정관이었던 브루노 베니니는 1960년대 말부터 아고스티노 피렐라를 데려오고 싶어했다. 고리치아에서 바잘리아 사람들이 경험한 적의와는 완전히 딴판으로, 그는 피렐라에게 완전한 정치적 지지를 약속했다. 베니니는 병원을 탈바꿈한다는 것은 보편적인 도덕 투쟁이었고 이를 위해 좌와 우, 천주교와 공산당이 힘을 합쳤다고 주장한다. 그에 따르면 피렐라는 많은 정치가와 행정가와 함께 환자를 풀어주기 위해 애썼을 뿐만 아니라, 정신질환자 보호소에서 일하는 사람들과 행정가와 정치가를―그들이 타인에게 씌우는 편견과 낙인으로부터―해방하려고 애썼다. 1946년에 처음으로 아레초시 의원으로 선출된 뒤 1964년부터 1975년까지 현 지사로 일한 마리오 벨루치라는 공산당원 역시 개혁을 지지했다. 이런 정치가 중에는 바깥세상에 진짜 직업이 따로 있는 사람이 많았다. 아레초의 베니니와 이탈로 모나키니는 교사였다. 이들은 공공시설 문제를 패거리주의 또는/그리고 단순히 지지를 얻고 유지하는 수단이라는 왜곡된 안경을 통해 바라보는 직업 정치가와는 전혀 달랐다.

베니니는 지칠 줄 모르고 변화를 추진했고 지역의 반대에도 자주 부닥쳤다. 그는 피렐라를 비롯한 새 에퀴페 구성원들과 개인적으로 또 정치적으로 깊은 유대를 맺었다. 관련자 전원의 핵심 목표는 "환자 해방"[3]이었다. 이전의 다른 행정가들과 마찬가지로 베니니는 병원을 처음 방문했을 때 지옥을 목격했다. 최악의 병동, 즉 병원 뒤편에 있던 병동들은 "비참함, 인간으로서 비참함"이었다. 그는 "사방이 똥인 곳에서 알몸의 사람들이 고함을 지르는 지옥"[4]의 충격적인 광경을 목격했다. 베니니는 이 정신질환자 보호소가 최종적으로 폐쇄되기 전과 도중과 이후에 결정적인 역할을 수행했다. 그는 그후 공산당의 전국당 정치에서 핵심 인물이 되었고, 그러면서 1978년 법을 이끌어내는 데 큰 힘이 되었다.

그러나 베니니는 혼자가 아니었다. 이탈로 갈라스트리는 1970년에 현 의회에 진출했다. 그는 사회당원이었으며 문화사정관과 보건위원회장 자리에 임명되었다. 정신질환자 보호소를 방문한 그의 첫 경험역시 베니니와 매우 비슷했다. "나는 그런 것을 처음 보았다. 알몸의환자들이 복도 한가운데에, 보기 흉한 화강암 타일 위에 누워 있었고,사방에서 오줌과 똥 냄새가 지독하게 났다."[5] 그보다 먼저 페루자, 파르마, 고리치아의 정치가와 정신의학자들이 그랬던 것처럼, 갈라스트리의 반응은 명확했다. 이런 상태가 지속되게 둘 수 없다는 것이었다.

> 우리는 이것을…… 정신병원의 현실을 받아들일 수 없었다. 그것도 '붉은' 토스카나의 '붉은' 도시 한복판에서. 이것은 우리 도시와 우리 현을 새로운 방식으로 운영하려는 우리의 계획, 그리고 우리가 스스로 약자 편에 서 있다고 선언했다는 사실과 어울리지 않았다.[6]

의회 본회의장에서 토론회가 열렸고 정치적 동맹이 맺어졌다. 이 모든 것의 결과, 고리치아 및 바잘리아와 접촉하여 베네치아의 리도섬에서 고리치아의 핵심 인물(아고스티노 피렐라)과의 만남이 이루어졌다. 검소한 공산주의자였던 베니니는 세 사람이 만나는 식당의 점심값을 걱정했지만, 협정은 성사되었다. 피렐라가 소장으로 아레초에 가고, 생각이 같은 의사들을 먼저 보내 준비 작업을 하게 한다는 것이었다.[7]

이중 쉬운 일은 하나도 없었다. 피렐라의 임명 자체가 논란이 되었다. 아레초에서는 고리치아의 급진파가 온다는 데 우려의 목소리가 일었다. 이 무렵 바잘리아와 고리치아의 실험은 이미 유명했다. 정신질환자 보호소와 그 미래는 뜨거운 논란거리였다. "날마다 우리는 현의 사무실에서 아침부터 저녁까지 정신의학에 대해 논했다."[8] 정신보건 개혁은 정치가의 개혁을 위한 기준이 되었고 따라서 열정이 대단했다. "행정가로서 우리는 항상 거기에 있었다. 보건 종사자와 환자, 정치가, 행정가와 함께 끊임없이 논의하고 토론하고 회의했다."[9]

공산당(지역당 및 전국당)은 피렐라와 정신질환자 보호소 개혁의 지지 문제에 명료한 태도를 취한 적이 없었다. 이 점을 강조하기 위해 베니니는 나중에 아레초와 페루자를 비교했다.

> 페루자에서는 공산당 내에서 합의가 되어 있었기 때문에 더 쉬웠다. 아레초에서는 당이 분열되어 있었다. ……나는 아레초의 시민회관에 나돌던 우스갯소리를 기억하고 있는데…… 피렐라는 종종 의심의 눈길을 받았다. 페루자에서는 정신의학과 관련된 변화의 경험은 언제나 공동체의 경험에 포함된다는 인식이 있었다.

고리치아와 마찬가지로 개개인의 인생사가 중요했고 모든 사람이 진지하게 여겨졌다.

> 환자로부터 나타나는 모든 징후…… 어떤 징후든 간에…… 우리는 그것이 환자에게, 그들의 개인사에, 그 가족에, 시설의 역사에, 그리고 보건 체제와의 그간의 관계에 무슨 의미가 있는지 이해하고자 애썼다. 그리고 사회 전반과의 관계가 있었다. 그곳은 바로 개개의 것들이 모여 하나의 보편적 전망을 이루는 곳이었다.[10]

폰다치오(찌꺼기)라 불리는 곳을 비롯하여 최악의 병동들이 변화의 시작점이었다. 베니니와 갈라스트리는 이런 장소에서 큰 충격을 받았다.

피렐라는 마침내 1971년 여름에 도착하여 아레초의 정신질환자 보호소 소장직을 맡았다. 얼마 지나지 않아 이곳은 정신질환자 보호소 반대 운동과 갖가지 활동의 거점이 되어 투사, 학생, 자원봉사자, 지식인, 텔레비전 제작자, 영화 제작자를 비롯한 사람들이 이탈리아 전역과 전세계에서 모여들었다.

아레초의 정신병원은 1904년에 지어졌고, 고리치아와 마찬가지로 대규모의 정원에 격리병동 구조로 세워져 있었다. 단지에는 웅장한 정문을 갖춘 출입구가 있었으며, 출입구를 지나 긴 도로를 따라가면 본관에 해당하는 소장의 '궁전'이 나왔다. 그뒤의 공지에 격리병동과 건물이 늘어서 있었다. 1966년에 이 정신질환자 보호소는 720명의 환자를 받아들여 가장 많은 입원 환자 수를 기록했다. 완전 통제시설이 대부분 그렇듯 이 보호소에서 환자가 수용되는 병동은 입원자의 '경력'에 따라 결정되었다. 1978년(바잘리아 법이 통과되기 이전)에 이르러 환자 수는 절반 이하로 줄어들어 346명이 되어 있었다.

1971년 7월 아레초에 도착했을 때 피렐라는 자신이 평범한 정신질환자 보호소를 맡았다는 것을 알았다. 그곳은 고리치아 이전 시대의 완전 통제시설이었다. 성별과 진단에 따라 공간이 엄격하게 분리되어 있었고 담, 울타리, 문, 복도 등을 사용한 정교한 격리 체제를 갖추고 있었다. 그렇지만 이 병원에는 또 약간의 개혁주의 정책과 환자를 인도주의적으로 대하는 전통이 있었다. 나중에 피렐라는 여러 가지 활동과 토론이 활발하게 일어났던 고리치아에 비교하여 이곳을 "죽음의 장소"[11]로 묘사했다. 아레초에서 일부 병동은 '무덤'으로 불렸다. 감옥 내지 묘지 같았다. 다른 정신질환자 보호소와 마찬가지로 안에서는 담배가 화폐처럼 사용되고 있었다.

피렐라는 서두르지 않았다. 그는 고리치아에서 많은 교훈을 얻었고, 간호사들과의 공개적인 마찰을 피해야 한다는 것은 가장 중요한 교훈에 속했다. 그는 아레초의 완전 통제시설이 어떻게 돌아가는지 파악하느라[12] "끔찍한 여름"[13]을 보냈다. 첫 행보는 정해져 있었다. 더이상 환자를 묶어두지 않게 했고, 최악의 병동에 환자를 더 늘리는 일과 환자를 의미 없이 이 병동에서 저 병동으로 옮기는 일을 금지했다. 고리치아, 페루자, 파르마 덕분에 일이 더 쉬워지고 진행도 빨라졌다. 이것은 명확히 투쟁의 제2단계였다. 운동은 이제 역사를 지니고 있었다. 이에 대해 마리아 그라치아 잔니케다는 나중에 이렇게 말했다. "우리는 고리치아의 교훈을 이미 잘 이해하고 있었다."[14]

피렐라는 정치가와 행정가로 이루어진 폭넓은 동맹의 지지를 받으며 병원 내부를 바꾸기 시작한 동시에 서비스를 관할지역 안으로 가지고 나가 현 전역에 걸쳐 새로운 센터를 만들기 시작했다. 이것은 입원자 수를 줄이기 위한 일만은 아니었다. 환자, 의사, 그리고 간호사까지 모두 정신질환자 보호소를 떠나기 시작했다. 많은 퇴원자가 공동주택에 들어가거나 자신의 가족에게 돌아갔다. 그와 동시에 의사와 간호사는 레조넬에밀리아나 페루자에서 그랬던 것처럼 현립 서비스를 마련했다. 고리치아 출신을 비롯한 사람들로 구성된 역동적인 에퀴페가 지칠 줄 모르고 개혁을 실행했다.[15] 다른 곳(예컨대 고리치아)과 마찬가지로 공산당 간호사들이 중요한 전위 역할을 맡았으며, 파르마나 페루자와 마찬가지로 완전히 새로운 병원을 세우려는 계획은 보류되었다(그리고 다시는 더 진행되지 않았다).

다른 도시에서 그랬듯 이 전 과정에는 격렬한 논쟁과 (특히 고리치아에서 일어난 미클루스 사건에 대한 기억 때문에) 사건이 일어날지도 모른다는 지속적인 두려움이 뒤따랐다. 현지 언론, 그중에서도 『라 나치오네』지는 아레초의 병원에 급진적 이념가로 보이는 사람들이 있다며 강하게 공격하는 기사를 실었다. 일종의 도덕적 공황 상태가 생겨났다. "몇 달 동안 아레초에서는 살인, 강간을 언제든지 벌일 수 있는 무장한 '미친 사람들'에 대한 두려움이 항상 있었다."[16]

피렐라는 아레초에서 자신을 따르는 사람들을 모아, 자신의 지도력을 중심으로 강하고 충성스럽고 열성적인 에퀴페를 만들었다. 그러나 피렐라와 바잘리아 사이에는 중요한 차이점이 있었다. 피렐라는 세밀한 부분에 극도로 신경을 썼고 변화를 실행할 때 조직적인 방식을 취했다. 그는 바잘리아에 비해 고차원적인 이론에 대한 관심이 훨씬 덜했고, 전국적 수준에서는 훨씬 덜 정치적이었지만 정치에 관심이 있는 것은 분명했다. 그는 지역의 정치에 대해서는 빈틈이 없었다. 그는 "좌파 인사"[17]였다. 그는 병원과 정치가와 행정가 사이를 중재하는 데 시간을 많이 보냈다.

아레초에서 피렐라와 긴밀하게 일한 파올로 트랑키나는 나중에 그를 다음과 같이 기억했다.

> 아레초에서 그의 사무실 문은 언제나 열려 있었다. 그는 언제나 논의할 준비가 되어 있었다. 그러나 모든 사람이 각자 맡은 책임이 있다는 점을 매우 분명히 했다. 때로는 일이 잘못되어가고 있는 병동에 와서 그것을 아주 금세 바로잡곤 했다. 그러지 않을 때에는 이렇게 말하곤 했다. "가서 간호사들에게 물어보고 무슨 일인지 알아봐."

아레초는 고리치아, 페루자, 레조넬에밀리아, 트리에스테의 경험이 섞인 곳으로 변해갔다. 이곳은 바깥세상(관할지역)에서 적극적으로 활동하는 방법과 정신질환자 보호소 자체를 급진적이고 급속하게 개혁하는 방법을 결합했다. 아레초는 프시키아트리아 데모크라티카의 거점으로도 중요했다. 1972년에 프시키아트리아 데모크라티카의 중요 집회가 이 도시에서 열린 데 이어 제1차 전국 학회가 1976년 9월에 열렸고, 1970년대에 수없이 많은 집회가 이어졌다. 프시키아트리아 데모크라티카와 바잘리아 운동의 핵심 간행물인 『폴리 딘포르마치오네』지가 한동안 아레초에서 나왔다.

한동안은 바잘리아가 피렐라의 운명을 지배하고 있었다. 그의 제안으로 피렐라가 아레초에 왔을 가능성이 있고, 앞서 살펴본 대로 피렐라를 정신질환자 보호소 소장으로 임명한 저 3인의 위원회에 바잘리아가 포함되어 있었다. 이 인선 과정은 논란의 대상이 되어 (시간이 가면서 이처럼 논란이 된 경쟁 채용이 많았다) 정치적 논쟁으로 이어졌다. 그러나 피렐라는 아레초에서 일을 시작한 뒤로 꿋꿋함을 보여주었고 또 트리에스테의 에퀴페와 다른 방식으로 일을 처리하는 것을 두려워하지 않았다.

피렐라가 부임하고 베니니를 비롯한 정치적 동맹이 활동하면서 아레초의 정신질환자 보호소 체제에 혁명이 일어났다. 데 비토는 다음과 같이 썼다.

> 이탈리아 정신의학 서비스의 변두리에 있던 아레초는 반공공시설 문제에 관심이 있는 온갖 종류의 젊은 보건 종사자를 끌어들이는 중심지가 되었다. 이곳은 정신질환자 보호소 반대 운동과 공산당 간의 동

맹을 위한 핵심 실험실의 하나가 되었다.

아레초에서 벌어진 일은 전문적인 성격에 국한되지 않았다. 주안점은 "관계를 완전히 재형성하고 문제를 전체적으로 이해하는 것"이었다.[18] 이것은 야심찬 과제였다.

아레초와 트리에스테―두 곳의 중심지

바잘리아 운동의 두 중심지로서 아레초와 트리에스테 간의 교류는 1970년대 내내 강하게 유지되었다. 고리치아 출신 대다수가 트리에스테 또는 아레초를 택했다. 잔니케다는 두 도시 간의 연계가 지속적으로 강하게 이루어졌음을 강조했다. "우리는 한 가족 출신이었다. ……트리에스테와 아레초는 형제자매이고 사촌지간이었다."[19] 그는 두 도시 사이를 오간 수많은 기차 여행을 기억한다(쉬운 여행길이 아니었으며, 지금도 적어도 다섯 시간이 걸린다). 그러나 잔니케다는 또 두 도시의 차이, 그리고 변화를 위한 전략의 차이를 강조했다.

> 내가 보기에 우리가 이탈리아의 상황에 대해 논할 때는 반드시 하나의 운동이, 거대한 운동이 존재했다는 사실을 강조해야 할 것 같다. 이 운동 안에는 여러 종류의 변이가 있었고 서로 명확하게 다른 여러 가지 상황이 있었다.[20]

살라 데이 그란디와 전체 집회

> 그곳은 과학과 학문과 과시의 방으로서 환자들은 절대로, 무슨 일이
> 있어도 들어갈 수 없었다. 그곳은 대문자 S로 쓰이는 '과학'의 장소였
> 다. ……그곳은 금제의 방, 건드릴 수 없는 방이었으며, 권력이 전혀
> 또는 거의 없는 사람들, 저 수치스러운 사람들…… 살 가치가 전혀
> 없는 삶을 살고 있는 사람들, 잊힐 운명의 사람들은 갈 수 없는 방이
> 었다. 그런데 그 방에서 일종의 코페르니쿠스적 혁명이 일어났다.
>
> 루이지 아테나지오[21]

벽화는 원래의 찬란한 모습 그대로 있다. 지금은 아레초에 있는 대학
교 도서관의 일부분으로, 저 거대한 그림의 그림자 밑에서 학생들이
공부에 열중하고 있다. 이 그림은 이탈리아의 심리학 및 정신의학의
거인들을 불러 모은 일종의 출석점호다. 거물들이 흰 가운 차림으로,
정장 차림으로, 혹은 외투 차림으로 그려져 있다. 바로 이곳이 아레초
의 환자들이 자기 목소리를 낼 수 있게 된 곳이었다. 이 장소를 선택한
것이 환자들의 집회를 성공시키고 대중의 이목을 끄는 데 중요하게 작
용했다.

파올로 트랑키나는 이런 집회의 역학에 대해 다음과 같이 썼다.

> 우리의 정략과 우리의 일은 일상생활을 중심으로 했다. 일상에서 투
> 쟁하고, 비판적으로 반성하고, 반공공시설적 실천 방식을 체계적으로
> 사용하고 통제했다. 우리 집단, 이 지식인 집단은 매주 서른 번 정도
> 만나 여러 가지 수준에서 치료 집회를 실행했다. 대상은 개인, 가족,

집단이었고, 병원 안과 밖에, 학교, 동네, 은행, 공장에 이런 모든 실천 방식이 스며들었다. 이것이 우리 힘의 비결이었다. ……우리가 혼자일 때에도, 어느 머나먼 산간 도시에 있어도, 또는 희망이 없어 보이는 상황에 처했을 때에도.[22]

그것은 빈첸초 체카렐리에 따르면 "특별한 집단적 경험"[23]이었다.

나중에 루이지 아테나지오는 1974년 고리치아에서 열린 프시키아트리아 데모크라티카 제1차 학회 때문에 인생이 바뀌었다고 주장했다. 그는 25세였고 갓 졸업한 때였다. 그리고 바로 그해에 아레초로 옮겨 왔다. 아테나지오는 아레초에서 열렸던 어마어마하게 많은 집회를 떠올렸다. 매주 35회 남짓 열렸다. 또다른 참가자는 "우리의 나날은 집회의 연속이었다"[24]고 기억했다.

아레초에서는 대규모 전체 집회가 정기적으로 열렸다. 이런 행사는 장관이어서 1970년대를 상징하는 민간전승의 일부가 되었는데, 아레초에서만 그런 게 아니다. 트리에스테에서는 바잘리아가 전체 집회를 없애버렸지만 아레초에서는 전체 집회가 피렐라의 핵심 전략에 속했다. 행사 자체는 상쾌하면서도 지루했고, 무정부적인 동시에 위계적이었다. 전체 집회의 중요성에 대해 여러 가지 거창한 주장이 나왔다. "환자들은 믿기 어려울 정도로 상황을 분석하고 쟁점을 논의하는 능력을 보여주었다."[25] 그 밖의 집회도 고리치아 모델을 따라 정기적으로 열렸다. 아셈블레아의 의장은 유명 정신의학자들의 그림 앞에 놓인 큰 탁자 뒤에 앉았고, 긴 선이 달린 마이크가 회의장 안 여기저기로 넘겨졌다. 이런 집회는 외부 세계에 개방되어 있었다. 자원봉사자, 공장 노동자, 환자의 가족, 기자, 영화 제작자 등이 방청하기도 했다. 이따금은 영상으로 촬영되었다.

아래는 전체 집회에 대해 피렐라 본인이 묘사한 것이다.

> 전체 집회는 가을에 주점 가까이에 있는 방에서 시작되었다가. 나중에는 살라 데이 그란디(위인의 전당)에서 열렸다. 이 회의장에는 발언자를 위한 큰 탁자와 큰 의자들이 놓여 있고 뒤쪽 벽에 위대한 과학자들을 그린 그림이 걸려 있다. 그 뒤로 전체 집회가 500차례 이상 열렸는데, 이런 집회는 환자들이 자신의 주관을 되찾도록 도와준다는 측면에서 매우 중요했다. 이들은 발언하고 비난하고 비판하고 경청될 권한을 돌려받았다. 게다가 이들은 몇 년 동안이고 쇠약과 만성적 형태의 망상 말고는 아무런 대안도 갖지 못했던 사람들이었다.[26]

아셈블레아가 위원회를 선출하고 다른 환자들이 의사록을 기록했다. 의료진은 사람들 사이에 앉아 있었다. 일부 간호사는 뒤쪽에 서 있기를 택했다. 피렐라가 지적한 대로, 완전 통제시설의 모든 위계가 (적어도 표면적으로는) 뒤엎어졌다.

90분간의 정기 집회는 11년 동안 이어졌으며, 월요일과 금요일에 열렸다. 그들은 의사록을 기록, 보관했고 집회의 내용을 선별하여 수록한 책을 한 권 냈다.[27] 이런 집회는 아테나지오에 따르면 "의미와 권력구조를 뒤엎은 도구"[28]였다. 이 행사 내지 집회라는 제도 자체를 '의회'라고도 불렀다. 전체 집회가 열릴 때마다 그에 이어 평가회가 열렸는데 이 역시 누구나 참여할 수 있었다. 평가회에는 매번 사람들이 100명까지 모여들었다. 트랑키나가 볼 때 "그것은 집단적 처리의 순간이요, 이런 변화가 민주적이라는 보증이었다."[29]

정신질환자 보호소에서 열린 이런 집회는 1960년대 말과 1970년대에 활동가들의 생활을 지배했던 여러 가지 더 정치 의식화한 집회와는 달랐다. 이들은 이론적이거나 직접적으로 정치적인 때가 거의 없었고, 현실적 문제와 세속적인 사항, 그날그날의 쟁점과 문제를 논의했다. 집회를 그렇게나 급진적이고 또 명백히 효과적이게 만든 것은 바로 이런 이론과 실제의 조합이었다. 발언을 하기 위한 발언이 아니었다. "아무것이나 논의되지는 않았다."[30]

이곳에서는 또다른 종류의 뒤엎기가 진행되고 있었다. 완전 통제시설 안에서 개인은 하나의 사물, 몸뚱어리, 숫자로 격하되었다. 뒤엎어진 시설에서는 개인과 개개인의 역사를 중심에 두었다. 베니니는 저런 집회가 환자들이 병원의 변화에서 적극적 역할을 하는 데 도움이 되었다고 주장했다. 피렐라가 부임하기 전에는 "그들의 하루는 담배를 구걸하여 그것을 피우는 것으로 영락했으며, 사소한 것들이 일과가 되었고…… 그들은 수동적이었으며 집단수용소 같은 환경을 받아들였다."[31]

이런 주장은 과장되었을 가능성이 있고 또 어쩌면 자화자찬일 수도 있다. 일부는 이런 집회를 '혁명적'이라고 표현했다. 게다가 실제적인 구조적 변화는 아래에서부터가 아니라 위에서부터 실행되었다. 이런 집회의 진정한 가치는 실제적이기보다는 상징적이었을까? 일부의 주장처럼("병원이 더이상 의사들의 통제를 받는 게 아니라 모든 사람을 위해, 무엇보다도 환자를 위해 운영되는 것으로 보였다"[32]) 병원을 더이상 의사들이 운영하지 않았다는 게 사실일까? 아니면 그저 느낌만 그랬을까? 집회는 다양한 기능을 수행했다. 집회에는 "문화적 가치, 사회적 가치가 있었지만, 또한 주류 정신의학을 비판한다는 측면에서도 가치가 있었다."[33]

집회는 또 "집단적 인식 과정"[34]으로서 환자들이 정체성을 느끼게 해주었다. 이것은 주관적 차원에서 중요했다. 집회는 당시 매우 중요한 일로 느껴졌다. 환자들은 하나의 발언대를 가지게 되었다. 마치 그들에게 권력이 있는 것처럼 보였다. 이 집회의 장기적 영향에 대해서는 아직 제대로 평가가 이루어지지 않았다. 마치 이런 집회의 힘을 바라보는 시각이 『부정되는 공공시설』의 회의주의로부터 이상주의적 접근방법으로 바뀐 것 같다.

지도자와 추종자

고리치아에서 그랬듯 여러 부류의 환자 지도자가 집회에서 핵심 역할을 수행했다. 중심 인물은 파스콸레 스파디라는 사람으로(종종 '일 마에스트로'나 '일 마에스트로 스파디'라 불렸다), 아레초 위쪽 산중턱에 있는 도시(스티아) 출신이었다. 그는 대개 겨드랑이에 책을 한 권 끼고 다녔고 종종 아셈블레아의 의장을 맡았다. 언어를 훌륭하게 구사하고 설득력이 강하여 청중을 장악하고 있었다. 스파디는 "모든 집회는 환자 한 사람을 풀어주는 것으로 끝나야 한다"[35]고 주장했다.

고리치아에서 그랬듯 '엘리트' 환자 한 사람이 집회를 주도하는 경향이 있었는데, 부분적으로는 높은 탁자와 마이크를 써야 하는 회의장의 배치 자체 때문에 그랬다. 그렇지만 이런 집회는 질서정연하거나 조직된 행사가 아니었다. 때로는 거의 무정부 상태로 보였다. "누구는 앉아 있고 누구는 서 있으며, 고함을 지르고, 사람들이 다른 사람의 말을 중단시켰으며" 또 "열정적이고 허심탄회하며 성난" 분위기였다.[36]

대부분의 환자는 실제로 논의에 참여하지 않았지만, 피렐라는 이렇게 발언하지 않는 환자조차도 "전체 집회가 해방의 도구라는 것을 인식하고 있었다"[37]고 주장했다.

이런 집회에서 이루어진 토론은 고리치아의 토론과는 수준이 달랐다. 이곳에서는 바잘리아 사람들이 승리하고 있었다. 옛 논쟁을 되짚을 필요가 없었다. 아레초의 전체 집회는 개방적이었다. 파업 노동자들이 찾아왔다. 행정가들을 불러 해명을 청했다. 기자와 영화 제작자가 거기서 일어나고 있는 일을 보도했다.

스파디의 이야기는 정신질환자 보호소 자체가 종지부를 찍은 과정과 연관되었다. 그는 1976년에 풀려났는데, 그해에 어느 텔레비전 취재진이 그를 인터뷰하려 했을 때 그는 바깥세상에서 어려움을 겪고 있는 것이 분명했다(그들과의 대화를 거절했다). 그렇지만 1982년에 이르러 그때의 다큐멘터리 제작진이 다시 찾아갔을 때는 그가 젊은 수습 간호사들을 비롯한 사람들에게 정신의학 서비스에 대해 가르치고 있는 광경을 필름에 담았다. 스파디의 이야기는 모든 환자의 이야기를 상징하는 것 같았다. 그는 이야기를 들려줄 때 핵심 부분이 되었고 또 최근의 〈목소리〉 다큐멘터리에서 다시 등장했는데, 이 다큐멘터리는 아레초에서 있었던 변화 운동의 이야기를 들려주기 위해 구전 역사 인터뷰를 수집하여 사용했다.[38] 급진주의를 자처하는 텔레비전 프로그램 〈크로나카〉는 1970년대와 1980년대에 아레초를 세 차례 방문하여, 과거에 아레초의 중앙 광장에서 촬영해둔 장면을 보여주면서 개개인에게 일어난 변화를 어느 정도 자세하게 소개했다.[39]

정신질환자 보호소를 부수다

고리치아에서처럼 이곳도 담과 울타리를 무너뜨리고 창살을 철거했다. 이 철거는 장기간에 걸쳐 일종의 행사처럼 이루어졌으며, 환자들 자신이 직접 철거하는 때도 많았다. "행복은 망치로 정신병원의 담을 부수는 것으로 정의할 수 있다. 내 손에 물집이 잡혔지만 극도로 만족스러웠다."[40]

식당 한 곳이 문을 열었다. 병원 경내에서 사람들이 파티를 열었다. 온갖 종류의 토론과 문화 행사가 열리면서 정신질환자 보호소는 아레초시에서 정치 선동의 중심지가 되었다. 이 모든 것이 낯익었다. 전에도 이랬다. 그러나 고리치아와의 차이점 역시 매우 중요했다. 페루자를 비롯한 곳에서 이미 그랬던 것처럼, 베니니가 지지한다는 것은 "관할지역을 향해 나아가는 움직임"이 강력하면서도 결정적이라는 뜻이었다. 게다가 이런 정치적 지지는 정신질환자 보호소의 안과 밖이 협력한다는 뜻이었다. 완벽하면서도 격리된 치료 공동체라는 느낌은 아예 없었다. 처음부터 환자들이 바깥의 진짜 세상으로 나가게 되리라는 것, 그리고 대안적 구조가 필요하다는 것이 분명했다.

울타리 이야기

그렇지만 울타리와 담이 무너지는 사이에 다른 것들이 세워지고 있었다. 변화의 한 가지 징후로서 정신질환자 보호소 단지의 어느 건물 안에 학교가 문을 열었다(이탈로 갈라스트리와 베니니에게 그렇게나 큰 충격을 안겨주었던 옛 병동 건물 안이었다).[41] 그러나 이 학교에서 일하던 일부 사람들은 환자가 걱정되어 학생과 환자가 접촉하지 않기를 원했다. 피렐라의 개혁에도 불구하고 정신질환자와 관련된 낙인은 없어지지 않았다. 어떤 경우에는 시내에서 환자나 환자였던 사람들이 더 자주 눈에 띄면서 두려움이 더 커지고 더 널리 퍼졌다. 이 두려움의 결과 등하교길에 교사와 어린이를 '보호'하기 위해 2미터 높이의 울타리가 세워졌다. 이 울타리 내지 담을 두고 기나긴 토론이 있었다.

그러다가 1980년대 초에 한 무리의 학생이 병원으로 행진하여 이 울타리를 무너뜨렸다. 이들은 금빛으로 칠한 키메라를 들고 왔는데, 키메라는 전설의 동물로서 아레초 자체의 상징물 중 하나였다. 이 사건은 RAI의 참여형 다큐멘터리 시리즈인 〈크로나카〉에서 촬영하여 1981년에 〈정신질환자 보호소의 망령〉이라는 제목의 프로그램을 통해 방영되었다.[42] 이 사건 소식이 입에서 입을 타고 이탈로 갈라스트리에게 전해졌을 때 그는 병원으로 내려가 무슨 일이 벌어지고 있는지를 직접 눈으로 보았다. 그는 심지어 자신 또한 장벽 철거에 참여했다고 주장했다. "위대한 순간이었다. 파티 같은 것이 벌어졌다. 그리고 그 순간부터 모두가 마음대로 오갈 수 있었다."[43] 마시모 게라르디는 나중에 "사람들이 울타리를 무너뜨렸다"[44]고 기억했다. 울타리가 없어져도 아무 사건도 일어나지 않았다. 불필요한 울타리였다. 다시 세워지지 않았다.

관할지역 속으로

환자들을 내보내고 새 환자를 받지 않으면서 현지 주민과 충돌이 종종 일어났다. 그러나 아레초 시내와 현의 아르노 계곡 일대에 분산화한 정신보건 센터와 공동주택 조직이 금세 만들어졌다. 아레초의 병원은 1970년대 중반에 이르러 사실상 폐쇄된 상태였다. 남아 있는 환자들이 사회 속으로 재통합되는 문제는 정신질환 문제인 만큼이나 사회적 문제였다. 1974년에 아레초의 병원 외부에 정신보건 센터 한 곳이 문을 열었고(간호사 여섯 명과 의사 한 명) 현 전역에 걸쳐 다른 센터들이 뒤이어 문을 열었다. 레조넬에밀리아에서처럼 환자는 정신질환자 보호소 밖에서 치료를 받았다. 지속적으로 토론이 이어졌다. 정신질환자 보호소의 종말이라는 최종 목표에 관해서는 전반적으로 의견이 일치했지만, 그 목표에 다다르기 위한 방법, 이념, 이론, 정치를 두고 갈등이 있었다. 그중 어떤 것도 쉽지 않았다. 그렇지만 일은 빠르게 진행되었다.

정신질환자 보호소가 서서히 축소되면서 가장 어려운 환자들만 남았다. 정신병원은 공식적으로 여전히 운영 중이었지만, 1970년대 중반에 이르러 "확실히 과거에 속한"[45] 것으로 보이는 곳이 되어 있었다. 1981년 이후 토스카나주에서는 어떠한 정신질환자 보호소에도 새 환자가 수용되지 않았다.[46] 그렇지만 환자의 정착 문제를 두고 지역적으로 극렬한 싸움이 다소 벌어지기도 했다. 어떤 경우에는 지역의 반대에 부딪쳐 환자가 정착하지 못하거나 센터가 문을 열지 못했다. 퇴원자가 바깥세상에서 살아가기란 쉽지 않았다. 이에 대해서는 텔레비전 다큐멘터리 시리즈 〈크로나카〉에서 비참할 정도로 자세히 보여주었다. 그렇지만 이것은 유기적이고 정치적인 사업이었고, 정신질환자 보호소의 담장을 넘어 훨씬 멀리까지 진행되고 있었다. 피렐라는 "우리의 작업에서는 시민과 전문가와 종사자가 정신질환의 원인을 제거하기 위한 공동 투쟁에 나설 가능성을 제공한다"고 말했다.[47] 크리스티안데 비토는 다음과 같이 썼다.

> '모순을 열어둔다'는 바잘리아의 원칙은 아레초에서 일종의 '질서정연한 무질서'로 탈바꿈했다. 이곳의 모델은 다른 곳을 위해 전문가나 조직의 모델을 제공하는 것이 아니라 일종의 문화적 주도권을, 하나의 실험실을 만들어내는 것이었다. 사람들을 위한 더 좋은 보건 서비스를 아래로부터 쌓아올리려는 이 실험실은 전문가와 이 작업의 정치적 측면을 계속 결합한다는 인식을 바탕으로 했다. 보호소의 살라데이 그란디에서 열리는 전체 집회는 현 의회의 살라 데이 그란디에서 열리는 토론회와 나란히 움직였다. 환자들을 정신병원에서 내보내는 것과 동시에 관할지역 내에 분산화한 서비스가 세워졌을 뿐 아니라 사회와 보건 전반과 연계된 서비스까지 마련되었는데, 이것은 지역 내 곳곳의 지방의회 행정부가 직접 관여한 것으로 전국적 보건 서비스의 탄생을 미리 보여주었다.[48]

콜로르노, 페루자, 레조넬에밀리아를 비롯한 곳에서 그랬듯, 아레초의 경험 역시 공공시설, 소외, 교육과 연결된 문제에 대해 총체적인 접근방법을 취했다. 정신질환자 보호소는―'지진아'를 위한 특수 교실에서부터 양로원, 장애인 센터에 이르기까지―개혁이 필요한 전체 체제의 한 부분에 지나지 않았다.

아레초를 전하는 목소리

아레초의 사건들은 이번에도 주로 운동에 직접 관여한 사람들을 통해 우리에게 전해져왔다. 고리치아에서 그랬고 장차 트리에스테에서도 그러겠지만, 아레초는 소설, 역사서, 구술 역사, 텔레비전 다큐멘터리, 사진 등 여러 종류의 많은 자료를 남겼다. 이 도시의 개혁은 『폴리 딘 포르마치오네』지와 나중에 행정부의 후원으로 나온 출판물에 세밀하게 기록되었다. 또한 활동가이자 출판업자, 작가, 기자인 루차노 델라 메아가 쓴 긴 에세이의 주제가 되었고, RAI도 다큐멘터리 세 편에서 다루었다. (병원의 환자들이 촬영과 대본에 도움을 준) 이 다큐멘터리는 베네치아에서 방영되었는데도 차볼리의 1969년 다큐멘터리와 같은 영향은 주지 못했다. 일반 대중에게는 일종의 '정신질환자 보호소 피로감'이 찾아든 것 같았다.

한 운동의 기억—한 완전 통제시설의 기억

아레초는 정신질환자 보호소와 도시에 변화를 가져오기 위한 정신질환자 보호소 반대 운동의 기억을 지칠 줄 모르고 홍보해왔는데, 이 점에서는 트리에스테를 제외하면 아레초가 가장 적극적이었던 듯하다. 이 활동의 많은 부분을 아레초의 프랑코 바잘리아 센터(현에서 21세기 초에 설립)가 조율하고 있다. 2009년에는 아레초에서 피렐라에게 명예 시민권을 주었고, 그와 동시에 정신질환자 보호소의 피해자를 기리는 이탈리아 최초의 기념비가 과거의 병원 자리에서 제막되었다. 방대한

규모로 구전 역사를 수집하는 인터뷰가 필름에 담겼고(이 사업은 지금
도 계속되고 있으며, 다큐멘터리 한 편이 제작되었다) 수많은 협의회가 조직
되었다. 정신질환자 보호소 자리에는 앞서 말한 기념비 말고도 지금은
대학교의 일부가 된 여러 건물에 과거의 역사를 알리는 푯말과 안내판
이 세워져 있다.

또 아레초는 연구자들이 정신질환자 보호소 체제의 종말에 대해 세
밀하게 조사하여 이 완전 통제시설을 떠난 환자들이 어떻게 되었는지
를 자세히 기록한 곳 중 하나였다.[49] 정신질환자 보호소가 폐쇄되면서
그곳의 건물은 무너지기 시작했으나, 1980년대에 이르러 복원되어 대
학교의 일부분으로 다시 문을 열었다. 로마와 베네치아를 비롯한 각지
에서 그랬던 것처럼 원래의 외관은 유지되었지만 내부의 설비는 많은
부분이 바뀌었다. 이 정신질환자 보호소를 기억하고 또 어떻게 문을
닫았는지를 기억하게 하기 위해 지역의 활동가와 피렐라와 관련된 사
람들이 노력했다.

이들은 그곳에 여러 가지 안내판을 세웠을 뿐 아니라 "정신질환자
보호소에서 사망한 사람들에게" 바치는 독특한 기념비도 특별한 제막
식을 열어 공개했다. 어떤 면에서 이 기념비는 정신질환자 보호소의
기억 문제를 전통적 방법으로 접근하면서 이 장소와 연결된 고통과 고
난을 굽어보고 있었다. 형태 또한 전통적이어서, 천주교의 많은 조각
상과 비슷하게 어린 여자아이가 손을 내미는 모습을 대리석으로 깎았
다. 이것은 출판물과 포스터에서 수없이 사용된 저 유명한 아레초 정
신질환자 보호소 사진과 연관되어 있었다. 이 기념비는 이런 완전 통
제시설 안에서 죽어간 사람들을 공식적으로 기념하기 위한 세계 최초
의 시도에 해당한다. 1970년대 말에 이르렀을 때 환자 수는 공식적으

로 소수에 지나지 않았지만, 아레초의 정신질환자 보호소는 1990년대 초에, 정확히 말하면 1990년 6월 29일에 공식적으로 문을 닫았다.

제22장

트리에스테—정신질환자 보호소의 종말, 1971~1979년

공공시설을 파괴하기는 지극히 어렵다.

프랑코 바잘리아[1]

[1977년] 1월 24일 월요일부터 트리에스테의 정신병원 산조반니
는…… 더이상 존재하지 않는다.

프랑코 바잘리아[2]

자기 도시의 정신질환자 보호소를 폐쇄한 것은 트리에스테가 세계 최
초이다.

발레리아 바비니[3]

트리에스테의 산조반니 정신병원의 환자 수 (손님 지위는 제외):

1971 : 1182명

1972 : 1058명

1973 : 930명

1974 : 625명

1975 : 470명

1976 : 253명

1977 : 132명

1978 : 87명

1977년 1월, 프랑코 바잘리아는 트리에스테에서 기자회견을 열었다. 전하려는 내용은 짤막한 발표문이었다. 트리에스테의 거대한 정신질환자 보호소가 연말까지 문을 닫으리라는 내용이었다. 실제로는 일이 그렇게 빨리 성사되지는 않았지만, 이 병원은 1980년에 더이상 환자를 받지 않기 시작했고 얼마 가지 않아 남은 환자 수가 너무나 적어져 이 공공시설을 병원이라고 부르는 것조차 부적절해졌다. 바잘리아는 소장을 맡은 뒤 단 6년 만에 많은 사람이 불가능하리라 생각한 일을 해냈다. 이 공공시설은 단순히 '부정'되기만 한 게 아니었다. 아예 말살되었다. 오늘날 옛 병원이던 이곳은 조용하고 평화로운 장소가 되었다. 학교, 대학교의 여러 학과, 극장, 주점, 그리고 멋진 공원이 자리잡고 있다. 공원을 가로질러 버스 노선이 지나간다.

이 평화는 1970년대와 그 이후 트리에스테에서 절정에 이르러 최고의 명성을 누린 바잘리아 운동이 남긴 또하나의 유산이다. 페페 델라 콰가 쓴 대로 이곳은

> 도시에 되돌려졌다. ……저 격리되었던 곳이, 대문과 담으로 폐쇄되었던 곳이 개방되며 사람들이 풀려났다. 그리고 오늘날에도 여전히 개방되어 있으면서, 삶을 파괴하기 위해 태어난 저 장소에 삶을 돌려주는 사람들과 단체와 공공시설을 반갑게 맞이한다.[4]

산조반니는 정치적·도덕적 이유로—그곳을 운영한 사람들이 그곳

을 혐오스러운 장소이자 집단수용소라고 믿었기 때문에—문을 닫은 세계 최초의 정신질환자 보호소라 할 수 있다. 트리에스테에서 일어난 일들은 그대로 이탈리아의 법으로 이어졌다. 바로 180호 법, 이탈리아의 모든 정신질환자 보호소를 폐쇄하게 한 '바잘리아 법'이다.

이 장에서는 이 혁명과 그것이 남긴 유산에 대해 살펴본다.

폐쇄의 여러 단계

바잘리아는 빠르게 움직였다. 이 정신질환자 보호소에서는 대부분의 변화가 1971년과 1974년 사이에 일어났는데, 고리치아의 경우에는 그렇게 되기까지 거의 두 배의 시간이 걸렸다. 그는 환자에게 기본 인권을 돌려주고, 병동을 개방하고, 잔인한 치료법을 점점 없애나갔다. 성별에 따른 엄격한 공간 분리도 끝났다(이 때문에 환자들이 정을 통하는 문제를 두고 도덕적 공황 사태가 여러 번 일어났다). 일부 새로운 조처도 취해졌다. 병원은 폐쇄를 준비하면서 빠르게 (현 내의 지역 구분에 따라) 구역별로 나뉘었다. 이런 변화를 실행에 옮기면서 바잘리아 사람들은 다른 곳의 경험과 생각을 빌려왔다. 페루자, 레조넬에밀리아 같은 곳의 관할지역 개혁자들이 사용한 구역별 개혁과 정책도 그중 하나였다. 또 여러 구역에 협동조합이 구성되었다. 이것은 또하나의 새로운 방책으로서 환자들이 곧장 일터의 세계로 들어갈 수 있게 해주었다. 이후 1970년대와 1980년대, 1990년대에 협동조합은 정신보건 환자를 사회 속에 다시 통합하기 위해 이탈리아 전역에서 널리 활용된다.

또한 이 시기에는 다층적인 에퀴페(즉 에퀴페의 에퀴페)가 방대하게 형성되었을 뿐 아니라 눈길을 끄는 창의적인 전략이 구상되었는데, 길거리 극장과 저 유명한 '마르코 카발로' 예술-행사-해프닝 등도 여기에 포함된다. 끝으로, 정기 집회는 매일 오후 다섯시에 열렸다. 이 일과는 일종의 "작은 의회"가 되었다.[5] 병원 전체가 참여하는 전체 집회가 아니라, 정책과 전략에 관한 비교적 소규모의 모임이었다. 또 누구나 참여할 수 있는 정기 병동 집회도 있었는데, 때로는 날마다 열리기도 했다.

제2단계는 180호 법 등 정책으로 직접 이어졌다. 정신질환자 보호소의 문을 닫는다고 발표한 저 유명한 기자회견은 1977년에 있었는데 1978년 법이 통과되기 전이었다. 바잘리아의 1977년 발표가 있었을 때는 그와 협력하던 사람 중 일부도 놀랄 정도였는데, 페페 델라콰도 1970년대 트리에스테의 운동에 관한 책 『나에게는 사자를 죽일 무기가 없다』[6]에서 이에 관해 이야기한 바 있다. 일부는 정신질환자 보호소를 닫는다는 선언 때문에 저항이 일어날 수도 있고 새로 문을 열고 있는 정신보건 센터를 둘러싸고 두려워하는 분위기가 만들어질 수 있다고 우려했다. 이 시기는 1968년의 운동과 연계된 정치적 사건들이 일어나던 때였고, 또 바깥으로 활동을 확장하여 여러 지역과 시 병원 내에 관할지역 상설 센터가 세워지고 있었다. 병원의 폐쇄는 약속한 것처럼 그렇게 빨리 이루어지지는 않았지만 상당히 빨랐다. 어쨌든 바잘리아는 여느 때와 다름없이 한계를 넓혀가고 있었다. 그는 다른 사람들이 뒤처지지 않도록 몰아붙이고 있었다.

1970년대에 트리에스테의 정신병원 단지는 실험적 공간으로 변모하여, 예술과 공연, 전시, 연극, 협의회, 음악회, 무수한 토론회와 집회와 국제 학회 등의 행사를 유치했다. 투사, 학생, 지식인, 의사가 트리에스테로 몰려들었다. 그것은 비상하게 고조된 시기였다. 이 모든 것이 기독민주당 소속의 미켈레 차네티가 이끄는 현의 다수파가 정치적으로 지지하는 가운데 실행되었다. 이 모든 것과 관련하여 적지 않은 공격과 비판이 있었지만, 그 대부분을 차네티가 감당했으므로 바잘리아와 협력자들은 고리치아와 파르마에서 (여러 가지 방식으로) 경험했던 끊임없는 간섭으로부터 비교적 자유로웠다. 바잘리아는 나중에 이 지지를 "현 의회 내 다수파의 정치적 뒷받침"[7]이라고 말했다. 차네티의 행정부는 (7년 동안 두 번의 선거를 거친 뒤) 1977년 1월에 끝났다. 1977년 2월에 들어선 (소수파인) 좌익 행정부는 차네티와 바잘리아를 비롯한 사람들이 하던 일을 계속 진행시켰다.

여러 공공시설이 다른 대안적인 기구로 대치되었다. 이 과정에는 탈공공시설화, 반공공시설주의 등 여러 가지 꼬리표가 붙었지만, '부정'이라는 낱말은 과거에 비해 좀더 드물게 쓰였다. 트리에스테는 그럼에도 불구하고 1968년 운동이 실천된 곳 중 하나였다. 병원 곳곳에 내걸린 구호는 "자유가 치료다", "진실은 혁명적이다" 등 운동에서 사용된 구호였다.

병동의 문이 개방되고 폐쇄되는 사이에 공동체 주택이 마련되었는데, 처음에는 병원 자체의 경내에 만들어졌다. 병동이 공동체의 아파트가 되었다. 정신질환자 보호소 내 공간이 파괴된 다음 재사용되었다. 트리에스테의 경험에는 수천 명이 가담했다. 이탈리아 전역과 해외의 학생 활동가와 이 도시 사이에 연계가 생겨나고 강화되었다. 외국과 현지의 각급 학교 학생들, 그리고 바잘리아의 생각과 방법에 영향을 받은 정신의학자와 의료 전문가가 자원봉사자로 일하기 위해 이곳으로 찾아오기 시작했다. 당시의 한 방문객은 이렇게 말했다. "모두가 트리에스테로 갔다." 크로슬리가 볼 때 "트리에스테는 급진적 정신의학자들을 '자석처럼 끌어당겨' 활기를 띠게 하는 힘을 발휘했다."[8]

바잘리아는 처음부터 (고리치아에서 처음 선보였던) 민주적 구조를 세워 환자, 간호사, 정신의학자, 환자의 가족과 날마다 열리는 장시간의 회의를 통해 모든 것을 충분한 시간을 두고 논의했다. 이 방식 하나만으로도 이전에 이 보호소가 운영되던 방식을 바꿔놓은 혁명이었다. 그리하여 위계적인 완전 통제가 지배했던 폐쇄된 공공시설이 내부적으로, 또 도시와의 관계에서 개방되었다.

많은 환자가 이내 사회 속으로 풀려났고, 일부는 지역의 개혁 덕분에 특별한 형태의 '손님'으로 자격이 바뀌었다(이에 대해 사법부에서 이의를 제기했다). 바잘리아와 그의 에퀴페는 '위험한' 성격 등의 분류 기준을 낡고 쓸모없다고 보았고, 이에 따라 일부 환자는 출신 지역에 따라 나누었다. 이 책략은 구역별 개혁자들로부터 빌려온 것이었다. 다만 바잘리아 사람들은 구역별 개혁 자체는 그들이 목표한 일의 반대쪽에 있다고 보았다.

트리에스테에서 정신의학자들과 함께 움직이거나 같은 노선에서 활동한 사람들이 사용한 방법은 더 넓은 운동에서 사용한 방법일 때가 많았으며, 여기에는 점거와 파업도 포함되었다. 예를 들어 1978년 2월에는 카자 델 마리나요(선원의 집)라는 버려진 건물을 점거하여 그곳을 정신보건 센터로 활용하자고 주장했다.[9] 이 경우에는 운동권이 바잘리아보다 더 좌익 쪽으로 기울었다. 바잘리아는 이 점거가 전술적 실수라는 이유로 반대했다. 그는 자신이 통제할 수 없는 정치적 의사표시나 행사에는 거의 관여하지 않았다. 그는 진짜 변화를 원했다.

고리치아를 비롯한 곳에서 그랬던 것처럼 1970년대에 트리에스테

정신질환자 보호소의 소위 탈공공시설화는 지역 사법부에(나중에 바잘리아는 "사법부가 우리를 직접 공격한 바 있다"[10]고 말했다), 여론에, 지역 언론에(바잘리아와 그의 팀에 대해 극도로 적대적이었다), 또 조직적인 정치적 반대에(트리에스테에는 신파시스트 정당의 세력이 강했다) 맞서는 끊임없는 투쟁이었다. 내부에서는 정치적 토론이 끊임없이 이어졌으며, 1970년대가 진행되는 동안 토론이 점점 더 격렬해졌다. 또 트리에스테에서도 다른 곳처럼 널리 알려지는 사건 하나가 1972년에 일어났다(사실은 여러 사건이 있었지만 그중 하나만이 전국 뉴스로 알려졌다). 이런 사건 역시 이 장에서 살펴보기로 한다.

그렇지만 고리치아나 파르마를 비롯한 곳과 마찬가지로, 바잘리아의 1970년대 트리에스테의 경험을 연구하는 데는 문제가 뒤따른다. 이 경험은 연구 대상이라기보다는 인용 대상이 된 때가 훨씬 많고, 이해보다는 찬양의 대상이 된 때가 훨씬 많다. 트리에스테 신화의 핵심 요소 또한 하나의 이야기로 표준화되어 거의 똑같은 방식으로 되풀이되어 전해진다. 바잘리아의 일생을 바탕으로 하여 어마어마한 성공을 거두었던 저 텔레비전 '픽션'이 이런 신화적 성격을 굳히는 데 큰 영향을 주었다. 전반적으로 이런 이야기들은 바잘리아의 부임에서 시작하여 마르코 카발로, 1977년의 기자회견, 오넷 콜먼의 음악 공연, 다리오 포의 연극, 그리고 저 격정적이었던 레쟈우(잠깐 존재한 국제적 급진 정신의학 단체) 논쟁으로 이어진다. 이 이야기의 근거는 (주역들이 자기 자신에 대해 들려주는 서사로 되돌아간다는 점에서) 전반적으로 순환적이며, 비판적인 목소리는 물론이고 다른 목소리조차 거의 들리지 않고 인용조차 되지 않는다. 표준화된 이 이야기를 그대로 되풀이하는 것은 의미가 없다. 그것은 이미 책이나 영화, 기사 등 수많은 종류의 매체에 소개되어 있다. 역사학자로서 나아갈 수 있는 유일한 길은 나와 있는 자료와 과거 자체에 비판적으로 접근하는 것이다.

정신질환자 보호소—산조반니

이 정신질환자 보호소 단지는 거대한 대지에 오스트리아-헝가리 제국 시대였던 1902년부터 1908년 사이에 세워진 40개 동의 건물로 이루어져 있었다. 여기에는 20개 동이 넘는 격리병동, 교회, 극장, 그밖의 지원 및 행정 건물이 포함되어 있었다. 산조반니는 공식적으로 1908년 11월 1일에 문을 열었으며, 트리에스테시(와 정신질환자 보호소)는 1918년에 이탈리아 영토에 포함되었다. 제2차세계대전 동안 나치 점령군이 이 보호소로부터 수많은 유대인을 죽음의 수용소로 (또는 트리에스테의 자체 집단수용소로) 이송했다.

트리에스테시의 복잡하고도 분열된 역사는 정신보건 문제와 긴밀하게 연결되어 있었다. 이 분야에서 일한 사람들은 전후 시기에 이 병원 안에 망명자가 많았다는 점을 지적했다. 1940년대와 1950년대에 유고슬라비아에 공산주의가 들어선 이후 25만 명이 넘는 이탈리아계 사람들이 이스트리아를 비롯한 지역에서 살던 집을 버리고 망명길에 올랐다. 이 대이동 때문에 트리에스테에 망명자 인구가 많아졌는데, 그중 다수가 도시 변두리에 대규모의 공공주택 단지가 건설될 때까지 비좁은 임시 거처에서 지냈다. 이런 강제적인 이주와 바뀐 환경에서 오는 심신의 압박 때문에 신경쇠약에 걸리는 경우도 당연히 많았다.[11] 정신질환자 보호소의 의사를 비롯한 사람들은 전후 트리에스테의 사회적·

정치적 맥락과 그곳 정신병원에 입원하게 된 사람들 사이에 직접적 연관이 있다고 보았다.[12]

그렇지만 전체적으로 볼 때 트리에스테 정신질환자 보호소의 역사 역시 예외가 아니어서, 이탈리아 반도에 있던 수많은 정신병원의 역사와 비슷했다.

트리에스테는 바잘리아 사람들이 1970년대 초반에 내놓은 비교적 이론적인 책이나 1970년대 내내 반공공시설 운동을 위한 성서가 된 『부정되는 공공시설』에 견줄 만한 책을 낸 적은 없다. 또한 〈아벨의 정원〉만큼의 영향을 주었던 텔레비전 프로그램도 없었고 『계급 때문에 죽는다』와 같은 방식으로 대중에게 다가간 사진집도 없었다.

시대가 바뀌었다. 정신질환자 보호소가 오래 지속될 것으로 예상하는 사람은 아무도 없었다. 이런 완전 통제시설에 대해 자세히 보도할 일도, 심지어 대중에게 이런 시설을 고발할 필요도 없었다. 그 싸움에서는 이미 승리했다. 사진작가와 영화 제작자는 이제 급격한 변화를 거치고 있는 운동과 공공시설의 영상을 잡는 데 관심이 있었다. 간단히 말해 혁명의 장면이었다. 트리에스테는 이내 실제적 유토피아를 보여주는 이탈리아 최고의 본보기가 되어, "사람들이…… 다르게 실천하는 법, 다른 방식으로 인식하고 생각하고 행동하는 법을 배우기 위해 방문하는"[13] 곳이 되었다. 새로운 방식으로 일을 처리하고 새로운 이론이 설명되고 시범을 보이며 실행에 옮겨지는, 순례자들이 찾는 곳이었다.

바잘리아는 1968년의 개혁과 차네티의 완전한 지지를 완벽하게 활용했다. 퇴원한 환자에게는 현금과 집을 지원했다. 그 밖의 환자들은

이전의 '강제 치료' 제도를 겪은 적이 없는 '자원 환자'였다. 이중 일부
는 개인 환자였다. 바잘리아와 차네티는 병원을 의사, 자원봉사자, 정
신의학자, 사회학자, 투사, 미술가, 음악가로 가득 채우는 한편 환자를
모두 내보냈다. 바잘리아 휘하에 122명이라는 믿을 수 없는 수의 사람
들이 정신질환자 보호소에서 일하도록 채용되었다. 고리치아에서는
여섯 명의 의사뿐이었다. 역설적이게도, 환자 수가 줄어들면서 바잘리
아의 오페라토리 수는 크게 늘어났다. 끝날 무렵에는 환자보다 오페라
토리가 더 많았다. 그곳은 신정신의학 방법을 가르치는 대학교 내지
훈련 기관 같은 곳이 되었다.

바잘리아는 이 경험 전체의 의심할 여지 없는 지도자였다. 또 과거
어느 때보다 혼자서 일을 책임지고 있었다. 프랑카 옹가로가 트리에스
테에 머무는 때가 많기는 했지만, 옹가로의 근거지는 내내 베네치아였
다. 옹가로는 1970년대보다는 고리치아에서 훨씬 더 중심적인 역할을
맡았다. 두 사람은 여전히 함께 책을 쓰고 과제를 풀어나갔지만, 바잘
리아는 다른 사람들과도 협력했다. 그의 글은 시간이 가면서 더 모호
해지고 덜 예리해졌다. 고리치아에서는 그의 가족이 그곳 경험의 필수
적인 부분이었다. 트리에스테에서 의심할 여지 없는 주역이자 지도자
는 프랑코 바잘리아였다. 가족은 조연을 맡았다.

바잘리아는 두 도시 사이를 통근했고, 트리에스테에서는 여러 곳에
서 지냈다. 대부분은 병원 단지 안 아파트에서 살았다. 들뜨고 열정적
인 시기였다. 바잘리아는 고리치아 실험이 어렵게 끝나고 파르마의 어
려움을 겪은 뒤로 재충전을 끝낸 상태였다. 그는 병원 안, 관할지역, 정
계(로마) 등 여러 방면에서 여러 수준으로 일하고 있었다. 고리치아와
마찬가지로 의사들은 매일매일 큰 위험을 감수하고 있었다. 1970년대

에 트리에스테에서 유명한 사건이 많이 일어났다. 그러나 1968년의 고리치아와는 달리, 이런 사건은 변화라는 전체 과정을 중지시키는 위협이 되지 않았다.

두번째 사건—조르다노 사바린, 1973년 6월

미치광이 살인자

『일 피콜로』, 조르다노 사바린에 대해[14]

우리가 트리에스테에 간 지 석 달밖에 되지 않았을 때였다. 여러 해 동안 여러 차례 우리 정신질환자 보호소에 입원했던 젊은 환자를 1971년 12월에 퇴원시켰는데…… 그가 자기 어머니와 아버지를 죽였다. 이것이 그 '사바린 사건'이었다. 이 일은 여론에 충격을 주었다. 우리의 작업에 유토피아적일 뿐 아니라 무엇보다도 위험하다는 꼬리표를 붙이려는 격렬한 논쟁과 비난과 재판과 잔인한 공격 때문에 병원의 첫 개방, 첫 퇴원, 첫 집회들이 세상에 제대로 알려지지 않았다.

페페 델라콰[15]

조르다노 사바린은 43세였고, 1970년 이후로 산조반니 정신질환자 보호소에 적어도 세 차례 수용되었다. 그는 1972년 2월에 실험적으로 퇴원하여 가족의 집으로 돌아갔다. 사바린의 가족은 트리에스테의 작은 교외 지역에서 살고 있었다. 유고슬라비아와의 국경과 아주 가까운 아퀼리나라는 곳이었다. 사바린 가족은 가난했다. 조르다노와 부모는 농가의 한 침실에서 잠을 잤다. 조르다노 사바린은 먹어야 하는 약물을 적은 긴 목록을 받았다(또는 문맹인 그의 어머니가 받았을 수도 있는데, 이 부분이 재판에서 논쟁거리가 되었다).

살인 사건이 벌어진 날, 사바린은 절단기를 쓰는 일과 돈 문제를 두고 어머니(카테리나 스투판치치)와 언쟁을 벌인 것으로 보인다. 그러다가 사바린은 부엌에 있던 "칼 같지도 않은" 칼로 어머니를 죽였다. 아버지 조반니 사바린이 비명을 들었으나 그 또한 바깥의 계단에서 찔려 죽었다. 『일 피콜로』지는 핏자국이 남은 집 밖 계단을 찍은 끔찍한 사진을 1면에 실었다. 사바린은 그날 저녁에 다시 산조반니에 수용되었다.

사바린은 1973년에 판결을 받았다. 이전의 미클루스처럼 "사건 당시 심적으로 미약한 상태였고 사회적으로도 위험"하므로 (미클루스처럼) 레조넬에밀리아의 범죄자 정신질환자 보호소에 최소 10년간 수용한다는 결정이 내려졌다. 그는 편집조현병 진단을 받았다. 사바린 사건을 다룬 어떤 문헌도 그뒤 그가 어떻게 되었는지 언급하지 않는다. 그는 이야기에서 완전히 사라지고, 이야기는 다시 바잘리아로 돌아온다.

그뒤 트리에스테에서 일어난 일은 1968년 고리치아에서 있었던 일과 매우 비슷했다. 다만 이번에 바잘리아는 어떤 일이 벌어질지 예측하고 있었고 자신이 이길 수 있다고 믿었다. 지역신문은 정신질환자 보호소 안에서 (또한 밖에서) 일어나고 있는 일에 대해 반대하는 강력한 기사를 실었다. 바잘리아는 근거가 다소 빈약했는데도 과실치사로 정식 고발되었다. 사바린의 어머니는 문맹이었고, 따라서 검사는 그가 아들을 도와 그 약물 조합을 투약할 수 없었을 것이며, 따라서 바잘리아가 사바린을 어머니에게 맡긴 것은 무책임한 행동이었다고 주장했다.

한편 시내에서는 도덕적 공황 같은 분위기가 생겨나고 있었고, 신파시스트인 이탈리아사회운동도 공격에 나섰다.[16] 트리에스테에서는 신파시스트 세력이 매우 강했다. 이 정당은 1958년 지역 선거에서 거의 15퍼센트를, 1962년에는 13퍼센트, 1966년에는 10퍼센트, 1972년에는 12.5퍼센트의 표를 얻었다. 이는 전국 평균을 훨씬 웃도는 수치였다. 이곳의 신파시스트 의원 렌초 데 비도비치는 특히 의회 자체 안에서 사바린 사건에 대해 질문하면서 바잘리아를 공격했다. 신문에서는 사바린이 이웃을 비롯한 사람들을 위협했다고 했지만, 이런 부분은 모두 법적 절차에 그다지 영향을 주지 않은 것 같다. 또다른 (훨씬 덜 유명한) 의사도 사바린 사건과 관련하여 기소되어 나중에 유죄 판결을 받았다. 그의 이름은 에도아르도 데 미켈리니로, 트리에스테의 만 건너편 무자 지구에 세워진 시내 최초의 분산화 정신보건 진료소에서 일했는데, 살인 사건이 일어난 곳에서 가장 가까운 센터였다.[17] 미켈리니는 바깥세계에서 사바린의 상태를 적절히 확인하지 못했다는 이유로 고발되었다.

사건이 일어난 지 거의 3년 뒤인 1975년 3월에 바잘리아와 데 미켈리니 모두 트리에스테의 법정에서 재판을 받아야 한다는 결정이 내려졌다.[18] 결국 1975년 11월 24일에 재판이 시작되었다. 이 재판은 전국에 보도되었다.[19] 그러나 재판은 이틀밖에 걸리지 않았다. 바잘리아는 무죄, 데 미켈리니는 집행유예 16개월이라는 판결이 났다. 1977년에 두 사람 모두에 대해 항소 법정이 열렸고(이탈리아에서는 검사도 항소할 수 있다) 바잘리아와 데 미켈리니 모두 무죄 판결이 났다. 기나긴 법적 절차는 마침내 1978년 4월 대법원에서 끝났다. 위 판결을 확정한다는 판결이었다.

나중에 바잘리아는 사바린과 관련하여 무슨 일이 있었는지를 되짚었다. 그는 고리치아에서는 판사들이 10년을 기다렸다가 행동에 나섰지만, 트리에스테에서는 판사들이 "우리를 즉시 공격하기로" 결정했다고 주장했다.[20] 그는 트리에스테 운동이 권력 체계의 민낯을 까발리고 정신질환자들에게 찍힌 낙인을 재평가하기 시작하자 공공시설 및 제도 전체가 위협을 느꼈다고 보았다.[21] 그는 이런 공격을 공공시설 및 제도가 개혁과 변화로부터 자신을 보호하려 하는 반동주의적 사례로 받아들였다. 치안판사들은 바잘리아와 그의 팀이 하는 일을 더 어렵게 만들기 위해 다른 방식으로도 지속적으로 방해했다. 예컨대 환자의 손님 지위에 제한을 둔다든가 하는 식이었다. 나아가 병원이나 정신보건센터에서 환자의 피임약 사용에 대해, 또 침대 시트 비용 같은 중요한 문제에 대해 조사가 이루어졌다. 전체적으로 트리에스테의 경험에서는 시의 사법부와 끊임없이 싸웠지만, 그 어떤 것도 운동의 발걸음에 그다지 영향을 주지 못했다. 치안판사는 지는 싸움을 하고 있었다.

세번째 사건—마리아 레티치아 미켈라치, 1977년

트라니 출신인 여성 마리아 레티치아 미켈라치가 1977년 6월 27일에 산조반니에 나타났다. 그는 27세였고 도움을 필요로 하고 있었다(여러 차례 자살을 시도한 적이 있었다). 그는 정신건강의 위기를 겪은 뒤 스위스에서 뇌전두엽 절제술을 받은 적이 있다고 설명했다. 당직이던 두 명의 의사는 그를 병원에 입원시키지 않기로 결정했고 미켈라치는 돌아갔다. 두 사람은 뇌전두엽 절제술 이야기를 믿지 않은 것 같았다. 이틀 뒤, 그는 네 살 난 아들 파올로를 집에서 목욕시키다가 익사시켰다. 그런 다음 경찰서에 가서 자수했다. 미클루스나 사바린 사건과 마찬가지로 미켈라치는 범죄자 정신질환자 보호소로 보내졌다(이번에는 토스카나 주에 있는 곳으로 보냈다). 그는 1982년에 그곳에서 자살했다.[22]

두 명의 의사 빈첸초 파스토레와 로렌초 토레지니는 과실치사 혐의로 고발되었다. 조사는 1년 이상 계속되었다. 그때 미켈라치가 처음 그 의사들을 만났을 때 아들을 죽이겠다고 협박했다는 내용의 익명 편지가 날아들었다. 이로써 검사 측이 유리해지는 듯했다. 첫 공판은 1980년에 열렸고 두 의사에게 무죄가 선고되었다. 1982년에 항소 재판이 있었고 결과는 똑같았다. 사건이 끔찍했기 때문에 트리에스테에서 광범위한 논의가 벌어졌다. 이 일은 사건에 관련된 의사 중 한 명(토레지니)이 자세히 연구했고, 나중에 이 살인 사건과 그 여파에 관한 심층 분석을 내용으로 하는 책을 펴냈다.[23]

트리에스테의 바잘리아—역사와 기억

미켈레 차네티는 기독민주당 소속의 안경을 쓴 젊은 정치가였다. 야심이 큰 사람으로서, 1970년에 이탈리아에서 가장 작은 현 정부인 트리에스테의 지사가 되었을 때 겨우 서른 살이었다. 차네티는 약간의 의석 수 차이로 중도 좌파 행정부를 책임지고 있었는데, 여기에 공산당은 포함되지 않았고 기독민주당을 비롯하여 사회당, 공화당, 사민당이 포함되어 있었다.

마리오 톰마지니, 일바노 라지멜리, 브루노 베니니를 비롯한 선배들과 마찬가지로 차네티는 자신이 관리하고 있는 정신질환자 보호소에서 본 광경에 소름이 끼쳤고, 저 선배 행정가들과 마찬가지로 1960년 대에 고리치아에서 일어난 일에 큰 관심을 갖게 되었다. 그는 베네치아에서 프랑코 바잘리아와 함께 저녁식사를 나눌 자리를 마련했고, 바잘리아에게 트리에스테의 정신질환자 보호소를 맡으면 완전한 자율권(및 지지)을 부여하겠다고 했다. 바잘리아는 이 제안을 받아들여, 경쟁 과정을 거쳐 1971년에 그곳의 소장이 되었다. 미클루스 사건 이후 중지 상태에 들어갔던 이탈리아 정신보건 서비스의 혁명이 다시 본격적으로 시작되려 하고 있었다. 이번에는 사정이 매우 다를 참이었다. 그와 동시에 아고스티노 피렐라가 아레초를 맡았고, 안토니오 슬라비치는 페라라로 가기로 결정한 상태였다. 조반니 제르비스와 레티치아 콤바는 이미 레조넬에밀리아에 자리를 잡았고, 루초 스키타르는 포르데노네에 있었다. 한편 도메니코 카자그란데는 베네치아의 두 정신병원을 모두 맡게 된다(그리고 결국 폐쇄한다). 과거 고리치아 에퀴페의 구성원이었던 사람들이 이제 이탈리아 전역의 정신질환자 보호소를 책임지고 있었다. 이것은 시세가 이들에게 유리하게 돌아가고 있다는 또하나의 징후였다.

트리에스테는 고리치아가 아니었고 1971년은 1961년이 아니었다. 거대한 운동이 전세계에 걸쳐 도도한 흐름을 이루고 있었고, 반정신의학이라는 이름으로 알려진 것이 이 운동을 움직이는 이념의 한 가지 핵심 요소였다. 트리에스테를 맡게 된 바잘리아는 팀과 함께 매우 빠른 속도로 움직였다. 계획은 간단했다. 병원을 폐쇄하는 것이었다. 위로부터, 빠르게. 모든 것이 가능해 보였다. 고리치아의 유토피아는 트리에스테에서 실용적 유토피아가 될 참이었다. 마치 모든 게 빨리 감기 상태로 고정된 것 같았다.

바잘리아의 세획 안에 본래부터 있던 모순—정신질환자 보호소를 나치의 집단수용소와 비슷한, 존재할 권리가 없는 공공시설이라고 생각하는 사람들이 그 공공시설을 책임지고 관리하고 있다는 사실—이 이제 해결될 참이었다. 이번에 의사들은 이 공공시설을 그대로 두고 떠나지 않을 것이었다. 저 모순은 트리에스테에서 다른 방식으로, 공공시설 자체의 종말이라는 방식으로 해결될 것이었다. 저 공공시설은 부정되지 않고 제거될 것이었다. 영원히.

1970년대가 진행되면서 트리에스테는 변화의 횃불이 되었고 그대로 1980년대와 1990년대를 맞이했다. 이곳은 가능성의 상징이었고, 급진주의 전반의 상징, 사회·문화·의료 혁명의 상징이었다. 트리에스테는 고리치아를 훨씬 넘어선 실용적 유토피아가 되었고, 변화가 만져지고 경험되고 눈으로 볼 수 있는 곳이 되었다. 바잘리아는 고리치아와 파르마의 경험을 뒤로한 채 이 모든 것을 관장했다. 그는 또하나의 '황금 우리'나 맥스웰 존스식의 치료 공동체를 만드는 데는 흥미가 없었다. 그 전부가 불필요한 시간낭비였다. 핵심 작업은 정신질환자 보호소 바깥에, 트리에스테시 안에, 그리고 현 전역에 있었다. 이제는 담장만을 허물 게 아니라 뭔가 완전히 새로운 것을, 정신병원 자체를 대신할 것을 세울 때였다. 적대적인 의사, 간호사, 행정관과의 내부 갈등에 시간을 빼앗기지 않을 것이었다. 일은 바잘리아 사람들이 원하는 방향으로 꿋꿋하게 나아가고 있었다. 이들은 말 그대로 정신질환자 보호소를 이미 점령한 것이다.

고리치아에서 활용한 (또 아레초에서 계속되었던) 전체 집회는 폐기하고 그 대신 매일 공개 임직원 회의를 열어 전략을 결정했다.[24] 고리치아에 비하면 트리에스테에서 실행한 전략은 정신질환자 보호소의 담장을 넘어 훨씬 먼 곳까지 가닿았다. 미술가, 극장 감독, 배우, 음악가, 영화 제작자 등과 제휴하여 운동의 모든 측면을 정교한 언론 대응 전략의 일부로 활용하면서 여론이 활기를 띠게 했다. 트리에스테는 유럽 전역과 그 너머의 좌파 사람들을 끌어들이는 자석이 되었다. 예컨대 독일 하이델베르크에서 당국에 의해 해체된 반정신의학 운동 단체 SPK(사회주의환자집단)의 활동가 다수가 트리에스테에서 일하려고 나타났다. 이들 중 일부는 아직도 거기에 있다.[25]

트리에스테는 전국적 운동의 심장부가 되었다. 바잘리아 사람들은 자신들에게 힘이 있다고 느꼈고 무엇이든 가능하다고 느꼈다. 한번은 병동 폐쇄를 촉진하기 위해 다수의 환자들을 휴가를 보냈다. 1970년대 말에 바잘리아가 어느 인터뷰에서 말한 대로였다. "우리는 끈기를 가지고 일하면 정신병원으로부터 환자를 한 명씩 한 명씩 모두 내보낼 수 있다는 사실을 깨닫기 시작했습니다."[26]

이 혁명은 정신질환자 보호소의 폐쇄로 끝나지 않았다. 프랑코 로텔리 등이 주장한 것처럼 많은 면에서 병원 폐쇄는 시작에 지나지 않았다. 바잘리아 사람들의 방법은 모든 보건 서비스에 전면적으로 적용되기에 이른다. (파르마에서 바잘리아와 함께 일했고 트리에스테에서 그의 후임자가 된) 로텔리는 나중에 트리에스테시 전체의 보건 서비스를 책임지는 우두머리가 되었고, 바잘리아의 방식으로 일한 정신의학자들이 21세기 초까지 이 체제를 계속 책임지고 있었다. 그렇지만 근년에는 트리에스테시의 급진적 체제 전체가 압력을 받고 있다. 혁명의 시대는 끝났다는, 그리고 남아 있는 사람들이 과거에 세워진 것을 지키기가 어려워졌다는 인식이 강하게 떠오르고 있다. 트리에스테는 세계보건기구 등이 인정하는 세계 보건 서비스 개혁의 모델이 되었다. 이 도시에서 파견하는 팀이 변화나 폐쇄가 필요한 정신질환자 보호소에 가서 문제를 해결하기도 했다(지금도 파견하고 있다).

트리에스테는 고리치아나 콜로르노와는 매우 달랐다. 바잘리아는 완전한 정치적 지지를 받았고, 팀은 이미 꾸려져 있었으며, 수많은 활동가와 자원봉사자가 뒷받침해주었다. '1968년'이라는 현상이 앞서 일어났고 또 계속되고 있었다. 더욱이 비록 도시에 정치적 반대가 있기는 했지만 대안적 계획이라는 관념은 없었다. 트리에스테는 여러 민족이 모인 큰 도시로, 대학교와 국제 교류와 노동자계급 운동이 있는 곳이었다. 산간벽지가 아니었다. 확실히 도시 내에 바잘리아 사람들에 대한 반대가 상당했지만, (정신질환자 보호소를 폐쇄한다는) 큰 계획 자체는 불가피한 것으로 이해되었다.

　트리에스테는 바잘리아가 (1971년과 1979년 사이에는 직접, 그 이전과 이후에는 그의 사상을 통해) 가장 큰 영향을 준 곳이며 그의 가장 커다란 유산이 남은 곳이다. 이 도시, 특히 이 도시의 정신질환자 보호소는 바잘리아 계획의 중심지가 되었다. 고리치아와 콜로르노의 경험에서 좌절을 느낀 뒤 바잘리아는 빠르게 움직였다. 대문과 담장의 많은 부분이 거의 즉시 철거되었고, 환자를 비롯한 사람들이 상징적 의미로 직접 철거에 나선 때가 많았다.

　고리치아나 콜로르노와 비교하면 의사결정 구조가 능률적으로 바뀌었다. 이곳의 정신질환자 보호소는 좀더 인도적으로 변하긴 했지만, 보호소 자체를 제거하기 위한 전략의 하나로서만 그렇게 되었다. 앞서 말한 대로 전체 집회는 폐지되었다. 그것은 과거에 속했다. 그렇다고 트리에스테에 집회가 없었다는 말은 아니다. 그 정반대였다. 그러나 그곳의 집회는 전략적이었다. 트리에스테에서는 집회를 통해 빠르게 결정을 내렸다. 집회 자체를 (적어도 바잘리아는) 중요하다고 보지는 않았다. 이 선택은 여전히 전체 집회라는 관념에 큰 애착을 가지고 있던 운동 내에서 논란거리가 되었다. 아레초를 비롯한 다른 곳에서는 전체 집회가 정신질환자 보호소 반대라는 사고에서 핵심적 위치를 차지하고 있었지만, 트리에스테에서는 그렇지 않았다.

고리치아의 첫 에퀴페와 두번째 에퀴페의 일부가 1971년에 바잘리아와 함께 트리에스테에 왔지만, 원래 고리치아 운동의 핵심 구성원 대부분은 이탈리아 전역에 퍼져 있었다. 이것이 이제 전국적 에퀴페로 확장되어 여러 도시와 여러 유형의 정신질환자 보호소를 망라했다. 바잘리아를 비롯한 사람들이 설립한 전국 단체인 프시키아트리아 데모크라티카는 이렇다 할 규정 없이 되는대로 활동했지만, 극렬한―때로는 시시한―내부 갈등이 벌어지는 와중에도 한동안 꽤 효율적으로 움직였다. (논쟁 자체는 끝날 줄 몰랐고 개인적 갈등이 발걸음에 방해가 되긴 했어도) 큰 전략에 대한 전반적인 합의가 있었고, 여러 운동과 여러 도시 간에 접촉이 활발했으며, 생각과 인물이 끊임없이 교류했다. 이 전국 단체는 전략을 통합하고 소식을 전하는 데 최선을 다했다.

그러나 각각의 경험은 또 나름의 역사가 있고 나름의 특별한 유산을 남겼다. 이 운동은 여러 중심지를 거점으로 했다. 1972년에 고리치아의 실험이 막을 내린 뒤 단기간이나마 곧장 트리에스테로 온 고리치아 사람이 많았는데 특히 카자그란데(1973~1978년)와 에르네스토 벤투리니가 그랬다. 미켈레 리소와 잔프랑코 밍구치는 언제나 거기에 있었다. 또 트리에스테의 에퀴페에는 콜로르노에서 바잘리아를 따라 온 프랑코 로텔리, 루차노 카리노, 페페 델라콰, 조반나 갈리오 등이 있었다.

트리에스테 전략의 한 가지 핵심은 도시와의 관계 맺기였다(고리치아에서는 그것이 핵심 장애였다). 트리에스테에서는 도시와 정신질환자 보호소 사이의 담장이 상징적으로 또 물리적으로 철거되었다. 환자와 전문가가 도시로 나아가 투쟁을 벌였고 도시를 정신질환자 보호소 안으로 맞아들였다. 많은 경우 이것은 전형적인 바잘리아 방식대로 도발의 형태를 띠었다. 일을 한계까지 몰아붙임으로써 체제 내의 모순을 노출시켰다. 큰 위험을 감수했다.

정신질환자 보호소로부터 일시적으로나 영구적으로 퇴원한 수많은 환자 외에도 수백 명의 환자가 신속하게 손님의 지위를 얻었으니(1973년 트리에스테현 행정부가 통과시킨 특별 법령의 결과로. 이 법령은 1968년의 개혁으로 마련된 규정에서 더 나아갔다) 그것은 그들이 마음대로 떠날 수 있다는 뜻이었다. 이런 측면에서 가타리는 바잘리아의 작업을 "해방 전쟁"이라고 묘사했다.[27] 환자 및 퇴원자와 협력하여 그들을 사회에 재통합하기 위해 협동조합을 장려했다. 바잘리아는 일에서 오는 치료적·해방적 측면을 강하게 믿었다. 환자들은 병원 단지 안에 일 포스토 델레 프라골레(산딸기의 집)라는 이름의 주점을 만들어 운영했다. 어떤 사람들은 극단을 만들었다. 정신질환자 보호소 경내에서 음악회와 정치 집회가 열렸다. 그 밖에도 상황주의나 심지어 초현실주의 사상까지 가져온 여러 활동이 시작되었다.

미술가들은 바잘리아의 소통 및 매체 전략에서 핵심 역할을 수행했다. 바잘리아는 사촌인 비토리오를 비롯하여 여러 미술가 단체를 장려하여 병원 안에서 환자들과 함께 작업하게 했다. 또다른 미술가(우고 과리노)는 (이제는 대체로 쓰지 않는) 침대, 철창, 구속복 등 이 완전 통제시설의 가구와 기구를 가지고 여러 가지 특이하고 인상적인 조각물을 만들었다. 〈증언〉은 그의 가장 인상적인 작품 중 하나였다.[28] 과리노는 혁신적 그래픽 디자인을 사용하여 풍자만화, 벽화, 포스터, 로고 등 투쟁을 위한 선전물도 만들어냈다.

수많은 음악회와 정치 집회가 정신질환자 보호소 경내에서 열렸다. 1975년 9월에는 특별히 마련된 비행기에 환자를 단체로 태워 베네치아를 한 바퀴 돌았는데, 과거에는 허용되지 않는 일이었다(이들 중 그전에 비행기를 타본 사람은 아무도 없었다). 이 행사는 필름에 담겼고 1970년대 민간전승의 일부가 되었다.[29] 이 행사는 바잘리아를 아마추어적으로 행동하며 단기적인 이목 끌기에 골몰하는 사람이라고 비판하는 데에도 이용되었다.

마르코 카발로—말, 기획, 신화

아레초, 파르마, 페루자, 페라라에서와 마찬가지로 트리에스테에서도 정신질환자 보호소를 폐쇄하는 일은 "대단히 공개적인 방식으로 실행되었다."[30] 어떤 면으로 보면 이것은 일련의 '해프닝'이었다. 그중 가장 유명한 것은 해방을 상징하는 유명한 행동으로서, 과거 병동으로 사용된 곳에서 파란색의 큼직한 종이모형 말('마르코 카발로'라는 이름이 붙었다)을 제작하여, 수레에 실어 환자와 미술가와 활동가가 시가지를 따라 행진한 일이다. 이 일은 바잘리아 운동과 관련된 변화와 1968년 운동 전체에서 하나의 핵심적 기억으로 발전했고, 후대를 위해 입자가 거친 슈퍼 8 필름 영상 및 수많은 사진작가의 사진에 담겼다.[31]

마르코 카발로 해프닝은 1972년 크리스마스 연휴 동안에 시작되었고 이때 베네치아에서 프랑코 바잘리아, 줄리아노 스카비아, 비토리오 바잘리아를 비롯한 사람들이 일련의 집회를 열었다. 스카비아에 따르면 바잘리아의 초대는 다음처럼 매우 개방적이었다고 한다. "와서 하고 싶은 대로 하라!" 스카비아는 그다음에 일어난 일을 일지에 적었다(나중에 그 내용을 부분적으로 재구성하여 마르코 카발로를 바탕으로 한 책을 냈다). 스카비아는 1935년에 베네치아에서 태어났다. 그는 실험극에 참여하고 있었고 작가이기도 했으며, 거리극과 정치극에 관심이 있었다. 나중에 줄리오 볼라티가 그를 설득하여 트리에스테의 경험을 책으로 내게 했다. 이 파란 종이모형 말의 이야기는 바잘리아 사람들의 경험 전체에서 너무나도 강렬한 기억이 된 나머지 1970년대 트리에스테에 관한 설명 가운데 마르코 카발로를 언급하지 않는 것을 찾기가 어려울 정도이다.

스카비아, 비토리오 바잘리아와 소수의 협력자와 친구는 병원 단지를 마음대로 사용하도록 허락을 받았다. 모든 것이 당시의 시대정신에 발맞추어 매우 자발적이고도 개방적으로 이루어졌다. 학생, 사회학자, 미술가, 의사, 환자가 모두 참여했다. 이 경험 전체가 하나의 실험실로 불렸다. 이들은 광대한 병원 경내에서 건물 주위로 또 안으로 다니면서 참여를 요청하고 아이디어를 구했다. 사람들이 오고갔다. 작품을 제작하는 일은 대부분 한 옛 병동(레파르토 P) 안에서 이루어졌다. 그들은 작은 연단을 만들어 사람들이 자신의 이야기를 들려주도록 격려했다. 서서히 점점 더 많은 사람이 (특히 환자들이) 찾아와 참여하기 시작했다. 그들은 벽에 백지를 붙이고 낡은 나무 수레를 끌고 왔다. 나중에 마르코 카발로가 된 이 말의 이야기는 원래 어느 환자가 들려준 것으로, 이 말은 이 병원의 역사와 실제로 관계가 있었다.

말의 이름은 그냥 아무렇게나 지은 게 아니다. 마르코는 이 병원에서 더러운 침구를 마차로 실어나르는 말이었다. 몇몇 나이 많은 환자가 빈정거린 대로 말하자면, 병원에서 어떻게든 빠져나간 유일한 녀석이었다.[32]

마르코 카발로를 '만들' 극장 실험실은 1973년 1월부터 2월까지 작업했다. 날마다 소식지가 나왔고, 인형극용으로 거대한 머리가 달린 큼직한 꼭두각시가 만들어졌다. 바잘리아의 초상을 그리고 싶어하는 사람들도 있었다. 그러나 병원 안에 있던 사람들 중 일부는 벌어지고 있는 일이 마음에 들지 않았다. 이들은 이미 이룩한 것을 축하하기보다는 투쟁이라는 관념을 중점적으로 다루고 싶어했다.

이 행사에 관해 종종 듣게 되는 이야기에 (또 텔레비전 영화에서 그려지는 바잘리아의 모습에) 따르면 완성된 말이 너무 커서 병동 문을 지나갈 수 없었고, 그래서 이 작품을 '내보내려면' 문이라는 장애물을 철거해야 한다는 결정이 났다. 이것은 전형적인 바잘리아식 순간으로, 고리치아 때부터 해온 그대로였다. 바잘리아를 찍은 어느 유명한 사진을 보면 그가 말 조각상이 갇혀 있는 쇠창살을 뚫고 지나가려 하는 광경을 볼 수 있다. 그렇지만 온갖 노력에도 불구하고 최후의 철문 하나가 완강히 버텼고, 그래서 문 옆에 구멍을 뚫어 말을 옮겼다(스카비아 역시 자신의 책에서 이 사실을 확인해준다).[33] 그때, 아마도 그들다웠다고 해야겠지만, 말이 나간다는 것의 의미와 무엇보다도 그 정치적 중요성을 두고 한바탕 토론이 벌어졌다. 바잘리아 사람들의 트리에스테 경험에 참여한 핵심 관계자이자 나중에 그것을 기록한 페페 델라콰는 새벽 네시까지 격렬하게 이어진 토론에 대해 들려준다. 물리적 충돌의 위협까지

있었다.[34]

결국에는 '말이 나간다'는 쪽으로 의견이 모였다. 그리고 이 행사에 사용할 전단이 작성되었다. 이 문서는 철학적 사고와 매체 전략을 전형적인 바잘리아식으로 결합하고("마르코 카발로는 정신질환자 보호소 생활에 고통받고 있는 사람 모두를 위해 진행 중인 해방 과정을 나타내는 상징입니다"), 거기에 (근로 시간과 근로 조건에 관한) 구체적인 정치적·경제적 요구를 덧붙인 것이었다. 1973년 3월 25일 트리에스테 정신병원의 간호사, 의사, 미술가들이 이 전단에 서명했다(흥미롭게도 환자들은 서명하지 않았다).

마르코 카발로 전단은 급진적 언어 측면에서 계몽적인 성격도 있었다. 요구사항에 근로 시간, 환자를 위한 주택, 병원 폐쇄를 뒷받침할 자원 등이 대단히 구체적으로 쓰였다. 그리고 이 요구를 그저 수사로만 내놓는 것이 아니라, 불응할 경우 파업을 비롯한 여러 가지 투쟁에 들어갈 것이라고 노골적으로 밝혔다. 그렇지만 1973년 이후로 이 기억과 마르코 카발로의 서사가 전해져 내려오는 사이에 이처럼 급진적이고 사회적으로 날이 선 부분은 전체 이야기에서 사라지고 말았다.

마르코 카발로 행사는 순수하게 상징적인 즐거운 순간이었던 것으로 이야기되는 때가 많다. 앞서 살펴본 대로 이 운동에서는 많은 일이 일어났지만 정말로 중요한 것은—형식 및 내용 면에서—정신질환자 보호소의 대안이 될 공공시설을 만들기 위한 실제적 조처였다. 여기에는 공공주택, 보조금, 협동조합, 정신보건 센터, 시 병원 안의 응급 센터 등이 포함되었다. 이러한 지원 시설과 기관 네트워크가 정신질환자 보호소를 대체했다. 그 어느 시점에서도 (적어도 트리에스테에서는) 환자를 그냥 가족에게 떠밀거나 바깥세상에 내버리거나 하지 않았다. 그러나 도시마다 나름의 특유한 경험이 있었고 나름의 이야기가 있었다.

상징주의는 담장, 담장의 철거, 말의 반출/해방에서 끝나지 않았다. 바잘리아의 철학은 '병'과 '정상' 사이를, 또 의사와 환자 사이를 가로 막는 장애물의 제거를 중심으로 했다(당시 많은 비판적 정신의학자에게서 흔히 볼 수 있었던 관념이다). 그러므로 '미친 사람들'을 '정상인'의 세계 안으로 내보냄으로써(저 말은 시내 어느 지역에서 열린 거리 축제에 초대되었다) 그런 철학을 실천하고 있었다. 바잘리아는 다음과 같이 주장했다.

> 병원의 개방과 소통의 자유는 외부 세계가 관계의 한쪽으로서 참여할 때만 효과를 발휘할 수 있다. 우리가 마음을 열고 내부와 외부 세계 사이에서 대화를 유지하지 못한다면 소통의 자유는 그저 하나의 책략으로 끝날 것이다. ……이 단계에서는 외부 세계가 정신병원을 저 자신의 것으로 인식해야 하고, 사람들의 재활을 돕는 시설과 재활을 열망하는 사회 사이에 연계가 형성되어어야 한다. ……일단 전통적인 정신의학 시설에 배척하는 성격이 있다는 사실이 명백해지고 여러 가지 새로운 치료 차원의 실험의 필요성이 인정되면, 이 새로운 소통을 어느 정도로 받아들일지를 결정하는 쪽은 외부 세계일 것이다.[35]

이것은 고리치아, 레조넬에밀리아, 페루자, 파르마의 경험을 종합한 전략이자 1970년대 전반으로부터 떠오른 비교적 새로운 전략이었다. 도시 자체가 운동에 활용되고 있었고 "공공시설을 관통하는 대장정"이 이제 사회 자체 안으로 들어가려 하고 있었다. 고리치아에서는 부정적인 측면 말고는 그 경험 전체에 도시가 빠져 있었다. 다시 바잘리아를 인용하면

트리에스테에시는 환자가 다른 방식으로—고리치아에서는 필수불가결해 보였던 병동 집회, 전체 집회 등과 같은 도구 없이—삶을 찾아 돌아갔다. 트리에스테에도 여전히 집회는 있었지만, 이 집회에는 위기에 빠진 도시가 상징적으로 또 실질적으로 참여했다.

이 모든 계획의 핵심 인물이었던 급진적 연극인 스카비아는 (어쩌면 약간은 낙관적으로) 다음과 같이 말했다. "이것은 중요한 순간이다. 마르코 카발로가 이제 떠나려 하고 있다. 그리고 정신병원 전체가 그와 함께 떠날 것이다." 이처럼 마르코 카발로가 밖으로 나간다는 것은 바잘리아 운동의 철학과 실천을 하나로 아우르는 것이었다. '미친' 사람들과 '정상인' 사람들이 한데 만나게 되었다. 이것은 또 순수하게 이목이 집중되는 순간이자 하나의 도발이요 상황주의적 행위로서, 다양한 형태의 매체를 창의적으로 활용한 것이었다. 그렇지만 그 자체로는 아무것도 바꿔놓지 못했다. 바잘리아는 1970년대 말에 어느 인터뷰에서 이점을 일부 인정하며 이렇게 말했다. "필시 우리는 선전으로 보일 만한 일을 많이 했고…… 좌파를 비판하는 사람들에게 공격할 거리를 많이 주었을 것이다. ……우리는 쓸 수 있는 모든 수단을 동원했다." 그리고 이렇게 결론을 내렸다. "트리에스테는 실제로는 일종의 '다자이'〔마오쩌둥주의자들이 모범 사례로 삼은 시범 마을〕였다."[36]

환자들에게 자신의 꿈과 희망을 종이에 적게 하고 이 종이를 모아 마르코 카발로라는 형태의 선명한 파란색 종이모형을 만든 것은 실용적 유토피아의 또 한 가지 형태이자 화룡점정이었다. 이 말을 끌고 정문을 지나 언덕을 내려가 시내로 들어갈 때 말에는 아직 떠나지 못한 사람들의 꿈이 실려 있었다. 그러므로 마르코가 병원을 나가 도시로 들어간 것은 여러 차원에서 상징적이었다. 그것은 환자 자신 또한 풀려나기 직전이라는 사실과, 그들의 꿈이 어느 정도는 실현 가능하다는 사실, 그렇지만 오로지 '정상적인' 사람들과의 협력을 통해서만 가능하다는 사실을 보여주었다.[37]

데이비드 포르가츠는 그다음에 일어난 일에 대해 들려준다.

> 두 곳의 정신병원에 있던 400명의 환자가 저 파란 말을 따라 트리에스테의 거리를 행진했다. ……그 상징성은 트로이의 목마를 뒤집은 것으로 해석할 수 있었다. 이 말은 담으로 둘러싸인 영역의 안으로부터 밖으로, 한 도시를 침략하여 포로로 잡기 위해서가 아니라 포로로 잡힌 사람들을 풀어주기 위해 굴리고 나온 것이다.[38]

정성껏 말을 만든 과정은 치료의 한 형태로서 시도된 것이기도 했다. 그러므로 마르코 카발로의 복잡한 이야기는 개인, 공공시설, 정치의 차원을 오가는, 처음부터 끝까지 더 넓은 범위에서 일어나고 있던 변화의 한 부분이었다. 이 말 조각상은 실제로 환자들이 만든 게 아니었지만 "환자들이 말 자체를 한번 만지지도 않으면서 만든 것으로…… 더 튼튼하고 더 무한한 어떤 것을 만들어냈다."[39] 마르코 카발로의 행진은 그때가 마지막이 아니었다. "그것은 학교에서, 축제에서, 장터에서 전시되었고 이탈리아 바깥으로도 여행을 다녔다."[40] 이 말은 계속해서 이탈리아 전역에 모습을 나타냈고, 1980년에 프랑코 바잘리아가 때 이르게 죽은 뒤 그의 사촌 비토리오 바잘리아가 영구 복제품을 만들었다.

1970년대에 '1968년' 운동은 강력한 저력과 함께 정점에 다다라 있었다. 모든 곳에서 정치가 행해졌고 한 세대 전체가 정치 의식화되었다. 그 결과 트리에스테 운동 내의 토론 역시 다양한 정치적 입장을 끌어안고 있었는데, 그중 일부는 의심할 여지 없이 극단적이었다. 바잘리아는 과도하게 이념적인 논의에 대해—비록 본인의 글이 그런 논의를 조장해왔지만—거의 인내심을 보이지 않았다. 그는 이론과 실제를 하나로 아우르는 데 관심이 있었다. 그러나 1973년 무렵에 이르러 쟁점 하나하나가 긴 토론과 긴 성명의 주제가 되어 있었다. 운동은 실로 매우 진지해져 있었다.

바잘리아 이후—트리에스테의 구 정신질환자 보호소의 기억과 망각

구 정신병원의 둘레에는 지금도 담장이 있지만 정문은 없어졌다. 누구든 차를 타거나 걸어서 단지를 드나들 수 있다. 오늘날에도 이곳에는 바잘리아 사람들을 필두로 일어난 혁명을 명확하게 가리키는 연결고리들이 있다. 단지 안에 두 마리의 마르코 카발로가 있다. 하나는 청동으로 만든 본격적인 조각물이다. 여기에는 안내문 같은 것이 붙어 있지도 않다. 형태 자체만으로도 1973년에 있었던 마르코 카발로 행사의 위력과 중요성을 방문객에게 상징적으로 전달하기에 충분하다(물론 방문객 모두가 그것을 이해하는 것은 아니다). 그러나 이것은 어떻게 보면 움직이지 않는 기념물이며, 혁명의 순간을 전통적 방식으로 표현한 것으로서 역동적인 순간을 거의 화석화한 것이다. 혹은 오늘날의 트리에스테와 1973년의 트리에스테 사이의 거리를 일깨워주는 기념물로도 볼 수 있다.

청동으로 만든 마르코 카발로가 주는 느낌을 상쇄하기 위한 것인지도 모르겠지만, (2008년에는) 언덕을 더 내려가면 (지금은 문을 닫은) 새 박물관 바깥에 선명한 파란색으로 된 말이 하나 발밑에 바퀴를 달고 서 있었다. 이 말은 위쪽의 조각상과는 다른 메시지를 전하고 있다. 프랑코 바잘리아의 이론과 실제에 따른 혁명이 계속되고 있다는 메시지이다. 이 말은 여러 해 동안 구 정신병원의 여러 위치에 놓였는데, 정문 자체에도 놓인 것이 인상적이었다. 이 말은 이따금 순회 전시에도 나간다.

1978년의 바잘리아 법이 제정된 지 30년이 되었을 때 트리에스테에서는 과거 정신질환자 보호소였던 공간에서 연극 연습을 하는 어느 극단이 연극을 무대에 올렸다. 이 극단의 배우 중에는 과거에 환자였거나 정신보건 서비스를 접해본 사람이 많았다. 이 연극은 마르코 카발로 경험을 중심으로 하고 있었고, 이 말을 소품으로 사용하여 트리에스테를 중심으로 일어난 변화의 이야기를 들려주었다. 더욱이 이 연극은 연극인 동시에 치료의 한 형태였으며, 정신건강에 문제가 있는 사람들을 위해 바잘리아가 극장과 미술을 활용한 것을 기원으로 하고 있었다.

2008년, 트리에스테의 슬로베니아 극장에는 그해의 기념행사 중 하나로 공연하는 연극을 보려고 사람들이 빽빽이 몰려들었다. 이 연극은 일련의 축하 행사와 토론회의 중심에 있었으며, 그 제목은 의미심장하게도 〈바잘리아 만세〉였다. 과거에 대한 향수도 스며 있긴 했지만 방법은 바잘리아적이었다. 남녀 배우 모두가 가짜 콧수염을 달고 저마다 자기가 당시 시내 정신보건 센터의 소장이었던 페페 델라콰라고 주장하는 장면도 그랬다. "내가 페페 델라콰야"에 이어 "아니야, 내가 페페 델라콰야" 하고 외치는 목소리는 과거와 현재를 종종 거의 성자의 전설 수준으로 올려놓는 여러 이야기를 몰아내려는 시도임이 분명했다. 페페 델라콰 본인이 무대 위에 올라가 역시 "아니야, 내가 페페 델라콰야"라는 대사를 말했을 때, 실제와 허구 간의, 또 의료 및 권력의 위계 간의 경계가 적어도 그 짧막한 순간만이라도 무너졌다.

이 연극은 기억(정신질환자 보호소, 운동, 마르코 카발로—이 말은 무대 위에 등장했다)에 관한 것인 동시에 변화에 대한 탐구이기도 했다. 자기 자신을 연기하는 배우들이 과거에 공공시설의 변화와 정치의 변화를 통해 탈바꿈을 경험했던 사연을 묘사했다. 나아가 바잘리아적 기억, 바잘리아적 장소와의 연결고리가 많이 등장했다. 과거와 미래를 동시에 바라보는 이 극단은 바잘리아적 생각의 살아 있는 예이자 하나의 기억이며 변화를 위한 힘이었다.[41]

트리에스테는 수집한 기록물을 공개하기 시작했고 2008~2009년에는 구 정신병원 경내에 박물관을 마련했다. 이 사업에서는 멀티미디어를 활용했고, 바잘리아 계획과 관련된 사람 중 지금도 트리에스테에서 일하거나 사는 이들의 기억을 활용했다. 기록보관소는 대화형 책상을 이용했는데, 멀티미디어 전시와 박물관 배치를 전문으로 취급하는 미술 집단 스튜디오 아추로가 설치했다. 박물관의 형식조차 바잘리아적이어서 상호작용, 선택, 참여를 강조했다. 대화형 책상에서는 터치스크린을 통해 정신질환자 보호소 및 정신보건 서비스의 역사에서 서로 구별되는 동시에 서로 연관된 세 단계의 기억에 관한 여러 사진을 볼 수 있었다. 첫째는 저 완전 통제시설의 역사이고, 다음은 변화의 역사(부

450

정되는 공공시설), 마지막은 오늘날 계속되고 있는 바잘리아적 공공시설의 이야기다.

이 책상에서 참여자(방문객과 학생)들은 자신이 고른 사진으로 자기만의 앨범을 만들어 가져갈 수 있었다. 이 모든 것이 바잘리아가 일한 사무실과 치료된 환자들이 살 수 있도록 병원 단지 안에 만든 아파트 등 억압적 공공시설이라는 논리를 무너뜨리기 시작한 뜻깊은 장소에서 가까운 자리에 마련되었다. 당시에는 다섯 명의 옛 환자가 여전히 그곳에서 살면서 과거의 작업과 미래의 작업 사이에 진정한 결속을 끌어내고 있었다. 끝으로, 바잘리아 본인과 관련된 신화를 벗겨내려는 의식적인 시도가 있었다. 이 작은 박물관의 벽 둘레에 정신질환자 보호소를 맡았던 역대 소장의 (이 전시를 위해 특별히 만든) 조각상이 서 있었다. 여기에는 프랑코 바잘리아의 흉상도 포함되어 있었다. 그렇지만 천을 씌워, 그가 이 시설에서 맡은 역할과 그 전임자들이 맡았던 역할 사이의 단절을 나타내는 동시에 바잘리아 신화를 걷어내고 있었다. 따라서 어떤 면에서 이것은 "박물관에 전시될 수 없었던 어떤 것을 위한 박물관"[42]이다. 그럼에도 불구하고 그곳에 전시된 사진 자체와 수많은 문서에서는 이 신화가 거듭거듭 강화되었다. 바잘리아가 가진 성자, 예언자, 순교자 이미지는 바잘리아와 관련된 문헌의 많은 부분에 늘 등장하고 그가 죽은 뒤 나온 문화 상품(다큐멘터리, 텔레비전 영화, 책, 사진)에도 항상 등장한다.

트리에스테의 구 정신질환자 보호소 단지의 핵심 특징 한 가지는 바잘리아의 이론과 실제의 연속성이었다. 지금도 이곳은 과거와 현재의 환자들이 일하는 협동조합, 극단, 시와 현의 정신보건 서비스 운영자 사무실 등 여전히 정신보건 서비스와 연관된 수많은 활동의 근거지로 이용되고 있다. 라디오 프라골라는 조합 형식으로 운영되는 라디오 방송국으로, 이곳에서 정신보건 문제를 다루는 프로그램을 제작하는 동시에 방송인을 위한 훈련 과정을 제공한다.[43] 이곳의 프로그램 중에는 1970년대에 자유·급진 방송국들로 구성되어 지금도 가동하고 있는 네트워크를 통해 송출되는 것이 많다. 바잘리아의 원칙은 이 중심부로부터 시와 현 전역에 걸친 서비스망으로 이어져, 과거와 현재, 이론과 실제 사이에 연결고리를 만들고 있다.

응급 정신보건 환자는 트리에스테의 시립 병원 안에 있는 개방형 센터에서 맡는다. 이 센터는 병원의 병동이라기보다는 호텔에 더 가깝다. 병원에 있다는 생각이 전혀 들지 않는다. 내부의 세세한 부분, 즉 가구, 배치, 장소의 용어 자체 등이 이 감각을 강화한다. 게다가 이곳에서는 의사도 평상복을 입는다(흰 가운은 어디에서도 보이지 않는다). 이 응급 센터는 이처럼 바잘리아의 원칙을 정신보건 서비스에 적용하여, 의료적 관점만큼이나 사회적 내지 문화적 관점에서도 대두되는 문제점을 다루고자 한다. 이곳에서는 누구도 오래 머무르지 않는다. 이곳은 (의사와 간호사의 관점에서, 또 환자의 관점에서) 시설에 도로 들어간다는 느낌을 주지 않으려고 의식적으로 노력한다.

오늘날 트리에스테에는 정신건강을 다루는 주간 진료소가 네 곳 있다.[44] 이들은 설치된 시기는 다르지만 모두 바잘리아 시대에 긴 정치 투쟁 끝에 설치된 곳이다. 환자를 비롯한 사람들이 언제든 내킬 때 찾아와 정신과 의사를 만나고 약을 처방받아 갈 수 있고, 또는 그저 다른 사람들과 어울리면서 기본 의료처치를 받거나 음식과 쉴 곳을 얻을 수도 있다. 이 센터에서 일하는 사람들은 작은 정신질환자 보호소를 만들게 될 위험을 예민하게 의식하고 있다. 이것은 바잘리아 사람들에게 자주 향하는 비난으로, 그들이 지금도 전과 같이 정신의학 서비스의 논리 안에서 일하고 있고 따라서 정신질환자 보호소를 만들어낸 그 체제 안에 있다는 공격이다.[45] 정신질환자 보호소와 비슷한 방식이 되살아나는 것을 방지하기 위해 건축물의 구조 차원에서 사회적 맥락을 만들기 위한 시도가 여러 차례 있었지만, 이것은 역효과를 낳을 가능성이 있어서 제도 자체가 유토피아적 사고라는 비난에 노출될 수도 있다. 예를 들면 어느 주간 진료소에 갔을 때 그곳에서는 위층 환자들을 위해 발코니를 만들었으나, 자살 시도가 발생한 뒤로 자물쇠를 채워두어야 했다고 한다.

더욱이 이곳 일선에서 받은 느낌은 문제가 일어나지 않도록 하기 위해 종종 약물을 이용한다는 것, 그리고 자원 압박 때문에 바잘리아 시대의 혁명을 움직이던 원동력이 사그라지고 있다는 것이었다. 이와 같이 기억과 망각은 이런 시설의 외형 자체에서, 그들의 일상적 활동에서, 그리고 그 안에서 일하는 인원뿐 아니라 그곳을 찾는 환자에게서도 나타난다.

이제 트리에스테에서는 1968년의 거대한 운동과 그 정치적 뒷받침도 없는 상태에서 바잘리아의 원칙을 시행하려는 노력과 일상적 삶의 가혹한 현실 사이에 끊임없는 투쟁이 벌어지고 있다. 이는 트리에스테의 보건 체제 종사자들이 시대에 발맞추어 나아가지 못한다는 말이 아니다. 정신건강 문제가 있는 환자의 주거에 관한 과거의 정설은 집단 주거와 그 안에서 (명시적으로든 사회적으로든, 함께 산다는 행위 자체를 통해 자연히) 구현되는 집단 치료와 관련되어 있었다. 이것이 이제는 갈수록 개별 주거 구조를 강조하는 방향으로 바뀌고 있다. 다른 수많은 분야와 마찬가지로 이 분야에서도 트리에스테 모델이 세계를 이끌고 있다.

트리에스테의 경험은 로이 포터가 『광기에 관한 짧은 역사』에서 이탈리아에서는 1978년 법 이후 "혼란이 이어졌다"고 한 판단과는 모순된다.[46]

구 정신질환자 보호소 경내에는 과거와의 연속성을 보여주는 그 밖의 예도 볼 수 있다. 1970년대에 혁명에 관해 쓴 낙서 몇 가지가 지금도 남아 있는데, 어느 벽면에 적힌 "진실은 혁명적이다"도 그중 하나다. 그렇지만 세월이 지나면서 의도적으로든 그저 무지 때문이든 그중 많은 부분이 덧칠로 지워졌다.[47] 이것은 망각 내지 계획적 말소의 명백한 예이다.

트리에스테에서 보여주려는 마지막 예는 환자들이 운영하는 일 포스토 델레 프라골레(잉마르 베리만의 1957년 영화 〈산딸기〉를 이탈리아어로 옮긴 것)라는 이름의 주점 겸 식당에 대한 것이다. 이곳은 특히 볼만한 바잘리아적 장소로, 1960년대와 1970년대의 변화를 상징하는 여러 가지 특징을 보존하고 있었다. 먼저, 유토피아적이고 창의적인 이곳의 이름이 있다. 둘째, 억압이 가해졌던 바로 그 구역 안에서 일함으로써 환자들이 자기 삶의 통제권을 돌려받았다는 느낌이 있다. 이들은 목소리와 말할 권리를 받았고, 커피를 주문하고 내올 수 있었으며, 또 돈을 벌 수 있었다. 끝으로, 바잘리아 시대의 (그리고 어떤 면에서 1970년대 전체의) 한 가지 특징인 끝없는 집회와 관련하여, 이 주점 역시 자욱한 담배 연기 속에서 지속적인 논의와 토론이 벌어지는 장소였다. 당시에 이 주점은 바잘리아 혁명을 기록한 일련의 사진 속에 담겼으며, 지금은 수많은 책과 기록보관소에서 찾아볼 수 있다. 이 주점은 지금도 남아 있지만, 세 가지 중요한 특징을 빼면 과거의 이 장소와는 거의 관계가 없다. 그 세 가지는 이곳의 이름, 물리적 위치, 그리고 협동조합을 통해 지금도 과거 또는 현재의 환자들이 운영하고 있다는 사실이다(이 협동조합은 회복 중인 중독자 같은 사람들도 고용하고 있다).

오늘날 트리에스테의 정신보건 서비스는 세계 최고로 꼽힌다. 1980년대와 1990년대 내내 전세계의 젊은 정신의학자들이 이곳을 찾았다. 트리에스테 답사는 정신질환자 보호소 이후의 세계에서 무엇이 달라질 수 있을지를 이해하기 위한 중요한 단계였다. 이탈리아는 하나의 모델이었고 세계보건기구 역시 그 점을 인정했다.

트리에스테는 이런 영예에 안주하지 않았다. 이 도시는 다른 모든 곳의 정신질환자 보호소 폐쇄 문제에 전문적인 의견을 제공하는 중심지가 되었다. 지금도 여러 다른 나라에서 시대에 뒤떨어진 정신보건 시설을 처리하기 위해 종종 이 도시 서비스의 오페라토리와 의사들을 찾는다. 이 연속성은 레로스의 사례에서 가장 극적으로 볼 수 있었다. 레로스는 '쓰레기 하치장'이었음이 폭로되었던 그리스의 섬으로, 1980년대 말에 약 3000명의 환자가 지독한 상태에서 수용되어 있던 것이 폭로되었다. 트리에스테는 레로스로 팀을 파견하여 그곳의 완전 통제 시설을 개혁하고 폐쇄했다. 이 일은 작업에 관여한 사람들에게 마음의 상처를 입히기도 했다. 과거 이탈리아의 정신질환자 보호소에서 직접 목격했던 광경이 되살아났기 때문이었다. 레로스 스캔들은 트리에스테에서 잠깐 문을 열었던 박물관의 주요 전시물이 되어, 과거 바잘리아의 방식과 현재의 방식 사이를 명확하게 이어주는 또하나의 증거물이 되었다.[48]

1971년에 바잘리아가 트리에스테에 부임했을 때 병원에는 1182명의 환자가 있었다. 그중 90퍼센트는 타의에 의해 수용되어 여전히 1904

년 법에 묶어 있는 환자였고, 나머지는 1968년의 개혁에 따라 자발적으로 들어온 환자였다. 1977년 초에 이르렀을 때 이 병원의 환자 중 강제 수용된 인원은 51퍼센트에 그쳤다. 물론 손님(433명)이나 자원봉사자(81명) 자격으로 아직 그곳에 있는 사람도 많았다. 바잘리아가 소장으로 부임한 지 9년 후인 1980년 8월, 트리에스테의 정신질환자 보호소는 영원히 문을 닫았다.[49]

트리에스테의 병원은 그냥 빠르게 닫히기만 한 게 아니었다. 격리와 배척과 침묵을 바탕으로 지어졌던 그 존재 이유가 무너졌다. 폐쇄가 진행된 기간은 왁자지껄하고 기쁨이 가득했으며, 모른 체하기가 불가능했다. 자기만의 엄격한 규칙과 폭력과 닫힌 세계라는 관념을 바탕으로 세워진 완전 통제시설이었던 이 정신질환자 보호소는 개방적이고 창의적인 장소로 탈바꿈하여, 자유와 토론이 바깥세계보다 더 흔한 곳으로, 변화의 모델로 변했다. 이곳은 '반' 정신질환자 보호소가 되었다. 지금은 그와는 또다른 곳이다. 지금은 '구' 정신질환자 보호소이다.

오늘날 트리에스테의 의미—향수, 투쟁, 미래

정신병원을 대신할 확실하고 능률적인 대안을 만드는 것은 가능하다. 〔그러나〕……그렇게 된 것은 스카비아 덕분도 아니었고 마르코 카발로 덕분도 아니었다.

프랑코 로텔리[50]

이념은 형성되는 동안에는 자유를 의미하지만 일단 형성되고 나면 억

456

압을 의미한다.

프랑코 바잘리아[51]

트리에스테에는 우리가 당시 고리치아에서 취했던 노선을 훨씬 넘어
서는 중요성이 있었다.

프랑코 바잘리아[52]

1970년대, 1980년대, 1990년대에 트리에스테와 산조반니 정신질환
자 보호소에서 일어난 일에 대한 기억은 논란의 대상이 안 되는 것도
아니고 이의가 제기되지 않는 것도 아니다. 트리에스테 안에서 우세한
관점은 정신질환자 보호소 반대 운동의 수도라는 이 도시의 역할을 대
체로 받아들이는 동시에 자랑스레 여기는 것이다. 그렇지만 이런 대체
적인 여론은 정신질환자 보호소 체제의 종말에 대한 묶어진 기억과 단
순화된 이야기를 바탕으로 하고 있는 때가 많다. 그럼에도 불구하고
오늘날 그 묶어진 기억을 둘러싸고 얼마간 의견이 일치되는 부분이 있
다는 사실에는 의심할 여지가 거의 없다. 그것도 20세기에 그토록 쓰
라리게 기억이 분열되었던 도시에서 그렇다.[53] 이와 동시에 바잘리아
시대와 연관된 살아 있는 기억은 저 장소 자체로부터 조금씩 비워져왔
다. 그곳에 세워진 박물관은 이제 문을 닫았고(영구적인 결정으로 보인다)
보건 및 정신보건 서비스를 맡았던 바잘리아 사람들은 이제 거의 모두
은퇴했다. 이들의 뒤를 제2, 제3 세대 바잘리아 사람들이 잇고 있지만,
1970년대 이후에 마련된 서비스는 이제 강한 압박 속에서 여러 가지
논란과 반대를 마주하고 있다. 운동은 과거에 세워진 것들을 그저 지
키기만 하는 신세인 경우가 많다.

또한 과거를 이해하기 위한 자료의 출처와 접근법 자체에도 문제가 있다. 트리에스테의 역사와 바잘리아가 그곳에서 맡았던 역할은 주로 그곳에 있었던 경험의 주역들이 들려준다. 이곳의 핵심 문헌은 페페 델라콰의 대중적인 책(1980년에 초판 발행), 조반나 갈리오와 마리아 그라치아 잔니케다가 내놓은 그보다 학문적인 연구서, 그리고 프랑코 바잘리아와 프랑카 옹가로의 고전서들, 줄리아노 스카비아의 책, 마르코 투르코의 텔레비전 픽션, 그리고 로텔리가 쓴 여러 글이다. 트리에스테의 경험을 연구한 외부인은 거의 없고, 있다 해도 주로 이 자료들을 바탕으로 연구했다.

트리에스테에 관한 연구가 순환논리에 빠지는 것도 당연한 일이다. 바잘리아 사람들은 트리에스테에서 정신보건 서비스(이는 그들이 완전히 무에서부터 만들어냈다)만 맡은 게 아니라 나중에는 시의 보건 체제 전체를 맡았다. 이것은 상당한 규모의 권력 기반이었고, 운동에서 물리적·정신적으로 과거를 구성하는 데, 또 그 과거가 서술되고 연구되는 방식을 관리하는 데 도움이 되었다. 그렇지만 시의 보건 서비스 내에서 일하고 있는 (또는 예전에 일했던) 옛 바잘리아 사람들 사이에서 그 과거를 어떻게 들려줄 것인가를 두고 토론이 일어나고 있다. 그 한편에는 1970년대가 과거에 대한 향수로서 되살아나고 있으며 마르코 카발로 같이 눈길을 끄는 순간에 관심이 집중된다고 비판하는 사람들이 있다. 이 갈래의 의견/기억에서 가장 강력한 연구자는 프랑코 로텔리로, 트리에스테에서 바잘리아의 후계자이자 시의 보건 서비스 관리 및 행정에서 핵심 역할을 맡았던 사람이다. 그는 현재(2015년) 트리에스테의 지방의회 의원이다. 로텔리는 마르코 카발로 이야기에 지쳤다. 그가 볼 때 진정한 바잘리아 혁명은 정신질환자 보호소를 폐쇄하기 전이 아

니라 후에 일어났다. 로텔리는 "우리는 시위하지 않았다. 그냥 실천했
다"고 말하며, "정신의학의 옛 논리를 뒤엎어놓은 것은 [도시 안에서 한]
능동적인 서비스였다"고 주장한다.[54] 그는 트리에스테의 경험이 "정신
병원을 대신할 확실하고 능률적인 대안을 만드는 것이 가능함"[55]을 입
증했다고 주장한다. 로텔리에 따르면, 정신보건 서비스 면에서 트리에
스테에 일어난 변화를 높이 평가하는 일은 완전히 제쳐둔 채 마르코
카발로를 중심으로 풀어나가는 이야기를 수없이 반복하다 보니 이제
는 정신질환자 보호소가 문을 닫은 뒤로 일어난 일을 적극적으로 덮어
버리기 시작한 꼴이 되었다. 30년간의 작업이 무시되고 있다. 마르코
카발로 중심의 기억은 현재뿐 아니라 과거를 공허한 기분전환거리에
다 사소한 찬양거리로 바라보는 방식이 되었다.

트리에스테의 기억을 바라보는 또하나의 갈래는 '소유적 기억'에 가
깝다. 나는 다른 곳에서 1968년은 "과거를 연구하는 사람이 애초에 그
과거에 참여했던 사람인, '소유적 기억'을 낳았다"고 주장한 바 있다.[56]
바르바라 아르마니의 말을 인용하자면 "공공 영역에 접근할 수 있었던
세대가 기억을 '소유적'으로 이용해왔다. 그들은 '사실'을 정교하게 구
성하는 한편 저 자신의 '자기 묘사'를 내놓았으니, '1968년이라는 신
화'는 이렇게 창조되었다."[57] 바잘리아적 과거에 대해 이런 소유적 형
태의 기억이 적용될 때, 과거에 대한 모든 비판을 배척하고 찬양 일색
의 수사에 탐닉하기가 쉽다. 비판하는 목소리는 곧잘 배제되는 것이다.

1968년 운동은 기억과, 그 자신의 과거와 어려운 관계를 맺어왔다.
이에 대해 그라치아니는 다음과 같이 적고 있다.

트리에스테의 정신질환자 보호소에서 있었던 권력 뒤엎기는 폭력적

인 환자, 더러운 환자, 자살 성향이 있는 환자, 조용한 환자, 남자, 여자 등 환자를 분류해둔 기록보관소를 파괴하는 것으로 시작되었다. 이 결정에 내포된 취지 때문에 이 혁명이 일어나는 당시에 혁명의 체계적인 기록보관소를 만들기가 불가능해졌다.[58]

환자를 과거의 의료로부터, 너무나 오랫동안 그들을 따라다닌 진료기록의 폭정으로부터 해방하는 것도 바잘리아 사람들이 한 작업의 일부였다.

그렇지만 트리에스테의 운동은 그 자체에 대한 지속적인 기억을 구축하고자 했다. 앞서 살펴본 대로, 여러 종류의 자료로 이루어진 방대한 기록보관소를 활용하여 구 정신병원 안에 혁신적인 박물관을 열었다. 이 사업은 전체적으로 "정원을 넘어"라는 이름으로 알려졌으며, 멀티미디어 기록보관소를 충분히 활용했다. 그렇지만 (학교, 학자, 방문객을 대상으로 활동한) 이 사업은 자금이 바닥나면서 금세 끝났다. 오늘날 산조반니를 찾는 방문객은 1970년대에 그곳에서 일어난 일에 대해 거의 아무것도 안내받지 못한다.

결론—트리에스테에 관해 들려주기

트리에스테 정신병원은 '운영이 중지될 수 있고 그에 따라 문을 닫을 수 있다.'

트리에스테현 행정부(1980년 4월 21일)

신화와 분열과 침묵과 소유적 기억이 있는 상태에서 이 운동에 대한 글을 쓰기란 쉽지 않다. 과거로부터 반복된 진부한 이야기들을 그저 되새김질할 위험도 있다. 운동 자체가 기억 면에서 문제를 만들어낸 부분도 있었다. 이에 대해 조반나 갈리오는 다음과 같이 썼다.

> 복수의 집단과 행위자가 관여했다는 점에서 또 실제가 복잡했다는 점에서, 어떤 '역사적 기억'을 기록하는 일은 복수의 저자만이 해낼 수 있는 일인 듯하다. 그러나 이 기억이 아직 완전히 기록되지 않은 것은 그저 참고할 기억이 많기 때문만은 아니다.[59]

프랑코 로텔리가 볼 때 트리에스테는 "환자의 모험이자 집단적 모험으로, 철저히 실제적이며 바로 그 때문에 실행하기가 거의 불가능하고, 조급하면서도 강박적이며, 각론이면서도 총론인…… 서술하기가 어려운 대상"이었다.[60] 이처럼 복잡다단한 과거의 모습 중 한 가지가 전해지고 있기는 하지만 대체로 찬양조이다. 로텔리는 공공시설과 정신보건 서비스를 개혁하려는 노력에 얼마나 복잡한 사안들이 걸려 있었는지를 알아야 한다고 주장한다. 그렇지만 트리에스테 – 바잘리아에 관한 우세하고 대중적인 이야기들은 과거를 단순화하는 경향이 있다.

제23장

180호 법―역사, 신화, 그리고 실제

거대한 정신병원들이 없어졌다. 정말로 경이로운 업적이다.

톰 번스[1]

이것은 승리였다. ……국민투표를 피하기 위해 통과된 임시적인 법이며 따라서 타협이 끼어들지 않을 수 없었다. 우리는 행복감에 도취되어선 안 된다.

프랑코 바잘리아[2]

5월 13일, 이 법이 이탈리아에는 더이상 정신질환이 없다는 결정을 내리지는 않았지만, 이탈리아에서 정신적 고통에 대해 더이상 강제수용과 격리로 대응해서는 안 된다는 결정을 내린 것은 확실하다. 그러나 그렇다고 해서 사람들을 불안과 문제를 안고 있는 그대로 그냥 집으로 돌려보내는 것으로 충분하다는 뜻은 아니다.

프랑카 옹가로 바잘리아[3]

시간과의 싸움

시간이 없었다. 너무나 없었다. 정신병원과 그 서비스에 관한 1904년 법에 대해 급진당이 앞장서서 벌인 반대 운동이 벌써 70만 명의 서명을 받았다. 이윽고 국민투표가 진행되면 이탈리아 국민은 저 법률을 아예 폐지할 수 있고 그러면 이 나라의 정신병원들이 입법상 공백 상태에 들어갈 수도 있었다. 그러나 이탈리아인 대다수가 저 옛 법에 반대표를 던지리라는 보장은 없었다. 이탈리아 공화국이 몇 차례 경험했듯이, 국민투표의 가능성이 대두되자 원래는 두고두고 얼버무리고 지나갔을 정치가들의 생각이 한데 모였다. 다수당들이 금세 합의를 도출했다. 당시는 국가가 위기에 처하여 연대정부가 꾸려져 있던 때였다.

이 같은 시간과의 싸움 결과, 180호 법을 둘러싼 주요한 토론과 논의는 의회 본회의장이 아니라 (상원과 하원의) 두 보건위원회가 자리잡은 뒤쪽 방에서 벌어졌다. 바잘리아는 이 과정에 처음부터 관여하고 있었지만 정계는 그의 목소리에만 귀를 기울이지는 않았다. 온건한 정신의학자들과 전문 단체들 역시 의견을 내놓았고, 가장 주도적인 역할은 정당이 맡고 있었다. 결국 이 법은 상황이 만들어낸 하나의 타협이었다. 오직 지나고 나서야 그것이 혁명으로 여겨지게 되었고, 나아가 자주 인용되는 노르베르토 보비오의 말마따나 이탈리아 역사상 "유일한 진짜 개혁"으로 보이게 된 것이다.

신화 풀어내기―6개월짜리 법률

180호 법에 관해서는 신화와 이야기가 많지만, 그 개혁에 대한 논의의 많은 부분이 잘못된 전제를 바탕으로 하고 있다. 먼저 그때 정확히 무슨 일이 있었는지 파악해보도록 하자. 첫째, 180호 법은 (별도의 입법 안건으로서는) 의회 본회의에 상정된 적이 없다. 이 법은 위원회에서 통과되었다. 의원들에게는 이 법에 대해 논의할 기회도 투표할 기회도 없었다(다만 이 법이 나중에 더 광범위한 보건개혁법인 883호 법에 편입되었을 때는 기회가 있었다). 그런데도 이 법안이 의회의 표결을 거쳐 제정되었다고 설명하는 경우가 많다. 맞는 말이기는 하지만, 기술적인 의미에서만 그렇다.

둘째, 180호 법에는 매우 따분한 이름이 붙었고, 내용의 많은 부분이 정신보건이나 정신질환자 보호소를 구체적으로 다루지 않았다. 이 법의 이름은 "자발적이고 의무적인 보건치료 및 검진"이었다.[4] 정신보건과 여타 보건 문제 사이의 차이를 (적어도 언어상으로는) 제거해버렸다는 점에서는 이것을 과거와의 급진적 단절로 볼 수도 있었다. 그러나 이 법을 둘러싼 논의의 많은 부분은 정신의학 서비스에 관한 것이 아니라, 정신건강에 문제가 있는 사람들을 포함하여 보건 부문의 모든 환자에게 강제 치료를 적용할 가능성에 관한 것이었다.

이것은 (그 밖의 많은 사람의 의견을 청취하긴 했지만) 의회의 상·하원 보건위원회에 소속된 몇몇 상·하원의원만 참여한 가운데 논의와 표결을 진행한 부분적 개혁이었다. 더욱이 이 논의가 시작된 맥락을 고려하면 당시에는 거의 아무도 무슨 일이 일어나고 있는지를 알아차리지 못했다. 1978년 5월, 세계의 눈은 그곳 로마에 집중되어 있었다. 곧 있을 정신보건 개혁 때문이 아니었다. 여당인 기독민주당의 정치가 알도 모로가 4월 16일에 수도 한가운데에서 붉은 여단에 납치되었다. 모로의 경호원 다섯 명이 살해되었다. 수도는 폐쇄 상태에 들어갔고 이탈리아는 충격에 빠졌다. 이 사건의 여파는 그뒤로 오랫동안 지속되었다. 따라서 이탈리아라는 국가가 위기에 처했고, 그런 만큼 (나중에) '바잘리아 법'으로 알려지게 될 법률이 통과되고 있다는 사실에 주목한 사람은 극소수였다. 5월 9일, 55일간의 납치 감금 끝에 알도 모로의 시신이 로마 중심가의 어느 자동차 트렁크 안에서 발견되었다. 이 55일에 대해서는 지금도 토론이 벌어지고 있다.

더욱이 법률을 제정하는 것과 그것을 실행하는 것은 전혀 다른 문제였다. 그 자체로 보면 180호 법은 거의 의미가 없었다. 이탈리아의 정신질환자 보호소 중에는 개혁 운동의 영향을 그다지 받지 않은 곳이 많았다. 이런 정신질환자 보호소를 실제로 폐쇄하자면 방대한 자원과 강력한 정치적 의지가 필요할 것이었다. 1978년 이후 바잘리아 법을 파기하려는 시도가 무수히 있었다. 심지어 법이 시행되기 전부터도 그랬다. 특히 프랑카 옹가로는 여생을 바쳐 180/883호 법을 옹호했고, 이 법이 실행에 옮겨지게 하기 위해 지칠 줄 모르고 운동을 벌였다. 이 법이 실제로 현실이 된 것은 1990년대 말의 일로서, 오랫동안의 투쟁과 저항의 결과였다. 180/883호 법은 법령집에 올라 있었지만, 마지막 정신질환자 보호소가 영영 문을 닫게 되기까지는 수십 년이라는 시간이 걸렸다. 그렇지만 180호 법은 하나의 전환점이었다. 그후로는 새로운 정신질환자 보호소를 세울 수 없었다(지금까지 그렇게 유지되고 있다). 정신보건 환자는 권리와 책임을 지닌 그냥 환자가 되었다. 그리고 예외적인 상황이 아니면 치료를 강요받지 않게 되었다.

이것은 트리에스테, 페루자, 아레초, 레조넬에밀리아 등 1960년대 초부터 상황이 바뀌기 시작한 지역들의 관심사를 얼마간 반영한 법이었다. 그렇지만 그 자체로는 그다지 급진적인 조처가 아니었다. 변화의 속도, 서비스 자체의 성격, 강제 치료를 사용하거나 사용하지 않는 정도 등 많은 세목이 각 지방 행정부와 의사와 관료에게 일임되었다. 이후 1980년대, 1990년대, 2000년대를 거치면서 각 지역이 개혁의 속도 및 성격과 서비스 자체에 있어 서로 큰 격차를 보이게 될 무대가 마련된 것이었다. 이제 이탈리아에는 정신보건 서비스를 위한 단일한 국가적 모델이 결코 수립되지 않게 되었다.

이탈리아의 여러 지역이 전세계 수많은 실무자들에게 모델이 될 터였다(일부는 이미 1960년대와 1970년대에 그랬다). 그러나 이탈리아는 또 유럽에서 가장 낙후되고 가장 열악한 정신보건 서비스의 모델 몇 곳을 계속해서 보유하게 된다. 이중적 체제가 만들어진 것이다. 가장 뛰어난 곳과 거의 또는 전혀 바뀌지 않은 곳이 나란히 존재했다. 이탈리아의 정신보건 체제에는 미래와 현재와 과거가 모두 있었다. 한편 180/883호 법에 대한 토론과 그 여파는 오랫동안 상처를 남겨, 정신의학자, 가족, 활동가, 정치가, 환자를 갈라놓았다. '바잘리아 법'이라는 꼬리표/이름은 긍정적 의미로만 쓰이지 않았다. 온갖 문제점과 쟁점을 바잘리아 운동 탓으로 돌리기 위해서도 이용되었고, 그중 많은 부분이 운동과는 아무 관계도 없었다.

또한 180호 법은 더이상 법이 아니다. 1978년 말에 더 광범위한 보건 서비스 개혁에 통합되었기 때문이다. 180호 법은 약 8개월 동안 별개의 법으로 존재했다가 1978년 말에 이르러 이미 역사의 일부가 되었다. 180호 법은 1978년 12월에 전반적인 보건 개혁 입법에 병합되었다. 이 사실에도 불구하고 대부분의 연구자는 계속해서 이 법이 별개의 법률인 것처럼 이 법의 조항을 분석하고 연구하고 있다. 바잘리아와 정신보건 개혁에 관한 많은 책이 180호 법의 조문을 수록하고 있지만, 이 법률은 이미 효력이 없다.

'오르시니 법'

현실은 신화로 변한 이야기보다 훨씬 덜 낭만적이었다. 180호 법은 다수의 온건한 정치가들이 수고한 덕분에 통과되었다. 예컨대 여기에는 저 악명 높은 정치가로 한때 기독민주당 소속이었던 파올로 치리노 포미치노와 공화당 소속의 수잔나 아녤리도 포함된다. 이 법의 진짜 이름은 법안을 제안했던 브루노 오르시니의 이름을 따 '오르시니 법'이었어야 했다. 그는 정신의학자이자 기독민주당 소속 의원으로, 이 법안을 내고 밀어붙여 통과시켰다.[5] 오르시니는 180호 법안을 위원회 단계(이 법이 거친 유일한 단계)까지 끌고 올라갔다. 그는 1976년에 처음 하원의원으로 선출되어 활동하다 1992년에 상원의원이 되었다. 오르시니는 프시키아트리아 데모크라티카보다 훨씬 더 온건한 관점을 지닌 이탈리아 정신질환의사단체협의회(AMOPI)의 회원이었다. 이 협의회는 180호와 883호 법률에 큰 영향을 끼쳤다.[6]

맥락

정신의학 서비스 부문의 전면적 개혁은 1978년 이전부터도 얼마간 논의되고 있었고, 주로 이탈리아에 전국적 보건 서비스를 구축하기 위한 복잡한 과정의 일부로서 논의되었다.[7] 마침내 1977년 12월에 통합된 보건 서비스 법안이 논의를 위해 의회에 제출되었다. 여기에는 정신질환자 보호소 및 정신보건 서비스와 직접 연결된 조처도 많이 포함되어 있었다. 그렇지만 승인되기까지는 상당한 시간이 걸리리라는 것이 확실했다. 각 조항이 격렬한 논쟁의 대상이 되었고, 특히 좌파 쪽에서는 강제적 보건 서비스의 허용 문제를 두고 우려했다. 바잘리아와 프시키아트리아 데모크라티카는 이 개혁이 나아가는 방향에 대해 모든 차원에서 완전히 반대하는 입장인 듯했다.[8] 예를 들면 바잘리아는 병원 안에 정신보건 분과를 만드는 데 명확하게 반대했다. 그는 1978년 4월에 이 조처는 "그러잖아도 비효율적인 일반 병원 안에 '작은 정신질환자 보호소'를 만들게"[9] 될 것이라고 주장했다.

그러다가 앞서 살펴본 대로 사람들의 생각이 의회 밖의 사건으로 쏠렸다. 바잘리아나 그의 운동과는 아무런 직접적 관련이 없던 사건이었다. 급진당(당시 의회에 의원이 네 명뿐이었다)이 1904년 법을 폐기하기 위한 운동을 벌여 70만 명의 서명을 모았다. 이 서명이 받아들여져 국민투표가 가능해졌다. 5월 11일까지 대체 법안이 통과되지 않으면 국민투표가 실시될 예정이었다.

표면적으로는 이것이 개혁자들에게 좋은 기회처럼 보였을 수도 있다. 국민투표가 실시된다면 1904년 법에 대해 또 이탈리아 내 정신병원의 상태에 대해 전국적인 논의가 있을 것이었다. 그러면 바잘리아 사람들은 이탈리아 국민에게 자신의 관점을 표현할 수단이 생길 것이었다. 또 이탈리아 국민이 1904년 법을 법령집에서 아예 빼버리는 쪽으로 투표하는 것도 가능했는데, 그렇게 되면 바잘리아와 급진적 정신의학 운동의 승리가 될 것이었다.

그러나 위험 또한 매우 높았다. 정치적 지배 계층은 유권자들이 법적 규제가 전혀 없이 정신질환자 보호소를 유지하는 쪽으로 결정할지도 모른다고 우려했다. 이것은 받아들일 수 없는 상황이었다. 또하나의 위험은 운동 자체가 대실패할 가능성이었다. 이탈리아 국민이 1904년 법을 그대로 두는 (또는 폐기를 반대하는) 쪽에 투표할 수도 있기 때문이었다. 그러면 오랫동안의 투쟁 전체가 원점으로 돌아가고 개혁을 이루기가 지극히 어려워질 것이었다. 바잘리아 자신이 이 위험을 의식하고 있었다.[10] 결국 이 두 가지 위험 때문에 운동, 비교적 온건한 정신의학자 협회, 로마의 정치가들 사이에 연합이 이루어졌다. 모두가 법률이 필요하며 그것도 시급하다는 점에 동의했다. 이런 맥락에서 이들은 (마침내) 일을 시작했다.

국민투표가 임박하면서 대두된 이 두 가지 위험 때문에 여러 정당은 재빠르게 행동하지 않을 수 없었다. 일반적인 절차가 생략되었다. 해법은 독창적이었다. 첫째, 포괄적인 보건 개혁법 중 정신의학 부분을 그 나머지와 분리한다(이것은 국민투표 운동으로 인한 뒷걸음질에 해당했는데, 적어도 입법 목적에서라도 정신건강을 그 나머지 종류의 보건 서비스와는 다른 것으로 취급했기 때문이다). 그런 다음 이 부분은 별도의 법률로 통과시킨다. 일단 국민투표라는 위험이 없어지고 나면 (모든 것에 대해) 더 자세한 논의를 거칠 수 있고, 정신의학 개혁은 더 포괄적인 법률 안에 다시 포함시킬 수 있다는 것이었다.

이런 개혁에 대해 의회 전체가 투표할 시간은 없었고, 그래서—양원 의장과 당 대표들의 동의에 따라—상·하원의 보건위원회가 법안을 통과시킬 수 있게 하는 긴급 절차를 채택했다. 거의 사용하지 않는 이 절차를 동원하고 또 여당들이 힘을 합쳐 노력한 결과 180호 법은 단 20일 만에 논의 후 통과되었다.[11] 이 법의 조항은 또 급진적 개혁에 반대하는 유명인사로서 작가 겸 정신의학자인 마리오 토비노의 지적에도 영향을 받은 듯하다.[12]

20일

몇 년이 지난 뒤 브루노 오르시니는 그때 있었던 일에 대해 다음과 같이 자랑스레 썼다.

> 전문적, 사회적, 정치적으로 엄청나게 중요한 법률이 의회에 제출된 뒤 3주도 걸리지 않아 통과되었다는 사실은 작은 기적이었다. 5월 13일 대통령 레오네, 법무부 장관 보니파초, 보건부 장관 안셀미가 이 법에 서명했으며, 1978년 5월 16일 『관보』 133호에 발표된 법의 전문은 이탈리아의 법이 되었고 그다음 날부터 효력이 발생했다.[13]

오르시니는 1977년에 개혁의 온건한 성격을 강조한 바 있었다. "우리는 반정신의학의 승리를 제안하는 게 아니다. 우리는 정신의학이 문명화되기를 바라고, 이 법이 이 목표로 나아가는 중요한 한 걸음이라고 생각한다." 오르시니는 계속해서 다음과 같이 말했다.

마지막 단계(1976~1978년)에 학술 단체와 노동조합[정신의학자 협회, 앞서 언급한 AMOPI, 그리고 프시키아트리아 데모크라티카], 지식인, 정당, 그리고 지적으로 대단히 정직하고 도덕관념이 명확하다고 인정된 몇몇 의회 의원 등 유명한 사람들과 덜 유명한 사람들이 참여한 가운데 높은 수준의 절충이 있었다. 자신의 바람을 최종 조항에 그대로 관철한 사람은 아무도 없었다. 물론 바잘리아도 마찬가지였다.

보건위원회의 토론에서 오간 언어는 트리에스테를 비롯한 곳에서 있었던 논의의 현실성과는 거리가 멀었다. 몇 가지 주목할 만한 예외를 제외하면 대체로 관료적, 정치적, 기술적이었다.

더욱이 당시 이 법에 대한 논의에는 정신질환자 보호소나 그 미래를 중심으로 하지 않은 부분이 많았다. 위원회가 다룬 핵심 문제는 (정신보건 환자에게만 해당되는 게 아닌) 치료였다. 언제 또 어떤 종류의 사람에게 치료를 강제할 수 있는가? 강제 치료를 받는 환자를 위해 무엇을 보장할 것인가? 이런 제안은 1977년에 이미 바잘리아와 프시키아트리아 데모크라티카로부터 비판을 받았고, 한 의원은 이것을 일종의 의료적 체포에 비유하기도 했다.

그렇지만 위원회의 전체 절차와 그 내용을 가장 맹렬하게 비판한 사람은 급진당 대표 마르코 판넬라였다. 위원회 발언에서 판넬라는 그 자리에서 벌어지고 있는 일에 대해 격렬하게 비난했다. "여러분은 행동을 피하기 위해 행동하고 있습니다. 여러분은 다시 한번 익살극을 벌였습니다. 상상력도 없고 사실적이지도 않은 익살극을 말입니다."

판넬라가 화가 난 것도 뜻밖이 아니었다. 법률이 통과되고 있었다. 그가 준비해온 국민투표를 피하기 위해, 그것도 극한 상황에서 제대로 된 의회 토론도 없이 기록적으로 짧은 시간에. 급진당이 1904년 법 문제를 국민투표에 붙이기 위해 기울인 온갖 노력과 정치적 압박이 로마의 정치가들에게 강탈당하고 있었다. 게다가 판넬라는 이 법 자체에 대해서도 매우 비판적이었다. 그는 위원회에서 긴 시간을 들여 이 법을 조목조목 비난했다. 그는 물었다. 이런 조처를 어떻게 실행에 옮길 수 있는가? 이 모든 비용을 누가 대는가? 이 모든 게 무슨 의미인가? 모든 게 너무나 모호했다. 그는 심지어 강제 치료에 반대하는 바잘리아 본인의 말까지 인용했다.

판넬라가 주장한 내용은 거의 대부분 옳았다. 그러나 그는 또 비현실적이고 유토피아적이었다. 이 시기에는 공산당과 기독민주당의 동의를 얻지 못하고는 그 어떤 개혁도 의회를 통과할 수 없었을 것이다.[14] 외부의 압력과 의견이 더해지기는 했지만, 어떤 개혁이든 결국 이 세력들 간의 타협이었을 것이다. 때로 정치는 가능하게 하는 예술이다. 1978년에는 180호 법이 그 '가능'에 해당했다.

바깥에서 실무를 진행하며 마주칠 온갖 문제와 예상 밖의 부분에 대한 세밀한 배려가 없다는 사실에도 불구하고, 실제 세계에서 180호 법은 중요하고 나아가 역사적이기까지 했다. 간단히 말해 180호 법은 정신질환자 보호소 안의 사람들을 처음으로 이탈리아 사람으로 만들어주었다. 이들의 권리가 이제 헌법이 명시한 대로 보장되었다. 이들은 법 앞에서 평등해졌고, 앞으로도 (대부분의 경우에) 계속 평등할 것이었다. 데이비드 포르가츠가 주장한 대로 이 법은 "환자의 인권과 공민권을 중심에 놓았다."[15] 정신보건 환자의 치료는 별도로 세운 정신질환자 보호소 안에서가 아니라 일반 병원이나 분산화한 센터에서 이루어지게 되었다. 바비니는 이렇게 썼다. "'위험'이나 '대중적 추문'에 관한

472

언급이 법조문에서 모두 제거되자 정신과 환자는 여느 환자나 마찬가지로 '아픈' 시민이 되었으며, 이것은 이 법률의 세속주의적이고 현대적 성격을 보여주는 또하나의 예였다."[16]

판넬라는 일의 진행 방식에 대해, 또 국민투표를 진행할 경우 영향을 받을 개혁 부분을 분리한 데 대해서도 화를 냈다.

> 이 법의 이 부분을 보건 체제의 전체적 개혁으로부터 분리한 것은 여러분이 좋은 법을 만들자는 게 아니라 익살극을 벌이자는 목적에서 다시 한번 사상누각을 세우고 있다는 증거입니다.

그렇지만 판넬라의 논쟁적 발언은 양원의 위원회에서 있었던 나머지 발언이나 논평과 어울리지 않았다. 전체적으로 토론의 분위기는 삼가는 쪽이었다. 시간이 촉박하다는 사실을 모두가 의식하고 있었고 뜻을 모아 일을 처리해야 했다. 1968년 운동의 (그리고 국민투표 운동의) 압력이 마침내 의회 자체 안까지 들어오는 등 때는 개혁의—어쩌면 이탈리아의 역사상 가장 중요한 개혁의—시기였다. 5월 2일에 이탈리아 최초의 낙태법도 승인되었다(너무나 유명한 나머지 대개 숫자로 알려진—194호 법—또하나의 법이다).

상·하원의 위원회에서는 높은 수준의 토론이 이루어졌다. 위원 중에는 정신의학자나 의사가 많았다. 이들은 자신이 토론하는 내용에 대해 잘 알고 있었고 논의 중인 개혁의 역사적 성격 또한 의식하고 있었다. 시간이 얼마 없었던 만큼 토론은 대단히 협력적인 자세로 진행되었다. 시간을 낭비하지 않으려고 하고 싶은 말을 참은 사람이 많았다. 여기저기 문제가 되는 부분이 다듬어졌다. 어쨌든 이 법의 여러 부분이 나중에 보건 개혁 전체를 논할 때 수정되리라는 것이 분명했고 실제로 그렇게 되었다. 아고스티노 피렐라가 나중에 지적한 대로, 전체적인 보건 개혁(883호 법)에서는 180호 법의 많은 부분이 약화되었다.[17]

이 위원회의 많은 위원이 정신질환자 보호소 체제에 대한 반감을 매우 분명하게 내비쳤다. 그러나 이들은 정신보건 서비스와 관련하여 반정신의학이나 더 급진적 입장에 반대한다는 점도 강조했다. 상원 위원회 소속인 다리오 크라베로(외과의사)는 옛날의 일처리 방식은 더이상 용납할 수 없다고 주장했다. "우리는 이 완고하고 폐쇄적인 태도와 편견을 스스로 극복해야 합니다." 그러나 그와 동시에 이렇게 덧붙였다. "현대적인 척 또는 민주적인 척 위장하고 있는 견해에서는 집단적인 정치 행동이 유일하게 효과적인 치료법이라고 암시하고 있는 듯하나, 우리는 그런 견해와 연관된 잘못을 피하기 위해 노력해야 합니다."[18]

한편 상원 위원회의 조반니 주디체는 좌익 무소속으로 선출된 사람인데, 그는 20년 전에 갓 졸업한 젊은 의사로서 가보았던 정신질환자 보호소의 끔찍한 광경을 떠올렸다.

> 그것은 제가 평생 본 적 없는 끔찍한 광경이었습니다. 높은 담에 에워싸인 더러운 안마당 안에 사람들이 오물과 파리 떼 속에 방치되어 있었고, 아직 힘이 남은 사람들은 자유를 달라고, 희망 없는 그곳에서 벗어나게 도와달라고 부르짖고 있었습니다.[19]

정신질환자 보호소에 처음으로 가보았던 주디체의 악몽 같은 경험은 이 책에서 다룬 다른 사람들의 경험과 비슷하다. 바잘리아 자신, 마리오 톰마지니, 일바노 라지멜리, 브루노 베니니 등의 첫 방문이 그랬다.

바잘리아는 1977~1979년에 입장을 바꾸었다. 논의되고 있던 조처에 대해, 특히 정신보건 서비스와 강제 치료를 의료화하는 데 대해 한동안 철저하게 반대했지만, 나중에는 이 두 가지 조처가 모두 포함된 법률이 통과한 것을 (운동을 대신하여) 자신의 공로로 삼았다. "민주적 정신의학자로서 우리는 이 법률에 박차를 가했다. 우리는 소수지만, 그람시가 한때 말한 대로 우리는 주도권을 쥔 소수이다."[20] 그렇지만 1978년 2월에 바잘리아는 이 법이 "비민주적"이라고 불평하고 법안의 의무 치료 조항을 일종의 "유죄처분"이라 묘사하며 법안의 여러 부분을 공격한 바 있었다.[21]

바잘리아는 이 입법의 한계를 잘 알고 있었다. 그의 운동은 실제로 이 법이 통과하도록 자극을 주었지만, 그들은 이 법안을 그들 자신의 생각대로 작성하지는 못했다. 이것은 승리("전문가들에 의한…… 수년간의 투쟁"[22]의 결과)였지만 아직 할 일이 많이 남아 있었다. 어쨌든 트리에스테, 아레초, 페루자에서는 이 법이 통과되기도 전에 해당 지역의 정신질환자 보호소를 사실상 폐쇄했다. 투쟁은 계속될 것이고, 그러지 않는다면 상황은 과거에 해왔던 그대로로 쉽게 되돌아갈 수 있었다. 실제로 정신질환자 보호소라는 망령과 불명예가 없으면 맞서 싸울 대상이 없어져 투쟁이 더욱 어려워질 수도 있었다. 1978년에 이르러 구식의 정신병원은 극우파에서조차 지지할 수 없게 되어 있었다.

판넬라의 분노를 제외하면 반대의 목소리는 거의 없었다. 이탈리아 사회운동 소속 위원들의 비판마저도 1960년대 고리치아에서 신파시스트들이 한 비판에 비하면 관대했다. 의회의 본회의에서라면 확실히 (좌우파 모두가) 더 비판적이었겠지만, 본회의는 투표할 기회조차 얻지 못했다.

180호 법에 포함된 조처에서는 정신건강 문제가 있는 사람은 분산화된 서비스에서 보살피고, 더 중증인 경우에는 일반 종합병원 안에 마련한 특별 분과에서 보살피게 되어 있었다. 이런 분과에는 병상을 최대 15개까지 갖출 수 있었다(이는 바잘리아가 경고했던 작은 정신질환자 보호소가 세워지는 것을 이론상 막기 위해서였다). 이 개혁의 결정적인 부분은 자발적인 치료라는 관념이었다. 이 법은 특정한 경우에 한하여 강제 치료를 허용했지만, 인권을 보장하기 위한 장치도 강화했다.

그 자체로 보면 180호 법으로 바뀐 것은 거의 없었다. 법을 실행하기 위해 마련된 재원이 없었고, 1978년 말의 종합적 보건 개혁이 내놓은 시간표는 절망적으로 비현실적이었다. 더욱이 병원 내에 특별 정신보건 분과를 만듦으로써 응급 환자를 보살핀다는 의료적 해법은 당시에 페루자, 아레초, 트리에스테 등지에서 진행 중이던 비교적 더 급진적인 실험에 비해 뒷걸음질에 해당했다. 예를 들면 페루자에서는 서비스를 완전히 병원 체제 밖에서 운영 중이었으나 이 법에 따라 다시 병원 안으로 들어와야 했다.

이 법이 한 일은 몇 가지 확고한 원칙을 세운 것이다. 정신보건 환자가 사람으로 인정되어, 이들에게 권리(투표권, 자신의 치료에 대한 통제권, 바깥세상에서 살 권리)를 (돌려)주었다. 또 정신질환자 보호소는 없어진다는 점을 분명히 했다. 새 환자를 수용할 수 없었다(다만 이 부분의 법이 반드시 지켜지지는 않았으며, 몇 년 동안 특별한 확장 조항이 붙어 있었다). 장기적으로 더 중요한 것은 새 정신병원을 세울 수 없다는 사실이었다(이대로 실행되었다).

180호 법은 허약했다. 내용이 바뀔 수 있었다. 12월에 전체적인 보건 개혁 안에 흡수될 때 원래 법의 일부 조항이 완화되었다. 예를 들면 앞서 살펴본 것처럼 180호 법에서는 병원 응급 분과의 병상 수에 15개라는 제한이 있었지만, 883호 법에서는 제한을 두지 않았다. 병상 수는 각 지역이 보건 계획에 따라 정하게 했다. 작은 정신질환자 보호소의 위험이 다시 수면 위로 떠오른 것이다.[23]

누구의 법인가?

이탈리아어의 일부가 된 '바잘리아 법'이라는 용어는 여러 면에서 역사적 오류다. 오르시니를 비롯한 사람들이 지적한 대로, 180호 법은 여러 정당(무엇보다도 기독민주당과 이탈리아공산당)과 수많은 전문가 단체 간의 논의와 협력의 결과물이다. 그러나 아래로부터의 압력이 없었다면—또 페루자, 고리치아, 콜로르노, 레조넬에밀리아, 트리에스테, 아레초 등지의 경험이 없었다면—필시 절대로 그 형태 그대로 통과되지 않았을 것이다.

180호 법과 883호 법은 긴 이야기(정신질환자 보호소 체제와 그 불의에 대항한 투쟁)의 끝이자 또다른 이야기(새로운 종류의 서비스와 체제를 위한 싸움)의 시작이었다. 그러나 완전 통제시설에 맞서는 투쟁은 이 법이 통과되었는데도 불구하고 그뒤로—의회에서 통과된 것을 실행에 옮기기 위해—20년이라는 시간이 더 걸릴 것이었다. 1978년 이후에 벌어진 이 운동의 핵심 지도자 중 한 사람이 바로 프랑카 옹가로였다.

프랑코 바잘리아는 죽기 전에 1978년 법이 통과되는 것을 직접 목격했지만 (그리고 그에 회의적인 의견을 내놓았지만) 법이 실현되는 것은 보지 못했다. 많은 사람이 1978년 법을 퇴보로, '작은 개혁'으로, 타협으로 생각하긴 했지만, 앞으로 오래도록 이어질 공격으로부터 지켜내야 할 법임이 이내 분명해졌다. 이탈리아가 내놓을 수 있는 최고의 법이 었던 것이다.

이 개혁의 뿌리는 정치적, 기술적, 문화적 측면 등 여러 갈래였다. 페루초 자카넬리가 쓴 대로 그것은 "여러 중심지에서 긴 과정이 진행된 끝에 만들어진 법이며, 이 과정은 종종 시기를 달리하여 일어난 여러 가지 경험으로 이루어졌다. 이런 경험에는 한 가지 공통점이 있었으니, 바로 정신질환자 보호소를…… 이겨내고자 하는 욕구였다."[24] 자카넬리는 1978년 5월 로마에서 운동의 여러 진영에 속하는 정신의학자들이 모여 벌어졌던 열띤, 그러나 우려 섞인 논의를 기억한다. 또 개혁 자체에 대해 급진적 정신의학자 사이에서도 여러 가지로 입장을 달리하며 광범위한 토론이 있었다.[25]

이런 토론 속에서 바잘리아는 실용주의적 입장을 취했다. 그는 일어난 일의 한계를 이해하고 있었지만, 또한 그 속의 가능성도 알아차리고 있었다. 1979년에 그는 트리에스테를 떠나 로마로 가서 라치오 주 전체의 지역 정신보건 서비스 부문을 맡기로 결정했다. 라치오는 인구가 500만 명이 넘는 넓은 지역이었다. 이제 정신질환자 보호소 자체로부터 옮겨갈 때였다. 당시 그는 다음과 같이 말했다.

> 나는 로마로 가서 고리치아나 트리에스테와는 다른 종류의 일을 시작하고자 한다. 우리는 이제 국법을 적용하며…… 복잡한 개혁에 나설 필요가 있다. 전문가들은 모두 자신이 할 수 있는 일을 하면서 이 법이 가장 좋은 방식으로 적용되게 해야 한다.[26]

애석하게도 치명적인 뇌종양 때문에 그는 (이탈리아도) 이 개혁을 실행에 옮길 기회를 얻지 못하게 되었다. 다른 사람들이 그를 대신하여 이 일을 해야 했다. 바잘리아 자신은 생전에 '자신의' 법이 실행되는 것을 보지 못하게 되었다.

> 어떤 경우에도 새 정신병원의 건설은 금지되며, 기존 정신병원 역시 종합병원이나 정신과, 신경과, 신경정신과의 특별 정신의학 병동으로 사용하는 것이 금지된다.
>
> 180호 법(1978)

정신질환자 보호소의 폐쇄가 말처럼 쉽지는 않으리라는 사실은 아무도 뜻밖으로 여기지 않았다. 행정 담당자, 정신의학자, 간호사, 그리고 일부 환자 등 체제 안에서 변화에 거부하는 저항이 여전히 상당했다. 수천 명의 퇴원 환자를 위한 공동주택과 일거리를 찾을 자원이 필요했고, 일자리를 잃을 사람도 많았다. 1980년대에 들어 정치적 헌신도 행동주의도 전반적으로 뒤로 물러나면서 운동 자체가 힘이 약해지고 있었다. 떠나기를 망설이는 환자가 많았고, 당연히 가족 또한 종종 몇 년이나 지난 지금에 와서 친족을 다시 보살피는 부담을 떠맡으려 하지 않았다. 일부 환자는 떠나고 싶은 생각이 전혀 없었다. 대부분의 정신질환자 보호소는 최종적으로 문을 닫기까지 20년이 넘는 시간이 걸렸고, 변화는 지역에 따라 그 정도가 천차만별이었다. 이것은 기나긴 투쟁이었으며, 이 투쟁을 이끈 사람은 프랑카 옹가로였다. 그는 1980년에 남편이 죽은 뒤 180호 법을 수호하고 실행한다는 큰 뜻을 이어받았다. 이것은 따라서 '옹가로 법'이기도 했다. 다시 한번 프랑코와 프랑카가 일을 밀고 나갔다.

이제까지 이탈리아에서 이런 종류의 구조적·체계적 개혁은 이루기가 극히 어려웠다. 그리고 이런 '역사적' 법은 일단 통과되고 나면 법령집 안에 머무르고, 또 대개는 좌파 쪽에서 우파에 대항하여 지켜내는 불변의 법률이 되는 경향이 있었다. 그렇지만 이는 또 이런 법이 시대의 변화를 따라가지 못하는 때도 많았다는 뜻이다. 예를 들면 이혼법과 낙태법(1974, 1978)이 그랬는데, 통과되었을 때는 급진적 법이었지만 오늘날의 세계에서는 훨씬 덜 급진적으로 보인다. 1970년대 말의 보건 서비스 개혁이 바로 이와 같은 경우다.

180호 법이 통과된 뒤 바잘리아를 비롯한 사람들은 종종 '환자를 버렸다'거나 '환자 가족에게 정신보건 서비스의 부담을 지웠다'며 비난을 받았다. 이런 지적은 몇 번이고 되풀이되었고 지금도 계속 지적되고 있다.[27] 루카의 정신질환자 보호소에서 일한 작가 겸 정신의학자인 마리오 토비노는 이 법을 (소리 높여) 반대한 사람들 중 특히 주목할 만하다. 1979년에 그는 어느 친구에게 보낸 편지에서 다음과 같이 썼다.

> 이 180호 법은 그 이면에 몇 가지 좋은 원칙이 있지만, 이탈리아에서 종종 그렇듯 앞으로 문제가 많을 것이다. 환자는 보살피고 사랑해줄 필요가 있다. 여느 때나 다름없이 정치가들이 다 망쳐놓을 것이다. 여느 때나 다름없이 우리는 고립될 것이고, 유행을 타는 생각이 대세가 될 것이다. 잘 가라 환자들아, 내 인생의 소중한 동반자들아.[28]

토비노는 수많은 자살을 180호 법 탓으로 돌렸다. 그는 또 정신질환을 유전적으로 물려받는 것으로 보며 사회와는 연관되지 않은 것으로 보았다.

　토비노가 볼 때 이 법은 정신질환자를 각자의 운명에 맡겨버린 것이나 같았다. 그는 "정신병원의 대안은 없다"고 썼다. 이 논쟁은 바잘리아가 죽은 뒤 1982년에 토비노가 『말리아노의 마지막 나날』을 펴내면서 다시 불이 붙었다.[29] 이 법을 비판한 또 한 명의 유명한 (또 폭력적인) 사람은 공산당원인 안토넬로 트롬바도리였다. 그리고 운동 내에서도 비판한 사람이 많았는데, 바잘리아의 숙적 조반니 제르비스가 그 한 예이다.[30]

　생전에 바잘리아는 비판자들에게 이렇게 맞섰다. "정신병원을 부순다고 해서 환자를 버릴 거라는 뜻은 아니다. 그보다는 환자들이 안고 있는 진정한 문제를 더 나은 방식으로 보살피게 될 조건을 만들어주는 것이다."[31] 그는 또 다음과 같이 토비노에게 답했다.

> 토비노가 말한 저 추잡하고 사악한 여성들, 저 흥미로운 여성들은 어디 있었는가? 정신병원의 현실에서 그것은 환자의 고통을 불쌍히 여기거나 이해한다는 차원의 문제가 아니라, 저 담장을 무너뜨리기 위해 날마다 열심히 일한다는 차원의 문제이다.[32]

　180/883호 법은 이탈리아 정신의학의 전환점이었으며, 정신질환자 보호소 체제의 종말의 시작이었다. 바잘리아와 개혁 운동은 1961년 고리치아에서 속이 뒤틀렸던 저 첫날 이후로 먼 길을 왔다. 이들은— 마르코 판넬라와 급진당으로부터 약간의 도움을 받아—보수적인 것으로 악명 높은 이탈리아의 정치인 계층이 행동에 나서도록 강요했다. 그것은 승리였다. 게다가 '작은 개혁'보다 훨씬 더 큰 것이었다. 새 환

자가 이탈리아 정신질환자 보호소의 담장 저편으로 사라질 일은 (이론적으로) 없어졌다. 그토록 오랫동안 저 복도와 방에 웅크리고 있던 저 형체도 없는 몸뚱어리들이 권리와 책임과 의무를 갖춘 사람이 되었다. 십만 명의 '노예'들이 2등 시민 대접을 받는 일은 더이상 없을 것이다. 1978년 이후에 무슨 일이 벌어지든, 저 싸움은 이긴 것이다. 그러나 앞으로 갈 길이 멀었다. 1977년에 바잘리아 자신이 말한 대로다. "계획은 민주적 보건 개혁이, 민주적 문화가 이미 자리를 잡은 것으로 가정하고 있다. 그러나 실제로는 사람들이 그대로이고 의사도 그대로이며, 병원 역시 마찬가지다."[33] 아고스티노 피렐라 역시 이 법을 옹호하면서도 다음과 같이 반혁명이 있었다는 점을 인식했다.

> 민주정신과 참여정신을 바탕으로 한 정신의학 운동의 개혁과 실천 덕분에 위기를 겪은 뒤 강력한 세력들이 다시 규합했다. 새 세대의 치안 판사들이 젊고 자신만만하며 냉소적인 정신의학자들의 지지에 힘입어 정신질환에 관한 예전의 고정관념을 다시 발견해냈다. 환자들은 말하거나 의견을 들려주기를 말 그대로 두려워하는데, 자신의 운명이 자신이 하는 행동의 '공손한' 측면에 따라 결정될 수 있기 때문이다. 물리적 구속(사람을 침대에 오랫동안 묶어두는 일)은 '보건 조처'나 모종의 '치료'로 해석된다. 정신의학 권력은 다시 무대 중심으로 돌아 갔으며 거기서 물러날 뜻이 없다.[34]

맺음말은 바잘리아 자신에게 맡겨야 할 것이다. 1971년에 그는 파도바의 어느 학생 집회에 나갔다. 그가 오랫동안 연구 활동을 한 곳이었다. 학생운동은 정점에 다다라 있었다. 군중이 어마어마하게 모여들었다. 이렇게 그는 학생들에게 첫 강연을 시작했고, 그가 한 말에는 이 분야에서 일하는 사람이라면 누구나 귀담아들어야 할 경고가 들어 있었다.

저는 이곳에 학생 몇 명이 나타나, 학생운동 내에서 벌어지는 여러분의 투쟁과 정신병원 안에서 벌어지는 우리의 싸움에 대해 저와 함께 논의하고 토론할 것으로 생각했습니다. 그런데 지금 보니 저는 이 강의실 안에서······ 온갖 것에 대해 이야기를 들려주기를 바라는 사람들에게 둘러싸여 있군요. 이것은 저를 둘러싼 유명세의 결과겠지요. 저는 정신병원을 '개방'하고 신문이 저를 '정신질환자에게 자유를 준 사람'으로 묘사한 때문에 유명해졌습니다. ······그러고는 운이 더 좋았지요. ······범죄자로서 고발되었습니다. 제도권이 역공에 나선 것입니다. 그리고 나자 부르주아 세계에서 인기인이 되었습니다. 학생, 사회민주당, 공산당, 모든 사람들이 저를 초청했습니다. ······다들 무엇을 할지, 무엇을 할 수 있는지를 알고 싶기 때문입니다. ······그런데 이것은 하나의 경험을 파괴하는 또하나의 방법입니다. 제 생각에 오늘 저는 하나의 제도가 되었습니다. ······그리고 제 생각에 오늘 여기 있는 분들은 제게서 뭔가를 알고 싶어하고, 특정 쟁점에 대해 논의하고자 하는 것 같습니다. 그러나 여러분은 제가 할 수 없는 것을 제게서 원하고 있습니다.[35]

제24장

맺음말

고리치아와 이탈리아의 역사

> 이 병원은 의사들이 운영했습니다. 이제는 그렇지 않으며 앞으로도
> 다시는 그렇지 않을 것입니다.
>
> 1975년 12월 안토니오 슬라비치가 페라라 정신질환자 보호
> 소에 소장으로 부임한 뒤 병원의 열린 문에 붙인 대형(3×2
> 미터) 포스터의 첫 부분[1]

고리치아에서 시작된 이야기는 1970년대에 점점 발전하며 강대해졌
다. 이 운동은 이탈리아 전역으로 퍼져나갔다. 고리치아 사람들과 추
종자들은 페루자, 아레초, 레조넬에밀리아, 파르마, 트리에스테, 포르
도네노, 나폴리, 베네치아, 제노바, 이몰라를 비롯한 많은 도시에서 정
신보건 서비스를 장악했다. 페루자에서는 정치가와 정신의학자가 협

력하여 정신질환자 보호소를 폐쇄하고 그 대신 역동적으로 활동하는 분산화한 정신보건 센터를 만들었다. 프시키아트리아 데모크라티카라는 전국 단체가 만들어져 활동가와 전문가를 하나로 아우르고자 했다. 결국 (범죄자 정신병원을 제외하고) 모든 병원이 문을 닫았다. 그러나 이 운동의 유산은 지금도 논란과 분열의 대상으로 남았다.

혁명적 언어에 실제적 개혁이 뒤따른 특별한 시대였다. 발두치가 주장한 대로 "정신병원은 사회의 척도"라면 1960년대와 1970년대의 이탈리아는 새로운 방향으로 나아가고 있었다.[2] 정신의학자, 환자, 간호사, 자원봉사자 등을 비롯한 사람들이 "새로운 '일하는 방식'"을 실험했다.[3] 젊은 사람들이 환자들을 위해 삶을 바쳤다. 계급 구조가 무너지고 뒤엎어졌다. 정신질환자 보호소는 변화와 희망의 중심이 되었다. 적어도 한동안은 그랬다.

이중 많은 부분이 고리치아에서 시작되었다. 프랑코 바잘리아가 1961년에 보았던 장소, 저 "집단수용소 같았던 장소"[4]는 우고 체를레티가 1949년에 남긴 끔찍한 묘사와 비슷했다. "문을 열었을 때 나는 고함과 비명과 큰 웃음소리가 혼란스레 쏟아져나와 뒷걸음질치지 않을 수 없었다"는 곳, 그리고 환자 모두 저마다 정체성과 존엄을 소지품과 함께 빼앗긴 곳이었다. "저들에게는 아무것도 없었다. 의자도, 가구도, 자기 것이라고는 무엇 하나 없었다."[5] 이런 탄원은 바잘리아를 비롯한 사람들 덕분에 더이상 무시할 수 없게 되었다. 바잘리아는 이런 상황을 받아들이기를 거부했고, 그래서 많은 사람의 도움을 받고 다른 곳의 경험들과 힘을 합하여, 저 체제의 일부분이 되기를 거부했다.

고리치아는 변화가 일어난 유일한 곳이 아니었지만, 가장 중요하면서도 여러 면에서 가장 흥미로운 개혁 실험이었다. 이 책에서 다룬 이 새로운 역사에서는 저 경험을 그 잘못과 결함과 꿈과 어두운 면을 모두 포함하여 돌이켜보고자 했다. 오늘날 고리치아의 정신질환자 보호소는 비어 있고, 다만 몇몇 행정 사무실과 여기저기 보건 서비스만 남아 있을 뿐이다. 환자와 대부분의 의사가 없어진 지 오래다. 바잘리아, 안토니오 슬라비치, 아고스티노 피렐라, 조반니 제르비스, 도메니코 카자그란데, 레티치아 콤바, 프랑카 옹가로, 루초 스키타르, '푸리오', '카를라'를 비롯한 이름들은 이제 과거에 속한다. 이 책에서 분석하고 연구한 바로 그 과거에. 프랑카 옹가로가 남편이 죽은 얼마 뒤인 1982년에 쓴 대로 "이탈리아에는 병원 안에서 환자가 망가지고 제압당하고 짓이겨진다는 사실을 받아들이기를 거부한 사람들이 있었고…… 그래서 이들이 뭔가를 하기 시작했다."[6] 고리치아는 이 일이 시작된 곳이었다. 저 빈 건물은 그 일이 어디까지 진행되었는지를 보여주는 증거물이지만, 그것이 이야기의 전부는 아니다. 아직 남아 있는 부분이 많다.

운동의 이야기

이탈리아의 '신정신의학'의 역사는 쓰인 적이 없다.

조반니 제르비스[7]

반공공시설 투쟁을 고정관념과 한정된 관점으로 바라보는 견해로 인해, 우리에게 말해줄 것이 아직 많이 남아 있는 저 과거와의 소통에 문제가 생겨났다.

마테오 피오라니[8]

이 책에 담긴 이야기는 1960년대 초에 고리치아에서 시작하여 페루자, 파르마, 레조넬에밀리아, 아레초, 트리에스테 등 많은 곳으로 옮겨갔다. 애석하게도 나는 이야기의 많은 부분을 통째로 빼놓을 수밖에 없었다. 페라라, 이몰라, 마테르도미니와 나폴리, 볼테라, 피렌체, 파비아, 포르데노네, 토리노, 로마, 제노바 등지에서 있었던 운동의 특별한 모습을 논하기에는 지면이 허락하지 않았다. 앞으로 이런 도시에 대한 이야기를 들려줄 기회가 있기를 바란다.

우리는 소수의 급진적 정신의학자들이 이탈리아 전역의 정신질환자 보호소에서 마주친 상황을 받아들이기를 거부하며 행동에 나선 과정을 살펴보았다. 상황을 바꾸기 위해 애쓰는 동안 이들은 수많은 간호사, 자원봉사자, 그리고 무엇보다도 (몇몇 지역에서) 새로운 계층의 행정가와 정치가의 도움을 받았다. 전후에 등장한 이 정치가 계층은 새로운 종류의 정신질환 치료법을 도입하고 낡은 정신질환자 보호소 체제를 탈바꿈하려는 (그리고 결국 폐쇄하려는) 욕구에 헌신했다. 이들은 탐욕이나 권력욕에 따라 움직이지 않았다. 이들은 (이런 곳은 도저히 용납할 수 없다는) 인도주의적 원칙과 도덕적 의무에 따라 개혁을 추진했다. 바잘리아, 제르비스, 피렐라, 옹가로, 스키타르, 슬라비치, 콤바, 카자그란데, 마누알리, 스코티, 브루티, 테지, 자카넬리를 비롯한 사람들이 이 이야기의 정신의학자 주인공이라면, 이들은 라지멜리, 차네티, 톰마지니, 베니니를 비롯한 사람들의 뒷받침이 없었다면 거의 아무것도 이룩하지 못했을 것이다.

이것은 집단적 거부였다. 그리고 이 거부가 세상을 바꾸었다. 인간을 그런 식으로, 다시 말해 권리도, 자율도, 포크와 나이프를 쓸 가망도, 머리카락도, 자신을 치료하는 방법에 대한 지배권도, 자유도 없이 취급하는 것은 용납할 수 없었다. 이들에게 전기충격을 가하고 뇌의 일부를 잘라내고 몇 년씩 묶어두는 것은 잘못된 일이었다. 이 운동은 해방을 위한, 민주주의와 평등을 위한 투쟁이었다. 정신질환자 보호소에 수용된 저 10만 명은 역사에서 사라졌다. 이에 대해 카를로 브루티와 프란체스코 스코티는 다음과 같이 썼다.

> 정신병원 안에 있는 환자들의 상황은 저항운동의 상징이 되었다. 이들이 버림받고 변두리로 밀려나고 억압받는다는 사실은 사회 내의 모든 종류의 공공시설에서 좀더 교묘하고 음험한 방식으로 나타나는 더 일반적인 형태의 억압의 표식으로 받아들여졌다.[9]

저 10만 명은 다시 등장할 필요가 있었다. 정체성과 존엄을 돌려받아야 했다. 저 새로운 정치가와 정신의학자는 전후 반파시스트 세대였으며, 정신질환자 보호소 반대 운동에는 근본적으로 반파시스트적인 부분이 있었다. 그것은 인권에 관한 운동이었다. 정신질환자 보호소에 수용된 환자들은 사람이었다.

따라서 이 책의 또다른 주역은 환자들 자신이다. 이들 또한 운동의 일부였다. 그렇게 보는 경우가 거의 없었을 뿐이다. 아우슈비츠에 있었던 카를라 나르디니, 또는 마리오 푸를란(나중에 자살했다), 또는 아레초의 '일 마에스트로' 스파디 같은 사람들. 이런 사람들은 정신의학 서비스의 혁명으로 인생이 바뀌었지만 그와 함께 삶에 대한 통제권을 되찾았다. 이들이 없었다면 운동은 효과를 얻기 시작할 수 없었을 것이다. 이들은 예기치 않게 이 운동의 또다른 지도자가 되었다.

이 운동은 고리치아에서 시작했지만, 그 범위와 영향력은 프랑코 바잘리아와 프랑카 옹가로에 관한 이야기의 범위를 훨씬 넘어섰다. 페루초 자카넬리가 주장한 대로 "이탈리아의 정신의학이 변신한 것은 여러 곳을 중심으로 일어난 운동의 결과이다." 바잘리아 사람들은 변화를 위한 운동에서 결정적이었고 중심적이었다. 그러나 페루자가 먼저 변화하여 고리치아나 트리에스테보다 더 나아갔고, 다른 지역들도 혁신과 변화를 도입했다. 정신의학 개혁의 역사를 프랑코 바잘리아의 인생사로 격하시킨다면 그것은 이 운동의 역사에 큰 해를 끼치는 것이다. 브루티와 스코티의 말을 다시 인용하면 "오늘날의 위험은…… 과거가 서사시적으로 제시되어 개개인이 영웅으로 변한다는 것이다."

모든 도시, 모든 정신질환자 보호소가 각자 나름의 변화를 밀고 나아갔다. "반공공시설적 정신의학에는 모델이 없다. 트리에스테의 경험은 페루자나 토리노, 나폴리의 경험과는 달랐고, 각각의 경험에는 그 나름의 특이성과 전통이 있었다."[10] 툴리오 세필리는 다음과 같이 강조했다. "이탈리아의 반공공시설 운동은 아이디어와 실험 방법이 솟는 샘이었다. ……우상에 해당하는 몇몇 인물이나 장소와 연결하기보다는 다양하고 복잡하며 논쟁이 많았던 운동으로 보는 쪽이 흥미롭다."

그 과정에 사람들은 큰 위험을 받아들였다. 어떤 사람은 잔인하게 살해당했고 어떤 사람은 자살했다. 심각한 문제가 있어 오랫동안 갇혀 있던 아들, 딸, 어머니, 아버지를 가족이 상대해야 했다. (풀려난 사람과 그들을 대해야 하는 사람 모두에게) 받아들일 수 없는 부담을 짐 지운 때가 많았다. 바깥세상은 너무나도 많은 의미에서 다른 장소였다. 퇴원한 환자는 너무도 쉽게 사회의 균열 속으로 추락했다. 정신질환자 보호소 체제가 없어지자 진짜 일은 그때부터 시작되었다. 데이비드 포르가츠가 쓴 대로 "이탈리아의 정신의학 개혁사는 1978년 5월에 180호 법이 통과되는 것으로 끝나지 않았다. 오히려 이 법이 발효되면서 개혁 운동의 가장 어려운 단계가 시작되었다."[11]

의심할 여지 없이 이 운동에는 이념, 과장, 선동적이고 위험한 언어, 단순화, 독단주의, 분파주의, 지금 보면 지극히 사소해 보이는 것들을 두고 벌어진 극심한 말다툼 등 과도한 부분도 많았다. 이런 과도한 부분을 종종 운동의 추종자들이 이어받았는데, 이들의 구호와 의미 없는 공론은 실제 세계에서 정신건강에 문제가 있는 사람들에게 거의 도움이 되지 않았다. 바잘리아 자신이 실수가 있었다는 점을 알고 있었다. 이에 대해 그는 1970년대 말에 다음과 같이 말했다.

> 생각건대 우리는…… 병의 진정한 얼굴이 드러나도록 하려면 정신질
> 환자 보호소를 비판할 필요가 있다고 생각했을 때, 그리고 그 이유로
> 진단을 괄호 안에 넣을 필요가 있다고 말했을 때 심각한 잘못을 저지
> 른 것 같다.[12]

운동에서 사용한 언어가 그 운동의 적들이 바로 써먹을 수 있는 공격거리가 되어주는 때가 많았다. 마오쩌둥주의의 구호와 언어가 흔히 그랬다. 한계선을 무리하게 밀쳐버린 때가 종종 있었다. 문제의 소지가 있는데도 불구하고 사회계층과 정신질환 사이에 연관성을 부여하거나 사실로 단정한 때가 너무 많았다. 1970년대라는 들뜨고 격렬한 시대에는 '배반자'를 쉽게 단정하고 내쳐버렸으며, 그래서 운동에 대립과 시샘과 개인적 불화와 허풍이 존재했다. 지금에 와서야 돌이켜보면서 당시 있었던 일의 잔해를 뒤져 약간의 정리를 할 수 있다. 그때는 과도함의 시대였다. 저 모퉁이만 돌면 혁명이 이루어질 것 같았다. 그

러나 그렇진 않았다.

운동의 마지막 핵심 구성요소는 동반자들이었다. 변화를 재촉하기 위해 자신의 시간과 재능을 바친 지식인, 작가, 출판업자, 영화감독, 기자, 사진작가, 미술가가 있었다. 운동의 성공을 위해서는 이런 사람들이 중요했다. 지도자들의 고차원적 이론을 대중과 이어주었기 때문이다. 출판업자와 편집자(줄리오 볼라티와 줄리오 에이나우디, 그리고 펠트리넬리의 여러 편집자), 텔레비전 및 영화 제작자와 감독(세르조 차볼리, 실바노 아고스티, 마르코 벨로키오, 잔니 세라), 미술가와 무대 연출가(우고 과리노, 비토리오 바잘리아, 줄리아노 스카비아), 사진작가(잔니 베렝고 가르딘, 클라우디오 에르네, 카를라 체라티, 울리아노 루카스 등) 등이 그들이다. 고리치아 정신병원의 환자들이 세르조 차볼리에게 말하는 광경을 1969년 1월에 1000만 명이 넘는 사람들이 자기 집에서 보았을 때 이 운동은 다른 어떤 수단으로도 얻을 수 없었던 추진력을 얻었다.

오늘날 이탈리아의 구 정신질환자 보호소는 다양한 기능을 수행하고 있다. 일부는 비워진 채 버려져 있다. 또 일부는 '정신의 박물관'이 되었다. 여전히 보건 및 정신보건 서비스와 연관되어 있는 곳이 많다. 일부는 학교, 일부는 대학교, 또 일부는 공동주택이 되었다. 정신질환자 보호소 대다수가 지금은 적어도 일부분은 아름다운 공원이 되었다. 푸코가 묘사한 "강제수용"은 1970년대에 '해방'에 자리를 내주었다. 사회는 그곳에 수용되어 있던 10만 명의 환자 대부분을 흡수했다. 이것은 이 공공시설 자체 내부로부터 움직인 운동 때문에 체제가 움직이지 않을 수 없게 되면서 일어난 과정으로, 서양에서는 특이한 방식이었다. 이탈리아의 정신질환자 보호소는 그 안에서 일하던 사람들에 의해 폐쇄되었다. 그 과정에서 이들은 자기 자신의 일자리를 없애버렸다. 그것도 영영. 오늘날 바잘리아, 자카넬리, 피렐라, 카자그란데가 1960년대와 1970년대에 일했던 직책, 즉 정신병원 소장에 고용되는 사람은 아무도 없다. 오늘날 이탈리아에는 정신병원 소장인 사람이 아무도 없다. 이 운동은 자기 자신의 이익과 반대되게 행동했다. 패거리주의나 자기 사람 챙기기 같은 것과는 정반대 방식으로 행동했다. 이것은 그 자체의 부정이었다.

운동이 있었던 저 들뜬 시대에 요구되었던 것 중 많은 부분이 전혀 실현되지 않았다. 급진적 정신의학에 대한 관심은 사그라지기 시작했고, 그에 대한 반발이 본격적으로 시작되었다. 운동은 수세에 몰려 1960년대와 1970년대에 이룩한 것들을 애서 고수해야 했다. 1969년에 이 운동의 한 주역은 다음과 같이 썼다.

> 우리는 정신의학의 대안을 찾고 있었고 일을 처리하는 새로운 방식의 가능성과 한계를 알아보고 싶었다. 그렇지만 우리 사회에서 정신의학의 진정한 대안은 부분적으로만 실현될 수 있다. 특정 맥락 안에서, 특정 시기 동안만 가능하다. 그뒤, 특히 우리가 한 일이 효과적이었을 경우 그것은 '위험한 것'으로 간주되었다. 그러고 나면 억압적 세력이 개입하여 모든 것을 중지시키거나, 아니면 체제 안에 통합해 무력화시켰다. 이 모든 것이 필연이었고 또 우리는 일이 이렇게 되었음을 알았지만, 우리는 모두 이 대장정 동안 아주 많은 것을 배웠다.[13]

주
—

제1부 고리치아, 1961~1968년

제1장 고리치아—유럽 땅 끝에서 일어난 혁명

1 Michele Sartori, 'L'infermiere della rivoluzione', *L'Unità*, 1996년 12월 8
   일자.

2 Corso di aggiornamento per operatori psichiatrici. *Trascrizione di due
   lezioni/conversazioni di Franco Basaglia con gli infermieri di Trieste,
   lezioni intervallate da un dibattito.* 1979. deistituzionalizzazione-
   trieste.it.

3 Michael Donnelly, *The Politics of Mental Health in Italy*, London:
   Tavistock, 1992, p.41.

4 Franco Basaglia, ed., *L'istituzione negata. Rapporto da un ospedale
   psichiatrico* (1998), Milan: Baldini & Castoldi, pp.253 – 4. 이 책 『부정
   되는 공공시설』은 여러 판본이 있는데, 이에 대해서는 본문에서 자세히 다루
   었다. 앞으로 토리노의 에이나우디 출판사가 1968년 이후로 펴낸 여러 판본
   도 언급할 것이다.

5 Alberto Manacorda and Vincenzo Montella, *La nuova psichiatria in
   Italia. Esperienze e prospettive*, Milan: Feltrinelli, 1977, p.48.

6 'Il problema della gestione'. 원래 1968년에 출간된 *L'Istituzione negata*
   제2판의 부록에 수록되었고 이제 Franco Basaglia, *Scritti. I. 1953-1968.
   Dalla psichiatria fenomenologica all'esperienza di Gorizia*, ed. Franca

Ongaro Basaglia, Turin : Einaudi, 1981, p.521에 수록돼 있다.

7 안토니오 슬라비치에 따르면 바잘리아가 고리치아에 부임한 날은 1961년 11월 2일이다. Antonio Slavich, *La scopa meravigliante. Preparativi per la legge 180 a Ferrara e dintorni 1971–1978*, Rome : Riuniti, 2003, p.257, n.1.

8 이 병원이 고리치아현 전체를 담당했는데, 당시 인구는 13만 명 정도였다. (이 숫자는 1965년에 바잘리아가 제시한 것이다. Basaglia, *Scritti. I*, p.263에 수록된 'La "Comunità Terapeutica" come base di un servizio psichiatrico'.) 이탈리아 통계청 자료에는 1951년 13만 3550명, 1971년 13만 7745명으로 되어 있다. 1947년 이전 인구는 그 두 배에 가까운 약 25만 명이었다.

9 Silvia Balconi, *L'esperienza Goriziana dal '61 al '72. Un percorso paradigmatico di valorizzazione della professionalità in ambito psichiatrico*, 출간되지 않은 논문, Università degli studi di Torino, 1997–98, p.495에 수록된 안토니오 슬라비치의 인터뷰.

10 Edoardo Balduzzi, *L'albero della cuccagna. 1964–1978. Gli anni della psichiatria italiana*, Edizioni Stella, Nicolodi Editore, 2006, p.38.

11 슬라비치에 따르면 1962년 3월에는 629명의 환자가 있었다(Balconi, *L'esperienza Goriziana dal '61 al '72*, p.495에 수록된 인터뷰). 도널리는 "대형(800병상 규모) 지역 정신병원"을 언급한다. Michael Donnelly, *The Politics of Mental Health in Italy*, p.40.

12 이제까지 바잘리아와 고리치아에 관한 문헌에서 이 문제는 거의 다루어지지 않았다.

13 Basaglia, 'La "Comunità Terapeutica"', p.263. 바잘리아에 따르면 이런 환자들을 위한 기금은 '전쟁 배상금'에 관한 협상의 일부로 이탈리아 외무부에서 직접 왔다.

14 바잘리아가 있던 때 고리치아에서는 약물이 광범위하게 이용된 것 같으며, 나중에 가서야 이 문제에 대한 토론이 이루어졌다. Franco Basaglia, Franca Ongaro Basaglia, Agostino Pirella, Salvatore Taverna, *La nave che affonda*, Milan : Raffaelo Cortina Editore, 2008, p.85 참조.

15 그 밖에 많은 곳이 1960년대를 지나는 동안 마리오 톰마지니, 일바노 라지멜리, 미켈레 차네티 같은 정치가들이 외부에서 개입함으로써 변화했다.

16 Paul Ginsborg, *A History of Contemporary Italy. Society and Politics 1943-1988*, London: Penguin, 1990, p.1, 그리고 Karl Polanyi, *The Great Transformation. The Political and Economic Origins of Our Time*, Boston: Beacon Press, 2001.

17 Basaglia et al., *La nave che affonda*, p.31.

18 Giulia Albanese et al., eds, *Memoria resistente. La lotta partigiana a Venezia e provincia nel ricordo dei protagonisti*, Istituto veneziano per la storia della Resistenza e della società contemporanea, Portogruaro: Nuova Dimensione, 2005, p.297.

19 Giulio Bobbo, *Venezia in tempo di guerra. 1943-1945*, Padua: Il Poligrafo, 2005, p.47.

20 Albanese et al., *Memoria resistente*, p.1506.

21 Bobbo, *Venezia in tempo di guerra*.

22 Albanese et al., *Memoria resistente*, p.780에 수록된 Giulio Bobbo, 'La Resistenza a Venezia e nella sua terraferma'.

23 Bobbo, *Venezia in tempo di guerra*, pp.417 - 25, 그리고 Giulia Albanese and Marco Borghi, eds, *Nella Resistenza. Vecchi e giovani a Venezia sessant'anni dopo*, Istituto veneziano per la storia della Resistenza e della società contemporanea, Portogruaro: Nuova Dimensione, Ediclon Editore, 2004, pp.72 - 82에 수록된 키넬로 본인의 진술인 'La mia "educazione sentimentale". Autobiografia resistenziale'.

24 Bobbo, *Venezia in tempo di guerra*, pp.301 - 22, 그리고 'La Resistenza a Venezia e nella sua terraferma', pp.781 - 2; Chinello, 'La mia "educazione sentimentale"', pp.26 - 7, 57 - 9.

25 Bobbo, *Venezia in tempo di guerra*, pp.327 - 44. 이 사건에 대한 대중의 기억은 다음 자료 참조. John Foot, *Fratture d'Italia. Da Caporetto al G8 di Genova. La memoria divisa del paese*, Milan: Rizzoli, pp.13 - 14.

26 이탈리아의 현대헤브라이문헌센터재단(Fondazione CDEC)은 230명이라

고 밝히고 있다. cdec.it.

27 Angelo Lallo and Lorenzo Toresini, *Psichiatria e nazismo. La deportazione ebraica dagli ospedali psichiatrici di Venezia nell'ottobre del 1944*, Portogruaro: Nuova Dimensione, 2001; Diego Fontanari and Lorenzo Toresini, eds, *Psichiatria e nazismo. Atti del Convegno. San Servolo. 9 Ottobre 1998*, Centro di Documentazione di Pistoia Editrice, Fondazione IRSESC (San Servolo), Collana dei Fogli d'Informazione 27, Pistoia, 2002.

28 Bobbo, *Venezia in tempo di guerra*, p.39.

29 이와 비슷한 저항이 포스카리니 고등학교에서도 일어났다. 바잘리아는 포스카리니에서 퇴학당하여 베네치아에 있는 나머지 하나의 고등학교인 마르코 폴로에서 공부를 마쳤다. 이 활동에 대해서는 Giuseppe Turcato and Agostino Zanon Dal Bo, eds, *1943–1945 Venezia nella Resistenza*, Venice, 1975–76, pp.516, 531–3에 수록된 Renzo Biondo, 'I giovani del Partito d'Azione'와 Lucio Rubini, 'Prima del Coprifuoco' 참조. 내가 알기로 바잘리아는 이 사건에 관해 글을 쓴 적이 없고 레지스탕스 운동에서 자신이 맡은 역할에 대해 자세히 설명한 적도 없다.

30 옹가로와 루비니 모두 밀고자는 프란체스코 루치라는 사람이라고 말하지만 (Albanese et al., *Memoria resistente*, p.1276, 1511), 줄리오 보보의 연구에서는 바잘리아의 사촌인 루초 루비니가 파시스트 경찰에 체포된 뒤 매질당한 끝에 바잘리아를 비롯하여 여러 명의 이름을 댄 것으로 보인다(Bobbo, *Venezia in tempo di guerra*, pp.412–14).

31 Chinello, 'La mia "educazione sentimentale"', p.52.

32 Bobbo, *Venezia in tempo di guerra*, pp.436–54와 Giuseppe Turcato, ed., *Kim e i suoi compagni. Testimonianze della resistenza Veneziana*, Venice: Marsilio, 1980 참조.

33 Franca Ongaro Basaglia and Maria Grazia Giannichedda, eds, *Conferenze brasiliane*, Milan: Raffaello Cortina Editore, 2000, p.49에 수록된 Franco Basaglia. 이 편집본에 수록된 글은 Domenico De Salvia and Adolfo Rolle, eds, 'Franco Basaglia. Conferenze brasiliane', *Fogli*

d'informazione 100, 1984년 3월, p.38에 처음 수록된 글과 다르다.
34 이 책은 바잘리아가 나중에 쓴 글에 반복적으로 언급된다. 레비와 바잘리아의 관계에 대해서는 Massimo Bucciantini, *Esperimento Auschwitz*, Turin: Einaudi, 2011, pp.69 – 91 참조.
35 Basaglia et al., *La nave che affonda*, pp.94 – 5.
36 이 정보의 출처는 바잘리아 본인이지만(Ongaro and Giannichedda, *Conferenze brasiliane*, pp.155 – 6) 볼로냐에서 있었던 일은 Fabio Visintini, *Memorie di un cittadino psichiatra (1902–1982)*, Naples: Edizioni Scientifiche Italiane, 1983, p.189에서도 확인된다.
37 현존하는 바잘리아 관련 문헌 중 다수가 그의 관념과 철학적 사고에 많은 지면을 할애한다. 예컨대 Mario Colucci and Pierangelo Di Vittorio, *Franco Basaglia*, Milan: Bruno Mondadori, 2001와 Alvise Sforza Tarabochia, *Psychiatry, Subjectivity, Community. Franco Basaglia and Biopolitics*, Oxford and New York: Peter Lang, 2013 참조.
38 나중에 테르치안은 1982년 베로나에 새로 생긴 대학교의 초대 총장이 되었다. 또『사페레(*Sapere*)』지를 창간했다.
39 Michele Risso, 'Quando Basaglia disse "Apriamo le tombe dei sepolti vivi. . ."', *La Repubblica*, 1980년 8월 31일자. 리소는 "프랑코는 〔타고난〕 지도자였다"고 덧붙였다.
40 Ongaro and Giannichedda, *Conferenze brasiliane*, pp.192 – 3에 수록된 그의 발언 참조.
41 환자와 소통하는 바잘리아의 능력에 대해 증언하는 이야기가 많다.
42 Slavich, *La scopa meravigliante*, p.160.
43 Oreste Pivetta, *Franco Basaglia. Il dottore dei matti*, Milan: Dalai Editore, 2012, p.75.
44 John Foot, *Fratture d'Italia*, pp.33, 119 – 97 참조.
45 때로는 바잘리아의 고리치아 생활이 시작된 시기를 1962년으로 잡기도 한다. 슬라비치의 기억에 따르면 그와 바잘리아 모두 한동안 파도바에서 출퇴근했다(Slavich, *La scopa meravigliante*, p.257, n.1).
46 'Legge 14 Febbraio 1904, N. 36', oaser.it. 1930년에 파시스트 정권은 정

신질환자 보호소에 수용된 모든 사람에게 전과를 부여하는 조치를 도입했다.

47 Ongaro and Giannichedda, *Conferenze brasiliane*, p.55.

48 1909년 8월 16일 공포된 시행령 제615호 정신병원과 정신이상자에 관한 규정(Regolamento sui manicomi e sugli alienati)에서 이런 규칙과 그 적용 방법을 더 자세히 규정해두었다. roma.itc.cnr.it.

49 Donnelly, *The Politics of Mental Health in Italy*, p.26.

50 Basaglia, *Scritti*. I, p.249에 수록된 'La distruzione dell'ospedale psichiatrico come luogo di istituzionalizzazione'.

51 Cerletti, 'La fossa dei serpenti', *Il Ponte*, V 11, 1949, p.1373.

52 Ibid.

53 *L'istituzione negata*, Turin: Einaudi, 1974, pp.19−20.

54 Balconi, *L'esperienza Goriziana dal '61 al '72*, p.501에 수록된 슬라비치의 인터뷰.

55 David Forgacs, *Italy's Margins. Social Exclusion and Nation Formation since 1861*, Cambridge: Cambridge University Press, 2014, p.198. 이 책이 출간되기 전 초고의 일부분을 내게 주어 읽게 해준 데이비드 포르가츠에게 감사를 전하고자 한다.

56 Ibid., p.199.

57 Michel Foucault, *Discipline and Punish. The Birth of the Prison*, London: Penguin, 1991.

58 고프먼의 연구는 고리치아에서 처음 나온 문집 Franco Basaglia ed., *Che cos'è la psichiatria?*, Milan: Baldini & Castoldi, 1997, pp.235−98에 수록된 Franca Ongaro Basaglia, 'Commento a E. Goffman: "La carriera morale del malato mentale"'에 소개되어 있으며, 『부정되는 공공시설』의 전체에 스며들어 있다. 프랑카 옹가로는 에이나우디 출판사를 위해 『수용소』를 번역했으며, 이 번역서는 고리치아의 문집이 나오고 꼭 석 달 뒤인 1968년 6월에 『부정되는 공공시설』과 마찬가지로 누오보 폴리테크니코 시리즈로 출간됐다. 프랑코와 프랑카 바잘리아가 번역서의 머리말을 썼다. *Asylums. Le istituzioni totali. La condizione sociale dei internati e i meccanismi dell'esclusione e della violenza*, Turin: Einaudi, 1968. 고프먼과 바잘리

아에 관해서는 Ruggero d'Alessandro, *Lo specchio rimosso. Individuo, società, follia da Goffman a Basaglia*, Milan: Franco Angeli, 2008 참조.

59 Michel Foucault, *Folie et Déraison. Histoire de la folie* à *l'age classique*, Paris: Editions Gallimard, 1961. 이 책은 고리치아의 에퀴페가 발췌하여 읽었다. 에이나우디는 푸코의 책 번역에 대해 논의했지만, 1963년에 『광기의 역사』를 먼저 번역하여 출간한 쪽은 리촐리였다. *Storia della follia nell'età classica*, Milan: Collana BUR, 1963. 바잘리아는 1950년대에 루트비히 빈스방거의 『꿈과 존재(*Traum und Existenz*)』에 붙인 푸코의 머리말을 읽은 적이 있었다(*La reve et l'existence*, Desclée de Brouwer, 1954). 이에 대해서는 Diego Giachetti, ed., *Per il Sessantotto. Studi e ricerche*, Pistoia: Massari Editore/CDP, 1998, pp.119 – 20에 수록된 Agostino Pirella, 'Franco Basaglia, o della critica pratica alla psichiatria istituzionale' 참조.

60 특히 프랑코 바잘리아와 프랑카 바잘리아 옹가로가 편집한 *La maggioranza deviante. L'ideologia del controllo sociale totale*, Turin: Einaudi, 1971, 그리고 *Crimini di pace. Ricerche sugli intellettuali e sui tecnici come addetti all'oppressione*, Milan: Baldini Castoldi Dalai, 2009 (원래의 판본은 Einaudi, 1975)에서 그랬다.

61 바잘리아는 1960년대 초에 스코틀랜드를 방문했고 아마 잉글랜드도 들렀겠지만, 이탈리아 사람들이 종종 그러듯 스코틀랜드를 잉글랜드라 불렀다: 'Sono stato in Inghilterra nel 1961 – 1962'. Ongaro and Giannichedda, *Conferenze brasiliane*, p.107.

62 Allan Beveridge, *Portrait of the Psychiatrist as a Young Man. The Early Writing and Work of R. D. Laing*, 1927 – 1960, Oxford: Oxford University Press, 2011, pp.202 – 23. Marijke Gijswijt-Hofstra and Roy Porter, eds, *Cultures of Psychiatry*, Amsterdam: Atlante, 1998, pp.121 – 50에 수록된 Jonathan Andrews, 'R. D. Laing in Scotland: Facts and Fictions of the "Rumpus Room" and Interpersonal Psychiatry'. J. L. Cameron, R. D. Laing, A. McGhie, 'Patient and Nurse. Effects of Environmental Changes in the Care of Chronic Schizophrenics', *The*

Lancet, 1955년 12월 31일자, pp.1384 – 6. David Abrahamson, 'R. D. Laing and Long-stay Patients: Discrepant Accounts of the Refractory Ward and "Rumpus Room" at Gartnavel Royal Hospital', *History of Psychiatry* 18: 203, 2007, pp.203 – 15.

63 David Cooper, *Psychiatry and Anti-psychiatry*, London: Tavistock, 1967. 이탈리아어 번역판은 *Psichiatria e anti-psichiatria*, Rome: Armando, 1969.

64 Giuseppe Micheli, *Il vento in faccia. Storie passate e sfide presenti di una psichiatria senza manicomio*, Milan: Francoangeli, 2013, pp.16 – 19 참조.

제2장 반정신의학, 비판적 정신의학, 운동, 그리고 실용적 유토피아

1 Roy Porter and Mark Micale, *Discovering the History of Psychiatry*, New York and Oxford: Oxford University Press, 1994, p.252에 수록된 Patrizia Guarnieri, 'The History of Psychiatry in Italy. A Century of Studies'.

2 David Cooper, ed., *The Dialectics of Liberation*, London: Penguin, 1968, p.197에 수록된 Archives of the Philadelphia Association, Dialectics of Liberation, 세미나 토론 녹취록(1967).

3 유력한 반정신의학자들조차 이 용어의 의미를 정의하기를 꺼렸다. 예컨대 애초에 이 용어를 만들어낸 것으로 간주되는 인물인 데이비드 쿠퍼 참조. "조직 담당은 정신의학자 네 명으로 구성됐는데, 이들은 자기 분야에 역으로 반정신의학이라는 꼬리표를 붙일 정도로 급진적 혁신에 매우 큰 관심을 지니고 있었다."(Cooper, *Dialectics of Liberation*, p.7). 또 *Psychiatry and Anti-psychiatry*(1967)의 내용 어디에서도 이 용어 내지 꼬리표가 정의되지 않는다. 나중에는 거의 모욕하듯이 상대방을 간단히 치부해버리는 말로 쓰이는 때가 많았다.

4 *Il buon rieducatore. Scritti sugli usi della psichiatria e della*

psicanalisi, Milan: Feltrinelli, 1977, pp.125~136의 Giovanni Jervis, 'Il mito dell'antipsichiatria'.

5 Ibid., p.137.

6 토머스 사스도 자신의 연구에 이 용어를 적용하는 것을 거부하며, 그러면서도 정신질환은 하나의 구성개념이자 꼬리표라는 논점은 언제나 확고하게 주장해왔다(*The Myth of Mental Illness*, New York: Harper & Row, 1961). 사스의 생각과 반정신의학 분석에 대해서는 Thomas Szasz, *Antipsychiatry. Quackery Squared*, New York: Syracuse University Press, 2009와 Michael Staub, *Madness Is Civilization. When the Diagnosis Was Social, 1948–1980*, Chicago and London: University of Chicago Press, 2011, pp.89 –93, 101 –14 참조.

7 R. D. Laing, *Wisdom, Madness and Folly. The Making of a Psychiatrist*, London: Macmillan, pp.8 –9. 2쪽의 각주에서 랭은 이렇게 적는다. "'반정신의학'이라는 용어는 정신의학자 데이비드 쿠퍼가 만들었다. 의료에서 말하는 정신의학의 이론과 실제를 볼 때 정신의학은 과거에나 지금이나 대체로 억압적이며, 이것은 정신을 치유하는 과학이자 기술이라는 정신의학의 본질에 반한다고 느꼈기 때문이다. 의료계에 종사하는 정신의학자 중 그의 의견에 동의하는 사람이 상당히 많다." 이탈리아에서 벌어지고 있던 일에 대한 그의 관점과 비판 또한 눈여겨볼 만하다. 그의 관측으로는 우선 이탈리아의 정신의학은 ['정신질환'으로 고통받고 있는 사람에게 무엇을 할 것인가에 대한] "결정을 내리기를 거부"하며 "혼란을 '집단' 자체 내에서" 해결하도록 돕는 기술을 개발하려 하고 있다(p.4). 나중에 그는 이탈리아의 '정신의학'은 더이상 '배척'에 관여하지 않았다고 말한다(p.9).

8 Jervis, *Il buon rieducatore*, p.139.

9 Basaglia e l'antipsichiatria, forumsalutementale라는 이용자가 2010년 9월 5일자로 올린 영상. 날짜는 표시되지 않았지만 필시 1978~1979년일 것이다. youtu.be/xFYX144BrV8.

10 Franca Ongaro Basaglia and Maria Grazia Giannichedda, eds, *Conferenze brasiliane*, Milan: Raffaello Cortina Editore, 2000도 참조. "나는 반정신의학자가 아니다. 그것은 나로서는 받아들일 수 없는 종류의 지

식인이기 때문이다." pp.153, 184.

11 Libero Bestighi et al., eds, *Specialista in relazioni umane. L'esperienza professionale di Edelweiss Cotti*, Bologna: Pendragon, 2001의 논평 참조.

12 Nick Crossley, 'R. D. Laing and the British Anti-psychiatry Movement', *Social Science and Medicine* 47: 7, 1998, p.882에 인용된 R. D. Laing, 'Schizophrenia and the Family', *New Society*, 1964년 4월 16일자.

13 Giovanni Jervis, *Manuale critico di psichiatria*, 10th ed., 1980 (1975), p.59.

14 Franco Basaglia, ed., *L'istituzione negata*, Turin: Einaudi, 1968, p.269.

15 Crossley, 'R. D. Laing and the British Anti-psychiatry Movement', p.878.

16 Gijswijt-Hofstra and Porter, eds, *Cultures of Psychiatry*, p.236에 수록된 Peter Barham, 'From the Asylum to the Community: The Mental Patient in Postwar Britain'.

17 Roy Porter and Mark Micale, eds, *Discovering the History of Psychiatry*, Oxford: Oxford University Press, 1994, p.396에 수록된 Jacques Postel and David Allen, 'History and Anti-psychiatry in France'.

18 Ibid., p.406.

19 Cooper, *The Dialectics of Liberation*.

20 J. L. Cameron, R. D. Laing, A. McGhie, 'Patient and Nurse. Effects of Environmental Changes in the Care of Chronic Schizophrenics', *The Lancet*, 1955년 12월 31일자, p.1386.

21 Zbigniew Kotowicz, *R. D. Laing and the Paths of Anti-psychiatry*, London: Routledge, 1997, pp.79-82, 87: Wolfgang Huber, *SPK: Turn Illness into a Weapon for Agitation by the Socialist Patients' Collective at the University of Heidelberg*, KRRIM Verlag fur Krankheit, 1993: Dora Garcia, *From Basaglia to Brazil*, Trento: Fondazione Galleria Civica, 2010, pp.10-21에 수록된 Dora Garcia, 'Radical Politics,

Radical Psychiatry, Radical Art. An Introduction to the "Mad Marginal" Project', 그리고 Ibid., pp.146 –59에 수록된 Dora Garcia, 'An Interview with Carmen Roll' 참조. 사회주의환자집단(SPK)에 관한 자료는 spkpfh. de에서 많이 찾아볼 수 있다.

22 Julian Bourg, *From Revolution to Ethics. May 1968 and Contemporary French Thought*, Montreal and Kingston: McGill-Queens University Press, 2007, p.106.

23 Barham, 'From the Asylum to the Community', p.236.

24 D. B. Double ed., *Critical Psychiatry. The Limits of Madness*, London: Palgrave, 2006, p.31에 수록된 D. B. Double, 'Historical Perspectives on Anti-psychiatry'.

25 Double, 'Historical Perspectives on Anti-psychiatry', p.32.

26 D. B. Double, 'The History of Anti-psychiatry: An Essay Review', *History of Psychiatry* 13, 2002, p.235. 콜린 존스는 "〔반정신의학〕 운동의 핵심에 있는 거부하고 뒤엎는 행동", 다시 말해 "반정신의학 안에 있는 '반(反)'이라는 요소"에 강조점을 두었다. Gijswijt-Hofstra and Porter, *Cultures of Psychiatry*, p.285에 수록된 Colin Jones, 'Raising the Anti. Jan Foudraine, Ronald Laing and Anti-psychiatry'.

27 이에 대해서는 Giuseppe Micheli, *Il vento in faccia. Storie passate e sfide presenti di una psichiatria senza manicomio*, Milan: Francoangeli, 2013, pp.42 –4 참조.

28 예를 들면 Réseau di alternativa alla psichiatria(이 느슨한 기구에 붙인 이탈리아 이름)는 1970년대와 1980년대 내내 정기적으로 국제 회합을 가졌다. 트리에스테에서 열린 1977년 학술대회에 대해서는 아래 및 *Il circuito del controllo. Dal manicomio al decentramento psichiatrico. Atti e documenti del Réseau di alternativa alla psichiatria*, Trieste: Cooperativa libraria, Centro culturale, 1980에 실린 의사록 참조.

29 Jones, 'Raising the Anti', p.285.

30 Fulvio Marone, 'La psichiatria alternativa italiana', *La psicoanalisi. Rivista del campo Freudiano* 25, 1999년 1 –6월, p.107.

31 Ernesto Venturini, *Il giardino dei gelsi. Dieci anni di antispsichiatria italiana*, Turin: Einaudi, 1979. 또 1978년에 출간되어 많이 인용된 Franco Basaglia, Franca Ongaro Basaglia, Agostino Pirella, Salvatore Taverna, *La nave che affonda. Psichiatria e antipsichiatria a dieci anni da 'L'istituzione negata'. Un dibattito*, Rome: Savelli, 1978 참조. 이 용어는 에이나우디도 받아서 썼다. *Cinquant'anni di un editore. Le edizioni Einaudi negli anni 1933–1983*, Turin: Einaudi, 1983 참조: "무엇보다도 자기 자신을 '반정신의학자'로 정의한 투쟁적 정신의학자 프랑코 바잘리아의 연구에 감사한다"(쪽 표시 없음). 니코 피트렐리는 "바잘리아는 이런 운동에 관심이 있었기에 랭과 쿠퍼가 영국에서 만든 개방형 공동체를 보러 갔지만, 반정신의학자라는 꼬리표는 언제나 거부했다"고 주장한다: Nico Pitrelli, *L'uomo che restituí la parola ai matti. Franco Basaglia, la comunicazione e la fine dei manicomi*, Rome: Riuniti, 2004, p.64.

32 예컨대 1967년에 바잘리아가 볼라티에게 보낸 어느 편지에서 바잘리아는 이렇게 말한다(두 사람은『부정되는 공공시설』에 대해 논의하고 있었다). "책전체의 '반정신의학적' 또는 '반과학적' 구조를 볼 때…… 표지에 정신의학에 관한 어떤 것도 들어가서는 안 됩니다."

33 1968년 1월 19일자, 바잘리아가 볼라티에게 보낸 편지. 에이나우디 기록보관소. 바잘리아 폴더.

34 Edoardo Balduzzi, *L'albero della cuccagna. 1964–1978. Gli anni della psichiatria italiana*, Edizioni Stella, Nicolodi Editore, 2006, p.39.

35 A. Realdon, V. Cristoferi Realdon, R. De Stefano, B. Spazzapan, *Oltre l'antipsichiatria. Dopo nove anni a Gorizia, riflessioni critiche da un ex ospedale psichiatrico*, Padua: Piccin Editore, 1981, p.47에 수록된 'Anacleto Realdon, L'antipsichiatria: un movimento internazionale?' 조반니 제르비스는 자신이 한때 가담했던 이 운동을 누구보다도 명석하게 분석했다: Patrizia Guarnieri, *La storia della psichiatria. Un secolo di studi in Italia*, Florence: Olschki, 1991, p.36에 인용된 'L'antipsichiatria fra innovazione e settarismo', *MondOperaio* 5, 1986, p.125 참조. 제르비스는 바잘리아가 종종 단순한 반정신의학적 입장을 취한 많은 추종자로 인

한 희생자였다고도 주장했다. 다른 사람들은 반정신의학 자체가 제도화돼 그
예리함을 잃어버릴 수 있다고 경고했다. 어느 정도 실제로 그렇게 된 것처럼
보인다. 반정신의학은 상당히 빠르게 그 나름의 제도와 (엄격한) 이념과 이분
법을 만들어냈는데, 바잘리아는 애초부터 이 점을 염려했다.

36 Jervis, 'L'antipsichiatria fra innovazione e settarismo', p.126.

37 역으로, 이탈리아 밖에서는 (특히 영어권에서는) 그를 반정신의학자로 묘사하
는 경우가 많다.

38 토머스 사스는 이와는 다른 입장을 취했는데, 본인이 이를 거부하고 그래서
반정신의학 이면에 있는 사상을 신랄하게 비판했다는 사실에도 불구하고 이
운동에 가담한 사람들은 그의 연구를 널리 읽었다. 사스가 쓴 글 한 편이 프
랑코 및 프랑카 바잘리아가 1975년에 엮은 문집에 다음과 같이 포함돼 있다:
*Crimini di pace. Ricerche sugli intellettuali e sui tecnici come addetti
all'oppressione*, Milan: Baldini Castoldi Dalai, 2009 (원래의 판본은
Einaudi, 1975), pp.385 – 98에 수록된 'La psichiatria a chi giova?'

39 Antonio Slavich, *La scopa meravigliante. Preparativi per la legge 180
a Ferrara e dintorni 1971–1978*, Prefazione di Giovanni Berlinguer,
Rome: Riuniti, 2003, p.175.

40 그곳에 있었던 클랜시 시걸은 후일 이렇게 주장했다. "내가 볼 때 랭은 조현
병의 격렬한 열기에 너무 가까이 다가간 나머지 환자와 자신을 지나치게 동
일시함으로써 소모돼버린 (쿠퍼와 앳킨을 비롯한) 수많은 의사와 간호사 중
한 사람이었다. '미치광이'를 대하다보면 선을 넘고 싶은 유혹이 많이 든다.
그것이 환자와의 결속 행동에 포함된다는 확신, 또 거리를 둔 상태에서 치료
한다는 것은 괴로워하고 스스로를 괴롭히는 환자에 대한 배신이라는 확신이
있기 때문이다. 이것이 좋은 행동인지 해로운 행동인지는 논의의 여지가 많
다. 그러나 몇몇 좋은 의사와 간호사, 그리고 서투르기는 하나 선의에서 그들
과 함께하며 도가니 속으로 걸어들어가 끝까지 버틴 동조자들 덕분에 오늘
날 제구실을 하며 살아가는 사람이 메리 반스 외에도 많이 있다." *New York
Review of Books*, 독자 편지, 1996년 12월 19일자. 이런 분석은 이탈리아의
운동에 관여한 많은 사람에게도 똑같이 적용할 수 있을 것이다.

41 역사적 맥락에서 본 반정신의학에 관한 논의는 Nick Crossley, 'R. D. Laing

and the British Anti-psychiatry Movement'와 Crossley, *Contesting Psychiatry*, London: Routledge, 2006 (1998) 참조.

42 Porter and Micale, eds, *Discovering the History of Psychiatry*, p.416에 수록된 'Psychiatry and Anti-psychiatry in the United States'. "이제까지 반정신의학의 일차 관심사는 대체로 정신의학 종사자가 정신질환자뿐 아니라 사회 전반에 대해 행사하는 권력과 영향력이었다. 그들은 더 큰 목표를 위해 정신의학에 반대하는 때가 많았으며, 이 목표에서 정신질환자는 부수적 관심사에 지나지 않았다."

43 Crossley, *Contesting Psychiatry*, p.241.

44 랭에 대한 잘못된 묘사에 관한 여러 가지 지적을 보려면 Samantha Bark, *Descandalizing Laing: R. D. Laing as a Social Theorist*, 출간되지 않은 학위논문, Nottingham Trent University, 2009 참조. 같은 일이 영어권 세계에서 바잘리아에게도 일어난 것으로 보인다. 그러나 주로 이차 자료를 바탕으로 삼고 있기는 하지만 바잘리아에 관한 좋은 설명을 보려면 Donnelly, *The Politics of Mental Health in Italy*, 그리고 Kotowicz, *R. D. Laing and the Paths of Anti-psychiatry*도 참조. 바잘리아의 저작물이 일부 영어로 번역되어 있다. Nancy Scheper-Hughes and Anne Lovell, eds, *Psychiatry Inside Out. Selected Writings of Franco Basaglia*, New York: Columbia University Press, 1987도 참조. 또 David Ingleby, ed., *Critical Psychiatry. The Politics of Mental Health*, London: Penguin, 1981, pp.84-92에 수록된 'Breaking the Circuit of Control' 참조. 바잘리아를 반정신의학자로 묘사한 자료는 무수히 많다: John Clay, *R. D. Laing. A Divided Self*, London: Hodder and Staughton, 1996, p.283에 수록된 John Clay, 'Basaglia was an Italian anti-psychiatrist'. 또 Ingleby, *Critical Psychiatry*, p.17를 참조.

45 Ongaro and Giannichedda, *Conferenze brasiliane*, pp.153과 179.

46 반정신의학을 경멸하는 또 한 가지 방식은 그 주역들을 도덕적으로 비난할 만하다거나 '직업적으로 해이한' 사람으로 보이도록 사적·공적 생활을 폭로하는 것이었다. 이는 이제까지 로널드 랭과 데이비드 쿠퍼에 대해 반복적으로 사용된 책략이다.

47 'Giulio De Matteo' (필명), 'Una lezione di violenza', *Quaderni Piacentini* 7: 36, 1968년 11월, p.78. 나중에 제르비스는 바잘리아가 이 글에는 필명을 쓰도록 시켰다고 주장했다. Gilberto Corbellini and Giovanni Jervis, *La razionalità negata. Psichiatria e antipsichiatria in Italia*, Turin: Bollati Boringhieri, 2008, pp.113-14 참조.

48 이 글은 제르비스가 참석했던 런던의 해방의 변증법 학회에서 내놓은 보고서에 이어 나왔다. 'Gli psichiatrici e la politica', *Quaderni Piacentini* 32, 1967, p.20.

49 Crossley, *Contesting Psychiatry*, p.2449.

50 Catherine Fussinger, '"Therapeutic Community", Psychiatry's Reformers and Antipsychiatrists: Reconsidering Changes in the Field of Psychiatry after World War II', *History of Psychiatry* 22, 2011, pp.146과 160, n.1.

51 Kotowicz, *R. D. Laing and the Paths of Anti-psychiatry*, p.5.

52 Double, 'Historical Perspectives on Anti-psychiatry', p.38.

53 페루자와 레조넬에밀리아의 경험에 대해서는 이 책의 17장과 19장 참조. 사람들이 정신질환자 보호소에 들어가거나 되돌아가지 않도록 막는 것도 킹슬리 홀의 목표였다.

54 프랑스의 경우 제2차세계대전 동안 정신질환자 보호소를 피난처로 보는 관념이 생겨났는데, 이는 이탈리아의 많은 급진주의자가 정신병원을 바라본 관점과는 매우 달랐다. 그럼에도 이 전략의 요소들은 바잘리아 등 이탈리아에서 개혁을 추진한 사람들에게 영향을 주었다. 프랑스의 급진적 정신의학에 관해서는 Bourg, *From Revolution to Ethics*, pp.125-37 참조. 또 Postel and Allen, 'History and Anti-psychiatry in France', pp.396-414; Germaine Le Guillant and Lucien Bonnafé, 'La condition du malade à l'hôpital psychiatrique', *Ésprit* 197, 1952 (Misère de la psychiatrie); Louis Le Guillant, Hubert Mignot, Lucien Bonnafé, *Problèmes posés par la chronicité sur le plan des institutions psychiatriques*, Masson et C éditeurs, 1964 참조.

55 이 전략에 관해서는 Balduzzi, *L'albero della cuccagna* 참조.

56 Gregory Bateson, *Steps to an Ecology of Mind*, Chicago and London: University of Chicago Press, 2000, pp.201-27에 포함된 Gregory Bateson et al., 'Towards a Theory of Schizophrenia', *Behavioral Science* 1, 1956, pp.251-64; *Steps to an Ecology of Mind*의 제3부 전체 (pp.159-339)도 참조.

57 Cooper, *Dialectics of Liberation*, p.7, 그리고 *Psychiatry and Anti-psychiatry*, 2001 (1967), p.x. 또 R. D. Laing and A. Esterson, *Sanity, Madness and the Family. Families of Schizophrenics*, London: Penguin, 1980 (1964)도 참조.

58 이런 이론이 1960년대와 1970년대에 이탈리아 어느 현의 도시에 미친 영향에 대한 연구를 보려면 Enrica Asquer et al., eds, *Famiglie del Novecento. Conflitti, culture e relazioni*, Rome: Carocci, pp.239-62에 수록된 Sofia Serenelli Messenger, 'Il Sessantotto e la "morte della famiglia"? Storia di una comune nella provincia anconetana'; 'Il Sessantotto e la famiglia. Storia di una comune nella campagna marchigiana 1976-1987', *Italia Contemporanea* 255, 2009, pp.173-202; 그리고 'Private 1968 and the Margins: The Vicolo Cassini's Community in Macerata, Italy', *Memory Studies* 6: 1, 2013, pp.91-104 참조.

59 Basaglia, *L'istituzione negata* (1968), p.7.

60 Ibid., p.33.

61 아울러 예컨대 August Hollingshead and Fredrick Redlich, *Classi sociali e malattie mentali*, Turin: Einaudi, 1965(초판 1958) 같은 책도 그렇다.

62 *Milan since the Miracle. City, Culture, Identity*, Oxford: Berg, 2001, pp.19-36에 수록된 파졸리니에 대한 나의 비평 참조.

63 지금은 Franco Basaglia, *Scritti. II. 1968-1980. Dall'apertura del manicomio alla nuova legge sull'assistenza psichiatrica*, ed. Franca Ongaro Basaglia, Turin: Einaudi, 1982, II, p.119에 수록되어 있다.

64 그리고 반정신의학은 환자, 간호사, 의사, 행정가에게 힘을 실어준 계기가 된 운동이었다. 이 운동은 영국, 이탈리아 등지에서 여러 가지 운동과 조직을 묶어주거나 영감을 주었다. Crossley, *Contesting Psychiatry*, Chapters 6-9.

65 Balduzzi, *L'albero della cuccagna*, p.18.

66 'R. D. Laing and the British Anti-psychiatry Movement', p.885.

67 Nick Crossley, 'Working Utopias and Social Movements', *Sociology* 33: 4, 1999, p.817. Dora Garcia, *From Basaglia to Brazil*, p.53에서 재인용.

68 Crossley, 'Working Utopias and Social Movements', pp.811과 822, *Contesting Psychiatry*, pp.2852와 3870. 셰퍼휴즈와 러벨은 *Psychiatry Inside Out: Selected Writings of Franco Basaglia*, New York: Columbia University Press, 1987, p.49에 수록된 Scheper-Hughes and Lovell, 'Introduction. The Utopia of Reality. Franco Basaglia and the Practice of Democratic Psychiatry'에서 '실질적 유토피아'라는 용어를 썼다. Basaglia, *Scritti, II*, pp.339-48에 수록된 Franco Basaglia, 'L'utopia della realtà'. Franco Basaglia, *L'utopia della realtà*, ed. Franca Ongaro Basaglia, Turin: Einaudi, 2005, pp.xvi-lv에 수록된 Maria Grazia Giannichedda, *Introduzione*.

69 Crossley, *Contesting Psychiatry*, p.2855.

70 Ibid., p.2861.

71 Crossley, 'R. D. Laing and the British Anti-psychiatry Movement', p.885.

72 R. Eyerman and A. Jamison, *Social Movements: A Cognitive Approach*, Cambridge: Polity, 1991, p.60; Crossley, 'R. D. Laing and the British Anti-psychiatry Movement', p.880 재인용.

제3장 고리치아의 해석―자료의 출처와 서사

1 Scheper-Hughes and Lovell, eds, *Psychiatry Inside Out*, p.5에 수록된 'Introduction. The Utopia of Reality: Franco Basaglia and the Practice of a Democratic Psychiatry'.

2 Franco Basaglia, ed., *L'istituzione negata*, Milan: Baldini & Castoldi,

1998, pp.1 – 2에 수록된 Franca Ongaro Basaglia, 'Nota introduttiva alla nuova edizione'.

3   Ibid., p.2.

4   Ibid. 부분적으로 고리치아에서 "살았던 그대로의 삶이라는 실체"를 바탕으로 한 이야기를 보려면 Alberta Basaglia, *Le nuvole di Picasso. Una bambina nella storia del manicomio liberato*, Milan: Feltrinelli, 2014 참조.

5   Ongaro, 'Nota introduttiva alla nuova edizione', p.3.

6   *Sapere* 851, 1982년 11 – 12월, p.4에 수록된 Agostino Pirella, 'Il giovane Basaglia e la critica della scienza'.

7   Ibid., p.8.

8   예를 들면 Mario Colucci and Pierangelo Di Vittorio, *Franco Basaglia* (Milan: Bruno Mondadori, 2001)와 Oreste Pivetta, *Franco Basaglia. Il dottore dei matti* (Milan: Dalai Editore, 2012)가 그렇지만, 어떤 식으로든 고리치아 시기를 다룬 연구는 대부분 이에 해당된다.

9   Agostino Pirella, 'E a Gorizia? Nascita di un'alternativa alla segregazione manicomiale', *Territorio. Bollettino* 10, 1984년 11월, p.33.

10   무엇보다도 Colucci and Di Vittorio, *Franco Basaglia*, 특히 pp.75 – 232 에서 그렇고, Pivetta, *Franco Basaglia*도 여러 부분이 그렇다. Valeria Babini, *Liberi tutti. Manicomi e psichiatri in Italia. Una storia del novecento*, Bologna: Il Mulino, 2009에는 고리치아의 경험에 대한 더욱 자세한 분석이 실려 있다.

11   고리치아 경험에 대한 고전적 설명은 대부분 그곳의 에퀴페가 직접 쓴 것이다. 고리치아 관련 문집은 『정신의학은 무엇인가?』와 『부정되는 공공시설』 두 권이다. 바잘리아 본인의 회고도 있는데, 고리치아 시기에 쓴 것도 있고 그후에 쓴 것도 있다. 이 회고 중 일부가 그의 사후에 출간됐다. 그리고 우리에게는 프랑카 옹가로 바잘리아가 다양한 기고와 인터뷰, 서면 설명에서 쓴 글이 있다. 루초 스키타르, 조르조 안토누치, 도메니코 카자그란데, 아고스티노 피렐라, 레티치아 콤바 제르비스 등 핵심 에퀴페 구성원이나 자원봉사

자도 마찬가지다. 안토니오 슬라비치의 책은 죽을 때까지 출간되지 않았으나 앞으로 출간 계획이 있다. 출간되면 매우 중요한 자료가 될 것이다. 조반니 제르비스는 글과 인터뷰에서 종종 고리치아를 언급하는데, 그 시기에 관해 그가 쓴 가장 완전한 설명은 1977년에 출간된 에세이집 『선한 재교육자』에 수록된 반쯤 자전적인 장문의 머리말에 포함되어 있다.

12 Michel Legrand, *La psichiatrie alternative italienne*, Toulouse: Editions Private, 1988, 그리고 Maria Stella Brandao Goulart, 'De profissionais a militantes: a Luta Antimanicomial dos psiquiatras italianos nos anos 60 e 70', Universidade Federal de Minas Gerais, Tese de Doutorado, Belo Horizonte Maio de 2004. 르그랑의 연구가 이탈리아어로는 한 번도 번역되지 않았다는 점이 흥미롭다. 정신의학계 내부와 운동의 좌파/반/비정신의학 측에도 '반바잘리아'적 문헌이 존재한다. Elena Trivelli, *Assembling Memories and Affective Practices around the Psychiatric History of Gorizia: The Study of a Remembering Crisis*, 출간되지 않은 박사 학위논문, Department of Media and Communications, Goldsmiths University, 2013.

제4장 바잘리아와 영국인들 — 번역의 누락인가?

1 한 가지 예외는 Shulamit Ramon, ed., *Psychiatry in Transition. The British and Italian Experiences*, London: Pluto, 1988이다.

2 Roy Porter, *Madness. A Brief History*, Oxford: Oxford University Press, 2002, p.210.

3 Mark Micale and Roy Porter, eds, *Discovering the History of Psychiatry*, New York and Oxford: Oxford University Press, 1994, p.20 에 수록된 Roy Porter and Mark Micale, 'Introduction. Reflections on Psychiatry and Its Histories'.

4 Andrew Scull, *Madness. A Very Short Introduction*, Oxford: Oxford University Press, 2011, p.113. (약간의 오류는 있지만) 균형과 정보 면에

서 좀더 뛰어난 설명은 Tom Burns, *Our Necessary Shadow. The Nature and Meaning of Psychiatry*, London: Allen Lane, 2013, pp.xlvi, 148 – 9, 183 참조. 그렇지만 여기서도 바잘리아는 "그람시적 마르크스주의자"로 묘사된다.

5 일부에서는 로널드 데이비드 랭 본인이 번역을 막았다고 주장하지만 나는 이 주장을 뒷받침할 증거를 찾지 못했다. F. A. Jenner, 'On the Legacy of Ronald Laing', janushead.org 참조.

6 Scheper-Hughes and Lovell, eds, *Psychiatry Inside Out*; David Ingleby, ed., *Critical Psychiatry: The Politics of Mental Health*, Harmondsworth: Penguin, 1981, pp.184 – 92에 수록된 Franco Basaglia, 'Breaking the Circuit of Control'. 세월이 지나면서 바잘리아가 쓴 그 밖의 글이 토막토막 번역됐다. 예를 들면 'What Is Psychiatry?', *International Journal of Mental Health* 14: 1 – 2, 1985, pp.42 – 51. Ramon, *Psychiatry in Transition*, pp.252 – 60에 수록된 짧은 글 'Crisis and Identity: Extracts from the Theory of Franco Basaglia. Selected by Maria Grazia Giannichedda'도 참조.

7 Kathleen Jones and Alison Poletti, 'Understanding the Italian Experience', *British Journal of Psychiatry* 146, 1985, pp.341 – 7. Kathleen Jones and Alison Poletti, 'The Mirage of a Reform', *New Society* 70: 1137, 1984년 10월 4일자도 참조.

8 Cambridge: Cambridge University Press, 1986.

9 Ibid., p.17.

10 Ibid., pp.23 – 4.

11 Jones and Poletti, 'Understanding the Italian Experience'. 이 글은 이탈리아인들에게 크게 비판받았다. 프랑코 로텔리는 Ramon, *Psychiatry in Transition*, p.190, n.4에 수록된 'Changing Psychiatric Services in Italy'에서 존스와 폴레티의 기사를 "웃긴다"고 표현했다: 베네데토 사라체노는 이 연속기사에 대해 'La "Distorsion Anglaise". Remarques sur la réception de la pensée de Franco Basaglia', *Les Temps Modernes* 67: 668, 2012년 4 – 6월, p.56, n.5에서 "사악하다"고 표현했다: 사라체노는 이 과정에 대

해 앵글로색슨의 정신의학이 현상학적이자 존재론적인 사고에 저항하는 것으로 설명한다.

12 이 부분은 신문에서 약간은 무작위로 뽑은 여러 가지 인용으로 이루어져 있는데, 기사 제목에 오자가 많이 보인다.

13 Jones and Poletti, 'Understanding the Italian Experience', p.347.

14 Kathleen Jones and Alison Poletti, 'The "Italian Experience" Reconsidered', *British Journal of Psychiatry* 148, 1986, pp.144-50. 또 Shulamit Ramon, 'Understanding the Italian Experience', *British Journal of Psychiatry* 14, 1985, pp.208-9; Michele Tansella, 'Community Psychiatry without Mental Hospitals: The Italian Experience: A Review', *Journal of the Royal Society of Medicine* 79, 1986, pp.664-9; S. P. Mangen, ed., *Mental Health Care in the European Community*, London: Croom Helm 1985, pp.170-203 에 수록된 Shulamit Ramon, 'The Italian Psychiatric Reform'; Simon Lovestone, 'Community Care, Italian Style', *British Medical Journal* 297: 6655, 1988년 10월 22일자, pp.1042-3, 그리고 'Misunderstanding the Italian Experience', *British Journal of Psychiatry* 147, 1985, pp.450-2도 참조.

15 한 가지 예외는 닉 크로슬리의 연구인데, 그는 특히 트리에스테와 바잘리아의 유산이 영국 활동가들에게 끼친 영향을 Crossley, *Contesting Psychiatry*, London: Routledge, 2006, pp.3824-943에서 자세히 소개한다. 크로슬리는 바잘리아와 그가 이끈 운동은 영국에서 1970년대와 1980년대에 전개된 일련의 사회 운동(특히 환자가 개입된 운동) 전체에 영감을 주었다고 주장한다. 트리에스테는 '실용적 유토피아'가 되어 많은 운동가와 활동가들이 그곳을 찾았다.

16 (의학계 바깥의) 학계에서는 반바잘리아 문헌이 꾸준히 나오고 있다. 예컨대 Lola Romanucci-Ross and Laurence Tancredi, *When Law and Medicine Meet. A Cultural View*, Springer, 2007, p.11에서 롤라 로마누치로스와 로렌스 탠크레디는 180호 법과 바잘리아 운동을 "실패한 실험"이자 "중대한 문화적 실책"으로 묘사한다.

제5장 팀을 꾸리다─고리치아의 첫 에퀴페, 1961~1969년

1 Franco Basaglia, ed., *L'istituzione negata* (1998), p.3에 수록된 Franca Ongaro, 'Nota introduttiva'.

2 Giovanni Jervis, *Il buon rieducatore*, p.25.

3 Ibid.

4 확신할 수 없는 연도에는 별표(*)를 찍었다.

5 그렇지만 Libero Bestighi et al., eds, *Specialista in relazioni umane. L'esperienza professionale di Edelweiss Cotti*, Bologna: Pendragon, 2001, p.189에서는 테지가 "바잘리아가 부임한 직후" 그곳에 부임했다고 진술한다.

6 Clarissa Brigidi, 'Intervista a Giorgio Antonucci su l'antipsichiatria. I Parte', centro-relazioni-umane.antipsichiatria-bologna.net.

7 제르비스와 바잘리아는 1965년 이후로 계속 편지를 주고받았고 이미 사이가 좋았다(바잘리아 기록보관소).

8 Franco Basaglia, Franca Ongaro Basaglia, Agostino Pirella, Salvatore Taverna, *La nave che affonda. Psichiatria e antipsichiatria a dieci anni da 'L'istituzione negata'. Un dibattito*, Rome: Savelli, 1978, p.98.

9 Ibid., p.97.

10 Jervis, *Il buon rieducatore*, p.20.

11 '콘제도'(휴가/퇴직)라 불리는 이 부분은 Franca Basaglia Ongaro, *Una voce. Riflessioni sulla donna*, Milan: Il Saggiatore, 1980, p.147에 수록돼 있다.

12 프랑카는 다양한 이야기책을 출간했는데, 그중 몇 권은 어린 시절의 친구이자 나중에 유명한 만화가가 된 우고 프라트가 삽화를 그렸다.

13 옹가로는 정신의학자 과정을 공부하지 않았고 1960년대 말에 트렌토에 잠시 있었을 때 말고는 대학교를 다니지도 않았다. 이따금 일부 출판물에서 옹가로를 '사회학자'라고 설명하지만 대학교를 졸업한 적은 없다.

14 이 시기에 프랑카가 쓴 편지 일부가 에이나우디 기록보관소에 있다.

15 1953~1961년 사이에 바잘리아가 쓴 좀더 학술적인 글도 이와 같은 식으로

쓰였는지는 분명하지 않다.

16 이 책은 이탈리아 남부에서 있었던 강간 재판 이야기를 다루었다. 이 재판
은 또 1979년 이탈리아 텔레비전을 통해 방영되어 이탈리아 전국을 충격
에 빠뜨린 다큐멘터리 〈강간 재판〉의 주제가 됐다(상영시간 60분, 감독은
로레다나 로톤도). 책은 1980년에 나왔다. Maria Grazia Belmonti et al.,
*Un processo per stupro. Dal programma della Rete 2 della televisione
italiana*, 머리말은 Franca Ongaro Basaglia가 작성, Turin: Einaudi,
1980.

17 Francesco Parmigiani and Michele Zanetti, *Basaglia. Una biografia*,
Trieste: Lint Editorial, 2007, p.32: "프랑코 바잘리아의 주된 협력자." 그
밖의 예로는 Saverio Luzzi, *Salute e sanità nell'Italia repubblicana*,
Rome: Donzelli, 2004, p.333, n.2. 발레리아 바비니는 Valeria Babini,
Liberi tutti. Manicomi e psichiatri in Italia. Una storia del novecento,
Bologna: Il Mulino, 2009, pp.267-8에서 옹가로를 '신앙인'이라고 부르
고 있지만 실제로는 전혀 종교적이지 않았다. 바비니는 또 프랑카 옹가로를
"공공시설에 맞선 모든 싸움에서 그와 함께한 동반자"로 묘사한다(p.267).
사사리대학교에서 프랑카 옹가로 바잘리아에게 명예학위를 준 뒤에 나온 『폴
리 딘포르마치오네』지의 특별판도 참조(29: 188, 2001년 1-2월). 그렇지만
이 특별판에는 마리아 그라치아 잔네카다가 쓴 서론의 몇 부분 말고는 프랑
카 본인에 대한 내용이 거의 없다.

18 사후에 출간된 이 책은 프랑코의 것으로 표시되는 경향이 있는데, 마치 사별
한 남편을 위해 아내가 세운 기념비 같은 느낌이다. 더 구체적으로 말해, 표
지에는 '바잘리아'라고만 표시되어 있는 한편, 속표지에는 글을 쓴 사람이 프
랑코 바잘리아 한 사람인 것으로 표시되어 있다. 그렇지만 전체적으로 이 두
권의 책은 프랑카 옹가로 바잘리아가 편집했다.

19 이 단체는 또 'Critica delle Istituzioni'라는 이름으로도 알려졌다. *Centro
Internazionale di Studi e Ricerche*. Franco Basaglia and Franca
Ongaro Basaglia, eds, *Crimini di pace. Ricerche sugli intellettuali e
sui tecnici come addetti all'oppressione*, Milan: Baldini Castoldi Dalai,
2009 (Einaudi, 1975), p.10.

20 Antonio Slavich, *La scopa meravigliante. Preparativi per la legge 180 a Ferrara e dintorni 1971–1978*, Rome : Riuniti, 2003, p.149. 슬라비치는 다큐멘터리 〈에콜리〉에 나온다. 또 Stefano Ricci, Jacobo Quadri, Giacomo Piermatti, *Eccoli*, Bologna : Mamiverlag, 2014도 참조.

21 Silvia Balconi, *L'esperienza Goriziana dal '61 al '72. Un percorso paradigmatico di valorizzazione della professionalità in ambito psichiatrico*, 출간되지 않은 논문, Università degli studi di Torino, 1997 – 98, p.495에 실린 인터뷰.

22 Paolo Tranchina, 'Passioni, radicalità. Un ricordi di Vieri Marzi e Antonio Slavich', personaedanno.it에 수록된 Vincenzo Pastore.

23 Jervis, *Il buon rieducatore*, pp.22 – 3. 그리고 Michele Loreto, 'Intervista a Nico Casagrande. Basagli gli anni di Gorizia', 2010년 2월 7일자, micheleloreto.blogspot.co.uk에 수록된 도메니코 카자그란데의 인터뷰도 참조.

24 그는 평생 적극적으로 정치 활동을 했다. 제노바에서 지방 의원에 선출되었고(1988~1990년) 같은 도시에서 공산당과 그 후신 소속의 현 의원으로 활동했다. 2009년에 볼차노에서 죽었다.

25 Balconi, *L'esperienza Goriziana dal '61 al '72*, p.496에 수록된 Slavich. 어떤 설명에서는 그가 이때 혼자 200명의 환자를 맡았다고 한다: 'Passioni, radicalità'.

26 Antonio Slavich, *All'ombra dei ciliegi giapponesi*(출간되지 않은 원고)에서 슬라비치는 알리를 "적극적, 공격적, 권위적, 폭력적"(p.11)이며 "파시스트"(p.19)라고 묘사했다.

27 1965년 9월 20일. Babini, *Liberi tutti*, p.207에서 재인용. 또 David Forgacs, *Italy's Margins*, p.199와 Angelo Del Boca, *Manicomi come lager*, Turin : Edizioni dell'albero, 1966도 참조.

28 피렐라는 슬라비치와도 아는 사이였을 것이고, 1963년에는 독일의 정신질환자 보호소를 방문하기 위해 슬라비치와 바잘리아와 함께 출장을 갔다. 당시 고리치아현의 보건 부문을 책임지고 있던 정치가 루이지 마르케지니도 이때 동행했다. Agostino Pirella, 'E a Gorizia? Nascita di un'alternativa

alla segregazione manicomiale', *Territorio. Bollettino* 10, 1984년 11
월, p.32. 또 Basaglia et al., *La nave che affonda*, pp.93-4와 Agostino
Pirella, 'Il giovane Basaglia e la critica della scienza', *Sapere* 851, 1982
년 11-12월, pp.4-9도 참조. 루이지 마르케지니(바잘리아와 그의 팀을
지지한 의사이자 기독민주당 소속 정치가)에 대해서는 Slavich, *All'ombra*
참조. 마르케지니는 1966년에 죽었다. 또 'Ricordo di Luigi Marchesini',
Iniziativa Isontina 26, 1966도 참조. 마르케지니는 1961년에 바잘리아를
임명한 위원회의 위원이었다.

29 Balconi, *L'esperienza Goriziana dal '61 al '72*, p.459에 실린 피렐라의
인터뷰.

30 갈리에 대해서는 Babini, *Liberi tutti*, pp.232-9 참조.

31 물론 이에 대해서도 다른 이야기들이 존재한다. 피렐라는 나중에 발코니의
논문에서 이렇게 말했다. "나와 프랑코의 관계는 언제나 최고였다. 환자나 어
떤 문제에 대해 의논했던 게 두어 가지 기억나지만, 분위기는 언제나 협조와
이해를 바탕으로 하고 있었다." Balconi, *L'esperienza Goriziana dal '61
al '72*, p.462. 그러나 또 Jervis, *Il buon rieducatore*, p.25도 참조.

32 Paolo Tranchina, ed., 'Fogli d'informazione, lotte antistituzionali,
Legge 180', *Fogli d'informazione*, 5-6, 3rd series, 2008년 6월 1일자,
pp.56-7.

33 '고리치아 사람'과 '고리치아주의'라는 용어의 정의에 대해서는 이견이 있다.
일단 목표와 정체성이 같고 일련의 이론과 실제를 공유하는 하나의 집단이라
는 느낌이 뚜렷하게 있었다. 또 한편으로, 집단이라는 정체성은 조반니 제르
비스처럼 노선을 '배반'한 사람을 공격하는 용도로도 쓰였다. 끝으로, '고리
치아주의'는 운동 내부에서 고리치아 사람들이 일의 주도권을 잡으려 한다
고 비판할 때도 사용되었다. 슬라비치는 *La scopa meravigliante*에서 "우
리 '고리치아 사람들'"(p.12)이라는 용어를 쓰면서, 나중에 제르비스가 "여
전히 자신을 '고리치아 사람'으로 간주할 수 있을지, 또는 그러기를 원하기는
하는지" 묻는다(p.13). 슬라비치는 또 1970년대에 운동 내에서 "고리치아
사람들의 패권 행위"라는 비난이 있었음을 언급한다(pp.136, 138-9). 끝
으로, 어느 각주에서 그는 자신에게 '고리치아주의'라는 낱말이 붙는 데 대해

불평한다(p.265). '고리치아주의'는 또 이따금 다른 모든 활동보다도 우선적으로 정신질환자 보호소를 폐지하는 일에 집중하는 집념을 암시한다. Mario Colucci and Pierangelo Di Vittorio, *Franco Basaglia*, Milan: Bruno Mondadori, 2001, p.243, n.74.

34 Mario Baudino, 'Jervis, l'altra faccia dell'antipsichiatria', *La Stampa*, 2009년 8월 3일자.

35 Stefano Mistura, 'Giovanni Jervis. La forza di passioni condivise', *Il Manifesto*, 2009년 8월 5일자.

36 Basaglia et al., *La nave che affonda*, p.99.

37 콤바의 직책은 1967년 1월에 현의 승인을 받았다. 바잘리아 기록보관소에 있는 공문(1967년 1월 11일자)에는 콤바의 연봉이 1,607,000리라로 책정되어 있다.

38 Carl Gustav Jung, *Il problema dell'inconscio nella psicologia moderna*, Turin: Einaudi, 1959에 수록된 Giovanni Jervis, 'Prefazione'; Ernesto De Martino, *La terra del rimorso. Contributo a una storia religiosa del Sud*, Milan: Il Saggiatore, 1961에 수록된 Giovanni Jervis, 'Considerazioni neuropsichiatriche sul tarantismo'(Dorothy Louise Zinn 번역, Ernesto De Martino, *The Land of Remorse. A Study of Southern Italian Tarantism*, London: Free Association, 2005, pp.259–68에 수록된 'Neuropsychiatric Considerations on Tarantism'); 'Prefazione', Herbert Marcuse, *Eros e civiltà*, Turin: Einaudi, 1964; August Hollingshead, Fredrick Redlich, *Classi sociali e malattie mentali*, Turin: Einaudi, 1965, pp.xi–1(원제는 *Social class and mental illness*, New York: Wiley, 1958이며, 번역도 제르비스가 맡았다)에 수록된 'Introduzione'; Carlo Collodi, *Le avventure di Pinocchio*, Turin: Einaudi, 1968, pp.vii–xxii에 수록된 'Prefazione'.

39 Sergio Piro and Candida Carrino, *Quando ho i soldi mi compro un pianoforte. Conversazioni con un protagonista della psichiatria del '900*, Naples: Liguori Editore, 2010, p.67.

40 Willy Jervis, Lucilla Jervis Rochat, Giorgio Agosti, *Un filo tenace.*

Lettere e memorie 1944-1969, Turin: Bollati Boringhieri, 2008. (1st ed., 1998, La Nuova Italia), pp.7-16에 실린 Giovanni De Luna, 'Introduzione'. 같은 책 pp.46-7.에 수록된 Luciano Boccalatte, 'Premessa'도 참조.

41 훈장은 이브레아에서 가에타노 살베미니, 아드리아노 올리베티, 페루초 파리 등 유명 반파시스트들이 참석한 가운데 열린 공식 행사 중에 수여됐다. Ibid., pp.226-7.

42 Pietro Malvezzi e Giovanni Pirelli, eds, *Lettere di condannati a morte della Resistenza italiana (8 settembre 1943-25 aprile 1945)*, Turin: Einaudi, 1952, p.117.

43 굴리엘모 '윌리' 제르비스의 삶과 죽음에 관한 이야기는 Willy Jervis, Rochat, Agosti, *Un filo tenace* 참조. 또 Giovanni Jervis, 'Un ricordo di quegli anni', pp.229-39, 그리고 루칠라가 자기 아이들을 위해 윌리의 죽음에 관해 쓴 Lucilla Rochat, 'Per Gionni e Paola', pp.130-4 참조. 존니는 확실히 조숙한 아이로서 매우 빨리 성장했고 어린 나이부터 역사서, 정치적인 글, 소설 등 온갖 것을 탐독했다.

44 가족 배경에 대해서는 같은 책 참조. 이곳이 존니와 레티치아 콤바가 만난 곳으로 추측된다. 두 사람은 결혼한 뒤 1959년에 데 마르티노의 연구에 함께 참여했다. 슬라비치는 *All'ombra*에서 레티치아 콤바가 "토레펠리체 공동체의 수장인······ 파르손 콤바"의 딸이라고 주장했다.

45 이런 논의와 비난에 대해서는 이 책의 여러 부분에서 다시 다룬다. 슬라비치는 *La scopa meravigliante*, p.263에서 그 책을 "명백한 지적 부정행위"라며 제르비스를 비난한다.

46 *Bibliografia di storia della psichiatria italiana*, 1991-2010, Florence: Firenze University Press, 2010, p.10.

47 John Foot, *Italy's Divided Memory*, New York: Palgrave, 2010.

48 Jervis, *Il buon rieducatore*, p.18.

49 Ibid., p.19.

50 Ibid., p.20.

51 "바잘리아는 눈에 띄게 권위주의적인 방식으로 사람들을 이끌었다." Ibid.,

p.24.

52 Ibid., pp.19 - 20.

53 Ibid., p.21. 나중에 제르비스는 바잘리아가 "자기 자신의 신화에 갇힌 포로"가 되었으며 "일종의 개인숭배가 생겨나 그로부터 빠져나올 수 없거나 빠져나올 생각이 없었다"고도 주장했다. Simonetta Fiori, 'Jervis contro Basaglia', *La Repubblica*, 2008년 5월 31일자.

54 그러나 이런 사소한 기세 싸움은 한쪽에서만 그런 것이 전혀 아니었다. 예 컨대 어떤 책에서는 바잘리아를 전혀 언급하지 않는다. Antonio Maria Ferro and Giovanni Jervis, eds, *La bottega della psichiatria. Dialoghi sull'operare psichiatrico a vent'anni dalla legge 180*, Turin: Bollati Boringhieri, 1999. 운동의 최종 목표 및 다양한 방면에서 실제 벌이는 일은 분간할 수 없을 정도는 아니라 해도 매우 비슷했는데도 운동 안의 분파주의 는 끊이지 않았다. 오늘날 돌이켜보면 우스꽝스러워 보이는 부분이 많다. 그 러나 이것이 전체적으로 운동에 끼친 손해는 막대했다.

55 Jervis, *Il buon rieducatore*, p.27.

56 Giovanni Jervis, *Manuale critico di psichiatria*, 10th ed., Milan: Feltrinelli, 1980 (1975).

57 Caterina Spillari et al., eds, *Letizia Comba. Tessere. Scritti. 1967 - 2000*, Milan: Il Saggiatore, 2011; De Martino, *La terra del rimorso*, pp.320 - 43에 수록된 Letizia Jervis-Comba, 'Problemi di psicologia nello studio del tarantismo'.

58 에퀴페의 공식 구성원이 아니었던 미켈레 리소를 빼면 그랬다. 1960년대 말 에 고리치아와 연관되었던 파올로 트랑키나는 정식 교육을 받은 정신분석학 자였다.

59 R. D. Laing, *L'io diviso*, Turin: Einaudi, 1969, pp.7 - 11에 수록된 Letizia Comba, 'Prefazione'. Ronald D. Laing and Aaron Esterson, *Normalità e follia della famiglia*, ed., Letizia Comba, Turin: Einaudi, 1977, pp.vii - xxxi에 수록된 'Prefazione'.

60 Franco Basaglia, ed., *L'istituzione negata*, Turin: Einaudi, 1968, p.86.

61 루초 스키타르는 폐와 정신질환 및 신경병 전문의였다. 메스트레 병원에 있

을 때의 직책은 호흡기내과 조교였다. Augusto Casasola and Francesco
Stoppa, eds, *L'Ippogrifo* 1, 1998, pp.13 - 14에 수록된 'Dal manicomio
alla 180 e oltre. Intervista a Lucio Schittar' 참조.

62 그는 베네치아에서 80킬로미터 정도 떨어진 (벨루노현의) 체지오마조레라는
작은 코무네에서 1937년에 태어났다. 그의 어린 시절에 대해 이 이상의 정보
는 찾아낼 수 없었다.

63 Augusto Casasola and Francesco Stoppa, eds, 'Dal manicomio alla
180', p.14.

64 Basaglia, *L'istituzione negata* (1968), p.86.

65 Ibid., p.87.

66 Ibid.

67 1969년 2월 1일자, Archivio Basaglia, 'Corrispondenza 1969'.

68 제르비스와 리소는 1967년에 거미에 물렸을 때의 치료에 관련된 사르데냐
섬의 의식과 전설에 관한 논문을 함께 썼다. Clara Gallini, ed., *I rituali
dell'Argia*, Padua: Cedam, 1967, pp.273 - 89에 수록된 Giovanni Jervis
and Michele Risso, 'Contributi sociopsichiatrico all'interpretazione
dell'argismo sardo'.

69 Michele Risso and Wolfgang Boker, *Sortilegio e delirio. Psicopatologia
dell'emigrazione in prospettiva transculturale*, Naples: Liguori,
1992; Michele Risso and Delia Frigessi Castelnuovo, *A mezza parete.
Emigrazione, nostalgia, malattia mentale*, Turin: Einaudi, 1982.

70 Fabio Visintini, *Memorie di un cittadino psichiatra (1902-1982)*,
Naples: Edizioni Scientifiche Italiane, 1983; Vittorino Andreoli et al.,
L'utopia dell'eguaglianza. Ricordo di Fabio Visintini, Naples: Edizioni
Scientifiche, 2006, pp.19 - 22에 수록된 Franco Ongaro Basaglia,
'L'incontro di Fabio Visintini con Franco Basaglia' 참조. 마리오티는 사
회당원이었으며 1964년 11월 22일부터 1968년 6월 24일까지 보건부 장
관직을 맡았다. 톰마지니에 관해서는 Bruno Rossi, *Mario Tommasini.
Eretico per amore*, Reggio Emilia: Diabasis, 2006과 Franca Ongaro
Basaglia, *Vita e carriera di Mario Tommasini burocrate proprio*

scomodo narrate da lui medesimo, Rome: Riuniti, 1991 참조.

71 테지는 계속해서 피스토이아에 있는 빌라 스베르톨리라는 이름의 정신병원
의 마지막 소장, 또 루카(마자노) 외곽에 있는 거대한 정신질환자 보호소의
마지막 소장이 된다. 이 시기 고리치아 주위에는 이들 말고도 잔카를로 스티
지, 루카 폰타나, 실바나 피자, 카를로스 로바토 등 볼로냐 출신의 급진주의
학생과 잔니 스칼리아(마찬가지로 볼로냐 출신인 교사)를 비롯하여 많은 인
물이 있었다.

72 슬라비치는 1962년 푸를란의 세번째 자살 시도가 있은 뒤 그가 들려주는 본
인의 인생 여정을 바잘리아와 함께 귀 기울여 들었다고 말한다. Slavich, *La
scopa meravigliante*, p.59(p.58도 참조). '푸리오'에 관해서는 Basaglia,
L'istituzione negata (1968), pp.88 – 107에 수록된 긴 인터뷰 참조. 푸를란
은 바잘리아와 연락을 계속 주고받았다. 그가 바잘리아에게 보낸 편지가 바
잘리아 기록보관소(1969)에 있다.

73 1970년에 이르러서는 원래의 1966년 에퀴페 구성원 중 피렐라와 카자그란
데만이 고리치아에 남게 된다.

74 *Fogli d'informazione* 27 – 8, 1976년 1 – 2월, pp.1 – 6에 수록된 Antonio
Slavich, 'Creare quattro, cinque, novantaquattro Gorizie'.

제6장 마니코미오＝라제르, 유비의 역사와 정치학

1 이탈리아 사보이 왕조의 비토리오 에마누엘 3세의 둘째 딸로 독일 부헨발트
집단수용소에서 사망한 마팔다 공주를 가리킨다. 남아 있는 기록에 따르면
카를라 나르디니는 부헨발트 수용소에 있지 않았다.

2 Franco Basaglia, ed., *L'istituzione negata*, Turin: Einaudi, 1968, p.24.

3 Angelo Del Boca, *Manicomi come lager*, Turin: Edizioni dell'Albero,
1966, p.9에서 재인용.

4 'Corso di aggiornamento per operatori psichiatrici, Trascrizione di due
lezioni/conversazioni di Franco Basaglia con gli infermieri di Trieste,
lezioni intervallate da un dibattito, 1979', deistituzionalizzazione-

trieste.it.

5   Massimo Bucciantini, *Esperimento Auschwitz*, Turin: Einaudi, 2011, p.83.

6   'Piero Gilardi—Manicomio=Lager—1069', artribune.com.

7   Ugo Cerletti, 'La fossa dei serpenti', *Il Ponte* 5: 11, 1949, pp.1376. 체를 레티는 당시 정신질환자 보호소 내의 상황을 암담하게 그렸는데, 너무나 암담하여 이 정기간행물의 편집자(코라도 투미아티)가 개입하고 나서서 그의 논조를 조절했다. 또 Valeria Babini, *Liberi tutti. Manicomi e psichiatri in Italia: una storia del novecento*, Bologna: Il Mulino, 2009, pp.138-9 참조.

8   이에 관한 역사를 보려면 Diego Fontanari and Lorenzo Toresini, eds, *Psichiatria e nazismo. Atti del Convegno. San Servolo. 9 Ottobre 1998*, Centro di Documentazione di Pistoia Editrice, Fondazione IRSESC, Istituto per le Ricerche e gli Studi sull'Emarginazione Sociale e Culturale (San Servolo), Pistoia: Collana dei *Fogli d'Informazione* 27, 2002 참조. 그렇지만 프랑스에서는 몇몇 정신질환자 보호소가 반파시스트를 비롯한 사람들이 파시즘을 피하여 숨어 있을 수 있는 곳이 되기도 했다.

9   Cerletti, 'La fossa dei serpenti', pp.1371-8과 Babini, pp.138-9, 141에 수록된 논의 참조.

10 1964년 4월 24~26일, 에밀리아로마냐주 노동조합이 주최.

11 또한 David Forgacs, *Italy's Margins. Social Exclusion and Nation Formation since 1861*, Cambridge: Cambridge University Press, 2014, p.199 참조. 델 보카의 1966년 탐사에는 토리노, 루카, 로마 등지의 정신질환자 보호소가 포함되었다. 델 보카는 마리오티의 연설과 뒤이은 토론에서 자극을 받아 스스로 탐사를 위한 '정신의학 답사'에 나섰을 가능성이 충분히 있다. 델 보카는 자신의 책 9쪽에서 이 연설을 인용한다. 또 Babini, *Liberi tutti*, pp.213-17도 참조.

12 델 보카는 정신질환자 보호소를 "완전히 시대에 뒤떨어진 공공시설"이자 "수치"라 불렀다. Del Boca, *Manicomi come lager*, pp.7과 11.

13 Ibid., p.12.

14 Willy Jervis, Lucilla Jervis Rochat, Giorgio Agosti, *Un filo tenace. Lettere e memorie 1944–1969*, Turin: Bollati Boringhieri, 2008 (1st ed., 1998, La Nuova Italia), p.10의 'Introduzione'에서 소개된, 『이것이 인간인가』에서 레비가 묘사한 '무젤만'이라는 인물에 대한 조반니 데 루나의 분석 참조.

15 'What Is Schizophrenia?', *New Left Review* I: 28, 1964년 11 – 12월, p.64.

16 라제르(lager)라는 낱말은 이탈리아어에서 집단수용소를 가리키는 말로 널리 쓰인다. 이 용어에 대해서는 Robert Gordon, *The Holocaust in Italian Culture. 1944–2010*, Stanford: Stanford University Press, 2012, pp 80 – 1 참조.

17 마리오티는 피렌체 출신이다. 1964~1968년에, 그리고 1970~1972년에 다시 보건부 장관직을 맡았다.

18 이 연설의 일부분이 Giorgio Giannelli and Vito Raponi, eds, *Libro bianco sulla riforma ospedaliera*, supplemento del *Notiziario dell'Amministrazione Sanitaria*, 1965년 12월, pp.178 – 9에 수록되어 있다. 또 Babini, *Liberi tutti*, pp.207 – 9도 참조.

19 Giannelli and Raponi, *Libro bianco sulla riforma ospedaliera*.

20 431호 법, 1968년 3월.

21 Basaglia, *L'istituzione negata* (1968), p.24.

22 Gordon, *The Holocaust in Italian Culture. 1944–2010*, p.134와 135.

23 *Il libro dei deportati*. Ricerca del Dipartimento di Storia dell'Università di Torino diretta da Brunello Mantelli e Nicola Tranfaglia, promossa da ANED, Vol.2, G–P, Giovanna d'Amico, Giovanni Vilari and Francesco Cassata eds, Milan: Mursia, 2009, pp.1506 – 7. 또 Simona Guerra, ed., *Mario Dondero*, Milan: Bruno Mondadori, 2011, p.167에 수록된 어느 환자의 설명 참조.

24 ('공동체'를 대신하여) '바잘리아에게 보내는 편지', 1969년 2월 17일자. 또 예컨대 1968년에 바잘리아에게 보낸 엽서에는 개 사진과 "충실할 것인가 충실하지 않을 것인가"라는 글귀가 적혀 있고, 1969년에 바잘리아에게 보낸 편지에는 주소가 "마니코미오 말리코니코[슬픈 정신질환자 보호소]", 비아 베

네토 174, 고리치아라고 적혀 있다.

25 Franca Ongaro Basaglia, *Manicomio perché?* Milan: Emme Edizioni, 1982, pp.15 - 16. 이 유비는 또 고리치아에 관한 몇몇 다른 문헌에서도 사용되었다. 예컨대 낸시 셰퍼휴즈와 앤 러벨은 Nancy Scheper-Hughes and Anne Lovell, *Psychiatry Inside Out*, pp.4, 6, n.15와 pp.305 - 6에서 바잘리아가 『부정되는 공공시설』에서 "원래의 집단수용소 환경이 좀더 인간적인 관계로 바뀐" 경위를 논한 부분을 인용하고 (반파시스트로서 직접 경험한) 바잘리아의 "정신질환자 보호소, 감옥, 집단수용소의 등식"에 대해 서술한다.

26 Andrew Scull, 'The Insanity of Place', *History of Psychiatry* 15: 4, 2004, p.429. 또 Appendix, *Relations in Public: Microstudies of the Public Order*, New York: Basic Books, 1971, p.336에 수록된 Erving Goffman, 'The Insanity of Place' 참조.

27 Bucciantini, *Esperimento Auschwitz*, pp.69 - 19.

28 Ibid, p.69.

29 Franco Basaglia, ed., *Che cos'è la psichiatria?*, Milan: Baldini & Castoldi, 1998, p.243에 수록된 Erving Goffman, *La carriera morale del malato mentale*, Franca Basaglia Ongaro 주석. 또 Mario Colucci and Pierangelo Di Vittorio, *Franco Basaglia*, Bruno Mondadori, Milan, 2001, p.180 참조.

30 1986, Bucciantini, *Esperimento Auschwitz*, p.87에서 재인용.

31 Ibid., p.89.

32 Edelweiss Cotti, 'La pazzia è un invenzione', Lorenza Mazzetti, ed., *Rinascita* 41, 1968년 10월. 또 Edelweiss Cotti and Roberto Vigevani, *Contro la psichiatria*, Florence: La Nuova Italia, 1970 참조.

33 Cotti and Vigevani, *Contro la psichiatria*에 수록된 'La repressione psichiatrica', pp.129, 190, 197.

34 Giorgio Antonucci, *Il pregiudizio psichiatrico*, Eléuthera, 1999, eleuthera.it.

35 1960년대에 고리치아에서 전기충격 치료법이 어느 정도 이용되었는지에 대

해서는 여러 가지 이야기가 있는데, 대부분은 서로 대립되는 증언을 바탕으로 하고 있다. 전기충격 치료법은 1960년대 중반에서 말까지도 일부 병동에서 여전히 이용하고 있었던 것 같으며, 거기서 바잘리아가 어떤 역할을 했는지는 분명하지 않다. 전기충격 치료법은 나중에 운동의 핵심 쟁점 중 하나가 되었다. 구속의 제거에 관해서는 『부정되는 공공시설』과 Silvia Balconi, *L'esperienza Goriziana dal '61 al '72. Un percorso paradigmatico di valorizzazione della professionalità in ambito psichiatrico*, 출간되지 않은 논문, Università degli studi di Torino, 1997 – 98, pp.495 – 6에 수록된 Slavich 참조.

제7장 고리치아 — 치료 공동체

1 Franco Basaglia, ed., *L'istituzione negata*, Turin: Einaudi, 1968, p.149.

2 Mario Colucci and Pierangelo Di Vittorio, *Franco Basaglia*, Milan: Bruno Mondadori, 2001, p.107.

3 'Basaglia, il cavaliere bizzarro della psichiatria', *Il Corriere della Sera*, 2000년 8월 29일자에서 재인용.

4 Giovanni Jervis, *Il buon rieducatore*, 1977, p.19.

5 Maxwell Jones, *The Maturation of the Therapeutic Community. An Organic Approach to Health and Mental Health*, New York: Human Sciences Press, 1976, p.42.

6 Maxwell Jones, *The Process of Change*, London: Routledge and Kegan Paul, 1982, p.5.

7 Maxwell Jones, *Ideologia e Practica della Psichiatria sociale*, Etas Compass, 1970에 수록된 Franco Basaglia and Franca Ongaro Basaglia, 'Prefazione'. 지금은 Franco Basaglia, *Scritti. II. 1968–1980*, ed., Franca Ongaro Basaglia, Turin: Einaudi, 1982, pp.105 – 25에 수록되어 있다. 그럼에도 이 머리말은 맥스웰 존스의 생각과 치료 공동체라는 개념 자체에 매우 비판적이었다.

8 Anonymous, *The Story of a Community: Dingleton Hospital, Melrose*, Melrose: Chiefswood Publications, 2000, p.124에서 재인용.

9 Ibid., p.79에서 재인용

10 Paolo Tranchina, 'Fogli d'informazione, lotte antistituzionali, Legge 180', *Fogli d'informazione* 5-6, 3rd series, 2008년 6월 1일자, psychiatryonline.it.

11 Catherine Fussinger, '"Therapeutic Community", Psychiatry's Reformers and Antipsychiatrists: Reconsidering Changes in the Field of Psychiatry after World War II', *History of Psychiatry* 22: 2, 2011, p.150.

12 Ibid., p.150.

13 Dennie Briggs, 'Social Psychiatry in Great Britain', *American Journal of Nursing* 59: 2, 1959, p.218. Fussinger, 'Therapeutic Community', p.150에서 재인용.

14 David Clark, *The Story of a Mental Hospital. Fulbourn 1858–1983*, London: Process Press, 1996, Chapter 5, human-nature.com.

15 그 밖에 1950년대와 1960년대에 잘 알려진 영국의 실험적 치료 공동체로는 노팅엄의 매펄리 병원과 크로이던의 월링엄파크 병원이 있었다.

16 Gijswijt-Hofstra and Porter, eds, *Cultures of Psychiatry*, pp.121-50 에 수록된 Jonathan Andrews, 'R. D. Laing in Scotland: Facts and Fictions of the "Rumpus Room" and Interpersonal Psychiatry'; Allan Beveridge, *Portrait of the Psychiatrist as a Young Man. The Early Writing and Work of R. D. Laing, 1927–1960*, Oxford: Oxford University Press, 2011, pp.xv-xvi, 153, 199-223.

17 David Cooper, *Psychiatry and Anti-psychiatry*, London: Tavistock, 1967, pp.73-104.

18 Jean-Paul Sartre, *Reason and Violence. A Decade of Sartre's Philosophy*, London: Routledge, 1964.

19 기존 문헌에는 빌라 21의 환자 수에 관하여 많은 혼란이 있다. 어떤 저자는 쿠퍼, 에스터슨, 랭이 발표한 학술 논문에 적힌 숫자를 그대로 가져오는 실수

를 저지른다. 이 논문에서는 두 곳의 정신병원에 42명의 환자가 있다고 언급하는데, 그것을 빌라 21 자체의 숫자로 적용하는 것이다.

20 Cooper, *Psychiatry and Anti-psychiatry*, p.86.

21 Ibid., p.92.

22 랭이 이 소설이 영국에서 출간되지 못하게 막는 데 성공했다는 사실은 잘 알려져 있다. 이 소설은 결국 Clancy Sigal, *Zone of the Interior*. Pomona : Hebden Bridge, 2005로 출판됐다.

23 Cooper, *Psychiatry and Anti-psychiatry*, p.104.

24 Aaron Esterson, David Cooper, R. D. Laing, 'Results of Family-Orientated Therapy with Hospitalized Schizophrenics', *British Medical Journal* 2, 1965, p.1462.

25 Esterson, Cooper, Laing, 'Results of Family-Orientated Therapy', p.1465. 또 R. D. Laing and Aaron Esterson, *Sanity, Madness, and the Family. Vol. 1. Families of Schizophrenics*, London : Tavistock, 1964도 참조.

26 David Cooper, 'The Anti-hospital : An Experiment in Psychiatry', *New Society*, 1965년 3월 11일자, p.11.

27 Ibid. 이는 쿠퍼가 Cooper, *Psychiatry and Anti-psychiatry*에서 빌라 21에 대해 설명하면서 내린 결론이기도 했다.

28 Cooper, *Psychiatry and Anti-psychiatry*, p.84.

29 쿠퍼의 빌라 21 작업에 관한 주요 자료는 쿠퍼 본인이 작성한 것이 많다. 빌라 21을 분석한다는 연구도 대부분 마찬가지다. 물론 Fussinger, 'Therapeutic Community', pp.151, 153 − 9의 예에서 보듯 일부 연구자는 이런 자료에 대해 좀더 비판적 접근방법을 취한다. 이제는 빌라 21 경험에 대한 참신한 연구가 이루어지고 있는 것 같다. Oisin Wall, 'The Birth and Death of Villa 21', *History of Psychiatry* 24 : 3, 2013, pp.326 − 40 참조.

30 Cooper, *Psychiatry and Anti-psychiatry*, p.103

31 자세한 기록은 보존된 것 같지 않으며 (어떻게 보면 그것은 이곳의 전체적 취지에 어긋날 것이며, 게다가 누가 보존하겠는가?) 이 글을 쓰는 현재 킹슬리 홀 경험에 관한 본격적인 역사 연구는 아직 이루어지지 않았다.

32 프랑카 옹가로는 나중에 에이나우디 출판사에 이 책의 출판을 권유했지만, 이 책은 1980년대 초에 가서야 이탈리아어로 번역 출간되었고 출판사도 에이나우디가 아니었다. Mary Barnes and Joseph Berke, *Viaggio attraverso la follia*, Milan: Rusconi, 1981.

33 Hugh Freeman, 'A Man Who Used to Be Ronnie Laing', *Times Higher Education Supplement*, 1997년 5월 16일자.

34 Joseph Berke, 'Trick or Treat: The Divided Self of R. D. Laing', janushead.org.

35 E. Jansen ed., *The Therapeutic Community: Outside the Hospital*, London: Croom Helm, 1980, p.101에 수록된 'Therapeutic Community Models: Kingsley Hall' 참조.

36 이 방문에 관해 우리가 알고 있는 이야기는 주로 그 자리에 있었던 파올로 트랑키나가 쓴 글에서 취합한 것이다. 'Fogli d'informazione, lotte antistituzionali, Legge 180', *Fogli d'informazione* 5-6, 3rd series, 2008년 6월 1일자, psychiatryonline.it.

37 킹슬리 홀에 관한 단편적인 영상은 많이 있으며, 그중 일부는 루크 파울러가 설치미술 작품인 〈분열된 모든 자아〉에서 활용한 바 있다. lux.org.uk.

38 Tranchina, 'Fogli d'informazione', pp.52-3.

39 Franco Basaglia and Franca Ongaro Basaglia, eds, *La maggioranza deviante. L'ideologia del controllo sociale totale*, Turin: Einaudi, 1971, pp.103-29.

40 Ibid, pp.105-6.

41 Ibid., p.129.

42 Franco Basaglia and Franca Basaglia Ongaro eds, *Crimini di pace. Ricerche sugli intellettuali e sui tecnici come addetti all'oppressione*, Milan: Baldini Castoldi Dalai, 2009 (Einaudi, 1975), pp.70-80에 수록된 Franco Basaglia and Franca Basaglia Ongaro, 'Crimini di pace'.

43 Ibid., p.72.

44 Ibid., p.70. 또 p.80도 참조.

45 Basaglia and Ongaro, *Crimini di pace*, pp.316-30에 수록된

'Considerazioni sulla psichiatria'.

46 Peter Robinson, *Asylum. Un film su una comunità psichiatrica di R. D. Laing*, Turin: Einaudi, 1977: 'Prefazione', Franca Ongaro Basaglia, pp.xxi-xxiv.

47 Michele Loreto가 한 인터뷰, 'Intervista a Nico Casagrande. Basaglia gli anni di Gorizia', 2010년 2월 7일자, micheleloreto.blogspot.co.uk.

48 노체라수페리오레에서도 세르조 피로와 그의 동료들이 개혁과 변화를 실행했고(1959~1969년) 페루자의 경험 또한 1960년대 중반에 시작되었다. 이 책에서 세르조 피로의 작업과 페루자, 콜로르노에 관해 다룬 장 참조.

49 예를 들어 딩글턴에 관한 일부 설명은 고리치아 내부의 상황을 넘어서는 것 같아 보인다. "1963년에 이르러 우리는 위계가 진정으로 평준화된 지점에 다다라, 모든 수준에서 개방적 소통을 제공하고 공동체 내의 모든 사람이 건설적 방법을 통해 공개적으로 권위에 이의를 제기할 수 있는 민주적 조직체가 만들어졌다." Hugh Freeman and German Berrios, eds, *150 Years of British Psychiatry. Vol. 2. The Aftermath*, London: Athlone, 1996, p.598에 수록된 D. W. Millard, 'Maxwell Jones and the Therapeutic Community'.

50 이 확신은 1961년부터 바잘리아의 마음속에 있었지만, (고리치아 밖에서) 공개적으로 표현한 것은 1964년 이후인 것으로 보인다.

51 Michael Donnelly, *The Politics of Mental Health in Italy*, London: Tavistock, 1992, p.ix.

52 이런 의미의 환자와의 소통은 실비아 발코니가 고리치아에서 일한 간호사들을 상대로 한 인터뷰에서 매우 강하게 나타난다. Silvia Balconi, *L'esperienza Goriziana dal '61 al '72*, 출간되지 않은 논문.

53 이는 치료 공동체의 '치료' 측면이 바잘리아 방식에서는 비교적 가볍게 취급된 반면 킹슬리 홀, 딩글턴, 케임브리지에서는 중심을 이루었기 때문이었을 것이다. 또 치료 측면에서 바잘리아와 맥스웰 존스가 약간은 겹치는 부분이 있었지만 서로 완전히 다른 방식으로 구상되었다는 것 또한 사실이다. 영국식에서는 집단 치료법을 통해, 또 내부에서 병원에 가하는 변화를 통해 환자 또는 입주자가 어떤 식으로든 '나아지도록' 되어 있었다(그런 한편 킹슬리 홀

의 경우에는 나아지고 나빠지는 것의 범주 전체가 뒤엎어지고 있었다). 이 개념은 고리치아에도 있었지만 이것을 꼭 치료 공동체의 고전적 측면에서 오는 결과물로 보지는 않았고, 오히려 권력과 사회적 변화와 더 관계가 있는 것으로 보았다.

54 안토니오 슬라비치가 실제로는 만들어지지 않은 안내서를 구상하며 쓴 대로 "공립이든 사립이든, 개인적인 것이든 여러분 자신의 정신질환자 보호소로부터 벗어나십시오." Antonio Slavich, *La scopa meravigliante. Preparativi per la legge 180 a Ferrara e dintorni 1971-1978*, Rome : Riuniti, 2003, p.5.

55 'Corso di aggiornamento per operatori psichiatrici. Trascrizione di due lezioni/conversazioni di Franco Basaglia con gli infermieri di Trieste, lezioni intervallate da un dibattito. 1979', deistituzionalizzazione-trieste.it.

56 Azienda per i Servizi Sanitari n.6 Friuli Occidentale, *Venti'anni dalla 180. L'esperienza del DSM di Pordenone*, Pordenone : Azienda per i Servizi Sanitari n.6 Friuli Occidentale, Booksei 2, 1998, p.24에 수록된 Matteo Impagnatiello and Piero Colussi, 'Intervista a Lucio Schittar. Presente, passato e futuro nelle parole di un protagonista del cambiamento'.

57 'Una Montessori per i matti', *L'Espresso*, 1968년 3월 3일자.

58 "이념은 형성되는 동안에는 자유를 의미하지만 일단 형성되고 나면 억압을 의미한다." Basaglia and Ongaro, *Crimini di pace*, p.50.

59 Basaglia, *Scritti. II*, pp.268-9에 수록된 Basaglia and Ongaro, *Crimini di pace*. 치료 공동체를 바라보는 비판적 시각은 1970년대에 상당히 명확하게 모습을 드러냈다. 이따금 바잘리아가 추종자들의 ― 열정이 지나친 기자나 학생, 그저 치료 공동체를 다시 제안하기만을 원했던 사람들, 또는 반정신의학자들의 ― 실수 때문에 거듭거듭 좌절을 겪었음을 느끼게 된다. 바잘리아가 말하고자 하는 바를 제대로 이해한 사람은 거의 없어 보였는데, 그의 이론이 선언과 개념이 섞인 복잡한 것이라는 사실도 그 한 원인이었다.

60 Basaglia, *L'istituzione negata* (1968), p.149.

61 Nancy Scheper-Hughes and Anne Lovell, 'Breaking the Circuit of Social Control: Lessons in Public Psychiatry from Italy and Franco Basaglia', *Social Science & Medicine* 23: 2, 1986, p.165.

62 Franco Basaglia, ed., *Che cos'è la psichiatria?*, Milan: Baldini & Castoldi, 1998, p.26. 이 구절은 1997년에 출간된 책의 p.6에 프랑카 옹가로 바잘리아가 새로 쓴 'Prefazione'에 그대로 되풀이되어 있다.

63 Basaglia, *L'istituzione negata* (1968), pp.153 – 78에 수록된 'L'ideologia della comunità terapeutica'. '실패작'이란 낱말은 p.168에서 사용되었다. 바잘리아는 이미 Basaglia, *Che cos'è la psichiatria?*, pp.46 – 7에서 이 점을 밝힌 바 있다.

64 페루자에서는 1960년대 중반에 정신질환자 보호소 내부에 치료 공동체라 불리는 것이 만들어졌다. Francesco Scotti and Carlo Brutti, *Quale psichiatria? 1. Strategie per la trasformazione dei servizi psichiatrici. Storia e documenti*, Rome: Borla, 1980과 Michel Legrand, *La psychiatrie alternative italienne, La psichiatrie alternative italienne*, Toulouse: Editions Privat, 1988, pp.209 – 35 참조. 페루자의 경험은 바잘리아에 관한 책에서 대체로 피상적으로만 언급된다.

제8장 『일 피키오』―환자들의 목소리, '혁명의 기록보관소'

1 Franco Basaglia, ed., *L'istituzione negata*, Milan: Baldini & Castoldi, 1998, p.88.

2 'Ripresa', *Il Picchio* 40, v, 1966년 7월 6일자, p.2.

3 Franco Basaglia, ed., *L'istituzione negata*, Turin: Einaudi, 1968, pp.88, 95 – 6. 푸리오 본인이 말한 대로 "이 신문은 거의 전적으로 내가 떠맡고 있었으며, 친구들은 '일 피키오'를 푸리오와 동일시하곤 했다." p.96.

4 Antonio Slavich, *All'ombra dei ciliegi giapponesi*, 출간되지 않은 원고, p.31.

5 'L'infermiere della rivoluzione', *L'Unità*, 1996년 12월 8일자.

6 "혁명은 억압당하고 착취당하는 사람들의 축제다. 혁명 때처럼 민중이 새로운 사회 질서를 만들어내는 사람으로서 적극적으로 나서는 위치에 서는 때는 없다. 그런 때 민중은 점진적 진전이라는 좁고도 속물적인 잣대로 볼 때 기적이라고밖에 할 수 없는 일을 행할 수 있다." Vladimir Lenin, *Two Tactics of Social-Democracy*, Moscow: Progress, 1988, p.5.

7 『부정되는 공공시설』에서 푸리오는 이것이 의도된 전술이라고 말했다. 장벽을 일부 철거한 다음에 한동안 멈춤으로써 환자들의 반응을 관찰하는 식이었다. Basaglia, *L'istituzione negata* (1968), pp.89, 91 - 2. 나중에 고리치아 지역의 아마추어 영화감독이 이런 공개 철거 작업을 필름에 담았고, 1968~1969년에는 세르조 차볼리가 〈아벨의 정원〉에 철거 작업의 영상을 넣었다.

8 재소자에게 일어나는 변화에 관해서는 Erving Goffman, *Asylums: Essays on the Social Situation of Mental Patients and Other Inmates*, New York: Doubleday, 1961 참조. 이 점은 나중에 Franca Ongaro Basaglia and Maria Grazia Giannichedda, eds, *Conferenze brasiliane*, Milan: Raffaello Cortina Editore, 2000, p.10에서 바잘리아가 밝혔다.

9 "병원의 해방은 곧 중간 위치의 소통수단이 더는 필요치 않다는 뜻이기 때문에 〔소식지는〕 더이상 제작되지 않는다." Basaglia, *L'istituzione negata* (1968), p.88.

제9장 이탈리아 방식의 반정신의학

1 Libero Medina, 'Se ti ribelli sei matto', *A-Rivista anarchica*, vol.1 no.3, 1971년 4월에서 재인용. xoomer.virgilio.it.

2 Georgio Antonucci, *Il pregiudizio psichiatrico*, Eléuthera, 1999, eleuthera.it.

3 Edelweiss Cotti and Roberto Vigevani, *Contro la psichiatria*, Florence: La Nuova Italia, 1970, pp.31 - 75. 지금은 Libero Bestighi et al., eds, *Specialista in relazioni umane. L'esperienza professionale di*

Edelweiss Cotti, Bologna : Pendragon, 2001에서 많은 자료와 분석을 찾아 볼 수 있다. 빌라 올림피아에 관해서는 pp.89 - 165 참조.

4 'Medici e malati di mente si barricano in ospedale', *La Stampa*, 1968 년 9월 3일자.

5 Bestighi, *Specialista in relazioni umane*, p.189 참조. 그리고 전체 경험 에 관해서는 pp.167 - 93 참조.

6 Christian De Vito, 'I "tecnici ragazzini". Operatori sociali, medici e tecnici nei movimenti degli anni Settanta a Reggio Emilia', Tesi di perfezionamento, Scuola Normale di Pisa, 2008, p.97.

7 Cotti and Vigevani, *Contro la psichiatria*, p.73.

8 De Vito, 'I "tecnici ragazzini"', pp.97 - 8.

9 코티는 치비달레 실험이 폐쇄된 이유가 그가 부유한 환자를 위한 별도의 정 신의학과를 개설하기를 거부했기 때문이라고도 주장했다.

10 Margherita Becchetti et al., *Parma dentro la rivolta. Tradizione e radicalità nelle lotte sociali e politiche di una città dell'Emilia rossa 1968-1969*, Milan : Edizioni Punto Rosso, 2000, pp.175 - 215에 수록 된 Itala Rossi, '"Pericoloso a sé e agli altri e di pubblico scandalo". L'occupazione del Manicomio di Colorno. Una lotta contro la violenza istituzionalizzata' 참조.

11 Roberto Vigevani, 'Assalto a Cividale', *Il Ponte* 9, 1968년 9월, pp.1261 - 3.

12 'Si è arreso il primario barricato nell'ospedale', *La Stampa*, 1968년 9월 3일자.

13 Gigi Ghirotti, 'Amnistiato il medico di Cividale che dava la libera uscita ai pazzi', *La Stampa*, 1971년 3월 11일자.

14 'La pazzia è una invenzione'. Lorenza Mazzetti, ed., *Rinascita* 41, 1968년 10월 18일자.

15 Istituto Gramsci, *Psicologia psichiatria e rapporti di potere. Roma, 28-30 Giugno 1969*, Rome : Riuniti, 1974, p.83에 소개된 Edelweiss Cotti 참조.

16 Mario Passi, 'A giudizio uno psichiatra che cura le origini sociali della malattia', *L'Unità*, 1971년 3월 8일자: Mario Passi, 'L'attacco alla nuova psichiatria', *L'Unità*, 1972년 7월 5일자: 그리고 Concetto Testai, 'Città e fabbrica nella battaglia per la salute', *L'Unità*, 1968년 10월 26일자 참조.

17 Ghirotti, 'Amnistiato il medico di Cividale che dava la libera uscita ai pazzi'.

18 Cotti and Vigevani, *Contro la psichiatria*, p.81.

19 Ibid., p.115.

제10장 세계적 불가사의 — 전체 집회

1 Gigi Attenasio and Gisella Filippi, eds, *Parola di matti e anche nostra*, Verona: Bertani, p.18에 수록된 Agostino Pirella, 'Prefazione. Chi ha paura dell'Assemblea Generale? La verifica della psichiatria'.

2 Franco Basaglia, ed., *L'istituzione negata*, Turin: Einaudi, 1968, p.39.

3 Anna Bravo, *A colpi di cuore. Storie del sessantotto*, Bari: Laterza, 2008, p.101.

4 피렐라는 나중에 이렇게 썼다. "나는 치료 공동체에서 사용된 기법을 따라 1965년 11월에 이탈리아의 어느 정신병원에서 열린 첫 전체 집회에 참석했다." Pirella, 'Prefazione', p.13. 『일 피키오』지에는 1962년부터 1965년까지 여러 종류의 집회에 관한 보고 내용이 있다.

5 고리치아 내의 권력 문제에 관한 명료한 분석과 치료 공동체의 발달상에 관한 자세한 이야기를 보려면 Basaglia, *L'istituzione negata* (1968), pp.179-203에 수록된 Antonio Slavich, 'Mito e realtà del autogoverno' 참조.

6 Sandro Parmiggiani, ed., *Il volto della follia. Cent'anni di immagini del dolore*, Milan: Skira, 2005: Eric Hobsbawm and Marc Weitzmann, eds, *1968. Magnum throughout the World*, Malakoff Cedex: Hazan, 1988, magnumphotos.com 참조. 또 Franco Pierini, 'Se il matto è un uomo', *L'Europeo* 34, 1967년 8월 24일자, p.14-15에 수록된 어느 집회를 찍은 사진도 참조. 핀란드의 다큐멘터리 영화감독 피르코 펠토넨이 촬영한 어느 전체 집회(1968년 8월)를 video.repubblica.it에서 볼 수 있다.

7   Pierini, 'Se il matto è un uomo', p.14. 이 번역은 Hobsbawm and Weitzmann, *1968. Magnum throughout the world*, p.68에서 인용한 것이다.

8   Giuliana Kantzà, 'Il punto d'impasse', *La psicoanalisi. Rivista del campo Freudiano* 25, 1999년 1-6월, p.73.

9   Slavich, 'Mito e realtà', p.180. 또 Fabrizio Dentice, 'Una Montessori per i matti', *L'Espresso*, 1968년 3월 3일자 참조.

10 Edoardo Balduzzi, *L'albero della cuccagna. 1964-1978. Gli anni della psichiatria italiana*, Rovereto: Edizioni Stella, Nicolodi Editore, 2006, p.38.

11 Zbigniew Kotowicz, *R. D. Laing and the Paths of Anti-psychiatry*, London: Routledge, 1997, p.82.

12 Franco Basaglia ed., *Che cos'è la psichiatria?*, Milan: Baldini & Castoldi, 1997, p.142.

13 Ibid., p.144.

14 Ibid., p.147.

15 결국 이 빚은 고리치아현 의회가 전부 갚았다. 토론의 결과 이렇다 할 실질적인 변화는 없었다.

16 이런 작은 모임에서는 환자 개개인과 연관된 문제를 다루는 때가 많았으며, 전체 집회에 비해 더 의료적이고 더 전문적이었다.

17 Basaglia, *Che cos'è la psichiatria?* pp.141, 147.

18 Ibid., p.195에 수록된 Giovanni Jervis and Lucio Schittar, 'Storia e politica in psichiatria. Alcune proposte di studio'.

19 모두가 이런 집회에 나오지는 않았으며, 때로는 집회에 나오지 않은 사람들에 관해 논의하기도 했다. 환자의 경우 참석이 의무는 아니었다. 의사와 에퀴페의 구성원에 관해서는 달랐다. 그들은 참석하지 않으려면 정당한 사유가 있어야 했다.

536

20 Agostino Pirella, 'E a Gorizia? Nascita di un'alternativa alla segregazione manicomiale', *Territorio. Bollettino* 10, 1984년 11월, p.36.

21 Giovanni Jervis, *Il buon rieducatore*, 1977, p.20.

22 Balduzzi, *L'albero della cuccagna*, p.39.

23 Basaglia, *L'istituzione negata* (1968), p.187.

24 Balduzzi, *L'albero della cuccagna*, p.39.

25 David Forgacs, *Italy's Margins. Social Exclusion and Nation Formation since 1861*, Cambridge: Cambridge University Press, 2014, pp.239–43도 참조.

제11장 『부정되는 공공시설』의 기원

1 그렇지만 이 연결고리는 가볍게 처리되는 때가 많고 일부 설명에서는 완전히 무시되기도 하는데, 이는 필시 제르비스와 나머지 고리치아 사람들, 또 고리치아 이후의 바잘리아 사람들 사이에 오랫동안 이어진 다툼과 앙금 때문일 것이다.

2 그는 오거스트 홀링스헤드와 프레더릭 레들리크가 쓴 책으로서 많이 인용되는 유명한 책 『사회계층과 정신질환』을 번역하고 장문의 머리말을 썼다. August Hollingshead and Frederick Redlich, *Social Class and Mental Illness (Classi sociali e malattie mentali)*.

3 편지, 1966년 10월 31일자, 제르비스가 포사티에게. 에이나우디 기록보관소.

4 제르비스는 1966년 여름에 트렌토의 산간지방에 있는 바잘리아의 별장에서 바잘리아를 만나 출간 계획을 논의했을 가능성이 높다.

5 1967년 2월 1일자, 편집위원회, 메모.

6 1967년 4월 5일자, 편집위원회, 메모.

7 편지, 1967년 4월 22일자, 파올로 포사티에게. 펜으로 이렇게 썼다. "5월 17일에 바잘리아와 함께 토리노로 가려 합니다. 괜찮겠습니까? 볼라티에게 전

달해주세요." 볼라티와의 만남은 마지막 순간까지도 확정되지 않았다. "볼라티가 다음주 수요일에 토리노에 있을지 또 바잘리아와 만날 수 있을지 알고 싶습니다. 어떻게 되든 저는 거기 가겠습니다." 이에 대해 제르비스는 나중에 이렇게 썼다. "나는 1966년에 로마에서 고리치아로 가기 전에 이런 종류의 책이 매우 흥미롭겠다고 생각했고, 그래서 줄리오 볼라티와 논의하여 기획안을 만들었다. 또 바잘리아와도 논의했고 그 몇 달 뒤 그를 데리고 토리노로 갔다. ……따라서 나는 책의 계약서에 나 혼자만이 아니라 우리 두 사람 모두가 서명하고 또 앞표지에 '프랑코 바잘리아 엮음'이라는 표시를 넣어야 한다고 주장할 수 있었다." *La razionalità negata*, p.86.

8 1968년에 『부정되는 공공시설』이 출간된 뒤 필리피니는 바잘리아에게 책이 나온 것을 축하한다는 편지를 보내면서, 그보다 1년도 더 전에 기획안을 두고 두 사람이 논의했던 사실을 지적했다. 이 편지의 끝부분에는 가시 돋친 내용이 있었다. "그렇지만…… 솔직하게 또 우리의 향후 관계를 생각해서, 이것은 일을 처리하는 옳은 방식이 아니라는 말을 당신에게 하지 않는다면 저는 위선자가 될 것입니다"(1968년 2월 21일자). 바잘리아는 부분적으로 사과하는 내용의 답장을 보냈다. 두 사람 사이의 편지에서 보듯 필리피니는 1967년에 바잘리아와 함께 책의 기획에 대해 논의했다.

9 바잘리아는 1967년에 볼라티가 고리치아를 방문한 뒤 그에게 편지로 이렇게 썼다. "저는 우리의 만남에서 이것으로 우리 두 사람 사이에 우정이 시작되겠구나 하는 확실한 인상을 받아 즐거웠습니다." 바잘리아 기록보관소.

10 편지, 1967년 6월 15일자, 에이나우디 기록보관소. 바잘리아 폴더.

11 Ibid.

12 1967년 6월 18일자, 에이나우디 기록보관소. 바잘리아 폴더.

13 『부정되는 공공시설』(1968)의 수많은 판본, 『계급 때문에 죽는다』(1969), 『정상에서 벗어난 다수』(1971), 『정신의학이란 무엇인가?』의 새 판본(1973), 『평화의 범죄』(1975), 그리고 바잘리아 사후인 1981년에 출간된 두 권의 『스크리티』. 그 밖에도 바잘리아 부부가 직접 쓴 것으로는 여러 편의 머리말, 해설, 번역서, 그리고 집필 중이었으나 결국 출간되지 않은 여러 글 등이 있다. 2005년에는 바잘리아의 글을 모은 새 문집이 에이나우디에서 나왔다. Franca Ongaro Basaglia ed., *Franco Basaglia. L'utopia della*

realtà.

14 1967년 11월 10일자, 볼라티가 바잘리아에게. 에이나우디 기록보관소.

15 제목에 관한 더 자세한 정보는 바잘리아 기록보관소에 있는 자료에서 얻을 수 있다. 1967년 11월에는 여전히 책을 두 권 낸다는 생각이었다. 이에 대해 바잘리아는 1967년 6월에 볼라티에게 보내는 편지에 이렇게 썼다. "우리가 모두 거기에 동의한다면 저는 '부정되는 공공시설'이 말로 이루어진 책의 제목으로 좋다고 생각합니다."

16 1967년 7월 18일자, 바잘리아가 볼라티에게. 에이나우디 기록보관소.

17 1967년 5월 24일자, 404, 메모, 에이나우디 기록보관소.

18 조반니 베를링궤르가 1969년에 『정신의학과 권력』이라는 제목의 책을 펴냈다(Rome: Riuniti).

19 Franco Basaglia, *Scritti*, 전2권, Turin: Einaudi, 1981–82.

20 1967년 12월 18일자, 볼라티가 바잘리아에게. 에이나우디 기록보관소. 바잘리아 폴더.

21 제르비스가 마지막으로 출간한 책인 *La razionalità negata*, pp.86–7의 설명도 참조.

22 그렇지만 저자가 누구인가 하는 문제는 민감한 사안이었다. 『레스프레소』지에 제르비스의 역할을 강조한 기사가 실리자 바잘리아는 이 잡지사에 항의 편지를 썼다.

23 독자들이 보낸 편지를 선별하여 추가할 수도 있지 않을까 하는 논의도 있었던 것 같다. 그러나 이 의견은 채택되지 않았다. 1968년 4월에 출간된 제2판에서 바잘리아 부부는 부록으로 두 편의 글을 추가했다(하나는 프랑코 바잘리아와 프랑카 옹가로가 쓴 'Il problema dell'*incidente*', pp.363–9이고, 다른 하나는 프랑코 바잘리아가 혼자 쓴 'Il problema della *gestione*', pp.370–80이다). 그뒤로 책의 본문은 바뀌지 않았다. 1998년에 발디니에카스톨디 출판사는 프랑카 옹가로 바잘리아가 새로 쓴 'Nota introduttiva'를 넣고 새 표지(『계급 때문에 죽는다』에 수록된 카를라 체라티의 사진)를 입힌 새 판을 출간했다.

24 Michael Donnelly, *The Politics of Mental Health in Italy*, London: Tavistock, 1992, p.48, 제르비스는 1977년에 거의 비슷한 표현을 썼다. "고

리치아가 갑자기 유명해졌다." *Il buon rieducatore*, p.23.

25 Donnelly, *The Politics of Mental Health in Italy*, p.xiii.

26 Antonio Slavich, *La scopa meravigliante. Preparativi per la legge 180 a Ferrara e dintorni 1971–1978*, Rome: Riuniti, 2003, p.21.

27 Donnelly, *The Politics of Mental Health in Italy*, p.130.

28 『부정되는 공공시설』의 홍보 여행에 관한 약간의 세부 사항은 바잘리아 기록보관소에 보관된 편지에서 찾아볼 수 있다.

29 이 문학상과 그에 따른 토론에 관한 자세한 내용은 다음 장 참조.

30 제르비스, 1967년 5월 24일자, 404, 메모. 에이나우디 기록보관소.

31 이 부분의 이야기는 해당 글에서 제르비스가 한 것이 아니다. *La razionalità negata*, pp.86 – 7도 참조.

32 "『정신의학이란 무엇인가?』가 나왔을 때 고리치아 사람들은 이미 새 책을 준비하고 있었는데, 그 책의 제목은 피렐라의 생각에서 나온 것이다." Franca Ongaro Basaglia, ed., *Franco Basaglia. L'utopia della realtà*, Turin: Einaudi, 2005, p.xxv에 수록된 Maria Grazia Giannichedda, 'Introduzione'. 제르비스는 사건을 다른 식으로 전하고 있다. "물론 우리는 제목에 대해 이야기했는데, 세상 일이라는 게 그런 식인 모양이다. 그러고 두어 해가 지난 뒤 바잘리아는 나에게 내가 제목을 정했다고 말하고 나는 그가 제안한 것으로 기억하고 있는 것 같은 걸 보면. 어쩌면 아무도 그에 대해 책임지고 싶어하지 않았던 것 같다. ……우리는 둘 다 약간 불편하다고 느꼈다. ……책 제목이 좀 심하게 승리주의적이고 지나치게 홍보적인 성격이 되었기 때문이다." *La razionalità negata*, p.88. 나는 볼라티와 바잘리아가 주고받은 편지에서 책 제목이 두 사람과 에퀴페 사이의 논의에서 다루어졌다는 사실을 알게 되었다.

33 Oreste Pivetta, *Franco Basaglia. Il dottore dei matti. La biografia*, Milan: Dalai, 2012, p.180.

34 1967년 7월 18일자, 바잘리아가 볼라티에게. 에이나우디 기록보관소.

35 Giannichedda, 'Introduzione', p.xxv. 출판사는 1968년에 출간된 3판까지의 판매부수가 1만 2500부라고 보고했다. 1972년 말에 이르러 이 숫자는 5판에 2만 7000부 정도로 늘어나 있었다(에이나우디 기록보관소). 1975년 12

월에는 2만 5000부 정도가 더 판매된 것으로 보고되어, 7년간 총 7판에 5만 2000부 이상이 팔린 것으로 집계되었다. 이는 1974년까지 8판에 걸쳐 총 6만 부가 팔렸다는 에이나우디의 공식 통계와도 비슷하다.

36 다음 장에서 다루는 1968년에 관한 부분과 Robert Gildea, James Mark and Anette Warring, eds, *Europe's 1968. Voices of Revolt*, Oxford: Oxford University Press, 2013 참조.

37 다만 바잘리아가 미국에서 경험한 것을 바탕으로 한 짤막한 글이 1969년에 에이나우디에서 출간된 것으로 보인다. *Lettera da New York. Il malato artificiale* (*Franco Basaglia. L'utopia della realtà*, p.323에 있는 참고문헌 목록 참조). 나는 이 책의 실물을 찾아낼 수 없었다.

38 이것은 프랑코 바잘리아와 프랑카 옹가로가 쓴 『평화의 범죄』 머리말에서 가져온 내용이다. 이 책은 원래 "어느 지역 정신병원에 대한 최초의 분석으로서 다른 곳의 경험에서 가져온 증언과 문서를 첨부한 책"이 될 예정이었지만 "조금씩, 조금씩 억압적인 체제의 한 부분이 된 지식인과 전문가의 역할을 다룬 집단적 연구서로 변했다." Franco Basaglia and Franca Ongaro Basaglia, eds, *Crimini di pace. Ricerche sugli intellettuali e sui tecnici come addetti all'oppressione*, Milan: Baldini Castoldi Dalai, 2009 (Einaudi, 1975), p.7. 이 책에는 트리에스테를 직접 다룬 부분은 거의 또는 전혀 없다. 바잘리아는 이 책의 반응에 마음이 상했다. 루지에로 로마노에게 보낸 편지(에이나우디 기록보관소, 날짜는 미상이지만 1975년에 쓰인 것이 거의 확실하다) 참조.

제12장 『부정되는 공공시설』—1968년의 '성서'

1 Franco Basaglia, ed., *L'istituzione negata*, Turin: Einaudi, 1968, pp.237-8.

2 Ibid., p.269.

3 Franco Basaglia, Franca Ongaro Basaglia, Agostino Pirella, Salvatore Taverna, *La nave che affonda. Psichiatria e antipsichiatria a dieci* *anni da 'L'istituzione negata'. Un dibattito*, Rome : Savelli, 1978, pp.103 – 4.

4   Basaglia, *L'istituzione negata* (1968), p.8.

5   'I medici senza camicie bianco simbolo dell'esperimento do Basaglia', *Il Piccolo*, 1968년 10월 27일자.

6   Fabio Isman, 'Hanno discusso tranquilli in assemblea come adoperare il milione del "Viareggio"', *Il Piccolo*, 1968년 10월 20일자에서 재인용.

7   바잘리아와 바스콘은 학창 시절부터 알고 지내던 사이였다.

8   Isman, 'Hanno discusso tranquilli in assemblea'.

9   Basaglia, *L'istituzione negata* (1968), p.26.

10 Ibid., p.28.

11 물론 여러 가지 실험이 이미 여러 곳에서 시도된 바 있었고 페루자에서는 그때 진행되고 있었다.

12 Basaglia, *L'istituzione negata* (1968), p.69.

13 Michael Donnelly, *The Politics of Mental Health in Italy*, London : Tavistock, 1992, p.xiii.

14 Basaglia, *L'istituzione negata* (1968), p.228.

15 Babini, *Liberi tutti*, p.178에서 재인용.

16 Mario Colucci and Pierangelo Di Vittorio, *Franco Basaglia*, Milan : Bruno Mondadori, 2001, p.179.

17 Basaglia, *L'istituzione negata* (1968) p.149.

18 Colucci and Di Vittorio, *Franco Basaglia*, p.179.

19 Basaglia, *L'istituzione negata* (1968), p.7.

20 Ibid., p.115.

21 Ibid.

22 Ibid., p.150.

23 전자는 Don Milani, *Lettera a una professoressa*, Scuola di Barbiana, Florence : Libreria Editrice Fiorentina, 1967, 후자는 David Cooper, *The Death of the Family*, London : Penguin, 1971, 이탈리아어 번역판은 *La morte della famiglia*, Turin : Einaudi, 1972.

24 Colucci and Di Vittorio, *Franco Basaglia*, p.207.

25 『부정되는 공공시설』에는 1000리라의 비용이 들었다. 누오보 폴리테크니코 시리즈는 1989년에 끝났다. 에이나우디의 편집자 귀도 다비코 보니노가 쓴 Guido Davico Bonino, 'Leggere come editare', *BAIG* 4, Supplemento settembre 2011, p.10, associazioneitalianagermanistica.it와 Rosa Tamborrino, ed., *Giulio Bollati. Intermittenze del ricordo. Immagini di cultura italiana*, Edizioni Fondazione Torino Musei, 2006, p.138에 수록된 Guido Davico Bonino, 'All'Einaudi con Giulio Bollati' 참조.

26 Hal Draper, *Berkeley. The New Student Revolt*, New York: Grove Press, 1965. 이탈리아어 번역판은 *La rivolta di Berkeley. Il movimento studentesco negli stati uniti*, Turin: Einaudi, 1966.

27 Herbert Marcuse, *One-Dimensional Man. Studies in the Ideology of Advanced Industrial Society*, Boston: Beacon Press, 1964. 이탈리아어 번역판은 *L'uomo a una dimensione. L'ideologia della società industriale avanzata*, Turin: Einaudi, 1967. 마리아 그라치아 잔네케다에 따르면 이 책은 이탈리아에서 놀랍게도 22만 부나 팔렸다.

28 Giulio Einaudi, *Tutti i nostri mercoledi*, Bellinzona: Casagrande, 2001, pp.117-18.

29 바잘리아를 비롯하여 고리치아 사람들은 이때 마오쩌둥 사상의 영향을 받은 것이 분명하다. 1968년에 관한 다음 장 참조.

30 Jan Myrdal, *Report from a Chinese Village*, New York: Pantheon Books, 1965(처음 출간된 것은 스웨덴어판으로 1963년이었으며, 이탈리아어판은 1966년 에이나우디에서 출간). 바잘리아는 1967년 7월 18일 볼라티에게 보낸 편지에서 두 책의 제목이 비슷하다는 점을 지적한 바 있다. 볼라티, 에이나우디 기록보관소. 이것은 우연이 아니었던 것이 거의 확실하다. 뮈르달의 책은 1977년까지 여러 판으로 출간되었다.

31 *Selected Works of Mao Tsetung*, Vol.6, marxists.org에 수록된 Mao Tsetung, 'Oppose Book Worship', 1930.

32 *L'istituzione negata* (1968) p.7에 수록된 Basaglia, 'Presentazione'.

33 이 글은 원래 영국에서 (노스런던의 퀸틴 키네스턴 학교에서) 영어로 발표

되었고 나중에 이탈리아어로 출간되었다('La distruzione dell'ospedale psichiatrico come luogo di istituzionalizzazione. Mortificazioni e libertà dello "spazio chiuso". Considerazioni sul sistema "open door"', *Annali di neurologia e psichiatria* 49 : I, 1965). 지금은 *Franco Basaglia. L'utopia della realtà*, pp.17 – 26과 Franco Basaglia, *Scritti. I*, pp.249 – 57에 수록되어 있다.

34 Basaglia, *L'istituzione negata* (1968), p.8.

35 Ibid., p.9.

36 이 라디오 다큐멘터리를 찾아낼 수 없었고 언제 방송되었는지도 알아내지 못했다.

37 Basaglia, *L'istituzione negata* (1968), p.16.

38 Elena Bucaccio, Katja Colja, Alessandro Sermoneta, Marco Turco, *C'era una volta la città dei matti. Un film di Marco Turco: dal soggetto alla sceneggiatura*, ed. Barbara Grubissa, Merano : Edizioni AlphabetaVerlag, 2011 참조.

39 Basaglia, *L'istituzione negata* (1968), p.71.

40 Ibid., p.87.

41 Ibid., p.228.

42 Ibid., p.249 – 73.

43 Giulio Alfredo Maccacaro, *L'umanità di uno scienziato*, ed. Enzo Ferrara, Rome : edizioni dell'asino, 2011, p.146에 수록된 'Lettera al Presidente dell'Ordine'. (원래는 Jean-Claude Polack, *La medicina del capitale*, Milan : Feltrinelli, 1972에 수록).

44 이것은 비소설 부문의 본상이 아니었다. 비소설 부문 본상은 줄리아노 프로카치의 『이탈리아인의 역사』에 돌아갔다. 이후에 나온 여러 글에서는 상을 둘러싼 논쟁은 무시하고 대개 『부정되는 공공시설』이 비아레조 문학상의 사지스티카(수필)상을 받았다고만 설명한다. 예컨대 Franca Ongaro Basaglia, ed., *Franco Basaglia. L'utopia della realtà*, Turin : Einaudi, 2005, p.xxv에 수록된 Maria Grazia Giannichedda, 'Introduzione'와 E. Venturini et al., *Il folle reato. Il rapporto tra la responsabilità dello psichiatra e la*

imputabilità del paziente, Milan: Franco Angeli, 2010, pp.122, 171 참
조.

45 Gabriella Sobrino, Francesca Romana de'Angelis, *Storie del premio viareggio*, Florence: Mauro Pagliai, 2008, p.83.

46 Isman, 'Hanno discusso tranquilli in assemblea come adoperare il milione del "Viareggio"' 참조.

47 시위자 중에는 프랑코 바잘리아의 사촌인 비토리오도 있었다. 잔니 베렝고 가르딘은 베네치아 한복판의 산마르코 광장에서 일어난 놀라운 폭력 사태를 사진으로 기록했다. 당시의 문학상에 대한 전반적 비판으로는 'La crisi dei "premi"', *L'Unità*, 1968년 7월 16일자 참조.

48 Sobrino, *Storie del premio viareggio*, pp.84–5; Renzo Ricchi, 'Premi contestati e qualcosa da fare', *Il Ponte* 24: 8, 1968년 8월 31일자, 그리고 24: 9, 1968년 9월 30일자, pp.1091–3. 또 Santino Salerno, *A Leonida Rapaci. Dediche del '900*, Soveria Mannelli: Rubbettino, 2003; *Viareggio. 50 anni di cultura italiana*, Rome: Edizioni delle autonomie, 1979; 그리고 'Calvino premiato rifiuta il "Viareggio"', *L'Unità*, 1968년 7월 13일자도 참조.

49 이 때문에 어느 정도 우스꽝스러운 여러 기사와 정정 기사가 났다. Armando La Torre, 'A Calvino, Procacci e Vigolo la 39a edizione del "Viareggio"' 와 'Ultim'ora: Il premio a Bigiaretti', *L'Unità*, 1968년 7월 13일자 참조.

50 Sobrino, *Storie del premio viareggio*, p.85.

51 Ricchi, 'Premi contestati', p.1091.

52 Ibid., p.1091.

53 『레스프레소』지는 바잘리아가 이 상을 "거절"했고 그저 "수표를 환자들에게 전했다"고 썼다('Una Montessori per i matti', *L'Espresso*, 1968년 3월 3일 자).

54 Nico Pitrelli, *L'uomo che restituì la parola ai matti. Franco Basaglia, la comunicazione e la fine dei manicomi*, Rome: Riuniti, 2004, p.82. 그렇지만 피트렐리는 이 주장을 뒷받침할 출처를 전혀 제시하지 않고 있다.

55 Sobrino, *Storie del premio viareggio*, p.87.

56 Ibid. Sobrino와 de'Angelis에 따르면 칼비노는 나중에 줄리오 에이나우디의 압력 때문에 그 상을 거부했음을 인정했다. "우리는 학생 시위가 한창인 1968년의 와중에 있었다." 앞 책에서 재인용. 또 *Italo Calvino. Letters. 1941–1985*, Martin McLaughlin 번역, Princeton and Oxford : Princeton University Press, 2013, pp.359 – 61, 579도 참조.

57 Isman, 'Hanno discusso tranquilli in assemblea come adoperare il milione del "Viareggio"'.

제13장 1968년과 고리치아, 1968년인 고리치아

1 Fulvio Marone, 'La psichiatria alternativa italiana', *La psicoanalisi. Rivista del campo Freudiano* 25, 1999년 1 – 6월, p.102.

2 Marcello Flores and Alberto De Bernardi, *Il Sessantotto*, Bologna : Il Mulino, 2003, p.226.

3 Patrizia Guarnieri, *La storia della psichiatria. Un secolo di studi in Italia*, Florence : Olschki Editore, 1991, p.25.

4 Diego Giachetti, ed., *Per il Sessantotto. Studi e ricerche*, Bolsena : Massari Editore/CDP, 1998, p.120에 수록된 Agostino Pirella, 'Franco Basaglia, o della critica pratica alla psichiatria istituzionale'. 이 글의 더 긴 판본은 Vinzia Fiorino, ed., *Rivoltare il mondo, abolire la miseria. Un itinerario dentro l'utopia di Franco Basaglia. 1953–1980*, Pisa : Edizioni ETS, 1994, pp.27 – 40에서 찾을 수 있다.

5 마오쩌둥주의라는 주제는 바잘리아나 운동 전체와 관련하여 이제까지 언급된 예가 거의 없지만, 당시에는 사용된 언어라든가 동원된 몇 가지 이론적·정치적 개념 측면 모두에서 중요했음이 확실하다. 1968년의 '문화혁명' 관념의 분석에 대해서는 Robert Lumley, *States of Emergency. Cultures of Revolt in Italy from 1968 to 1978*, London : Verso, 1990, pp.119 – 43과 Antonio Slavich 본인이 쓴 *La scopa meravigliante. Preparativi per la legge 180 a Ferrara e dintorni 1971–1978*, Rome : Riuniti, 2003, pp.258, 266-7 참조. 제르비스의 *Il buon rieducatore*, p.128에 수록된 '문화혁명'의 교훈에 관한 부분도 참조.

6 Antonio Slavich, 'Creare quattro, cinque, novantaquattro Gorizie', *Fogli d'informazione* 27/28, 1976년 1-2월, pp.1-6.

7 Julian Bourg, *From Revolution to Ethics. May 1968 and Contemporary French Thought*, London: McGill-Queens University Press, 2007, p.108.

8 Lumley, *States of Emergency*, p.136.

9 Bourg, *From Revolution to Ethics*, p.48.

10 Giovanni Jervis, *Manuale critico di psichiatria*, 10th ed., 1980 (1975), p.18. 제르비스의 신랄한 분석 전체는 pp.11-25(특히 p.21) 참조. 여기서 제르비스는 '정신의학 비판'과 '비판적 정신의학'을 유용하게 구별해준다. pp.18-19.

11 Ibid., p.22.

12 1968년의 이러한 여러 가지 측면과 그 기억에 관한 탁월한 연구로는 Luisa Passerini, *Autoritratto di gruppo*, Florence: Giunti, 2008 참조. 프랑카 옹가로와 레티치아 콤바 제르비스는 물론이고 환자까지 포함하여 여성이 고리치아에서 강력한 역할을 수행한 것은 사실이다. 그러나 전체적으로 운동을, 특히 프시키아트리아 데모크라티카를 주도한 것은 남성이었다. 부분적으로 이는 이탈리아 자체가 반영된 현상이기도 하다. 당시 이탈리아에는 자격을 갖춘 여성 정신의학자가 매우 드물었다.

13 Flores and De Bernardi, *Il Sessantotto*, p.xv. 이런 신화 한 가지는 (그리고 그것을 역으로 받아치는 신화는) 바잘리아 자신과 연결되어 있다. Benedetto Saraceno, 'Franco Basaglia. Una teoria e una pratica per la trasformazione', *Sapere* 851, 1982년 11-12월, p.3 참조.

14 Arthur Marwick, *The Sixties. Cultural Revolution in Britain, France, Italy and the United States, c.1958–c.1974*, Oxford: Oxford University Press, 1998, pp.313-4.

15 Michael Staub, *Madness Is Civilization: When the Diagnosis Was Social, 1948–1980*, Chicago and London: University of Chicago Press,

2011, pp.167 – 94 참조.

16 Ingo Cornils and Sarah Waters, eds, *Memories of 1968. International Perspectives*, Oxford: Peter Lang, 2011, pp.103 – 30에 수록된 John Foot, 'Looking back on Italy's 'Long "68"'. Public, Private and Divided Memories'.

17 Foot, 'Looking back on Italy's 'Long "68"'.

18 Basaglia, *L'istituzione negata* (1968), p.368.

19 Michele Tito, 'Il viaggio dentro la follia. Gli ospedali psichiatrici, case di cure o prigioni?', *La Stampa*, 1971년 3월 2일자.

20 Basaglia, *L'istituzione negata* (1968), pp.377, 379 – 80.

21 Fabrizio Dentice, 'Una Montessori per i matti', *L'Espresso*, 1968년 3월 3일자.

22 Flores and De Bernardi, *Il sessantotto*, p.xv.

23 Ibid., p.xvii.

24 Ibid., p.188.

25 콜로르노와 토리노에 관해서는 Francesco Cassata and Massimo Moraglio, eds, *Manicomio, Società e politica. Storia, memoria e cultura della devianza mentale dal Piemonte all'Italia*, Pisa: BFS Edizioni, 2005, pp.45 – 58에 수록된 Sergio Dalmasso, 'Il sessantotto e la psichiatria' 참조.

26 제르비스는 그뒤 1970년대에 이 개념을 크게 비판했다.

27 Ortoleva, *I movimenti del '68 in Europa e in America*. Rome: Riuniti, 1998, p.223.

28 Ibid., p.223.

29 Ibid., pp.223 – 4.

30 이 덕분에 바잘리아는 1968년과 그 이후 파르마에서 학생들이 그의 강의에 몰려들고 『부정되는 공공시설』을 돌려가며 읽는 등 성공할 수 있었다. 오르톨 레바가 주장한 대로 "여러 도시의 대안적 대학교 강의에서 다른 어떤 전문가 보다도 반정신의학자가 어느 정도 권위를 지니는 전문가로 인정되었다는 사 실은 흥미롭다." Ibid., p.282.

31 이런 유형의 지도자는 "지도자 - 교수(즉 권위자, 학파)라는 고대적 형태의 관계"부터 "소극적으로 이상화된 '전문가'"에 이르기까지 종류가 다양했다. 후자는 "대개 대학교 교수가 아니라 '공공시설을 관통하는 대장정'에 나서서 '자신의 역할을 부정하는' 전문직업인으로서, 이것이 완전 통제시설에 대항하는 투쟁에서 반정신의학자가 맡은 역할이었다." Ibid., p.115.

제14장 사건

1 Giorgio Verbi, 'Superato il clima di paura rimangono gli interrogativi', *Il Piccolo*, 1968년 9월 30일자.

2 Franco Basaglia, ed., *L'istituzione negata*, 2nd ed., 1968년 4월, p.362에 수록된 Franco Basaglia and Franco Ongaro Basaglia, 'Il problema dell'incidente', Appendix.

3 Michele Tito, 'Lo psichiatra accusato: se mi condannano, la camicia di forza tornerà nei manicomi', *La Stampa*, 1971년 2월 24일자.

4 Tito, 'Lo psichiatria accusato'에서 재인용.

5 Basaglia and Ongaro, 'Il problema dell'incidente', pp.363-9. (이 글은 프랑코와 프랑카 바잘리아의 이름으로 되어 있으며 '고리치아, 1968년 3월 28일자'라는 추가 정보도 포함하고 있다.)

6 Mario Colucci and Pierangelo Di Vittorio, *Franco Basaglia*, Milan: Bruno Mondadori, 2001, pp.208-10참조. 두 저자는 이 글을 '예언'이라 부른다(p.208). 그러나 Ernesto Venturini, Domenico Casagrande and Lorenzo Toresini, *Il folle reato. Il rapporto tra la responsabilità dello psichiatra e la imputabilità del paziente*, Milan: Franco Angeli, 2010에 수록된 일부 분석에서 저자들은 이 글이 미클루스 사건에 대응하여 쓰인 것으로 믿고 있다.

7 Basaglia and Ongaro, 'Il problema dell'incidente', p.363.

8 Ibid., p.365.

9 Ibid., pp.367, 368, 369.

10 Basaglia, *L'istituzione negata* (1968), p.100.

11 미클루스 사건에 대한 광범위한 연구는 Venturini, Casagrande, Toresini, *Il folle reato*, pp.104 - 28에 수록된 Domenico Casagrande, 'L'incidente di Gorizia'가 유일하다. 이 책은 미클루스 사건과 연관된 여러 가지 문서도 포함하고 있다.

12 공식적으로 미클루스는 편집조현병으로 진단을 받았다. 사법부의 문서에 따르면 그는 1951년 이후로 계속 정신질환자 보호소에 수용되어 있지는 않았으며 1951~1953년에 여러 차례 퇴원한 적이 있었다. Ibid., pp.107 - 19.

13 Antonio Slavich, *All'ombra dei ciliegi giapponesi*, 출간되지 않은 원고, p.76. 슬라비치는 1965년 미클루스의 집을 방문했던 때의 일을 들려주고 있다.

14 고리치아의 치안판사들은 의료진이 매일 모이는 직원 회의와 매일 열리는 전체 집회를 조사 처음부터 끝까지 이런 식으로 혼동했다. 그들은 분명 전체 집회에 관한 소문은 많이 들었지만, 바잘리아의 병원이 어떻게 돌아가는지에 대해 제대로 알지 못했다.

15 관료적, 법적 관점에서는 이런 부분이 핵심이었다. 바잘리아 사람들에게 이런 부분은 정치적으로든 도덕적으로든 중요하지 않았다.

16 당시 이 부부의 딸은 집에 없었다.

17 '도끼', '망치', '노동자용 망치' 등 살인 무기에 대해 다양한 묘사가 있다.

18 Giorgio Verbi, 'È finita l'incubo di S. Floriano. Resta lo sgomento per l'accaduto', *Il Piccolo*, 1968년 9월 29일자.

19 Colucci and Di Vittorio, *Franco Basaglia*, p.209.

20 'Ancora senza esito le ricerche del folle uxoricida di S. Floriano', *Il Piccolo*, 1968년 9월 28일자.

21 'Catturato nei pressi di casa il folle uxoricida goriziano', *Il Piccolo*, 1968년 9월 29일자.

22 나중에 엔초 콰이는 미클루스가 "그 직후에" 죽었다고 진술했다(Michele Sartori, 'L'infermiere della rivoluzione', *L'Unità*, 1996년 12월 8일자). 카자그란데는 "미클루스가 이야기로서도, 개인으로서도 사라졌다"고 지적한다(Casagrande, 'L'incidente di Gorizia', p.127). 그러나 슬라비치는 그가

"몇 주 뒤에 목을 매 자살했다"고 말한다(Slavich, *All'ombra*, p.13). 그는 또 미클루스에게 1968년에 혼자 집에 가도록 허락해준 데 놀랐다고 주장한 다.

23 Casagrande, 'L'incidente di Gorizia', p.114. 공식 정신의학 전문가는 볼 로냐에서 온 프란체스코 코폴라였다. 바잘리아와 슬라비치는 피고 측을 대신 하여 파비오 비진티니에게 반대신문을 맡겼는데, 그는 미클루스의 상태에 대 해 코폴라가 내린 결론에 의문을 제기했다.

24 Verbi, 'È finita l'incubo di S. Floriano', *Il Piccolo*, 1968년 9월 29일자.

25 피렐라는 Franco Basaglia, Franca Ongaro Basaglia, Agostino Pirella, Salvatore Taverna, *La nave che affonda. Psichiatria e antipsichiatria a dieci anni da 'L'istituzione negata'. Un dibattito*, Rome : Savelli, 1978, p.101에서 이 논쟁이 있었음을 확인해준다. 제르비스는 나중에 바잘 리아가 병원 전체의 '무기한' 폐쇄를 주장했다고 썼다. Giovanni Jervis, *Il buon rieducatore*, p.21. 제르비스는 다른 관점에서 이 사건을 하나의 전환 점으로 보고 있는데, 미클루스 사건 때문에 바잘리아가 좀더 보수적인 입장 쪽으로 옮겨갔다는 것이다. 피렐라와 제르비스 모두 이것이 바잘리아 사람들 이 고리치아 실험이 어떤 면에서 '실패'했다고 주장하기 시작한 순간이었다 는 점에 동의한다.

26 Tito, 'Lo psichiatra accusato'.

27 Basaglia et al., *La nave che affonda*, p.99.

28 Ibid., pp.100 - 1에 수록된 피렐라의 설명 참조.

29 Ibid., p.101에 수록된 Franca Ongaro.

30 Ibid., p.101.

31 이 픽션은 살인 상황 자체를 자유롭게 다루며, 최종적으로는 우발적인 것으 로 해석한다. Elena Bucaccio et al., *C'era una volta la città dei matti. Un film di Marco Turco. Dal soggetto alla sceneggiatura*, Merano : Edizioni Alphabeta Verlag, 2011, pp.120 - 7, 304 - 6, 315 - 9 참조. 이 프 로그램은 이틀 밤 동안 방영되었는데, 시청자 수는 양일을 합쳐 500만 명이 훨씬 넘었다.

32 Silvia Balconi, *L'esperienza Goriziana dal '61 al '72. Un percorso*

paradigmatico di valorizzazione della professionalità in ambito psichiatrico, 출간되지 않은 논문, Università degli studi di Torino, 1997 - 98, p.455에 수록된 인터뷰.

33 'Accusato d'omicidio colposo per il crimine di un paziente', *Il Piccolo*, 1968년 10월 14일자.

34 Casagrande, 'L'incidente di Gorizia', p.120.

35 사법 당국은 미클루스의 임상 기록을 요청하는 공문을 병원에 보냈다 (Pascoli, 1968년 10월 2일자, 바잘리아 기록보관소). 원래는 미클루스와 관련한 *Anatomia di una istruttoria*(어느 조사의 해부)라는 제목의 글이 『부정되는 공공시설』의 부록으로 준비되었다. 이 글의 사본 한 부가 바잘리아 기록보관소에 보관되어 있다. 그러나 결국 이 증보판은 발행되지 않았다. 또한 경찰은 병원에서 일어난 자살과 탈출 건수에 관한 자세한 정보를 요청하는 공문을 바잘리아에게 보냈다. 바잘리아 기록보관소에는 이 사건과 관련된 중요 자료들이 포함되어 있다.

36 Balconi, *L'esperienza Goriziana dal '61 al '72*, p.501에 수록된 Slavich. 간호사 미나르디는 *Che cos'è la psichiatria?*에서 토론에 등장한다.

37 Antonio Slavich, *La scopa meravigliante. Preparativi per la legge 180 a Ferrara e dintorni 1971–1978*, Rome : Riuniti, 2003, p.264, n.3 참조.

38 Venturini, Casagrande, Toresini, *Il folle reato*, p.124.

39 'Prosciolto Basaglia ma sotto accusa il manicomio senza sbarre', *L'Unità*, 1971년 5월 23일자; Rino Maddalozzo, 'La nuova psichiatria al vaglio dei giudici', *L'Unità*, 1972년 2월 19일자; Mario Passi, 'Processo contro un medico della "nuova psichiatria"', *L'Unità*, 1972년 2월 14일자; Sartori, 'L'infermiere della rivoluzione', *L'Unità*, 1996년 12월 8일자; Rino Maddalozzo, 'Condannata la teoria della camicia di forza', *L'Unità*, 1972년 2월 20일자.

40 'Piena assoluzione al prof. Slavich', *Il Piccolo*, 1972년 2월 19일자.

41 두 보고서 모두 지금은 Casagrande, 'L'incidente di Gorizia', pp.107 - 19 에 수록되어 있다.

42 Venturini ed., *Il giardino dei gelsi*, p.34에 수록된 Gino Accurso,

Colucci and Di Vittorio, *Franco Basaglia*, pp.208 - 9에서 재인용. 프랑코와 프랑카 바잘리아는 나중에 사법 당국의 이 행동을 "국가의 가장 후진적인 부분이 부추긴" 일련의 "고발과 재판"이라고 표현했다. Franco Basaglia and Franca Ongaro Basaglia, eds, *Crimini di pace. Ricerche sugli intellettuali e sui tecnici come addetti all'oppressione*, Milan: Baldini Castoldi Dalai, 2009 (Einaudi, 1975), pp.15 - 16.

43 Antonio Cattalini, 'Ammazza la moglie a tradimento un pazzo in permesso dal manicomio', *Il Piccolo*, 1968년 9월 27일자. 나중에 법정은 살인이 사전에 계획되었다고 보는 모든 견해를 배제했다.

44 'Significati e prospettive dell'innovazione terapeutica', *Il Piccolo*, 1968년 10월 12일자.

45 Tito, 'Lo psichiatra accusato'.

46 Sartori, 'L'infermiere della rivoluzione', *L'Unità*, 1996년 12월 8일자.

47 슬라비치는 *La scopa meravigliante*, p.264에서 치안판사 브루노 파스콜리와 이탈리아사회운동 소속 정치가 에노 파스콜리를 혼동한다.

48 'Ampio dibattito al Consiglio Provinciale dopo le "reserve" mosse al dott. Basaglia', *Il Piccolo*, 1968년 10월 16일자.

49 'Sollecitata allo 'Psichiatrico' un'inchiesta amministrativa', *Il Piccolo*, 1968년 10월 18일자.

50 이 이야기의 앞부분은 Gian Pietro Testa, *La strage di Peteano*, Turin: Einaudi, 1976에 소개되어 있다.

51 예를 들면 이탈리아사회운동 소속 의원인 렌초 데 비도비치가 의회에서 발언하면서 그렇게 연결시켰다고 한다. 이 발언에 관해 루초 스키타르는 이렇게 말했다. "페테아노 학살이 발생한 당시 의회에서 데 비도비치 의원이 바잘리아 교수가 환자를 '인간 폭탄'으로 개조했던 고리치아와 페테아노가 가깝다는 사실이 잘 알려져 있지 않은가 하는 취지의 질문을 했는데, 이것으로도 그 지역의 반응이 어땠는지를 명확히 알 수 있었다." *Venti'anni dalla 180. L'esperienza del DSM di Pordenone*, Pordenone: Azienda per i Servizi Sanitari n.6 Friuli Occidentale, Booksei 2, 1998, p.24에 수록된 Matteo Impagnatiello and Piero Colussi, 'Intervista a Lucio Schittar. Presente,

passato e futuro nelle parole di un protagonista del cambiamento'.

52 'Peteano: avvocato fascista per uno degli indiziati', *L'Unità*, 1973년 3월 27일자.

53 Slavich, *La scopa meravigliante*, p.264, n.3. 슬라비치는 검사가 자신을 항소하지 않기로 결정한 것이 페테아노 폭탄 사건의 효과 때문이었다고 주장한다.

제15장 〈아벨의 정원〉과 『계급 때문에 죽는다』—텔레비전과 사진 속 고리치아와 그 역할

1 차볼리는 좌익 천주교 신자였다. 그는 이탈리아에서 매년 열리는 자전거 경주 대회인 '지로 디탈리아'를 중계하는 〈일 프로체소 알라 타파〉의 사회자로 명성을 얻었다. 이 프로그램에 대해서는 John Foot, *Pedalare! Pedalare! A History of Italian Cycling*, London: Bloomsbury, 2011, pp.202, 308 참조.

2 〈아벨의 정원〉의 대본집에는 여러 판본이 있는데, 그중에는 실제 방송된 것과 다른 것이 많다. 여기에 인용된 것은 달리 표시가 없다면 1969년에 방영된 내용을 바탕으로 했다. 대본의 편집본에 대해서는 Sergio Zavoli, *Viaggio intorno all'uomo*, Turin: Società Editrice Internazionale, 1969, 'I giardini di Abele', pp.237–48; Parmiggiani, ed., *Il volto della follia*, pp.81–2에 수록된 Sergio Zavoli, 'I giardini di Abele, i giardini dei fratelli scomodi'; Sergio Zavoli, *Diario di un cronista. Lungo viaggio nella memoria*, Rome: Rai-Eri, 2002, pp.363–78 참조. 이 다큐멘터리에 대한 더 자세한 분석은 John Foot, 'Television Documentary, History and Memory: An Analysis of Sergio Zavoli's *The Gardens of Abel* (1969)', *Journal of Modern Italian Studies*, 19, 5, 2014, pp.603–24 참조.

3 이 대목은 미클루스 사건을 직접 언급한 것이다. 출간된 대본집(중 하나)에는 이 부분이 "한편 약간은 성급하지만 이탈리아에서는 고리치아 실험이 불명예스러웠다고 주장한 사람이 많았습니다"로 바뀌었다. Zavoli, *Viaggio* *intorno all'uomo*, p.237.

4 이 사진은 *Morire di classe*, 1969에 처음 발표되었는데, 독자에게 더 큰 영향을 주기 위해 펼침면으로 두 번 실렸다. 또 1998년에 대폭 바뀌어 나온 새 판에서는 표지에 사용되었다. *Per non dimenticare. 1968, la realtà manicomiale di 'Morire di classe'*, Turin: Edizioni Gruppo Abele, 1998. *Psychiatry in Transition*의 표지로도 쓰였는데, 이 책에서는 베렝고 가르딘의 작품으로 잘못 표시되었다.

5 Parmiggiani, *Il volto della follia*, p.41에 수록된 'Sui rapporti tra fotografia e psichiatria'. 해당 사진은 같은 책의 p.213에 실렸다.

6 최근에 나온 어느 책에서는 미클루스 사건이 있은 뒤인 1968년 12월에 차볼리가 다큐멘터리 촬영을 위해 고리치아에 갔다고 주장한다(Elena Bucaccio et al., *C'era una volta la città. Un film di Marco Turco. Dal soggetto alla sceneggiatura*, Merano: Edizioni Alphabeta Verlag, 2011, p.96). 그러나 이것은 명백히 사실이 아니다. 영화는 1969년 1월 3일에 방영되었고 제작에 몇 달이 걸렸다. 차볼리는 1968년 봄에 고리치아에 갔다. 우리는 이 다큐멘터리가 정확히 언제 촬영되었는지 확실하게는 알지 못한다. 그러나 정원에서 있었던 인터뷰는 겨울에 찍은 것으로 보이지 않는다. 해설에서는 미클루스 사건을 언급하고 있으므로, 사건 이후에 녹음했거나 내용이 바뀐 것이 분명하다.

7 이 방영 날짜는 종종 1968년으로, 간혹 1967년으로 잘못 언급된다. Oreste Pivetta, *Franco Basaglia. Il dottore dei matti. La biografia*, Milan: Dalai Editore, 2012, pp.625, 1727. 영화는 1968년에 제작되었다. 그러나 1966년부터 준비가 시작되었다는 흔적이 몇 가지 있다. 예를 들면 마리아 그라치아 잔니케다는 이 영화가 『부정되는 공공시설』이 출간되기 전에 상영되었음을 암시하는 것 같다. Franca Ongaro Basaglia ed., *Franco Basaglia. L'utopia della realtà*, Turin: Einaudi, 2005, p.xxxi–xxxii에 수록된 'Introduzione'.

8 Valeria Babini, *Liberi tutti. Manicomi e psichiatri in Italia. Una storia del novecento*, Bologna: Il Mulino, 2009, p.8.

9 Zavoli, *Viaggio intorno all'uomo*, p.241(인쇄된 대본에서는 약간 다르

다).

10 Gustav Mahler, Symphony no.1 (*Titan*), 제2악장.

11 Franco Basaglia, ed., *L'istituzione negata*, Turin: Einaudi, 1968, p.24. 1968년 베렝고 가르딘이 고리치아의 정신질환자 보호소에서 찍은 사진에서 '카를라'가 바잘리아 옆에 앉아 있는 것을 볼 수 있다. Parmiggiani, *Il volto della follia*, p.200.

12 Franco Basaglia and Franca Ongara Basaglia, eds, *Morire di classe*, Serie politica, 10, Turin: Einaudi, 1969.

13 방문 촬영, 그리고 최초의 홍보 전단을 비롯하여 여러 전시에 관한 더 자세한 내용은 바잘리아 기록보관소에서 찾아볼 수 있다. 이 책과 그 안에 수록된 사진에 관한 더 자세한 분석은 'Photography and Radical Psychiatry in Italy in the 1960s: The Case of the Photobook *Morire di Classe* (1969)', *History of Psychiatry*, 26, 1, 2015, pp.19 – 35 참조.

14 체라티는 두 사람이 페라라의 정신질환자 보호소 안에서는 사진 촬영을 허락받지 못했다고 말했지만, 베렝고 가르딘이 페라라에서 찍은 사진이 Parmiggiani, *Il volto della follia*에 나와 있다.

15 photographers.it/articoli/carlacerati.htm 참조.

16 Massimo Mussini, *Carla Cerati*, ed. Gloria Bianchino, Milan: Skira, 2007, p.162.

17 이 시리즈의 다른 사진들은 세월이 지나면서 여러 출판물에 수록되었다. 예를 들면 고리치아의 집회와 학생들을 찍은 사진과 프랑코 바잘리아를 찍은 사진은 Parmiggiani, *Il volto della follia*, pp.200 – 1 참조. 현재 베렝고 가르딘이 정신질환자 보호소를 찍은 사진을 더 제대로 모은 사진집을 출간하기 위한 계획이 잡혀 있다.

18 줄리오 볼라티는 『부정되는 공공시설』에서 그랬던 것처럼 『계급 때문에 죽는다』에서 핵심적인 역할을 맡았다. 그는 사진에 대해 또 사진과 역사의 관계에 대해 관심이 있었고 그 자신이 사진작가이기도 했다. Carlo Bertelli and Giulio Bollati, eds, *L'immagine fotografica (1845–1945)*, 2 vols, Turin: Einaudi, 1979: 그의 작품인 'Note su fotografia e storia', pp.3 – 55 그리고 그가 쓴 *L'Italiano. Il carattere nazionale come storia e come*

invenzione, Turin : Einaudi, 2011, pp.128 - 85 참조.

19 Giannichedda, 'Introduzione', *Franco Basaglia. L'utopia della realtà*, p.xxxi. 제1판에서는 사진마다 짤막한 주석이 달려 있었다는 것은 사실이 아니다. 또 잔니케다는 정신질환자 보호소 안에서 찍지 않은 사진은 언급하지 않는다.

제16장 한 시대의 끝—바잘리아, 고리치아를 떠나다

1 편지 16. 에이나우디 기록보관소. 바잘리아 폴더.

2 Franco Basaglia and Franca Ongaro Basaglia, eds, *Crimini di pace. Ricerche sugli intellettuali e sui tecnici come addetti all'oppressione*, Milan : Baldini Castoldi Dalai, 2009 (Einaudi 1975), pp.37 - 9에 재수록 되었다. 편지 전체는 *Fogli d'Informazione* 1972년 11월 3일자, pp.7 - 9에 도 수록되었다. 이 편지는 병원 내의 환자들에게도 보냈다.

3 고리치아현 행정부와의 관계는 처음부터 불안정했다. 예를 들면 바잘리아에게 전화 요금을 지불하라는 요청이 계속 있었다. 현 행정부는 종종 바잘리아에게 편지를 보내 자신들이 상급자임을 일깨웠다. 이런 문제는 훨씬 전으로 거슬러올라간다. 예컨대 1963년에 현 지사 브루노 키엔타롤리는 경고 편지를 보내 "때로 당신은 당신이 책임지고 있는 시설이 행정부에 속하며 행정부의 통제에 있음을 고려하지 않습니다"라고 강조했다(1963년 7월 29일자). 1967년에는 병원 경내에서 환자들이 성관계를 했다는 보도가 나간 후 키엔타롤리가 다시 불평했다. 그는 바잘리아에게 "이 사건에 대한 불평이 있었는데도 남녀 환자 사이의 불법적 관계가 계속되고 있다"는 소문을 거론했다.

4 1968년 1월 28일자, 바잘리아 기록보관소.

5 바잘리아는 정신의학의 새로운 경향이 '유행'을 타지 않을까 경계했다. 1968 년 8월(바잘리아 기록보관소)에 데이비드 쿠퍼에게 보낸 편지에서 그는 이렇게 썼다. "정신의학 문제는 지금 이탈리아에서 유행이 되었는데, 저는 이미 텔레비전에서 끔찍한 경험을 했습니다. 그들은 새로운 것을 보여주는 데 관심이 있었지만, 새로운 문제를 직면하지는 않으면서 그저 이 분야에서 가장

유명한 사람들을 보여주는 데만 관심이 있더군요. 그래서 저는 그들의 놀음
에 장단을 맞추지 않겠다고 했습니다."

6 1968년 1월 18일자, 바잘리아 기록보관소.

제2부 고리치아를 넘어: 대장정

제17장 페루자─'완벽한' 사례, 1965~1978년

1 Edoardo Balduzzi, *L'albero della cuccagna. 1964-1978. Gli anni della psichiatria italiana*, Edizioni Stella, Nicolodi Editore, 2006, p.7.

2 Sabrina Flamini and Chiara Polcri, eds, 'Atti del seminario di avvio collettivo del progetto di ricerca sulla storia delle politiche psichiatriche in Umbria', Fondazione Angelo Celli, per una cultura della salute, Perugia, 2003년 4월 16일자, antropologiamedica.it.

3 Luigi Onnis and Giuditta Lo Russo, eds, *Dove va la psichiatria? Pareri a confronto su salute mentale e manicomi in Italia dopo la nuova legge*, Milan: Feltrinelli, 1980에 수록된 Carlo Manuali.

4 바잘리아는 페루자에서 벌어지고 있는 일을 잘 알고 있었고 페루자를 여러 차례 방문했다. 조반니 제르비스도 그곳을 방문했다. 바잘리아는 알도 카피티니와 일바노 라지멜리와 편지를 주고받았으며, 『정신의학이란 무엇인가?』에서 라지멜리에게 감사를 표했다. 두 사람 모두 레지스탕스로 활동했고, 또 두 사람 모두 1924년생이다.

5 Giuseppe Micheli, *I nuovi Catari. Analisi di un'esperienza psichiatrica avanzata*, Bologna: Il Mulino, 1982, p.61.

6 Paolo Lupattelli ed., *I Basagliati. Percorsi di libertà*, Perugia: CRACE, 2009, p.27에 수록된 'A conti fatti'에서 재인용.

7 마누알리는 툴리오 세필리, 페루초 자카넬리와 라지멜리, 프란체스코 스코티, 카를로 브루티 등과 함께 페루자 운동의 공식 대변인이 되었다. 마누알리에 대해서는 Francesco Scotti, 'Carlo Manuali. Scritti sulla malattia mentale', *Umbria contemporanea* 4, 2005년 6월, pp.34 - 46 참조.

8 *I Basagliati*, p.23에 수록된 'A conti fatti': Ferruccio Giacanelli, 'L'ospedale psichiatrico di Colorno nella storia della psichiatria di Parma', *Psicoterapia e Scienze Umane* 46, 2012, p.579에서 재인용.

9 2013년에 도메니코 카자그란데는 내게 라지멜리를 "정치가의 모습을 한 바 잘리아"라고 설명했다.

10 Ilvano Rasimelli, *Un rompiscatole. Tra le novità di un'epoca*, Perugia : Benucci Editore, 2007.

11 "나는 라지멜리가 현 지사로서 1965년에 정신질환자 보호소에 대해 처음으로 발언하던 것을 기억한다. 그곳은 현 의회 본회의장이었고, 그가 보여준 슬라이드에서는 역겨운 장면이 나왔다. 사람들이 술렁거렸다. 끔찍한 상태에 있는 정신질환자 보호소였다." Flamini and Polcri, 'Atti del seminario', p.40에 수록된 Ferruccio Giacanelli의 증언.

12 Clara Roscini (1965년 9월). Chiara Polcri and Sabrina Flamini, 'La ricerca sul movimento umbro di auto riforma', Perugia : Fondazione Angelo Celli per una Cultura della Salute, antropologiamedica.it에서 재인용.

13 Rasimelli, 'A conti fatti'에서 재인용.

14 Provincia di Perugia, *I luoghi della follia dalla "Cittadella dei Pazzi" al territorio. Percorsi della psichiatria in Umbria dal '700 ad oggi*, Perugia : Arnaud Editore, 1995, p.84에 수록된 Francesco Scotti, 'Trenta anni di psichiatria in Umbria : 1965 - 1995'.

15 Lupattelli, *I Basagliati*, p.39에 수록된 Ferruccio Giacanelli, 'Carlo Manuali protagonista moderno della riforma psichiatrica a Perugia'에서 재인용.

16 Balduzzi, *L'albero della cuccagna*, p.18.

17 Graziella Guaitini, ed., 'Le assemblee popolari sulla politica psichiatrica dell'Amministrazione Provinciale di Perugia', *Annali di neurologia e psichiatria e annali ospedale psichiatrico di Perugia* 1 - 2, 1974. 규정은 Carlo Brutti and Francesco Scotti, *Quale psichiatria?*

1. *Strategie per la trasformazione dei Servizi Psichiatrici. Storia e documenti*, Rome: Borla, 1980, pp.152 - 9에서 찾아볼 수 있다.

18 Provincia di Perugia, *I luoghi della follia*, p.6에 수록된 Marcello Panettoni and Filippo Mario Stirati, 'Presentazione'.

19 여기서 핵심 인물 한 사람은 간호사 아다모 솔레반티였다. 그는 계속해서 정신보건 센터에서 일했고, 나중에 리샤노니코네라는 작은 도시의 시장이 되었다.

20 "그것은 도시 안에 있는 도시의 공간이었지만 동시에 바깥에 있기도 했다." Flamini and Polcri, 'Atti del seminario', p.20에 수록된 자카넬리의 증언. 병원을 인간적인 곳으로 만드는 이야기에 대해서는 p.11도 참조.

21 Michel Legrand, *La psychiatrie alternative italienne*, pp.209 - 42.

22 Micheli, *I nuovi Catari*, 그리고 *Il vento in faccia. Storie passate e sfide presenti di una psichiatria senza manicomio*, Milan: Franco Angeli, 2013. 미켈리는 페루자와 움브리아의 정신보건 센터의 활동을 '외부에서 바라본' 자세한 연구서를 내놓았지만, 약간 모호한 책 제목과 앞부분에 들어간 일련의 사소한 실수(비평자들이 잘 이용했다) 때문에 그 가치가 약간 퇴색됐다. 정신보건 센터에 참여했던 사람들은 그의 연구서를 약간의 경멸과 의심으로 대했는데, 무엇보다도 그들의 작업에 비판적으로 접근하고 있기 때문이었다.

23 Micheli, *I nuovi Catari*, p.39.

24 Giacanelli, 'Carlo Manuali', p.36.

25 Mario Tosti, ed., *Tra comuni e stato. Storia della Provincia di Perugia e dei suoi amministratori dall'Unità a oggi*, Perugia: Quattroemme, 2009, p.2006에 수록된 'Attività della Provincia di Perugia nel periodo del presidente Ilvano Rasimelli (1964 - 70)'에서 재인용..

26 Flamini and Polcri, 'Atti del seminario', p.27.

27 Ibid., p.41.

28 Micheli, *I nuovi Catari*, p.20.

29 Gianni Serra, 1975.

30 *Dentro le proprie mura*, Carlo Corinaldesi, 2010.

31 Carlo Brutti and Francesco Scotti, *Psichiatria e democrazia. Metodi e obiettivi di una politica psichiatrica alternativa* Bari: De Donato, 1976, p.32.

32 Micheli, *I nuovi Catari*, p.35.

33 Ibid., p.83.

34 Flamini and Polcri, 'Atti del seminario di avvio collettivo', p.17.

35 시내 중심가의 한 식당이 이처럼 밤늦도록 논의가 이어지는 장소가 되었다. 카페와 주점의 전반적인 역할에 대해서는 Micheli, *I nuovi Catari*, p.60 참조.

36 루초 비아조니는 Dossier, Salute! Umbria 3, 2003년 12월, p.3에 수록된 마누알리의 문집에 대한 머리말 'Carlo Manuali. Scritti'에서 "멈출 수 없이 진행되고 있는 망각"을 언급한다. 그런 다음 이 분석을 마누알리 본인뿐 아니라 전국의 운동에도 적용한다. 또 Micheli, *Il vento in faccia* 참조.

37 이것은 페루자 정신질환자 보호소의 공식 간행물로, 그 역사는 1907년의 체자레 아고스티니로 거슬러올라간다. 1965년에 줄리오 아고스티니는 연감의 편집권을 새 소장인 세디아리에게 넘겼다. 1970년대까지는 앞표지에 그대로 아고스티니(창간자)라는 이름이 표시되었다.

38 Flamini and Polcri, 'Atti del seminario', p.26. 더 자세한 분석은 Micheli, *I nuovi Catari*, pp.79 - 82 참조.

39 Brutti and Scotti, *Psichiatria e democrazia*, p.29.

40 Rasimelli, *Un rompiscatole*, p.178.

41 Micheli, *I nuovi Catari*, p.268.

제18장 파르마—가스검침원과 완전 통제시설

1 Giovanna Gallio, ed., 'Basaglia a Colorno', *Aut Aut* 342, Milan: Il Saggiatore, 2009, p.197에 실린 Vincenzo Tradardi, 'La psichiatria a Parma ai tempi di Mario Tommasini e Franco Basaglia'에서 재인용. 톰마지니의 협력자는 정신질환자 보호소 안에도 있었다. 예컨대 레모 보넬리라

는 환자는 시설의 높은 담 안쪽에서 벌어지는 일을 그에게 계속 알려주었다. pp.195 – 8 참조. 고리치아의 핵심 환자 – 지도자(마리오 푸를란)와 마찬가지로 보넬리는 나중에 자살했다.

2   Luigi Tomasi, *L'ospedale psichiatrico provinciale dal 1948 al 1955*, Parma: Giacomo Ferrari & Figli, 1956에서 인용. 지금은 Pier Francesco Galli and Alberto Merini, eds, 'Tracce', *Psicoterapia e Scienze Umane* 46: 4, 2012, p.577에 수록된 Ferruccio Giacanelli, 'L'ospedale psichiatrico di Colorno nella storia della psichiatria di Parma'에서 볼 수 있다.

3   Franca Ongaro Basaglia, *Vita e carriera di Mario Tommasini burocrate proprio scomodo narrate da lui medesimo*, Rome: Riuniti, 1991, p.7.

4   Tomasi, *L'ospedale psichiatrico provinciale dal 1948 al 1955*, p.13.

5   콜로르노의 시기별 환자 수에 관해서는 다양한 통계 자료를 활용할 수 있다. 991명이라는 숫자는 Giacanelli, 'L'ospedale psichiatrico di Colorno', p.576에서 인용한 것이고 Tradardi, 'La psichiatria a Parma'에서도 확인할 수 있다. 이런 수치에 관해서는 다양한 통계 자료가 있다.

6   Paolo Migone, 'Un ricordo di Mario Tommasini', *Il Ruolo Terapeutico* 103, 2006, pp.77 – 93 (이 인용문의 더 긴 판본은 psychomedia.it에서 찾을 수 있다).

7   Ongaro, *Vita e carriera di Mario Tommasini*, p.xi.

8   그의 공식 임무는 교통과 정신병원 담당 사정관이었다. 현에는 보건 서비스를 위한 사정관이 따로 있었다. 1967년에 보건 담당 사정관이 사망한 뒤 이 두 직책이 하나로 합쳐졌다.

9   트라다르디에 따르면 이 자동차는 현에서 빌린 것이다. 톰마지니는 나중에 어디든 자전거를 타고 다닌 것으로 잘 알려졌다. 이 이야기에는 사람들의 편에 선 사람, 인도주의자, 그의 순진함, "가난한 사람들과 곤궁한 사람들을 섬기는 종복"의 이미지, 성자 같은 특징, 그의 고집 등 톰마지니 신화의 많은 요소가 들어 있다.

10   Tradardi, 'La psichiatria a Parma', p.187.

11 Ongaro, *Vita e carriera di Mario Tommasini*, p.7에서 재인용.

12 *Aut Aut*, 2001, p.21에 수록된 Mario Tommasini, 'Il mio rapporto con Basaglia. Intervista di Giovanna Gallio'. 비슷한 이야기를 Ongaro, *Vita e carriera di Mario Tommasini*, 그리고 Bruno Rossi, *Mario Tommasini. Eretico per amore*, Reggio Emilia: Diabasis, 2006에서 찾을 수 있다.

13 Tommasini, 'Il mio rapporto con Basaglia', p.43.

14 Gallio, *Basaglia a Colorno*, p.15에 수록된 Peppe Dell'Acqua, 'Prima per me era solo un libro'.

15 Tradardi, 'La psichiatria a Parma', p.188.

16 Migone, 'Un ricordo'; Rossi, *Mario Tommasini*, p.153.

17 Tommasini, 'Il mio rapporto con Basaglia', p.18.

18 Rossi, *Mario Tommasini*, p.10의 머리말 'Un borgo diventato mondo'.

19 Ongaro, *Vita e carriera di Mario Tommasini*, p.11.

20 Fabio Visintini, *Memorie di un cittadino psichiatra (1902–1982)*, p.188.

21 Giacanelli, 'L'ospedale psichiatrico di Colorno', p.578.

22 *Che cos'è la psichiatria? Discussioni e saggi sulla realtà istituzionale*, eds Franco Basaglia and Amministrazione provinciale di Parma, Parma: Step, 1967, p.64.

23 Gallio, *Basaglia a Colorno*, p.163에 수록된 'Colorno, occasiona mancata? Appunti da una ricerca su "Franco Basaglia e il corpo curante"'.

24 Ibid., p.159.

25 'Con il direttore non parlavo piu da anni'. Tommasini, 'Il mio rapporto con Basaglia', p.43.

26 Bruno Popoli. Franco Basaglia, ed., *Che cos'è la psichiatria?*, Baldini & Castoldi, Milan, 1997, p.53에서 재인용.

27 정확한 숫자는 다음과 같다. 남성은 77명이 여전히 폐쇄 병동에 있었고 181 명은 개방 병동에 있었다. 한편 여성은 각각 100명과 180명이었다.

28 Basaglia, *Che cos'è la psichiatria?*, p.89에 수록된 Baldassi.

29 Margherita Becchetti et al., *Parma dentro la rivolta. Tradizione e radicalità nelle lotte sociali e politiche di una città dell'Emilia rossa 1968-1969*, Edizioni Punto Rosso, Milan, 2000, p.188에 수록된 Itala Rossi, '"Pericolo a sé e agli altri di pubblico scandalo". L'occupazione del manicomio di Colorno. Una lotta contro la violenza istituzionalizzata'.

30 Ibid., p.197에서 재인용.

31 Becchetti et al., *Parma dentro la rivolta*, pp.33-84에 수록된 Brunella Manotti, '"La mia religione era un profumo". Parma e il dissenso cattolico. Il caso de I Protagonisti' 참조.

32 Ongaro, *Vita e carriera di Mario Tommasini*, p.35에 인용된 Tommasini.

33 Tommasini: 'Io ero dentro 24 ore al giorno, perché questi ragazzi andavano anche protetti', Rossi, '"Pericoloso a sé e agli altri edi di pubblico scandalo"', p.197.

34 Rossi, '"Pericoloso a sé e agli altri edi di pubblico scandalo"', p.194에서 재인용.

35 Giovanni Braidi and Bruno Fontanesi, *Se il barbone beve . . . cronache e documenti di una esperienza psichiatrica a Parma*, Parma: Libreria Feltrinelli di Parma, 1975, p.42에 수록된 발췌문 참조.

36 Gallio, 'Colorno, occasiona mancata?', pp.160-1.

37 바잘리아와의 협상이 어느 정도 진행되고 있었다. 1967년에 톰마지니는 바잘리아에게 보내는 편지에 "당신이 믿는 사람을 먼저 보내주십시오"라고 요청했다(바잘리아 기록보관소).

38 Antonio Slavich, *La scopa meravigliante. Preparativi per la legge 180 a Ferrara e dintorni 1971-1978*, Rome: Riuniti, 2003, p.32.

39 Ibid., p.32.

40 Antonio Slavich, *All'ombra dei ciliegi giapponesi*, 출간되지 않은 원고.

41 바잘리아가 1969년에 콜로르노와 파르마에 도착했다고 주장하는 기록이 많다. 실제로는 갈리오의 세밀한 연구에서 보듯 1970년 10월 이후부터 그곳

에 (주중에만) 머물렀다. 이 정확한 날짜는 Venturini, *Il giardino dei gelsi*, p.206에서도 볼 수 있다.

42 Slavich, *La scopa meravigliante*, p.175.

43 'Basaglia a Colorno', p.94에 수록된 Gallio, 'Riunione di staff e di comunità. Organizzazione generale e rapporti di potere nell'ospedale psichiatrico (Parma 1970 – 1971)'에서 재인용.

44 Ongaro, *Vita e carriera di Mario Tommasini*, p.18에서 재인용.

45 이탈리아어를 그대로 옮기면 "유리 가게 안의 코끼리"로, 공산당원인 프리모 사바니가 한 말로 보인다. Tommasini, 'Il mio rapporto con Basaglia', p.29에 인용되어 있다.

46 Stefania Parmeggiani, 'La Fattoria di Vigheffio trent'anni di "mattacchioni". A 30 anni dalla riforma Basaglia viaggio nella struttura tra le prime in Italia ad ospitare i pazienti psichiatrici sul territorio', *La Repubblica*, 2008년 5월 8일자. 비게피오에 관해서는 'Ieri alla fattoria di Vigheffio trattati problemi di psichiatria', *La Gazzetta di Parma*, 1979년 8월 26일자와 Rossi, *Mario Tommasini*, pp.196 – 208도 참조.

47 Slavich, *All'ombra*, p.11.

48 Tradardi, 'La psichiatria', p.201.

49 Ongaro, *Vita e carriera di Mario Tommasini*, p.xiv.

50 비진티니에 관해서는 그가 직접 쓴 *Memorie di un cittadino psichiatra* 참조.

51 바잘리아 기록보관소에는 톰마지니가 바잘리아에게 보낸 수많은 편지가 보관되어 있다.

52 Franca Ongaro Basaglia ed., *Franco Basaglia. L'utopia della realtà*, Turin: Einaudi, 2005, p.xxxviii에 수록된 Maria Grazia Giannichedda, 'Introduzione'. 이 분석은 Daniele Piccione, *Il pensiero lungo. Franco Basaglia e la Costituzione*, Merano: Edizioni Alphabeta Verlag, 2013, p.71에 인용되었다.

53 Gallio, 'Colorno, occasiona mancata?', p.168.

54 Ongaro, *Vita e carriera di Mario Tommasini*, p.14.

55 Ibid., pp.xiv－xv.

56 Tommasini, 'Il mio rapporto con Basaglia', pp.40－1.

57 David Forgacs, *Italy's Margins*, pp.243－50에 수록된 훌륭한 분석 참조.

58 Giacanelli, 'L'ospedale psichiatrico di Colorno', pp.570－83.

59 Slavich, *La scopa meravigliante*, p.32.

60 예컨대 Gallio, 'Basaglia a Colorno'에 수록된 Rotelli와 Dell'Acqua의 설명 참조.

61 Gallio, 'Basaglia a Colorno', p.10에 수록된 Franco Rotelli, 'Quando c'erano i manicomi'.

62 로텔리는 이후에 톰마지니와도 깊은 우정을 맺고 협력 관계를 형성하게 된다. Rossi, *Mario Tommasini*, pp.242－56 참조.

63 Gallio, 'Colorno, occasiona mancata?', p.174.

64 갈리오는 "1971년 이후 환자를 시설 밖으로 내보내는 작업은 힘을 크게 잃었다"는 주장을 뒷받침할 증거를 우리가 참고할 수 있는 자료에서는 찾을 수 없었다고 지적한다. Ibid., p.185.

65 Venturini, *Il giardino dei gelsi*, p.197.

66 'La Provincia chiede scusa agli internati in manicomio', *La Repubblica*, 2008년 5월 13일자.

제19장 레조넬에밀리아―관할지역 안으로 나가다, 1969~1975년

1 *Reggio 15*, IV: 1969년 1월 1일자, pp.13－14에 실린 Severino Delogu, 'Distruggere il S. Lazzaro'. 『레조 15』지는 이 지역의 급진파 정기간행물이었다.

2 Giovanni Jervis, 'Psichiatria e politica', *L'Unità*, 1974년 8월 27일자.

3 현 행정부에 있던 라우로 질리가 1969년 4월에 조반니 제르비스에게 일자리를 제안했다. 나중에 제르비스는 이렇게 썼다. "행정가들은 병원 밖에서 진료소 네트워크를 통해 제공되는 정신의학 서비스를 조직할 사람을 찾고 있었다." *Il buon rieducatore*, p.27.

4 Andrea Giuntini, ed., *Povere menti. La cura della malattia mentale nella provincia di Moderna fra ottocento e novecento*, Provincia di Modena: Tipografia TEM Modena, 2009, pp.168-9에 수록된 Simone Fari, 'Tra rinnovamento sociale ed efficienza economica. La gestione dell'assistenza psichiatrica nella Provincia di Modena dal dopoguerra alla legge 180' 참조.

5 Christian De Vito, *I tecnici ragazzini*, p.71-3.

6 추정이다. 이에 관해서는 공개된 정보가 전혀 없다.

7 Gabriele Vezzani, 'Leggevamo Gramsci e Marcuse', *Psicoterapia e Scienze Umane* XLIV: 3, 2010, p.384.

8 Ibid., p.386.

9 페루자의 경우와 마찬가지로 레조넬에밀리아 또한 각주로 한정되거나 아예 배제되는 경우가 많다.

10 그렇지만 Luca Baldissara, ed., *Tempi di conflitti, tempi di crisi. Contesti e pratiche, del conflitto sociale a Reggio Emilia nei "lunghi anni Settanta"*, Naples: L'ancora del Mediterraneo, 2008, pp.387-426 에 수록된 Christian De Vito, 'Tecnici e intellettuali dei "saperi speciali" nei movimenti degli anni Settanta a Reggio Emilia' 참조.

11 여기서 주로 인용된 글은 *Il buon rieducatore*와 *La nave che affonda*이다.

12 Jervis, *Il buon rieducatore*, p.11.

13 Stefano Mistura, 'Giovanni Jervis, La forza di passioni condivise', *Il Manifesto*, 2009년 8월 5일자. 물론 페루자 또한 비슷한 시기에 센터를 만들기 시작했다.

14 Domenico Commisso, 'Un modo nuovo per affrontare e curare le malattie mentali', *L'Unità*, 1972년 1월 31일자.

15 Jervis, *Il buon rieducatore*, p.28.

16 Ibid., p.29.

17 Ibid.

18 Ibid.

19 Ibid.

20 예컨대 스테파노 미스투라의 경우가 그랬다. 베차니에 따르면 제르비스는 협력자, 특히 간호사를 매우 신중하게 골랐다고 한다. "제르비스는 전문 간호사를 원치 않았다. 그는 처음부터 다른 영역의 사람들을 택했다. 노동자, 장인, 소작농 등 정치 의식화되긴 했지만 지나치게 의식화되지는 않은 사람들이었다. 그는 시설의 '영향을 받은' 사람들과는 함께하고 싶어하지 않았다." Vezzani, 'Leggevamo Gramsci e Marcuse', p.388. 이렇게 사람을 고른 것은 필시 고리치아에서 간호사들(또는 일부 간호사들)과의 관계가 어려웠던 경험 때문일 것이다.

21 De Vito, *I tecnici ragazzini*.

22 Jervis, *Il buon rieducatore*, p.30.

23 Ibid., p.35.

24 De Vito, *I tecnici ragazzini*, p.156.

25 Giovanni Jervis, *Manuale critico di psichiatria*, 10th ed., Milan: Feltrinelli, 1980 (1975), p.15.

26 Vezzani, 'Leggevamo Gramsci e Marcuse', p.389.

27 Giorgio Bartolomei and Ulrich Wienand, *Il mal di testa. Illusioni e realtà dei giovani psicologia in Italia*, Milan: Feltrinelli, 1979, p.14 (본네르의 기고문은 pp.139-51에 수록되어 있다).

28 Ibid., p.142의 Bonner.

29 Giovanni Jervis, ed., *L'Amministrazione Provinciale e l'assistenza psichiatrica esterna. Relazione sull'assistenza individuale erogata nei primi mesi di funzionamento del Centro di Igiene Mentale*, Reggio Emilia: 출간되지 않은 원고, 1970.

30 예컨대 Giovanni Jervis, 'Condizione operaia e nevrosi', *Inchiesta* III: 10, 1973년 4-6월, pp.5-18 참조.

31 의사 두 명(제르비스와 아델모 시켈), 레티치아 콤바, 사회복지사 한 명, 간호사 한 명.

32 이런 비난은 잘못된 것이지만 자주 보게 된다. 이런 비판에 대한 비판은 Giuseppe Micheli, *Il vento in faccia. Storie passate e sfide presenti di una psichiatria senza manicomio*, Milan: Francoangeli, 2013, p.26 참

조.

33 Gruppo di Studio sulle Istituzione Psichiatriche, 'Manicomio come lager', *Reggio 15*, 4:1, 1969년 1월, pp.15 - 16. 또 Severino Delogu, 'Distruggere il S. Lazzaro', *Reggio 15*, 4:1, pp.13 - 14 참조.

34 Giorgio Antonucci, *Il pregiudizio psichiatrico*, Eléuthera, 1999, eleuthera.it.

35 Vezzani, 'Leggevamo Gramsci e Marcuse', p.389. 베차니는 또 "우리의 목표는 이 상황을 대중에게 알리는 것, 상세하게 보도하는 것이었다"고도 썼다. Ibid., p.384.

36 Collettivo di Reggio Emilia, 'Un'esperienza di intervento popolare nelle istituzioni', *Inchiesta* I: 2, 1971, pp.61 - 5 참조.

37 여기서 소개하는 이야기는 칼라테를 매우 파르티잔적이고 영웅적이며 서사적인 관점으로 설명한 것이다.

38 De Vito, *I tecnici ragazzini*, p.94에서 재인용.

39 Centro di Relazioni Umane, 'Le visite popolare al manicomio San Lazzaro di Reggio Emilia', centro-relazioni-umane.antipsichiatria-bologna.net에서 재인용. 1953년에 '지능이 낮은' 어린이(5~12세)를 위한 구역이 설치되었다. 1975년에 폐쇄되었다.

40 라미제토로부터 1970년 11월 26일, 카르피네티로부터 1970년 12월 11일, 몬테키오로부터 1971년 1월 30일.

41 Collettivo di Reggio Emilia, 'Un'esperienza di intervento popolare nelle istituzioni', p.65.

42 Ibid.

43 De Vito, *I tecnici ragazzini*.

44 Ibid., p.94.

45 Piero Benassi, *La fine dell'era manicomiale. Verso una nuova era psichiatrica*, Rimini: Guaraldi, 1993.

46 Ibid., p.96 (p.24도 참조). 베나시가 볼 때 1969~1970년에 만들어진 정신보건 센터는 정신질환자 보호소를 운영하는 당국과는 "서로 의견이 완전히 다르며" "병원 기관의 활동과는 완전히 동떨어져" 있었다(p.15). 베나시는

1960년대 이후로 정신질환자 보호소에서 시행된 개혁에 대해 pp.13–33에 서 묘사하고 있다. 그는 p.43에서 제르비스의 이름을 한 차례 언급한다.

47 Ibid., p.15.

48 Antonucci, *Il pregiudizio psichiatrico*.

49 안토누치의 관점에서 본 사건에 대한 설명은 여러 해가 지나면서 여러 가지 출판물에서 소개되었으며, 여러 가지 형태로 온라인에서 찾아볼 수 있다(*Il pregiudizio psichiatrico*). 제르비스의 관점은 *Il buon rieducatore*, p.36 에서 찾아볼 수 있다.

50 De Vito, *I tecnici ragazzini*, p.157.

51 Vezzani, 'Leggevamo Gramsci e Marcuse', p.387.

52 Jervis, *Il buon rieducatore*, p.35. 여기서 제르비스의 논평은 선견지명으로 보인다.

53 베차니는 그 시기의 인물 중 콤바와 또 제르비스에 대한 콤바의 입장을 논한 소수의 사람에 속한다. "나는 존니의 친구가 됐다. 나는 당시 그가 아내 레티 치아 콤바와 살던 집으로 가곤 했다. 레티치아 역시 고리치아에서 일하고 있 었는데, 저런 유형의 지식인의 아내라는 어려운 위치에 있으면서도 한편으 로는 자신의 정체성을 유지하려 애쓰고 있었다." 'Leggevamo Gramsci e Marcuse', p.387.

54 Jervis, *Il buon rieducatore*, p.41.

55 De Vito, *I tecnici ragazzini*, p.79.

56 이 숫자는 1969년에 2025명으로 정점에 이르렀다가 1974년에 1401명으로 줄어들었다. 미켈리는 1969년부터 1977년 사이에 2400명에서 150명으로 줄어든 것으로 인용한다(*Il vento in faccia*, p.26).

57 어떤 면에서는 이런 외부 압력이 정신질환자 보호소 자체에 영향을 미치기 시작했다. De Vito, *I tecnici ragazzini*, p.101 참조.

58 이것은 제르비스가 주변 상황을 무엇보다도 본인의 존재 및 활동과 관련하여 자기도취적으로 보는 경향이 있음을 보여주는 또하나의 사례일 수 있다.

59 발리니는 1950년대를 통틀어 현 의회에 선출된 유일한 여성이기도 했다. Luca Baldissara et al., eds, *Un territorio e la grande storia del '900. Il conflitto, il sindacato e Reggio Emilia*, Roma: Ediesse, 2002, pp.359–

404에 수록된 Claudia Finetti, 'Lavoro e maternità. Donne, sindacato e sviluppo dei servizi per l'infanzia a Reggio Emilia (1945 – 1971)' 참조.

60 Provincia di Reggio Emilia, *Velia Vallini. Una donna dei nostri tempi,* 2010 ; Anna Appari, *Velia Vallini. Istituzione e cultura dei servizi a Reggio Emilia (1951–1974),* Provincia di Reggio Emilia, 1992.

61 Vezzani, 'Leggevamo Gramsci e Marcuse', p.385.

62 4월 16일 현 의회의 회의에서 한 발언.

63 De Vito, *I tecnici ragazzini,* p.108에서 재인용.

64 De Vito, *I tecnici ragazzini,* p.205에서 재인용.

65 1979, Ibid., p.207에서 재인용.

66 Jervis, *Manuale critico,* p.137.

67 Ibid.

제20장 고리치아—제2의 에퀴페, 1969~1972년

1 마르치는 1969년 1월부터 1972년까지 고리치아에 있었다. 그는 두번째 에퀴페가 총사임하기 반년 전에 파볼로로 옮겨갔다가 아레초에서 피렐라와 합류했다.

2 Paolo Tranchina, 'I Fogli d'Informazione verso il quarantennale', latorreelarca.wordpress.com.

3 Ermellino Peressin, 'Rapporto da un ospedale psichiatrico. Esperienze a Gorizia sull'istituzione negata', *Iniziativa Isontina* 14: 3, 1972년 8-9월, p.55,.

4 Ibid., p.67.

5 Agostino Pirella, *Fogli d'Informazione* 4, 1973년 1월, p.36.

6 고리치아에서 발표된 사임 편지 세 편(집단 사임 두 편, 그리고 1972년 10월과 11월 바잘리아 개인의 사임)의 본문은 여러 곳에서 찾아볼 수 있으며, 나중에 *Crimini di pace. Ricerche sugli intellettuali e sui tecnici come addetti all'oppressione,* Milan : Baldini Castoldi Dalai, 2009 (Einaudi,

1975), pp.33 - 41에 수록됐다. 여기에는 바잘리아가 고리치아현 지사에게
보낸 편지도 포함되어 있다.

7 나중에 간호사 두 사람이 자신은 코르몬스 센터에 가서 일할 준비가 되어 있
었으나 현에서 마음을 바꾼 것이 분명하다고 확인해주었다.

8 Domenico Casagrande, 'Dichiarazione di dimissioni', *Fogli
d'informazione* 2, 1972년 11월, p.42.

9 *L'Unità*, 1972년 10월 20일자.

10 'Tutti a casa: medici e guariti allo "psichiatrico" di Gorizia', *Il Piccolo*,
1972년 10월 21일자.

11 'Lettera al presidente della amministrazione provinciale di gorizia',
Trieste, 1972년 11월 20일자, *Fogli d'Informazione* 3, 1972, pp.5 - 6.
(바잘리아 보냄.) 바잘리아는 고리치아를 에도아르도 발두치라는 개혁주
의 정신의학자에게 맡기고 싶어했다는 설이 있다. 발두치는 자신이 쓴 책
Edoardo Balduzzi, *L'albero della cuccagna. 1964–1978. Gli anni
della psichiatria italiana*, Edizioni Stella, Nicolodi Editore, 2006, p.47
에서 이를 확인해준다. Jervis, *Il buon rieducatore*, p.25도 참조.

12 'Lettera di congedo dall'ospedale', *Fogli d'Informazione* 3, 1972년 12
월, pp.7 - 9.

13 도메니코 카자그란데, 피에로 크로치, 니콜레타 골드슈미트, 브루노 노르초,
빈첸초 파스토레, 레나토 피초네, 파올로 세라, 에르네스토 벤투리니, 프랑코
바잘리아, 프랑카 바잘리아 옹가로, 조반니 제르비스, 레티치아 제르비스 콤
바, 비에리 마르치, 아고스티노 피렐라, 루초 스키타르, 안토니오 슬라비치.

14 'Lettera di congedo', pp.7 - 9.

15 *Fogli d'Informazione* 3, 1972년 12월, 속표지의 글.

16 골드슈미트는 아레초로, 파스토레는 트리에스테로 갔다가 나중에 리보르노
등 다른 곳으로 갔다. 카자그란데와 벤투리니는 곧장 트리에스테로 갔다. 비
에리 마르치는 사임 당시 이미 모데나현의 파불로에서 일하고 있었다. 브루
노 노르초는 1974년부터 트리에스테에 있었다.

17 *Il Territorio* 10, 1984, p.38.

18 A. Realdon, V. Cristoferi Realdon, R. De Stefano, B. Spazzapan, *Oltre *l'antipsichiatria. Dopo nove anni a Gorizia, riflessioni critiche da un ex ospedale psichiatrico*, Padua : Piccin Editore, 1981, pp.1 −34에 수록된 'L'esperienza. Nove anni a Gorizia (1972 − 1981)'.

19 Ibid., p.5.

20 Ibid., p.11.

21 Ibid., p.13.

22 "고리치아가 그런 걸 어쩌겠습니까. 그리고 당신도 잘 아는 여러 이유에서 제가 그곳으로 돌아갈 수 있을 것 같지 않습니다. 모든 게 너무 문제가 되어, 제가 거기 있어도 상황이 악화되기만 할 것 같습니다." 볼라티에게 보낸 편지, 1969년 1월 31일자, 에이나우디 기록보관소. 바잘리아 폴더, 34.

23 Jervis, *Il buon rieducatore*, p.22.

24 "바잘리아는 '바잘리아 없는 고리치아'가 있을 수 있다는 생각을 달가워하지 않았다." Ibid., p.26.

25 'Finiti i tempi degli "esperimenti" all'ospedale psichiatrico di Gorizia', *La Stampa*, 1973년 2월 19일자.

26 Ibid.

27 *La pratica della follia. Atti del 1 Convegno Nazionale di Psichiatria Democratica. Gorizia. 22–23 Giugno, 1974*, Critica delle istituzione, Centro internazionale studi e ricerche, Venezia, 1974에 수록된 의사록 참조. 이 학회는 고리치아에서 사회정신의학 활동단이 주최했다.

28 Ibid, pp.19, 22, 26.

제21장 아레초―고리치아의 사도들

1 Gianni Micheli, ed., *Utopia e realtà. Una memoria collettiva. Ricordi e testimonianze della memoria orale dell'ospedale neuropsichiatrico di Arezzo*, Florence : Edifir-Edizioni, 2009, p.43.

2 *Fogli di Informazione* 7, 1973년 5 −6월.

3 Micheli, *Utopia e realtà*, p.53.

4 Ibid., p.62.

5 Ibid., p.163.

6 Ibid., p.163.

7 피렐라의 선발대로 온 이 두 젊은 의사는 잔파올로 페스체와 잔 파올로 궬피였다.

8 Micheli, *Utopia e realtà*, p.166.

9 Ibid., p.169.

10 Ibid., p.363.

11 'Un luogo di oppressione e di morte', Ibid., p.14.

12 Micheli, *Utopia e realtà*, pp.13-22에 수록된 Agostino Pirella, 'L'esperienza di Arezzo'.

13 Ibid., p.14.

14 Micheli, *Utopia e realtà*, p.184.

15 파올로 세라와 니콜레타 골드슈미트는 1972년에 고리치아에서 곧장 아레초로 왔다. 비에리 마르치는 모데나현의 파불로에서 일하다가 아레초로 왔다. 파올로 트랑키나 역시 고리치아에서 일했던 사람이다.

16 Aldo Barnà, *Fogli d'informazione* 17, 1974, p.439에서 재인용.

17 Micheli, *Utopia e realtà*, p.242.

18 Ibid., p.364에 수록된 Aldo D'Arco.

19 Micheli, *Utopia e realtà*, p.183.

20 Ibid., p.183.

21 Ibid., p.43. 아레초의 아셈블레아에 대해서는 Attenasio, Gisella Filippi, Luciano Della Mea, *Parola di matti*에 발췌 수록된 의사록과 RAI의 〈크로나카〉 프로그램에서 제작한 세 편의 텔레비전 다큐멘터리 참조.

22 *Resoconto convegno Arezzo: Memoria e attualità*, 2009년 4월 7일자.

23 Micheli, *Utopia e realtà*, p.5.

24 Ibid., p.88에 수록된 Cesare Bondioli.

25 Agostino Pirella, *Il problema psichiatrico*, Centro di Documentazione Pistoia, 1999, p.96.

26 Amministrazione provinciale di Arezzo, ed., *I tetti rossi. Dal*

manicomio alla società, Milan : Mazzotta, 1978, p.89.

27 이런 집회의 분위기를 느껴보고 싶으면 다큐멘터리 *L'uomo ritorna*. *Rapporto sull'esperienza psichiatrica di Arezzo*, Giampaolo Guelfi, Franca Rinaldelli, Giacomo Cittadini, Amministrazione provinciale, Arezzo, 1972의 해당 부분 참조. 또 *Voci*(미켈리의 책과 구술 역사 작업의 자료로 수집된 인터뷰를 사용), Stefano Dei, 2009도 참조.

28 Micheli, *Utopia e realtà*, p.41.

29 Ibid., p.363.

30 Ibid., p.244.

31 Ibid., p.53.

32 Ibid., p.41에 수록된 Attenasio.

33 Micheli, *Utopia e realtà*, p.21에 수록된 Pirella.

34 Micheli, *Utopia e realtà*, p.16.

35 Ibid., p.42에 수록된 Attenasio.

36 Gianni Michele, *Utopia e realtà*, p.335.

37 Ibid., p.16.

38 *Voci. Il superamento dell'ospedale psichiatrico nell'esperienza aretina. Frammenti di storia*, Stefano Dei, 2009.

39 *Cronaca*, 1974 ; *Dietro l'alibi della follia*, 1976 (RAI) ; *Il fantasma del manicomio*, 1982. 또 *L'uomo ritorna*, Gian Paolo Guelfi, 1972도 참조.

40 Micheli, *Utopia e realtà*, p.33에 수록된 Bruno Astrologhi.

41 Micheli, *Utopia e realtà*, p.169에 수록된 Galastri.

42 RAI Cultura가 2010년 2월 24일자로 유튜브에 올린 *Cronaca* 의 'Il fantasma del manicomio' (Arezzo 1981). youtube.com/ watch?v=8h5LWPVKlOY.

43 Micheli, *Utopia e realtà*, p.169.

44 Ibid., p.177.

45 Ibid., p.79.

46 Ota De Leonardis, *Dopo il manicomio. L'esperienza psichiatrica di Arezzo*, Quaderni di documentazione del CNR (Consiglio Nazionale

delle Ricerche), no.7, Rome: Il Pensiero Scientifico, 1981.

47 Amministrazione provinciale di Arezzo, ed., *I tetti rossi*, p.267에 수록
된 'Una domanda ad Agostino Pirella sull'esperienza di Arezzo' (1975).

48 Christian De Vito, *I luoghi della psichiatria*, Florence: Edizioni
Polistampa, 2010, p.34.

49 CNR, Paolo Crepet, Loris Prosperi, *Ipotesi di pericolosità. Ricerca sulla
coazione nell'esperienza di superamento del manicomio di Arezzo*,
Rome: Il Pensiero Scientifico, 1982.

제22장 트리에스테 ─ 정신질환자 보호소의 종말, 1971~1979년

1 Ernesto Venturini, *Il giardino dei gelsi. Dieci anni di antispsichiatria
italiana*, Turin: Einaudi, 1979, p.217.

2 Luigi Onnis e Giuditta Lo Russo, *La ragione degli altri. La psichiatria
alternativa in Italia e nel mondo: storia, teoria e pratica*, Rome:
Savelli, 1979, p.277에 수록된 'Intervista a Franco Basaglia sulla
chiusura dell'ospedale psichiatrico di Trieste (1977)', *Panorama*, 1977
년 2월 1일자.

3 Valeria Babini, *Liberi tutti. Manicomi e psichiatri in Italia. Una storia
del novecento*, Bologna: Il Mulino, 2009, p.280.

4 Peppe Dell'Acqua, *Fuori come va? Famiglie e persone con
schizofrenia. Manuale per un uso ottimistico delle cure e dei servizi*,
Feltrinelli: Milan, 2013, p.293.

5 Giovanna Gallio, Maria Grazia Giannichedda, Ota de Leonardis, Diana
Mauri, *La libertà è terapeutica. L'esperienza psichiatrica di Trieste*,
Milan: Feltrinelli, 1983, p.260.

6 "저녁때 프랑코 로텔리가 나에게 전화를 했다. ……우리는 우리의 일이 어
떻게 바뀔지 자문해보았다. ……산조반니에는 '강제' 체제 때 수용된 환자
50여 명을 포함하여 아직도 500명 이상의 환자가 있었다. ……나는 그 일에

대해 당혹감을 표현하는 사람이 나 혼자가 아님을 깨달았다." Dell'Acqua,
Fuori come va?, pp.226 - 7; 또 pp.225 - 30 참조.

7 Venturini, *Il giardino dei gelsi*, p.211. 차네티의 관점에서 바라본 사
    건들의 추이는 *L'ospedale psichiatrico di San Giovanni. Storia e
    cambiamento 1908/2008*, Milan: Electa, 2008, pp.70 - 3에 수록된
    Parmegiani and Zanetti, *Basaglia. Una biografia*, 그리고 Zanetti, 'La
    provincia di Trieste e la riforma' 참조.

8 Nick Crossley, *Contesting Psychiatry: Social Movements in Mental
    Health*, London: Routledge, 2006, pp.3872, 3920. 또 이 책의 8장 전체
    참조.

9 13일이 지난 뒤 경찰은 점거자를 건물에서 모두 내보냈다. 바잘리아는 당
    시 이 사건으로부터 스스로 거리를 두었다. Peppe Dell'Acqua, *Non ho
    l'arma che uccide il leone. Trent'anni dopo torna la vera storia
    dei protagonisti del cambiamento nella Trieste di Basaglia e nel
    manicomio di San Giovanni*, Viterbo: Stampa Alternativa, 2008,
    pp.252 - 65 참조.

10 Venturini, *Il giardino dei gelsi*, p.214.

11 이 에소도(대이동)의 역사와 기억에 관해서는 Daniela Baratieri, Mark
    Edele and Giuseppe Finaldi, eds, *Totaliarian Dictatorship. New
    Histories*, London: Routledge, 2013, pp.232 - 50에 수록된 John Foot,
    'Memories of an Exodus: Istria, Fiume, Dalmatia, Trieste, Italy, 1943 -
    2010' 참조. 트리에스테의 분열된 기억에 관해서는 John Foot, *Fratture
    d'italia. Da Caporetto al G8 di Genova. La memoria divisa del paese*,
    Milan: Rizzoli, pp.119 - 60 참조.

12 Gallio et al., *La libertà è terapeutica*, pp.76 - 9에 수록된 Giovanna
    Gallio, 'Sugli assetti politico-professionali dell'assistenza'. 또
    Dell'Acqua, *Non ho l'arma*, pp.18 - 22에 수록된 'La storia esemplare di
    Giovanni Doz' 참조.

13 Nick Crossley, 'Working Utopias and Social Movements', *Sociology*
    33: 4, 1999, p.817.

14 'Padre e madre massacrati da un folle a coltellate', *Il Piccolo*, 1972년 6
월 11일자.

15 Dell'Acqua, *Non ho l'arma*, p.130.

16 'Angoscia dopo l'atroce delitto', *Il Piccolo*, 1972년 6월 12일자.

17 이것은 작은 첸트로 디 이지에네 멘탈레(정신위생 센터)로, 1968년 개혁의 규
정에 따라 설치된 것이었다. 완전한 형태를 갖춘 첸트로 페르 라 살루테 멘탈레
(정신보건 센터)는 1975년에 무자에서 문을 열었다.

18 'Basaglia a giudizio per omicidio colposo', *La Stampa*, 1975년 3월 9일
자.

19 'Il professor Franco Basaglia difende l'ospedale aperta', *La Stampa*,
1975년 11월 25일자.

20 Venturini, *Il giardino dei gelsi*, p.214.

21 Ibid.

22 1994년에 파올로의 아버지 또한 자살했다.

23 Lorenzo Toresini, ed., *La testa tagliata. Figlicidio e leucotomia. Un
processo storico a due psichiatri riformatori*, Merano: Verlag Edizioni,
2001.

24 다만 1972년에는 주간 전체 집회가 있었던 것으로 보인다. *L'ospedale
psichiatrico di San Giovanni*, p.54에 수록된 Giovanna Gallio, 'La
distruzione dell'ospedale psichiatrico. Una cronologia: 1971 – 1981'.

25 SPK에 관한 설명은 사회주의환자집단이 하이델베르크대학교에서 내놓은
SPK. Turn Illness into a Weapon for Agitation (Heidelberg: KRRIM,
1993) 참조.

26 Venturini, *Il giardino dei gelsi*, p.212.

27 Gary Genosko, ed., *The Guattari Reader*, Oxford: Blackwell, 1996,
p.42.

28 Ugo Guarino, *Zitti e buoni. Tecniche di controllo*, Milan: Feltrinelli,
1979, ecn.org와 porto.trieste.it에 있는 과리노의 작품 사진 참조. 또 잡지
『847』지(그 시점에 병원 안에 있던 환자 수로 지은 제호)도 참조.

29 *Il volo* (Silvano Agosti, 1975). 또 cinemaepsicoanalisi.com에서 Claudio

Ernè, *Basaglia a Trieste*에 수록된 사진 참조.

30 Michael Donnelly, *The Politics of Mental Health in Italy*, London: Tavistock, 1992, p.67.

31 마르코 카발로 행사와 그 역사는 Giuliano Scabia, *Marco Cavallo. Un'esperienza di animazione in un ospedale psichiatrico*, Turin: Einaudi, 1976 참조.

32 Donnelly, *The Politics of Mental Health in Italy*, p.67.

33 Scabia, *Marco Cavallo*, p.188. 또 Dell'acqua, *Non ho l'arma*, p.152 참조.

34 Dell'Acqua, *Non ho l'arma*, pp.154-6 (그리고 마르코 카발로 행사 전체와 이 말의 역사에 대해서는 pp.147-65 참조).

35 *Morire di classe*, Turin: Einaudi, 1969, p.6에 수록된 프랑코 바잘리아와 프랑카 옹가로의 머리말; 또 Franco Basaglia, *Scritti. II. 1968-1980*, ed. Franca Ongaro Basaglia, Turin: Einaudi, 1982, p.78에도 수록된 같은 글 (강조는 없음) 참조.

36 다자이(大寨)는 모범적 집단농장을 말하는데, 서양에서는 마오쩌둥 시대 중국과 연관되어 신화적인 성격을 띠게 되었다. Venturini, *Il giardino dei gelsi*, p.212. 예를 들면 제르비스는 Luigi Onnis and Giuditta Lo Russo, eds, *Dove va la psichiatria? Pareri a confronto su salute mentale e manicomi in Italia dopo la nuova legge*, Milan: Feltrinelli, 1980, pp.92, 94에서 '비행기'와 마르코 카발로 같은 착상에 대해 가차없이 비판했다.

37 Donnelly, *The Politics of Mental Health in Italy*, p.67 참조.

38 David Forgacs, *Italy's Margins*, p.221.

39 Dell'Acqua, *Non ho l'arma*, p.152.

40 Scheper-Hughes and Lovell, eds, *Psychiatry Inside Out*, p.30에 수록된 'The Utopia of Reality: Franco Basaglia and the Practice of Democratic Psychiatry'. 마르코 카발로를 이런 식으로 활용하는 일은 지금도 계속되고 있다. 예컨대 teatrovalleoccupato.it에서 마르코 카발로에 관한 동영상 참조.

41 Giuliano Scabia ed., *La luce di dentro. Viva Franco Basaglia. Da*

Marco Cavallo all'Accademia di Follia, Corazzino: Titivillus Mostre Editoria, 2010.

42 Garcia, *From Basaglia to Brazil*, p.23에 수록된 Stefano Graziani, 'A story told backwards. At some point I noticed that Basaglia always wore a tie'.

43 그렇지만 이 라디오 방송국은 최근 재정난에 부딪쳤다.

44 원래는 센터가 더 많았지만(가장 많았을 때는 일곱 군데) 인구 감소 등의 요인 때문에 일부가 문을 닫았다.

45 바잘리아에 대한 이런 비판은 1970년대의 극좌파에서 유행했으나, 근년 들어 잘 보이지 않게 되었다.

46 Roy Porter, *Madness. A Brief History*, p.210.

47 'Guarino, via i murales dell'era basagliana', ilpiccolo.gelocal.it.

48 레로스는 완전히 폐쇄되지는 않았으며, 최근 보도를 보면 그곳에는 지금도 400명의 환자가 있고 병원이 심각한 자원난을 (심지어 식품난까지도) 겪고 있는 것으로 보인다. Patrick Cockburn, 'Starved of Funds, Now Starved of Food. Pain Bites at Greek Hospital', 2012년 6월 14일자, independent.co.uk.

49 내부자의 눈으로 들려주는 또다른 이야기는 Mario Colucci, ed., *Follia e paradosso. Seminari sul pensiero di Franco Basaglia*, Trieste: Edizioni E., 1995, pp.151-5에 수록된 Giuseppe Dell'Acqua, 'Gli anni di Basaglia' 참조.

50 Garcia, *From Basaglia to Brazil*, p.139에 수록된 Dora Garcia, 'An Interview with Franco Rotelli and a Footnote by Antonio Artaud, Trieste, May 2010'.

51 Graziani, 'A story told backwards', p.25에서 재인용.

52 Venturini, *Il giardino dei gelsi*, p.212.

53 John Foot, *Italy's Divided Memory*, 2010, pp.50-2와 *Fratture d'Italia*, pp.119-60 참조.

54 Garcia, 'An Interview with Franco Rotelli', pp.144-5.

55 Ibid., p.139.

56   Foot, *Fratture d'Italia*, p.372. 또 Peter Braunstein, 'Possessive Memory and the Sixties Generation', *Culturefront*, 1997년 여름, pp.66 – 9 참조.

57   Barbara Armani, 'Italia anni settanta. Movimenti, violenza politica e lotta armata tra memoria e rappresentazione storiografica', *Storica* 32, 2005, pp.43 – 5.

58   Graziani, 'A story told backwards', p.26.

59   Gallio et al., *La libertà è terapeutica*, pp.18 – 19에 수록된 Giovanna Gallio, 'Fasi della de-istituzionalizzazione'.

60   Gallio et al., *La libertà è terapeutica*, p.11에 수록된 'Prefazione'.

제23장 180호 법 — 역사, 신화, 그리고 실제

1   Tom Burns, *Our Necessary Shadow. The Nature and Meaning of Psychiatry*, London: Allen Lane, 2013, p.182.

2   Pietro Greco, 'Cominciò come uno scandalo, e divenne una riforma', *L'Unità*, 2003년 5월 12일자에서 재인용. 원래의 인터뷰는 Franco Gilberto, 'Che dice Basaglia', *La Stampa*, 1978년 5월 12일자에 수록되었다.

3   'Storia di una donna che esce dal manicomio', *La Stampa*, 1978년 9월 19일자.

4   1978년 5월 13일자. 이 법은 1978년 5월 16일자『관보』제133호에 실렸다.

5   미셸 르그랑은 오르시니가 콰르토의 정신질환자 보호소 소장을 맡은 적이 있다고 주장한다. *La psychiatrie alternative italienne*, p.308. 그리고 Antonio Slavich, *All'ombra dei ciliegi giapponesi*, 출간되지 않은 원고, p.2에 따르면 오르시니는 고리치아를 방문한 적이 있었다.

6   일부 사람들은 이 법의 조문이 프시키아트리아 데모크라티카보다는 당시 AMOPI의 입장을 더 반영했다고 주장한다. Davide Lasagno, *Oltre l'Istituzione. Crisi e riforma dell'assistenza psichiatrica a Torino e in Italia*, Milan: Ledizioni, 2012, p.152 참조.

7 Ibid., pp.146 - 55 참조.

8 Archivio ALMM에 포함된 Franco Basaglia and Agostino Pirella, *Comunicato*, 날짜 미상. Lasagno, *Oltre la istituzione*, p.149에서 재인용. 오르시니의 사후에 전해진 이야기에서는 이 보건 법률의 주요부인 정신의학 부분이 이미 1978년 1월에 의회의 승인을 얻었다고 하지만 라자뇨는 이것이 잘못된 것이라고 주장한다. Ibid., p.150.

9 이 법률의 토론에 관여한 의회 내 단체들에게 이 점을 비롯한 여러 가지 지적 이 전달되었다. 'Psichiatria democratica : "Questa legge del governo va modificato"', *L'Unità*, 1978년 4월 14일자 참조.

10 'Basaglia contro il referendum', *Il Giorno*, 1977년 12월 19일자.

11 Bruno Orsini, 'Vent'anni dopo', psychiatryonline.it.

12 위원회의 한 위원이 토비노에게 편지를 보내, 이 법의 한 조항(이미 정신병원 의 환자인 사람들이 그곳에서 회복하도록 허용하는 조항)의 내용이 그가 『라 나치오네』지에 쓴 글 덕분에 바뀌었음을 알렸다. Mario Tobino, *Gli ultimi giorni di Magliano*, ed. Primo De Vecchis and Monica Marchi, Milan : Mondadori, 2009, p.12, n.32에 수록된 Primo De Vecchis, 'Nota storica. Tobino, Basaglia e la legge 180. Storia d'una polemica'에서 재인용. 토 비노에게 편지를 보낸 위원은 마리아 엘레타 마르티니(기독민주당)로, 루카 출신이었다.

13 브루노 오르시니의 관점에서 본 이야기는 Orsini, 'Vent'anni dopo' 참조.

14 이런 논의에서 당시 공산당이 취한 입장에 대해서는 Sergio Scarpa, 'Facciamo il punto sulla legge per la psichiatria', *L'Unità*, 1978년 4월 27일자, 그리고 (피렐라, 바잘리아를 비롯한 사람들의 비판에 직접 답하며 쓴) Vanda Milano, 'Psichiatria e riforma : perche non si può parlare di "fermo sanitario"', *L'Unità*, 1977년12월 22일자 참조.

15 David Forgacs, *Italy's Margins*, p.256.

16 Claudio Pogliano and Francesco Cassata, eds, *Scienze e cultura dell'Italia unita*, Turin : Einaudi, 2011, p.650에 수록된 Valeria Babini, 'Curare la mente. Dall'universo manicomiale al "paese di Basaglia"'.

17 Francesca Cassata and Massimo Moraglio, eds, *Manicomio, Società e*

Politica, Pisa: Biblioteca Franco Serantini, 2005, pp.126 −9에 수록된 Agostino Pirella, 'Poteri e leggi psichiatriche in Italia (1968 −1978)'.

18 12a Commissione (Igiene e sanità) [Senate], 18° Resoconto Stenografico seduta di 10 Maggio 1978, Presidenza del Presidente Ossicini, Dario Cravero (relatore). 또 legislature.camera.it에서 1978년 4월 28일자 및 1978년 5월 2일자의 기록과 토론 녹취록 참조.

19 Giovanni Giudice, 무소속 좌파, 상원 위원회, 1978년 5월 10일자.

20 Saverio Luzzi, *Società e sanità nell'Italia repubblicana*, Rome: Donzelli, 2004, p.336에서 재인용.

21 Francesco Bullo, 'Il medico poliziotto', *La Stampa*, 1978년 2월 9일자.

22 Franco Basaglia, *Scritti. II. 1968–1980*, ed. Franca Ongaro Basaglia, Turin: Einaudi, 1982, p.479.

23 이렇게 바뀐 부분에 대한 논의는 Pirella, 'Poteri e leggi psichiatriche in Italia', p.126 −7 참조.

24 Ferruccio Giacanelli, 'Memorie ancora utili', *Fogli d'informazione* 5 −6, 2008년 6월 1일자, psychiatryonline.it.

25 예컨대 'Psichiatria democratica è in crisi?', *L'Unità*, 1978년 1월 10일자 참조.

26 'Basaglia. Importante è applicare la legge', *L'Unità*, 1979년 8월 21일자. 또 'Psichiatria. Buona la legge, difficile la sua applicazione', *L'Unità*, 1978년 6월 24일자도 참조.

27 예컨대 Franco Stefanoni, *Manicomio Italia. Inchiesta su follia e psichiatria*, Rome: Riuniti, 1998 참조.

28 De Vecchis, 'Nota storica', p.13, n.35 (1979년 7월 3일자).

29 'Tobino contro Basaglia. Si riaccende la polemica sulla follia', *La Stampa, Tuttolibri*, 1982년 1월 9일자 참조.

30 이 법에 대한 제르비스의 비판에 대해서는 Luigi Onnis and Giuditta Lo Russo, eds, *Dove va la psichiatria? Pareri a confronto su salute mentale e manicomi in Italia dopo la nuova legge*, Milan: Feltrinelli, 1980, pp.90 −6, 그리고 Corbellini and Jervis, *La razionalità negata*, pp.136 - 70 참조.

31 Basaglia, *Scritti. II*, pp.473 - 85에 수록된 'Conversazione : A proposito della nuova legge 180'.

32 Franco Basaglia, *Paese Sera*, 1978년 5월 4일자.

33 Gianluigi Ambrosini, 'Giudice e medico, a chi la responsabilità?', *La Stampa*, 1977년 12월 27일자에서 재인용.

34 Pirella, 'Poteri e leggi psichiatriche in Italia', p.128.

35 Seminario. Istituzioni psichiatriche. Liviano. Sala dei giganti, 'Franco Basaglia, Antipsichiatria' (1971년 4월 22일, ed. Collettivo della Facoltà Umanistiche), 바잘리아 기록보관소.

제24장 맺음말

1 Antonio Slavich, *La scopa meravigliante. Preparativi per la legge 180 a Ferrara e dintorni 1971–1978*, Rome : Riuniti, 2003, p.176.

2 Angelo Del Boca, *Manicomi come lager*, Turin : Edizioni dell'albero, 1966, p.13에서 재인용.

3 Libero Bestighi et al., eds, *Specialista in relazioni umane. L'esperienza professionale di Edelweiss Cotti*, Bologna : Pendragon, 2001, p.15에 수록된 Ferruccio Giacanelli, 'Edelweiss Cotti negli anni di crisi della psichiatria istituzionale'.

4 Alberto Manacorda and Vincenzo Montella, *La nuova psichiatria in Italia. Esperienze e prospettive*, Milan : Feltrinelli, 1977, p.48.

5 Ugo Cerletti, 'La fossa dei serpenti', *Il Ponte* 5 : 11, 1949, pp.1373, 1376.

6 Franca Ongaro Basglia, *Manicomio perche?*, Milan : Emme Edizioni, 1982, p.25.

7 Luigi Onnis and Giuditta Lo Russo, eds, *Dove va la psichiatria? Pareri a confronto su salute mentale e manicomi in Italia dopo la nuova* legge, Milan: Feltrinelli, 1980, p.75.

8   *Bibliografia di storia della psichiatria italiana, 1991–2010*, Florence:
     Firenze University Press, 2010, p.32에 수록된 Matteo Fiorani, 'La storia
     della psichiatria italiana negli ultimi vent'anni'.

9   Carlo Brutti and Francesco Scotti, *Psichiatria e democrazia. Metodi
     e obiettivi di una politica psichiatrica alternative*, Bari: De Donato,
     1976, p.36.

10   Patrizia Guarnieri, 'Per una storia della psichiatria anti-instituzionale.
     L'esperienza del rinnovamento psichiatrico in Umbria, 1965 – 1995',
     *Annali di neurologia e psichiatria e annali ospedale psichiatrico di
     Perugia* 92: 2, 1998년 4 – 6월, p.8.

11   David Forgacs, *Italy's Margins*, p.255.

12   Ernesto Venturini, *Il giardino dei gelsi*, p.222.

13   *La ragione degli altri*, p.259에 수록된 Giovanni Jervis, 'L'esperienza di
     Reggio Emilia'.

주요 용어와 고유명사

—

가리발디, 주제페 Giuseppe Garibaldi(1807~1882). 이탈리아의 혁명가, 군인, 정치가.

가스파리, 피오라 Fiora Gaspari.

가에타노 T. Gaetano T. 고리치아의 정신질환자 보호소에 있었던 환자.

『가족의 정치학』 The Politics of the Family(1971). 로널드 랭이 쓴 책.

『가족의 죽음』 The Death of the Family(1971). 데이비드 쿠퍼가 쓴 책.

『가책의 땅』 La terra del rimorso(1961). 에르네스토 데 마르티노 등이 쓴 책.

가타리, 펠릭스 Félix Guattari(1930~1992). 프랑스의 철학자.

가트네이블 병원 Gartnavel Hospital. 영국 스코틀랜드의 글래스고에 있는 병원.

간딘, 미켈레 Michele Gandin(1914~1994). 이탈리아의 다큐멘터리 제작자.

갈라스트리, 이탈로 Italo Galastri. 이탈리아의 사회당 소속 정치가.

갈리, 피에르 프란체스코 Pier Francesco Galli(1931~). 이탈리아의 정신분석학자.

『강간 재판』 Processo per stupro. 로레다나 로톤도 감독의 다큐멘터리 영화(1979), 마리아 그라치아 벨몬티 등이 쓴 책(1980). 둘 모두 이탈리아에서 있었던 어느 강간 재판 이야기를 다루었다.

개혁주의 reformism. 이탈리아의 반공공시설 및 반제도 운동에서는 '개혁'과 '혁명'을 구분했다. 개혁은 현재의 체제를 인정하고 그 안에서 움직이는 반면, 혁명은 현재의 체제를 인정하지 않고 송두리째 뒤엎으려 한다는 것이다. 따라서 개혁주의는 혁명을 부르짖는 쪽에서 볼 때 체제 순응주의와 거의 같다. 예컨대 완전 통제시설을 '관리'한다는 것은 즉 그 시설을 기정사실로 두고 있다는 뜻이고 따라서 체제 순응주의에 해당된다. 이 관점에서 보면 고리치아는 개혁에 해당되고 트리에스테는 혁명에 해당된다.

거대한 전환 great transformation. 칼 폴라니가 쓴 책『거대한 전환(*The Great Transformation*)』(1944)에서 따온 말. 한국어판은 홍기빈 옮김, 길(2009).

격리병동 체제 pavilion system. 병원에서 한 구역의 질병이 다른 구역으로 전파되는 것을 막기 위해 병동을 독립구조로 갖추는 형식.

『경험의 정치학』 *The Politics of Experience*(1967). R. D. 랭이 쓴 책.

『계급 때문에 죽는다』 *Morire di classe*(1969). 프랑코 바잘리아와 프랑카 옹가로 바잘리아가 엮은 사진집.

고리치아 Gorizia. 이탈리아 프리울리베네치아줄리아주에 있는 현, 그 현의 현도(縣都). 이탈리아 북동부 알프스 산맥 기슭에 있으며, 슬로베니아와의 접경지이다.

고프먼, 어빙 Erving Goffman(1922~1982). 캐나다 태생의 미국 사회학자, 작가.

골드슈미트, 니콜레타 Nicoletta Goldschmidt. 이탈리아의 신경병리학자, 정신의학자. 2기 고리치아 에퀴페의 일원.

곰브리치, 에른스트 Ernst Gombrich(1909~2001). 오스트리아 태생의 영국인 미술사학자.

'공공시설을 관통하는 대장정' Marsch durch die Institutionen. 루디 두치케가 만든 구호.

과리노, 우고 Ugo Guarino(1927~2016). 이탈리아의 화가, 조각가.

『관보』 *Gazzetta Ufficiale*.

『광기에 관한 짧은 역사』 *Madness. A Brief History*(2002). 로이 포터가 쓴 책.

『광기의 역사』 *Histoire de la folie* à *l'age classique*(1961). 미셸 푸코가 쓴 책. 한국어판은 이규현 옮김, 나남출판사(2003).

구경거리의 사회 society of the spectacle. 기 드보르(Guy Debord, 1931~1994)가 쓴 책 *La société du spectacle*(1967)에서 가져온 말. 이 책의 한국어판은『스펙타클의 사회』, 유재홍 옮김, 울력(2014).

궬피, 잔 파올로 Gian Paolo Guelfi(1942~). 이탈리아의 정신의학자.

그람시, 안토니오 Antonio Gramsci(1891~1937). 이탈리아의 마르크스주의 이론가, 정치가.

글라디오 Gladio. 북대서양 조약기구(NATO)가 냉전시대에 이탈리아에 만든 비밀 반공조직.

급진적 정신의학 radical psychiatry.

긴즈버그, 앨런 Allen Ginsberg(1926~1997). 미국의 시인. 비트 세대의 지도
적 인물.

『깐깐한 사람』 *Un rompiscatole*(2007). 일바노 라지멜리가 쓴 책.

『나무로 만들어지지 않았다』 *Not Made of Wood*(1971). 얀 파우드라이너가 쓴
책. 원제는 *Wie is van hout*.

『나에게는 사자를 죽일 무기가 없다』 *Non ho l'arma che uccide il
leone*(2007). 페페 델라콰가 쓴 책.

낮병원 day hospital. 정신질환이 있거나 재활치료가 필요한 환자가 낮에 가서
진료를 받는 곳으로, 밤 동안에는 자신의 집이나 숙소에서 지낸다.

『내부 구역』 *Zone of the Interior*(1976). 클랜시 시걸이 쓴 책.

네리 Neri. 페루자의 정신질환자 보호소.

노노, 루이지 Luigi Nono(1924~1990). 이탈리아의 작곡가.

노노, 리나 Rina Nono. 루이지 노노의 누이.

노동자주의 workerism. 노동자계급의 중요성을 강조하며 찬양하는 정치 이론.
이탈리아의 좌파 정책에서 중요한 위치를 차지했다.

노르초, 브루노 Bruno Norcio(1945~2017). 이탈리아의 신경병학자. 2기 고리
치아 에퀴페의 일원.

노체라인페리오레 Nocera Inferiore. 이탈리아 캄파니아주 살레르노현에 있는
코무네.

녹스, 딜윈 Dilwyn Knox.

놀이방 Rumpus Room. 로널드 랭이 조현병 환자들을 위해 스코틀랜드의 정신
병원에서 실험적으로 만든 방(1954~1955).

뇌전두엽 절제술 lobotomy.

누오보 폴리테크니코 Nuovo Politecnico. 에이나우디 출판사에서 펴낸 시리즈명.

다니엘리 Danieli. 고리치아의 정신질환자 보호소에 있었던 환자.

다자이 Tachai. 大寨. 중국의 대표적인 집단농장. 1964년에 중국에는 "공업은
다칭에서 배우고, 농업은 다자이에서 배우자(工業學大慶, 農業學大寨)"라는
구호가 있었다.

『대지의 저주받은 사람들』 *Les Damnés de la Terre*(1961). 프란츠 파농이 쓴 책. 한국어판은 남경태 옮김, 그린비(2004).

대항문화 counter-culture. 반문화라고도 한다. 사회의 주류 문화와는 본질적으로 다른 가치관과 기준을 지니는 문화로, 주류 문화에 반대하는 경우가 많다.

데 마르티노, 에르네스토 Ernesto De Martino(1908~1965). 이탈리아의 철학자, 인류학자, 종교사학자.

데 미켈리니, 에도아르도 Edoardo De Michelini. 이탈리아의 정신의학자. 조르다노 사바린 사건으로 유죄 판결을 받았다가 항소 법정에서 무죄 판결을 받았다.

데베타그, 체자레 Cesare Devetag(1917~2006). 이탈리아의 사회민주당 소속으로서 고리치아현에서 활동한 정치가. 화가로도 명성이 높았다.

데 비도비치, 렌초 Renzo de' Vidovich(1934~). 이탈리아의 이탈리아사회운동 소속 정치가, 역사학자, 저널리스트.

데 상티스 De Sanctis. 레조넬에밀리아에 있는 산타마르게리타 정신병원의 한 병동.

덴티체, 파브리치오 Fabrizio Dentice. 이탈리아의 저널리스트.

델라 메아, 루차노 Luciano Della Mea(1924~2003). 이탈리아의 활동가, 파르티잔, 작가, 출판업자.

델라콰, 페페 Peppe dell'Acqua(1947~). 이탈리아의 정신의학자.

델 보카, 안젤로 Angelo Del Boca(1925~). 이탈리아의 역사학자, 공산주의 작가.

도돌리, 루차노 Luciano Doddoli(1928~2005). 이탈리아의 저널리스트, 저술가.

도랄리체 C. Doralice C. 고리치아의 정신질환자 보호소에 있었던 환자.

돈데로, 마리오 Mario Dondero(1928~2015). 이탈리아의 사진작가, 사진기자.

돈조반니, 프랑코 Franco Dongiovanni. 페테아노 폭탄 사건(1972)의 희생자.

두치케, 루디 Rudi Dutschke(1940~1979). 1960년대 독일 학생운동의 가장 유명한 대변인.

『뒤엎기의 실제―어느 치료 공동체의 보고서』 *Practical Overturnings: Report from a Therapeutic Community*. 바잘리아가 구상했던 책의 가제.

드레이퍼, 핼 Hal Draper(1914~1990). 미국의 사회주의 활동가, 저자.

드파르동, 레몽 Raymond Depardon(1942~). 프랑스의 사진작가, 저널리스트, 다큐멘터리 영화감독.

디키, 존 John Dickie(1963~). 영국의 역사학자.

딩글턴 Dingleton. 영국 스코틀랜드에 있었던 정신병원.

『라 가제타 디 파르마』 *La Gazzetta di Parma*. 이탈리아 파르마에서 발행되는 일간지.

『라 나치오네』 *La Nazione*. 이탈리아에서 가장 오래된 지역신문의 하나(1859년 창립). 피렌체에서 발행된다.

라들렛 Radlett. 영국 하트퍼드셔주에 있는 마을.

라디오 프라골라 Radio Fragola. 트리에스테의 구 정신질환자 보호소에서 방송하는 라디오 방송국(1984년 개국).

라미제토 코무네 Comune di Ramiseto. 이탈리아 북부 에밀리아로마냐주 레조넬에밀리아현에 있는 코무네.

라벤나 계획 Ravenna plans. 바잘리아가 추진하던 계획.

『라 스탐파』 *La Stampa*. 이탈리아 토리노에서 발행되는 일간지.

라운드하우스 Roundhouse. 영국 런던의 공연장.

라제르 lager. '집단수용소'라는 뜻의 이탈리아어.

라지멜리, 일바노 Ilvano Rasimelli(1924~2015). 이탈리아의 정치가.

라치오주 Lazio. 이탈리아 반도 중서부에 있는 주. 주도는 로마이다.

랭, 로널드 데이비드 Ronald David Laing(1927~1989). 스코틀랜드의 정신의학자. 필라델피아 협회의 창립 회원.

럼리, 로버트 Robert Lumley(1951~). 영국의 문화사학자.

레들러, 리언 Leon Redler(1936~). 미국의 정신의학자.

레들리크, 프레더릭 Frederick Redlich(1910~2004). 독일 태생의 미국 정신의학자.

레디풀리아 Redipuglia. 고리치아현에 있는 제1차세계대전 전사자 묘지.

레로스 Leros. 그리스의 지명(섬).

레 마스케레 le maschere. 종이를 사용하는 도모지(塗貌紙)와 비슷하게, 물에 젖은 헝겊을 얼굴에 덮어 질식시키는 고문.

레비, 프리모 Primo Levi(1919~1987). 유대계 이탈리아인 화학자, 작가. 아우슈비츠 생존자.

레비스 술람, 시몬 Simon Levis Sullam(1974~). 이탈리아의 역사학자.

『레스프레소』 *L'Espresso*. 이탈리아의 유명 주간지. 1955년 로마에서 창간.

레오네, 조반니 Giovanni Leone(1908~2001). 이탈리아 정치가.

『레우로페오』 *L'Europeo*. 이탈리아에서 발행되었던 유명 시사주간지.

레쟈우 Réseau. 정신의학자 단체. Réseau di alternativa alla psichiatria.

『레조 15』 *Reggio 15*. 레조넬에밀리아현의 공산당이 주축이 되어 만든 정기간
   행물. 1966년에 창간되어 1970년에 폐간되었다.

레조넬에밀리아 Reggio nell'Emilia. 이탈리아 북부 에밀리아로마냐주에 있는
   현, 그 현의 현도.

레파치, 레오니다 Leonida Rèpaci(1898~1985). 이탈리아의 작가, 정치 활동
   가. 비아레조 문학상의 창설 위원.

로뇨니, 카를로 Carlo Rognoni(1942~). 이탈리아의 저널리스트, 정치가.

로마노, 루지에로 Ruggiero Romano(1923~2002). 이탈리아의 역사학자.

로세르반차 L'Osservanza. 이몰라 현립 정신질환자 보호소의 이름.

로카트 제르비스, 루칠라 Lucilla Rochat Jervis. 조반니 제르비스의 어머니.

로텔리, 프랑코 Franco Rotelli(1942~). 이탈리아의 정신의학자.

로톤도, 로레다나 Loredana Rotondo. RAI에서 방송된 다큐멘터리 영화 〈강간
   재판〉의 감독.

『루니타』 *L'Unità*. 이탈리아공산당의 기관지로 설립된 이탈리아의 좌익 신문.

루비니, 루초 Lucio Rubini. 프랑코 바잘리아의 사촌. 파르티잔.

루치, 프란체스코 Francesco Luzi 또는 Luzzi.

루카 Lucca. 이탈리아 토스카나주에 있는 현, 그 현의 현도.

루카니아 Lucania. 이탈리아 남부의 지역 이름.

루카스, 울리아노 Uliano Lucas(1942~). 이탈리아의 사진작가, 사진기자.

르그랑, 미셸 Michel Legrand(1945~2006). 벨기에의 심리사회학자, 임상 정
   신의학자.

『리나시타』 *Rinascita*. 이탈리아공산당에서 발행하는 월간지.

리도 Lido. 베네치아의 섬(모래톱).

리보르노 Livorno. 이탈리아 토스카나주의 현, 그 현의 현도.

리샤노니코네 Lisciano Niccone. 이탈리아 움브리아주 페루자현의 코무네.

리소, 미켈레 Michele Risso(1927~1981). 이탈리아의 정신의학자, 정신분석학자.

리예카 Rijeka. 크로아티아 서북부의 도시.

리촐리 Rizzoli. 이탈리아의 출판사.

마누알리, 카를로 Carlo Manuali(1931~1993). 페루자의 정신질환자 보호소에
서 일한 정신의학자.

마니코미오 manicomio. '미친 사람을 치료하는 곳', 즉 '정신병원'이라는 뜻의
이탈리아어로서 그리스어에서 온 낱말. 중립적인 낱말이기는 하지만 구어체
에서는 비하하는 느낌으로도 쓰인다.

마르게리타 Margherita. 고리치아의 정신질환자 보호소에 있었던 환자.

마르치, 비에리 Vieri Marzi. 2기 고리치아 에퀴페의 일원.

마르케지니, 루이지 Luigi Marchesini. 이탈리아의 기독민주당 소속 정치가.

마르코 카발로 Marco Cavallo. 트리에스테 정신질환자 보호소 환자들의 해방
을 상징하는 파란색 말 조각물의 이름.

마르쿠제, 헤르베르트 Herbert Marcuse(1898~1979). 독일 태생의 미국인 사
회학자, 철학자, 정치이론가.

마르크스, 카를 Karl Marx(1818~1883). 독일의 사회학자, 경제학자, 정치이론가.

마르티니, 마리아 엘레타 Maria Eletta Martini(1922~2011). 이탈리아의 기독
민주당 소속 정치가.

『마리오 톰마지니의 삶과 업적―어울리지 않았던 정말 유별난 관료. 본인이 들려
주는 이야기』 Vita e carriera di Mario Tommasini, burocrate proprio
scomodo narrate da lui medesimo(1991). 프랑카 옹가로가 쓴 책.

마리오티, 루이지 Luigi Mariotti(1912~2004). 이탈리아의 사회당 소속 정치가.
보건부 장관직을 두 번 맡았다.

마오쩌둥주의 Maoism.

마윅, 아서 Arthur Marwick(1936~2002). 영국의 역사학자.

마자노 Maggiano. 이탈리아 토스카나주 루카의 한 지역.

마카카로, 줄리오 알프레도 Giulio Alfredo Maccacaro(1924~1977). 이탈리
아의 의사, 생물학자.

마테르도미니 Materdomini. 이탈리아 캄파니아주 살레르노현에 있는 코무네.
정식 명칭은 노체라수페리오레(Nocera Superiore)이다.

마팔다 Mafalda Maria Elisabetta Anna Romana(1902~1944). 이탈리아 왕국
　　사보이(Savoia) 왕조의 공주.

만토바 Mantua (Mantova). 이탈리아 북부 롬바르디아주 동부에 있는 현, 그
　　현의 현도.

『말리아노의 마지막 나날』 Gli ultimi giorni di Magliano(1982). 마리오 토비
　　노가 쓴 책.

매펄리 병원 Mapperley Hospital. 영국 노팅엄에 있었던 병원.

맥도널드 벨, 조지 George Macdonald Bell. 영국의 의사. 딩글턴의 정신질환
　　자 보호소에 개방 정책을 도입했다.

맹코스키, 외젠 Eugène Minkowski(1885~1972). 폴란드 태생의 프랑스 정신
　　의학자.

메를로퐁티, 모리스 Maurice Merleau-Ponty(1908~1961). 프랑스의 철학자.

메스트레 Mestre. 베네치아의 중심부.

멘타스티, 네네 Nenè Mentasti.

모나키니, 이탈로 Italo Monacchini. 이탈리아의 정치가.

모데나 Modena. 이탈리아 북부 에밀리아로마냐주에 있는 현, 그 현의 현도.

모로, 알도 Aldo Moro(1916~1978). 이탈리아의 기독민주당 소속 정치가.

〈목소리〉 Voci(2009). 스테파노 데이가 감독한 다큐멘터리 영화.

몬타넬리, 인드로 Indro Montanelli(1909~2001). 이탈리아의 기자, 역사학자.

몬테소리, 마리아 Maria Montessori(1870~1952). 이탈리아의 의사, 교육학자.

몬테키오 Montecchio. 이탈리아의 움브리아주 테르니현에 있는 코무네.

무솔리니, 베니토 Benito Mussolini(1883~1945). 이탈리아의 정치가. 파시즘
　　을 주도했다.

무자 Muggia. 트리에스테의 한 지역.

무젤만 Muselmann. 『이것이 사람인가』(프리모 레비 지음)의 등장인물.

문화사정관 assessore alla cultura.

뮈르달, 얀 Jan Myrdal(1927~). 스웨덴 좌파 정치평론가, 칼럼니스트.

미나르디, 펠리체 Felice Minardi. 고리치아 정신질환자 보호소에서 일한 간호사.

미스투라, 스테파노 Stefano Mistura. 이탈리아 정신의학자.

미켈라치, 마리아 레티치아 Maria Letizia Michelazzi. 트리에스테의 정신질환

자 보호소를 찾아왔던 환자. 자신의 아이를 죽였다.

미클루스, 조반니 (알베르토) Giovanni (Alberto) Miklus. 고리치아의 정신질
환자 보호소에 있었던 환자. 외출하여 자신의 아내를 죽였다.

밍구치, 잔프랑코 Gianfranco Minguzzi(1927~1987). 이탈리아 심리학자.

바레제 Varese. 이탈리아 북부 롬바르디아주의 북서부에 있는 현, 그 현의 현도.

바르베리스, 왈테르 Walter Barberis(1950~). 이탈리아의 역사학자, 출판업자.
현재 에이나우디 출판사의 사장.

바르트, 롤랑 Roland Barthes(1915~1980). 프랑스의 문학이론가, 철학자, 언
어학자, 비평가, 기호학자.

바스콘, 니노 Nino Vascon.

바잘리아, 안젤라 Angela Basaglia. 프랑코 바잘리아의 누이.

바잘리아, 알베르타 Alberta Basaglia. 프랑코 바잘리아와 프랑카 옹가로의 딸.

바잘리아, 엔리코 Enrico Basaglia. 프랑코 바잘리아와 프랑카 옹가로의 아들.

〈바잘리아 만세〉 *Long Live Basaglia*. 연극.

바텔로, 네레오 Nereo Battello. 이탈리아의 공산당 소속 정치가.

바포레토 vaporetto. 베네치아의 수상버스.

반스, 메리 Mary Barnes(1923~2001). 영국의 미술가, 작가. 조현병이 있었으
나 회복하여 화가로 성공했다. 런던 킹슬리 홀에서 있었던 랭의 공동체 실험
에 참여한 경험을 기록으로 남긴 것으로 잘 알려져 있다.

『반오이디푸스』 *L'anti-Œdipe. Capitalisme et schizophrénie*(1972). 질 들뢰
즈와 펠릭스 가타리가 쓴 책. 한국어판은 『안티 오이디푸스―자본주의와 분
열증』, 김재인 옮김, 민음사(2014).

반(反)정신의학 anti-psychiatry.

발도파(派) Valdese. 중세시대에 세워진 그리스도교 공동체. 창설자의 이름을
따 붙은 이름이다.

발두치, 에도아르도 Edoardo Balduzzi. 개혁주의 정신의학자.

발디니에카스톨디 Baldini & Castoldi. 이탈리아의 출판사.

발리니, 벨리아 '밈마' Velia 'Mimma' Vallini(1922~1990). 이탈리아의 정치가.

발코니, 실비아 Silvia Balconi.

〈뱀구덩이〉 *The Snake Pit*(1948). 미국 아나톨레 리트바크 감독이 만든 영화.

버크, 조지프　Joseph Berke(1939~). 미국의 정신치료사. 필라델피아 협회의 창립 회원.

『버클리―새로운 학생 봉기』　*Berkeley: The New Student Revolt*(1965). 핼 드 레이퍼가 쓴 책.

『벚나무 그늘 아래에서』　*All'ombra dei ciliegi giapponesi*. 안토니오 슬라비치가 쓴 원고. 책으로 출간되지 않았다.

베나시, 피에로　Piero Benassi. 이탈리아의 정신의학자. 레조넬에밀리아의 산 라차로 정신질환자 보호소 소장(1964~1993).

베네토주　Veneto. 이탈리아 동북부의 주. 주도는 베네치아.

베니니, 브루노　Bruno Benigni(1932~2015). 이탈리아의 공산당 소속 정치가.

베렝고 가르딘, 잔니　Gianni Berengo Gardin(1930~). 이탈리아의 사진작가.

베로나　Verona. 이탈리아 북부 베네토주 아디제 강 유역에 있는 도시.

베르비, 조르조　Giorgio Verbi. 이탈리아 고리치아에서 발행되는 『일 피콜로』지 의 기자.

베르체냐시　Verzegnassi. 고리치아의 정신질환자 보호소에 있었던 환자.

베를링궤르, 엔리코　Enrico Berlinguer(1922~1984). 이탈리아의 공산당 소속 정치가.

베를링궤르, 조반니　Giovanni Berlinguer(1924~2015). 이탈리아의 정치가.

베리만, 잉마르　Ingmar Bergman(1918~2007). 스웨덴의 영화, 연극, 오페라 감독.

베이트슨, 그레고리　Gregory Bateson(1904~1980). 영국의 인류학자, 사회학 자, 언어학자, 인공두뇌학자, 체제이론가.

베차니, 가브리엘레　Gabriele Vezzani. 이탈리아의 정신치료사.

베파 델 골도니　Beffa del Goldoni. 1945년 3월 12일 저녁에 골도니 극장에서 공연을 보러 온 파시스트와 나치들을 우롱한 사건. 베네치아의 레지스탕스 역사에서 가장 유명하다.

벤야민, 발터　Walter Benjamin(1892~1940). 유대계 독일인 철학자, 문화평론가.

벤투리니, 에르네스토　Ernesto Venturini. 이탈리아의 정신의학자. 2기 고리치 아 에퀴페의 일원.

벨로니, 잠바티스타　Giambattista Belloni(1896~1975). 이탈리아의 신경정신

의학자. 조반 바티스타 벨로니(Giovan Battista Belloni).

벨로키오, 마르코 Marco Bellocchio(1939~). 이탈리아의 영화 감독, 시나리오
　　작가, 배우.

벨루노 Belluno. 이탈리아 북동부 베네토주의 현, 그 현의 현도.

벨루치, 마리오 Mario Bellucci. 이탈리아의 공산당 소속 정치가.

벨몬트 병원 Belmont Hospital. 영국 서리에 있던 병원.

보넬리, 레모 Remo Bonelli. 콜로르노의 정신질환자 보호소에 있었던 환자.

보니파초, 프란체스코 Francesco Bonifacio(1923~1989). 이탈리아의 정치가,
　　판사.

보르고델나빌리오 Borgo del Naviglio. 이탈리아 파르마시의 한 구역.

보베스 Boves. 이탈리아 피에몬테주 쿠네오현에 있는 코무네.

보비오, 노르베르토 Norberto Bobbio(1909~2004). 이탈리아의 철학자.

본네르, 이본네 Yvonne Bonner. 이탈리아의 심리학자.

볼라티, 줄리오 Giulio Bollati(1924~1996). 이탈리아의 출판업자.

볼차노 Bolzano. 이탈리아 북부 트렌티노알토아디제 주에 있는 현. 북쪽은 오
　　스트리아와의 접경지이다.

봄보나토, 마리아 피아 Maria Pia Bombonato. 이탈리아의 정신의학자. 1기 고
　　리치아 에퀴페의 일원.

『부정되는 공공시설』 L'istituzione negata(1968). 프랑코 바잘리아가 엮은 책.

〈분열된 모든 자아〉 All Divided Selves. 루크 파울러의 설치미술 작품.

『분열된 자기』 The Divided Self(1960). 로널드 랭이 쓴 책. 한국어판은 신장근
　　옮김, 문예출판사(2018).

붉은 여단 Red Brigades (Brigate Rosse). 이탈리아의 극좌 준군사 조직.

브루티, 카를로 Carlo Brutti.

브리스킨, 시드 Sid Briskin. 사회복지사. 필라델피아 협회의 창립 회원.

비아레조 문학상 Viareggio Literary Prize. 1930년대에 이탈리아에서 제정된
　　문학상.

비(非)정신의학 non-psychiatry.

비제바니, 로베르토 Roberto Vigevani. 이탈리아의 사회학자.

비진티니, 파비오 Fabio Visintini(1902~1982). 이탈리아의 정신의학자, 신경

병학자, 신경생리학자.

비질란차 Vigilanza. 페루자의 정신질환자 보호소.

비토리니, 엘리오 Elio Vittorini(1908~1966). 이탈리아의 작가, 소설가. 줄리
오 에이나우디가 창간한 『일 폴리테크니코』지의 편집장이었다.

비판적 정신의학 critical psychiatry.

『비판적 정신의학』 Critical Psychiatry(1981). 데이비드 잉글비(David
Ingleby)가 엮은 책.

『비판적 정신의학 교본』 Manuale critico della psichiatria(1975). 조반니 제
르비스가 쓴 책.

빈스방거, 루트비히 Ludwig Binswanger(1881~1966). 스위스의 정신의학자,
실존주의 심리학 분야의 개척자.

빈치궤라, 빈첸초 Vincenzo Vinciguerra(1949~). 이탈리아의 신파시스트 활
동가. 페테아노 폭탄 사건에 관여한 사람으로서 나중에 그에 대해 고백했다.
현재 종신형을 받고 수감되어 있다.

빌라 21 Villa 21. 데이비드 쿠퍼가 1961~1965년에 정신질환자 보호소에서 조
현병 환자들을 위해 실험적으로 운영한 작은 공동체. 나중에 킹슬리 홀 공동
체의 모델이 됐다.

빌라르펠리체 Villar Pellice. 이탈리아 피에몬테주 토리노광역시에 있는 코무네.

빌라 스베르톨리 Villa Sbertoli. 피스토이아에 있었던 정신병원.

빌라 올림피아 Villa Olimpia. 볼로냐 정신질환자 보호소의 건물 이름.

사라체노, 베네데토 Benedetto Saraceno(1948~). 이탈리아의 정신의학자. 세
계보건기구의 정신보건국 국장을 맡았다(2001~2013).

사르데냐섬 Sardinia. 이탈리아의 사르데냐주. 이탈리아 반도 서쪽에 있는 큰 섬.

사르트르, 장폴 Jean-Paul Sartre(1905~1980). 프랑스의 실존주의 철학자, 작
가, 활동가, 문학비평가.

사바니, 프리모 Primo Savani(1897~1977). 이탈리아의 공산당 소속 정치가.
파르마시의 시장(1946~1948), 파르마현의 지사(1951~1960)를 지냈다.

사바린, 조르다노 Giordano Savarin. 트리에스테의 정신질환자 보호소에 있었
던 환자. 퇴원 후 부모를 살해했다.

사스, 토머스 Thomas Szasz(1920~2012). 헝가리 태생의 미국 정신의학자, 정

신분석학자.

사지스티카 saggistica. '수필'이라는 뜻의 이탈리아어.

『사페레』 *Sapere*. 에라이르 테르치안이 창간한 정기간행물.

『사회적 정신의학의 이념과 실천』 *Ideologia e pratica della psichiatria sociale*(1970). 맥스웰 존스가 쓴 책. 원제는 *Social Psychiatry in Practice*(1968).

사회정신의학 활동단 Circolo Operatori Sociali e Psichiatrici(COSP).

사회주의환자집단 SPK (Socialist Patients Collective, Sozialistisches Patientenkollektiv). 1970년 독일 하이델베르크에서 결성된 단체.

〈산딸기〉 *Wild Strawberries*(1957). 잉마르 베리만이 감독한 영화. 원제는 *Smultronstället*.

산조르조마조레 San Giorgio Maggiore. 이탈리아 베네치아의 섬.

〈산클레멘테〉 *San Clemente*(1980). 레몽 드파르동 감독의 영화.

산타마르게리타 정신질환자 보호소 Santa Margherita asylum. 이탈리아 페루자에 있었던 정신질환자 보호소.

산플로리아노넬콜리오 San Floriano del Collio. 이탈리아의 프리울리베네치아줄리아주 고리치아현에 있는 코무네.

살라 데이 그란디 Sala dei Grandi. 위인의 전당.

살라 데이 노타리 Sala dei Notari. 공증인의 전당.

살베미니, 가에타노 Gaetano Salvemini(1873~1957). 이탈리아의 반파시스트 정치가, 역사학자, 작가.

『새로운 사회』 *New Society*. 영국에서 1962년부터 1988년까지 발행된 주간지.

샨나, 페르디난도 Ferdinando Scianna(1943~). 이탈리아의 사진작가.

생탈방 진료소 Saint Alban clinic. 프랑스 남부에 있던 정신병원. 나치 점령기에 나치에 저항하는 레지스탕스, 지식인, 예술가들이 숨어 있던 곳으로, 이책의 저자가 말하는 '급진적 정신의학'과 같은 노선의 치료 철학이 적용되었던 곳이다. 비시 프랑스(1940~1944년) 동안 정신병원에 대한 배급을 줄인결과 약 4만 5000명의 환자가 정신병원에서 기아와 전염병으로 죽었다고 하는데, 이 병원에서는 그렇게 죽은 사람이 없었다고 한다. 전쟁 후 1950년대에 프란츠 파농이 이곳에서 2년 동안 일한 적이 있다.

서리 Surrey 영국 잉글랜드 남부의 주.

『선한 재교육자』 Il buon rieducatore(1977). 조반니 제르비스가 쓴 책.

〈성채가 비워지다―움브리아, 정신질환에 대한 정치적 대응〉 Fortezze vuote. Umbria, una risposta politica alla follia(1975). 페루자의 정신의학 개혁을 다룬 다큐멘터리 영화.

세디아리, 프란체스코 Francesco Sediari. 페루자 정신질환자 보호소의 소장(1965~1980).

세라, 잔니 Gianni Serra(1933~). 이탈리아의 영화 감독, 시나리오 작가.

세라, 파올로 Paolo Serra. 2기 고리치아 에퀴페의 일원.

세산토티노 sessantottino (복수형은 sessantottini). 68세대. 1968년의 사회운동에 참여한 세대. 68을 나타내는 이탈리아어 sessantotto에서 온 말.

세필리, 툴리오 Tullio Seppilli(1928~). 이탈리아의 인류학자.

션리 병원 Shenley Hospital. 영국 하트퍼드셔주에 있던 정신병원.

솔레반티, 아다모 Adamo Sollevanti. 페루자 정신질환자 보호소에서 일한 간호사.

솔미, 레나토 Renato Solmi(1927~2015). 이탈리아의 독일학자, 번역가, 교사.

『수용소―정신질환자와 그 외 재소자들의 사회적 상황에 대한 에세이』 Asylums. Essays on the Social Situations of Mental Patients and Other Inmates(1961). 어빙 고프먼이 쓴 책. 한국어판은 심보선 옮김, 문학과지성사(2018).

스마스케라멘토 smascheramento. '폭로'라는 뜻의 이탈리아어.

스카비아, 줄리아노 Giuliano Scabia(1935~). 이탈리아의 극작가, 작가.

스칼리아, 잔니 Gianni Scalia(1928~2016). 이탈리아의 문학비평가.

스코티, 프란체스코 Francesco Scotti. 이탈리아의 정신의학자, 내과의사.

『스크리티』 Scritti(1981~1982). 프랑코 바잘리아가 쓴 글을 모은 책.

스키나이아, 코지모 Cosimo Schinaia. 이탈리아의 정신분석학자, 정신의학자.

스키타르, 루초 Lucio Schittar(1937~). 이탈리아의 내과의사. 1기, 2기 고리치아 에퀴페의 일원.

스투판치치, 카테리나 Caterina Stupancich. 조르다노 사바린의 어머니.

스튜디오 아쭈로 Studio Azzurro. 미술 집단.

스티지, 잔카를로 Giancarlo Stisi. 급진주의 학생.

스파디, 파스콸레 Pasquale Spadi. 아레초 정신질환자 보호소에 있었던 환자
  지도자.
슬라비치, 안토니오 Antonio Slavich(1935~2009). 이탈리아의 정신의학자, 공
  산당 소속 정치가. 1기, 2기 고리치아 에퀴페의 일원.
시걸, 클랜시 Clancy Sigal(1926~). 미국의 작가. 필라델피아 협회의 창립 회원.
시뇨렐리, 아순타 Assunta Signorelli. 이탈리아의 정신의학자, 페미니스트.
시대정신 Zeitgeist.
시켈, 아델모 Adelmo Sichel. 이탈리아의 정신의학자.
『신경학 및 정신의학 연감』 Annali di neurologia e psichiatria.
실용적 유토피아 working utopia.
실제적 유토피아 concrete utopia.
실질적 유토피아 practical utopia.
『실험적 정신의학 및 정신적 소외의 법의학 저널』 Rivista sperimentale di
  freniatria e medicina legale delle alienazioni mentali.
심리요법 개발을 위한 밀라노 그룹 Gruppo Milanese per lo sviluppo della
  psicoterapia.
아고스티, 실바노 Silvano Agosti(1938~). 이탈리아의 영화감독, 작가, 철학자.
아고스티니, 줄리오 Giulio Agostini. 페루자 정신질환자 보호소의 소장
  (1931~1965).
아고스티니, 체자레 Cesare Agostini. 페루자 정신질환자 보호소의 소장
  (1904~1931).
아녤리, 수잔나 Susanna Agnelli(1922~2009). 이탈리아의 공화당 소속 정치
  가, 사업가, 작가. 외무부장관으로 임명된 최초의 여성이다.
아레초 Arezzo. 이탈리아 중부 토스카나주에 있는 도시.
아르테 포베라(가난한 미술) Arte Povera. 1960년대 말과 1970년대 초에 이탈
  리아에서 일어난 반제도 미술운동.
아르톰, 에마누엘레 Emanuele Artom(1915~1944). 이탈리아의 파르티잔, 역
  사학자.
〈아벨의 정원〉 I giardini di Abele(1969). 세르조 차볼리가 만든 다큐멘터리
  영화.

아셈블레아 assemblea. 집회.

아소차치오네 페르 라 로타 콘트로 레 말라티에 멘탈리 Associazione per la lotta contro le malattie mentali. 정신질환에 맞서 싸우기 위한 협회.

아스키에리, 주제페 Giuseppe Aschieri. 이탈리아의 정신의학자.

아자라, 바르톨로메오 Bartolomeo Asara. 파시스트.

아테나지오, 루이지 Luigi Attenasio. 이탈리아의 정신의학자.

안드레아 Andrea. 고리치아의 정신질환자 보호소에 있었던 환자.

안셀미, 티나 Tina Anselmi(1927~2016). 이탈리아의 기독민주당 소속 정치가. 레지스탕스 출신이며, 이탈리아 정부에서 장관으로 임명된 최초의 여성이다.

안토누치, 조르조 Giorgio Antonucci. 1기 고리치아 에퀴페의 일원.

알리, 비토리오 Vittorio Ali. 고리치아 정신질환자 보호소에서 일한 의사.

『어느 교사에게 보내는 편지』 Lettera a una professoressa(1967). 돈 밀라니 (Don Milani)가 쓴 책.

「어느 조사의 해부」 Anatomia di una istruttoria. 『부정되는 공공시설』의 부록 으로 쓰인 글. 그러나 책에 수록되지는 않았다.

『어느 중국 마을에서 보내는 보고서』 Rapporto da un villaggio cinese: Inchiesta in una comune agricola dello Shensi(1963). 얀 뮈르달이 쓴 책. 원제는 Report from a Chinese Village; Rapport från kinesisk by.

『에로스와 문명』 Eros and Civilization(1955). 헤르베르트 마르쿠제가 쓴 책. 한국어판은 『에로스와 문명―프로이트 理論의 哲學的 硏究』, 김인환 옮김, 나 남(1994).

에르네, 클라우디오 Claudio Ernè. 이탈리아의 사진작가.

에밀리아로마냐주 노동조합 Unione Regionale della Provincie Emiliane.

에소도 esodo. '대이동'이라는 뜻(어느 장소를 떠나는 것)의 이탈리아어.

에스터슨, 아론 Aaron Esterson(1923~1999). 영국의 정신의학자.

에이나우디 Einaudi. 이탈리아의 출판사.

에이나우디, 줄리오 Giulio Einaudi(1912~1999). 이탈리아의 출판업자.

에이나우디 기록보관소 Einaudi Archive.

〈에콜리〉 Eccoli(2014). 스테파노 리치(Stefano Ricci)가 만든 다큐멘터리 영화.

에퀴페 équipe. 팀. 프랑스어를 이탈리아어식으로 읽은 것.

『영국 정신의학 저널』 *British Journal of Psychiatry*.

오르시니, 브루노 Bruno Orsini(1929~). 이탈리아의 기독민주당 소속 정치가, 의사.

오르시니 법 Orsini Law.

오미치디오 콜포소 omicidio colposo. '과실치사'라는 뜻의 이탈리아어.

오스트리아-헝가리 제국 Austro-Hungarian Empire(1867~1918).

오페라토리 operatori. '활동자'라는 뜻의 이탈리아어.

올리베티, 아드리아노 Adriano Olivetti(1901~1960). 이탈리아의 공학자, 정치가, 기업가.

올리베티 사 Olivetti Company.

옹가로, 알베르토 Alberto Ongaro(1925~). 이탈리아의 저널리스트, 작가, 만화가. 프랑코 바잘리아의 처남.

옹가로, 프랑카 Franca Ongaro(1928~2005). 이탈리아의 작가, 정치가, 사회활동가. 프랑코 바잘리아의 아내. 1기 고리치아 에퀴페의 일원.

완전 통제시설 total institution. 비슷한 조건에 놓인 다수의 사람들이 외부 세계와 격리된 채 장기간 일하고 거주하며 공식적으로 관리되는 생활을 하는 곳. 교도소 같은 곳이 이런 시설에 해당된다.

우르비노 Urbino. 이탈리아 중부 마르케 주 페자로에우르비노현에 있는 도시.

움브리아주 Umbria. 이탈리아의 중부에 있는 주. 주도는 페루자.

월링엄 파크 병원 Warlingham Park Hospital. 영국 런던에 있었던 병원.

웰컴 트러스트 Wellcome Trust. 영국 런던에 있는 생물의학 연구 재단. 1936년에 설립됐다.

『이것이 인간인가』 *Se questo è un uomo*(1947). 유대계 이탈리아인 작가 프리모 레비가 아우슈비츠에서 생환한 뒤 자신의 경험을 적은 책. 한국어판은 이현경 옮김, 돌베개(2007).

『이니치아티바 이존티나』 *Iniziativa Isontina*. 고리치아에서 발행되는 잡지.

이몰라 Imola. 이탈리아 북부 에밀리아로마냐주에 있는 도시이자 코무네.

이브레아 Ivrea. 이탈리아 피에몬테주 토리노광역시에 있는 코무네.

이스만, 파비오 Fabio Isman(1945~). 이탈리아의 저널리스트.

이스트리아 Istria. 슬로베니아, 크로아티아, 이탈리아 세 나라에 걸쳐 있는 아드리아해의 반도.

이중결박 double-bind. 개인 또는 집단이 두 가지 이상의 상충되는 메시지를 접하면서 감정적으로 괴로운 상황에 빠지는 것. 1950년대에 그레고리 베이트슨이 중심이 되어 전개한 이론이다.

『이탈리아 레지스탕스의 사형수들이 보낸 편지』 *Lettere di condannati a morte della Resistenza italiana (8 settembre 1943 - 25 aprile 1945)* (1952). 피에트로 말베치와 조반니 피렐리가 엮은 책.

이탈리아사회공화국 Italian Social Republic (Repubblica Sociale Italiana). 무솔리니가 세운 이탈리아 망명 정부.

『이탈리아인의 역사』 *Storia degli italiani*(1968). 줄리아노 프로카치가 쓴 책.

이탈리아 정신질환의사단체 협의회 AMOPI(Associazione medici organizzazioni psichiatriche italiane).

『일차원적 인간』 *One-Dimensional Man*(1964). 헤르베르트 마르쿠제가 쓴 책. 한국어판은 『일차원적 인간—선진 산업사회의 이데올로기 연구』, 박병진 옮김, 한마음사(2009).

『일 코리에레 데이 피콜리』 *Il Corriere dei Piccoli*. 이탈리아에서 1908년부터 1995년까지 발행되었던 어린이 주간지.

『일 코리에레 델라 세라』 *Il Corriere della Sera*. 이탈리아 밀라노에서 발행되는 일간지. 이탈리아에서 가장 발행부수가 많은 신문.

일 포스토 델레 프라골레(산딸기의 집) Il Posto delle Fragole. 트리에스테의 (구) 정신질환자 보호소에 있는 주점. 환자들이 만들어 운영했다.

『일 폴리테크니코』 *Il Politecnico*. 1945년에 창간된 이탈리아의 문화 잡지. 1947년에 이탈리아공산당이 폐간시켰다.

『일 피콜로』 *Il Piccolo*. 이탈리아 고리치아의 지역신문.

『일 피키오』 *Il Picchio*. 이탈리아 고리치아의 정신질환자 보호소에서 환자들이 만든 소식지.

자카넬리, 페루초 Ferruccio Giacanelli(1930~2012). 이탈리아의 정신의학자.

잔니케다, 마리아 그라치아 Maria Grazia Giannichedda. 이탈리아의 사회학자.

적각의생(赤脚醫生) barefoot doctors. 맨발의 의사. 과거 중국의 농촌 지역에서는 정식으로 교육을 받은 의사가 정착하기를 꺼려하여 의사를 확보하기가 어려웠다. 이 때문에 취약해진 농촌 지역의 의료 서비스 문제를 해결하기 위해 현지의 농부에게 최소한의 기본 의료 및 응급처치 교육을 시켜 마을 사람들을 돌보게 했는데, 이들을 적각의생이라 불렀다. 적각의생이라는 이름은 농부가 논에서 맨발로 일하는 모습을 본떠 '맨발(赤脚)의 의사(医生)'라는 뜻으로 붙인 것이다. 이 제도는 1981년에 폐지됐다.

전체 집회 assemblea generale.

『정상에서 벗어난 다수』 *La maggioranza deviante*(1971). 프랑코 바잘리아와 프랑카 옹가로가 쓴 책.

정신병원 psychiatric hospital. 중증 정신질환자를 치료하는 병원.

정신보건 센터 Centro per la salute mentale.

정신위생 센터 Centro di igiene mentale.

정신의학 시설에 관한 연구집단 Gruppo di Studio sulle Istituzioni Psichiatriche.

『정신의학과 권력』 *Psichiatria e potere*. 바잘리아가 구상 중이던 책. 나중에 조반니 베를링궤르가 같은 제목의 책을 펴냈다(1969).

『정신의학과 반정신의학』 *Psychiatry and Anti-psychiatry*(1967). 데이비드 쿠퍼가 쓴 책.

『정신의학에 맞서서』 *Contro la psichiatria*(1970). 에델웨이스 코티와 로베르토 비제바니가 쓴 책.

『정신의학이란 무엇인가?』 *Che cos'è la psichiatria?*(1967) 프랑코 바잘리아가 엮은 책.

정신의학자 협회 Society of Psychiatrists (Società Italiana di Psichiatria).

『정신질환의 현실』 *The Reality of Mental Illness*(1986). 마틴 로스(Martin Roth)와 제롬 크롤(Jerome Kroll)이 쓴 책.

정신질환자 보호소 (mental) asylum. 정신병원을 가리키는 다른 말로, 환자를 격리 수용한다는 뜻이 담겨 있다. 근대적 의미의 병원이 생기기 이전에는 정신질환자를 격리하는 시설을 가리켰으나, 이것이 점차 근대적인 정신병원으로 변화하면서 정신병원을 가리키는 용어로 계속 사용되고 있다.

〈정신질환자 보호소〉 *Asylum*(1972). 피터 로빈슨이 감독한 다큐멘터리 영화.

〈정신질환자 보호소의 망령〉 *Il fantasma del manicomio*(1981). RAI의 '크로

나카' 다큐멘터리 시리즈로 방영된 프로그램.

제13구 Thirteenth Arrondissement (13e arrondissement). 파리의 한 행정
구. 1961년 프랑스 정부는 민간 기구와 협력하여 파리 제13구에서 구역별 개
혁 실험을 실행하여, 한 구역을 몇 개의 작은 단위로 나누고 각 단위를 하나
의 정신보건 팀이 맡게 했다(예컨대 제13구를 하나의 구역으로 삼고 이 구역
을 다시 여섯으로 나누었다). 주안점은 치료의 연속성을 확보하는 것으로, 환
자를 치료할 때 처음부터 끝까지 같은 팀이 맡게 함으로써 치료 효과를 높였
다. 이 실험 결과를 바탕으로 프랑스 전역을 일정한 크기의 정신보건 구역으
로 세분하게 되었다.

제도적 정신요법 institutional psychotherapy. 정신병원이 병의 원인이 된다
는 인식과 환자는 모두 개성과 병증이 다른 사람이라는 인식을 바탕으로 제
2차세계대전 직후 프랑스 정신의학계에서 시작된 운동. 여기서 institutional
은 정신병원이라는 공공시설을 가리킨다.

제르비스, 굴리엘모 '윌리' Guglielmo Jervis 'Willy'(1901~1944). 이탈리아의
공학자, 반파시스트 활동가. 조반니 제르비스의 아버지.

제르비스, 조반니 Giovanni Jervis(1933~2009). 이탈리아의 정신의학자. '존
니(Gionni)'라는 별명이 있다.

젠틸리, 넬로 Nello Gentili. 페루자의 정신질환자 보호소에 있었던 환자.

존스, 맥스웰 Maxwell Jones(1907~1990). 영국의 정신의학자.

주디체, 조반니 Giovanni Giudice. 이탈리아의 좌익 정치가.

〈증언〉 I testimoni. 우고 과리노의 조각 작품 이름.

지로 디탈리아 Giro d'Italia. 이탈리아에서 도로용 자전거를 위해 매년 열리는
장거리 경기. 1909년에 첫 경기가 열렸다.

질라르디, 피에로 Piero Gilardi(1942~). 이탈리아의 화가. 아르테 포베라 운동
의 주역이다.

질리, 잔 안토니오 Gian Antonio Gilli. 이탈리아의 사회학자.

『집단수용소나 다름없는 정신질환자 보호소』 Manicomi come lager(1966).
안젤로 델 보카가 쓴 책.

차네티, 미켈레 Michele Zanetti(1940~). 이탈리아의 기독민주당 소속 정치가.
트리에스테현의 지사로 일했다(1970~1977).

차논 달 보, 아고스티노 Agostino Zanon dal Bo(1902~1993). 이탈리아의 반
파시스트 활동가. 1934년부터 1972년까지 베네치아의 포스카리니 고등학교
에서 가르쳤다.

차볼리, 세르조 Sergio Zavoli(1923~). 이탈리아의 저널리스트, 작가, 민주당
소속 정치가. '하느님의 사회주의자'라는 별명을 가졌다.

참파로, 도메니코 Domenico Zamparo. 고리치아의 정신질환자 보호소 소장
(1973년 2~4월). 카루치의 후임.

체니지, 라울 Raul Cenisi. 수사판사.

체라티, 카를라 Carla Cerati(1926~2016). 이탈리아의 사진작가, 작가.

체를레티, 우고 Ugo Cerletti(1877~1963). 이탈리아의 신경학자. 전기충격 치
료법을 발명했다.

체카렐리, 빈첸초 Vincenzo Ceccarelli(1960~). 이탈리아의 정치가. 아레초현
의 지사로 일했다.

첸트로 디 렐라치오니 우마네 Centro di Relazioni Umane. 인간관계 센터.

첸트로 크리티카 델라 이스티투치오니 Centro Critica della Istituzioni. 공공시
설비평센터. 프랑카 바잘리아가 설립한 단체.

치비달레델프리울리 Cividale del Friuli. 이탈리아의 북동부 프리울리베네치아
줄리아주 우디네현에 있는 코무네. 고리치아 바로 북쪽에 있다.

카루치, 주제페 Giuseppe Carucci. 고리치아의 정신질환자 보호소 소장
(1972~1973). 카자그란데의 후임.

카를라 Carla. 고리치아 정신병원에 있었던 환자. 카테리나(Caterina), 카롤리
나 나르디니(Carolina Nardini)로도 알려졌다.

카리노, 루차노 Luciano Carrino(1941~). 이탈리아의 신경병학자, 정신의학자.

카발레트, 레오네 Leone Cavallet. 베네치아에서 활동한 반파시스트 레지스탕스.

카스텔노보네몬티 Castelnovo ne' Monti. 이탈리아 북부 에밀리아로마냐주 레
조넬에밀리아현에 있는 코무네.

카자그란데, 도메니코 Domenico Casagrande(1939~). 이탈리아의 정신의학
자. 1기, 2기 고리치아 에퀴페의 일원.

카자 델 마리나요 Casa del marinaio(선원의 집).

카자 로사 Casa Rosa. 이탈리아와 유고슬라비아의 국경에 있는 검문소.

카차리, 마시모 Massimo Cacciari(1944~). 이탈리아의 철학자, 정치가.

카피티니, 알도 Aldo Capitini(1899~1968). 이탈리아의 철학자, 시인, 정치 활동가, 교육자. '이탈리아의 간디'라 불린다.

칼라테 calate. '하산'이라는 뜻의 이탈리아어.

칼비노, 이탈로 Italo Calvino(1923~1985). 이탈리아의 작가, 소설가, 언론인.

코르소 반누치 Corso Vannucci. 페루자의 중심가.

코토비치, 즈빅뉴 Zbigniew Kotowicz(1950~). 영국의 임상 심리학자, 철학자.

코티, 에델웨이스 Edelweiss Cotti(1923~1998). 이탈리아의 정신의학자.

코폴라, 프란체스코 Francesco Coppola. 이탈리아의 정신의학자.

콜라치키, 피에로 Piero Colacicchi. 칼라테 때 산라차로 정신병원 내부의 사진을 몰래 찍어 고발했다.

콜로르노 Colorno. 이탈리아 북부 에밀리아로마냐주의 파르마현에 있는 코무네.

콜먼, 오넷 Ornette Coleman(1930~2015). 미국의 재즈 음악 연주자, 작곡가.

콤바 제르비스, 레티치아 Letizia Comba Jervis(1932~). 이탈리아의 정신분석학자. 조반니 제르비스의 아내. 1기 고리치아 에퀴페의 일원.

콰르토 Quarto. 이탈리아 캄파니아주 나폴리광역시에 있는 코무네.

콰이, 엔초 Enzo Quai. 고리치아 정신병원에서 일한 간호사.

쿠투뇨, 레오나르도 Leonardo Cutugno. 베네치아 감옥에서 나치에 항거하여 봉기했을 때 경비대를 이끈 공산당원.

쿠퍼, 데이비드 David Cooper(1931~1986). 남아프리카 태생의 정신의학자. 필라델피아 협회의 창립 회원. 1960년대의 '정통' 정신의학에 반대한다는 뜻의 '반(反)정신의학'이라는 용어를 만들었다(1967년에 그가 처음 사용했다).

크라베로, 다리오 Dario Cravero(1929~). 이탈리아의 기독민주당 소속 정치가.

〈크로나카〉 Cronaca. RAI의 다큐멘터리 텔레비전 프로그램.

크로슬리, 닉 Nick Crossley(1968~). 영국의 사회학자.

크로치, 피에로 Piero Croci. 2기 고리치아 에퀴페의 일원.

크리스토페리 레알돈, 비토리아 Vittoria Cristoferi Realdon(1946~). 이탈리아의 신경정신병학자.

크리스티안치치, 밀레나 Milena Kristiancic. 미클루스의 아내. 미클루스에게 살해당했다.

클라스니체크, 이반 Ivan Klasnicek. 고리치아에서 일한 간호사.

클라크, 데이비드 David Clark(1920~2010). 영국의 정신의학자.

키넬로, '체스코' 이보네 Ivone 'Cesco' Chinello(1925~2008). 이탈리아의 파
르티잔, 역사학자, 정치가. 베파 델 골도니 사건의 주동자. '체스코'는 레지스
탕스 때 사용한 이름이다.

키엔타롤리, 브루노 Bruno Chientaroli. 고리치아현의 지사(1961~1965,
1965~1970, 1970~1975).

킬란티, 펠리체 Felice Chilanti(1914~1982). 이탈리아의 반파시스트 운동가,
저널리스트.

킹슬리 홀 Kingsley Hall. 런던 이스트엔드에 있는 지역 문화회관. 로널드 랭을
비롯한 몇 사람의 정신의학자가 만든 필라델피아 협회는 1965년에 킹슬리
홀의 운영주체인 레스터 가문의 허락을 얻어, 이곳에 정신건강 문제로 고통
받는 사람들의 치료를 위한 대안적 공동체를 만들었다.

타토, 세자 Sesa Tatò. 이탈리아의 저널리스트.

테르치안, 에라이르 Hrayr Terzian(1925~1988). 에티오피아 태생의 아르메니
아 사람으로 이탈리아에서 활동한 신경병학자, 정치가.

테지, 레오폴도 Leopoldo Tesi. 이탈리아의 정신의학자. 1기 고리치아 에퀴페
의 일원.

토레지니, 로렌초 Lorenzo Toresini(1946~). 이탈리아의 정신의학자. 트리에
스테의 정신질환자 보호소에서 일했다.

토레펠리체 Torre Pellice. 이탈리아 토리노의 발도파 지역의 지명.

토마지, 루이지 Luigi Tomasi. 콜로르노의 정신질환자 보호소 소장
(1948~1970).

토비노, 마리오 Mario Tobino(1910~1991). 이탈리아의 정신의학자.

톰마지니, 마리오 Mario Tommasini(1928~2006). 이탈리아의 정치가, 사회개
혁가.

투르코, 마르코 Marco Turco(1960~). 이탈리아의 영화감독, 시나리오 작가.

투미아티, 코라도 Corrado Tumiati(1885~1967). 이탈리아의 의사, 작가, 저널
리스트. 1931년 비아레조 상을 받았다.

트라다르디, 빈첸초 Vincenzo Tradardi(1938~2016). 이탈리아의 역사학자,

활동가.

트랑키나, 파올로 Paolo Tranchina(1938~). 이탈리아의 정신분석학자.

트렌토 Trentino (Trento). 이탈리아 북부 트렌티노알토아디제 주 남부의 현, 그 현의 현도.

트롬바도리, 안토넬로 Antonello Trombadori(1917~1993). 이탈리아의 정치가, 미술비평가, 저널리스트. 공산당원이었으나 1993년에 사회당을 지지한다고 선언했다.

트리에스테 Trieste. 이탈리아 동북부 프리울리베네치아줄리아주에 있는 항구도시. 프리울리베네치아줄리아주의 주도이며, 슬로베니아 국경 근처에 있다.

티토, 미켈레 Michele Tito(1925~2003). 이탈리아의 저널리스트.

티토, 요시프 브로즈 Josip Broz Tito(1892~1980). 유고슬라비아의 혁명가, 정치가.

파농, 프란츠 Frantz Fanon(1925~1961). 프랑스령인 서인도제도 마르티니크섬 출신의 정신의학자, 작가, 혁명가. 『검은 피부, 하얀 가면』, 『대지의 저주받은 사람들』 등을 썼다.

파리, 페루초 Ferruccio Parri(1890~1981). 이탈리아의 파르티잔, 정치가.

파불로 Pavullo. 이탈리아 북부 에밀리아로마냐주 모데나현에 있는 코무네. 정식 명칭은 파불로넬프리냐노(Pavullo nel Frignano).

파스콜리, 브루노 Bruno Pascoli. 고리치아의 검사.

파스콜리, 에노 Eno Pascoli. 이탈리아의 이탈리아사회운동 소속의 정치가.

파스토레, 빈첸초 Vincenzo Pastore. 2기 고리치아 에퀴페의 일원.

『파에제 세라』 *Paese Sera*. 이탈리아의 전국 신문. 좌파 성향이 강하다.

파우드라이너, 얀 Jan Foudraine(1929~2016). 네덜란드의 정신의학자, 정신치료사, 작가.

파울러, 루크 Luke Fowler(1978~). 영국의 미술가, 영화 제작자, 음악가.

파졸리니, 피에르 파올로 Pier Paolo Pasolini(1922~1975). 이탈리아의 영화감독, 시인, 평론가. "소비재의 힘은 소위 자유의 자유주의적, 진보주의적 수요에 의해 생겨났으며, 이것을 전유함으로써 그 의미를 비워버리고 그 본성을 바꾸어놓았다."

판나치, 피노 Pino Pannacci(1925~2015). 이탈리아의 정치가.

판넬라, 마르코 Marco Pannella(1930~2016). 이탈리아의 정치가, 저널리스트, 활동가.

판치에리, 라니에로 Raniero Panzieri(1921~1964). 이탈리아의 정치가, 번역가, 작가, 마르크스 이론가. 노동자주의를 창시한 사람으로 여겨진다.

패거리주의 clientelism. 후견인-피후견인이라는 유대관계를 말한다.

페데리코 Z. Federico Z. 고리치아의 정신질환자 보호소에 있었던 환자.

페라로, 안토니오 Antonio Ferraro. 페테아노 폭탄 사건(1972)의 희생자.

페레신, 에르멜리노 Ermellino Peressin. 이탈리아의 기독민주당 소속 정치가.

페코리니, 조르조 Giorgio Pecorini. 이탈리아의 저널리스트.

페테아노 Peteano. 이탈리아 고리치아현에 있는 마을.

펠토넨, 피르코 Pirkko Peltonen. 핀란드의 저널리스트, 다큐멘터리 영화 제작자.

펠트리넬리 Feltrinelli. 이탈리아의 출판사.

편집위원회 consiglio editoriale.

편집조현병 paranoid schizophrenia.

『평화의 범죄』 *Crimini di pace*(1975). 프랑코 바잘리아와 프랑카 옹가로 바잘리아가 엮은 책.

포, 다리오 Dario Fo(1926~2016). 이탈리아의 배우, 극작가, 가수. 1997년 노벨문학상을 받았다.

포르데노네 Pordenone. 이탈리아 북동부 프리울리베네치아 줄리아주의 현, 그현의 현도.

포르투나, 로리스 Loris Fortuna(1924~1985). 이탈리아의 좌익 정치가.

포미치노, 파올로 치리노 Paolo Cirino Pomicino(1939~). 이탈리아의 정치가.

포베로모, 도나토 Donato Poveromo. 페테아노 폭탄 사건(1972)의 희생자.

포사티, 파올로 Paolo Fossati(1938~1998). 이탈리아의 저술가, 역사학자.

포터, 로이 Roy Porter(1946~2002). 영국의 역사학자.

포피, 고프레도 Goffredo Fofi(1937~). 이탈리아의 수필가, 활동가, 저널리스트, 평론가.

폰다치오 fondaccio. '찌꺼기'라는 뜻의 이탈리아어.

폰다치오네 치니 Fondazione Cini. 산조르조마조레섬에 있는 건물(옛 수도원).

『폴리 딘포르마치오네』 *Fogli d'informazione*. 프시키아트리아 데모크라티카의 공식 정기간행물.

푸를란, 마리오 '푸리오' Mario 'Furio' Furlan. 고리치아의 정신질환자 보호소
에 있었던 환자.

푸코, 미셸 Michel Foucault(1926~1984). 프랑스의 철학자.『감시와 처벌』,
『광기의 역사』 등의 책을 썼다.

〈풀어주어라〉 *Matti da slegare*(1976). 이탈리아의 정신병원을 다룬 다큐멘터리.

프라트, 우고 Hugo Pratt(1927~1995). 이탈리아의 만화가.

프란츠 요제프 1세 Franz Joseph I (1830~1916). 오스트리아 제국의 황제(재
위 1848~1867) 및 오스트리아 – 헝가리 제국의 황제(재위 1867~1916년).

프로카치, 줄리아노 Giuliano Procacci(1926~2008). 이탈리아의 역사학자.

프시키아트리아 데모크라티카 Psichiatria Democratica. 민주정신의학회. 프랑
코 바잘리아가 주축이 되어 만든 이탈리아의 단체로, 정신질환자가 정신병원
에 격리되지 않도록 정신의학 개혁을 추구한다.

『피노키오』 *Pinocchio*. 이탈리아의 극작가 카를로 콜로디가 쓴 동화. 정식 제목
은 *Le avventure di Pinocchio. Storia di un burattino*.

피란델로, 루이지 Luigi Pirandello(1867~1936). 이탈리아의 극작가, 소설가,
시인, 단편작가. 1934년에 노벨 문학상을 받았다.

피렐라, 아고스티노 Agostino Pirella(1930~). 이탈리아의 정신의학자. 1기, 2
기 고리치아 에퀴페의 일원.

피로, 세르조 Sergio Piro(1927~2009). 이탈리아의 정신의학자. 노체라수페리
오레에서 치료 공동체 실험을 강행하다가 해고되었다.

피아티, 피에라 Piera Piatti. 줄리오 볼라티의 아내.

피에리니, 프랑코 Franco Pierini. 이탈리아의 저널리스트.

피우메 Fiume. 오늘날 크로아티아의 리예카.

피자, 실바나 Silvana Pisa(1944~). 이탈리아의 정치가.

피초네, 레나토 Renato Piccione. 이탈리아의 정신의학자. 2기 고리치아 에퀴
페의 일원

필라델피아 협회 Philadelphia Association. 로널드 랭, 데이비드 쿠퍼, 조지프
버크, 아론 에스터슨, 클랜시 시걸 등이 1965년에 영국에서 창립한 단체.

필리피니, 엔리코 Enrico Filippini(1932~1988). 이탈리아의 번역가.

하이데거, 마르틴 Martin Heidegger(1889~1976). 독일의 철학자.

『해방의 변증법』 *The Dialectics of Liberation*(1968). 데이비드 쿠퍼가 엮은 책.

해방의 변증법 학회 Dialectics of Liberation Congress. 미국의 교육학자 조
지프 버크가 조직한 국제 학회로서, 1967년 7월 15~30일 런던에서 열렸다.
"인간이 저지르는 모든 형태의 폭력과 그 폭력을 방출하는 사회 제도의 미혹
을 벗겨내고 새로운 형태의 행동을 모색하는 것"을 목적으로 삼았다.

현립 정신의학 서비스 Servizio psichiatrico provinciale.

홀링스헤드, 오거스트 August Hollingshead(1907~1980) 미국의 사회학자.

후설, 에드문트 Edmund Husserl(1859~1938). 독일의 철학자. 현상학의 체계
를 세웠다.

RAI 이탈리아의 공영 방송사인 이탈리아방송협회.

180호 법 180 Law (legge 180). 일명 '바잘리아 법'.

『60년대』 *The Sixties*(1998). 아서 마윅이 쓴 책.

정신질환, 그리고 정신질환을 바라보는 시각

권루시안

이 책에 나오는 정신질환자 보호소는 정신질환자를 눈에 띄지 않게 사회 바깥으로 치워두는 데에 사용된 완전 통제시설이다. 여러 면에서 1975년에 나온 영화 〈뻐꾸기 둥지 위로 날아간 새〉(감독 밀로스 포먼)가 생각나지만, 이 책의 보호소는 영화 속의 보호소가 낙원으로 보일 정도로 끔찍하다. 이처럼 비인간적인 시설이 몇 사람의 선구자를 만나자 혁명적 변화가 일어난다. 저자는 프랑코 바잘리아를 비롯한 이 책의 주인공들이 그런 시설과 제도를 어떻게 변화시켰는지, 그 과정에서 시대와 사회는 또 어떻게 변화를 받아들이는 동시에 촉진했는지를 흥미롭게 짚어내고 있다.

육체에 생기는 질환과 마찬가지로 정신에 생기는 질환에도 다양한 종류가 있지만 그중 가장 눈에 띄는 것은 아마도 조현병일 것이다. 조현병은 환각이나 망상 등으로 인해 현실을 제대로 인식하지 못하여 대인관계에서 '이상한' 태도나 행동을 보이는 정신질환을 말한다. 한 마디로 우리가 '미쳤다'는 말로 표현하는 증세와 가장 관련이 깊은 질병이다.

통계적으로 인구의 약 0.5퍼센트가 평생을 살아가는 동안 어느 시점에 조현병을 앓는다고 한다(1퍼센트로 보는 통계도 많이 있다). 이 기준으로 보면 우리나라 인구 5천만 명 중 25만 명 정도가 조현병을 앓고 있을 것으로 추정할 수 있다. 25만 명이라고 하면 언뜻 느낌이 오지 않겠지만, 거제시나 목포시 전체 인구와 비슷한 숫자라는 사실을 생각하면 달리 느껴질 것이다. 1퍼센트로 본다면 50만 명이니 포항시 인구와 비슷하다.

국민건강보험공단의 통계에 따르면 2018년 한 해 동안 12만 명 정도가 조현병으로 진료를 받았다. 따라서 이 병을 앓고 있는 사람 중 적어도 절반이(1퍼센트를 기준으로 보면 4분의 3 정도가) 진료를 받지 않고 방치된 상태에 있다고 볼 수 있다. 방치된 환자 수가 적지 않지만 우리가 일상을 살면서 이들을 직접 만나거나 이들에 관한 이야기를 가까이에서 듣는 일은 별로 없다. 도시에서 살고 있으면 더욱 그렇다. 그저 가끔씩 뉴스를 통해 접할 뿐인데, 그럴 때는 주로 무시무시한 사건의 가해자로서, 마귀가 들었다며 기도원 등에서 '치료' 중에 죽는 피해자로서, 또는 스스로 목숨을 끊는 자해자로서 뉴스를 탄다.

사회적으로 정신질환자를 바라보는 시각은 크게 두 가지로 요약할 수 있을 것이다. 하나는 건강한가 아닌가 하는 차원의 시각이다. 이 시각에서 볼 때 정신질환자는 그야말로 환자이며, 육체적 질환이 있는 사람과 마찬가지로 치료를 필요로 하는 사람이고, 병원은 이들을 치료하고 보살피는 시설이 된다. 학자와 의료진은 질환의 원인을 규명하고 좋은 치료법을 찾아내기 위해 노력한다. 다시 말해 정신질환자는 일상

속에서 보살핌이 필요한, 또는 일상으로 돌아오도록 도움이 필요한 사회의 구성원이다.

또 하나는 정상인가 비정상인가 하는 방향의 시각이다. 이런 시각에서는 사회의 구성원을 '정상인' 대 '비정상인'으로 양분하게 되고, 따라서 논의는 '비정상인'을 어떻게 '처리'해야 하는가 하는 방향으로 흘러가며, 이들은 정상인의 사회 운영에 방해되기 때문에 사회의 구성원 자격을 박탈당하고 사회 밖으로 내쳐지면서 사회의 '비용'으로 전락한다. 이렇게 내쳐진 이들에게 사회가 치료를 '베풀지' 않는 것은 아니다. 그러나 이 치료는 이들이 사회로 돌아오게 하는 데 초점을 맞추는 게 아니라, 말썽을 일으키지 않고 사회 바깥에서 조용히 머물러 있게 하는 데 초점을 맞춘다.

지금은 사회 전반에서 정신질환자를 바라보는 시각이 후자 쪽에서 전자 쪽으로 전환하고 있는 것 같다. 사회가 인권을 중시하는 쪽으로 바뀌고 있는 까닭도 있지만 정신질환에 대해 과학적으로 알아낸 지식이 과거에 비해 많아진 것도 그 한 가지 까닭일 것이다. 지식이 늘어난다는 것은 이제까지 어둠 속에 있던 미지의 것이 밝은 빛 아래로 나온다는 뜻이고, 따라서 그만큼 그에 대한 두려움이 사라진다는 뜻이다. 현재 조현병은 치료를 통해 환자의 75~80퍼센트 정도가 완치 또는 일상생활이 가능할 정도로 호전된다고 한다. 이 병에 대해 우리가 알아내는 게 더 많아지면 더 많은 사람이 일상으로 돌아올 수 있을 것이다.

우리나라에서는 조현병을 몇 년 전까지만 해도 정신분열증이라고 불렀다. 정신분열증(schizophrenia)이라는 병명은 고대 그리스어 skhizo(분열)와 phren(몸통, 심장, 마음)을 붙여 만든 것인데, 1908년에 오이겐 블로일러라는 스위스인 정신의학자가 처음으로 사용했다. 한

자문화권에서는 1933년에 일본에서 한자어로 번역한 정신분열증이라
는 이름이 최근까지도 그대로 사용됐다. 그러나 이 이름이 실제 질병
의 특징과는 다른 데다 이름이 주는 이미지가 병의 치료에 미치는 부
정적 효과가 너무 크기 때문에 우리나라에서는 2012년에 공식적으로
조현병이라는 이름으로 바꾸었다.

　홍콩(2001), 일본(2002), 타이완(2014) 등도 비슷한 이유로 이름을 바
꾸었다. 홍콩과 타이완에서 고른 새 이름은 사각실조(思覺失調) 또는 사
각실조증(思覺失調症)으로, 그 자체가 이 질병의 특징을 비교적 잘 설명
하고 있기 때문에 이 이름을 처음 접하는 사람도 직관적으로 이해할
수 있을 것으로 보인다. 일본의 이름은 통합실조증(統合失調症)이지만 그
자체로는 무슨 뜻인지 얼른 이해가 가지 않는다. 한편 이들 이름에는
'실조'라는 말이 들어가 있는데, '실(失)'에는 원래 있던 것을 잃어버렸
다는 의미가 있으므로 단순히 환자의 상태를 나타내는 것에 그치지 않
고 회복까지도 생각하게 만드는 이름이라 할 수 있을 것이다.

　우리나라에서는 현악기의 줄을 고른다는 뜻인 '조현(調絃)'을 사용하
여 조현병이라는 이름으로 정했는데, 환자가 보이는 혼란스러운 상태
가 마치 현악기가 제대로 조율되지 못한 것과 같다는 뜻에서 정한 이
름이다. 이 이름 역시 뜻을 전달하려면 약간의 설명이 필요하지만, 조
율이 틀어진 환자의 상태, 그리고 제대로 조율하면 조화로운 모습을
보여줄 수 있다는 희망이 담겨 있는 시적 이름이라 할 수 있겠다.

　이름을 바꾼 결과 이 질병에 결부된 이미지가 어떻게 달라지고 있는
지 판단하려면 따로 조사가 필요하겠지만, 환자를 대하는 일선 병원에
서는 어느 정도 긍정적 효과가 나타나고 있는 것 같다. 일본의 경우 이
름을 바꾼 다음 의사가 환자에게 진단된 병명을 알려주는 사례가 늘어

낮고 병에 대해 설명하기도 더 쉬워졌다고 한다. 이것은 용어가 현실에 영향을 주는 사례일 것이다. 그러나 반대로 현실이 용어에 영향을 주어, 이 질병에 전통적으로 결부되어 있던 이미지가 새 이름으로 스며들어갈 가능성도 있다. 예컨대 '사각실조'라는 말이 사회적으로 자리를 잡은 홍콩의 경우 이 용어가 바보나 미친 사람이라는 뜻의 욕설로도 사용된다고 한다.

어쩌면 조현병이라는 이름은 미국에서 흑인을 가리키는 표현과 비슷한 상황을 겪을지도 모른다. 흑인을 가리키는 표현은 그 차별적 이미지 때문에 시대에 따라 새로운 것으로 바뀌고 있지만, 어떤 표현으로 바뀌어도 시간이 지나면 그것이 가리키는 대상에게 덧씌운 차별적 이미지가 새 표현으로 스며들어가기 때문에 다시 새로운 표현을 찾아야 한다. 흑인을 가리키는 표현에서 차별적 이미지가 사라지려면 인종차별이 사라져야 하는 것처럼, 조현병을 가리키는 용어 역시 이 질병을 우리가 완전히 다스릴 수 있게 되기 전에는 부정적 이미지가 씻겨나가지 않을지도 모른다. 그러나 이 질병에 대한 우리의 지식이 늘어나고 사회의 시각이 바뀌면, 또 환자 자신이 새 이름을 통해 자신의 질병을 더 잘 이해한다면 이 이름은 완전히 다른 방향으로 자리매김할 수도 있을 것이다.

.

왜 바잘리아인가?

이영문
(국립정신건강센터장)

이 책에 대한 해설을 쓰기 위해 나는 이 질문을 먼저 떠올렸다.

'바잘리아가 누구인가(Who is Basaglia?)'가 아닌 '왜 바잘리아인가
(Why Basaglia?)'라는 명제는 그동안 상상해오던 이탈리아 정신보건 개
혁에 대한 나의 고민이 담긴 질문이라는 독백으로 이 글을 시작한다.

과연 이탈리아의 정신보건은 개혁되었는가? 이것은 '그렇다', '아니
다'로 구분되는 이원적인 질문이 아니다. 더 정확한 질문은 어떻게, 왜
개혁되었는가 하는 것이다. '어떻게' 혹은 '누구'의 문제가 보통의 담론
에서는 중요하지만, 여기서는 '왜'라는 질문에서 출발해보자.

1. 바잘리아의 장소성(sense of place)

왜 바잘리아일까? 지금도 그의 정신보건 개혁의 유산은 이탈리아 전역
을 넘어 많은 전문가들에 의해 논의되고 있기 때문에 진행형으로 묻는

것이 맞다. 그에 대한 타당한 평가는 지그문트 프로이트에 비견할 만하다. 두 사람 모두 정신의학 본류의 논쟁을 넘어선 동시대의 문화와 사회운동의 아이콘이었다는 것은 누구도 부정할 수 없다. 개인 무의식의 심저를 건드렸다는 사실만으로도 프로이트는 동시대 의학의 주류를 불편하게 했고, 바잘리아 또한 기존의 정신장애인 치료방식의 형태를 탈수용화 담론으로 바꾸면서 정신보건 개혁의 초점을 단숨에 이탈리아로 집중시켰다.

프랑코 바잘리아가 이탈리아의 비참한 정신보건 현장을 보고 치료공동체의 수준을 넘는 공공시설의 하나인 정신병원 폐쇄를 결심한 것은 지극히 개인적 경험에서 출발했다고 보는 것이 타당하다. 왜냐하면 다른 나라의 정신보건 개혁은 탈수용화, 치료공동체 도입 등을 통한 정신의학 본연의 기본적 변화를 가져오는 내부적 요인에 초점이 있었지만, 바잘리아의 개혁은 처음부터 하드웨어를 송두리채 바꾸는 것이 목표였기 때문이다.

한 인간의 개인 경험은 흔히 신념으로 연결되고 그 신념이 확산되며 이데올로기를 재생산한다. 철학자 미셸 푸코의 정신병원 경험은 '광기의 역사'로 승화되었으며, 정신분석학자 에릭 에릭슨이 어린 시절 경험한 부권의 상실은 '자아 정체성'에 대한 연구로 이어졌다. 의과대학생 시절 경험한 지옥 같았던 감옥에서의 고통을 바잘리아는 매우 잘 기억하고 있었고, 폐쇄된 공간에 대한 그의 장소성은 감옥과 정신병원의 유비(analogy)를 통한 사건으로 작용하게 되었을 것이다.

바잘리아의 생각은 명료했다. 다음과 같은 말은 운명적인 정신과 의사로서의 삶과 정신병원에 대한 개념을 함축적으로 설명한다. "우리는 체제의 모순 속에서 살면서 우리가 부정하고 있는 공공시설을 관리하

622

는 운명에 처한다."

이 말은 훗날 1968년 출판된 『부정되는 공공시설』의 핵심이 된다. 스스로의 정체성을 부정해야만 그 장소를 우리는 없앨 수 있다. 그렇지만 정신병원의 존재가 정신보건 개혁에 대한 후진성을 의미하는 것은 아니다. 기능적으로 반드시 필요하다고 주장하는 정신보건 전문가가 더 많다. 이 또한 과학적인 근거를 가진 주장이기 때문에 이 글에서 그 자체의 옳고 그름을 논할 생각은 없다. 다만 바잘리아의 개혁과정에서는 정신병원의 폐쇄가 가장 중요한 화두가 되었기 때문에 장소로서의 정신병원이 중요하다는 점을 덧붙일 뿐이다.

사실 바잘리아가 고리치아 정신병원장으로 일하던 1961~1968년 시기에도 이탈리아 다른 지역에서 탈수용화를 통한 정신병원 개혁은 진행중이었다. 단순히 바잘리아의 업적을 1978년의 전설적인 180호 법(1904년 이후 가장 큰 폭의 변화를 담은 정신보건법)에 국한하거나 고리치아, 트리에스테 지역의 정신병원을 개혁한 것으로 치부하는 것은 지나친 정책 위주의 사고이거나 정치적 계산이 깔린 좌파, 우파 양쪽의 편익인 것이다.

2. 인간해방의 의미

바잘리아가 왜 위대한가에 대한 답을 나는 '인간해방'에서 찾는다. 억압하는 모든 것으로부터의 자유, 숨을 마음껏 쉴 수 있는 자유, 사유할 수 있는 자유 등이 그 실체들이다. 실존주의 철학자 사르트르와의 대담에서 그의 생각은 뚜렷하게 드러난다. 하이데거의 '현존재' 개념으로 확장하지 않더라도 그에게 자유와 실존은 양분할 수 없는 개념이었다. 푸코와는 달리 처음부터 정치적 구조로서 정신병원을 바라보기보다는 '자유가 말살된 곳(장소)'으로서의 의미가 더 강했다. 그는 본능적으로 장소를 공간과 분리해 체득하고 있었으며, 그 장소에서 벌어진 사건을 기억했다.

장소와 공간은 환경심리학 측면에서 다른 의미가 있다. 공간이 3차원적인 단순한 물리적 영역으로 정의되는 추상적 개념인 반면에 장소는 맥락, 즉 인간의 경험과 시간, 문화와 가치관 등을 포함하면서 형성되는 구체적 개념이다. 인간은 3차원적 공간에 머물면서 환경을 체험하고 본인만의 인식인 장소성을 갖게 된다. 각 개인의 경험에 따라 이미지화된 기억으로 장소를 만들어간다. 동일한 장소에 대한 개인의 경험이 다르게 기억되면서 우리는 동일한 공간의 다양한 장소성을 만들고 분열하게 된다. 공간은 시간 개념이 배제된 곳이지만, 장소는 시간 개념이 반드시 존재한다. 우리는 시간 속에서 장소를 경험하고 공간을 인식하게 된다.

바잘리아는 고리치아의 병원장으로서 의학도 시절의 장소성을 기억했고, 이것을 폐쇄해야 한다는 신념으로 정신병원의 공간을 장소와 분리했다. 스코틀랜드의 정신과 의사인 맥스웰 존스의 치료공동체 이론을 고리치아에서 실험하면서 이탈리아식 개혁을 실천했다. 바잘리아는 단순히 정신병원의 시스템이 개혁되는 것을 원한 것이 아니라 영구히 말살시키고자 했다. 장소의 부정을 통해 그가 창조하고자 한 공간은 이 세상 그 자체였다.

그는 결코 반정신의학자가 아니었다. 정신질환 자체의 발현을 부정하지 않았고, 새로운 치료법이 인권을 옹호하는 방향이라면 적극 찬동했다. 수많은 진보 성향의 사람들에 에워싸여 있었지만, 한 번도 정신질환 자체의 존재를 부정하지 않았다. 그가 주목한 것은 정당한 치료가 일어나는 '장소'였다. 개방적이고 누구에게나 평등과 정의가 보장된 공간으로의 이동을 꿈꾸었다. 장소에 대한 그의 집착은 시작이자 끝이었으며, 다른 나라 정신보건 개혁과의 가장 큰 차별성을 띠는 이탈리아 정신보건의 특징으로 자리잡았다.

의학은 매우 보수적인 학문이다. 프로이트는 오스트리아 주류 사회로부터 배척당했지만 그의 정신분석 이론은 이제 문화를 읽는 키워드가 되었다. 보수의 취약점을 진보적 생각이 침범할 때 보수적 사고는 더욱 견고해진다. 바잘리아의 경우도 동일했다. 물론 한국 정신보건 1세대에 속해 최초의 정신보건법을 공부했던 나의 입장에서도 이 점은 명확하다. 이탈리아는 바잘리아를 통해 논쟁을 시작했고 여전히 진행 중이며, 이를 통해 새로운 정신보건 시스템이 정착되었다. 국공립 정신병원이 없는 유일한 OECD 국가인 이탈리아에서 과연 정신장애인의 삶은 행복한 것인가? 60년의 세월을 건너 21세기에서 바라본 이탈리아는 과연 어떤 모습일까?

3. 인간적인, 너무나 인간적인

고리치아와 트리에스테는 어떤 모습으로 비교될 것인가? 고리치아의 보수적 정치성향이 바잘리아를 힘들게 했지만, 더 많은 자유의 함성을 느낄 수 있었던 곳은 고리치아가 아니었을까?

정치행정의 전폭적인 지지하에 필요한 인력에 대한 지원도 용이했던 트리에스테에서 바잘리아는 더 행복하게 일했을까? 책을 읽으면서 많은 의문이 꼬리를 문다.

바잘리아의 팀이라 불리던 최초의 '에퀴페' 구성원들이 기억하는 바잘리아는 카리스마 넘치는 인물이었지만 그들은 분열을 겪었고 다시 화합하지 못했다. 결국 다시 처음 질문으로 돌아와 왜 바잘리아인가를 우리는 생각해야만 한다. 결론적으로 바잘리아가 없는 이탈리아 정신보건 개혁은 존재할 수 없다. 그의 존재는 필수불가결한 상수 개념이다. 무엇이 바잘리아를 여타 정신의학자들과 구분짓게 하는 것일까?

앞서 언급한 장소성을 넘어 또다른 요소가 이 책에 자세하게 묘사되고 있다. 저자인 존 풋은 바잘리아 사후 30년이 된 시점에 처음으로 그의 행적을 마주하게 되면서 신화가 아닌 실존적 바잘리아를 찾으려는 노력을 이 책에 고스란히 남겼다. 수많은 바잘리아 사람들을 만나고 그들과 시간을 공유했다. 모든 이들의 공통된 개념은 '인간'이라는 단어로 요약될 수 있다. 카리스마와 지칠 줄 모르는 추진력을 지닌 듯하면서도 극단적 단절을 절감하는가 하면, 또다시 강한 연속성을 이어가는 바잘리아의 정신세계는 그의 활동이 비록 정치사회적 요소에 의해 부각되어 보이지만, 아내인 프랑카 옹갈로보다 비정치적이고 비사회적이라는 사실을 우리는 마주하게 된다.

그에게 영웅적 풍모가 느껴진다면 그것은 주변의 바잘리아 사람들에 의해 부풀려진 신화 덕분일 것이다. 그는 결코 강인한 정신의 소유자가 아니었다. 고리치아에서의 혁명적 실험이 세상에 알려지면서 주목을 끌게 되었을 때, 가장 불안에 휩싸인 사람이 바로 바잘리아 자신이었다. 실패에 대한 두려움이나 기대치가 높아진 사람들의 찬사를 이어나가지 못할 것 같은 신경증적인 반응이 아니라, 자신의 내면과 마주할 때 갑자기 자라난 턱수염을 보며 소스라치게 놀라던 청년기의 모습처럼 갑자기 유명세를 타게 된 스스로의 불안정적인 자화상 때문이었다. 누구도 대치해줄 수 없는 근원을 알 수 없는 깊은 무의식의 그림 자를 그는 그리워했다. 엄청난 사회적 인물이 되었지만 그는 여전히 정신건강을 담보로 하는 현실정치와 거리를 두고 있었다. 인간적인, 너무나 인간적인 그의 본질은 결코 현실의 전쟁을 소화하지 못하고 죽음을 맞이하게 되었다. 트리에스테의 순조로운 성공보다 그가 그리워 했던 것은 미래를 알 수 없이 끝없이 논쟁하던 고리치아의 정원이었을 것이다.

4. 유토피아 대 헤테로토피아(Utopia vs Heterotopia)

바잘리아가 그리던 유토피아는 무엇이었을까? 정신질환에 대한 편견 이 존재하지 않는 세상 정도의 순진한 꿈은 아니었을 것이다. 본래 유 토피아는 현실에는 결코 존재하지 않는 장소이기 때문이다. 푸코의 '헤테로토피아'를 그가 알았다고 가정한다면, 바잘리아가 추구하던 숨 을 수 있는 공간은 어디에서 찾을 것인가?

우리는 이 책에서 바잘리아의 헤테로토피아를 가끔 엿볼 수 있는 기 쁨을 발견할 것이다. 자기 도시의 정신병원장이면서 스스로 그 병원을 폐쇄한다는 것은 옳음과 진실의 문제가 아니다. 스스로의 헤테로토피 아를 없앤 후에 찾아오는 또다른 유토피아를 찾아 헤매는 몽상가로서 의 그를 우리는 눈여겨봐야 할 것이다.

그에게 정신병원이라는 담장은 원래 존재하지 않아야 할 가상의 벽 이었을 뿐, 그것은 새로운 세상에 대한 희망의 시작에 불과했을 것이 다. 궁극적인 인간의 외로움은 존재하지 않는 장소에 대한 그리움에 서 시작될지도 모른다. 병원이 공동체의 공간으로 되돌아가고 예술가들의 그림으로 가득해졌을 때, 비로소 사람들이 다르게 살아가는 법을 배우기 위한 장소로서의 의미를 깨우친다는 지혜의 순환을 그리워했을 것이다.

바잘리아가 1973년에 '프시키아트리아 데모크라티카(민주정신의학회)'를 결성한 것을 두고 그를 매우 정치적인 인물로 해석하기도 하지만(충분히 타당한 추측이다), 그에게 정치적 행위는 과정이지 목적일 수가 없었다. 지극히 개인적인 것이 정치적임을 그는 본능적으로 알고 있었다. 결코 현실정치에 목적을 두고 있지 않았기에 바잘리아의 개혁은 다른 사람들과 확연하게 구분될 수 있었다. 1970년대를 지나면서 트리에스테는 변화의 상징이 되었고, 고리치아는 이미 1968년 이념적 학생운동의 정신적 산물로 남게 되었다. 이 또한 바잘리아에게는 중요한 의미가 아니었다. 그의 말을 인용해보자.

"병원의 개방과 소통의 자유는 외부세계가 관계의 한 축으로 참여할 때에만 효과를 발휘할 수 있다. 우리가 마음을 열고 내부와 외부 사이에서 대화를 유지하지 못한다면 소통의 자유는 그저 하나의 책략으로 끝날 것이다."

'자유가 치료다'라는 이제는 너무 유명해진 경구는 소통의 자유로부터 시작되고 그 자체가 목적이 된다. 바잘리아의 정신보건 개혁이 더이상 정치적 구호로 여겨져서는 안 된다는 나의 주장을 뒷받침하는 언표이다. 그에게 있어 장소의 폐쇄와 더불어 소통의 자유는 인간해방의 원초적 필요충분조건이 된다. 다분히 유토피아를 꿈꾸는 몽상가로서의 증거가 고스란히 드러난다. 또한 마르코 카발로의 행진과 이야기는 존재하지 않는 파란 말과 함께 유토피아의 현실적 재현이 일어난 사건으로 기록될 것이다. 마지막으로 이탈리아 정신보건 개혁이 우리에게 남긴 유산을 정리해보자. 이것은 바잘리아를 기억하는 매우 현실적인 접근이 될 것이다.

5. 바잘리아의 유산

첫째, 정신보건 개혁이 정신병원의 문을 닫는 것만으로는 이루어지지 않는다는 점이다. 대안이 될 수 있는 지역사회 시설들이 균형을 이루고 있어야만 가능하다. 마술상자와 같은 초기의 지역사회 열정이 식은 뒤에는 실제적인 지역사회 내 역할의 문제점과 과제가 남게 된다. 따라서 이탈리아 정신보건 개혁을 통해 우리는 정신보건 센터와 지역사회 시설들이 정신건강 서비스를 전달하는 수레와 같아야 함을 알 수 있다.

둘째, 각 나라 정신보건 개혁과정에 정치적, 행정적 참여가 반드시 이루어져야 한다는 점이다. 지역사회 정신보건은 결코 값싼 서비스가 아니다. 경제적 이유만으로 입원 서비스를 대신하는 것이 아니라는 것이다. 사회통합의 가장 기본이 되는 단위로서 지역사회 정신보건 서비스가 인식되어야 하며 치료진과 서비스 수혜군의 균등한 교육과정을 통해 복합적으로 이루어져야 한다. 정치상황과 동떨어진 서비스가 되어서는 안 된다는 점을 시사하고 있다.

마지막으로는 서비스에 대한 모니터링과 평가가 변화의 핵심 부분이라는 것이다. 전국 단위의 서비스 평가가 역학의 배경을 가지고 전개되어야 하며 지속성을 가진 개혁의 한 과정으로 인식되어야 한다는 점을 알 수 있다. 40년의 변화를 통해 이탈리아 정신보건은 커뮤니티 중심의 서비스를 입증해왔다. 그러나 이 모형만이 최고는 아니다. 다만 바잘리아를 통한 이탈리아의 방식이 있음을 우리는 인식해야 한다. 모형의 답습이 아닌 우리의 현실과 이상에 기댄 창조가 여전히 과업으로 남게 될 것이다.

6. 정신의학의 합리성과 치료

'무엇을 치료로 정의할 것인가?' 이것은 의철학(醫哲學)과 의료문화사의 오랜 담론이다.

의학의 역사는 생리학, 해부학, 병리학, 약리학의 역사와 궤를 같이한다. 여기서 생명과학 개념을 분리하자면, 의학적 합리성이 존재해야 한다. 일반적인 과학의 역사에 치료의 개념은 중요하지 않다. 달리 말하자면, 어떤 과학적 발견(혹은 패러다임)은 이전의 이론체계를 포괄적으로 흡수하면서 이루어진다. 예를 들면, 아인슈타인의 상대성 원리는 이전 뉴턴의 물리학 원칙들을 모두 흡수하면서 성립된다. 연속선상에서 과학의 발전은 이루어져왔다.

그러나 의학의 치료는 불연속적이다. 미신이나 주술에 의해 치료되던 것이 어떤 과학의 발견에 의해 변화되면 이전의 방법론은 허구와 신화에 지나지 않는다. 정신의학의 역사는 이런 불연속성의 가장 대표적인 사례이다. 신체 질병의 역사에서 이러한 의학적 합리성을 설명하려는 노력이 계속 이루어지고 있지만, 정신의학은 이제 200년 된 새로운 학문의 영역이다. 그중 100년이 정신분석학의 역사와 함께하고 있다. 임상의학이 출현하기 전의 인간 정신병리에 대한 담론은 푸코의 『광기의 역사』에 잘 드러나 있다.

7. 맺음말: 바잘리아와 인간의 권리

정신건강 영역에서의 인권은 치료와 밀접한 연관이 있다. 또한 정신질환에 대한 치료의 역사는 물리적으로 안전한 환경(safe environment)과 심리적으로 안전한 환경(secure milieu)을 구축한 동시대의 철학이 반영된 결과물이다.

이런 점에서 바잘리아 정신보건 개혁의 가장 큰 유산은 정신질환 자체의 극복을 넘어선 인간의 권리를 회복시킨 것이다. 정신의학의 궁극적인 목표는 정신질환을 극복하는 것이지만, 여전히 정신질환에 대한 치료는 보건의료의 경계를 넘어 사회경제적 환경과의 상호작용 속에 놓여 있다는 것을 바잘리아는 우리에게 알려주었다.

과연 한국사회는 정신장애인에 대한 편견이 해소되는 과정으로 가고 있는 것인가? 인권에 대한 사회적 관심이 점차 커지고 있지만, 정신장애인에 대한 편견은 쉽게 줄어들지 않는다. 정신질환을 앓는 당사자들이 자기 결정권을 주장하는 한편, 자유권과 사회권의 대립이 첨예하게 벌어지고 있다.

다시 '왜 바잘리아인가'를 고민해야 할 시간이다. 정신의학의 한계를 넘어 인간해방에 대한 진정한 성찰이 필요하다. 좋은 일은 실현되기 어렵지만 그 자체의 아름다움을 지니고 있다.

칼레파 타 칼라(kalepa ta kala, 좋은 일은 이루어지기 어렵다).

옳은 것이 선한 것이고 아름답다는 소크라테스의 철학이 이 책 곳곳에 녹아 있다. 여전히 사람이 희망이다. 그리고 그것은 이제 전설이 되었다. 바잘리아의 실존적 의미를 모든 독자들이 고스란히 느낄 수 있기를 기대해본다.

찾아보기

—

정신병원을 폐쇄한 사람
- 프랑코 바잘리아와 정신보건 혁명

초판 인쇄 2019년 12월 24일 | 초판 발행 2020년 1월 3일

지은이 존 풋 | 옮긴이 권루시안 | 펴낸이 염현숙

책임편집 김영옥 | 편집 오윤성 고원효
디자인 강혜림 이원경 | 저작권 한문숙 김지영
마케팅 정민호 이숙재 양서연 안남영 | 홍보 김희숙 김상만 오혜림 지문희 우상희
제작 강신은 김동욱 임현식 | 제작처 한영문화사

펴낸곳 (주)문학동네
출판등록 1993년 10월 22일 제406-2003-000045호
주소 10881 경기도 파주시 회동길 210
전자우편 editor@munhak.com | 대표전화 031) 955-8888 | 팩스 031) 955-8855
문의전화 031) 955-3578(마케팅) 031) 955-1905(편집)
문학동네카페 http://cafe.naver.com/mhdn | 트위터 @munhakdongne
북클럽문학동네 http://bookclubmunhak.com

ISBN 978-89-546-7016-6 03300

www.munhak.com